U0564339

唐蘭全集

四

論文集下編

（一九七二—一九七九）

上海古籍出版社

論文集下編（一九七二—一九七九）

目録

下編

一九七二

永盂銘文解釋 …… 一三九一

關於大克鐘 …… 一三九九

座談長沙馬王堆一號漢墓 …… 一四〇五

侯馬出土晉國趙嘉之盟載書新釋 …… 一四一二

史話簋銘考釋 …… 一四二一

《永盂銘文解釋》的一些補充
——並答讀者來信 …… 一四二六

一九七三

論周昭王時代的青銅器銘刻 …… 一四三二

「弓形器」（銅弓柲）用途考 …… 一五五七

長沙馬王堆漢軑侯妻辛追墓出土隨葬遺策
考釋 …… 一五六八

從河南鄭州出土的商代前期青銅器
談起 …… 一六四九

一九七四

座談長沙馬王堆漢墓帛書發言 …… 一六六三

《黃帝四經》初探 …… 一六六六

一九七五

馬王堆出土《老子》乙本卷前古佚書的研究
——兼論其與漢初儒法鬥爭的關係 …… 一六七四

馬王堆帛書《却穀食氣篇》考 …… 一七三四

試論馬王堆三號墓出土《導引圖》 …… 一七三七

關於江西吴城文化遺址與文字的初步
探索 …… 一七四六

關於帛書《戰國策》中蘇秦書信若干年代
問題的商榷 …… 一七五四

中國青銅器的起源與發展 …… 一七六五

一九七六

中國奴隸制社會的開始時期
——論大汶口文化，批判孔丘的反動

歷史觀 …… 一七七五
𣧑尊銘文解釋 …… 一七九四
陝西省岐山縣董家村新出西周重要銅器銘辭的譯文和注釋 …… 一八〇〇
用青銅器銘文來研究西周史——綜論寶鷄市近年發現的一批青銅器的重要歷史價值 …… 一八〇九
司馬遷所没有見過的珍貴史料——長沙馬王堆帛書《戰國縱横家書》 …… 一八二二

一九七七

從大汶口文化的陶器文字看我國最早文化的年代 …… 一八四三
西周時代最早的一件銅器利簋銘文解釋 …… 一八四七
安陽殷墟五號墓座談紀要——關於后辛墓 …… 一八五一

一九七八

再論大汶口文化的社會性質和大汶口陶器文字——兼答彭邦炯同志 …… 一八五三
文字學規劃初步設想 …… 一八五七
高舉毛澤東思想偉大旗幟爲中華民族文字現代化而鬥爭 …… 一八六三
略論西周微史家族窖藏銅器羣的重要意義——陝西扶風新出墻盤銘文解釋 …… 一八七一
中國有六千多年的文明史——論大汶口文化是少昊文化 …… 一八八二
論大汶口文化中的陶温器——寫在《從陶鬶談起》一文後 …… 一九〇八

一九七九

殷虚文字二記 …… 一九一一

已刊未見論文著録目

一、孔夫子的生日

載《商報・文學旬刊》第二期一九二九年九月二十五日

二、孔子學説和進化論

載《商報・文學旬刊》第三至四期一九二九年十月十五至二十五日

三、漢李昭碑拓本跋

載《商報・文學旬刊》第四期一九二九年十月二十五日

四、敦煌石室本唐人選唐詩跋

載《商報・文學旬刊》第五期一九二九年十一月五日

五、敦煌所出唐人雜曲

載《商報・文學周刊》第六期一九二九年十一月十二日

六、孔子學説和進化論(答函)

載《商報・文學周刊》續第七期

七、敦煌石室本唐寫鄭注論語顔淵子路兩篇本殘卷跋

載《商報・文學周刊》第十三期一九二九年十二月三十一日

八、山海經的研究

載《商報・文學周刊》第二八至三十期一九三〇年四月二十二日至五月六日

永盂銘文解釋

一九六九年陝西省藍田縣出土的永盂腹内有銘文十二行，一百二十三字，是長篇銅器銘文之一，對研究西周中期歷史有十分重要的價值。郭沫若同志有釋文，今再略爲解釋。

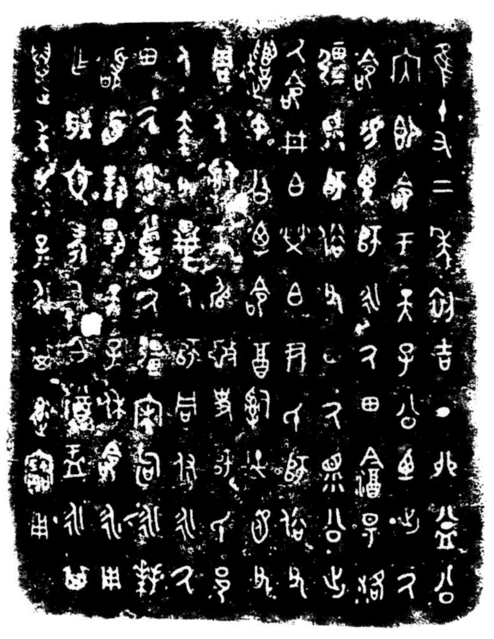

郭沫若同志釋文

永盂銘釋文

隹十又二年初吉丁卯，益公內入即命于天子。公廼出氒厥命：易畀師永氒厥田淦陰易陽洛疆眔師俗父田，氒眔。公出氒命：井伯、焚伯、尹氏、師俗父、遣中仲。公廼命酉鄭嗣司徒函父、周人嗣司工居、致史、師氏、邑人奎父、畢人師同，付永氒厥田。氒率口，氒疆宋句。永拜頴首，对揚天子休命。永用乍作朕文考乙公隮盂。永其万年孫孫子子，永其率寶用。

首行"年"字下未捉月份，此即正月。

原文

隹十又二年初吉丁卯益公（一行）内即命于天子公迺出氒（二行）命易畀師永氒田湌昜洛（三行）疆眔師俗父田氒眔公出（四行）氒命井白焚白尹氏師俗父（五行）遣中公迺命酉嗣徒函父（六行）周人嗣工居致史師氏邑（七行）人奎父畢人師同付永氒（八行）田氒率□氒疆宋句永捧（九）頴首對䚄天子休命永用（十行）乍朕文考乙伯隮盂永其（十一行）邁年孫=子=永其率寶用（十二行）

釋文

唯十有二年初吉丁卯，益公入即命於天子。公乃出厥命，錫畀師永厥田陰陽洛疆臬師俗父田。厥臬公出厥命，邢伯、滎伯、尹氏、師俗父、遣仲。公乃命鄭司徒函父、周人司工居、致史、師氏、邑人奎父、畢人師同，付永厥田。厥率□厥疆宋句。永拜稽首，對揚天子休命。永用作朕文考乙伯尊盂。永其萬年孫=子=永其率寶用。

解釋

西周時代，武王、成王、康王、昭王、穆王五代的史料比較多，共和以後，宣王、幽王、史事和年代都比較清楚，最模糊的是共王以後厲王以前的一段。郭沫若同志把十五年史趞曹鼎的龏王定爲共王，匡卣的懿王定爲懿王，是十分重要的發見，開用銘文補周史的先例。我曾把宗周鐘的周王㝬定爲周厲王胡，厲王時代其它銅器也還不少。但共王、懿王、孝王、夷王四代的歷史，尚待多方探討。這篇銘文的重要，就因爲它把銅器銘文中的許多重要人物聯繫在一起了。

這個銅器的作者是永，也叫師永，師是官名。盂這種器可以盛水，但也可以作爲飯器，傳世的不太多。美帝曾盜竊去一個逑盂，現藏於弗里爾博物館。和這個永不是一個人，無論器銘文字和花紋，都比這個器要早，大約是成康時期，並且據説是岐山出土的。和這器的主要風格差不多，在兩個附耳之間有昂起的象鼻，花紋較粗放一些，而書法較謹嚴一些。盂到西周晚期已經不出現了。從器形來判斷，應在西周前期之末或中期之初。

銘文記周王分土地給永的事情，但王不在場，傳達周王的命的人是益公。益公在銅器銘文裏是常見的，有益公鐘、〔一〕休盤〔二〕和乖伯簋。〔三〕銘文説「厥臮公出厥命」意思是這次和益公一起出這個王命的人，〔四〕是邢伯、榮伯、尹氏、師俗父、遣仲等五個人。這五個人在銅器銘文裏都不是陌生的。在趞曹鼎、〔五〕走簋、〔六〕利鼎、〔七〕師虎簋、〔八〕師毛父簋〔九〕豆閉簋、〔一〇〕師奎父鼎等器裏有邢伯；〔一一〕在敔簋、〔一二〕康鼎、〔一三〕卯簋〔一四〕同簋〔一五〕等器裏有榮伯。尹氏的名字又見於敔簋，在休盤，走簋和師晨鼎都叫做作册尹。〔一六〕師俗又見於師晨鼎，在南季鼎叫做伯俗父。〔一七〕在宂鼎裏有遣仲。〔一八〕這些重要人物都是同時的，因此這些器銘是可以綜合起來研究的。

益公鐘是屬於益公本人的，鐘的出現較晚，説明他不是西周初期的人，但他既和邢伯同時而邢伯是共王時人，就不可能是厲王以後的人。有關益公的另外兩件銅器，乖伯簋裏的文武兩字寫作玟珷，和康王時的盂鼎一樣，説明它的時代是接近的。休盤是二十年正月既望甲戌做的，而西周中期的四個王裏，只有共王懿王在記載裏有二十年，孝夷兩王都不到二十年，〔一九〕因此他應該是共懿時期的人。

説到邢伯是共王時期的人是很清楚的。首先是師虎簋説「元年六月既望甲戌，王在杜应（位）」，就已經有邢伯在場了。昭王穆王時期經常遠游，〔二〇〕不在宮裏，臨時構築的住處，就叫做「位」。長囟盉説「穆王在下減应」可證。〔二一〕但這個元年決非穆王的元年而是共王的元年，曶鼎説「元年六月既望乙亥，王在周穆王太室」，又説「王在邍应」。同是元年六月既望，曶鼎的乙亥比甲戌晚一天，既在周穆王大室，説明穆王已死共王已即位了。共王以後，王不再出游，也就没有這種位的記載了。共王初年，主要用事的是邢叔，見曶鼎。邢伯和邢叔當是一家人。趞曹鼎説七年十月既生霸王在周般宮，是邢伯入右的。而同一趞曹，在十五年五月既生霸壬午的那個鼎裏却説明了「共王在周新宮，王射於射廬」，那末，邢伯是共王時人，就更明確了。再就是走簋説「王十有二年三月既望庚寅」，司馬邢伯和作册尹都在場，師奎父鼎也説邢伯是司馬。在這個器裏，益公和邢伯在一起，證明益公也是共王時人。邢伯既是司馬，益公應當是司徒，可以管分土地的事情，而榮伯可能是司空，這是三個最高職位。尹氏是作册，而師俗父是師，據南季鼎則是司寇，就不知道遣仲是什麽官職了。從銅器記載看，邢伯是共王元年到十二年，益公是共王九年到二十年。

這個器銘有年日而無月份和宋時出土的蔡簋只説「元年既望丁亥」是一樣的，[二二]可能是把月名漏下了。據同年的走簋，三月既望是庚寅，由庚寅上推丁卯是二十三天或八十三天，丁卯都在下旬，不可能是初吉。如果往下推，由庚寅到丁卯是三十七天九十七天等，假定既望庚寅是三月十九日，而三月以後，有兩個月是連着小月，或者有了閏月，那就在十一二月裏可以有丁卯朔。如果既望庚寅是三月二十，這一年裏有丁卯朔就更不成問題了。

關於榮伯的器都没有年份，但是同時人是確定的。不過在這個器裏分給師永土地時説「厥田陰陽洛彊」是陝西的洛河南北，屬於邊疆，而敔簋記南淮夷來伐是一直到陰陽洛的。那件器裏有榮伯和尹氏，但另外還有一個武公，管打仗的事，和禹鼎有聯繫，可能是要晚一些的。師俗在伯晨鼎裏和作册尹在一起，但是那件器是在三年三月初吉甲戌，又説到司馬卞，[二三]很可能是懿王三年了。如果確是這樣，那他就是從共王十二年到懿王三年這段時間了。尹氏就是作册尹，見於器銘的時間，也正相同。

從上面的分析，我們可以斷定永盂是周共王十二年冬天做的器，約在公元前九四〇年前後（這是從共和元年爲公元前八四一年，加上記載裏比較近似的共懿孝夷厲等王年數推算出來的。如果照我過去推算的武王伐紂是公元前一〇七五年，向下推，經過成康昭穆等王，結果也差不多。）記載的是以益公爲主和邢伯、榮公等人共同代替周王出命分給師永土地的事情。把這些人聯繫在一起，畫一張表就更清楚了。

銘文中錫畀的畀字，像一支箭，但是比一般的箭頭大，是弩上用的。在《周禮》司弓矢裏的庳矢，故書（舊抄本）作痹矢。畀就是痹矢之痹的原始象形字。小篆往往把古文變錯了，如異字本象人高舉兩手過頂似翼，亢字本象人一條腿偏大，乘字本象人站在樹上面，小篆都把它們分成兩截了，這種例子是很多的。畀字象畀矢形，小篆分成兩截，許慎已不知道，在《説文解字》裏説成從丌由聲，解爲「相付與之物在閣上也」。實則把象形的畀字假借爲付與之義，其來已古，在這個器銘裏和廿五年斛從盨，[二四]還有宋代出土的中方鼎裏都是把它當作付與田邑的意思的。在金文裏還有畁字，[二五]就是《説文》的箅字，用以蓋蒸飯的甑底的，从草从竹都通用，箅可以用草做。甲骨文有鼻字和濞字[二六]過去因把畀釋成矢，[二七]這些字就都不認識了。

兩周歷史，尤其是西周歷史，幾乎似還是空白，有賴於地下材料陸續發現來補充。永盂的發現，可以解決一些問題，就是一個例子。

〔一〕《三代吉金文存》一卷二葉。
〔二〕同上十七卷十八葉。
〔三〕《愙齋集古録》十一卷二十三葉。
〔四〕《説文》「臮詞與也。虞書曰『臮咎繇』」。今《尚書》作「暨皋陶」。臮有與或及的意思。
〔五〕《三代吉金文存》四卷二十四葉。
〔六〕《西清續鑑甲編》十二卷四十四葉。
〔七〕《三代吉金文存》四卷二十七葉。
〔八〕同上九卷二十九葉。
〔九〕《嘯堂集古録》下卷五十二葉。
〔一〇〕《三代吉金文存》九卷十八頁。
〔一一〕同上卷三十四葉。
〔一二〕《嘯堂集古録》下卷五十五葉。
〔一三〕《三代吉金文存》四卷二十五葉。
〔一四〕同上九卷三十七葉。
〔一五〕同上九卷十七葉。
〔一六〕《攈古録》三之二卷二十一葉。
〔一七〕《三代吉金文存》四卷二十四葉。

〔一八〕同上四卷二十一葉。

〔一九〕共王《太平御覽》八十四卷引《帝王世紀》説：「在位二十年」，《通鑑外紀》引皇甫謐説「二十五年」。懿王《太平御覽》作二十五年。孝王《太平御覽》引《史記》十五年。夷王《史記正義》引《帝王世紀》十六年。

〔二〇〕《嘯堂集古録》上卷中方鼎記昭五南巡時先派中去執（謀略的意思）位。

〔二一〕《商周金文拾遺》二百九十三葉。

〔二二〕《薛氏鐘鼎款識》十四卷一百四十八葉。

〔二三〕舊時都把卞字釋成共，實是抃掌的抃字的本字。

〔二四〕《三代吉金文存》十卷四十五葉。

〔二五〕《金文編》（科學出版社本）九二五頁。

〔二六〕《甲骨文編》（中華書局版）四卷一百六十四頁臭字，又十一卷四百四十二頁溴字，都説《説文》所無。

〔二七〕《甲骨文編》五卷十九葉。

王	年	月日	作者	器	王在地	邢伯	益公	榮伯	尹氏	師俗	遣仲	它人	附記
	元年	六月既望甲戌	師虎	簋	王在杜应	邢伯							
	元年	六月既望乙亥	曶	鼎	王在周穆王太室							邢叔	又説王在遹位。邢叔是穆王晚期用事者有關邢叔的器，此不悉舉
	七年	十月既生霸	趞曹	鼎	王在周般宮	邢伯							
		九月丁亥	利	鼎	王客於般宮	邢伯							
	九年	九月甲寅	乖伯	簋			益公						銘中文武作玟珷，與康王時盂鼎同

續表

王	年	月日	作者	器	王在地	邢伯	益公	榮伯	尹氏	師俗	遣仲	它人	附記
	十二年	三月既望庚寅	走	簋	王在周各太室	司馬邢伯			作册尹				
	十二年	初吉丁卯	師水	簋		邢伯	益公	榮伯	尹氏	師俗父	遣仲		無月份大概是十一或十二月
		六月既生霸庚寅	師奎父	鼎	王格於太室	司馬邢伯							此下三器無年份，附於此
		六月既生霸戊戌	師毛父	簋	王格太室	邢伯							
		二月既生霸戊寅	豆閉	簋	王格師戲太室	邢伯							
共王	十五年	五月既生霸壬午	史趞曹	鼎	共王在周新宮王射於射廬								師湯父鼎王在周新宮在射廬
	廿年	正月既望甲戌	休	盤	王在周康宮王（格）太室		益公		作册尹				
			益公	鐘			益公						
		三月初吉甲戌	康	鼎	王在康宮			榮伯					此下三器無年份附於此，康爲鄭邢氏
		十一月既生霸丁亥	卯	簋				榮伯				榮季	
		十月	敔	簋	王在成周			榮伯	尹氏			武公	武公又見禹鼎

續表

王	年	月日	作者	器	王在地	邢伯	益公	榮伯	尹氏	師俗	遣仲	它人	附記
		十二月初吉丁丑	同	簋	王在宗周各於太廟			榮伯				吴大父	
懿王		四月初吉庚午	匡	卣	懿王在射盧								
	三年	三月初吉甲戌	師晨	鼎	王在周師宮王格太室				作册尹	師俗		司馬卞	有關司馬卞之器還多，此不悉，舉此爲一器無年份附於此
		五月既生霸庚午	南季	鼎						伯俗父(司)寇			
		九月既望乙巳	宫	鼎							遣仲		

載《文物》一九七二年第一期五八至六二頁。

又《唐蘭先生金文論集》第一六八至一七四頁紫禁城出版社一九九五年十月。

關於大克鐘

過去曾著録過的大克鐘，近年重新發現於天津，這是一件可喜的事。

過去對於大克鐘，只見過拓本，對於它的形制，一無所知。只知道小克鐘是編鐘形式的，每個鐘上只有銘文的一半，而且只鑄在一面，鉦和鼓左，兩個鐘合起來，才是全文。例如：《三代吉金文存》的克鐘一，到「錫克甸車馬乘」爲止，而克鐘四正好接着，由「克不敢家」開始到完，兩個鐘是銜接的。還有克鐘二，是到「車馬」爲止的，而克鐘五恰是由「乘」字開始，一直到完，這兩個鐘又是相銜接的。克鐘三的銘文最短，到「至於京」就完了，和它相銜接的鐘還没有發現。而大克鐘則是全文，《三代吉金文存》列爲克鐘六。它和小克鐘銘文部位不同，並且是全文，從右至左共十六行。

現在見到的大克鐘，實際是鎛的一類，它的體積比最大的小克鐘還要大些。上面是鈕而不是甬，因而是直懸的，不像甬鐘是側懸的。下面是平口，不像甬鐘兩邊有鋭角，中間是凹口，即所謂銑和于。没有鉦和鉦間的乳，而設四鉏牙，鉏牙之間飾以龍紋。銘文全部在鼓左。這種形式，在西周鐘裏還没有見到過。但在銘文裏它還自稱爲鐘。據我所知道的，這種例子也還不少。宋代出土的宋公戌鐘，一共有六個，自稱爲歌鐘。近年壽縣蔡侯墓出土的一套編鎛，存八枚，也自稱爲歌鐘。宋代出土的還有鄦子[爿酉]𠂤鐘和近代端方舊藏的沇兒鐘（缺鈕），也都是鎛的形式，而自名爲鐘。秦公鐘銘説：「乍盄（淑）龢□，氏（厥）名曰[扌古]（輔）邦。」在缺文處不知是鐘字還是鎛字。因鐘上稱龢鐘是極普遍的，而𪓰公孫班鎛却自稱爲龢鎛。秦公鐘宋人稱爲鐘，其形制也是鎛，跟齊叔夷鎛一樣，都没有鉦而有四鉏牙，銘文在鼓。不過它們在鉏牙之間有螺旋形的乳，比大克鐘又有所不同了。銅器定名的慣例是名從主人，它既自名爲鐘，就一定有叫作鐘的理由，就應該仍叫它爲鐘，所以我主張還叫它克鐘而冠以大字，以區别於小克鐘。

從鐘的發展歷史看，克鐘的形制應該在西周晚期。商代一般用三個一組的鐃，口向上，柄在下，可以手執。有些大鐃顯然是放在座上的。但殷周之間到西周前期，有些大鐃，從紋飾來看，口是向下的，有人把它叫做鏞，似乎是有道理的。

它們有些柄是上下通的，大概也可以懸挂，當然是直懸的。側懸的甬鐘起源比較遲。在陝西長安普渡村墓葬裏發現的長由盉，是穆王晚年的器，同出的三件一組的甬鐘，是目前所知道的最早的一套鐘了，它的形制是很樸素的。共王時代的益公鐘，銘文只有幾個字。銘文比較長一些的戲鐘，大概是懿王時期器。厲王時期有許多長篇銘文的大鐘，像宗周鐘就是厲王自己做的，虢叔旅鐘的作者，見於鬲攸从鼎，證明是厲王時器，其它各鐘，形制大同，銘例相類，都相當於這個時代，或略有先後。其中戲鐘自稱爲龢薔鐘，虢叔旅鐘稱爲大薔龢鐘，井人妄鐘和兮中鐘都只稱爲大薔鐘，薔字兮中鐘的别銘又作鍎、作鑮。柞鐘則作大鐂鐘。士父鐘作寶薔鐘。大小克鐘均作寶𠟭鐘。楚公豪鐘作寶大𣪕鐘。這些名稱中，多數是用薔字，作𠟭的是从刀、薔聲。其它作鍎、鑮、鐂、𣪕等形的，也都从亩聲。《説文》亩或作廩，解釋爲倉亩，而把稟字解釋爲賜穀，其實亩和稟是廩的本字，亩象倉亩，而稟象亩中有禾。稟字又作𥢕，把兩個禾畫在亩的上邊了。《説文》云牆字的籀文寫作𤗪，就是从𥢕的，過去都以爲是嗇的籀文，是錯了。𥢕字就是薔字，金文曆字常常變从厤，可以爲證。大薔，郭沫若同志説就是《國語》的大林，是正確的。薔即亩和稟（廩），與林只有聲調的不同，《左傳·莊公八年》的雍廩，《史記·齊世家》作雍林，可證。《國語·周語》載「（景王）二十三年，王將鑄無射而爲之大林」，過去是不能解釋的，賈逵注：「無射，鐘名，律中無射也。大林，無射之覆也，作無射而以林鐘之數益之。」韋昭自己是主張賈逵説的。他們都已不知道什麽是大林，把它當作六吕裏的林鐘，所以作出這一種牽强附會的説法。現在所見西周銅器裏有這麽多的大薔（林）鐘、龢薔（林）鐘，寶薔（林）鐘，並且遠在景王之前二三百年，難道都鑄的是「律中林鐘」的鐘嗎？《左傳·襄公十九年》載：「季武子以所得於齊之兵作林鐘而銘魯功焉。」用兵器來改鑄樂器，難道也一定要符合林鐘之律嗎？其實从亩聲的字，有積聚的意思，倉稟就是積聚米穀的地方，所以《素問·皮部論》「廩於腸胃」，注：「廩，積也聚也。」从林聲的字，有衆的意思，也有積聚的意思。《廣雅·釋詁三》載：「林……聚也」，「林……衆也。」王念孫疏證説：「凡聚與衆義相近，故衆謂之宗，亦謂之林，聚謂之林，亦謂之宗。」《説文》云：「罧，積柴水中以聚魚也。」就是積聚的意思。那末，大薔即大林，是許多鐘，也就是一羣或一組鐘的意思，等於《周禮·春官·磬師》所説的編鐘。不過一般對於編鐘的概念，限於小鐘，而大林或林鐘是比較大的。現在所見自稱爲大薔或薔鐘的，虢叔旅鐘有六個，其中四個銘有全文，兩個都只有片段，自相銜接，但上缺頭，下缺尾，説明至少遺失兩鐘。兮中鐘也是六個，其中兩個缺下半的銘文。它們也至少有八個。柞鐘和仲義鐘都是八個。士父鐘有四個，井人妄鐘、戲鐘、楚公豪鐘都是三個，看來也遠不止這些。小克鐘雖只存五個，但《三代吉金文存》的克鐘三只有前面一段，字數很少，可能要用三個鐘才鑄完全文。而且這個鐘特别小，和其它四個鐘比較起來，中間一定還缺幾個鐘，它的一組，可能是十個以上的。到了春秋時代，一般都稱肆稱堵，《左傳》襄公十一年説：「歌鐘二肆及其鎛磬」，銅器中邾公牼鐘銘説：「鼄（鑄）辝（台）龢鐘二鍺（堵）。」邵黛鐘銘説：「大鐘八聿（肆），其竈四堵」洹子孟姜壺銘説：「鼓鐘一肆（肆）。」都指的是成組的鐘。周襄王與魯昭公同時，已是春秋後期，所謂鑄無射而爲之大林，應該是指鑄「律中無射」的一組大鐘，和十二律裏的林鐘毫無關係。據《左傳·昭公十一年》正義，這個鐘到隋代還在，可惜被隋文帝在開皇十五年下令毁掉了，這也是古代青銅器散毁的一例。至於一組的鐘，究竟應該有多少，現在還没有確實的材料。邵黛鐘見於著録的是十三個。齊叔夷鐘有大鐘七個，分録全銘，另外有六個小編鐘，經過復原，應該是兩組，一組十二個，一組十三個。驫羌鐘也存十三個。壽縣蔡侯墓出土的甬鐘，存十二個。信陽楚墓出土的環鈕編鐘十三個是有鐘架的，證明是完整的一套。但未必所有西周後期到春秋戰國的鐘都是十三個一套的。《周禮·春官·小胥》説：「凡懸鐘磬，半爲堵，全爲肆。」鄭玄注：「鐘磬者，編懸之，二八十六枚而在一虡謂之堵，鐘一堵，磬一堵，謂之肆。」疏引服虔注《左傳》則説「一懸十九鐘」，似乎秦漢以後又逐漸有所增加了。

關於鎛的名稱，見於銅器的，我只知道四個例子，即楚公逆鎛，齊國的叔夷鎛、⿰素命鎛和鼄公孫班鎛，比之鎛的形制而自名爲鐘的少得多。宋代出土的楚公逆鎛，自名爲夜雷鎛。據《復齋鐘鼎款識》所説，上面的鈕作雷神的形狀，是與夜雷的名稱符合的。可惜它的圖象没有流傳下來。但從它的銘文的長度看，應當和⿰素命鎛和沇兒鐘等一樣，是鑄在鉦間的，所以這個鎛據説高二尺多。《三代吉金文存》著録的是僞器，是甬鐘的形式而銘文在腹内。羅振玉因爲它和復齋所記不符，竟詭云雷神原踞甬上，爲人截去。自欺欺人，一至於此。楚公逆據孫詒讓考定是熊咢，他的在位，相當於周宣王二十九年到三十七年，已經是西周末年了。直懸的鎛，在形制上是繼承直懸的大鐃或鏞的，不過把甬變成鈕了。大概側懸甬鐘的發展在西周前期，其所以要側懸，爲的是可以從一個鐘上打出兩種聲音（這是在楚王酓章鐘上有記載的）。隨後又把直懸的大鐃或鏞，變甬爲鈕。一般仍叫作鐘，加以區别時，就叫做鎛。《周禮·春官》有鍾師和鎛師之説，鄭玄注「鎛如鐘而大」，《左傳》説「歌鐘二肆及其鎛磬」，《國語·晋語七》作「歌鐘二肆及寶鎛」，可見鎛是不在二肆之内的。韋昭注《國語》説：「鎛，小鐘也」是錯的。小鐘焉能稱寶呢？叔夷鎛和⿰素命鎛都自稱爲寶鎛，都是很大的。

《説文》云：「鑮，大鐘淳于之屬，所以應鐘磬也。堵以二，金樂則鼓鑮應之。」不知有什麽根據。《晋語四》説「戚施直鎛」，戚施是有佝僂病的人，所謂「戚施不可使仰」，用來擊鎛，可見鎛因爲比較大，懸在虡上，打擊的地方很低，所以讓有佝僂病的人去打擊，就不用彎腰了。《周禮・鍾師》疏説：「鑮不編，特懸而已。」《儀禮・大射禮》載：「樂人宿懸於阼階東，笙磬西面，其南笙鐘，其南鑮，皆南陳……西階之西，頌磬東面，其南鐘，其南鑮，皆南陳。」鄭玄注：「鑮如鐘而大，奏樂以鼓鑮爲節。」但《大射禮》並没有指出鑮的數目，磬和鐘鑮，依次排列，這種鎛可能已是編鎛了。現在看到春秋時是有編鎛的，蔡侯墓就有一套而自稱爲歌鐘。韋昭所説小鐘，《廣雅・釋器》所謂「鑮，鈴也」，是指這一類編鎛説的，跟寶鎛又不同了。因此，無論哪一種樂器，必須詳究它的發展的歷史，不能隨便徵引一個材料就來斷其時代的。

那末，從大克鐘是鑮的形制來看，已經可以證明它是西周後期的作品了。它用四道鉏牙作裝飾，更説明它已經開春秋中葉叔夷鑮和秦公鐘等的風氣。這種新風格，決不是西周前期銅器所具有的。

克鐘和克鼎是同時、同地出土的，他們的關係是不能分割的。據《貞松堂集古遺文》卷二引琉璃廠商人趙信臣的話：「此器實出岐山縣法門寺之任村任姓家，……當時出土凡百二十餘器，克鐘、克鼎及中義父鼎均出一窖中，於時則光緒十六年也（公元一八九〇年）。」現在所見到的，除鐘、鼎外，還有克盨。解放後新發現的師克盨，則不知是否同時所出。據大克鼎，克的文祖師華父是保共王的，共王的孫子是夷王。因此，克的時代，總在夷王或夷王以後。大克鼎又説「𩛥季右善夫克入門」，𩛥季這個人又見於伊簋，而伊簋是王二十七年所作。夷王在位只有十六年，因此，郭沫若同志定大克鼎爲厲王時器是很正確的。克盨是十八年十二月做的，克已經是善夫。小克鼎是廿三年九月做的，是「王命善夫克舍命於成周遹正八𠂤之年」。還有鬲从盨是二十五年七月做的，説到「氏（厥）右鬲从，善夫克」。那麽，大克鼎的製作，可能和伊簋的時代相近，即二十七年前後，所以都由𩛥季來爲右。從這些材料看，克的作善夫，至少是從厲王十八年到二十七年前後，是確實無疑的（師克盨的師克和善夫克是否一人，還没有確證。如果是一人，是先作師呢？還是先作善夫呢？也有待於研究，姑从闕）。克鐘的作年是十六年九月初吉庚寅，郭沫若同志指出它與厲王諸器的日辰不能符合。因之，不是夷王，便是宣王，是很對的。據《帝王世紀》，夷王在位，恰好有十六年。但據《左傳》昭公二十六年所説：「至於夷王，王愆於厥身，諸侯莫不並走其望，以祈王身。」那末，夷王十六年就是他病死的一年，即使死在九月以後，也早已身嬰惡疾，奄奄一息，不可能有九月庚寅親命克的事情了。所以這個十六年只有在宣王時代。宣王時已經有長曆可推，十六年九月據推算是庚申朔，如果時曆對閏月的安排前後不同，便是庚寅朔，正相符合。《史記》記厲王年數有錯誤，共和十四年應包括在厲王在位年數之内。也就是説厲王儘管奔彘，共伯和儘管專權，但當時周、召執政，王朝還保存着虚位，還用厲王的年號。正如魯昭公已經出奔，而《春秋》還用昭公的紀年，一直到昭公死時方止。所以克是可以經歷厲、宣二世的。這一點在過去是不清楚的，我在《西周銅器斷代中的康宫問題》一文中已經研討過了（見《考古學報》一九六二年第一期）。

克鐘屬宣王時的更重要的證據，是銘文中所説的：「王在周康剌宫。」金文中凡説到王在周康某宫或某太室，如：周康邵宫、周康穆宫、周康剌宫、周康宫穆太室、周康宫徲太室等均在康王以後。邵宫是昭王之宫。穆宫、穆太室是穆王之宫和太室。徲太室是夷王的太室。剌字通厲，是厲王之宫，也就是厲王的宗廟。因此，克鐘就必然是宣王時代的器。過去有的作者由於不同意這一新説，曾創一怪論，説「宫寢室家等是生人所住的地方，廟、宗、宗室等是人們設爲先祖鬼神之住的地方」。新的説法，往往不容易立即被人所接受，通過百家爭鳴，經過一段時間和新材料的出現，是非總會大明。但像上面的怪論，在科學上根本站不住脚。我在前文曾有一章，對此作詳細的辨析。後來此君研究東周載書時，也列舉某宫爲某的宗廟，想必他已放棄這樣的怪論了（見《考古》一九六六年第五期）。周康邵宫、周康穆宫和周康剌宫，本都應作周康宫某宫而省去上面的宫字，把下面的宫字兼攝上面的周康兩字。所以如果承認周康是康王的宗廟，就必須聯帶肯定下邊的邵宫、穆宫和剌宫是昭王、穆王、厲王的宗廟。如果把周康解釋爲康王的宗廟，而對下面的邵宫、穆宫、剌宫的宫，仍解爲宫室，那末，怎麽能知道周康兩字是康王的宗廟呢？這無論在文法上，在邏輯上，都是講不通的。所以，只要承認康宫爲康王的宗廟，剌宫就必然是厲王的宗廟，而克鐘就必然是宣王時代的作品。

大克鐘的發現，對於克鐘的時代，更增加了一些證明材料。自稱寶𩰫（林）鐘而作鎛形，在西周銅器中尚屬初見。從鐘的發展歷史來説，這是繼承西周前期的鏞，而比側懸的鐘爲晚。自稱爲夜雷鎛的楚公逆鎛，相當於宣王二十九年至三十七年，和這個鐘屬於宣王十六年，時代是十分接近的。它們的大小也差不多。尤其是它用四道鉏牙來作裝飾，如果没有銘文，就將誤認爲是春秋時代的作品。同類風格的齊叔夷鎛，郭沫若同志定爲齊靈公十五年所作，相當於周靈王五年（公元前五六七年）；秦公鐘，郭説是秦景公所作，相當於周簡王十年到景王八年（公元前五七六—前五三七年），比之宣王十六年（公元前八一二年），就晚了二百幾十年了。反過來，我們可以説這種風格的出現，決不會更早於西周末年。

大概西周銅器，從器形和裝飾來説，可分爲兩期。前期由武王到成、康、昭、穆是極盛時期，共王、懿王雖已中落，還有舊的風格，不過像盠方尊之類，已經具體而微了。新的風格，可能出於孝王、夷王之後，如環帶紋、鱗紋等一望便知。厲、宣時期，儘管有許多重器，但製作遠不如前期的精緻了。大克鐘固然很大，並且有新的風格，但只見粗放，工並不精。小克鐘的銘文書法是開朗的，有宣王時期的特點，但大克鐘的銘文，幾乎不可辨識，這或者由於器形較大，不易鑄造的原故。

總之，克鐘的製作時代，是周宣王十六年九月，爲公元前八一二年。這無論在鐘鎛的發展史，鐘的形制裝飾，銘文的書法，銘文的內容等各個方面，都是可以證明的。鐘的作者在厲王時代有善夫克諸器和其它器可以證明，克鐘的年月日辰，又與長曆符合，凡此種種是無可置疑的。大克鐘的重新發現，使我們能瞭解它的形制，更重要的是這種用鉏牙作裝飾的鎛的形式和風格，在西周末年已經開始了。這對於研究青銅樂器的發展和銅器的斷代，都是很有裨益的。

本文可能寫成於陳邦懷《克鎛簡介》(《文物》一九七二年第六期)發表之後不久。

載《出土文獻研究》第一輯文物出版社一九八五年。

又《唐蘭先生金文論集》第三三四至三三九頁紫禁城出版社一九九五年十月。

座談長沙馬王堆一號漢墓

編者按：今年一至四月，我國文物、考古工作者在長沙馬王堆發掘了一座西漢墓葬，即「長沙馬王堆一號漢墓」。這座漢墓的隨葬品極爲豐富，從絲織品、漆器、竹木器、陶器到糧食、食品、明器等，達一千餘件。墓主的屍體歷二千餘年仍然保存完好。這座漢墓的發掘，爲研究我國漢代的紡織、髹漆、服飾以及文化藝術等，提供了十分可貴的實物資料，同時，爲醫學上也提出了若干值得研究的問題。因此，引起了考古學界、歷史學界、藝術界、醫學界和其他科學技術部門的興趣和重視。

我們爲了交換意見，推進對這座漢墓及其隨葬物的研究，於九月間邀請有關部門的部分同志舉行了幾次座談，還請了一些同志筆談，這裏發表了座談和筆談的內容，還發表了一組關於馬王堆一號漢墓的專題文章。

對馬王堆一號漢墓的研究，目前還只是開始。本期發表的座談、筆談內容和專題文章，僅是初步意見。我們相信，在毛主席的革命路綫指引下，在「百花齊放，百家争鳴」，「古爲今用」，「推陳出新」的方針指導下，對馬王堆一號漢墓以及文化大革命以來出土的極爲豐富的文物繼續進行深入研究和多方探討，將不斷取得新的成果。

關於發掘的重要性

馬王堆一號漢墓的出土資料確很重要。不但屍體保存得很好，棺槨及大批隨葬物基本完整。彩畫「非衣」是帛畫中的巨製，彩畫漆棺及其他漆器的精美，絲織品和刺綉種類的豐富多彩，都是罕見的。就從三百十二條竹簡來説，也是極其重要的發現，數目既多，保存得相當完好，在學術研究上有很高的價值。

關於墓的時代、墓主人和墓的名稱

我認爲，這座墓葬應定名爲西漢軑侯妻辛追墓。因爲出土遺物中在奩裏有一方印，上面寫的是「妾辛追」三字，辛追顯然是墓主人的名，姓什麽就不清楚了。

墓的時代我認爲是漢文帝時。死者應是第二代軑侯豨的妻子第三代軑侯彭祖的母親。因爲她死時五十來歲，既不可能是彭祖的祖母，也不可能是彭祖的妻。墓裏隨葬品没有金銀銅玉等，這就是我確定墓在漢文帝時的原因。根據《史記·孝文本紀》文帝在做生壙（霸陵）時就不許放金銀銅錫等而單用瓦器以表示他的所謂敦樸。漢代皇帝在即位後不久就做生壙，當時王侯們當然要遵守他定的制度，不敢超過。軑侯豨死時是文帝十五年（公元前一六五年），他的妻子的死當在其前後，正是這個時候。如果説是第一代軑侯利倉（黎朱蒼）的妻子，則利倉死在高后二年（公元前一八六年），早於此二十一年，當時還不會有這種情況。而第三代彭祖的死，在景帝後元三年（公元前一四一年），晚於此二十四年，第二年就是武帝元年，日久玩生，這種制度已不會嚴格遵守，只要看武帝時中山靖王墓，隨葬銅器之多，就顯然不同了。從這點上，我們可以肯定這個墓的時代是公元前一六五年前後。

關於棺椁制度

聽説長沙方面主張是兩椁四棺，不是三椁三棺，我非常贊成。因爲棺椁結構不同，從棺椁及隨葬器物出土情況這張照片以及棺椁結構，就可以看出，外面作亚形的厚板是椁，而中心作長方形的四層是棺。隨葬器物出在椁裏，據竹簡上説是椁首，椁足，椁左等。椁首是屍體頭部所在方面，即現在所説的北邊箱；椁足是足部所在的位置，即現在所説的南邊箱；椁左即東邊箱。那末西邊箱應該是椁右，大概因爲這裏只象徵死者貯藏器物的場所，所以簡文中没有提到。那末，只有外椁和裏椁，並没有所謂中椁。外椁裏椁之間是在南北兩方面用兩塊較長的椁板聯接起來成爲一體的，因而有了四個空隙處可以儲藏隨葬器物。《禮記·喪大記》：「棺椁之間，君容柷，大夫容壺，士容甒。」注「間可以藏物」，是只有一層椁。但這裏器物是藏在外椁裏椁之間，並不在棺椁之間。裏椁的名稱也見《喪大記》，是諸侯才有的，鄭玄注已經説：「裏椁之物未聞」了。

至於四個棺的名稱，據《禮記》，最外的一層叫做大棺，第二層是「屬」，最裏的一層叫做杝棺。所以四層棺是合乎制度的。

關於帛畫

我對繪畫是外行，但對這幅畫也有些看法，現在也來談談外行人的意見。

第一，這幅帛畫就是竹簡裏的非衣。應該放在遣册前面的四條簡裏，第一條絪度是墊在棺下的褥子；第二條縷帷是系在棺旁的柳，也就是帷；第三條非衣就是蓋在棺材上面的，好象門簾一類的東西。簡文説長一丈二尺，出土非衣長905釐米，合漢尺九尺的樣子，雖然有些距離，但是簡文中的尺度，大都是説得大一些的，或者對於明器用另一種尺度也未可知。它在出土時是蓋在棺上的，又裁成衣服的樣子，可以證明確實是這件東西。所以稱爲非，就是菲字，《荀子・禮論》叫做無帾，楊倞注解釋爲「所以覆棺」。《荀子》説這樣東西是象徵「菲」的。注裏説：「菲謂編草爲蔽，蓋古人所用障蔽門户者。」門也叫扉，所以門簾也叫做菲，非衣等於是扉衣，是挂在門扉上的衣。和挂在墻上的叫壁衣差不多。無帾就是幠褚，幠又作荒。《禮記》講「黼荒」是「火三列黻三列」。這個非衣也還是三列，也有火黻的圖案。當然主要内容是變了。據鄭玄在《周禮》注裏引漢朝的禮器制度説：「天子龍火黼黻皆五列。」那末對於王侯們也應有一定的制度，這個軑侯妻只是七百户小侯的夫人，在長沙這地方，還有比她家地位高得多的長沙王，她家儘管奢侈；但制度是不能僭越的。所以這上面的畫法就只採用楚地相傳的風俗習慣，而不是完全符合禮器制度的。

第二，根據《禮記》，葬具都是預先準備好的，只有絞紟衾冒四樣，一兩天就可以趕得出來的，才不預製。竹簡裏有校和[今+巾]，就是《禮記》上的絞紟，但是只放在郭中縷帷一條下面，沒有另列出來，可能由於這是用在屍體上的東西，棺材已經封好，陳明器時無法擺出來，人們看不到，所以只在縷帷一條裏附帶叙述一下就完了。但根據這一條可以知道軑侯妻的葬禮在喪具方面，基本上是符合禮制的。那些棺椁，尤其是畫棺，當然必須是預製的（漢代所謂東園壽器裏就有畫棺，都是預製的)，就是緅度、縷帷、非衣三項也應該是預製的。那末，非衣上的老婦人像，應該是軑侯妻生前畫的，並不像後代那些死後才追寫的真容。戰國時就有畫人像的畫工，如敬君等，非衣上的老婦人像雖然只是用綫條勾勒面部，神態是很生動的。古人在生時準備葬具，並不以爲嫌，東漢趙岐做壽壙，就自己畫了像。所以我認爲這是一幅現存最早的西漢初年畫人像的作品，可以看到我國人像畫的歷史多麽悠久，這是十分可貴的。如果單從這幅畫上作爲點綴用的神話故事來看這幅畫，就未免太窄了。

第三，遣册中對每件明器都有描述，就是緅度、縷帷也都如此。但是非衣只記尺寸，連綵繪都没有提到。出土非衣上端包竹竿，下面有四根帶子可供繫縛，顯然是陳列明器時掛出來的。鄭玄説漢禮器制度，天子的荒和翣，「其載皆有璧」，出土時畫的上端也正有塊璧，這也是漢制。正因爲這是掛出來的，人所共見，甚至出殯時，也可能掛着送去的，按照陳列的次序是第三件，所以遣册上就無需加以描寫了。

第四，顧鐵符同志説三段畫都是墓主人的生活，這幅帛畫裏只有天上人間，並無地下，我基本上是同意的。漢代的畫象石基本上是這個樣子。但是説下段是厨房，似乎可疑。因爲這些人都坐在那裏，雖放了鼎，也未生火，又没有人在烹調。我覺得通幅畫雖有三段，是可以聯繫起來的，上面兩人坐談是客廳，下面是宴會的地方，但還没有開始，許多座客正在等候着貴賓，所以鼎還没有開蓋。三段裏最突出的是中段，人物頂上留了很大一塊空白，跟上下兩段填滿了許多裝飾是顯著不同的。這樣，觀者就自然而然地要注意這部分了。老婦人正在全幅畫的中心，主題極爲鮮明，可見畫工的意匠經營很費一番苦心。看來，這幅畫是出自當時長沙有名畫家的手筆的。

關於遣册

竹簡有無短缺的問題

竹簡有三百一十二根，是迄今所見遣册中最多的，而且比較完整。但我覺得其中還有短缺，例如有一條竹簡説明有杜衡、蕙和蕡三種香草作隨葬品，但只有蕙和蕡兩條竹簡，並無杜衡這一條簡。又如一條簡上説「右方土金錢、馬牛羊鳥廿牒」，所謂廿牒，就是二十根竹簡，但只有十五根，就連兩條小題，也只有十七根。而且並没有土馬的一條簡。這種例子還相當多，所以恐怕是有短缺的。就是不知道是原來編竹簡時遺漏了呢？還是在墓中腐爛掉了？

竹簡的次序問題

這份竹簡的内容是記載隨葬器物的清册，原來叫做遣册，是編成册子後卷起來放在墓裏的。由於編的繩子斷爛了，已經散落，因此次序亂了。散落時是不分内外垂直落下來的，所以原來頭上的簡很可能掉到後面部分裏去了。竹簡位置有了變動，有些關係就弄不大清楚了。我們所知道的，至少脛勺、骯和取爵一組中的兩條明明是食物而被編到後邊的漆器中去了。繁蒙是一種鳥而編到香草裏去了。所以原來的編法是不大可靠的。就是出土時的散落地點，也不應過於拘泥。如郭中絪度等四條，應該編在最前面，因爲它是屬於葬具方面的。現在編在緥（手套）和熏橐（香囊）或者巾枕載等一起，顯得不倫不類。遣册中反映的制度，基本上是和《儀禮・既夕禮》符合的。《既夕禮》講陳明器，首先是茵，其次是苞筲等。《既夕禮》在後面説「書遣於册」，就指遣册。鄭玄注説是「所當藏物茵以下」，就是説遣册應該把茵列在第一位。《儀禮》是戰國時的作品，是概括當時禮儀風俗寫成的，漢初離戰國不遠，所用遣册就是沿襲戰國時的習慣。寫遣册的人決不能連茵帷等是葬具都不清楚，而把它們列入手套、香囊、手帕、枕頭等項裏面去的。何況竹簡上明明寫出椁中絪度（絪度就是茵著，是加了絲綿的褥子）和郭中縷帷（就是圍在棺材旁邊的柳），而非衣則是蓋在棺材上面的，古代稱爲幠，也叫做荒，就是現在看到的那幅帛畫，出土時正蓋在棺上。這三件是在椁的中央和棺在一起的。據長沙方面同志説棺下確有褥子一類的東西，可惜已經腐爛了。那末，這三件東西決不能跟放在椁首椁足和椁左右的隨葬器雜在一起是很明顯的。有的同志拘泥於出土時的位置，假使出土時竹簡是平鋪着的，當然要考慮它的位置，但現在是卷起來的，散落時不一定按照原來的次序，就不能作爲唯一的憑信了。當然，一定的聯繫還是有的，如這四條正好在一起，説明這四條恰好一起掉到後面的竹簡堆裏了。所以我們研究這份遣册的編次，主要還是要憑内在的聯繫。把用在棺材身上的東西放到手套、香囊、手帕、枕頭等中間去，等於把食物放在漆器中間，無論如何是説不過去的。

竹簡上的記載和出土實物對不上號的問題

竹簡内容既然是記載隨葬器物的清單，即遣册，應該是可以和出土實物相對證的。但是有一部分對不上號，我認爲原因很多。

第一，照《儀禮》上講，遣册是在陳明器後當時寫的。但這三百多根竹簡，看來是一個人的筆迹，一下子決然寫不出來，肯定是在出殯之前預先寫好的。再者寫遣册的人跟籌備喪禮、管理明器的人如封泥上的軑侯家丞，不會是一個人，因此可能各不相謀，遣册上寫的是按照當時的制度或習慣定的，而實際上準備是另外一種情形。例如屏風，簡上寫的和實物差距很大，大概是由於這種原因。

第二，有些簡文是有意夸張，例如説「土錢千萬，箞（匱）一千」，實際上只有五萬多泥半兩，二十二個簍子。顯然是夸大的。

第三，有些簡文是自相矛盾的，例如在食物部分有二十四個鼎。但在用器部分，只有七個漆鼎和六個陶鼎，總共是十三個。出土器物也正是十三個，那末食物部分的二十四個鼎中就有十一個鼎是落了空了。《禮記・喪服小記》：「陳器之道，多陳之而省納之可也，省陳之而盡納之可也。」那末，這種不相符，可能是頭上的九個鼎一組，雖陳列了而没有放進墓裏去，還有兩個組是三個鼎的都只放了兩個鼎，所以少了十一個。再如漆器中的卑匾，照遣册是四十個。這個匾字簡裏經常見到，匚旁裏面从的是𦤎是臱或𦣻字的省。匾即籩字，本是放食物的。卑匾是没有足的籩。出土漆器裏面正有這樣的器，侈口，除了没有足以外，正和銅器的籩相似。裏面有君幸食三字，共二十個，其中三個裏面放肉，在椁首，與簡文記載正同，較簡文記載少了一半。而食品方面用到卑匾的只有二十二器，那末，所謂四十個恐怕也是多陳少納的。另外一種情況，像：衣笥、繒笥，簡文未見而有出土實物，如果不是有脱簡，那就是省陳盡納的例子了。

第四，木俑恐怕根本没有寫進去，因爲俑象人，可能不作爲明器。

第五，土牛土羊之類大概没有放到椁裏，因爲椁裏象徵死人的住宅，牛羊等是不能在住宅裏面的，可能放到墓外面去了。

第六，有些是寫錯了的。例如：鰿禺肉巾羹一簡是講不通的。據出土的標籤上説是鰿肉禺巾羹，就是鯽魚的肉跟藕片做的羹。還有些總數是明明寫錯的。

第七，有些是因爲把文字認錯或者解釋錯了而和實物對不上號的。如：姦和履在一起，把姦解釋爲韤子是錯誤的。姦就是絞字，《方言》四：「緉緛絞也。」郭注：「謂履中絞也。」簡文説「接姦」是加上鑲邊的鞋墊。遣册裏有六個漆鈚和七個漆鼎，明明是匕而被誤認爲勺，反而把簡文的兩個漆勺叫作食物中的「脛勺」（是裏起來燒的腿骨）。這樣當然就對不上號了。以上是我一時想到的七個原因，可能還有别的原因。

這份遣册在學術上有重要價值

這份遣册是迄今所見的最多的一份，文字大體上可以認識。但由於用假借字很多，所以儘管認識字而不知它當什麽講。例如有一條「繁蒙四」，過去編在蕙蕢等香草一起，在實是鳥名。司馬相如《上林賦》「煩鶩庸渠」，徐廣注「一作番⿰鳥蒙」，番繁一聲之轉，蒙即鸏字。所以並不是很容易讀通的。但其中古字古義很多，如：粔籹只作居女，⿺麥咅⿺麥主只作僕粔，鵌鶉只作除鶉，鷓鴣只作炙姑之類，可以說明許多字原來都假借別字，許多形聲字是後來增加的。尤其重要的，如卵字寫作卝，把兩個半圓形寫成粗粗的一點。這是《詩經》上「總角丱兮」的丱字的最早寫法。過去在文字學家中經常爲這個字辯論，有人主張是卵字古文，有人認爲是磺字古文，現在可以明確爲卵字，出土的一笥鷄蛋，更可以作爲鐵證。又如盛醬和酒等的資，就是瓷字，《說文》没有瓷字，可見原來借用資字。從出土遺物看，有二十二件硬陶罐，其中有笋、魚骨、梅等是與簡文符合的。數目上也近似。那末，資這種器就是硬陶罐。從西漢初到晉初約四百來年，潘岳《笙賦》才有「縹瓷」的名稱，就是青瓷。吕忱《字林》有「瓷白瓶長頸」的解釋，那是白瓷。硬陶的製作技術日益提高，人民的需要日益普遍，瓷器代銅器漆器而興起，而其名稱仍沿襲硬陶罐爲資的舊稱或从瓦作瓷，又或从缶作⿱次缶。瓷器名稱見於文人筆墨和編入字書，總比較晚於它的出現時期，可見新的瓷器在晉初已比較普遍了。資這個器名在西漢初已經出現，對於我國陶瓷發展的歷史是十分重要的。另外還有六條竹簡記載魚和梅、笋等食品，它們的量詞是一個耳旁从古的⿰耳古，初看好像是一件器物的名稱。在出土食物裏，乾的梅子是用竹簽串起來，再用若干串梅子並成一排，再把若干排叠在一起而再加以封緘的。這個⿰耳古字，實際上是⿰咠十字，只是把左旁咠字上半的口，移到右旁十字下面，就好象是古字。⿰咠十字是緝字的通借字，當綴合在一起的意義。這個名稱是過去不知道的，這一類例子還很多，一時說不完，可見這份遣册是研究漢初文化極爲重要的資料。

僅摘録唐蘭所談內容，

載《文物》一九七二年第九期第五二至七一頁。

侯馬出土晉國趙嘉之盟載書新釋

趙嘉之盟的載書是一九六五年冬到一九六六年夏在山西侯馬大批出土的。過去有一些文章探索過，有很多成績，但還存在一些問題没有完全解决，主要有四點：

一、主盟的人是誰？

二、這次盟誓爲的什麽？

三、在什麽時期？

四、在哪個鬼神前面盟誓？

現在就已經發現和清理公佈的材料再作一些探索。

這批載書，可以分爲三類。

第一類只有坑十六的一塊小玉片，原編第三號，文多殘缺，現據《文物》發表的摹本加以考釋。〔一〕

十又(有)一月□□乙丑，敢用元□牛(疑告)

(不)顯皇君晉公□□。余不敢……

□□心定宮……　卄嘉之□□大夫

□大夫士……　之……

……　不帥□⿱吉凵書之言

……　之，麻臺(非是)。

晋字舊不識，沁陽出土的載書裏有丕顯晋公，第三片晋字作[glyph]是很清楚的。〔二〕晋本作晉而作晋，和楚王酓肯鼎、楚王酓肯盤的楚字作𡘩，是同樣的例子。文中説「余不敢」，顯係主盟者的自稱。下面的嘉字，應該是主盟者的名字，大夫□等應該是參與盟誓的人。

第二類載書中有三種：

第一種最簡，約七十二字。坑二〇〇出土，共七十二片，今據郭沫若同志文中所録一片釋如下：〔三〕

> 義敢不半（其腹）
> 心，以事其宗；而敢（不盡）
> 從嘉之明，定宮平時之（命，而敢）
> 或叀改助及奐，卑不守二（宮者）；
> 而敢又志復趙尼及其子孫
> 于晋邦之墜者，及帬
> 虖明者；盧君其明亟覘
> 之，麻臺非是。

義是參加盟誓的人名。第一片作直父，（圖一）第二片作大心，第三片作邯鄲亟，第四片作陞，第五片作宋，第八片作臬，第十一片作弄，第十二片作弓水，第十六片作[glyph]，第十七片作[glyph]，第十八片作侃，第二十片作角，第二十五片作医雄，第二十六片作胄，第二十八片作晵，第三十片作宀，第三十一片作安，第三十九片作鄦頭，第四十五片作毛，第四十六片作工，第四十七片作[glyph]，第四十九片作絆，第五十片作喜，第五十一片作正，第五十四片作[glyph]，第五十七片作[glyph]。半或作閈。助第十片从田作勛。奐第十五片作奂，第十八片、第二十六片和第二十七片从衣作袌。

第二種出於坑十六，共五十九片（共出六十片，第三號一片是第一類的，已見前），有九十二字左右。比第一種在「趙尼及其子孫」下多出「兟痝之子孫，兟歆之子孫，重比之子孫，史醜之子孫」等。

它們的與盟人名也各不相同，據《侯馬東周遺址發現晉國朱書文字》一文，五號片爲興，九號爲治梁，十六號爲産，二十二號爲綏，二十三號爲章，二十五號爲武，三十三號爲婁。〔四〕現在見到的一片名𢦏。（圖二）

兟歆之子孫，二號片作兟直及其子孫，重比作趙邦。

第三種是坑一九五出土的一塊，見陶正剛、王克林文中所附摹本，〔五〕在「史醜及其子孫」下，還多出「司寇鬻之子孫，司寇結及其子孫」等十三字。

這三種載書主詞是一樣的，只是被逐的人名有出入。它們的内容，首先是參加盟誓的人表示剖心以事其宗。半或閈都讀如判，釋爲剖是對的。《左傳·宣公十二年》説「敢布腹心」，《史記·越王勾踐世家》「孤臣夫差敢布腹心」，均作布。《淮陰侯傳》「臣願披腹心，輸肝膽」，作披，均一聲之轉。下面是誓詞，誓詞的第一條是「而敢不盡從嘉之明，定宮平時之命」，明字郭沫若同志讀爲盟是很對的。〔六〕嘉是主盟者的名字，所以參與盟誓的人都不敢不盡從嘉之盟。定宮是定公之宮，平時郭沫若同志疑爲平公之時，都很對。按照驫羌鐘銘所説「賞於韓宗，命於晉公」來看，前面説事其宗是趙宗，而命是晉公在定宮平時之命。平公是定公的曾祖，可能已經是祧廟，所以稱爲時。第二條是「而敢或叀改助及奐，卑（俾）不守二宮者」。叀字《説文》誤作甹，「傾覆也，从寸，臼覆之，寸人手也，从巢省。杜林説以爲貶損之貶」。《漢書·司馬相如傳》：「而適足以甹君自損也。」《文選·上林賦》又誤作甹，晉灼注：「甹古貶字。」據卜辭巢作□，〔七〕銅器鼓罍簋銘巢作□，〔八〕可證所謂从巢省的甹字當作叀，叀改的意思是顛覆和變改，助和奐，大概是兩個人名，是守二宮的，所以説叀改助及奐，使他們不守二宮。二宮是武宮和文宮，是晉武公和晉文公的宗廟，是晉國主要的宗廟。第三條説：「而敢有志復趙尼及其子孫於晉邦之地者，及羣虖盟者。」趙尼的尼字，依陶正剛、王克林所釋。趙尼是被逐出晉邦的，所以怕有人有志於使他回來。虖讀如鏬和𡒄，《説文》：「鏬，裂也。」又「𡒄」或作「𨼆」，「坼也」。「坼，裂也」。可見虖有裂義。羣虖盟者是指結黨破壞盟誓的人。趙尼在被逐者中間是最主要的，所以第一種載書只説到他一個人和其子孫，第二種載書加上兟痝、兟惪、通歆、史醜四族，第三種載書比第二種又多大夫鬻、大夫結兩族，大概都是趙尼的親信與同黨。兟族可能就是晉國著名的先族，但趙尼的親信有這樣多兟族的人，他們的關係，還有待於新的史料的發現。後兩種載書，人數多少不同，可能由於參加盟誓的人和這些被逐的人之間，關係不一樣的原故。至於人名的互有出入，有些是寫法上的問題，有些則可能是寫錯的。載書最後説「盧(吾)君其明亟(殛)眂(視)之，麻㚟非是」，則是總結上面三條，借鬼神來爲要約的話。麻㚟非是和沁陽出土的載書相同，[九]那批載書裏主要是韓族的人，可能是屬於韓的。朱德熙、裘錫圭認爲就是《公羊・襄公二十七年》的「昧雉彼視」，是很對的。麻昧、㚟雉、非彼、是視，均一聲之轉。那是衛公子成鱄由衛國出奔至晉國，將渡河時所作的誓詞。那末，這是春秋戰國間，在晉衛一帶黄河南北共同的在盟誓中所用的成語，它的本義已不可曉，或者有些像「有如此盟」的意思。何休從字面來解釋是錯的，或者説，是或視都讀成「隊命亡氏」的氏，也還没有可靠的證據。

第三類載書是坑一五六出土的九片，全文達二二〇到二三〇字，現在以最近發表的圖版與摹本迻録其釋文：[一〇]

盦(或摹作𥁕，似是亶字)章自貭於君所，所敢俞出入於趙尼之所及子孫，兟痝及其子乙，及其伯父𢀖父兄弟子孫，（以上第一行）

兟直及其子孫，兟鐘、兟枒之子孫，兟誆、兟瘼之子孫，中都兟弘之子孫，兟木之子孫，□及新君弟子孫，陖及新君（以上第二行）

弟子孫，肖米及其子孫，趙喬及其子孫，郙詍之子孫，邯鄲重政之子孫，閔舍之子孫，趙□之子孫，吏醜及其子孫，重癰（以上第三行）

及子孫，邵坙及其子孫，司寇鶱之子孫，司寇結之子孫，及𪏺虖明者。章顕嘉之身及子孫，（以上第四行）

或復入之於晉邦之墜者，則永亟覗之，麻㚟非是。(既)貭之𨒌，而敢不巫覡祝史（以上背面第一行）

獻綐繹之皇君之所，則永亟覗之，麻㚟非是。閔癸之子孫，宕之行道弗殺，君其覗之。（以上背面第二行）

這批參加作誓的人還有郘徒，絹、□臣，弜欸、昱等人。被逐的人名，各片略有異同。末行閔癸一作閔伐，宕字下半所从不詳，有兩片作見。秋或作伐。君其覗之，一作盧君其覗之，一作盧君其永亟覗之，一作盧君其明亟覗之。

這一類誓詞，首先説某人「自誓於君所」，貭字上从斦，是折字，折《説文》籀文作𣂎，金文《齊侯壺》「𣂎於大司命」，讀如誓。𣂎省去二屮，即爲斦。古鉨悊常作悊，可證。那末貭是哲字，不是質字。《廣韻》十五轄陟轄切下「𧵩貨也」。在這裏應讀爲誓。這一類載書是自誓，不是共同的盟誓，和第二類載書截然不同。誓詞説：「所敢俞出入於趙尼之所及子孫。」俞讀爲渝。《爾雅·釋言》：「渝，變也。」《左傳·僖公二十八年》的兩個載書和成公十二年的載書都有「有渝此盟」的話，桓公元年的載書説「渝盟無享國」。那末，這是説不履行盟約而出入於趙尼及其子孫之所。誓詞羅列趙尼的黨羽比第二類載書多出了十幾個人，接着又説某人「頸嘉之身及子孫，或復入之於晉邦之墜者」，頸字陶正剛、王克林推測就是《説文》訓爲「内頭水中也」的頸字，是對的。頸讀爲没，「内頭水中」也是没的意義。《小爾雅·廣言》「没，終也」，《論語·憲問》「没齒無怨言」，那末，没身等於終身，誓詞説終嘉之身及子孫，而敢或把趙尼及其子孫復入於晉邦之地者，則永殛覗之，麻夷非是，這是誓詞的第一條，和第二類載書就很不一樣。熏字从火羣聲，就是焄字，在這裏仍讀作羣。誓詞第二條説：「既誓之後，而敢不巫覡祝史𫯨綐繹之皇君之所，則永殛覗之，麻臺非是。」𫯨字郭沫若同志讀爲薦是很對的。字从廌从攴，很清楚。薦或作荐，瀳或作洊，那末，𫯨應即拵。从攴的字往往變从手。《左傳·哀公八年》「拵之以棘」，《廣韻》二十三魂徂尊切下有拵字，「摅也」。這裏讀𫯨爲薦，《周易·豫》「殷薦之上帝」，《觀》「盥而不薦」，薦是祭的一種。《管子·小匡》：「與諸侯飾牲爲載書以誓要於上下薦神。」注：「謂以上下之神祇爲盟誓，又以其牲薦之於神。」可以看到既誓之後是要薦牲的。綐字在各片中有很多寫法，陶正剛、王克林定爲綐字是對的。《管子·立政》：「刑余戮民，不敢服綐。」《廣雅·釋器》：「綐，紬也。」《玉篇》：「綐，細紬也。」但這裏的綐繹是連語，《説文》：「説，釋也。」《詩經·邶風·静女》：「説懌女美。」鄭玄箋：「説懌當作説釋。……女史以之説釋妃妾之德。」《小雅·頍弁》：「既見君子，庶幾説懌。」箋：「故言我若已得見幽王諫正之，則庶幾其變改，意解懌也。」釋文：「懌本又作繹。」《爾雅·釋詁》：「懌，悦樂也。」又：「悦，懌服也。」説釋、悦懌、綐繹，都同一語源。這裏應當讀爲説釋，就是讓巫覡祝史薦牲於皇君之所並加以説釋。誓詞的第三條，「閔癹之子孫容之行道弗殺，君其覗之」。癹就是《説文》的癹，發字从癹聲，通作伐。《逸周書·宦人》「發名以事親」，又「有知而言弗發」，《大戴禮·文王官人》發並作伐可證。殺就是《説文》播字古文的𢻱，《汗簡》引作殺。播當播棄講，《國語·吴語》「今王播棄遺老」，注：「放也。」絹的載書作「而弗伐」，伐是討伐、誅伐的意義。郘徒的載書作「所不止」，《左傳·哀公十二年》：「故將止之」，注「執也」。不管播棄、討伐或拘執，都是要對逋逃的閔發的子孫，在路上遇見時采取措施。

從這三條誓詞來看，第三類載書要比前兩類爲晚。

把上面的三類載書綜合起來看，可以看到主盟的人是嘉。因爲三類載書裏都有嘉這個名字。在第一類載書裏可以看到是嘉和大夫們盟誓；在第二類載書裏，所有參與者都「從嘉之盟」；在第三類載書裏説「没嘉之身及子孫」，嘉是人名是十分清楚的。但過去都没有把它作爲人名，所以忽略過去了。嘉既是主盟者，而被逐的人是趙尼，可以證明嘉應是趙嘉。趙嘉是趙桓子。《史記·趙世家》：「襄子立，三十三年卒，浣立，是爲獻侯，獻侯少，即位，治中牟。襄子弟桓子逐獻侯自立於代。一年，卒。國人曰：桓子立，非襄子意。乃共殺其子而復迎立獻侯。」《六國表》在周威烈王二年下有趙桓子元年，索隱：「桓子嘉，襄子弟也。元年卒。國人共立襄子子獻侯晚。」又《魏世家》索隱引《世本》：「桓子名嘉，襄子之子。」那末，這批載書應該就是趙桓子逐趙獻子而自立時的遺物（《史記》稱獻子爲獻侯，是趙烈侯時追尊的）。趙襄子的卒年相當於周威烈王元年，趙獻子繼立而爲趙桓子所逐，應該就是那一年的事情。第一類載書作於十一月乙丑，晉國是用夏曆的，銅器裏的欒書缶可證，如果用周正來説，這就是周威烈王二年，即趙桓子元年的正月，爲公元前四二四年。那時趙獻子已經被逐，趙桓子大概已經得到晉幽公的形式上的同意作爲趙氏之主了。第一類和第二類載書是同時的，第一類是趙桓子作爲盟主所作的載書，而第二類則是從盟的人的載書，所以首先提出要盡從嘉之盟，定宮平時之命，所謂定宮平時之命，就是命趙嘉爲趙宗之主。事其宗，從嘉之盟，定宮平時之命，都是一回事，就是確定趙嘉的地位。載書的第二項不守二宮，大概是趙嘉加給趙尼的罪狀。最後一項就是怕有人讓趙尼回到晉邦來。總之，是趙嘉逐了趙尼之後所采取的一項措施。據《史記》在這次政變後的三十八年，周安王十六年，趙敬侯的元年，即公元前三八六年時，還有公子朝（一作朔）之亂，但公子朝是作亂不克出奔魏的，魏是晉國的一部分，鄂君啓節説「大司馬昭陽敗晉師於襄陲之歲」，實際是楚國戰敗了魏師，其時爲公元前三二三年，晉國早已没有了，但仍舊稱魏爲晉可證。而這批載書裏的趙尼是被逐出晉邦之地的，和趙敬侯時不同。趙桓子時，三家滅知伯還不久，晉國還是統一的，所以被逐就得出晉國，例如：智伯被滅時，知開、知寬是奔秦的，晉出公據《史記》説是「奔齊道死」，而《竹書紀年》説是奔楚。可見當時的情況是西奔去秦，東奔到齊，而南奔至楚，總之是要出晉國國境的。據《史記》趙襄子和韓魏分知氏地以後，「於是趙北有代，南並知氏，彊於韓魏」，而晉幽公時，晉衰，反朝韓趙魏之君，獨有絳曲沃，余皆入三晉。所以襄子死後，趙桓子能把趙獻子逐出晉國。但是經過趙桓子逐趙獻子之後，不到一年，趙桓子就死了，趙獻子又回來，並把趙桓子的兒子殺了，這些變亂之後，趙氏的力量大概已薄弱了。所以八年以後晉幽公被殺時，就由魏文侯來干預而立晉烈公。而趙敬侯元年時，公子朝奔魏以後，還和魏國一起來襲邯鄲，趙國既不能把他逐出晉邦之地，也根本用不上這樣的盟誓了。那末，這批載書作於趙嘉，即趙桓子的元年是毫無疑義的。至於第三類載書，趙嘉既未參加而由作誓者自誓於君所，顯然和前兩類載書不是同時的事情。從載書的内容看，第一次盟誓以後，已經有破壞盟誓而和趙尼相勾結的人，所以誓詞説「所敢俞（渝）出入於趙尼之所」，就是説當時是有人出入於被逐國外的趙尼之所的。趙桓子在位總共只有一年，他看上去是就在公元前四二四年病死的。死了以後，「國人曰：桓子立，非襄子意，乃共殺其子而復迎立獻侯」，也都應該在這一年内，到了公元前四二三年，就已經是趙獻子的元年了。那末，從十一月乙丑舉行第一次盟誓之後不久，趙桓子大概已經病了，那時就已經有人企圖使趙獻子復辟，這次政變没有成功，有些人爲了避嫌疑，因而有這次自誓的舉動。從這部分載書裏所説「没嘉之身及子孫，或復入之於晉邦之地者」云云，可以看到當時趙桓子可能因有病不能參加，所以作誓者提出「没嘉之身」的話。第一次盟誓説「有志復趙尼」，還只是「有志」，而這次説「復入之」，是已經有行動了。這類載書裏逐出晉邦的人，比第一、二類的載書有成倍的增加，也是已經發生過一次未遂的政變的迹象。正由於這些自誓的人處於嫌疑之中，所以要用巫覡祝史來向皇君説釋，就是爲自己辯解和作保證，並且把這作爲誓詞的第二條。而第三條的閔（藺）發，則像是這次未遂政變中的重要人物，但已經死了，所以對他特別仇恨，對他的子孫的措施也要列入誓詞裏。

趙獻子的名字，《史記·趙世家》作浣，索隱引《世本》作起，而《六國表》索隱作晚，三者字各不同。這批載書既確定是趙嘉即趙桓子逐趙尼時所作，那末，趙獻子的名字就應作尼。古文字多通假，加以隸變傳訛，所以古書人名往往錯誤，如楚懷王的名字，據詛楚文應該是熊相，而《史記》誤爲熊槐之類。尼字可以寫爲泥，也可以寫爲昵，在隸書形體中就和浣或晚有些近似，或者就是由此致訛的，應該以出土遺物所記載的當時稱謂爲正。

這批載書裏的盟誓都是向晉公作的。第一類載書裏説明皇君晉公，第二類裏稱䲨（吾）君，第三類裏稱君，又稱皇君，末句的君，也有作䲨君的。晉公可能指晉武公。因爲舊的晉國是爲曲沃武公所滅的，曲沃武公改稱爲晉武公，是新的晉國的始祖。《左傳·成公十八年》和《襄公十年》的武宫，都指晉武公的廟。那末，這些盟誓，可能是在武宫周圍舉行的。

春秋末年，一般對諸侯稱君而卿大夫稱主，像趙簡子就稱爲趙簡主。第三類載書裏兩次説到新君弟，新君可能指晉幽公，那末，晉幽公或者也牽涉到這次政變中間去了。

從上面的分析，我們可以比較明確地指出：

（一）這批載書中的主盟者是晉國的趙嘉，就是趙桓子。

（二）這次盟誓是由於趙襄子鞅死後，趙桓子嘉把原定的繼承者而且已經繼立的趙獻子尼逐出晉國而自立，在即位時，爲了防範有人企圖使趙尼復辟而舉行的。隨後，由於有人策劃使趙尼復辟而未遂，又舉行了一次，但這次趙嘉未參加，僅由少數人自己作誓。

（三）由趙嘉主盟的這次盟誓，是周威烈王二年的正月，因爲晉國用夏曆，所以説是十一月（周正建子，夏正建寅，夏曆的正月，在周曆已經是三月了。春秋時諸侯即位，是根據周曆的正月的），日子是乙丑。這是趙桓子的元年，晉幽公的十年，是公元前四二四年。第二次的自誓，是在同年較晚的時候。

（四）盟誓是對皇君晉公舉行的。

這批載書是一個比較重要的發現，目前尚未清理完畢，材料也没有全部公佈，但就拿現在所知道的這些來説，已經可以對趙國未列爲諸侯前的一段歷史，有所補充和訂正。所以先寫出來供研究。其中錯誤的地方，並希望得到批評指正。

〔一〕《侯馬東周遺址發現晉國朱書文字》，《文物》一九六六年第二期。

〔二〕《東周盟誓與出土載書》，《考古》一九六六年第五期。

〔三〕《出土文物二三事》，《文物》一九七二年第三期。

〔四〕同〔一〕。

〔五〕《侯馬東周盟誓遺址》，《文物》一九七二年第四期。

〔六〕《侯馬盟書試探》，《文物》一九六六年第二期。

〔七〕《甲骨文編》十一卷七頁第一三三〇字，中華版。原釋涑。

〔八〕《西清古鑑》二十七卷三十頁。

〔九〕同〔二〕。

〔一〇〕《文物》一九七二年第三期，圖版壹、圖版叁。

圖一　盟書摹本

圖二　盟書摹本

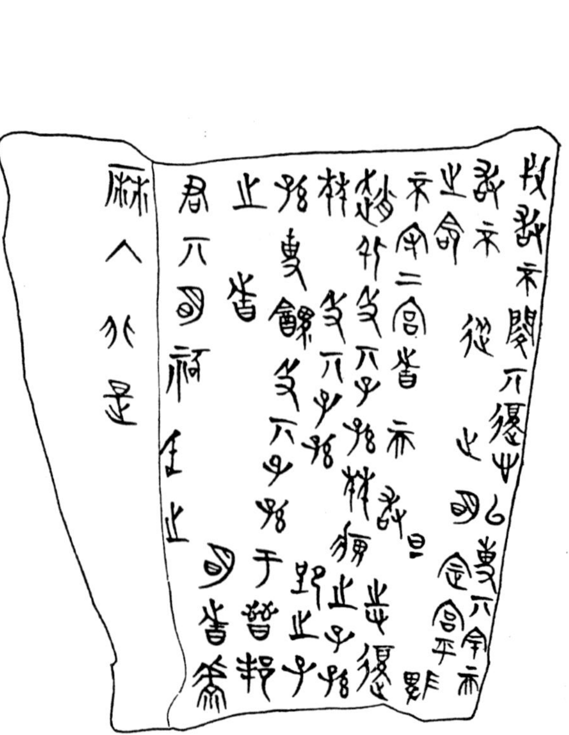

載《文物》一九七二年第八期第三一至三五頁又五八頁。

史𦣞簋銘考釋

史𦣞(音指)簋,現藏故宮博物院。外作獸面紋,腹内有銘文四行,二十三字。(圖一、三)《筠清館金文》卷五,《攈古録金文》卷二之三著録,並稱爲乙亥彝。《周金文存》卷三稱爲畢公彝。《三代吉金文存》卷六誤爲史臤彝。此器久入清宮,外間不知究爲何樣器。孫詒讓《古籒餘論》甚至疑爲僞作,郭沫若同志在《兩周金文辭大系》中爲之辯枉,並定爲康王時器,都是很對的。

圖一 故宮博物院藏史𦣞簋(約三分之一)

圖二 陝西岐山賀家村出土的史𦣞簋(約三分之一)

但由於銘文漫漶,拓本不晰,舊釋有未的處。一九六六年陝西岐山賀家村發現的一批西周銅器裏,也有一個史𦣞簋,形式銘文都和這個簋相同，而銘文較爲清晰。（圖三、四）今重爲釋文，並爲之考。

圖三　故宮博物院藏史𦧝簋銘文拓本（二分之一）

圖四　岐山賀家村出土史𦧝簋銘文拓本（二分之一）

乙亥，王𢍰（誥）畢公，
迺易（錫）史𦧝貝十朋。
𦧝古于彝，其
於之（茲）朝夕監（鑒）。

作器者史𦧝的𦧝字，《説文》作䛐，在言部，「訐也。从言臣聲。讀若指」。桂馥《説文義證》疑从𦣞聲，是錯的。段玉裁説是合音，即音韻學家所謂陰陽對轉。臣字古韻在真部，其韻尾爲ㄋ，讀爲指則在古韻脂部。就是説臣應讀爲挋或郋（並音震），失去韻尾ㄋ，則讀爲至。至和指雖有去聲和上聲之别，古音去和上的區别還不很嚴格，所以䛐可讀爲指。但此簋兩器四見𦧝字都从舌，不从言，未必是寫錯的。應該是从舌臣聲，是䛐的别體。

𢍜字因拓本不晰，過去認爲賫字。岐山新出的簋，从言从廾，很清楚，回過來看清宮一器，也正是這樣寫的。𢍜字應該是誥字的别體。《説文》誥的古文作𣪊，《玉篇》《廣韻》都没有，《汗簡》引作𣪊。清代《説文》學家紛紛加以推測。段玉裁、嚴可均説是从肘聲，那不就和討字差不多了嗎？錢坫以爲从舟聲，但《汗簡》顯然是後改的，而且還从又，是什麽意義呢？王筠説與訾同體，疑爲由下連訾字而誤衍。鈕樹玉就乾脆疑爲後人增。這些説法都是錯的。《説文》裏的古文，都指六國古文，就是壁中經，像《尚書》之類。《尚書·大誥》釋文「誥本亦作𢍜」。那末，許慎所見的壁中古文是从言从廾作𢍜，傳寫《説文》的人把廾旁誤爲𠬪了。《玉篇》廾部有𢍜字，「公到切，古文告」。日本僧空海所著《萬象名義》是根據原本《玉篇》節録的，在𢍜下注「公到反，語也，謹也」。上一義用的是《廣雅·釋詁》「告，語也」。下一義是用《爾雅·釋言》「誥，謹也」。可見𢍜不但是古文告，也還是古文誥。這是因爲言本作[illegible]和告作[illegible]相近，就把从言从廾的𢍜，改爲从廾告聲的𢍜字了。其實𢍜字的从言从廾是由於誥是由上告下，作誥的是奴隸主貴族，用雙手來捧言，以示尊崇之義。廾也是聲。廾讀爲共，龏就是龔，龏王就是共王，可證。廾音失去 ŋ 的韻尾，就讀如告。《説文》「𢍏，兩手同械也」。「桊，𢍏或从木」。又「梏，手械也」。其實𢍏就是拱字，桊和梏也是一個字，後來加以區别，才把兩手同械叫做𢍏或桊。桊和梏的關係，正如𢍜和誥的關係，𢍜字从言廾聲，可讀爲誥是無疑的。

古于彝的古字，過去也由拓本不清晰，釋爲召，或釋爲占，吴闓生讀爲佔畢之佔和兒笘之笘，均不確。新出的簋作古字，也是很清楚的。古于彝和宋代出土的中方鼎説「埶於寶彝」（《嘯堂集古録》卷上十一頁），清宮舊藏的縣改簋説「肄（肆）敢陎於彝」（《三代吉金文存》卷六，五十五頁），以及《禮記·祭統》所載的孔悝鼎銘説「施於烝彝鼎」，都是同一文例。縣改簋的陎，應是𨽸的變體。𪓑簋説「宗彝一𨽸」，也是𨽸字，讀爲肆，宗彝一肆即宗彝一例，可證。肆與古同義，《爾雅·釋詁》「治、肆、古，故也」，可證。《説文》「故，使爲之也」，《廣雅·釋詁》「故，事也」，是説這些字有作爲或從事的意思。《説文》又説「肆，極陳也」。《周頌·時邁》説「肆於時夏」，鄭玄箋：「肆，陳也。……陳其功於是夏而歌之。」那末，古於彝和肆於彝有爲之於彝，陳述之於彝的意思。埶於寶彝的埶，即蓺字，《廣雅·釋詁三》「蓺，治也」，那就是治之於寶彝的意思。从埶聲的字象褻、鏊、暬等字都讀私列切，跟肆字是一聲之轉。施於烝彝鼎的施，和肆也是一聲之轉。《論語·憲問》「吾力猶能肆諸市朝」，鄭玄注：「有罪既刑，陳其尸曰肆。」《晉語》「秦人殺冀芮而施之」，注「陳尸曰施」。明肆與施同義。《禮記》鄭玄注：「施猶著也。」施於烝彝鼎就是著之於烝彝鼎。鄭玄注又説：「酌之祭器，言斟酌其美，傳著於鐘鼎

也。」那末，古于彝也可解釋爲傳著於鼎。古字可讀爲甫聲。銅器常以匿爲簠可證。〔一〕

總起來説，這件器的銘文記載的是：乙亥那天，周王誥於畢公，於是賞賜了史話貝十朋。史話把這作爲大事，記載彝器上面，以便在這些器上，每天早晚都可以看到。銘文比較簡單，從文義看，賞賜的人是周王，史話是畢公的僚屬，所以受到賞賜。因受賜而作簋，現在已經發現的是兩個簋，不知當時一共做了幾個。周代的簋，據記載都是偶數：《周易·損》説「二簋可用享」，是代表儉省的意思，當時一般貴族大概都是用四簋的。《詩經·權輿》「於我乎每食四簋」，毛傳：「四簋黍稷稻粱。」用到八簋，已經是多了。所以《詩經·伐木》説「陳饋八簋」，毛傳就説是「天子八簋」。但從銅器銘文看，函皇父簋就有八個，不過這已是西周末年了。史話簋作於周初，可能不止兩器。清宫一器，最早見於《筠清館金文》，估計是嘉、道間出土（約十八世紀末到十九世紀初）。而一九六六年岐山出土的一批銅器裏，除史話簋外，還有史述尹丞等人的器，似是史話的後人。那末，史話所作的簋，可能已被其後人所分散，所以這兩個簋不是同時出土。

關於畢公，《逸周書·和寤解》「王乃出圖商，至於鮮原，召邵公奭畢公高」，可見畢公名高，在武王伐商時已和邵公同被召，並且同稱公，地位是不低的。《左傳》僖公二十四年，富辰説「管、蔡、郕、霍、魯、衛、毛、聃、郜、雍、曹、滕、畢、原、酆、郇，文之昭也」。是説十六國都是文王的兒子一輩，未必便是文王的兒子。所以《史記·魏世家》説：「魏之先，畢公高之後也。畢公高與周同姓，武王之伐紂而高封於畢。」恐怕是有些根據的。由武王伐紂到成王的死，經過四十多年，武王時舊人大部分早已死亡，只有召公奭還健在。召公是以長壽著稱的，春秋時吴國的者減鐘銘就説「若召公壽」。王充《論衡·氣壽》説：年「百八十」，應劭《風俗通》説「壽百九十餘乃卒」，固然都是夸張之詞，但《尚書·顧命》，成王臨終時，「乃同太保奭、芮伯、彤伯、畢公、衛侯、毛公」，他還是主要負責的，正如《論衡》所説已「出入百有餘歲矣」。下文説「太保率西方諸侯入應門左，畢公率東方諸侯入應門右」。舊説太保就是召公是西伯，畢公是東伯，是代周公的，大概是對的。但在六人的序次中，畢公名列第四，而且下文康王答拜之後説「太保奭芮伯咸進相揖，皆再拜稽首」，可見這個畢公決不是武王時的畢公高了。儘管他爲東伯，率領東方諸侯，但名位是在太保芮伯彤伯之下的。《左傳》昭公十二年説「熊繹與吕伋、王孫牟、燮父、禽父並事康王」。吕伋是齊太公之子，王孫牟是衛康叔之子，燮父是晉唐叔之子，禽父是魯周公之子，那末，除了召公是例外，都已是武、成時人的第二代了。以此例推，康王時的畢公應該是畢公高的兒子一輩。《尚書序》「康王命作册畢分居裏成周郊，作畢命」。作册畢，《史記·周本紀》作「作策畢公」。郭沫若同志認爲史話是畢公的屬吏，「吏屬爲史，知是在畢公已爲作册時」。是很對的。簋銘説「王誥畢公」，大概就是作畢命時的事情。誥是指周王説的話，作命時一定有誥。《康王之誥》説「惟予一人釗報誥」，釗是康王的名，報是答覆的意思，所以《尚書序》説「康王既尸天子，遂誥諸侯，作康王之誥」。而在康王作誥以後，説「羣公既皆聽命」，可見誥就是命。所以，郭沫若同志把史䛐簋列在康王時期，是完全正確的，其時間相當於公元前十一世紀的末年，距今約三千年了。《漢書·律曆志》「康王十二年六月戊辰朔，三日庚午，故《畢命豐刑》曰：惟十有二年六月庚午朏，王命作策豐刑」。儘管文字有缺佚，並夾入作册豐刑等話，但總和命作册畢公分居裏成周郊的時代有關。史䛐簋裏是乙亥這一天，王誥畢公的，乙亥在庚午後六天。那末，王誥畢公這件事，可以初步假定爲康王十二年六月九日。周正建子，六月是夏曆的四月。將來，金文斷代的資料更加充實後，是有可能從年曆方面來加以證實的。

〔一〕《晉語》注「傅著也」。《史記·吴太伯世家》索隱引宋衷注《世本》「姑之言諸也。《毛詩》傳讀姑爲諸」。姑通古，諸通著，那末，古字可讀爲著是無疑的。

載《考古》一九七二年第五期第四六至四八頁。
又《唐蘭先生金文論集》第一八二至一八六頁紫禁城出版社一九九五年十月。

《永盂銘文解釋》的一些補充

——並答讀者來信

《永盂銘文解釋》是一九七一年冬匆促寫成的，殊多舛略，兹爲補充如下：

一、關於作盂的時代和邢伯益公

前文定《永盂》爲周共王十二年時（見《文物》一九七二年第一期），頃讀夏鼐同志《無産階級文化大革命中的考古新發現》（《考古》一九七二年第一期）一文，引用穆王時的《長甶盉》銘中「即井白大祝射」的話爲證，説：「新發現的這件永盂，也應是穆、共時期的彝器。」我在前文曾引用長甶盉銘的「穆王在下淢应」，但僅憑記憶，未檢原文，因而把下邊的「穆王鄉豐（饗醴），即井伯（邢伯）大祝射。穆王蔑長甶以逨即井白，井白氏彌不奸，長甶蔑歷」一段遺漏了，是很大的疏忽。從這銘裏可以證明邢伯在穆王後期已經用事，並且已經是司馬了。因爲司射儀的射人，在周禮裏正是屬於司馬的。但據《史記·周本記》，穆王在位五十五年，而有關邢伯的銅器大都在共王時，所以《永盂》的十二年不可能是穆王時的十二年，而只能是共王的十二年。

一九六三年在陝西省武功縣出土的兩個《師瘨簋》蓋，銘文説：「唯二月初吉戊寅，王在周師司馬宫，格太室，即位。司馬邢伯親（原釋睽，誤）右師瘨入門，位中廷。王呼内史吴册命師瘨……」（見《文物》一九六四年第七期）在周王册命的時候，邢伯爲右，内史吴册命是跟共王元年的師虎簋相同的。内史吴的册命還見於共王七年的牧簋，而共王二祀的吴彝則是作册吴自己做的銅器，吴的官是作册内史，所以有時叫内史，有時叫作册。在師瘨簋蓋上把邢伯的名字叫親寫出來了。陝西省文管會那篇報導文字裏，由於把長甶盉誤定爲穆王前期，師虎簋誤定爲穆王元年，因而把邢伯和内史吴都認爲擔任這種要職有五六十年之久，這顯然是不可能的。

一九五九年陝西省藍田縣出土的詢簋銘文説「唯王十有七祀，王在射日宮。旦，王格。益公入右詢」（見《新中國的考古收穫》五十五頁），是比永盂晚五年，而比休盤的二十年又早了三年的器。過去説詢簋的年代屬於西周末年，有人定作宣王，也有定爲厲王或夷王的，顯然都不對了。銘文叙述王命詢適官（適是主的意思）司邑人，先虎臣，後庸（傭）西門尸（夷，下同）、秦尸、京尸、㚇尸等，和師酉簋的內容差不多。另外，一九五五年陝西省郿縣出土的盠尊、盠彝説「用作朕文祖益公寶障彝」（見《文物》一九五七年第五期）。而宋代出土的𦥑簋説：「作皇祖益公、文公、武伯，皇考龏伯䵼彝」（見《嘯堂集古録》）。還有畢鮮簋説：「畢鮮作朕皇祖益公尊簋」（見《三代吉金文存》卷八），則都是益公的兒子或孫子一輩了。

一九六三年十一月陝西省藍田縣出土的師𩛥簋説：「唯八月初吉戊寅，王各于太室，榮伯內右師𩛥，即位，立中廷，王乎內史尹冊命。」這是和弭伯有關的。應屬於穆王末年。（見《文物》一九六六年第一期）又一九五七年三月在陝西省長安縣發現的輔師𠭰簋説「唯王九月既生霸甲寅，王在周康宮，格太室，即位。榮伯入右輔師𠭰。王乎作冊尹冊命𠭰」（見《考古學報》一九五八年第二期）。這是一種侈口的簋，有一道長尾鳥的花紋，顯然是西周前期的風格，也應該是穆王末年的銅器。

還有一九六一年陝西省長安縣張家坡出土的孟簋説「朕文考眔毛公遣仲征無需」（見《考古學報》一九六四年第一期），這是遣仲的兒子一輩人。毛公和遣仲的出征，應是穆王時事。

因此，在前文所附表裏，還要增加：一、穆王末年的長由盉，穆王在下減应，人物有邢伯。以及師𩛥簋和輔師𠭰簋，人物有榮伯。二、共王時期的師瘨簋，王在周師司馬宮，格太室，人物有司馬邢伯親。三、共王十七年的《詢簋》。王在射日宮，人物有益公。四、共、懿期間的孟簋，是和遣仲的兒子同輩。五、懿、孝期間的盠尊、盠彝和𦥑簋、畢鮮簋，都是益公的孫子一輩。

前文假定共王十二年是公元前九四〇年前後，是按共和元年爲公元前八四一年向前推算的。據《史記・周本記》厲王三十四年，王益嚴，三年國人暴動，厲王奔彘。厲王在位，約三十六年。但我過去推考過，共和十四年應包括在厲王在位年數之內（見《西周銅器斷代中的康宮問題》），那末，從宣王元年爲公元前八二七年向上推，厲王元年就應爲公元前八六三年左右。加上現知的共懿孝夷等王年數（見前文注十九），如果用共王二十年説，共王十二年應爲公元前九二八年左右；如用共王二十五年説，那就是公元前九三三年左右。如果按照我用殷曆推算，文王受命爲公元前一〇八七年（武王伐紂爲公元前一〇七五年），而據《晉書・束皙傳》「自周受命，至穆王百年」，穆王元年應爲公元前九八八年，那末，經過穆王五十五年，共王十二年應爲公元前九二二年。另外，《史記・秦本紀》張守節正義説：「按年表穆王元年去楚文王元年三百一十八年。」所謂年表，不知所據。楚文王元年即周莊王八年，爲公元前六八九年，加上三百一十八年爲穆王元年，是公元前一〇〇七年，那末，共王十二年是公元前九四一年。以上有四個推算出來的相對年代，最早是公元前九四一年，其次是九三三年和九二八年，最晚是九二二年。所以，共王十二年的假定年代應更正爲公元前九三〇年前後。

二、關於釋文

一、第八行「奎」字，金文僅見。前人把「⿱大王」當作「奎」是錯的。「⿱大王」應釋「全」。篆文把「大」字上半省略，好象是「入」字。如「乘」字本作「⿱大桀」，《説文》就誤爲从入、从桀；「壺」字篆文从大，有些銅器銘文也像从入。都可以證明「全」字从入，是从大的省略。前文注十一，語焉不詳，所以補説一下。

二、第九行「厥率舊，厥疆宋句」的「舊」字，原拓不清晰，郭沫若同志和我都未釋。馬子雲同志近拓較精，可以辨認。「舊」是人名。率同逵，《説文》「先道也」。分田的事，率領者是舊，定疆界的是宋句。

三、關於錫畀

錫和畀意義相近。《尚書・洪範》「鯀陻洪水……帝乃震怒，不畀洪範九疇。……禹乃嗣興，天乃錫禹洪範九疇」。説明錫與畀兩個詞可以互用。《爾雅・釋詁》「畀、予……賜也」。所以「錫畀」等於「錫予」，《詩經・采菽》「君子來朝，何錫予之」。古書通常寫作「賜予」或「賜與」。《左傳・僖公二十八年》「（晉公）分曹衛之田，以畀宋人」。《中方鼎》説：「畀汝褔土。」《𩰫從盨》説：「復慭言二邑，畀𩰫從。」都是畀予田邑土地的意義。

「畀」字象痹矢形，假借爲畀予的意義。前文漏舉了一些重要的例證。其一是甲骨文常見的「畀」字，羅振玉《殷虚書契考釋》誤釋爲「矢」字，而不知道甲骨刻辭裏自有「矢」字。《甲骨文編》（中華版）卷五把「畀」和「矢」混在一起，都釋作「矢」。其實像《殷虚書契後編》卷上第十七頁第四片的卜辭説：「于王曰匄舌方畀。」意思是向王曰這個祖先乞求把舌方畀予他，如果把「畀」字釋爲「矢」就講不通了。其二是《西清古鑒》卷十一的《班簋》銘文説：「三年静東或（國），亡不咸畀（眷）天畏（威），否（丕）畀屯陟。」也用了「畀」字。《尚書・多方》「刑殄有夏，惟天不畀純」舊訓純爲大，可見「畀純」兩字是周初經常聯用的。只是《多方》是「不畀純」，而《班簋》則相反，「否」字與上面「亡不」的「不」不同，應讀「丕」，「丕畀純陟」是頌揚之辭了。（《立政》説「亦越成湯陟，丕釐上帝之耿命」，陟是升的意思）其三是《孟淠父鼎》（《三代吉金文存》卷三）和「淠作姜淠簋」（同上卷十），都有「淠」字，容庚《金文編》都放在附録下，作爲不可認識的字。那末，我把「畀」字從舊時誤釋爲「矢」字裏區別出來以後，在甲骨金文裏，就有了新認識出來的：畀、萆、淠、鼻、濞五個字了。除萆就是《説文》箅外，餘四字也都見於《説文》。

四、答一讀者

有一位讀者來信，對我所釋畀字有所商榷。他認爲《周禮》八矢：「枉、絜、殺、鍭、矰、茀、恒、痹八字，皆八矢之修飾成分，非矢也。復次，鄭注云：『痹之言倫比』，可證痹非矢也。」他主張讀[illegible]爲畀，「其形爲矢，其音爲畀。畀與矢同脂部。如從《説文》作由聲，則在征部，脂微旁轉也。永盂之[illegible]，借矢爲畀。小篆之畀，乃由[illegible]之分化，變其聲紐以別義耳」。又説「借矢爲畀，非用字之假借，乃造字之假借耳」。

這位讀者的意見，可以代表有些人的看法。但照我的看法，《周禮》八矢是八種矢，矢是公名，枉、絜、殺、鍭等等是專名。《司弓矢》：「凡矢：枉矢、絜矢利火射，用諸守城車戰；殺矢、鍭矢用諸近射田獵；矰矢、茀矢用諸弋射；恒矢、痹矢用諸散射。」據注，四類中還有區別，枉、殺、矰、恒是弓上用的，絜、鍭、茀、痹是弩所用的。《考工記》「矢人爲矢：鍭矢參分，茀矢參分，一在前，二在後。兵矢、田矢五分，二在前，三在後。殺矢七分，三在前，四在後」。則除鍭、茀、殺外，又有兵矢、田矢。《考工記》講「金有六齊」，又説：「五分其金而錫居二，謂之削、殺矢之劑。」又「冶氏爲殺矢，刃長寸，圍寸，鋌十之，重三垸」。看來，殺矢是當時常用的一種矢，所以《考工記》把它的冶鑄成分和尺寸重量都記下來了。《周禮・庭氏》「掌射國中之夭鳥，……若神也，則以太陰之弓與枉矢射之」。這就是八矢的第一種，鄭玄注「今之飛矛是也。……可結火以射敵」。《史記・天官書》裏一種星叫「枉矢」，「望之如有毛羽然」，那就是有些像這種矢的樣子。鄭玄説是漢代的飛矛，可能就是《方言》的飛虻，「箭三廉，長尺六」。三廉指矢鏃的三稜，一般的矢，連干長三尺，而這長尺六，是爲遠射和火射用的。《詩經・行葦》「敦弓既堅，四鍭既鈞。……敦弓既句，既挾四鍭。四鍭如樹，序賓以不侮」。可見鍭矢是舉行射禮時用的，每次都用四個矢。它的原始象形字是「医」字，象張布爲医，用矢射医的形狀。從被射的布來説是「医」，從射医的矢説就是医矢。医矢也用於田獵。據鄭玄説，前部比枉矢還要重，射中敵體時可以深入而不能遠射。《爾雅・釋器》：「金鏃翦羽謂之鍭，骨鏃不翦羽謂之志。」孫炎注也説：「金鏑斷羽，使前重也。」正由於医矢用了金鏃，所以造了一個从金的鍭字，至於志矢是學射用的。《儀禮・既夕禮》：「翭矢一乘（四個），骨鏃短衛（羽）。志矢一乘，軒輖中，亦短衛。」則是葬時用的明器和生人不同。所以医矢就不用金鏃，而翭字也就不从金旁而从羽了。這説明鍭、翭兩字都是由医字蕃衍出來的。至於弋射用的矰矢和茀矢，其特點是短矢而系絲繳。《文選・西京賦》薛綜注「繳射矢長八寸，其絲名矰」，「掛矢絲掛鳥上也」。《司弓矢》説「田弋充籠箙矢，共矰矢」。注：「矰矢不在箙者，爲其相繞亂，將用，乃共（供）之。」這是因爲矰矢的絲繳很長的緣故。飛鳥被絲繳繞住兩翅就掉下來了。矰矢歷史悠久，在古文字裏，「弟」字象弋上繞着矰矢之形，説明最早的矰矢是不用弓而用弋的（《金文編》把一部分「弟」的原始象形字和「弔」字混雜在一起，另一部分却列入附録，作爲不認識的字）；「弔」字（古代借爲伯叔之叔）象人身上帶着矰矢；戰國時的畫象銅壺和漢代畫象石都有矰矢弋射的形象。

再説「痺矢」，是石器時代就有的，以石，或以骨。但一直到漢以後還存在。《方言》「凡箭鏃……其廣長而薄鐮謂之錍」，既廣且長而薄邊，説明矢鏃是比較大的。郭璞注《爾雅》的「鍭」字説：「今之錍箭是也。」所謂「今」是晉代。《方言》裏還有小而長中穿二孔的「鉀鑪」，郭璞注：「今箭錍（當作錍箭）鑿空兩邊者也。」這些「錍」字都應讀如痺。「痺矢」的鏃有些像殷代的矛頭，所以原始象形字的畀畫成⊕或作⊗。而原始象形字的矢，則矢鏃作↑，是迥然不同的。

總之，《周禮》八矢，當時均實有其物，矢形不同，矢名也不同，決不是只作爲修飾成分的。至於鄭玄説「痺之言倫比」，只是漢人慣用的「聲訓」。鄭玄又説「矰，增也」，決不排斥矰矢之爲短矢和系繳，那末，訓痺爲比，也決不排斥痺矢的矢鏃廣長薄廉的這些特點。

古音通假是清代所謂漢學家最喜歡講的，近代學者用得似乎太濫了。語音變化，自有一定的軌迹，所以應該追溯每一語詞的歷史，才能信而有徵。不能只是聲轉、韻同，就都可以通假。至於旁轉，就更渺茫。如離開語詞歷史，空談通借，任何不同音的字都可想法把它講通，這不是科學的態度。但古文字的自字象鼻形，由於語音的變化，自專作爲自己和自從的意義講，就另外造从畀聲的鼻字來作爲鼻子的專名。那末，如果說「矢」和「畀」本來都是發射用的工具，後來把「畀」字借爲畀予之義的專字，而把「矢」字作爲各種矢的公名，因而在語源上「矢」和「畀」之間有一定的聯繫，那是可以講得通的。

關於造字的假借，主要靠推測，問題很複雜，一時恐怕說不清。我想，像「黽」字本象蛙黽，而蜘蛛的鼅借用了黽形。「蟲」字本象爬行動物，而用以代表各種昆蟲，這或者可算得形的借。「小」本沙形，而雀爲小鳥，似乎可以說是義之借。至於「烏」象烏鴉而作烏虖，「矢」本射具而用作矢（寅）卯，「弔」本射者而用作伯弔（叔），這類聲的假借，或者已是用字的假借了。但像「矢」「畀」二字，我認爲都是原始象形字，似乎不能說借矢爲畀。

以上這些意見，未必有當，僅供參改。

載《文物》一九七二年第十期第五三至五六頁。
又《唐蘭先生金文論集》第一七五至一八一頁紫禁城出版社一九九五年十月。

一九七三

論周昭王時代的青銅器銘刻

西周前期的文獻資料遺留下來的不很多，除了開國時事外，昭王南征，穆王周遊，都是大事，但在《尚書》中没有記載。尤其是昭王兩次南征，喪師殞命，是很重要的。春秋時齊桓公曾以此向楚國問罪，戰國時楚國宗廟的壁畫裏有過描寫，所以屈原《天問》也提到了。魏國的《竹書紀年》記得比較清楚，應該是從晉國的史籍「晉之乘」裏遺留下來的。秦國吕不韋所集《吕氏春秋》也有較重要的記載。可見這段史事是東周時齊晉秦楚幾個大國中普遍傳播的。從宋代到現在，八百五十多年中，各地出土的青銅器銘刻中有很多是和這一件大事有關的，但是有些人却漠視這一事實，甚至連過伯簋、㹜馭簋、㝬簋等大多數人已經公認的昭王時器都要放到成王時去。一方面承認「南征」和「伐楚荆」等內容，「和史書記載是相符合的」，可是他還「考慮再三，必須移此諸器于成王時代」。[一] 這位作者不惜違反歷史事實來服從他的「考慮」，真可以作爲唯心主義歷史學的最好標本。

從這裏可以看到離開歷史資料的分析，而來談論銅器斷代是此路不通的。我們現在對西周時代的青銅器銘刻，已經積累了相當多的資料，很可以把它們從其內在聯繫連貫起來，和文獻資料結合在一起來作全面的、綜合的研究，既以文獻資料來證明這些地下發現的新資料，又回過來利用這些新資料來補充文獻資料的不足。現在是應該這樣來研究青銅器銘刻的時代了。一九三一年郭沫若同志撰《兩周金文辭大系》，根據生稱王號，根據由銘文內容能確定時代的若干標準器，兼及銅器形象，作劃分西周銅器時代的研究，爲金文研究開闢了一個新的途徑。這部劃時代的著作的問世，已經四十多年了。新中國建立，也已二十多年，隨着社會主義建設事業的發展，新的考古資料不斷發現，很多資料是過去没有想到的重要綫索，我們應該及時對這些材料作一個初步的總結，來反映這個新的偉大的時代，並以利於進一步的探索。我們應該把大量的資料全部攤開，從其內在聯繫，從有關文獻記載，從出土地點，從器形、裝飾、圖案、文法、文字、書法等各方面的比較研究，去粗存精地作耐心的細緻的研究。當然，這樣的研究要多費一些氣力，但我總覺得爲了使青銅器銘刻對西周歷史的研究有一些用處，這種方法總是值得嘗試的。《國語》六記管仲對齊桓公説：「昔吾先王昭王穆王，世法文武，遠績以成名」，對西周奴隸制王朝的這兩個王是很恭維的，這顯然代表周朝一些統治者的想法。昭穆兩代應該是西周文化最發達的時代，拿封建社會來比較，昭穆時代是相當於漢代的漢武帝、唐代的唐明皇和清代的乾隆，都是由極盛到衰落的轉變時期。後代史學家都受孔子的蒙蔽，像得「周監於二代，郁郁乎文哉」，都是周公搞的，其實周公攝政只有七年，東征、作雒，一些大事還忙不過來，就算照今文家的説法攝政五年制禮作樂，兩三年裏面能搞多少東西。就算搞了一些，以後的成康昭穆能够永遠照搬照抄没有一些發展嗎？《吕刑》作於穆王時代就是一個明顯的例子。正由於孔子自命爲繼承周公，就把成康昭穆幾乎都抹殺了。從青銅器銘刻來看，成王時代，銅器很多，但既没有大器，也没有長篇銘文，像大小盂鼎那樣幾百斤的重器，幾百字的長銘，是康王末年才開始的，昭王時代有幾篇長銘是十分重要的史料。所以我先選擇昭王時代的青銅器銘刻五十三篇來作這樣的嘗試。首先爲它們作考釋，在考釋的基礎上再作綜合的研究。至於武王和成康時代青銅器的研究是不妨放在後一些的，把這個時代的銅器定下來之後，成康時代就容易解決了。

這裏選擇的五十三篇，是以南征伐楚荆等有十分明顯的證據的標準器爲核心，就其有内在聯繫的諸器銘彙集在一起的。凡是同銘的器，只作一篇；凡是同一氏族或同一人的器而銘詞簡短，没有其它内容的只作爲附録；凡器形、圖案、文字、書法等有近似，可以定爲這個時代而没有明顯的聯繫的，暫不收入。就是這樣，所録五十三篇銘文就已經有六十五件銅器，加上同氏同人所作的器，就有上百件，在目前，這樣大量的資料，已經可以使我們從中看出一些問題來了。五十三篇的目次如下：

一　作册麣卣

二　作册令尊　作册令方彝

三　囚工簋（即魯侯簋）

四　旅鼎

五　叔卣一　叔卣二

六　不𢀛簋

七　泉伯卣

八　旂鼎
九　員卣
一〇　寓鼎
一一　厚趠鼎
一二　罰鼎
一三　小臣夌鼎
一四　令鼎
一五　獻簋
一六　[illegible][illegible]鼎
一七　小臣謎簋一　小臣謎簋二
一八　[illegible]鼎
一九　呂壺
二〇　司徒[illegible]
二一　衛簋
二二　衛鼎
二三　師旂鼎
二四　小臣宅簋
二五　沈子也簋
二六　作册魖卣
二七　作册麥尊
二八　麥方彝
二九　麥方盉

三〇　麥方鼎
三一　士上尊　士上卣一　士上卣二　士上盉
三二　員鼎
三三　交鼎
三四　啓卣
三五　師艅尊　師艅鼎
三六　不栺方鼎
三七　啓尊
三八　小子生方尊
三九　犾駿簋
四〇　犾駿觥蓋
四一　過伯簋
四二　臺簋
四三　作册夨令簋　作册夨令簋蓋
四四　罍尊　罍卣
四五　中觶
四六　中方鼎二　中方鼎三
四七　中甗
四八　唯叔鼎
四九　罍卣
五〇　中方鼎
五一　趞尊　趞卣

五二　作册睘卣
五三　作册睘尊
以上共六十五器

上編　昭王時代青銅器銘五十三篇的考釋

一、作册翻卣

隹(唯)明倸(保)殷成周年,公易(錫)乍(作)册翻鬯貝。翻𩖥(揚)公休,用乍(作)父乙寶隮(尊)彝　　南册舟

明倸　就是下一器的周公子明倸,又稱明公,所以下面説揚公休。詳下器。

殷　《周禮·大宗伯》:「殷見曰同」,又「殷頫覜曰視」。又《職方氏》説「王殷國」,這是指明倸到成周去殷見卿事以下和諸侯。

作册翻卣銘文(蓋)拓本

作册翻卣銘文(器)拓本

二、作册令尊　作册令方彝

隹（唯）八月，辰才（在）甲申，王令（命）周公子明𠈇（保）尹三吏三（四）方，受卿事寮。丁亥，令（命）矢告于周公宫。公令（命）𢓊（誕）同卿事寮。隹（唯）十月＝（月）吉癸未，明公朝至于成周，𢓊（誕）令（命）舍三吏令（命）眔（暨）卿事寮，眔（暨）者（諸）尹，眔（暨）里君，眔（暨）百工，眔（暨）者（諸）医（侯）、＝（侯）、田、男，舍三方令（命）。既咸令（命）。甲申，明公用牲于京宫；乙酉，用牲于康宫；咸既，用牲于王。明公歸自王。明公易（錫）亢師鬯、金、小牛，曰：「用禘（祓）。」易（錫）令鬯、金、小牛，曰：「用禘（祓）。」廼令（命）曰：「今我唯令（命）女（汝）二人，亢眔（暨）矢，爽𠂇（左）右于乃寮，㠯乃友吏。」乍（作）册令敢對𩵦（揚）明公尹人（氏）宁（貯），用乍（作）父丁寶𢍜（尊）彝。敢追明公賁（賞）于

作册令尊銘文拓本

父丁，用光父丁。雋冊

參看《作册令尊及作册令彝銘考釋》（《國學季刊四卷一號》）和《西周銅器斷代中的「康宮」問題》（《考古學報》一九六二年一期）

周公子明僳 保是太保，明是他的名，周公子我在《考釋》中曾認爲是周公的小兒子，從時間上説是可以講得通的。在《康宮問題》中我又懷疑他很可能是第二代周公的兒子，周公旦的孫子。這兩種想法，現在也還没有確實的證據證明哪一個是對的。但是他既不是伯禽，也不是君陳這是肯定的，因此，也就排除了在成王時代的可能性。

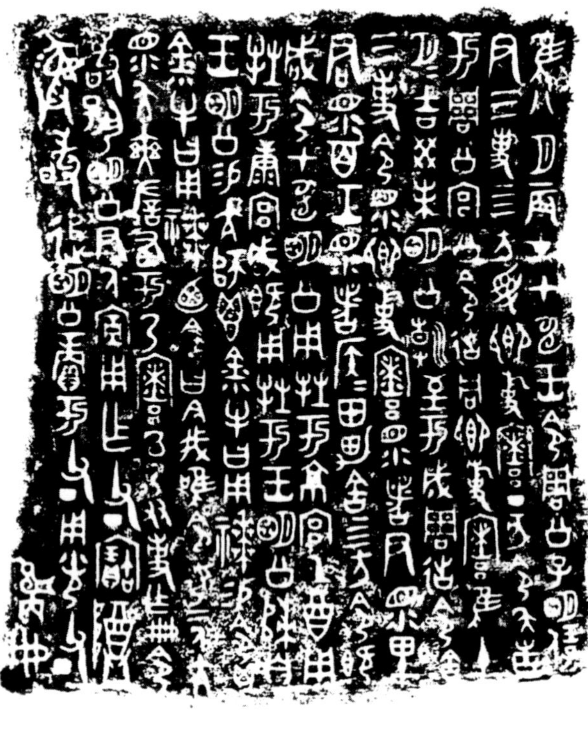

作册令彝銘文（蓋）拓本

作册令彝銘文（器）拓本

𥎦田男　田即甸字。《尚書・康誥》「侯甸男邦采衛」；《酒誥》「越在外服，侯甸男衛邦伯」；《召誥》「命庶殷侯甸男邦伯」；《顧命》「庶邦侯甸男衛」。儘管敘述不同，可以看出侯甸男三服，都是屬於邦伯的。《周禮・大司馬》和《職方氏》都在王畿以外，有侯甸男采衛蠻夷鎮藩九服，《周書・職方》與《周禮》同。當是東周時人據《康誥》而加以擴展的，不是西周時固有的。

㠯乃友史　㠯即以字，《禮・鄉射禮》「各以其耦進」，注：「與也。」

尹人　就是尹氏，銅器有太師人䫀乎鼎，與小臣氏樊尹鼎同例，就是太師氏。

三、囙工簋

囙工簋銘文拓本

唯王令明公遣三族伐東或（國），才（在）䢼，魯𥎦（侯）又（侑）囙（繇）工，用乍（作）肇彝。

魯𥎦　伯禽死於康王十六年，《史記・魯世家》：「子考公酋立，考公四年卒，立弟熙，是謂煬公……六年卒。」但劉歆《三統曆・世經》說是六十年，不知哪個是對的。寶雞所出魯侯熙鬲，是魯煬公所作，應屬於康王時期，但如照《世經》的說法，昭王時期，甚至穆王前期也還是煬公，而照《史記》的說法，則煬公六年正是康王二十六年，這個器就應該是幽公宰所做的。

囙工　囙工似是器主之名。

肇彝　肇就是旅字，旅像人持㫃，招致很多的人，此又表示拿旗的人在車上。《左傳》哀公元年說「有衆一旅」，《說文》：「軍之五百人爲旅。」《尚書・牧誓》：「御事、司徒、司馬、司空、亞、旅、師氏、千夫長、百夫長。」可見旅是僅次於亞而比師氏還要高的貴族。

四、旅鼎

旅鼎銘文拓本

隹公太僳(保)來伐反尸(夷)年，才(在)十又一月庚申，公才(左)盩𠂤，公易(錫)旅貝十朋，旅用乍(作)父□障(尊)彝。來

公太僳 這個太保就指明保。御正爵稱爲「今太保」。召公大概死在康王時，御正爵有可能是作於康王後期的。

盩𠂤 當在漢代右扶風盩厔縣境，現在陝西省周至縣東終南鎮是漢代的盩厔城。銅器有盩司土尊和盩司土卣，銘爲盩𤔲(司)土(徒)幽乍(作)且(祖)辛旅彝，可見盩𠂤有司徒。

五、叔卣

隹(唯)王㚔于宗周，王姜史叔吏(使)于大僳(保)，賓(賞)叔⿱林亏(椅)鬯、白金、𧺆(趨)牛。叔對大僳(保)休，用乍(作)寶障(尊)彝。

㚔于宗周 此爲昭王㚔宗周，與獻侯鼎「唯成王大㚔在宗周」，不是一時事。大保保字已作僳，明非成王時。

⿱林亏鬯 ⿱林亏字從林從亏，即奇字，象騎在人背上，後來騎馬的騎，就是由此發展的，⿱林奇即椅字，從林和從木同。《説文》「椅梓也」，是梓木的一類。此處借作⿱巨鬯鬯的⿱巨鬯。金文常見⿱巨鬯鬯，舀壺和甗侯鼎並作⿰巨鬯，從巨聲。⿱林奇從奇聲，奇巨一聲之轉。《書·文侯之命》：「用賚爾秬鬯一卣。」《説文》：「⿱巨鬯，黑黍也，一稃二米以釀也。」秬是⿱巨鬯的或體。實則秬是黑黍，⿱巨鬯則用黑黍來做的鬯。陳夢家據《集韻》鬱作𣡾而釋⿱林亏爲鬱，實則⿱林亏和𣡾，除從林外，毫不相似。貄彝有「[illegible]卣」，[illegible]是𨊠字之省，實即鬱鬯之鬱的本字，而𣚍鬯則是𩰪鬯，釋爲鬱是錯的。

掟牛　掟即趨字，通犓字。《説文》：「以芻莖養牛也。」犓牛當是御車的牛。《説文》「騶廐御也」，御車的馬叫騶，掌馬的人也可以叫騶。

吏于大保　王姜派史叔去見太保，太保既非姜姓，顯然不是問候性質，而是有關政事的。

叔卣銘文（蓋）拓本

叔卣銘文（器）拓本

六、不𢀜簋

不𢀜簋銘文拓本

隹（唯）九月初吉戊辰，王才（在）大宮，王姜易（錫）不𢀜裘。對𩵦（揚）王休，用乍（作）寶。

此器從銘文書法看，似在昭王初期。

七、泉伯卣

泉伯卣銘文拓本

隹(唯)王八月，泉(臮)白(伯)易(錫)貝于姜，用乍(作)父乙寶隮(尊)彝。

泉伯 泉字舊不識，當即臮字，實即洟的原始象形字，《說文》「洟鼻液也，從水夷聲」，是後起的形聲字。泉象鼻液(今作鼻涕)下流之形，《說文》臮字的古文作㬌，就是泉的形譌，自譌囧，个與尗字作尗的下半形似而譌。

易貝于姜 就是被錫貝于姜。據作册夨令簋銘說：「姜商(賞)令貝十朋……」指王姜，可見這裏也應該是王姜。

八、旟鼎

旟鼎銘文拓本

唯八月初吉，王姜易(錫)旟田三于待副。師橲(櫨)酷(告)兄(貺)，用對王休，子孫其永寶。

旟 與後史旟當是一人。這時大概還未作史官，王姜錫田三，似乎地位還不很高。

待副 待副當是地名，副字從囟，即因字，爲簞的象形字。此似當讀鐔，是刀劍的鼻，所以從刀。此應讀譚。金文常見副伯副弔的人名，似即譚國的譚。

酷兄　當讀爲告貺，是説師艫傳達王姜的賞錫。

這個鼎的器形、花紋和書法都和廿三年盂鼎相像，可以定爲康末昭初的器，但從王姜是昭王后和旟這時地位還比較低的兩點來看，列在昭王初年比較適宜。

九、員卣

鼎從史旟伐會（鄶），員先内（入）邑。員孚（俘）金，用乍（作）旅彝

伐會　即鄶，《説文》「鄶，祝融之後，妘姓，所封潧洧之間，鄭滅之。」《國語・周語》「鄶由叔妘」，《鄭語》「妘姓，鄔、鄶、路、偪陽」。鄶字從邑會聲是後起的形聲字，本只作會，《史記・楚世家》吴回爲祝融，吴回生陸終，陸終生子六人，「四曰會人」。集解引《世本》「會人者鄭是也」。《漢書・地理志》：「子男之國，虢會爲大。」注：「會讀爲鄶。」並只作會。陸終六子，其四爲會人的説法又見於《大戴禮・帝系》和《世本》。《詩經》有《檜風》借用檜字。鄶國在現在河南省新鄭密縣一帶。鄭玄《詩譜》説「檜者古高辛氏火正祝融之虚」。《經典釋文》引王肅《毛詩》注：「周武王封祝融之後於濟洛河潁之間爲檜子。」武王伐商，從孟津渡河，會人當時大概是會於孟津的諸侯之一。所以在克殷以後，就其原地，重加封號。其後管蔡和武庚的反周，成王周公東征，沬司土迭簋説：「王來伐商邑，征（誕）命康侯啚于衛。」可見是以現在河南省淇縣濬縣一帶爲基地向殷虚和東夷進攻的，這次戰役不在黄河以南；「所征熊盈族十有七國，俘維九邑」，是没有牽涉到妘姓的會人的。成王時代《尚書》記載極詳，既没有其他大戰役，經過這兩個大仗後，除了伯禽在魯，淮夷徐戎没有平靖外，近在洛邑東南的會國是決不會輕啓兵端的。可見史旟伐會決不能在成王時。再者武王伐商，回來後，「班宗彝，作分器」，那時恐怕還是集體的俘獲吧。就是周公成王的東征，現在其可以提出確證的許多器，所記多的是賫貝百朋（𡘭鼎），錫金百寽（禽簋），少則錫貝十朋（小臣單觶）甚至於貝朋（岡刧尊），還没有靠個人掠奪來鑄銅器的，這應該是昭王時代的新現象，過伯簋、犾駿簋、𡨦簋，絶無例外，那末，史旟伐會之役，也應該在昭王時期是没有疑問的。

員卣銘文（蓋）拓本

員卣銘文（器）拓本

附：同人所作各器

員鼎　員作鼎。

另一件員鼎　王獸眂嗀，詳後。

員尊　員作旅。

員觶　員作旅彝。

員壺　員作壺。

員卣　員作夾。

員盉　員作旅。

一〇、疐鼎（編者注一）

隹（唯）王伐東夷，濂公令疐眔（暨）史旟曰，㠯（以）師氏眔（暨）有𤔲（司）後，或（有）伐鵬（脽）。疐孚（俘）貝，疐用乍（作）饔公寶隩（尊）鼎。

王伐東夷　這個王應是昭王，已詳前。

雩鼎銘文拓本

溓公　又見下二器。溓字從兼聲而兼作兼，與《説文》所説從又持二禾不同。實則從又持兩禾和從又持兩矢都是兼字。《儀禮·鄉射禮》：「兼諸弣。」注：「並矢於弣。」在漁獵社會裏，弋射是生産方式之一，挾兩矢以備射是常事，宋《薛氏鐘鼎款識》二有父丙卣，第一字作兼，正象張弓旁用右手兼挾兩矢之形，可證。由於從兩禾的兼和從兩矢的兼，聲義全同，字形也差不多，後世又不大明瞭兼挾兩矢的意義，所以從兩矢的兼字就被廢止而專用從兩禾的兼字了。溓字見《説文》，溓公不知何人。

𠂤師氏眔有𤔲後　𠂤猶與，是命令兩人跟師氏有司同爲後軍。

或伐鵙　或讀作有，古通用。《尚書·無逸》「亦罔或克壽」，《漢書·鄭崇傳》或作有；《洪範》「無有作好」，《吕覽·貴公》有作或，可證。《小爾雅·廣言》：「或有也。」作爲訓詁，更是常見。此處當幫助的意義講，與右、祐、宥、侑等字同，或伐鵙，就是助伐鵙。鵙地未詳。

這也是俘貝而作鼎。作者又和史旗同屬溓公部下，同是昭王時器，無疑。

一一、厚趠鼎

隹（唯）王來各（格）于成周年，厚趠又（有）償于溓公，趠用作氒（厥）文考父辛寶隮（尊）齋，其子子孫孫永寶。朿

此器宋代已著録，現在所見的，不知就是宋代出土之器，還是另一件新發現的器。

王來各于成周年　從這個提法來説，王是第一次來到成周的。上器説「唯王伐東夷」，統帥也是溓公，那麼，王來格成周就是準備伐東夷無疑。

有償　郭沫若同志疑饋字，在讀法上是很對的。償即僓字，從人𧶠聲。𧶠字從貝峕聲，峕爲𠂤的繁體，金文追字往往從峕（余義鐘和陳昉簋）可證。𠂤本農具，上面或有刺，故宮博物院藏有兩器，峕像其形，我在《中國古代社會使用青銅農

厚趠鼎銘文拓本

器問題的初步研究》一文已講過了。《説文》説「峕危高也，從𠂤屮聲」是錯的。歸本從帚𠂤聲，歸貴聲同（《釋名・釋言語》「汝潁言貴聲如歸往之歸也」），所以貴的别構可以從峕聲。新出犾駿觥蓋銘説「吳犾駿弟史遻（遺）馬弗十」，作遻即遺字可證。儥字在這裏讀如饋、餽、歸和遺，古書多通用，當爲饋贈的意思。這裏説有儥是被饋贈。

𪗋　𪗋和齍是一個字，《説文》：「齍，黍稷在器以祀者也。」這個解釋是錯的，但《善齋吉金録》把方鼎都叫做齍和鼎分開也是錯誤的。最原始的齍字作[illegible]，𩱙見宜子鼎，容庚《金文編》釋齍是對的，從朿在㚇中，其旁有匕。朿是棗的本字，《説文》「稷也」。㚇作[illegible]是鬲類而深腹的，下面有火。那末，這種器本來是煮黍稷的，是鼎鬲一類，而不是盛黍稷的簠簋一類，漢儒只看見從皿的一種寫法，就錯誤地認爲是盛器了。《説文》另外有𪓼字，解爲「炊餔（本誤餔，依桂馥説改正，《玉篇》作『炊釜』）疾也」，就由𩱙字所分化出來的。金文一般都作𪗋，從鼎，只有仲[illegible]父鬲作盜字。也有從妻聲作𥁕的。銅器用𪗋或齍字只限於鼎鬲兩種，但並不限於方鼎。宜子鼎未見，銘文三行，行很長，約十三公分，不知是不是方鼎。（編者注二）白六辝鼎説「作寶䵼齍」，則是分襠式的圓鼎。𢿚伯鬲、公姞鬲都是鬲而自稱爲𪗋鼎，穆公鬲自稱爲寶𪗋，應弔鬲自稱爲寶隮𪗋，戲白鬲自稱爲餗𪗋，而姬莽母鬲白汽父鬲和吕□姬鬲均稱爲𪗋鬲，中𣪘父鬲作盜鬲。這些鬲又都是圓的。古代鼎和鬲實際不很分，其分得很清楚的大概在西周後期，由此可見把齍限於方鼎，是没有根據的。其實齍這個名稱是由用途來的，齍鼎、齍鬲是用作鼎鬲等器的限制詞，而把鼎鬲等省掉後就成爲名詞，實際仍指鼎鬲，這和䵼本當煮字講，例如「䵼牛鼎」，而銅器常把鼎就叫做䵼是一個道理。是不能單從形體的方圓來作區别的。

一二、𠟭鼎

王初□𠀍于成周，溓公蔑𠟭曆，易（錫）睘□𧽊𤔲。𠟭㲨（揚）公休。周乍父□㝨（尊）□　丙

𤔲鼎銘文拓本

此與上器應是同時，王初□亘于成周，事情雖不清楚，和上器「隹王來各于成周年」相符合，且同與溓公有關可證。

一三、小臣夌鼎

小臣夌鼎銘文拓本

正月，王才（在）成周。王𢓊于楚禁（麓），令（命）小臣夌先眚（相）楚𢉖（位）。王至于𢓊𢉖（位），無遣（譴）。小臣夌易（錫）貝，易（錫）馬兩。夌捧（拜）䭫（稽）首，對𣄰（揚）王休，用乍（作）季媍（妘）寶𨺅（尊）彝。

𢓊 《薛氏鐘鼎款識》作𢓊，原釋徙。元揚鉤《增廣鐘鼎篆韻》四兩引作𢓊，當即𢓊字。殷虛卜辭常見王𢓊于某。昭王時所用文字往往與卜辭符合。𢓊通步。《尚書·召誥》：「王朝步自周。」《左傳》僖公三十三年：「寡君聞吾子將步師出於敝邑。」那末，帶着軍隊出行，可以叫做步。步大概走得不很快，《離騷》「步余馬於蘭皋兮」，注：「徐行也。」

楚禁 當即楚邱。《漢書·地理志》，山陽郡成武縣「有楚邱亭，齊桓公所城，遷衛文公於此」。按春秋有兩楚邱：一在曹宋之間，就是成武的楚邱；一爲衛國邑，在漢代東郡濮陽縣西，白馬縣東。齊桓公所城的是衛國的楚邱，班固誤認爲是曹宋間的楚邱是錯的。山陽成武的楚邱，在今山東省曹縣東南成武縣境，由洛陽而東，約三百多公里，所以昭王要來這裏得先派人來相他的应(即行宫)。這大概是伐東夷時事。由楚邱向東南就是淮夷徐戎等的地方。

一四、令鼎

王大⿰耤丮(耤)農(農)于諆田，餳(餳)。王射，有嗣(司)眔(暨)師氏小子卿(合)射。王歸自諆田，王馭(御)，溓中(仲)僕(僕)令眔(暨)奮(奮)先馬走。王曰：「令眔奮，乃克至，余其舍女(汝)臣卅家。」王至于溓宮，攸(抈)，令拜(拜)頴(稽)首曰：「小子迺學。」令對揚(揚)王休

令鼎銘文拓本

王大⿰耤丮農于諆田　⿰耤丮字卜辭本作⿰耒丮，象一人持耒，以一足踏耒，使耒尖入土，用以耕耤的形狀。此銘和《薛氏鐘鼎款識》，並加昔字爲聲符，作⿰耤丮，其後又省去丮旁(即人形)而作耤字。《説文》「帝耤千畝也。古者使民爲借，故謂之耤」，已經完全失去圖畫文字的原意了。耤本是原始農業的一種耕種方法，《漢書·文帝紀》引臣瓚説：「藉謂蹈藉也。」是比較接近原意的，但以爲是皇帝親自耕種的解釋就不對了。由於奴隸制社會，土地是最高統治者所佔有的，他把土地賞賜給大大小小的奴隸主貴族，作爲他們的私田時，是要求這班奴隸主派出其奴隸們，無償地耕種統治者還佔有的土地，稱爲公田。大約賞賜給奴隸主們十畝，就得讓他們派奴隸們來替他耕種一畝。這種勞役制，實際上是等於後世的抽税。《詩經·韓奕》「實畝實籍」，等；「税也」。就是用後世制度來解釋的。但表面上好像是借用臣下的力量，所以《禮記·王制》説「古者公田籍而不税」，注説：「藉之言借也。借民力治公田。」因此，耤字可解釋爲借，而許多漢儒包括許慎在內，解釋爲「使民如借，故謂之耤」，恰恰是把因果顛倒了。《國語·周語》：「宣王即位不藉千畝。」千畝本是地名，後世禮學家就説成天子自己種一千畝的田，説是一種禮節。其實當時的奴隸主中的最高統治者，儘管也擺擺樣子，裝模作樣的去推一下土，就算是他也親自耕種過，但其所籍田數決不止千畝。裁簋説：「王曰：裁！令汝作司徒，官司

耤田。」可見耤田是奴隸制社會中一種地租制度，搜刮財富（主要是糧食）的辦法，所以這個任務是由司徒來管的（耤田制度要有簿册，所以籍字可以解釋爲簿籍）。《周禮・甸師》説「掌帥其屬而耕耨王籍，以時入之，以供齍盛」，可以看到封建社會初期編《周禮》這本書的人已經不懂得西周奴隸社會的籍田是什麽了。這裏説「王大耤農于諆田」，説的是耤農不單純是耤田，顯然是要農夫去種田，他只去檢閲或者是視察一下，而不是他自己舉行藉田的儀式。既然説是大耤，可見不會有畝數的限制的。再從下文看，明是耤農而王却在舉行射禮，更可以説明藉田只是一種要别人耕種而去徵收糧食的辦法，不是一種固定的示範性的儀式。

餳 即餳字。《説文》「𩞁，晝食也」，或作𩟗，「從傷省聲」。其實當從𥎦省聲（如琁即璇字），𥎦還是從昜聲，可見餳𩟗本一字，後人强生分别，以餳爲糖字，而以𩟗爲晝食，餳字從昜，昜就是太陽，《詩經・湛露》「匪陽不晞」，傳：「日也。」是借用陽字。又作暘，《説文》「日出也」。暘就是昜的後起增繁字。餳字就因爲從昜，所以訓爲晝食。這裏應該讀如餉或饟。《説文》：「餉，饟也。」又：「周人謂餉爲饟。」𩞁𩟗兩字的音和饟字正同。這裏是周王來檢查或視察農夫的耕種情況，大概是要表示一些小恩小惠而餉農夫們的，《詩經・甫田》和《大田》都説「曾孫來止，以其婦子，饁彼南畝，田畯至喜」。《説文》：「饁餉田也。」《爾雅・釋詁》「饁饋也」，孫炎注：「饁野之餉。」由於農夫們午飯後總得歇一下，後代送到田裏中午這一頓飯總比較遲，所以《廣韻》在𩞁字下注「日西食」，這就是現在所説的晌午飯。「晌午」這個詞就由於中午餉農夫而引申出來的。

肢 當即《説文》抈字，古代從手從攴的字常通用，如扶作𢻱，播作𢿡之類。此處當如仡，《説文》：「勇氣也。」抈仡均爲疑母字，從乞聲的字，又往往讀入没韻，如：矹字即讀如兀，而同音的刖，軏，扤等字，都又音月，可以爲證。這是説王到了濂宫以後，令也到了，表現出勇壯之貌，王當然要賞賜他，而令則自謙爲「小子迺學」，並揚王之休。

這個令應當是濂公濂仲的一家，地位還很低，跟隽册氏的作册夨令不是一個人。

附　濂季高　濂季乍（作）

一五、獻簋

隹（唯）九月既望庚寅，楷白（伯）于遘，王休，亡（無）尤。朕辟天子，楷白（伯）令（命）氒（厥）臣獻金車。對朕辟休，乍（作）朕文考光父乙，十枻（葉）不諲（忘）。獻身才（在）畢公家受天子休。

獻簋銘文拓本

椃伯于遘　椃伯與前旟鼎師椃應是一家。《説文》「遘遇也」，通覯，《説文》：「覯遇見也。」見與遘不同，見是特地去見，遘是在偶然機會中遇到的。這是在周王到畢公家時遇到的，所以説于遘。

令厥臣獻金車　令即命字，《小爾雅・廣言》：「命予也。」這裏是賜予的意思。金車是用青銅作裝飾的車，《易・困卦》：「困于金車。」是周初就有金車的名稱。到毛公厝鼎銘等就把青銅車飾一一羅列出來了。

乍朕文考光父乙　光應是父乙之名。這句銘詞缺賓語，應該説作光父乙的簋或者尊彝之類，但被省却了。

獻身在畢公家　郭沫若同志説「『畢公家』猶卜辭言『母辛家』，謂畢公之廟」，是對的。

此器銘文書法應屬昭王時，詳後。

一六、嬗繇鼎

嬗繇鼎銘文拓本

隹（唯）二月初吉庚寅，才（在）宗周，檀中（仲）賁（賞）氏（厥）嬗繇逐毛兩，馬匹。對䚄（揚）尹休，用乍（作）己公寶障（尊）彝。

檀仲　與檀伯似是兄弟排行，其時大概作尹。

附：

檀中鼎　檀中（仲）乍（作）肇彝。

檀中簋　檀中（仲）乍（作）肇。

一七、小臣謎簋一　又二

叡東尸(夷)大反,白(伯)懋父㠯(以)殷八𠂤(師)征東尸(夷)。唯十又一月𨑓(遣)自𠩺𠂤(師),述東陎(陜),伐海眉。雩(粵)氏(厥)復歸才(在)牧𠂤(師),白懋父氶(承)王令(命),易(錫)𠂤(師)達征自五齵貝。小臣謎蔑曆,眔(暨)易(錫)貝,用乍(作)寶障(尊)彝。

叡東尸大反　叡發語詞,《尚書・費誓》:「徂兹淮夷徐戎並興。」作徂,徂籀文作遁。录刻卣「叡淮夷敢伐内國」,文例與此同。

伯懋父　郭沫若同志説是康叔封的兒子康伯髦,也就是《左傳》昭十二年之王孫牟,大概是對的。《左傳》定公四年説:「康叔爲司寇。」《史記・衛世家》説「成王長用事,舉康叔爲周司寇」,可見康叔是成王的叔父中比較小的。《尚書・顧命》記成王死後事説:「乃同太保奭,芮伯,彤伯、畢公、衛侯、毛公。」這個衛侯應該還是康叔封。《世本》「康伯名髦」,髦《史記》索隱誤作髡,依杜預《春秋世族譜》改,(編者注三)宋衷注:「即王孫牟也,事周康王爲大夫。」《左傳》昭十二年説:「熊繹與吕伋、王孫牟、燮父、禽父並事康王。」王孫牟既然事康王,是可能昭王時還用事的。懋牟音同,就在今音裏也只有平聲和去聲的不同,懋髦音亦相近,只是古韻幽部和蕭部的不同,而這兩部是很相近的。從這篇銘文來看,伯懋父以殷八𠂤伐東夷,而回來時在牧𠂤,牧即牧野的牧,就是衛的地方。《周書・作雒解》:「俾康叔宇于殷。」康叔正由於宇殷的緣故,後來就封爲衛侯,可見殷八𠂤是以衛爲中心的。那末,伯懋父就是王孫牟和康伯髦是無可疑的。至于孫詒讓《周書斠補》説康伯髦就是《作雒解》的中旄父,那顯然是錯的。《作雒解》説「俾康叔宇于殷,俾中旄父宇于東」,這是同時的兩個重大措施。在這個生死關頭,決不可能把康叔父子分置在兩個重要軍事據點的,當時康叔封也還很年輕,他的兒子康伯髦大概還是童稚,怎麽能當此任。一個是康伯髦,一個是中旄父,伯仲排行也不一樣。其實中旄父應該是微仲衍,是微子啓的弟弟。周公成王平了武庚管蔡的叛亂,征了東尸,踐了奄,就把康叔封在衛,微子封在宋,所謂東,就是宋,即原來的商邱,商代的舊都。地在殷都的東南,所以稱爲東。微和旄音相近,《作雒解》就把微仲叫做中旄父了。

小臣謎簋一銘文（器）拓本

小臣謎簋一銘文（蓋）拓本

小臣謎簋二銘文（器）拓本

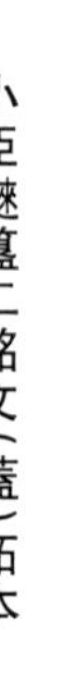

小臣謎簋二銘文（蓋）拓本

這和康伯髦除了髦旄音近的一點外，是全無交涉的。那末，伯懋父的用事當在康昭時期，他的以殷八𠂤征東夷一事，決無成王時期的可能的。

殷八𠂤 禹鼎銘有西六𠂤殷八𠂤，是西周前期周王朝的軍隊，西方有六𠂤，東方就是殷八𠂤。但曶壺和小克鼎都説成周八𠂤，似乎西周後期的新的軍制了。殷八𠂤在這個簋上就提到㠱𠂤和牧𠂤，乍册𡋤鼎有朽𠂤，𦉢卣有炎𠂤，師寰簋有齊𠂤，似乎都屬於殷八𠂤裏面的。還有成𠂤和古𠂤，是否也在裏面，待考。

𠳋自㠱𠂤 𠳋就是遣字，此處用作動詞，有發送的意思。《左傳》僖公廿三年：「姜氏與子犯謀醉而遣之。」因爲遣有送義，所以有關送葬的東西，都叫遣，例如：遣車遣策等，或者以爲遣字專用于凶禮是錯的。這裏説殷八𠂤是從㠱𠂤出發的。

述東陕 述《説文》：「循也。」陕當讀如隥，《蒼頡篇》：「隥，小坂也。」《穆天子傳》一：「乃絶隃之關隥。」那末，述東陕是經由東邊的一些山道去伐海湄。

伐海眉 眉即湄字，《詩·兼葭》：「在水之湄。」是説水邊，這是説海邊，征東夷而到伐海眉，那一定在現在山東半島南部和江蘇交界的地方，這裏既是淮夷徐戎等的邊境，並且也容易到達海邊的。

雩氏復歸 雩即粤字，經典多用越，在這裏有及的意思。復是回來，《易·泰卦》「無往不復」，是説有去一定有回，《爾雅·釋言》「復返也」。雩氏復歸是説及其返歸。復歸兩字意義也有別，復只是説回，而歸則已到了家鄉了。可見牧𠂤是他們的老家。

伯懋父承王令 可見這次王没有親去。

易𠂤達征自五齵貝 這次戰役没有説勝負，看來是没有交鋒的。因遠征回來，所以伯懋父要承王命向牧師錫貝。賞他們「達征自五齵」的功績，《説文》「達先導也」，可見這次戰役裏，牧𠂤是首先征五齵的。五齵地未詳。《爾雅·釋地》：「齊有海隅。」郭璞注：「海濱廣斥。」《尚書·禹貢》釋文引鄭玄注説：「斥謂地鹹鹵。」可見海隅是海濱産鹽的區域。「五齵」的齵從鹵，可見是海邊的。

蔑曆 蔑通伐，曆指功績和經歷。蔑曆是誇伐他的功績或經歷。

眔易貝 是説同被錫貝。

一八、重鼎

王令趯𢦏(截)東反尸(夷),𨒥肈㞢(從)趯征,攻開無商(敵),眚(省)于人身,孚(俘)戈,用乍(作)寶隩(尊)彝,子子孫其𣲵(永)寶。

重鼎銘文拓本

趯 疑當釋䞄,即還字,《玉篇》「䞄初側反,古文厠字」。當與後趯尊趯卣等的趯爲一人。

𢦏 即𢦏字,讀若𢦏或烖,《説文》:「𢦏傷也。」又:「大火曰烖。」𢦏東反夷是給東反夷造成傷害或災難。

攻開無商 開即龠,此當讀如躍,當跳躍的意義。

眚于人身 眚讀省,當作視察的意義。

孚戈 孚即俘,這是因俘獲兵器,因而鑄鼎。

附:

𨒥尊 𨒥乍(作)寶隩(尊)彝

𨒥卣 𨒥乍(作)寶隩(尊)彝

𨒥觥 𨒥乍(作)父丁寶彝

𨒥甗 𨒥乍肈獻(甗)

一九、吕壺

吕壺銘文拓本

唯三月，白懋父北征，唯還。吕行⿱竹戠（載），爰（轅）馬，用乍（作）寶隮（尊）彝。

北征　北征是從宗周説的，由下一器來看，白懋父當時可能是司徒。

行⿱竹戠　行是爲的意義，《墨子·經上》「行、爲也」。⿱竹戠字從竹戠聲，從竹等於從艸和從茻。戠即𢦏字。通載，是用車載物的意思。這是説白懋父北征回來時，吕管乘載的事。

爰馬　爰讀爲轅。《説文》：「爰，引也。籀文以爲車轅字。」轅有用牛用馬的區别，大車只用一牛，是直轅，甲車、兵車、乘車大都駕兩馬，要用曲輈高轅，所以説明轅馬。此是吕自記其運載駕馬的功績而作銅器。

二〇、司徒𠭯

䖒𤔲（司）土（徒）北征蒿（鎬）𠭯

䖒　也是發語詞，見小臣謎簋。

𤔲土　即司徒，與上器似是同時事。

此征蒿　蒿即鎬京。《詩經·六月》序説「宣王北伐也」。詩講玁狁「侵鎬及方，至于涇陽」，又説吉甫去「薄伐玁狁，至于太原」。而下文説「來歸自鎬，我行永久」，可見鎬在宗周之北，相去是比較遠的。鎬和方相近，《詩·出車》：「王命南仲，往城于方。」又説：「天子命我，城彼朔方，赫赫南仲，玁狁于襄。」城方就是保衛鎬京，而稱爲朔方，就是北方。那末，西周時鎬京本在北方，是周的故都，是無疑的。但古代地名，往往沿襲，遷移到新的都邑，還用舊名，所以西安的宗周，也有鎬京的名稱，後代就不大知道還有北方的鎬了。

司徒甶銘文拓本一

司徒甶銘文拓本二

二一、衛簋

衛簋銘文拓本

五月初吉甲申，懋父賓（賞）卸（御）正衛馬匹，自王。用乍（作）父戊寶隩（尊）彝

自王　這個王指王城，作册令彝説「明公歸自王」，可證。伯懋父當時在東周王城。

二二、衛鼎

衛鼎銘文拓本

衛肇乍（作）氏（厥）文考己中（仲）寶𩰫（𪔂）鼎。用桒壽，匃永福。乃用鄉（饗）王出入吏（使）人，眔（暨）多倗友。子孫永寶

𩰫　此與索角同，一般作𪔂，也有寫作𩱛的。

用桒壽，匃永福　桒當讀如乞。《廣韻·八物》："桒許勿切，疾也。"乞字在《九迄》，從乞聲的字如：迄、仡、紇、忔、芞汔等，並許訖切，可見桒乞音相近。啓卣說"用匃魯福"，杜伯盨說"用桒壽匃永命"，與此相近。

乃用鄉（饗）王出入吏人眔多倗友　此由祭己中之器，又擴大到饗賓客的器。

二三、師旂鼎

唯三月丁卯，師旂衆僕不從王征于方䨓（雷），吏（使）氏（厥）友弘吕（以）告于白（伯）懋父。才（在）䒞。白（伯）懋父迺罰得𢆶古三百寽（鋝）。今弗克氏（厥）罰。懋父令（命）曰，"義敉（播），䖒氏（厥）不從氏（厥）右征。今母敉（播）期（其）又（有）內（納）于師旂。弘吕（以）告，中史書。旂對氏（厥）賢（贅）于隩（尊）彝。

不從王征于方雷　方雷地名，《國語·晉語》四："黄帝之子二十五人，唯青陽與夷鼓皆爲己姓，青陽方雷氏之甥也，夷鼓彤魚氏之甥也。"韋昭注："方雷西陵氏之姓，彤魚國名。"把方雷和西陵混起來是錯的，方雷西陵都是氏。《晉語》下文説"四母之子，别爲十二姓"，是説黄帝有四妻，《漢書·古今人表》"方雷氏，黄帝妃，生玄囂，是爲青陽"，是其一；又"絫祖，黄帝妃，生昌意"，是其二；又"彤魚氏，黄帝妃，生夷鼓"，是其三；又"㜌母，黄帝妃，生蒼林"，是其四。《大戴禮·帝

師旂鼎銘文拓本

繫》説：「黃帝居軒轅之丘，娶于西陵氏，西陵氏之子謂之嫘祖，氏産青陽及昌意，青陽降居泜水，昌意降居若水。」以爲青陽昌意均嫘祖所生，韋昭就把方雷和嫘祖附會爲一，所以有此錯誤。其實嫘祖自是西陵氏女，所生昌意是西陵氏之甥而爲姬姓，和青陽爲方雷氏之甥是己姓截然不同。（《晉語》下文「唯青陽與蒼林同於黃帝，故皆爲姬姓」，也是錯的，此青陽應爲昌意。）方雷氏之地，過去没有記載。當即《穆天子傳》卷五「東至于房」的房，郭璞注：「房，房子，屬趙國地，有巑山。」據青陽居泜水，《説文》：「泜，水在常（恒）山。」《漢書・地理志》：「常（恒）山郡元氏縣，泜（原誤沮）水首受中丘西山窮泉谷，東至堂陽，入黃河。」（應作漳水。《山海經・北山經》注可證。）而《説文》又説：「濟，水出常（恒）山房子贊皇山東入泜。」《漢書・地理志》也説：「房子、贊皇山，（石）濟水所出，東至癭陶入泜。」房子就是房，和泜水很接近，房方音近，應當就是方雷氏的地方，現在是河北省高邑縣一帶。那末，昭王征方雷，應當和他的伐東夷是同時的事情。

吏（使）厥友弘旨告于伯懋父　厥友是師旂的友，周代每一個官職，都有僚和友，作册令彝説「眔左右于乃寮以（與）乃友事」，是把乃寮和乃友並稱的。《君夫簋》説：「儥求乃友。」《禮記・曲禮》説「僚友稱其弟也」，也以僚友並稱。同官爲僚，友的地位似乎比僚還低一些，是輔助者。

在艿　艿就是艿白，静簋説「䣄𣪘艿白」，是合𣪘白和艿白。《毛詩》序「《雲漢》仍叔美宣王也」。艿應是仍叔的封邑。其地當在宗周附近，疑是《漢書・地理志》左馮翊的徵縣，顔師古注：「徵音懲，即今之澄城縣是也。《左傳》所云『取北徵』，謂此地耳。而杜元凱未詳其處也。」艿和徵，韻相近。此時伯懋父在宗周一帶，没有跟昭王東征。

迺罰得[glyph]古三百爰（鍰）　爰字本作[glyph]，像兩手交付銅餅的形狀，兩隻手代表兩個人，象徵兩個人在做交易，所以爰字有交换的意義。爰是鍰的原始圖畫字，後來圓形變爲小的横畫，因而和孚字相亂。又或變從币，韋字變爲𩏑，其中的圖形變成币一樣，[glyph]字也變爲𤔡，《説文》就誤認爲是從𠬪從于了。正由於爰字中本從圓形，所以如環的玉瑗，從爰聲，又引申爲門環的銅瑗，羅振玉以爰字解爲瑗，附會《説文》解瑗爲大孔璧，人君上除陛以相引的説法是很荒謬的。古代人民製造文字時豈能專爲奴隸主上階陛而特别造一字呢。《尚書・吕刑》「墨辟疑赦，其罰百鍰」；又「劓辟疑赦，其罰唯倍」，那就是二百鍰；又「剕辟疑赦，其罰倍差」，應該是四百鍰；又「宫辟疑赦，其罰六百鍰」；又「大辟疑赦，其罰千鍰」。這是穆王時代的法律。這裏罰師旂衆僕三百鍰在穆王以前，可見穆王是把當時已經行用的制度規定爲法律的。這些鍰都指的是銅餅，後來就引申爲重量。關於鍰的輕重，舊有兩説：《説文》「鍰，鋝也，《虞書》曰罰百鍰」，又「鋝，十一銖二十五分之十三也。《周禮》曰重三鋝，北方以二十兩爲(三)鋝」。可見許慎是主張前一説的。《周禮・職金》疏説：「夏侯歐陽説云：墨罰疑赦，其罰百率，古以六兩爲率。」古《尚書》説：百鍰鍰者率也，一率十一銖二十五分銖之十三也，百鍰爲三斤。鄭玄以爲古之率多作鍰。前人都認爲這一段是引許慎的《五經異義》和鄭玄的《駮五經異義》，是可信的。那末，前説出於《今文尚書》説，後説出於《古文尚書》説。《尚書・舜典》正義引鄭玄《駮異議》説：「贖死罪千鍰，鍰六兩大半兩，爲四百一十六斤十兩大半兩銅，與今贖死罪金三斤爲價相依附。」又《考工記・冶氏》「重三鋝」，鄭玄注説「玄謂許叔重《説文解字》云：『鋝鍰也。今東萊稱，或以大半兩爲鈞，十鈞爲環，環重六兩大半兩，鍰鋝似同矣。則三鋝爲一斤四兩』。」可見鄭玄主張今文家六兩説而引東萊之環爲證，定爲六兩大半兩，即比今文家説每鍰要多十六銖，但所差較微小。《尚書・吕刑》釋文：「鍰，徐(邈)户關反。六兩也，鄭及《(小)爾雅》同《説文》云：六(亦?)鋝也，鋝十一銖二十五分銖之十三也。馬(融)同，又云：賈逵説，俗儒以鋝重六兩，《周官》：劍重九鋝，俗儒近是。」《小爾雅・廣衡》説：「二十四銖曰兩，兩有半曰捷，倍捷曰舉，倍舉曰鋝，鋝謂之鍰。」那末，鋝和鍰是一百四十四銖，合六兩。總結這些説法：㈠鍰就是鋝，㈡但有兩種重量，其比較小的一種是十一銖二十五分之十三，即比半兩或十二銖略小；其比較大的一種，一般説是六兩，另一説較多十六銖，即所謂六兩大半兩，共一百六十銖，三鍰四百八十銖，正合二十兩。清代戴震才創一新説，以爲鍰和鋝是同時並存的兩種衡制，鍰是十一銖二十五分之十三，而鋝是六兩大半兩。由此出發，就硬説《吕刑》的罰鍰，鍰字應爲鋝之誤，而《考工記・弓人》的「膠三鋝」，應該是三鍰之誤。由於他立説很巧，很多學者都很相信他。但實際上這種説法是錯誤的，不能成立的。首先金文罰鍰的字作爰，正與《吕刑》合，並不作寽，番生簋「取贙廿爰」的爰作[illegible]，與宰伯鼎「宖絲五十爰」的爰作[illegible]，虢季子白盤「宣榭爰鄉」的爰作[illegible]，相近，更可確證。過去有些人誤信戴説才把它釋成鋝，但一直到戰國時期楚國的貨幣還叫郢爰，是很清楚的。其次《考工記・弓人》的膠，如果照戴氏的想法，只有三十四銖二十五分之十四，比一兩半還少。就按王莽時的衡制來核算，還不到六錢，也未免太少了。其實爰和寽本是兩個字，爰本作[illegible]，寽本作[illegible]，羅振玉把它都釋成爰是錯的。錫爰、罰爰的爰，本與寽無關，只由於□變成□，與寽形近而混，可能戰國時兩字已經很難分了，所以《考工記》記重量均作鋝，而《今文尚書》作「其罰百率」，率字是鋝聲之變，而《説文》索性把鍰解釋爲「鋝也」了。不過，《今文尚書》的夏侯歐陽説，儘管把鍰字讀爲率，却説「古以六兩爲率。」而古文經學家的賈逵儘管把今文家稱爲俗儒，説「俗儒以鋝重六兩」，可是根據《周官》（指《考工記》）「劍重九鋝」，也只好説「俗儒近是」了。根據鋝重六兩的説法，九鋝是五十四兩，即三斤六兩。如果用王莽時的衡制，每兩約合今市秤五錢二分五釐的話，那就是約二十八兩三錢五分，即一斤十二兩多，這是《考工記》三種劍裏最大的劍。根據這種推算，中制的劍七鋝，是漢衡的四十二兩，約合今市秤二十二兩（編者注四）爲一斤六兩；下制的劍五鋝，爲漢衡三十兩，約合市秤十五兩七錢五分，差兩錢五分是一斤。再拿戈戟都重三鋝和《弓人》的「膠三鋝」來説，爲漢衡十八兩，約合市秤九兩四錢五分，比半斤多一些。這都見於《考工記》的鋝。而《吕刑》的「其罰百鍰」，爲漢衡六百兩，折合市秤約三百十五兩，爲十九斤十一兩。而最高的罰千鍰，爲漢衡六千兩，折合市秤約三千一百五十兩，爲一百九十六斤十四兩。這都是合乎情理的。拿金文裏的材料説，禽簋「錫金百爰」合市秤十九斤十一兩，是够做幾個簋的。這個鼎所記罰三百爰，合五十九斤一兩。而像趞鼎，䰧簋、𢦏簋、䣛簋等的「取賷（徵）五爰」，也是將近市秤一斤，而番生簋「取賷廿爰」則比市秤兩斤差五錢。毛公鼎「取賷五爰」，是最多的，約合市秤二斤十五兩二錢五分，還有舀鼎出賣五個奴隸的價格也是百爰，還不到二十斤銅的價錢。此外，戰國末洛陽東周墓出土的左内偤和右内偤方壺所記載的重量，都爲四爰多或五爰多，折合市秤一斤左右，是比實際輕了。鄭玄根據東萊的環，重六兩大半兩（環和鍰同音），要比較大一些。但無論如何，釋鍰或鋝爲六兩，比較總還是合乎情理的，由於時代的前後，地區的差別，可能有些出入，究竟還不太脱離實際。而要像《古文尚書》説那樣説一鋝只有十一銖二十五分之十三，就和所有這些資料，都不能符合了。一把上制的劍重九鋝，只有一百〇三銖二十五分之十七，即漢衡四兩七銖多，還不到今稱二兩三錢，而左内偤方壺等器只有今稱一兩多了，這就輕得太離奇了。看來今文經學家在西漢初年得之目覩耳聞與身及，還能知道一些戰國秦漢時期的一些衡制，而《古文尚書》的説法出自西漢末年，已經不知道鍰或鋝有多重了。他們所説的十一銖二十五之十三這個重量是從戰國末的錢幣推算得來的。戰國時的「尕（梁）□釿全尚（當）爰」和「尕（梁）正尚（當）金尚（當）爰」，是用當時的衡制一釿來當一鍰的。所謂當，並不完全相等，正如後世的當十當百都不是足量，那些一釿幣，大都合今市秤三錢多，比漢衡十二銖可能還大一些。而戰國末的□銜布已在背面記明十二銖，另有一種較大的，背面注明一兩，可見是兩個十二銖，這是《漢書・律曆志》所謂「一籥容一千二百黍，重十二銖，「兩之爲兩」的根據。但是錢幣的重量是大有出入的，就是[illegible]衡布，還有一種一兩的，就比十二銖的還小，另外一種釿布，也説是二兩，更要小一些。這是由於錢幣流通之後，鑄幣者儘量想用少量的銅以擄奪更多的物資，牟取暴利，所以往往是愈來愈小的。戰國末年還有一種稱爲半睘的圓錢，其形制比[illegible]垣釿圓錢另小得多。睘與鍰同音，也可以證明當時錢幣是用釿來代替鍰的。其後秦錢用半兩，即十二銖，有一種兩甾（錙），時代相近，六銖爲錙，也就是十二銖。《古文尚書》説就是根據這些錢幣的衡制而把鍰或鋝（率）定爲十一銖二十五分之十三的。這個重量比十二銖或半兩略輕一些，用百鍰來説，比一百個半兩，要輕二兩，這或者他們所得古錢略輕於半兩，更可能是要用鍰三斤的整數，而推算出來的。其實錢幣的重量隨時隨地爲高下，是很難作爲標準的，前面所説都是北方的錢幣，楚國用黄金來鑄的郢爰，重的可以有現在市秤的四錢多，而用銅來做的圣朱仿貝（即所謂蟻鼻錢）是代表一銖的，却可以有市秤九分左右，這裏可能有黄金和銅錢的差價，但就楚國這種銖來推算，十二銖就合現在一市兩多，要比漢衡的一兩重一倍多了。而如秦以後的半兩錢，最早的確是重如其文，後來却小到只有三銖，只有四分之一，如果根據這種推算半兩來談論秦漢衡制，豈非荒謬。所以《古文尚書》説這個重量，不論叫做鍰、或鋝、或率，都是没有根據古代的實際衡制的，所以連古文經學家的賈逵也不敢用，而寧肯照他所稱俗儒的説法的。戴震所立新説，强分鍰鋝爲兩種衡制，但並没有找出十一銖多重的鍰的實際證據，只找了一條《弓人》的「漆三鋝」，硬説是不到十二銖的鍰，許多學者已經駁斥過了。而不知道鍰鋝字形相近，在晚周就已經混淆用鋝爲鍰，漢儒所説並没有錯，其錯在古文經學家把錢幣中代替鍰的重量，作爲實際的衡制。他反而要把這種虚搆的衡制作爲鍰的真正重量，就大錯特錯了。這裏所説的是罰得、⿱自糸、古等人三百鍰，得、⿱自糸、古等就是前文所指的衆僕。

義敉𢿋氏不從氏右征　《周易·繫辭》：「理財正辭，禁民爲非曰義。」辭是訟詞，在訟詞裏所説的義敉就是播字，等於説按理是應該播揚他們的罪的。𢿋是語詞，其不從其右征就是他們的罪狀。王征方雷，師旂大概是王右，衆僕不從師旂，等於不從王，所以要有罪罰。

今母敉其有内于師旂　上面已經説今不克氏罰，可見衆僕很强悍，既不從征，又不受罰，只好讓他們向師旂送些東西，照顧一下面子。

旂對氏⿱𣦼貝（⿰貝睿）于𨻰彝　⿱𣦼貝讀爲⿰貝睿，《廣雅·釋詁一》：「⿰貝睿益也。」⿰貝睿從睿，與叡是一字，此不從目而從貝。⿰貝睿與賮或贐，音近通用。《説文》「賮會禮也」，《蒼頡篇》：「賮財貨也。」《孟子》「行者必以贐」，注：「送行者贈賄之禮也。」這是因爲衆僕聽了伯懋父的命令而送了一些禮物。師旂對揚伯懋父而把這件事寫在尊彝上的。從這件器銘可以看到當時的小奴隸主已經是不大聽命的。

二四、小臣宅簋

隹(唯)五月壬辰,同公才豐,令宅事白(伯)懋父。白(伯)易(錫)小臣宅畫母(干),戈九,昜(揚),金車,馬兩。⿰昜丮(揚)公白休,用乍(作)乙公隮(尊)彝。子=孫永寶,其萬年用鄉(饗)王出入。

小臣宅簋銘文拓本

同公 沈子也簋説「休同公克成綏吾考」,即此同公。簋銘文又説「乍⿰糹巳于周公宗」,是沈子也爲周公之後,同公應是作册䰧卣的公太史,詳後。

在豐 豐是豐邑,因豐谷、豐水而得名,是文王舊都,武王才遷鎬。豐邑在今陝西鄠(户)縣,東有古酆城。《詩經·文王有聲》鄭玄箋説:「豐邑在豐水之西,鎬京在豐水之東。」《續漢書·郡國志》杜陵下劉昭注引《三輔決録》注説:「鎬在豐水東,豐在鎬水西,相去二十五里。」豐鎬雖相近但是兩地,在漢代鎬京屬京兆長安,而豐屬右扶風鄠縣。唐代《元和郡縣志》鎬京在長安縣西北十八里,而酆宫在鄠縣東三十五里。都劃在不同區域裏的。至於金文常見的宗周是鎬京,鄭玄《詩譜·王風》説:「武王作邑於鎬京,謂之宗周,是爲西都。」是因爲宗廟所在,所以稱爲宗周。金文又常見𦎫京,實和鎬京在一起。西周時在宗周之北本有鎬和方,《詩經》所説「侵鎬及方」,上面司土□所説北征𦎫,都指北方的鎬,武王新建鎬京是沿用舊名的,同時也把方的地名搬過來,所以金文講到𦎫京就有辟雍,有大池,那就是《文王有聲》所説的「鎬京辟雍」。宗周和𦎫京的關係,與成周和王城的關係是一樣的,因爲稱爲宗周就不再説鎬京,也等於稱成周就不再説洛邑。因此,豐邑和𦎫京是兩回事。同公在豐,顯然是留守西都,伯懋父那時大概在外征伐,所以同公派遣小臣宅去事他。

白易小臣宅　這個白就是伯懋父，也就是下面的公伯，可見伯懋父這時的地位也是公。

畫毌　[illegible]就是《説文》毌字，本象盾形，卜辭作中，或作申，作申，作申的寫法橫過來就是毌字。古書多借用干字，毌與干一聲之轉。

戈九昜　昜就是揚字。《詩・公劉》「干、戈、戚、揚」，毛萇傳：「戚，斧也，揚，鉞也。」這裏只説干戈揚，是因斧鉞同類。

金車，馬兩　小臣宅來事伯懋父，伯懋父所錫的是干、戈、揚和車馬，可見伯懋父正在征伐，小臣宅是來參加軍旅之事的。

二五、沈子也簋

也曰：「拜(拜)頴(稽)首敢畋(爰)卲(昭)告朕吾考令乃鴅沈子乍(作)𦀚(祼)于周公宗，陟二公不敢不𦀚(祼)。休同公克成妥吾考吕于顯⁼受令(命)。烏虖，隹(唯)考[illegible]念自先王先公迺妹克衣(殷)告剌(烈)成工，𢦚吾考克淵克。乃沈子其顀褱(懷)多公能福。烏虖，乃沈子妹克蔑，見猒(饜)于公休。沈子肇斁[illegible]賓嗇，乍(作)丝(茲)毁(簋)，用䛊鄉(饗)己公，用各多公，其丮哀乃沈子，也唯福用水，霝令用妥(綏)。公唯壽。也用褱㒸我多弟子我孫，克又(有)井(型)斆欿(懿)父迺是子。」

敢畋卲告　畋當讀爲爰，或爲曰，語詞。《説文》㝱從畋聲，冂即腕字，和爰字音相近。《論語・堯曰》：「予小子履敢用玄牡，敢昭告于皇皇后帝。」

吾考　[illegible]即吾字，毛公鼎的「干吾王身」，《薛氏鐘鼎款識》師𩛥簋作「干[illegible]王身」，可證。吾讀若御，干吾即扞御，御從午聲，吾午聲同。這裏的「吾考」和商犧尊的把尊稱爲「吾尊」都是一種尊稱，《禮記・昏義》天子有八十一個御妻，《春秋》桓公十四年説「御廩災」是國君的廩，後來封建王朝對天子的東西大都冠以御字，就是從古代這種尊稱演化下來的。

乃鴅沈子　鴅讀如旃，語辭。乃旃沈子等於下面的乃沈子。這是沈子也對他吾考説的話，意思是你的沈子。沈國見《左傳》的有兩個，一個據説是金天氏的苗裔，在山西汾水流域。一個姬姓，在河南省東南部平輿縣境，《漢書・地理志》汝

沈子也簋銘文拓本

南郡平輿縣下應劭注：「故沈子國，今沈亭是也。」《續漢書・郡國志》説：「沈姬姓。」《唐書・宰相世系表》、《廣韻》、邵思《姓解》等並説「周文王第十子聃季食采於沈，即汝南平輿沈亭」，這是六朝時譜系學家誤認爲聃耽同字而附會上去的，其實聃季載的聃從冉，就是那字。《史記・管蔡世家》「封季載於冉」，索隱説：「冉國也。……冉或作郍。《國語》曰：冉季鄭姬。賈逵曰：文王子聃季之國也。莊十八年楚武王克權，遷於那處。杜預云：那處楚地，南郡偏縣有那口城。聃與那皆音奴甘反。」如果郍國正是那處的話，就在現在湖北省的荆門縣一帶。無論是何，郍總不是沈。現在看到這件銅器，才知道沈是周公的後裔，這是過去人不知道的，可以補文獻史料之不足。但是《左傳》關於周公後的被封的，除了魯以外，只講到凡蔣邢茅胙祭，而没有沈國。我認爲這是從蔣國分出來的。因爲《漢書・地理志》汝南郡期思縣下顔師古注「故蔣國」，《續漢書・郡國志》説：「有蔣鄉，故蔣國。」《水經・淮水》注：「淮水自新息來東過期思縣北，縣故蔣國，周公之後也。」漢代期思縣在今河南固始縣的東北，離開平輿縣約一百多公里，那末，沈國很可能是蔣侯的子弟分封的，像晉國分封曲沃之類，所以兩國壤地相接。從銅器裏的邢侯簋來看，邢侯的被封在康王時，凡蔣邢茅胙祭等國的封建應在同時。昭王時期的麥尊，説到邢侯出矽，應是邢國的第二代，即周公的孫子一輩了。這個簋的沈子，既然作綩于周公宗，顯係周公之後，很可能是蔣侯的孫子，就是周公的曾孫了，所以應屬於昭王時期，並且應該在後期。從文字書法來判斷，也應該定爲昭王時期。

乍綩　綩字從夗，字作□，是蛩或蜿的原始象形字。《殷虚書契後編》下三十九葉三片「弜（弗）省夗」，作□（過去是不認識的），象爬蟲一類動物蚪曲之形。《史記・司馬相如傳》：「宛宛黄龍作宛。」《離騷》：「駕八龍之蜿蜿兮。」《西京賦》

「狀蜿蜿以蝹蝹」，薛綜注：「龍形皃也。」作蜿。蜿這個詞，演化爲疊韻連語，則爲蜿蟬，王逸《九思・守志》「乘六蛟兮蜿蟬」，注：「羣蛟之形也。」又爲蜿蟤，《九思・哀歲》「龍屈兮蜿蟤」。又爲蜿蜒，《史記・司馬相如傳》《大人賦》：「駿赤螭青虯之蛐蟉蜿蜒。」《易林・剥之節》：「蛇行蜿蜒，不能上坂。」又爲蜿蟺，《文選・魯靈光殿賦》：「虯龍騰驤以蜿蟺。」又爲宛壇，劉歆：《甘泉宫賦》：「黄龍遊而宛壇。」由這個意義引申出來，蚯蚓也叫做蜿蟺。再引申而爲夗轉，《説文》：「夗轉卧也。」由於許慎已經不知道夗字的原來意義，所以解釋爲從夕從卩，迂曲而不能通。從夗的字，甲骨文有[夗/日]字，見中華本《甲骨文編》附録上三六九一，舊亦不識。金文常見[夗/食]字（詳後麥尊），所從的夗，在臣辰諸器中或從[illegible]，或從[illegible]，而吕鼎作[illegible]，可爲《説文》夗作[illegible]形所從出。能匋尊有[illegible]字，[夗/口]簋作[illegible]，又作[illegible]，並當釋[夗/口]，就是《説文》的[言夗]字。由此可見[illegible]當釋夗，[糹夗]爲[糹夗]字，也就是綩字。《原本玉篇》有綩字，「於遠反」。《韓詩》：我遘之子，綩衣繡裳。綩衣纁衣也（蘭按《毛詩・九罭》作「衮衣繡裳」，此《韓詩》佚文）。《蒼頡篇》：「綩紘也。」《集韻》或體作[糹夗]。可見漢以前原有綩字，《説文》遺漏未收。此銘説「作綩」，就是金文常見的[夗/食]，祭名。應讀爲祼，《詩經・文王》：「侯服于周，天命靡常。殷士膚敏，祼將于京，厥作祼將，常服黼冔。」所説「祼將于京」，是指京師、京宫，説天命不常，原來殷朝的諸侯，也到京師來助祭了。毛傳訓京爲大是錯的，趙岐《孟子章句》和孔穎達《毛詩正義》已都説是京師了。金文常説[夗/食]旁，[夗/食]莽京，作爲一種大典禮，正是「祼將于京」這件事，鎬京莽京同在京師，但仔細分别時，京宫當在莽京，所以[夗/食]禮總是和莽京相聯繫的。麥尊説「迨王[夗/食]莽京酌祀」，正指諸侯助祭。又《尚書・雒誥》説「王入太室祼」，也和吕鼎所説「王[夗/食]于太室」正相符合。此簋説「作[糹夗]于周公宗」，又和《文王》所説「厥作祼將」符合。那末[糹夗]或[夗/食]就是祼祭是没有疑義的。祭於周公宗而説「作[糹夗]」，是由於魯用天子禮，而周公宗應是死在魯國的。《公羊傳》文十三年説：「封魯公以爲周公也。周公拜乎前，魯公拜乎後，曰：生以養周公，死以爲周公主。」主就是宗，可證。

陟二公不敢不[糹夗] 陟是升的意思。《爾雅・釋詁》：「陟，陞也。」《詩・卷耳》傳：「陟，升也。」陟二公是在祭禮中把已死的兩個祖先升上去，合食於太祖的意思。《春秋》文公二年「八月丁卯，大事于大廟」，《公羊傳》説：「大事者何，大祫也。大祫者何，合祭也。其合祭奈何，毁廟之主，陳于太祖，未毁廟之主皆升，合食於太祖。」何休注：「自外來曰升。」《穀梁傳》略同。此銘説由於升二公合祭，所以不敢不祼祭。

休同公克成妥吾考以于顯顯受令 休是動詞，因受同公之休而稱揚他，這是稱揚同公對沈子也吾考的休的意思。成有成就的意義。妥就是綏字，有安撫的意思，成就並安撫沈子也的吾考以于受命，那末，沈子也的吾考，當是沈國的第一代。其立國大概由同公許可的，所以要休他。

念自先王先公迺妹克衣告剌成工　先王先公當指文王周公，在周公宗裏是不應有武王成王的。妹語詞。衣就是殷。

叡吾考克淵克　叡發語詞。克淵克，上一克字是動詞，説他的吾考能够淵克。淵是深的意思，《詩·燕燕》「其心塞淵」，毛萇傳：「淵深也。」淵克等於《尚書·洪範》的剛克、柔克；《詩經·桑柔》的「飲酒温克」，指人的一種品性，就是説能具有淵克的品性。

其顙褱多公能福　顙字從烏，本銘烏虖字兩見可證。顙字字書所無，應與《説文》𣢟字同，此處當作嗟嘆的意思。能即羸嬴字所從的𦝤，讀爲嬴，有多餘的意思。

乃沈子妹克蔑見猒于公休　妹也是語詞。蔑讀爲伐，自己誇美其經歷的意思。猒就是厭字，當厭足，厭飽等講。這是沈子自誇其得到滿足於公所休美。

沈子肇斁□賓嗇，乍丝簋　《説文》：「斁盡也。」□字未詳。賓就是貯字，《説文》：「積也。」嗇和㐭廩字相類，是收藏穀物的地方。這是説沈子盡其蓄積（包括穀物）來作這些簋。

用𣪕鄉己公，用格多公　《玉篇》：「𣪕始也。」始饗己公，己公可能就是沈子的吾考。

其丮哀乃沈子　丮《説文》讀若戟，解爲「持也」，但從古文字來看，其作□形的，才像一個人手有所持的形狀，而高舉兩手的□字，即後來變爲□形的字是揚（玐、𥅨、𣃦等字均從此）的本字，像一個人高揚雙手的形狀。這裏應讀爲惕《説文》「憂也」。《廣雅·釋詁》一「憂也」；二「痛也」。丮哀，是憂痛傷哀，也就是憐惜乃沈子的意思。

也唯福用水　水讀爲準，《説文》和《釋名》都説「水，準也」。《白虎通》：「水之爲言準也。」

霝令用妥　妥讀若綏。《詩經·樛木》「福履綏之」，《楚茨》「以綏後禄」。毛傳都説：「綏安也。」

公唯壽　此處當仍指同公。

也用褱𡘹我多弟子多孫　𡘹字從夭從差，即□字，《玉篇》：「□，初緇切，又去才切，走也。」此處讀爲□（嗟），《説文》：「咨也。一曰病惜也。」此説褱𡘹是褱念憐惜的意思。

克有刑斆歅父迺是子　這是説沈子也的弟子和子孫，如能效法懿父，乃成爲子，子是男子的美稱。

二六、作册魌卣

隹（唯）公大（太）史見服于宗周年，才（在）二月既望乙亥，公大（太）史咸見服于辟王，辨（徧）于多正。雩（粤）三（四）月既生霸庚午，王徻（遣）公大（太）史。＝＝＝（公太史）在豐，賁（賞）乍（作）册魌馬。⿰昜丮（揚）公休，用乍（作）日己䢅（旅）障（尊）彝。

公太史　此太史而稱公，從下文「在豐」和小臣宅簋對照，此公就是同公。此四月既生霸庚午，公太史回到豐，而小臣宅簋作於五月壬辰，晚二十二天，也正符合。《尚書・顧命》康王即位時，主要的大臣是「太保、太史、太宗，皆麻冕彤裳」。太保承介圭，太宗奉同瑁，而太史是秉書的。從這篇器銘稱公來看，當時可能是把太保、太史、太宗作爲三公的，和後來把太師、太傅、太保作爲三公的有所不同。

作册魌卣銘文（器）拓本

作册魌卣銘文（蓋）拓本

見服于宗周年　《爾雅・釋詁》：「服，事也。」周代把政事稱爲服。《詩・蕩》：「曾是在位，曾是在服。」毛傳：「服，服政事也。」《尚書・酒誥》：「越在外服：侯、甸、男、衛、邦伯；越在内服，百僚、庶尹、惟亞、惟服、宗工、越百姓、里君。」都各有各的服。《禮記・祭統》載孔悝鼎銘説「纂乃祖服」，可見服兼有職位的意義。此銘下文説「公太史咸見服于辟王」，是公太史從他的職位以政事見王的意思。這是一件大事，所以用以紀年。

才二月既望乙亥　下云「粤四月既生霸庚午」，應爲四月十五或十六，此既望乙亥當爲二月二十二或二十三日，詳作册夨令簋考釋。

辨于多正　辨讀爲徧，《廣雅·釋詁二》：「辨，徧也。」《左傳》定公四年説「職官五正」。正可以釋爲君或大夫，辨于多正，是説徧及各執政者。

王遣公太史　是説王遣他回豐邑。

䰰　《説文》：「䰰，鬼皃，從鬼虎聲。」

二七、作册麥尊

王令（命）辟井（邢）侯出矿医（侯）于井（邢）。雩（粤）□（若）元医（侯）見于宗周，亡述（尤）。迨（合）王饔（祼）莽（方）京，酳（彡）祀。雩（粤）□（若）翊（翌）日才璧（辟）雝（雍），王乘于舟，爲大豐，王射大龏禽，医（侯）乘于赤旂舟從，死咸。之日，王吕医（侯）内（納）于寝（寢），医（侯）易（錫）玄周（琱）戈。雩（粤）王在㡴，巳（祀）月，医易（錫）者䚄臣二百家，劑用王乘車馬、金□、冂、衣、市、舄。唯歸，遅天子休，告亡尤。用龏義寧医（侯）顯（顯）考（孝）于井（邢）医（侯）。乍（作）册麥易（錫）金于辟医（侯）麥䚂（揚）用乍（作）寶隩（尊）彝，用鬲（獻）医（侯）逆逥（周），遅明令。唯天子休于麥辟侯之年盥（鑄），孫=子=其永亡□舟（終）。舟（終）用遹德，妥（綏）多友、亯쫂走令。

王令辟井医出矿医于井　這是邢医的正吏麥所作的銅器，所以稱邢侯爲辟邢侯。矿字卜辭常見，出矿是邢侯的名。矿讀如劻；《集韻》「蒲江切，劥劻用力」。邢國是周公旦的兒子所封的，《左傳》僖公二十四年，富辰説：「凡、蔣、邢、茅、胙、祭，周公之胤也。」《漢書·古今人表》：「邢侯周公子。」又《地理志》趙國襄國縣下注「故邢國」，是現在河北省邢台縣地。邢侯出矿應爲第二代的邢侯（也可能是第三代，是周公之孫或曾孫）。第一代邢侯封于康王時，流落到英國去的邢侯簋（舊稱周公彝），説：「唯三月，王命𤇈眔（暨）内史曰葊（當賜與的意思）邢侯服。」就是始封時做的，𤇈又見盂鼎，是康王時大臣，銘文字體也和盂鼎接近。銘末説「用册王命，作周公彝」，可以看出是周公的兒子初封邢時所作的。但是這個尊

作冊麥尊銘文拓本

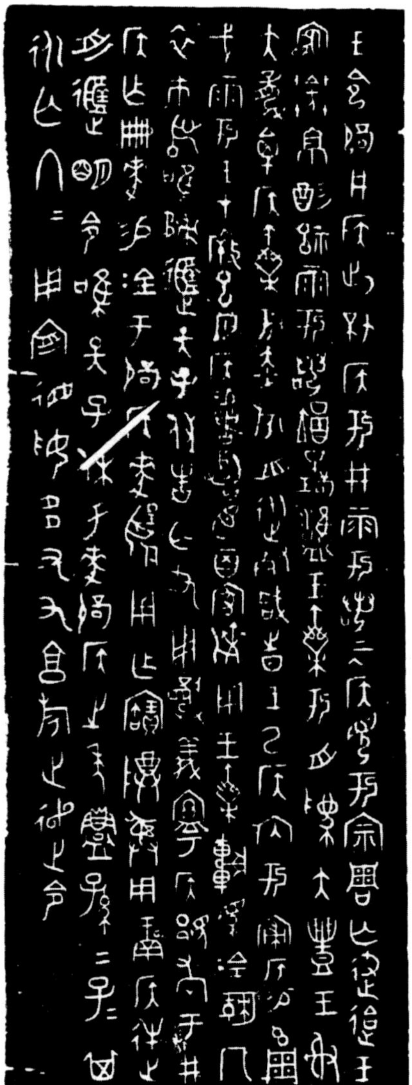

是不同的，後文説「唯歸，逓天子休，用龔義寧侯顯孝于邢侯」，既然説顯孝于邢侯，那就決不會是第一代的邢侯了。從這裏可以看到當時諸侯的繼承人即位，確是要得到王命的。《白虎通・爵》引《韓詩内傳》曰：「諸侯世子三年喪畢上受爵命于天子。」又説：「明爵士者天子之有也，臣無自爵之義。」就是説每一代的諸侯，按禮是由周王重新任命的。

雩若元侯見于宗周　雩若就是粤若，《尚書・堯典》和《臯繇謨》都説：「曰若稽古。」隸古定本作粤若，《説文》：「粤于也，宷慎之詞也，從于從宷。」其實粤是雩的譌字。雩若在銅器銘唯見小盂鼎及此器，由此，可見《堯典》《臯繇謨》的編輯時代，應當在西周初期。元侯是諸侯裏的大的，稱元是用以區别小諸侯的。《左傳》襄公四年，叔孫穆叔説「三夏，天子所以享元侯也」，「見于宗周」，是因受命爲邢侯而來朝見。

迨王饔莽京　這是在京師大合祭，邢侯以諸侯的身份助祭。饔字見《方言》十三：「䬴謂之䬻。」《廣雅・釋器》：「䬻謂之䬴。」此處讀爲祼，饔就是祼禮，已見上沈子也簋。《説文》：「祼，灌祭也。」或作盥，《易・觀卦》：「觀，盥而不薦。」又作灌，《論語》「禘自既灌而往者，吾不欲觀之矣」。莽京爲京師的一部分。莽就是方字，我過去因爲《詩經》所説「侵鎬及方」，認爲莽京應在北方，是考慮不周的。北方的鎬和方是周室發祥之地，文王遷豐以後，武王營鎬是新的鎬京，把舊的地名搬過來了。那末，新的鎬京，還是包括鎬和方兩地的。武文滅殷以後，建洛邑爲東周，而鎬京爲宗周，於是只把方稱爲莽京，所以金文裏常見的莽京是離宗周不遠的。郭沫若同志以莽京爲豐，説：「豐鎬相去不遠，故可崇朝而至。」豐雖不是莽京(見上銘小臣宅簋考釋)，以此銘爲證，莽京不應離開宗周很遠，是很正確的。

酖祀 酖就是肜字。《原本玉篇》：「肜，餘終反。」《爾雅》：肜，(按今本作繹)又祭也，商曰肜。郭璞曰：《高宗肜日》是也。《白虎通》昨日祭之，恐禮有不備，故復祭也。肜猶言肜肜若從天下也。《説文》：「舩肜(按今本作船行)也。」肜字隸變作肜，而《説文》舊音，轉爲丑林反，因此，清代學者往往認爲肜應從肉，很少人懂得肜肜爲一字了。其實殷虚卜辭，肜曰肜夕字就作彡，也作彡，凡彤、肜、彭等字，都從彡得聲，彡本來並不讀如衫。卜辭還常見酖字，也是祭名。金文見於戊寅鼎，阮元説是酎字，是把從彡附會許慎所説的三重醇酒，羅振玉則把卜辭的酖釋爲酒字，説「酒殆酎之本字」。中華版《甲骨文編》釋酖，而説「《説文》所無，其用與酒同」。科學出版社本《金文編》則釋爲酖，「《説文》所無，甲骨文常見之」，避而不作解釋。都不知道酖從彡聲，就是彡字的繁文，肜彤的本字。卜辭「肜日」字都只作彡，而彡日和翌日連在一起的總稱則是酖。酖彡略有區別，其實是一個字。此銘酖祀的酖從彡，和卜辭彡日字的作彡形的符合，可爲確證。

雩若翊日 翊即翌，是羽日、翊日、翊日等字的繁文，卜辭同。也見於康王二十五年的小盂鼎，可見此器當作於昭王初期。在殷虚卜辭裏，祭禮有彡日和翌日，彡前翌後，總稱爲酖。周初還沿襲殷代的祭禮，所以前面説酖祀，接着説雩若翌日。翌日這種禮，古書稱爲繹。《春秋》宣公八年：「辛巳有事於太廟，……壬午猶繹。」《毛詩·絲衣》序：「絲衣，繹賓尸也。」《爾雅·釋天》：「繹，又祭也，周曰繹，商曰肜。」翌日本來就當第二天講，《春秋》的壬午猶繹，正是辛巳的第二天，可見古書所記周和春秋時魯國的繹，就是卜辭和此銘的翌日。至於《爾雅》把繹和肜混而爲一，是錯的。這種祭禮，總名爲酖或酖祀，分別開來，先是彡日，後是翌日，也就是繹。那末，繹並不是肜日。翌聲轉爲繹，正如羽的讀如翌，古代魚部和之部韻往往相轉。近人研究卜辭，也只從《尚書》的《高宗肜日》，知道卜辭的彡和彡日就是肜日，而不知道卜辭的羽(翌)和羽日(翌日)就是《春秋》《詩序》等的繹，所以對卜辭常見的羽(翌)日禮就無法解釋了。

才璧雝 《詩經·靈臺》説：「於樂辟廱。」是文王作豐邑時有辟雍。又《文王有聲》説「鎬京辟雍」又「宅是鎬京」是「武王成之」，可見鎬京又有辟雍。這裏所説的是莽京的辟雍，也就是鎬京辟雍。辟雍之名在金文中僅見此銘，辟字作璧，《白虎通·辟雍》説「辟者璧也，象璧圓，又以法天於雍則像教化流行也」。又説「何以知有水也，《詩》曰：息樂泮水，薄采其苻。《詩訓》曰水圓如璧」。可見辟雍的池子是圓的，象玉璧的形狀，辟雍的建築是在池中央的陸地上，即璧孔處。《毛詩·

靈臺》正義引許慎《五經異義》：「左氏說：天子靈臺在太廟之中，壅之靈詔謂之辟雍。」鄭玄《駁異義》認爲「辟雍及三靈皆同處在郊」。說：「衆家之說，各不昭哲，雖然，於郊差近之耳，在廟則遠矣。」按此銘上說「迨莽京彭祀」，緊接着說「雩若翌日，在辟雍」，可見辟雍是和太廟在一起，所以祭之明日復祭，可以在這裏。《五經異義》又引《韓詩》說：「辟雍者天子之學……所以教天下，春射秋饗，尊事三老五更。」《續漢書・禮儀志》：「明帝率羣臣躬養三老五更於辟雍，行大射之禮。」此銘下文說：「王乘于舟，爲大豐，王射大龏禽。」那末，辟雍確是可以舉行饗禮和射禮的場所。《韓詩》的說法是有一定根據的。

王乘於舟爲大豐　爲大豐是舉行射禮，但王乘於舟而舉行射禮，這是過去所不知道的。《儀禮・大射儀》在舉行射禮這一天，「厥明，司宮尊于東楹之西，兩方壺，膳尊、兩甒在南，有豐」。鄭玄注：「豐以承尊也。」說者以爲若井鹿盧。其爲字從豆𠁩聲，近似豆，大而卑矣。」《鄉射禮》和《大射儀》都有設豐一段，是用來放罰酒的爵和觶的。

王射，大龏禽　此舉行射禮而只說王射，可見一切禮儀，原來並没有什麼固定的規則，《儀禮》這本書是戰國時期的儒家根據一些習慣而加以組織的。龏同拱，《爾雅・釋詁》：「秉、拱執也。」王在辟雍乘舟而射，而能大執擒，大概辟雍和園囿在一起，射的就是園囿中馴養的禽獸。

厌乘于赤旂舟從𣪘咸　咸，金文習用語詞，《詩・閟宫》：「敦商之旅，克咸厥功。」箋注：「咸同也」凡金文單用一個咸字作結語的，和克咸、能咸的意義同。

之日，王𠂤厌入于寝，厌易玄周戈　厌易，郭沫若同志解爲「井厌被錫於王」是對的。

雩王才㡯　這個雩等於《尚書》上常見的越，發語詞，以表示此爲另一時的事情。諸厌朝天子常經過很長一段時間，如作册魖卣裏的公太史從「二月既望乙亥咸見服於辟王，辨於多正」，一直到「四月既生霸庚午」，王才遣他回去，就有五十五天，可證。㡯和趞尊、趞卣、乍册睘卣、乍册睘尊等所說王在㡯的㡯是一個地方。此尊既確定爲昭王時事，那末，那些銅器也是昭王時而非成王時，也是確定無疑的。

巳月　《周禮・大宗伯》「以實柴祀日月星辰」，其中就包括祀月。《禮記・祭法》：「王宫祭日也，夜明祭月也。」注：「王宫日壇，……夜明亦謂月壇也。」又《祭義》：「祭日於壇，祭月於坎，以別幽明，以制上下。祭日於東，祭月於西，以別外内，以端其位。」《國語・魯語》「天子大采朝日……小采夕月」，注：「禮，天子以春分朝食。」又說「夕月以秋分」。《大戴禮・保傅》：「三代之禮，天子春朝朝月，秋暮夕月。」據《管子・輕重己》說，冬至後四十六天，「冬盡而春始」，「天子東出其國四十六里而壇，祭日，犧牲以魚」。又從夏至起九十二天是秋至，「天子西出其國百三十八里而壇，祭月，犧牲以彘」。那末祀月的地點，離宗周應該不很遠。並應在宗周之西。

𥎦易者⿰戈丮臣二百家　⿰戈丮字《説文》：「擊踝也，從丮戈。讀若踝（胡瓦切）。」過去都不得其解。擊踝可能是古代的一種刑，甲骨文蔑字作□，都象擊踝，和伐字的以戈擊人頸是不同的。許慎釋⿰戈丮爲擊踝，雖不是⿰戈丮字本來的意義，總還是有根據的。但從金文來看，⿰戈丮字應讀若揚。金文丮字本象人坐着（用膝和足趾着地），兩手揚起之形，⿰王丮字象兩手捧玉之形，⿰日丮字象舉兩手向着太陽之形，⿰日丮字變爲⿰昜丮字，又變爲⿰易丮字，就是《説文》的揚字；⿰王丮字又變爲⿰⿱日王丮字，⿰昜丮字，⿰⿱昜王丮字，就是《説文》的瑒字；這些金文都用作對揚字，它的讀揚是没有問題的。但是⿰王丮鼎的⿰王丮，在另一器上就作⿰戈丮（兩器並見《三代吉金文存》卷三，四十六頁），同一人還有一件簋，也作⿰戈丮（清宫舊藏，上書卷六，四十六頁），證明⿰戈丮也應讀爲揚。那末⿰戈丮字是象兩手揚戈的形狀。這裏説者⿰戈丮臣，者讀爲諸。揚戈的人應該是衛士一類。《史記·淮陰侯列傳》：「臣事項王，官不過郎中，位不過執戟。」注：「張晏曰：郎中宿衛執戟之人也。」

劑用王乘車馬　劑讀爲齎，《説文》「齎持遺也」。《儀禮·聘禮記》：「問大夫之幣俟於郊，爲肆，又齎皮馬。」注：「肆猶陳列也，齎猶付也。」這裏主要是賞錫者⿰戈丮臣，車馬等是附加的，所以稱劑。

金□　□未詳

冂衣市舄　冂《説文》：「覆也。」莫狄切。《廣韻·二十三錫》引《文字音義》説「以巾覆。」與幎（覆也），⿰衤冥（車覆軨也），鼏（鼏蓋），幂（覆食巾）等字同音。此處用作蓋在頭上的頭巾，演化爲冃字、曰字、曰就是冒（帽）字，又音轉爲冕字，從免聲。

唯歸，逛天子休　逛就是《説文》的迋字。在這裏讀如皇和暀。《説文》「皇大也」，又「暀、光美也」。

告亡尤，用龏義寧𥎦顯考（孝）於井𥎦　告亡尤是把「見於宗周亡尤」的事告於宗廟。龏與恭字同，《爾雅·釋詁》「恭敬也」。那末，龏義等於説敬義《周易·文言傳》：「君子敬以直内，義以方外，敬義立而德不孤。」寧侯是安寧順從的諸侯。《考工記·梓人》説：「祭侯之禮以酒脯醢，其辭曰：惟若寧侯，毋或若女（汝）不寧侯，不屬於王所，故抗而射女（汝）。强飲强食，詒女（汝）曾孫，諸侯百福。」《大戴禮·投壺》：「嗟爾不寧侯，爲爾不朝於王所，故亢而射女（汝）。（强飲）强食，詒女（汝）曾孫，侯氏百福。」從周王室來説，諸侯的順服是最重要的，所以要射不寧侯。《史記·封禪書》：「萇弘以方事周靈王，諸侯莫朝周，周力少，萇弘乃明鬼神事，設射狸首，狸首者諸侯之不來者。」《儀禮·大射儀》「奏貍首」，鄭玄注：「貍之言不來也，其詩有射諸侯首不朝者之言，因以名篇。」此銘記邢侯去見天子，所以説是寧侯。顯從晛聲，從尹和顯或作顯從尹同。晛顯聲極相近，和顯字同義。考通作孝。這是説邢侯出劢用敬義和寧侯來顯孝於其祖或父，即前代的邢侯。

乍册麥易金於辟侯 這是説麥被錫金於邢厌。

用鬳厌逆逰 鬳《説文》讀若過，此應讀如獻。逆是迎的意思，逰《説文》所無，應與匔字同，讀如周。用獻侯逆逰，是當時一種慣語。矢簋和白君父簋都説「用鄉王逆逰」。白㝮父鼎説「用鄉王逆㳺吏人」，圮簋説「用鄉王逆舟吏」。中爯簋説「用鄉王逆[illegible]」。都是同時代的器。逆是迎，周是復，逆周就是來回的意思。

舟用𡨦徝 𡨦當即《説文》匔字，由∩形譌勹形。《説文》：「匔帀遍也。」引申有周密的意思。

言旅走命 《爾雅·釋詁》：「旅陳也。」旅也是祭名《周禮·大宗伯》：「國有大故則旅上帝及四望。」《論語·八佾》「季氏旅於泰山」，馬融注：「祭名也。」《説文》：「走趨也。」那末這是在言旅時趨命。

二八、麥方彝

才（在）八月乙亥，辟井（邢）厌（侯）光氐（厥）正吏，鬳（獻）於麥宮（宮）。易（錫）金，用乍（作）隫（尊）彝，用鬳井（邢）厌（侯）出入，逓令（命），孫〻子〻其永寶。

才八月乙亥 此與麥尊當是同時所作器，那末，邢厌從朝見回來，應在八月。

光氐正吏 正吏的正有長的意義，《爾雅·釋詁》：「正長也。」吏是官吏。《左傳》成公二年「王使委於三吏」，注：「三公也。」《周書·大匡》「三吏大夫」，注：「三卿也。」《詩·雨無正》作「三事大夫」，吏和事是一個字。《雨無正》上文還説：「正大夫離居，莫知我勩。」陳奂《詩毛氏傳疏》認爲正大夫就是三事大夫是對的。那末，正吏就是正卿。《左傳》：莊公二十二年：「並於正卿。」《國語·晉語八》：「晉爲諸侯盟主，子爲正卿。」可見諸侯是有正卿的。

鬳於麥宮 宮就是宮字，麥宮是麥的宗廟。宮從宂，宂和究本應是一字，《廣雅·釋室》：「究窟也。」或借用宂字，《淮南子·原道》：「禽獸有宂，人民有室。」又《脩務》「野彘有宂莦槎櫛窟虚連比以象宮室」，注：「宂獸蓐也。」其實人的宮室，是窟發展出來的。《禮記·禮運》「昔者先王未有宮室，冬則居營窟，夏則居橧巢」，鄭注：「寒則累土，暑者聚薪柴，居其上。」在洞窟裏累土，稱爲營，《説文》「營帀居也」。就是累土作圓形來作居住地點，所以《説文》就説營是從宫省從熒省聲。而窨字或從吕，或只從○，就是壅土的形狀（𡨦或𡨦就是雝字），也象壅土的形狀。從營窟到宫室，在文字方面的反映，就是從宄或究發展爲宫室的宫，宄究兩字的音跟宫字的音是很近的，所以窨應該就讀宫，而是宫的繁體。

用䣄井厌出入　出入等於麥尊等銘的逆𨓤。

麥方彝銘文（蓋）拓本

麥方彝銘文（器）拓本

二九、麥方盉

井（邢）厌（侯）光氏吏麥，䣄（獻）於麥窨（宫）。厌易麥金，乍（作）盉。用從井（邢）厌（侯）征事，用旋（旋）徒（走）𨓤（朝）夕䣄（獻）卸（御）事。

此與上器亦同時所作。

旋走　旋，《漢書·董仲舒傳》注：「速也。」《史記·天官書》索隱：「疾也。」旋字與還通，《詩·還》「子之還兮」，毛傳：「還便捷之貌。」《韓詩》作嫙。旋走和奔走的意義相近。

𨓤夕　𨓤當讀如朝，《説文》朝字從舟聲。

䣄卸事　《書·牧誓》：「嗟我友邦冢君，御事司徒、司馬、司空，亞旅、師氏、千夫長、百夫長。」御事在《周書》裏常見，御訓爲治，御事是治事的官。

三〇、麥方鼎

隹（唯）十又一月井（邢）医（侯）延（誕）鬲（獻）於麥。麥易赤金，用乍（作）鼎。用從井（邢）医（侯）征事，用鄉多者（諸）友。

麥方盉銘文拓本

麥方鼎銘文拓本

三一、士上尊　士上卣(一、二)　士上盉

隹(唯)王大龠(禴)於宗周，征(誕)饔(祼)莽京年，才(在)五月既望辛酉，王令(命)士上眔史黄𡨦於成周。昔(禮)百生(姓)豚，眔(暨)賁(賞)卣鬯貝。用乍(作)父癸寶陾(尊)彝　臣辰𦊻先

大龠　龠就是禴字，《周易·萃·六二》：「乃利用禴。」《周禮·大宗伯》：「以禴夏享先王。」《詩·天保》：「禴祠烝嘗。」禴也作礿。禴祭的時間有兩説：《禮記·王制》「春曰礿」，《祭統》「春祭曰礿」，是一種説法。鄭玄《王制》注説是夏，殷制。《大宗伯》所説夏享，《爾雅·釋天》「夏祭曰礿」，《説文》「礿，夏祭也」，是另一種説法。據此銘大龠後説五月，則以夏祭爲是。孫炎、郭璞注《爾雅》都説：「新菜可汋。」汋字《説文》作瀹，「漬也」。《周易·既濟·九五》：「東鄰之殺牛，不如西鄰之禴祭。」《漢書·郊祀志》引作瀹，注：「瀹祭謂瀹煮新菜以祭。」按周五月，於夏曆爲三月，正如孫炎《爾雅》注所説：「夏時百穀未登。可薦者薄也。」正由於只是瀹煮新菜，所以稱爲禴，而比起殺牛以祭是很薄的禮。《春秋繁露四·祭》和《白虎通·宗廟》，《公羊傳》桓公八年的注都説成是進新麥，顯然是錯的。

士上尊銘文拓本

士上卣(一)銘文拓本

士上卣(二)銘文拓本

士上盉銘文拓本

王令士上眔史黃𡧍於成周　𡧍同殷，《周禮·大行人》：「殷相聘也。」又《大宗伯》「殷見日同」，又「殷覜曰視」，都指朝聘而言。以作册夨尊説「夨眔亢」，𤔲鼎説「𤔲眔史旗」爲例，這器的主人應該是臣辰氏的士上，臣辰族的器很多。

𢀛百生豚　郭沫若同志讀爲禮百姓豚，大概是對的。百姓是：姬姓、姜姓、姒姓、妊(任)姓、嬀姓等等的奴隸主貴族。

附：同族名各器

（一）臣辰壺　臣辰𠕋先

（二）臣辰鼎　父乙先臣辰

（三）臣辰鼎　臣辰先父乙

（四）臣辰簋　父乙臣辰先

（五）臣辰鼎　臣辰先册父乙

（六）臣辰卣　父乙臣辰先

（七）臣辰爵　父乙臣辰先

（八）小臣先尊　小臣先辰父辛

（九）臣辰簋　臣辰𠕋父癸

（一〇）先父癸爵　先父癸

（一一）父乙先鼎　父乙先
（十二）乍父乙簋　乍父乙先
（十三）父乙先簋　父乙先
（十四）先父乙簋　先父乙
（十五）父乙先觶　父乙先
（十六）父辛冊先鼎　父辛冊先
（十七）先父辛鼎　先父辛
（十八）先冊爵　先冊　此項尚須詳補（編者注五）

三二、員鼎

唯征（正）月既望癸酉，王獸（狩）于昏（眂）敾（廩）。王令（命）員執犬休善，用乍（作）父甲鼒彝　㦰

員鼎銘文拓本

王獸於眂敾　獸是狩的本字。獸字從單從犬，單是畢一類的東西，和獵犬都是狩獵的工具。後世以獸爲禽獸字，就另造從犬守聲的狩字。三體石經狩的古文作獸。奴隸主統治者往往借狩獵爲名去巡行，或者進行侵掠。《春秋》僖公二十八年：「天王狩於河陽。」《穀梁傳》本作守。《尚書·堯典》：「歲二月東巡守。」《孟子·告子下》和《梁惠王下》注都説「天子適諸侯曰巡狩」。古書往往以狩爲狩獵字，而以守爲巡守字，其實本來都應作獸字。昭王時器常説王獸。《水經·滱水注》在上曲陽縣故城下説：「本岳牧朝宿之邑也。古者天子巡狩，常以歲十一月至於北岳，侯伯皆有湯沐邑，以自齋潔。周昭王南征不還，巡狩禮廢，邑郭仍存。」其實周王出巡，是穆王以後才停止的，但由此可見所謂獸（狩）是和征伐有關聯的，《周易·明夷·九三》「明夷於南狩」，

注：「狩者征伐之類。」此銘説王獸於眂畝，其地待考。

王令員執犬休善 《大戴禮·夏小正》「執養宮事」，傳「執，操也」。《廣雅·釋詁一》「烋善也」，休與烋同。這是説王命員掌管犬而休善，因而作器以爲誇耀。

□ 讀如翼，從□異聲，異象負荷小孩的形狀，是翼戴的意思。這裏是氏族徽號，卜辭常見。

三三、交鼎

交鼎銘文拓本

交從嘼（狩），逨（來）即王，易（錫）貝，用乍（作）寶彝。

交從嘼逨即王 這是因從狩而來到王這裏。

三四、啓卣

王出獸（狩）南山，寝（蒐）𨘢山谷，至於上厌𡿪（滰）川。啓從征堇（勤）不𢛳（擾）乍（作）且（祖）丁寶旅隩（尊）彝。用匄魯福，用殂（夙）夜事。 圭葡

□𨘢山谷 □是寝字，卜辭常見□字，或者作□，郭沫若同志在《殷契萃編》一一六〇片釋□爲宴，甚是，但在《卜辭通纂》四八三片釋□爲宰，則非是。□□一字，卜辭又作□或□，象有人持杖或火炬在屋中搜索之形，或只以手持杖或火炬，就是用手來表示人，正如相字是用目來表示人在觀察樹木，□字是用足趾來表示人的征行，所以□□是一字。《説文》把□譌作叜，説：「從又從灾闕」，已經不知道應該怎樣寫了。篆文或體作□，從人從又從灾，實即□字之譌。《方言》二：「搜求也，秦晉之間曰搜，就室曰搜。」《顏氏家訓·音辭》引《通俗文》：「入室求曰按。」字又作廋《漢書·趙

廣漢傳》「廋索私屠酤」，注：「廋讀與搜同，謂入室求之也。」叜已從又，而又從手作搜，已從宀而又從广作廋，都是後起形聲字。朱駿聲《説文通訓定聲》説叜「即搜之古文，從又持火，屋下索物也」，雖還不知原字應該如何寫，其卓識已經超越許慎了。有些人墨守漢儒訓詁，不敢踰越，是不懂得學術發展的規律的。傁字在此處用作蒐獮，《禮記・祭義》：「而弟達乎獀狩矣。」注：「春獵爲獀。」《太平御覽》八百三十一引《韓詩内傳》：「夏曰獀。」魏人饗碑「周成岐陽之獀」，都用獀作蒐獮字，搜也是叜或傁的後起形聲字。古書多用蒐，是同音通假字。這裏説的是昭王到南山巡狩，在迣山谷蒐獮的事情。王出獸南山，實際就是南征。顧棟高《春秋大事表・列國地形險要》，在楚國的少習下引《左傳》哀公四年杜預注：「少習，商縣武關也。」並説：「武關在今陝西商州（現在的商縣）東百八十里，東去河南内鄉縣百七十里，繇河南之南陽，湖廣（湖北）之襄鄖入長安者必道武關，自武關至長安四百九十里，多從山中行，過藍田始出險就平，信乎爲天設之險。」那末，昭王的出獸南山，就是經由武關去伐楚的要道。

啓卣銘文（蓋）拓本

啓卣銘文（器）拓本

堇不夒　堇讀爲勤，夒讀爲擾。《左傳》襄公四年引辛甲的《虞人之箴》説「德用不擾」。

用匄魯福　魯與旅同，《爾雅・釋詁》：「旅衆也。」

圭葡　是氏族的徽號。圭爲圭的象形字，圭是從石斧演化來的。

三五、師𩛥尊　師𩛥鼎

王女（如）上矦（侯），師𩛥從。王𢀛功，易（錫）師𩛥金。𩛥則對㫚（揚）氏（厥）德，用乍（作）氏（厥）文考寶彝（一作鼎）孫＝子＝寶。

師𩛥尊銘文拓本

師𩛥鼎銘文拓本

𢀛功　𢀛疑當讀爲獎。

三六、不指方鼎

隹（唯）八月既望戊辰，王才（在）上矦（侯）㡿（位），⿱孶鄭（灌）不指，易（錫）貝十朋。不指拜韻（稽）首敢㫚（揚）王休，用乍寶𩰫彝。

不指方鼎銘文拓本

王才上厍应 应讀如位。金文中凡朝廷宗廟裏的位，均只作立，立字本像人正面直立形。《周禮・小宗伯》：「掌建國之神位。」注「故書位作立。鄭司農云：立讀爲位，古者立位同字，古文《春秋經》公即位爲公即立」。與金文合。但金文裏，凡是周王臨時性住的處所，均用应字，或作应、宜。這就是《尚書・召誥》「越三日庚戌太保乃以庶殷攻位於洛汭，越五日甲寅，位成」的位。第二天乙卯，周公就到洛邑，可見這種位是臨時準備起來的。

拏鄭不指 鄭字左旁所從是有流的容器，與福字所從的畐有些類似，但畐是圓底的，而奠是平底或有足的。右旁從卩，是人形。正如：卽字爲皀旁卩，配字爲酉旁卩一樣，鄭爲奠旁卩，當讀爲祼，也就是灌。毛公鼎有鄭圭，郭沫若同志説即《周禮・典瑞》和《考工記・玉人》的祼圭；噩侯鼎的「乃鄭之」，王國維讀爲祼賓客的祼，均近是。那末，奠這種容器，應當是概。《周禮・鬯人》：「凡祭祀，社壝用大罍，禜門用瓢齎，廟用脩，凡山川四方用蜃，凡祼事用概，凡疈事用散。」其中蜃字《周禮》故書作謨，所以鄭司農注：「脩、謨、概、散，皆器名。」脩就是卣，謨不知何器，如依杜子春讀爲蜃，那就是脤，《説文》脣的別體。散就是斝。那末，概應該是觵，即觥，一聲之轉。鄭玄注把祼事的祼説成「當爲埋，字之誤也」。又説：「脩、蜃、概、散皆漆尊也。脩讀曰卣……蜃畫爲蜃形，……概尊以朱帶者，無飾曰散」。除脩即卣之外，都是錯的。《周禮・鬱人》説：「鬱人掌祼器，凡祭祀賓客之祼事和鬱鬯以實彝而陳之。凡祼玉濯之陳之以贊祼。凡祼事，沃盥。」三次説祼事，爲什麽要在下一節的《鬯人》裏偏要改做埋事呢？如果照《小宗伯》注：「祭山林曰埋。」那末上面已經説「凡山川四方曰蜃」，豈不是重複嗎？據賈公彦的疏，鄭玄所以改爲埋，是由於「若祼則用鬱，當用彝尊，不合在此而用概尊，故破從埋也」。按《司尊彝》説「春祠夏禴祼用雞彝、鳥彝，……秋嘗冬烝祼用斝彝、黄彝……凡四時之間祀追享朝享祼用虎彝，蜼彝」，是賈公彦所據。但斝彝明明就是此文的散，那末，黄彝應該就是觵，也就是此文的概。概也是彝，就無須破祼從埋了。奠的字形，就是象觵的形狀。觵（觥）和祼或灌也是一聲之轉，那末，鄭讀爲祼，是可信的。拏即華字，《爾雅・釋言》：「華皇也。」《説文》：「皇大也。」《詩・烈文》「繼序其皇之」，傳：「皇美也。」華祼不指，是休美不指而灌以酒。指見《切韻》五計反，「枍指殿名」。《文選・西都賦》作詣。

三七、啓尊

啓從王南征逦山谷，在洀水，啓乍（作）且（祖）丁旅寶彝。圭葡

洀水　洀即洀字，讀如般。《管子·小問》：「君乘駮馬而洀桓。」與般桓、槃桓、磐桓、磐桓等同爲疊韻連語。

啓尊銘文拓本

小子生方尊銘文拓本

三八、小子生方尊

隹（唯）王南征，才（在）□，王令生辨事□公宗，小子生易（錫）金，𣝗首，用乍（作）簋寶障（尊）彝。用對覭（揚）王休。其萬年永寶，用鄉（饗）出内（納）吏（使）人。

三九、𤞞駿簋

𤞞駿從王南征，伐楚荆（荆）。又（有）得，用乍（作）父戊寶隮（尊）彝　吴

伐楚荆　《初學記》七引《竹書紀年》：「昭王十六年，伐楚荆，涉漢，遇大兕。」楚荆連稱的名詞，與此銘合。《詩·殷武》「奮伐荆楚」作荆楚。

𤞞駿觥蓋銘文拓本

𤞞駿簋銘文拓本

四〇、𤞞駿觥蓋

吴𤞞駿弟史遺（遺）馬弗尢（𡯅），用乍（作）父戊寶隮（尊）彝。

弗尢　尢即𡯅字，《説文》：「𡯅𡯌行不正也。」

四一、過伯簋

迵（過）白（伯）從王伐反刱（荆），孚（俘）金，用乍（作）宗室寶隩（尊）彝。

過伯簋銘文拓本

過伯　《左傳》襄公四年杜預注：「過國名，東萊掖縣北有過鄉是。」《續漢書·輿地志》東萊郡掖縣「有過鄉，古過國」。按前啓尊啓卣出黄縣，在掖縣之東北，同屬於山東半島北部，相距不遠，那末，昭王南征時，東方國家的從征的是不可少的。

反刱　反刱和反尸的詞例同，可見荆是大名，楚只是荆的一部分。

孚金　孚金和前員鼎同。孚本是俘虜，引伸爲俘取財物。《書序》：「俘厥寶玉。」是比較早的現象，可見商滅夏時還只以玉爲寶，到昭王時則孚貝孚金，已經以貝和金爲主要財富，並且金是更主要的了。

四二、⿱山⿱鼎止簋

⿱山⿱鼎止簋銘文拓本

⿱山⿱鼎止（薡）從王伐刅（荆）孚（俘），用乍（作）餴（饙）毀。

⿱山⿱鼎止　從止嵿聲，即薡字的繁體，《爾雅·釋草》：「蘱薡蕫。」《説文》失薡字。從山與從艸同。

刅　荆字的本字，《説文》荆字古文作𦮂，應爲從艸刅聲。[illegible]即刅字。本象人的手足因荆棘而被創傷，人形譌爲刀形，因而或加井形而作刱字，即創傷之創的本字，增艸而爲荆棘之荆。

四三、乍册夨令簋

隹(唯)王于伐楚，白(伯)才(在)炎(郯)。隹(唯)九月既死霸丁丑，乍(作)册夨令隩(尊)俎(祖)于王姜，姜商(賞)令貝十朋，臣十家，鬲百人。公尹白(伯)丁父兄於戍，戍冀，嗣(司)氣(餼)。令敢𢐗(揚)皇王宁(貯)丁公文報，用頴(稽)後人亯。隹(唯)丁公報，令用青(毅)辰於皇王。令敢辰皇王宁(貯)，用乍(作)丁公寶簋。用隩(尊)史於皇宗，用鄉王逆洀，用匓寮人婦子，後人永寶。　雋册

隹王於伐楚白才炎　據下召尊召卣的銘，知道這個銘裏的白，就是伯懋父。同時也可以説明昭王在伐楚的時候，伯懋父正在炎自。炎就是郯，《漢書・地理志》：「東海郡郯，故國，少昊後，盈姓。」在現在山東省南部接近江蘇省的地方。

九月既死霸丁丑　據下召尊召卣銘説：「隹九月，才炎自，甲午，白懋父賜(錫)召。」同在九月，同在炎地，而甲午晚於丁丑十七日，可見王國維《觀堂集林》中的《生霸死霸考》所謂四分法是毫無根據的。照王國維的設想，一個月分做四個部分，初吉、既生霸、既望、既死霸，每一個部分約七八天。既死霸是二十三或二十四到月底。那末，九月既死霸丁丑之後怎麼能有甲午呢？拿《逸周書・世俘解》來説：「二月既死魄越五日甲子，……咸劉商王紂」之後，接着是「太公望命禦方來，丁卯，望至，告以馘俘。戊辰，王遂禦循追祀文王。時(是)日，王立政。吕他命伐越戲方，壬申，荒新至，告以馘俘。侯來命伐靡集於陳，辛巳至，告以馘俘。甲申，百弇以虎賁誓命伐衛，告以馘俘」。從既死霸的一天到甲申這一天，已經二十五天了。怎麼能説既死霸是每月的最後七八天呢？其實劉歆所造三統曆儘管不合古代曆法；《世經》的年代儘管生拉硬扯，不可依據，但所説「死霸朔也，生霸望也」，則是確有所據。拿這篇銘文説，九月既死霸丁丑爲初一，則在召尊召卣的甲午是九月十八。《世俘解》的二月既死魄爲庚申是初一，則甲申爲二月二十五。共王元年的曶鼎説六月既望乙亥，假定爲十八日，而下文説四月既生霸，辰在丁酉，則是説二年四月了。中間有閏月(第三段説昔饉歲，而第二段並無追溯之詞，所以應爲二年時事)應是四月十五日。故宫博物院藏的作册䰧卣説「才二月既望乙亥」，下文説「四月既生霸庚午」，庚午既爲四月十五或十六日，則四月爲乙卯或丙辰朔，而二月既望乙亥當在二月二十日，或其前後一日。可見根據劉歆舊説是完全可以講通的。王氏新説

乍册夨令簋銘文拓本

爲日本新城新藏所讚揚後，學者聞靡然從之，其實此説對最有史料價值的《世俘解》即不可通，設想雖巧而並無確實根據。至於新城新藏雖長於推算，而短於考史，他利用王説以彌縫其短，其所考金文曆朔，和吴其昌的《金文曆朔疏證》，同樣是一無足取的。年曆之學必須根據可信的史料和對史料的正確的解釋，隨便引一些例子。而加以想象，是不科學的。隨着我國社會主義建設日益發展，出土新史料日益增多，在對每一件史料細心審核之後，積累史料，耐心探索，我想西周年代總有一天是能够搞清楚的。但如果急於求成，那就像理亂絲一樣，越搞越亂成一團了。

陾俎於王姜　下文説「姜商令貝十朋」云云，可見這裏的陾俎是燕享，不是祭禮。並且這是王姜對夨令的陾俎，所賞的就是燕享時的贈賄。俎和宜是一字，作[illegible]，象把肉放在俎裏的形狀。後來把肉形從且字裏分出來，就成爲俎字，而[illegible]字則把外邊且字的匚，析成上從宀，而下爲一，中間的横畫，也脱開了，寫成㝉，或只有一個肉形而成宜。在語音上，俎古音在魚部，宜古音在歌部，是相近的，但俎爲照母，宜爲魚母，則相去較遠。因之，儘管從字形上説，俎宜一字十分明顯，但拘囿於一隅的學者是不敢説俎宜是一字的。其實□字古音應如多，後來語音變化，一則由歌部轉入魚部，並由舌音轉入齒音而爲俎，另一方面，則韻不變，而由舌音端母，轉入喉音疑母，正如：䖑本五來切而今讀如待的陰平聲，歺本五葛切而今讀如逮，是端疑兩母得相轉之例，《説文》宜從多省聲，不能説没有道理的。這裏所説隩俎的俎應讀如祖。《詩·烝民》：「仲山甫出祖。」鄭玄箋：「將行，犯軷之祭也。」又《韓奕》：「韓侯出祖。」箋：「將去而犯軷也。」《儀禮·聘禮記》「出祖釋軷祭酒脯，乃飲酒於其側」。《禮記·檀弓》「曾子弔於負夏，主人既祖，填池，推柩而反之」。注：「祖爲移柩車去載處，爲行始也。」後來受到子游批評，「曾子聞之曰：多矣乎予出祖者」。所説「出祖」，都是奴隸主貴族們出行時不論生前或身後的一種儀節。從祭祀的方面説，《詩·生民》「取羝以軷」，毛萇傳：「軷道祭也。」《周禮·大馭》「犯軷」，鄭玄注引《詩》家説曰：「將出，祖道犯軷之祭也。」《初學記》五引晉稽含《祖道賦》説：「《説文》：祈請道神謂之祖。有事於道者吉凶皆名。君子行役，則列之於中路，喪者將遷，則稱名於階庭。」所謂「道神」，據《風俗通·祀典篇》説是共工氏之子脩。所謂「祖道犯軷之祭」是把土堆成山的形狀，用草束代替神，祭後，在土堆上放着伏下的狗或羊，用車輪來輾過，以祓除不祥，把這段迷信儀式搞完後，就接着飲酒餞行，所以《韓奕》就接着説「顯父餞之，清酒百壺」，菜肴有魚鱉和筍蒲，而贈賄有乘馬和跑車。這種祖道的祭，又稱爲祭行。《禮記·月令》在冬季説：「其祀行。」鄭玄注説：「祀行之禮，北面設主於軷上，乃制腎及脾爲俎，奠於主南。」此銘説「隩俎於王姜」，故宫博物院藏商紂四年的邲其卣説「隩文武帝乙俎」，所説隩（尊）俎的隩（尊）字，和奠的意義相通。尊字本作𢍜，象兩只手捧酒尊的形狀，而奠字本作酉，象把酒尊放置在地上或座上，後來變作[酉丌]，是在座下有墊着的東西。正如：典的古文字有從兩只手捧册的，作□，有的是下面有座的作典，尊和奠本是一個來源，音也相近，所以字形雖有區别，在字意上一個是尊卑的尊，一個是奠置奠祭的奠，但有些場所，意義是可以相通的。《左傳》昭公十五年「尊以魯壺」的尊，就是奠的意義，是説放置在那裏的有魯國的壺。這裏説隩俎，就是奠俎。金文常説寶隩（尊）彝，青銅彝器有很多種，旅彝、宗彝是指宗廟裏的器，而尊彝、䵼彝是指祭器，尊讀如「於以奠之，宗室牖下」的奠，是《説文》所謂「置祭也」，放置在那裏的祭器，而䵼讀如「祼將於京」的將，是烹煮用的祭器。過去有人把尊彝釋爲奠彝，從文字形體上是錯了，因而受到過多的批評，其實從銘文語義的角度來講，是並没有錯的。出祖的另一個方面是飲酒餞行，《詩經》的「仲山甫出祖」和「韓侯出祖」，主要是指這一個方面。《左傳》昭公七

年，楚國召魯昭公，「公將往，夢襄公祖」。梓慎説「襄公之適楚也，夢周公祖而行」。這是説昭公夢見襄公爲他祖道，襄公夢見周公爲他祖道。可證此銘的「隩俎於王姜」，是王姜爲作册夨令祖道。那末，作册夨令是將有事出行的。前文説王於伐楚，伯在炎，伯就是伯懋父，可見夨令的出行是到伯懋父那裏去的，王姜代昭王祖道，飲酒之後，加以賞賜。下面説「公尹伯丁父兄(睨)於戍，戍冀，嗣氣(餼)」，冀在山西河津一帶，和宗周是隔河相望，那末，王姜爲作册夨令祖道是在宗周，而作册夨令出去是渡過了黄河，經過伯丁父所戍的冀的地方，而伯丁父是在冀的地方睨他的。《爾雅》説「宜於社」，也就是祖道。

姜商令貝十朋，臣十家，鬲百人　從這裏可以看到錫貝是較高的賞錫，因爲在當時貝和金是代表財富的，而奴隸和牲畜工具等，還不是直接的財富。因之，臣和鬲這兩種奴隸是較賤的。在臣與鬲之間，臣又高於鬲。金文中説到錫臣若干家的是很多的，如前井侯尊錫者䚄臣二百家是最多的。前令鼎説「錫臣十家」，故宮博物院藏耳尊也説「錫臣十家」，𧹞簋説「易女尸臣十家」，數目均相同。不嬰簋「臣五家」，易亥簋「易臣二家」，則數較少。臣稱家而鬲稱人(盂鼎稱夫)，是相對的。奴隸制社會的等級劃分是嚴的，從統治者來説，被統治的都是他們的奴隸，但被統治者裏面有很多等級，臣就是高級的奴隸。他們往往一方面是被統治者，而另一方面又是統治者。諸侯對天子來説是臣，而他國内的卿大夫則是屬於他的臣。大夫對國君來説是臣，而他又有家臣。《史記・宋微子世家》集解引馬融《尚書注》「卿大夫稱家」，這是對諸侯的稱國説的。《周易・損・上九》「得臣無家」，可見臣照例是有家的，得臣而無家是例外。有家首先是有妻，《離騷》「浞又貪夫厥家」，注：「婦謂之家。」其次是有財富，所謂大家、富家，有采地，甚至有百乘之家，即能够出一百輛兵車的，其富可知。至於稱人稱夫的鬲，顯然是社會的底層，盂鼎所説的「自駿(御)至於庶人」，庶人是從事農業生産的，就是農業奴隸。據《周書・世俘解》武王的伐紂，克殷，「馘磿億有十(七)萬七千七百七十有九，俘人三億萬有二百三十」。磿就是鬲，《説文》鬲一作歷可證。上面説馘磿，下面説俘人，人和歷對舉，實際是相同的，所以盂鼎就總稱人鬲，這是説殺死的鬲有十七萬七千多，而俘獲的有三十一萬多，總共有四十八萬多即使這裏有些誇張，[二]但數目總是驚人的。可以注意的是從馘俘情況説武王伐紂時，所獲的戰俘完全是人鬲，而這種人鬲到康王昭王時還存在，離武王伐紂時已經六十至八十多年了。這些戰俘奴隸顯然是有後代的。至於鬲的爲什麽叫鬲，孫詒讓《古籀餘論》説「《世俘》篇謂俘虜爲磿」，固然是錯的，磿在事實上被殺死或爲俘虜，磿不能訓爲俘虜。但説人鬲就是《尚書・大誥》的民獻，也很難講通。民獻或作民儀，獻古音在元部，儀古音在歌部，是歌元對轉之例(獻的尾音n脱落即如羲)，而獻聲在匣母，儀聲在疑母，正亦相轉，《説文》羲從義聲可證，義聲也正在匣母。因此，古文民獻，今文家就讀爲民儀了。但是獻字從來就没有當奴隸講的。《逸周書·作雒解》周公東征之後，「俘帷九邑，俘殷獻民遷於九畢」，孔晁注：「獻民士大夫也。」當武王伐商時，「立王子禄父，俾守商祀」，是不會觸動奴隸主階層的，一直到周公再次征殷，王子禄父北奔，才把九邑的殷獻民也遷了，這是歷史事實。所以《酒誥》説：「汝劼毖殷獻臣。」稱爲獻臣。這是在衛的殷貴族還没有被遷的。《論語·八佾》説：「文獻不足故也。」鄭玄注：「獻猶賢也。」這是説要講夏禮殷禮，杞宋兩國的史料和有知識的老人都已很缺乏，所以在這兩國裏是無法徵信了。《爾雅·釋言》「獻聖也」，釋詁「儀善也」，都不能解爲奴隸。我認爲鬲即曆字，應該讀如黎，不但聲母相同，一屬支部，一屬脂部，相近。《尚書》裏的《堯典》《咎繇謨》等文章，應該是西周初期，即昭王、穆王時期寫成的。《堯典》開始説堯，「克明俊德，以親九族，九族既睦，平章百姓，百姓昭明；協和萬邦，黎民於變時雍」。這是根據當時的奴隸制等級來寫的。和最高統治者同族是最高貴的一等，百姓是一般貴族，凡是有姓（母姓，如：姚、姒、姬、姜等）的氏族，都出自所謂高貴的血統，儘管不是同族，也還算是高貴的，列於第二等，而黎民則是卑下的，屬於最下的，即第三等。《咎繇謨》又説：「安民則惠，黎民懷之。」又説「萬邦黎獻，其惟帝臣。」則是包括了黎和獻了。《尚書》裏有兩種民，除黎民外，還有苗民，見於《吕刑》：「苗民弗用靈。」鄭玄注「民者冥也」，《説文》：「民，衆氓也。」我國奴隸制社會裏那些奴隸主們是把被征服民族的廣大勞動人民誣蔑爲愚昧無知的羣氓的，所以稱爲民。這兩種民是有區别的。黎民之來源比較早，遠在有史時期以前，我國最有名的第一個大戰役，即黄帝和炎帝的涿鹿之戰裏，屬於炎帝方面的蚩尤，就是稱爲九黎之君的，後來帝顓頊時代，有所謂「九黎亂德」，結果是九黎被征服，所以到了堯舜時代説「黎民於變時雍」。於是發語詞，時字就是是字，雍當和講，就是説黎民變得能和睦了，也就是成爲他們馴服的奴隸了。而苗民則起於虞夏之際，所謂「竄三苗於三危」，和「禹攻有苗」，是因爲「苗民弗用靈（令）」，就是不能馴服，就只好「分北三苗」，把他們驅逐或排擠到遠處去了。中國古代的奴隸制主要是這樣構成的，被征服的氏族或國家的勞動人民，在征服者的國或家裏是奴隸，而稱爲民，他們是没有産業，也没有政治權利的，但是他們是生産者。至於貴族，儘管也是被俘獲，只要服從，就是臣而不是民，他們是可以有産業，也有政治權利的。至於因受刑而淪落爲奴隸的，並不是奴隸制社會的主要生産者，在歷史文獻上，他們是稱爲奴的，這種奴，一直到封建社會末期還存在，不應該和奴隸制社會的生産奴隸相混。但是在奴隸制社會裏的一個特點，不論臣的階級或民的階級，對於最高統治的奴隸主來説，都是他的奴隸，他不但可以殺他們，刑罰他們，流放他們，而還可以買賣他們，或把他們作爲財物來贈送和賞賜（不是由於刑罰），在這器銘裏賞賜的臣十家，鬲百人就是這種例子之一。

公尹白丁父兄於戍戍冀嗣氣　兄就是貺字，《爾雅・釋詁》：「貺賜也。」釋文「貺本作況。」《詩・棠棣》釋文：「況本作兄。」《詩・彤弓》：「中心貺之。」《國語・魯語下》：「君以諸侯之故，貺使臣以大禮。」《儀禮・燕禮》：「君貺寡君。」毛萇傳，韋昭和鄭玄的注都說是「賜也」。冀是國名，《續漢書・郡國志》「河東郡皮氏縣有冀亭」，注：「《左傳》僖公二年晉荀息曰冀爲不道，杜預曰國在縣東北。」氣就是餼字，《說文》：「氣或作餼，饋客之芻米也。」其實饋牲畜也叫做餼。作册夨令的出行大概經過伯丁父的戍地，伯丁父是管供賓客芻米牲畜等事的，因而貺夨令。

丁公文報　《禮記・郊特牲》：「祭有祈焉，有報焉。」注：「謂若獲禾報社。」此因皇王宁而報於丁公，夨方彝說「敢追明公賞於父丁，用光父丁。」就指這裏的丁公。

令用青㞋於皇王　青字作⿱火井當即肻之變，**火**加兩點，**冃**變爲井。青讀如穀，《詩・甫田》「以穀我士女」，毛傳：「穀善也。」㞋字字書所無，當讀如張，誇耀的意思，《左傳》桓公六年「我張吾三軍」，注：「自侈大也。」

用㥯史於皇宗　史讀爲䢊，《說文》：「列也。」皇訓大，大宗是其祖廟。這是說把這種簋陳列在宗廟。

用匓寮人婦子　匓讀如勼，《說文》：「聚也。」古書多作鳩，《爾雅・釋詁》：「鳩聚也。」匓與廏同音，《釋名・釋宮室》：「廏勼也，勼聚也。」《說文》廏古文作㲃。

四四、⿱召畾尊　⿱召畾卣

唯九月，才（在）炎（郯）𠂤。甲午，白（伯）懋父賜（錫）⿱召畾白馬妻黃⿰镸攴𢼸用𠦪。不（丕）环（丕）⿱召畾多用追於炎（郯）不⿱𦘒曰（肆）白（伯）懋父友。⿱召畾萬年永光，用乍（作）團宮⿱㫃車彝。

白馬妻黃⿰镸攴𢼸　疑當讀爲白馬妻和黃⿰镸攴𢼸。妻即婔字，《方言》一：「秦晉之間凡好而輕者謂之娥，自關而東河濟之間謂之媌，或謂之姣，趙魏燕代之間曰姝，或曰婔。」婔與丰通，《詩・丰》「子之丰兮」，毛傳：「豐滿也。」妻似爲白馬的名號。⿰镸攴即髮字。黃髮可能也是馬的名稱，而又叫做𢼸，𢼸可能是𢼸字，爲微字所從。

瞿尊銘文拓本

瞿卣銘文（蓋）拓本

瞿卣銘文（器）拓本

用[glyph]　[glyph]當即[glyph]字，卜辭莫字作[glyph]，常作[glyph]。莫讀爲熯，《詩・楚茨》：「我孔熯矣。」《爾雅・釋詁》：「熯敬也。」字亦作戁，《説文》：「敬也。」

四五、中觶

王大眚（省）公族於庚，孱（振）旅。王易（錫）中馬，自𨼷厌（侯）三（四）駢，南宮兄（貺）。王曰用先。中埶王休，用乍（作）父乙寶隮（尊）彝。

王大眚公族於庚　眚就是省字，《尚書・洪範》「王省唯歲」，《史記・宋微子世家》作眚；又《盤庚》「惟干戈省厥躬」，釋文「本作眚」；《周禮・大宗伯》「省牲鑊」，釋文「省本又作眚」；《春秋》莊公二十二年「肆大眚」，《公羊傳》本作省；均可證。省當省察省視的意思。《周易・觀・象傳》「先王以省方、觀民、設教」。又《復・象傳》「先王以至日閉關，商旅不行，後不省方」。《淮南子・精神訓》「禹南巡守」，注「巡守爲省，省視四方也」。這裏説的是省察公族。《詩・麟趾》：「振振公族。」傳：

「公族公同祖也。」又：《汾沮洳》：「殊異乎公族。」傳：「公族、公屬。」箋：「公族，主君同姓昭穆也。」《左傳》宣公二年講到晉國「初驪姬之亂，詛無畜羣公子，自是晉無公族。及成公即位，乃宦卿之適子而爲之田以爲公族，又宦其餘子，其庶子爲公行。晉於是有公族、餘子、公行。趙盾請以括爲公族，曰：君姬氏之愛子也，微君姬氏，則臣狄人也。公許之。冬，趙盾爲旄車之族，使屏季以其故族爲公族大夫」。由此可見，公族一般是諸侯的同族，只有春秋後期的晉國因爲没有公族而把卿的嫡系作爲公族了。王大省公族於庚的地方，説明王的出征，是有很多諸侯的同族隨着出征的。庚地待考。

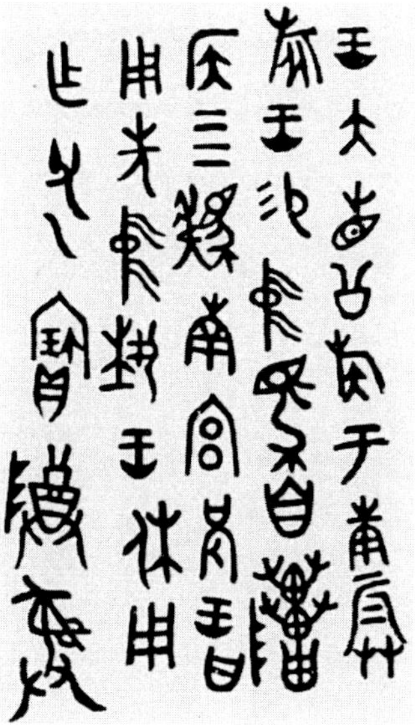

中觶銘文（蓋）拓本

中觶銘文（器）拓本

屏旅 屏讀爲振，古從収的字，小篆往往變爲手，如：睪作擇，翼作招之類。振旅見《詩・采芑》「振旅闐闐。」振是整齊的意思，振旅是整齊隊伍和治兵差不多。《周禮・大司馬》「中春教振旅」，又「中秋教治兵」。《春秋》莊公八年「甲午治兵」，《左傳》隱公五年：「三年而治兵，入而振旅。」《穀梁傳》莊公八年「出曰治兵，習戰也。入曰振旅，習戰也」。《公羊傳》同年説：「出曰祠兵，入曰振旅，其禮一也，皆習戰也。」《爾雅・釋天》：「振旅闐闐。出爲治兵，尚威武也。入爲振旅，反尊卑也。」《國語・齊語》：「春以蒐振旅，秋以獮治兵。」《淮南子・泰族訓》：「時蒐振旅以習用兵也。」這都是講習戰。《國語・晉語五》：「治兵振旅鳴鐘鼓以至於宋。」《吳語》：「三軍皆譁釦以振旅。」這都是講將戰。此銘可與啓卣對照，彼銘説傻，即蒐，那末，這裏的振旅，正與《齊語》和《淮南子》符合，是屬於仲春的蒐的。

自𨽍 𨽍作嗇作𨽍，所從的嗇，疑從廾從㐭，即蓄字。此銘𨽍是地名，説王易（錫）中馬，自𨽍，等於衛簋説「懋父賁卬正衛馬匹，自王」。

侯三馱 侯當是語詞，和唯字略同。

中埶王休 詳後中鼎。

此器《博古圖録》原稱召公尊，《薛氏鐘鼎款識》十一已根據安陸六器中的中鼎中甗等銘對校，而定爲同人所作了。

四六、中方鼎二　中方鼎三

隹（唯）王令（命）南宮伐反刅（荆）方之年，王令（命）中先眚（省）南或（國）貫（貫）行，埶王应（位）。在夒（第）□（隮）真山，中乎（評）歸生鳳（風）於王。埶於寶彝。

中方鼎二銘文拓本

中方鼎三銘文拓本

南宮 南宮是氏名，周初有南宮括，見《尚書·君奭》，《漢書·古今人表》括作适。《周書·克殷解》又有南宮忽和南宮百達。《論語·微子》：「周有八士：伯達、伯适、仲突、仲忽；叔夜、叔夏；季隨、季騧。」伯達似即南宮百達，伯适似即南宫括，仲忽似即南宫忽，那末，八士應是南宫氏。中應是南宫氏的人。

伐反刅方之年 [illegible]薛氏本作[illegible]，又作[illegible]，當是[illegible]字變體，筆畫小譌。[illegible]字見臺簋，即荆（荆）字，已詳前。卜辭稱國爲方，此説反荆方，還承襲殷代遺風。

[illegible]行 [illegible]當是貫的初文，或省作串，像把貝串起來的樣子，《説文》脱串字，患字從心上貫吅，吅亦聲，是錯的。應是從心串聲。古文作悬，從[illegible]，即[illegible]形的演變。《爾雅·釋詁》：「串習也。」就是慣的本字。又《釋宫》：「行道也。」南國母行，就是到南國去常走的路。

執王应 執讀若藝，《廣雅·釋詁》三：「藝，治也。」《書·禹貢》：「岷嶓既藝。」執王应就是建立周王的臨時住處。下文「𠃨於寶彝」是治於寶彝的意思。

在弟陴真山 在字從土才聲，與盂鼎同，商及周初只用才字，康王末年的盂鼎最先見在字，可見此器當在康王以後。弟字舊釋射，疑是弟字，象弋射之形。陴字從两阜，《説文》「𨸏，坼也」，或從阜作陴。此與啓卣啓尊，均述南征時途經山名，可證昭王南征路綫，是由武關去河南西南部的。

中乎歸生鳳於王 乎讀如評，《説文》「召也」。鳳爲鳳的象形字，但卜辭借爲風雨的風。《廣雅·釋詁》三：「風，告也。」後起字作諷，《説文》：「諷，誦也。」

附：

（一）中鼎 中乍（作）寶鼎 《薛氏鐘鼎款識》説中謂南宫中耳。後有數鼎皆一時之制而銘刻詳略之不同也。

（二）[illegible]鼎 隹（唯）[illegible]用吉金，自乍（作）寶鼎，其子=孫=永用亯 此鼎共兩器，薛氏稱圓宝鼎，説「右二銘一同得於安陸之孝感，上一字乃十有三月合成一字」。

（三）[illegible]方甗 隹（唯）[illegible]用吉金，自乍（作）寶獻（甗），其子=孫=永用享。薛稱方寶甗，説「此銘與前二圓鼎同出於安陸之孝感，銘識悉同。唯十有三月合成一字。」

按字陸諸器據《宣和博古圖録》説重和戊戌出於安陸之孝感縣，凡方鼎三，圓鼎二、甗一。戊戌爲公元一一一八年。見於《薛氏鐘鼎款識》的實有九器。方鼎三個（兩個同銘）圓鼎三個（兩個同銘）方甗一個，甗一個，觶一個。可能出土以後已有流散，並不是全交上去的。[glyph]字舊釋爲十有三月合文，是因中方鼎說「隹十又三月庚寅」因而附會的，其實是另一人名。

四七、中甗

王令（命）中先眚（省）南或（國）毌（貫）行，埶（藝）位。在曲（曾）。史兒至，吕（以）王令（命）曰：余令（命）女（汝）[glyph]小大邦，氏（厥）又舍女（汝）扣量（量）至於女庸小多[glyph]。中省自方弄（鄧）洀[glyph]（一邦？）在[glyph]𠂤帥（次），白（伯）買氏（父？）[glyph]氏人[glyph]漢中州：曰段、曰旋，氏（厥）人[glyph]廿夫。氏（厥）賓咎言曰賓[glyph]貝曰傲[glyph]王□休。肄（肆）肩又羞余□□[glyph]，用乍（作）父乙寶彝。

在曲　于省吾《殷栔駢枝》三續釋爲曾，可信。春秋時三個曾，此曾當在今河南省新野一帶。《國語》說「申繒西戎方强」，中國和繒國，地應相近。新野最近曾出過一批曾國的銅器。

省自方弄洀　方就是方城，弄就是鄧國，均在今河南省西南部，與湖北相近。洀似即前啓尊的洀水。

中甗銘文拓本

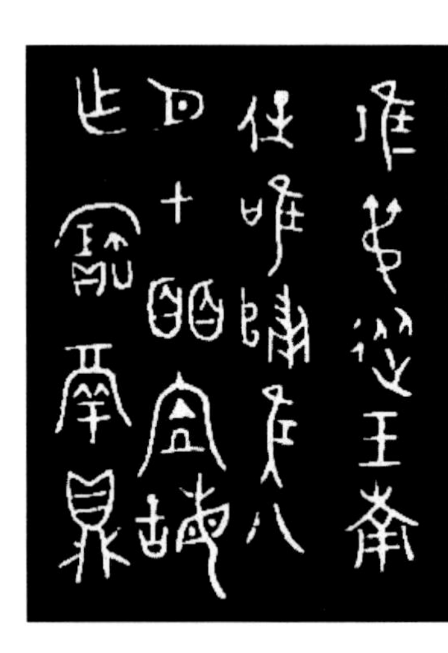

唯叔鼎銘文拓本

四八、唯叔鼎

唯弔（叔）從王南征，唯歸。隹（唯）八月，才（在）𠂤空（位），誨乍（作）寶鬲鼎。

唯歸 作册麥尊也説唯歸，是指邢侯出矵的回國，這裏應指昭王南征回來。由此可知十六年第一次南征是曾回來的。

在𠂤空 由此可知這是昭王南征的歸來，所以這樣説。如果只是唯叔回來，就不會説在𠂤空了。

四九、䨓卣

䨓卣銘文拓本

隹（唯）十又三月初吉丁卯，䨓啓進事旌（旋）走事皇辟君。休王自穀吏（使）賓（賞）畢土方五十里，䨓弗敢詿（忘）王休異，用乍（作）𣪕宫旅彝。

此䨓與前䨓尊䨓卣的䨓是一人，䨓尊䨓卣與伯懋父同時在炎𠂤，而此䨓卣的十又三月初吉丁卯與中方鼎的十又三月庚寅，趞尊的十又三月辛卯符合，説明都是同時或略前後所作的器。䨓尊䨓卣與矢簋都説在炎（在炎𠂤），而矢簋説王于伐楚，又説到王姜的隩俎和賞錫。中方鼎與另兩件中方鼎和中甗均説命中先省南國埶王位，準備王的南征。中甗所説的地方，如：曾、方、鄧，以及漢中州，都是河南西南部到湖北北部的地方，安州六器出土於湖北孝感，説明王的南征確是伐荆楚。而比此器遲十二日，比中方鼎遲一天的趞尊則説「王在庈」。同樣，乍册睘卣乍册睘尊等作於十九年，王也在庈，而有王姜令作册睘安尸白的事。這都説明有關王姜的器都在昭王南征時，王姜爲昭王時代的當權人物，決非成王時，更決非武王時的邑姜就不用辨而自明了。

休王自穀 休是動詞，金文習見。與下句休異之爲名詞不同。自穀是說王遣使時正在穀。但遣使時未必即在十三月。

賁畢土方五十里 畱可能是畢國的同族，所以賞畢土。這種賞賜大概是作爲采地，而不是分封諸侯。方五十里等於二千五百個方里。如果說方里而井，井九百畝，就等於兩萬二千五百畝。如果百井爲成，有一輛革車，十個士，二十個徒，那就有二十五乘，兩百五十個士，五百個徒。

五〇、中方鼎

隹（唯）十又三月庚寅，王才（在）寒帥（次）。王令（命）大史兄（貺）褱土。王曰：「中：兹褱人入史（事），易（錫）於珷王乍（作）臣，今兄（貺）臾（畀）女（汝）褱（𧝎）土，乍（作）乃采。」中對王休令（命），鬻父乙隩（尊）。隹（唯）臣尚中臣。[illegible]

隹十又三月庚寅 比畱卣初吉丁卯，後二十三天。

王令大史兄褱土 這是王派太史貺錫中以褱土。

兹褱人入史 褱即褔字，見原本《玉篇》「擣也」。史讀如事。

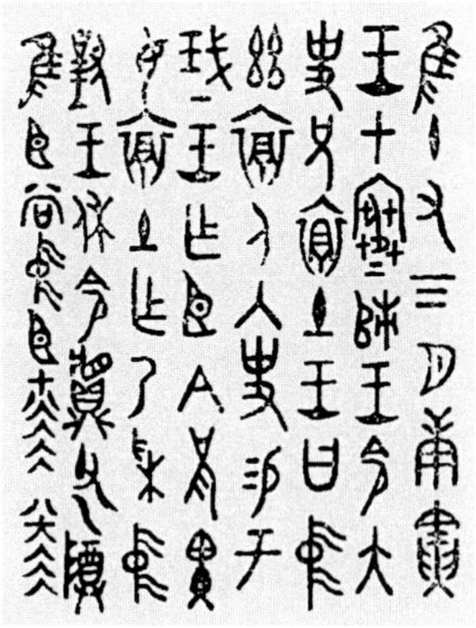

中方鼎銘文拓本

趩尊銘文拓本

易於珷王乍臣　易即錫字，錫有兩方面的意義，一是由上而下的賞錫，最常見；一是納錫，《尚書·禹貢》：「九江納錫大龜」，是由下面賜上邊的。這是説褱人願意納土作臣。珷王的珷字從王旁，這是康王以後的專用字，首見於康王晚年的盂鼎，即此就可以證明中方鼎不在成王時。

乍乃采　此銘説明錫土地是使他作爲采地的。

隹臣尚中臣　疑當解爲臣尚是中的臣。

[illegible][illegible]　這是用數目字組成的氏族名稱。中國古代西北部少數民族中有一種是用這種文字的，現已失傳，但周以後還常常保留於氏族名稱方面。

五一、趞尊　趞卣

隹（唯）十又三月辛卯，王在厈，易（錫）趞采，曰[illegible]，易（錫）貝五朋。趞對王休，用乍（作）姑寶彝。

趞卣銘文（蓋）拓本

趞卣銘文（器）拓本

此又比上器遲一天。上一天還在寒𠂤，而此已説王在厈，可見寒𠂤離厈，只有一天的路程，是很近的。從䍙卣至此三器都是錫采地的。似是由第一次伐楚回來時的賞賜。由下文乍册睘卣説「隹（唯）十又九年王才厈」來看，此十三月當是昭王十八年的歲終。那末，昭王的第一次南征是在十六年開始，而曾回來，至十八年底，不知他又從何處歸來，恐非十六年伐楚，直至十八年才回。

五二、乍册睘卣

隹十又九年，王才（在）厈，王姜令（命）乍（作）册睘安尸（夷）白（伯），尸（夷）白（伯）賓睘貝布。⿰目丮（揚）王姜休，用乍文考癸寶隮（尊）彝。

乍册睘卣銘文（蓋）拓本

乍册睘卣銘文（器）拓本

隹十又九年　上器説「十又三月辛卯，王在厈」，此銘也説王在厈，當是十八年末，王到了厈，昭王兩次伐楚，至十九年初還在厈，伐楚當在其後，而昭王也就在這一年南征而不返。

安尸白　尸即夷。《左傳》桓公十六年記「衛宣公烝於夷姜」，可見夷爲姜姓，王姜因同姓而命乍册睘去安夷伯。《詩·葛覃》「歸寧父母」，毛傳：「寧安也。」《左傳》有四個夷。隱公元年的夷國，在山東即墨附近，爲妘姓。莊公十六年晉國所伐的夷，在成周附近。僖公二十二年楚伐陳取焦夷，是陳國的地。只有閔公二年齊人殺哀姜於夷是屬於齊國的。看來姜姓的夷國，春秋時已經併於齊國，或是齊的附庸了。

五三、乍册睘尊

乍册睘尊銘文拓本

在庈，君令（命）乍（作）册睘安尸（夷）白（伯），尸（夷）白（伯）賓用貝布，用乍（作）朕文考曰癸䢅（旅）彝寶　尺

此與卣爲同時所作，記同一事，但繁簡有不同。所説君，即指王姜。《禮記·玉藻》「君命屈狄」，注：「君女君也。」

文考曰癸　卣銘説「用乍（作）文考癸寶隮彝」，可見文考曰癸即文考癸，猶父癸，稱父爲考是周人語。凡稱祖妣父母兄等用甲乙等十日之號的如祖甲、祖乙之類，舊謂以生日命名，也有人説是用死日爲名，但從上甲、報乙、報丙、報丁四代來看，怎麽能這樣地巧排在一起呢，或者按着甲乙的次序生，或者按着甲乙的次序死呢？我曾作過這樣的解釋，即這是按祭的日次排的，用甲日祭的就叫祖甲父甲，用乙日祭的就叫祖乙父乙，與生死之日無關。卜辭凡稱且甲父甲等均以甲日祭，是很明顯的證據。史喜鼎説：「史喜乍（作）朕文考翟祭，氏（厥）日隹（唯）乙。」（《商周金文録遺》七十八）翟即《説文》鬻字，「内肉及菜湯中薄出之」。通作瀹和汋，《字林》「瀹煮也」。《通俗文》：「以湯煮物曰瀹。」那末，「翟祭」就是瀹祭或礿祭，《易·既濟》「不如西鄰之瀹祭」可證。《詩·天保》「禴祠烝嘗」，《易·萃》「孚乃利用禴」，《周禮·大宗伯》「以禴夏享先生」，均作禴。《説文》：「礿夏祭也。」《爾雅·釋天》「夏祭曰禴」，注：「新菜可汋。」這是説，瀹菜以祭，所以叫做禴祭。史喜鼎明説作這鼎是爲了禴祭文考的，所用的祭日是乙，所以叫做文考乙或文考日乙，這是十分清楚的。但商器凡説祖甲父乙等是没有説祖日甲父日乙的。日甲日乙等的稱法，都是周器，史喜鼎和此作册睘卣都稱文考，其他例子還很多，尤爲周器的確證。並且很可能是康王時或康王以後才流行的，所以在這種稱法的銅器銘裏，可以定出標準年代的只此作册睘尊爲昭王十九年是最早的了。過去，只看到甲乙等稱的都定爲商器，顯然是錯的。

編者注（唐復年注）：

一　[illegible]鼎有二器。銘文全同，唯書法略有別。現將銘文附上。

二　宜子鼎是圓鼎。現存歷史博物館，展於殷商段。

三　見《史記·衛世家》。

四　本文所用今市秤的兩仍爲舊制，即一市斤等於十六兩。下同。

五　士上臣辰諸器，已故陳夢家先生共輯録四十餘器，本文只收録十八器。將在另文《西周青銅器銘文分代史徵》中詳述。

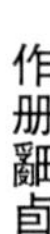
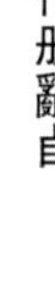

一　作册翻卣

二　作册令方彝圖像

二　作册令方尊圖像

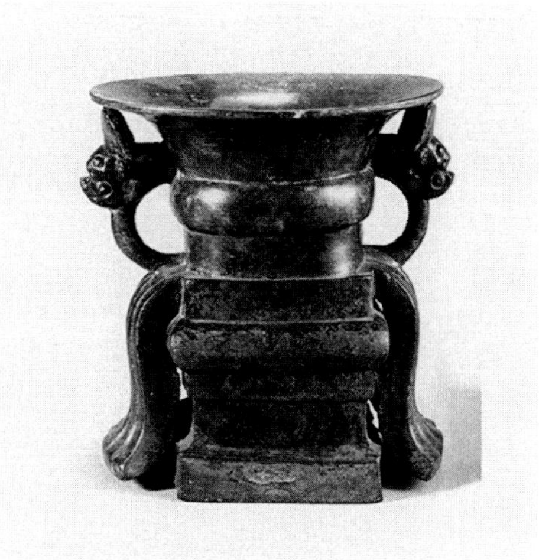

三　⿴囗卜工簋圖像

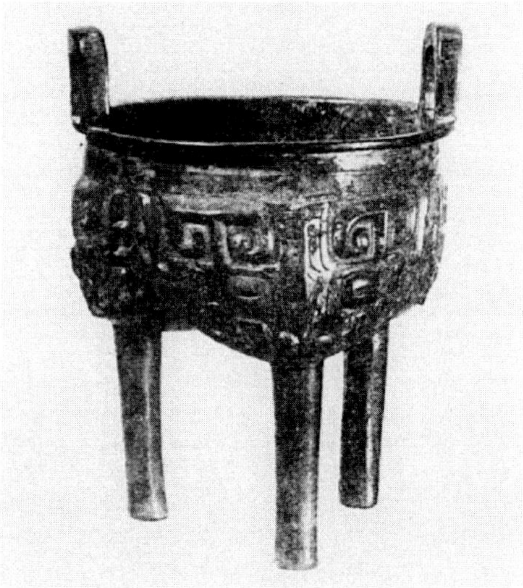

四　旅鼎圖像

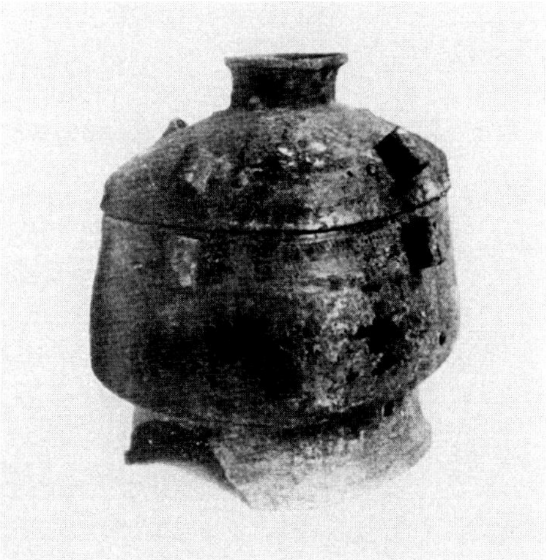

五　叔卣圖像

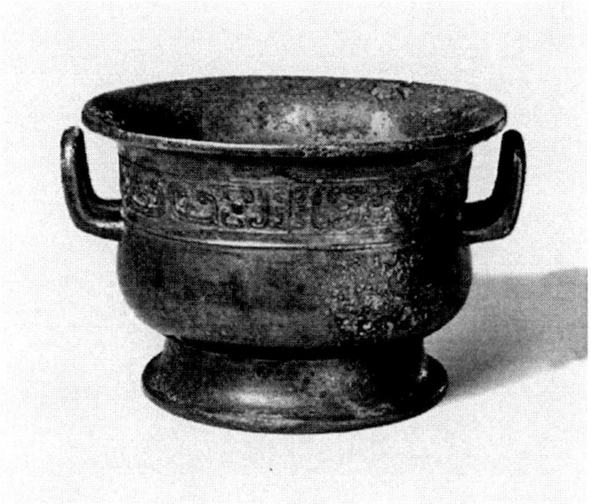

六　不𢀜簋圖像

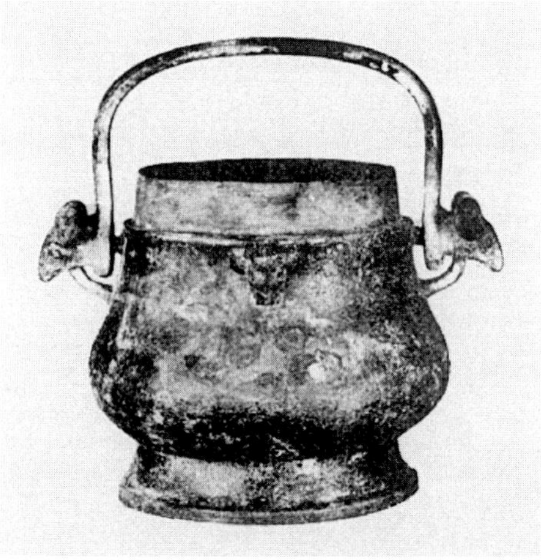

七　泉伯卣圖像

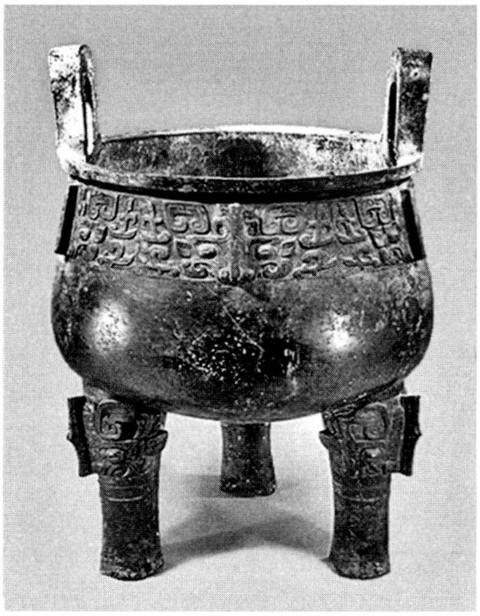

八　旟鼎圖像

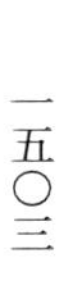

一一　厚趠鼎圖像

一二　𤔲鼎圖像

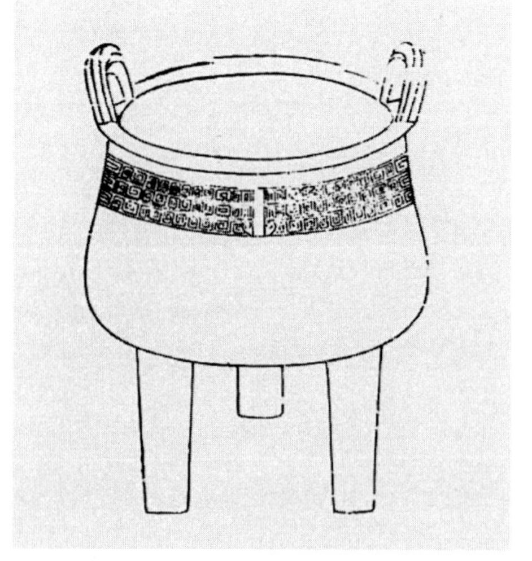

一三　小臣夌鼎像

一五　獻簋圖像

一六　𡤼𢇍鼎圖像

一七　小臣謎簋一圖像

一七 小臣謎簋一圖像

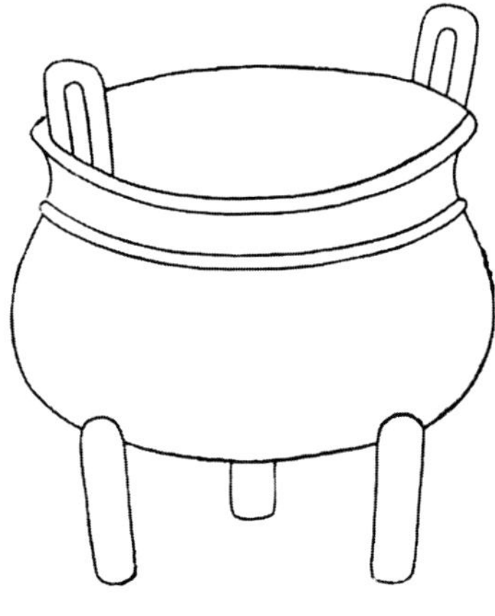

一八 鼎圖像

一九 吕壺圖像

二〇 司徒畄圖像

二一 衛簋圖像

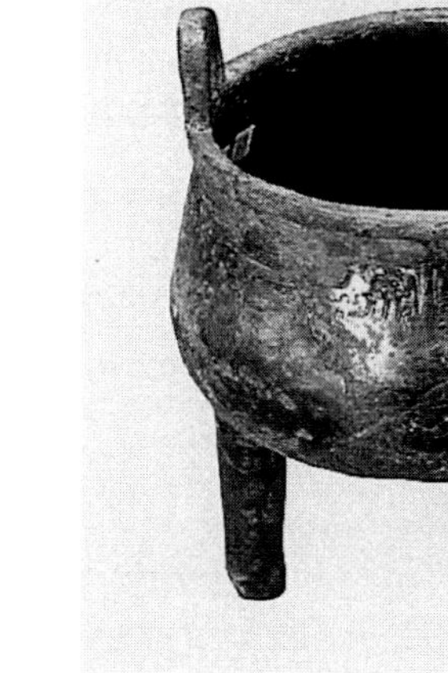

二二 衛鼎圖像

二三 師旅鼎圖像

二四 小臣宅簋圖像

二五 沈子也簋蓋圖像

二六 作册䰧卣圖像

二七 乍册麥尊圖像

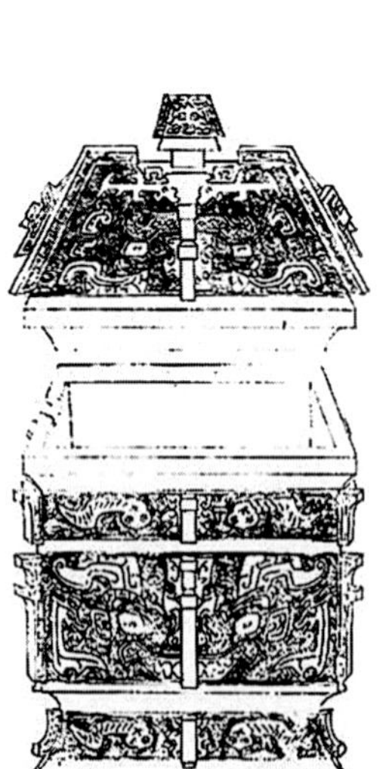

二八 麥方彝圖像

二九　麥方盉圖像

三〇　麥方鼎圖像

三一　士上盉

三二　員鼎圖像

三三　交鼎圖像

三四　啓卣圖像

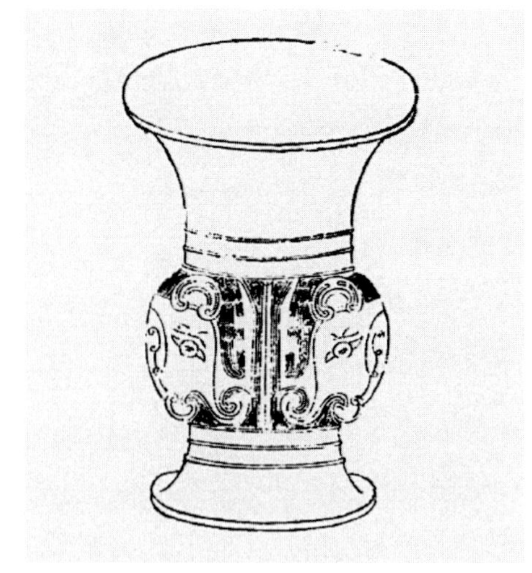
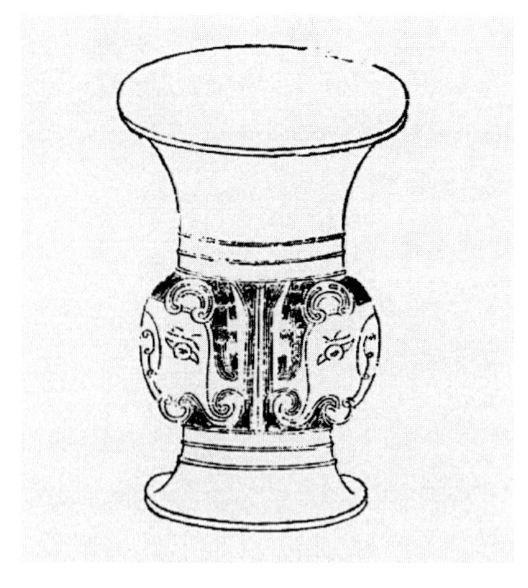
三五　師艅尊圖像

三六　不指方鼎圖像

三七　啓尊圖像

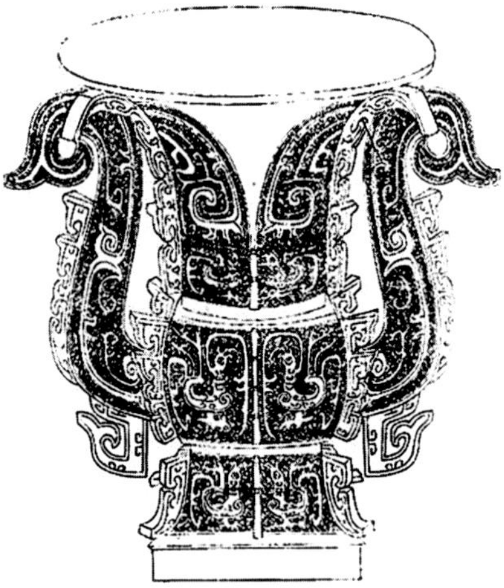

三八　小子生方尊圖像

四〇　𤔲駿觥蓋圖像

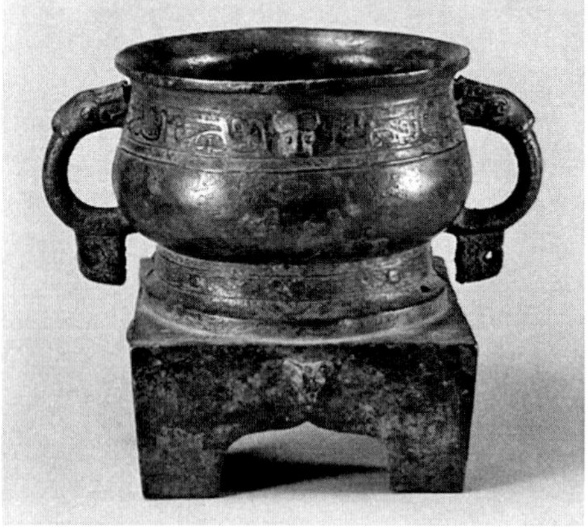

四一　過伯簋圖像

四二　⿱壴止簋圖像

四三　乍册夨令簋圖像

四四　⿱畾田尊圖像

四四　⿱畾田卣圖像

四五　中觶圖像

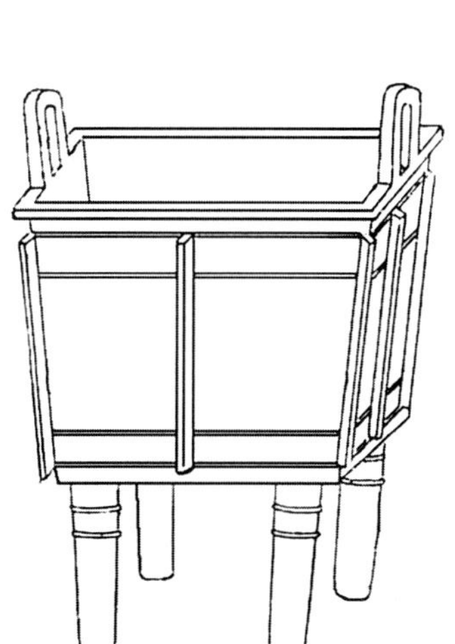

四六　中方鼎二圖像

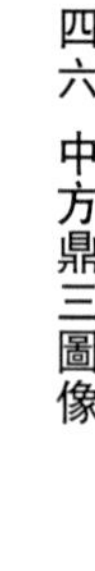

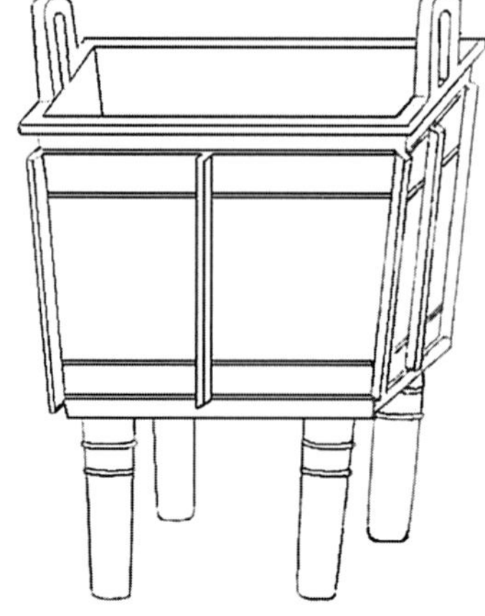

四六 中方鼎三圖像

四九 罍卣圖像

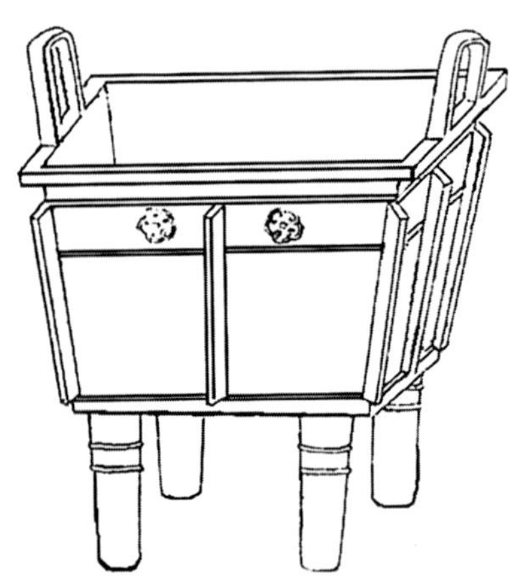

圖五〇 中方鼎圖像

圖五一 趞卣圖像

圖五二 乍册睘卣圖像

五三 乍册睘尊圖像

下編　昭王時代青銅器銘五十三篇的綜合研究

一、在五十三篇器銘中所見到的

在上篇所搜集的五十三篇器銘的考釋中，我們可以看到載明王南征的有啓尊、小子生方尊、㝬駿簋、唯叔鼎等四篇；載明王出獸（狩）南山的，有啓卣一篇；載明伐楚荆的，有㝬馭簋一篇；載明伐反荆方的，有中方鼎一篇；載明伐反荆的，有過伯簋一篇；載明伐刭（荆）的，有𡔬簋一篇；載明王于伐楚的，有作册夨令簋一篇；載明省南國貫行，埶王应或埶应的，有中方鼎、中甗兩篇。總之，有關南征、伐楚等問題，除去重複，共有器銘十篇是比較突出的。周公和成王的東征踐奄在周朝開國時是最重要的一件事，但見于青銅器銘刻的，只有五六器，如：㙜鼎，直説「隹周公于征伐東尸（夷）」，只有一見；成王伐楚，只有禽簋和岡刧尊兩見；成王克商或伐商，都各一見，還没有昭王南征時那樣多，這説明昭王南征，在當時奴隸主貴族中是曾經引起擄奪財富的高潮的。很多同志常把昭王時銅器歸之成王，其實，許多銅器銘刻的内容常常有内在的聯繫，例如：作册夨令簋銘説「隹王于伐楚」，作册令尊銘則説「用牲于康宫」，康宫既是康王之廟，是夨令諸器必作于昭王時無疑。作册夨令尊説「隮俎于王姜」，作册睘卣則説「王姜令作册睘安尸（夷）伯」，是同一個王姜；作册睘卣和𧼛尊、𧼛卣都説「王在庈」，作册麥尊説「王在㡯」；庈和㡯是一個地方；𧼛尊𧼛卣記「隹十又三月辛卯」，而中方鼎記「隹十又三月庚寅」，是同一個月，只有一天之差；而作册麥尊裏説到的邢侯出矨，是邢國的第二代的侯，第一代封於康王時，有邢侯簋可證，而作册麥尊一定是昭王時器。又：中方鼎是宋代所出安州六器之一，六器中還有中甗，銘中所記鄂、方、鄧、漢中州等，都是荆楚後來的北疆，安州六器就出土在湖北省的孝感縣，説明是昭王伐楚荆時所遺。如此轉輾互證，則王姜必是昭王同時，既無成王時之可能，就更説不上武王有亂臣十人之一的邑姜了。凡此種種，我們只要把所有資料攤出來，互相核對，就可以瞭如指掌的。我在這裏把這五十三篇銘文裏的有關時間、地點、人物、時事等各方面排成一張表，以供參證。

編號	器名	日辰	重要事件	重要人物	器形裝飾	出土時間地點	著録收藏
一	乍冊翻卣		隹明傒殷成周年	明傒	素 犧首		善四 34
二	乍冊夨令尊	八月辰才甲申	王令周公子明傒尹三事四方受卿事寮	周公子明傒	有稜 腹獸面紋頸短尾鳥紋	一九二七年洛陽	善四 93 善齋圖 132
	乍冊夨令方彝	十月月吉癸未 甲申 乙酉	明公朝至于成周徃令舍三事令 舍四方令 明公用牲于京宮 用牲于康宮用牲于王 明公歸自王		大腹有稜獸面紋脣短尾鳥紋蓋獸面紋及短尾鳥紋		貞六 11 歐 12
三	𡆥工簋		唯王命明公遣三族伐東或才𣪕魯医又𡆥工	明公 魯侯	侈口腹環狀突起有方座兩帶素兩耳獸首		存五 8 通考圖 301
四	旅鼎	十又一月庚申	唯公太傒來伐反尸年公才盩自	公太傒			三代四 16
五	叔卣一 叔卣二		唯王𡧊于成周王姜史叔使于太傒	王姜 太傒	橢圓形四貫耳一道紋		故宮博物院藏
六	不𡢁簋	隹九月初吉戊辰	王才大宮王姜易不𡢁裘	王姜	附耳似盂 脣一道紋		故宮博物院藏
七	泉白卣	唯王八月	泉白易貝于姜	姜			敬下 67 三代十三 36
八	旗鼎	隹八月初吉	王姜易旗田三	王姜 師榶旗	大圓鼎 獸面紋六組 馬蹄足	一九七二年陝西郿縣	一九七二年文物七期

續表

編號	器名	日辰	重要事件	重要人物	器形裝飾	出土時間地點	著録收藏
九	員卣		員從史旗伐會	史旗 員			
十	䨮鼎		佳王伐東尸溓公令䨮眔史旗	溓公 史旗			
十一	厚趠方鼎		佳王來各于成周年厚趠有償于溓公	溓公	獸面紋垂角		薛九一〇三續考古圖 疑僞擦二二二、七 三，三代四，16 通考圖
十二	⿰鬲刀鼎		王初□亘于成周溓公蔑⿰鬲刀曆	溓公	素 兩道弦紋	一九二九年河南	賸稿七
十三	小臣夌鼎	正月	王才成周王徙于楚禁令小臣夌先眚楚应王	小臣夌			博 薛十
十四	令鼎		至于徙应 王大耤農于諆田餳 王射有司衆師氏小子 卿射王歸自諆田王馭溓仲僕 王曰…… 王至于溓宮𢼄	溓仲 令			筠四、一 三代四，27
十五	獻簋	唯九月既望庚寅	楷伯于遘王休 楷伯令氏臣獻金車 獻身在畢公家受天子休	楷白			夢上25器殘疑 三代六53

續表

編號	器名	日辰	重要事件	重要人物	器形裝飾	出土時間地點	著録收藏
十六	嬧𢇺方鼎	唯二月初吉庚寅	才宗周榶仲賓氏嬧𢇺	榶中	有稜　獸面紋垂角　兩耳龍飾		遺九二 考古學報一九五五年第十冊
十七	小臣一謎簋	隹十又一月	𠭯東尸大反白懋父㠯殷八㠯征東尸	白懋父	附耳三足較長素　兩道弦紋	一九三一年河南濬縣或汲縣	善齋圖71 三代九11 12
	小臣二謎簋		眚自㒼㠯述東陕伐海眉　雩氏復歸在牧㠯白懋父承王令易㠯達征自五齵貝				
十八	疐鼎		王令趞戡東反尸	趞　疐	素　一道弦紋		錢一17
十九	呂壺	隹四月	伯懋父北征	伯懋父　呂	貫耳瓶形　素		西十九8
二十	嗣土𠙗		𠭯嗣土北征葬				
二一	衛簋	五月初吉甲申	懋父商郘正衛	懋父　衛	一道龍紋		武57 三代六49
二二	衛鼎			衛			善28
二三	師旂鼎	隹三月丁卯	師旂衆僕不從王征于方雷吏氏友弘㠯告于白懋父才莽白懋父迺罰得㬎古三百寽今弗克氏罰懋父令曰……	伯懋父　師旂	一道長尾鳳紋		三代四31 故宮博物院藏
二四	小臣宅簋	隹五月壬辰	同公在豐令宅事伯懋父	同公　伯懋父　小臣宅			三代六54 通考圖26
二五	沈子也簋蓋		乍絸于周公宗休同公克成妥吾考	同公　沈子也			三代九38

編號	器名	日辰	重要事件	重要人物	器形裝飾	出土時間地點	著録收藏
二六	乍册魆卣		隹公大史見服于宗周年	公太史　乍册			遺278
二七	作册麥尊		王令辟井侯出⿰石力侯于井雩若元侯見于宗周迨王⿱宀食莽京彭祀雩若竭日才辟雍王乘于舟爲大豐王射大龏禽侯乘于赤旂舟從　之日王㠯侯内于⿱宀帚侯易玄周戈雩王在⿰户攴巳月侯易……　唯歸乍册麥易金于辟侯　唯天子休于麥辟侯之年	辟井侯　麥	口圓下方有稜長冠短尾鳥紋		西八33
二八	麥方彝	在八月乙亥		辟井侯　麥	正方形　腹獸面紋		西十三10
二九	麥方盉			井侯　麥	四足　素		三代十四11 泉圖一〇一
三十	麥方鼎	隹十又一月		井侯　麥			遺91 照片
三一	士上尊		隹王大龠于宗周徃⿱宀食	士上　史黄	鳥紋		白鶴四
	士上卣一		莽京年	臣辰	有四稜提梁兩端		三代十三、十四 白鶴譔集19
	士上卣二	才五月既望辛	王令士上眔史黄⿱宀殷于成周		羊首　象紋		美帝圖630
	士上盉	酉			鋬蓋有鏈　回紋獸面		三代十四12 弗利兒23

續表

編號	器名	日辰	重要事件	重要人物	器形裝飾	出土時間地點	著録收藏
三二	員鼎	唯正月既望癸酉	王獸于眂斅	員			三代四5
三三	交鼎		交從嘼逨即王	交	犧首		三代三23
三四	啓卣		王出獸南山倰遭山谷至于上侯𣄚川啓從征	啓	犧首　一道波紋	一九六九年山東黄縣出土	一九七二年文物五期
三五	師艅象尊		王女上侯師艅從王夾功	師艅			吕
三六	師艅鼎 不指方鼎	唯八月既望戊辰	王在上厌应寽鄗不指	不指	有稜　蟠虺紋	一九七〇年前後陝西扶風出土	復 一九七二年文物七期
三七	啓尊		啓從王南征連山谷在洀水	啓	犧首　一道波紋	一九六九年山東黄縣出土	一九七二年文物五期
三八	小子生方尊		隹王南征才□	不子生			西八43
三九	犾駿簋		犾駿從王南征伐楚荆	犾駿			校七43
四十	犾駿觥蓋		吴犾駿弟史遣馬弗𠂇	吴犾駿	獸首尾亦獸首兩側龍紋	一九七〇年前後陝西扶風出土	一九七二年文物七期 三代六47
四一	過伯簋		過白從王伐反荆	過伯	犧首龍紋方座		夢上24
四二	𡨦簋		𡨦從王伐荆	𡨦	斜方格回紋 獸首四長足捲起		三代七21 歷史博物館藏
四三	乍册夨令簋一	隹九月	隹王于伐楚白才炎 乍册夨令隩俎于王姜	白　王姜　白 丁父	内口簋　方回紋 方座	一九二七年洛陽出土	三代九2728 菁華12

編號	器名	日辰	重要事件	重要人物	器形裝飾	出土時間地點	著録收藏
	乍册夨令簋二	既死霸丁丑	王姜商令……公尹伯丁父兄戍戍冀𤔲氣				
四四	罍	唯九月	才炎𠂤白懋父賜罍……	伯懋父 罍	犧首 素		遺205 上海博物館藏
	罍卣				犧首 素		遺277 上海博物館藏
四五	中尊		王大省公族于庚孱旅王易中馬自隮四駒南宮兄	中 南宮	素 有四指形		薛一一 博六32
四六	中方鼎二 中方鼎三		隹王令南宮伐反荆方之年王令中先省南國串行埶王应才夒隞貞山中乎歸生鳳于王	南宮 中	有棱 素	宋重和戊戌（一一一八）年安陸之孝感縣出土	薛十 博二20 薛十 博二21
四七	中甗		王令中先眚南或串行埶应在甾史兒至旨王令曰……中省自方昪洀在[illegible]𠂤帥漢中州	中 史兒 伯買父		宋重和戊戌（一一一八）年安陸孝感出土	薛一六
四八	唯叔鼎	才八月	唯弔從王南征唯歸在皕应	唯叔			薛九
四九	罍卣	隹十又三月初吉丁卯	休王自穀吏賓畢土方五十里	罍			三代十三42 澄歷史博物館藏
五十	中方鼎一	隹十又三月庚寅	王在寒帥王令太史兄褱土	中 太史	有稜 素 口有兩囧字紋	宋重和戊戌一一一八年安陸孝感出土	薛十 博二19

續表

續表

編號	器名	日辰	重要事件	重要人物	器形裝飾	出土時間地點	著録收藏
五一	趞尊	隹十又三辛卯	王才序易趞采	趞	似觶一道回顧龍紋		三代十一、三五弗利兒
	趞卣一二				梁有羊頭回顧龍紋 上海博物館一器待考		三代十一、34美帝
五二	乍册睘卣	隹十又九年	王才序王姜令作册睘安尸伯	王姜 乍册睘 尸伯	犧首兩道弦紋素		三代十三40 考古學報十期
五三	乍册睘尊		在序君令余作册睘安尸伯		侈口大腹犧首兩道弦紋素		三代十一33 尊古一36

昭王南征，喪師隕命，在周初是一件大事，儘管諱而不言，總還是掩蓋不住的。但近代學者，常主張成王也曾伐楚，清代雷學淇的《竹書紀年義證》就是做出這種推測的一個最早的代表。其實，成王時只有東征，從無伐楚之事。《尚書》對西周開國時歷史，記得最詳細，從《金縢》以下，計有《大誥》《微子之命》《歸禾》《嘉禾》《康誥》《酒誥》《梓材》《召誥》《多士》《無逸》《君奭》《成王征》《將蒲姑》《多方》《周官》《立政》《賄息慎之命》《亳姑》《君陳》《顧命》《蔡仲之命》《費誓》等二十四篇，幾乎是全部《尚書》的四分之一，佔全部周書的五分之二。這都是叙述周公成王時事，而叙述武王事的，反而只有九篇。這是儒家思想突出周公的一種表現，因而周公成王成爲全部《尚書》的核心，黜殷踐奄，伐東夷、滅淮夷，以至肅慎來賀，記載頗詳，豈有有伐楚的大事而没有片言隻字，就是别的文獻資料也毫無記載之理。

關於楚國的起源，《史記·楚世家》説：

周文王之時，季連之苗裔曰鬻熊。鬻熊子事文王，蚤卒。其子曰熊麗，熊麗生熊狂，熊狂生熊繹。熊繹當周成王

> 之時，舉文武勤勞之後嗣，而封熊繹於楚蠻，封以子男之田。姓芈氏，居丹陽。

同篇裏，在楚武王三十七年時，記

> 楚熊通（即楚武王）怒曰：「吾先鬻熊，文王之師也，早終。成王舉我先公，乃以子男田，令居楚，蠻夷皆率服而王不加位，我自尊耳。」乃自立爲武王。

可以看出楚先鬻熊爲文王師而早終，以及成王封熊繹於楚，都是楚國人自己追溯的歷史。《漢書・藝文志》道家有《鬻子》二十二篇，原注「名熊，爲周師，自文王以下問焉。周封，爲楚祖」。所説爲周師的師，本是將師，和師尚父的師是一樣的，並不是師傅的師。鬻熊既早終，文王晚期已經没有他了，所以《尚書・君奭》裏周公歷數文王時的重要人物，如：虢叔、閎夭、散宜生、泰顛、南宫适等，以及其他史籍都没有提到鬻熊這個人。《鬻子》這本書大概是春秋戰國時人僞託的。説「自文王以下問焉」。《賈子新書・脩政語下》所載，文王、武王、成王都問過他，顯然和「早終」的話不符。這是楚國强大之後，要誇耀他們的先祖，而把師當作傳授道術之師而捏造出來的。《墨子・非攻下》説「昔者熊麗始討此睢山之間」，畢沅注説「睢山即『江漢沮漳』之沮」是有道理的，沮水就在荆山之西，所以楚又叫荆。熊麗是鬻熊的兒子，相當於文王晚期到武王時，他是開始開發睢山一帶的。他的兒子熊狂應該相當於武王到成王初期。熊狂的兒子熊繹，相當於成王康王之際，所以他在成王時封於楚，而又服事康王。當武王伐商的時候，《尚書・牧誓》裏所提到的少數民族的同盟軍，有：「庸、蜀、羌、髳、微、盧、彭、濮人。」庸國在現在湖北的竹山縣一帶，就在睢山之西，那麽，熊麗在當時還只在開發之初，力量薄弱，還不能和庸蜀等相比的。《左傳》昭公四年，「成有岐陽之蒐」，杜預注：「成王歸自奄，大蒐于岐山之陽。」這應當是成王初期。《國語・晉語八》晉叔向説：「昔成王盟諸侯於岐陽，楚爲荆蠻，置茅蕝，設望表，與鮮卑守燎，故不與盟。」可見那時的荆楚，在周王朝眼裏還是微不足道的。熊繹的被封顯然是在這次大蒐之後的。周王朝覺得政權已經鞏固而大封諸侯，只要有一些瓜葛就給他一個名義，所以説：「舉文武勤勞之後嗣而封熊繹於荆蠻。」熊繹已經是荆蠻而在荆山一帶，這不過是加一個封號爲楚子罷了。《左傳》昭公十二年，楚國的右尹子革答覆楚靈王説：「昔我先王熊繹，辟在荆山，篳路藍縷以處草莽，跋涉山林以事天子，惟是桃弧棘矢以共禦王事。」楚國當時還正在開荒時期，是一個貧窮落後的小國，是很明顯的。但是楚靈王偏要説：「昔我先王熊繹與呂伋、王孫牟、燮父、禽父並事康王，四國皆有分，我獨無有。」這是他狂妄自大，硬要抬高熊繹的地位。所以令尹子革答覆他是「齊王舅也，晉及魯衛，王母弟也，楚是以無分而彼皆有」。就説明楚這樣小國決不能和齊晉魯衛等相提並論的。從這些文獻資料裏楚國初期的歷史是十分清楚的，既沒有成王伐楚的記載，也沒有成王伐楚的理由。雷學淇的假設是周公東征，曾伐滅助奄徐及武庚叛周的楚，而以其支庶鬻熊之曾孫繹代之。[三]可是他沒有提出一點確鑿的證據。《逸周書・作雒解》：「周公立，相天子。三叔（管、蔡、霍）及殷東徐奄及熊盈以略。」周公統帥師旅把殷攻潰以後，「凡所征熊盈族十有七國，俘維九邑」。這裏所説熊盈族十有七國，顯然是以徐奄爲主的。《左傳》昭公元年，「周有徐奄」，杜注：「二國皆嬴姓。」金文嬴字作⿰女能，與熊形近，而嬴和盈聲相同。那末，熊盈應當是一個氏族的名稱，徐奄等民族方音如此，正像吴的稱爲攻⿸虍魚、勾吴之類。這是由於徐奄反對周王朝，十七國都參加。奄國鄰近淮夷，可能就是淮夷的一支，所以《書序》説：「成王東伐淮夷，遂踐奄。」又説：「成王既黜殷命，滅淮夷。」而十七國中最主要的就是踐奄，徐國並未滅亡，所以伯禽封魯以後，「淮夷徐戎並興」，又是一次戰役了。《作雒》説「所征熊盈族十有七國」，可見只是征而不全是滅國。那末，周公和成王的東征，除了管蔡以外，只滅了商奄，征了東夷，淮夷和徐戎，最多到了山東省南部和江蘇省北部，這和江漢流域的荆楚，相隔十分遥遠，確是風馬牛不相及的。有人根據《漢書・地理志》認爲楚國故都是丹楊郡的丹楊縣，這就跑到江蘇省的南部長江南岸鎮江以南的丹陽去了。其實這是班固搞錯了的，楚國的故都在湖北省秭歸附近的丹陽而非江蘇南部的丹陽，過去很多學者都已經指出了。從考古發掘來看，鎮江煙墩出土的宜侯夨簋，説明這一帶在周初是宜國，即後來的吴國，也跟楚國是毫不相涉的。至于雷學淇把《作雒解》「熊盈」的熊説成是楚人的氏，因而把征熊盈説成是伐楚，更是極其錯誤的。他不知楚是芈姓金文作嬭，和熊姓沒有一絲一毫的關係。楚公楚王的名上冠一個熊字，是隨着鬻熊的名來的（少數民族常把父親名的下一字作爲兒子名的第一字，後世還有這習慣），楚國人自己寫作酓，如：酓章、酓肯、酓忎都是，秦國的詛楚文，把楚懷王叫作熊相，才寫作熊字，但無論作酓作熊，和族姓總是不相干的。《左傳》昭公七年，魯國的梓慎講魯襄公將去楚國之前，夢見周公爲他祖道餞行，雷學淇就以爲《左傳》也説「公嘗適楚」，這真是癡人説夢。《史記・魯世家》和《蒙恬傳》都説周公因避讒言而奔楚，即使有其事，也應當是衛都的楚邱而非荆楚。即使周公曾適楚或者奔楚，也不等於伐楚。《詩經・閟宫》説「戎狄是膺，荆舒是懲」，從前後文看，明明是頌魯侯，孟子把他説成是周公，顯然是斷章取義，不足爲證的。總之，所有周初的文獻資料裏，根本没有周公成王曾伐過荆楚的事。而當時的荆楚，還只是「篳路藍縷，以處草莽」的階段，完全没有興兵征伐的必要。研究歷史，首先要根據事實，這種出諸想象的樓閣，是只能建立於虛無縹緲之鄉的。

但是經歷了成康之際「天下安寧，刑措四十餘年不用」之後，[四]情況就大不相同了。開國已經六十多年，經過武王、成王、康王三次大封建之後，可以分配給奴隸主貴族們的土地剩得不多了，或者已經完了。從戰爭中俘虜來的奴隸，由於殘酷的壓迫和剥削，各種非人的待遇（甚至如殺戮殉葬等）因而疾病、殘廢、死亡、逋逃等等，日益減少。大量的饋送、賞賜、買賣，也是減少原因之一。儘管有些奴隸是有配偶的，生下的子女還是奴隸，但其數目是不會很多的，由於刑罰債負而新貶爲奴隸的也無法抵補這種缺額。那種自己投靠來的臣僕，大都是高級奴隸，是不能進行生産的。總之，如果没有新的戰爭，生産奴隸的來源日益枯竭了。土地少了，奴隸少了，奴隸制的基礎就要動摇，奴隸主貴族們就企圖去進行掠奪戰爭。這是周王朝的内部矛盾。另一方面，在周王國邊疆的國家或部族，過去曾被征服的，經過一段時期，元氣已漸恢復；過去經濟落後的，已逐漸上升。他們既不甘心於受周王朝的欺壓，而周王朝的奴隸主們正在計劃着怎樣去掠奪他們，因此，邊境戰爭就又觸發了。伯禽受命爲魯公是在周公旦保文武的七年十二月，第二年成王親政，也就是伯禽元年。《書序》説：「魯侯伯禽宅曲阜，徐夷並興，東郊不開，作《費誓》。」這不知應是伯禽即位的第幾年，也不知這次戰役是什麽時候結束的。但相傳伯禽在位四十六年，卒於康王十六年。那末，所謂刑措四十餘年，應在這次戰役之後到康王後期。據銅器小盂鼎銘的記載，康王二十五年有伐鬼方的一次大戰役，獲聝四千八百多，俘人一萬三千多，這時離伯禽的死已有九年了，所以我們認爲康王末年邊境戰爭已經興起了。

鬼方是周國的老敵人了。《後漢書·西羌傳》注引《竹書紀年》説「武乙三十五年，周王季伐西落鬼戎，俘二十翟王」，這個落應指陝西省的洛水，跟周國是近鄰，所以邊境戰爭是從這裏開始的。其次是開國時征伐過的東夷，從上編所收五十三篇器銘裏，我們可以看到明公伐過東國。公太保伐過反夷，[illegible]戠過東反夷，伯懋父征過東夷，王伐過東夷，這些器銘相互爲證，都應該屬於昭王時代，而且是從昭王初期到晚期。過去我把旅鼎、小臣謎簋等放到康王後期，現在知道是錯的。原因是我把旅鼎所説「隹公太保來伐反夷年」，机械地認爲太保就一定是召公奭，而召公奭儘管長壽，不可能到昭王時還健在的。雖然也曾懷疑過，召公雖然在康王即位時，還是大臣中主要負責的，但是到康王二十年以後，能不能再帶軍隊作戰呢。而没有想到這個公太僳不一定還是召公。正如我過去説過的成王時代的保字是不加玉旁的，像太保簋和保尊保卣都是很明顯的，但康王初年的作册大鼎的保字，已經從玉作僳了。所以旅鼎的公太僳決不是成王時。但是召公奭不見得在康王末年還健在，即使還活着也不見得還能帶軍隊去作戰，那末，唯一的解釋，這個公太僳就不是召公奭了。其實，這個公太僳，就是明僳，他是繼召公奭之後作太保的。《尚書・君奭》的序説「召公爲保，周公爲師，相成王爲左右」，可見太保是可以單稱爲保的。保尊保卣説：「王令保及殷東或五侯征兄六品。」保和殷東國五侯同列，顯然就是召公奭，而也只稱保，可證。那末，明保也是太保而簡稱爲保的，所以稱爲明保，大概由於召公做太保時間很長，一提太保就常聯想到召公，所以就把他叫作明僳，御正爵説「唯四月既望丁亥，今太僳，于御正□貝」，稱爲今太保，以别于原來的太保，更可以證明召公之後，有了新的太保了。作册翻卣説「唯明僳殷成周年公錫作册翻鬯貝」，這個公就是明僳，在作册夨尊和作册夨彝裹明保又稱明公，那末，旅鼎這個公太保就是明保是没有疑問的。魯侯簋説「唯王令明公遣三族伐東國」，這和旅鼎所説「唯公太僳來伐反夷年」應該是一回事。作册翻卣説「唯明僳殷成周年」，和旅鼎説「唯公太僳來伐反尸年」，在詞例上又是相同的。明保殷成周是當時一件大事，可以用來紀年，顯然就是作册夨尊和作册夨方彝所記的明僳在受命尹三事四方以後，朝至於成周所做的那些事情。而公太僳來伐反夷又是當時的另一件大事而用來紀年的，其時間應當就在殷成周年的前後。由於作册夨尊和作册夨方彝記載了明公在用牲於京宫之後，還用牲於康宫，而康宫爲康王的宗廟，可以確定爲昭王初年，明僳曾殷于成周，那末，公太保來伐反夷，也應該在昭王初年無疑。

我過去的另一個錯誤是過於拘執地認爲伯懋父即康伯髦或王孫牟，既然是康叔的兒子就和成王同輩，最晚也相當於康王時，所以對於伯懋父的伐東夷，也錯誤地排到康王時代去了。後來看到上海博物館所藏的罾尊和罾卣，銘辭一開始就説「唯九月在炎𠂤，甲午，伯懋父賜罾……」，和作册夨令簋「隹王于伐楚，伯在炎，隹九月既死霸丁丑，乍册夨尊俎於王姜……」相對照，首先可以糾正我過去把「隹王于伐楚伯」作爲句子的錯誤，這是應該讀「唯王于伐楚」爲一句而「伯在炎」爲一句，在炎的伯就是伯懋父，小臣宅簋對伯懋父也只稱伯可證。這個糾正是很重要的，從這裏可以看出「王于伐楚」是一事，「伯在炎」是另一事，就是説當昭王伐楚的時候，伯懋父正在炎𠂤。把這兩篇銘文合在一起讀，還有更加重要的兩事：第一，夨簋説九月既死霸丁丑，而罾尊罾卣説九月甲午，甲午晚於丁丑十七天，可以證明王國維所謂初吉、既生霸、既望、既死霸各占七八天，把一個月分作四分的説法是根本不能成立的，這在上篇已經講過了。第二，既然伯懋父在炎𠂤和昭王伐楚同時，至少他在昭王十六年伐楚荆時還健在。罶尊罶卣的罶和故宫博物院舊藏（今在歷史博物館）的罶卣的罶是一個人。那一件卣說「唯十又三月初吉丁卯」，比中方鼎的「隹十又三月庚寅」和趞尊趞卣的「十又三月辛卯」，分別早二十三天和二十四天，是同一月的事。罶卣記載王賞他畢土時是「自㝅」，就是說王那時在㝅的地方，中方鼎所記「王在寒師」而趞尊趞卣所謂則王在序了。這樣，夨的諸器，王姜的諸器，伯懋父的諸器，中的諸器，趞的諸器，以及和王在序有關的麥的諸器和乍册睘的二器，全聯繫在一起了。這不僅對於研究昭王伐楚戰役是有益的，更重要的是伯懋父在昭王伐楚時還是負軍事重責的。

那末，西周初的伐東夷，共有兩次，第一次是成王時期，那是和周公一起去的。《尚書序》說：「成王東伐淮夷，遂踐奄。」寶雞所出塱鼎則說「唯周公于征伐東夷」，可見當時的實際主帥是周公。其時周王還未親政，成王年紀還小，不可能自己去主征伐的。禽鼎說：「王伐禁侯，周公某。」禁就是蓋，也就是奄，某讀爲謀。鄭玄注《尚書序》說「凡此伐諸叛國皆周公謀之。成王臨事乃往，事畢則歸」，是符合當時的情況的。銅器銘詞中說到伐禁（奄）的還有岡劫尊。凡此三器都確是成王時代的標準器（成王時代標準器還有很多，將在另一文中論述）。第二伐東夷則是昭王時期。我過去已經指明疐鼎的「王令趞戡東反夷」和家鼎的「隹王伐反夷」都是昭王時事，這不僅趞這個人還見於趞尊趞卣，而那是記明「唯十又三月辛卯王在序」和麥器與作册睘器相聯繫，可以決定是昭王時器，就是從器形、裝飾、書法等方面看也決不是成王時器，而應定爲昭王時器，所以我過去的錯誤，只是把旅鼎和小臣謎簋定爲康王末年，從而把這些伐東夷的器分屬於康王昭王兩個時代了。

成康之際，天下安寧了四十多年，統治階級自以爲太平無事了。成王自稱爲成，那是王業已成的意思，「成王不敢康」，是由於他在年輕時飽經憂患，還有些警惕的意思，到了康王，就公然自號爲康。正如屈原所說的「夏康娛以自縱」，周王朝自以爲是夏朝的後裔，所以連王號都要抄襲一下，這位生於安樂的繼位者是認爲可以康娛了。康王時期又曾大封諸侯，從邢侯簋來看，周公後人，「凡、蔣、邢、茅、胙、祭」，應該都是這時封的。新出的宜侯夨簋，說康王看了武王成王的伐商圖，又看了東國圖，而把虞公的後人夨封爲宜侯，夨大約就是《史記·吴太伯世家》的周章，是在這時被封到江蘇南部長江的南岸鎮江一帶去的，後來就成爲吴國，宜和吴是一聲之轉。這樣地開拓疆土，經營東國，那能不和東夷和淮夷發生磨擦呢？從宜侯夨簋和盂鼎裏可以看到當時賞賜奴隸之多。可以分封的土地是有限的，康王時已經要從地圖上去找空隙了。

奴隸更是有數的，如果没有掠奪戰爭，就没有新的來源。但是奴隸主貴族們的貪欲是無窮的，所以這種暫時的天下安寧是不能維持下去了。東夷在商代稱爲人方，商紂早就經營東方，他的軍隊絕大部分是東夷的，所以《左傳》昭公二十四年萇弘引《泰誓》説：「紂有億兆夷人，亦有離德。」武王伐紂，在牧野會戰中，紂的前徒倒戈，正是這批百十萬夷族奴隸的背叛。《史記・周本紀》説紂「發兵七十萬人距武王」，而《逸周書・世俘解》包括牧野之戰和憝國九十有九國共馘磨十七萬多，俘人三十一萬多，總共四十八萬多，儘管這些數目不盡可信，但可見甘心爲紂送命的是少數。至於這些夷族的頭頭們，奴隸主們則並不完全馴服的，所以三監造反，他們也參加了。周公和成王東征，時間不長，解決的問題不多，所以伯禽封魯，宅于曲阜，而「淮夷徐戎並興，東郊不開」。《費誓》之後暫時平靖，到昭王初期，不過五十來年，就又造反了。這次戰爭，首先是明公派遣三族去征伐，魯國大概是三族之一，所以魯医也參加。這個魯侯，可能還是相當於康王後期的魯侯熙（如果照《史記・魯世家》煬公在位只有六年，那就是魯幽公宰了）。寶鷄出土有魯侯熙鬲，説「用亯鸞氏（厥）文考魯公」，魯公指伯禽。約當穆王時的帥隹鼎説他的文母是魯公孫，魯公也是伯禽。伯禽稱爲魯公，可見跟明公伐東國的魯侯，決不是伯禽。同樣，也可以説明明公伐東國，決不在成王時。因爲如果説明公伐東國，就是成王周公伐東國的時期，那時還没有踐奄，伯禽還没有封魯。何況明公明明是周公的兒子。如果指周公死後，伯禽已是魯公，一直要到康王時才死，怎麽會又另外出來一個明公，而魯侯僅僅是一個參加者。伯禽作《費誓》，自稱爲公，説「淮夷徐戎並興」，又説「甲戌，我惟征徐戎」，明明是自己作統帥，可見明公伐東國有魯侯參加一定是伯禽死後的事了。從作册夨尊和作册夨方彝我們知道明公就是周公子明保，而上面我們已經説過明保就是旅鼎所説「唯公太倈來伐反夷年」的公太保，不過那時這個公太保已經回到盩自了。作册夨尊和方彝作於昭王初年，那末，明公伐東國，也應該是初期的事。一次征伐解決不了，𩅦鼎説「隹王伐東夷」，但實際調兵遣將的是溓公，另外疐鼎則説「王令趞戡東反夷」，溓公所命的將領中有史旗，這人在所作旗鼎裏，還是由王姜剛錫田的，而趞在所作尊裏則是昭王十八年冬才錫采地的，那末，這些征伐，應該是昭王中期。至於伯懋父的遳征，既然説東夷大反，不同於過去的小反，又他在炎自是和昭王伐楚同時，顯然是在昭王晚年了。

昭王時代青銅器銘的特點之一，是參與戰事的奴隸主們，經常誇耀個人的俘獲，如：員鼎的員，由伐會而俘金；𩅦鼎的𩅦，伐鵬而俘貝；疐鼎的疐，從征東反夷而俘戈，犾馭簋説伐楚荆有得，過伯簋説伐反荆，俘金，𡒄簋説伐荆，俘，等等，這種現象是前所未有的。成王時代的作器，主要是誇耀賞錫。武王伐商，周公成王東征，戰爭勝利後，俘獲主要是上交的，要行獻俘禮的，所以《逸周書》有《世俘解》，而後再論功行賞，所以《尚書》有《分器》。而現在則比較低級的奴隸主只要有一些俘獲，就用以做銅器了。由此可見昭王時代，已進入了一個新的階段了。由反夷而轉入了反荊，由東征而進入南征，由黃河淮水流域的戰爭而發展到長江漢水流域的戰爭，這顯然是一種新的局面。大概成康時期大封諸侯時有很多國家已經封到湖北，如：隨國在隨縣，權國據説在當陽，鄀國據説在荊門，都和楚國相近，這些姬姓國家，顯然都是新封去的，還有漢陽諸姬，都爲楚國所滅，已經不知道是那些國了。這些姬姓國家，對楚國來說，顯然是一種巨大的壓力。楚國從始封到昭王末年，已有五六十年；如果上推到熊麗，就將八九十年，她已經有一定的發展，加以荊山的礦藏，不論是銅，是玉，都是使許多奴隸主垂涎的。她由於受到壓迫而反抗，以至被稱爲反荊方而被征伐，這場新的戰役就開始了。從山東省黃縣出土的啓尊啓卣的銘文看，昭王這次南征是以出狩南山開始的，走的都是山路，那末，他是出武關，由陝西東南部直接經過河南西南部而入湖北境內的。《初學記》七引《竹書紀年》說：「昭王十六年伐楚荊，涉漢，遇大兕。」這是魏國史官的記載。楚國的宗廟裏有南征故事的壁畫，屈原作《天問》就問：「昭后成遊，南土爰底（到達的意思）。厥利維何，逢彼白雉。」雉和兕，語音相同而誤。兕一般是青黑色的，對白兕覺得神奇，在殷虚甲骨裏也常有獲白兕的記載。有人說伐楚荊主要是進行掠奪戰爭，但屈原却把它説成是「遊」，這位彷徨山澤，形容枯槁的封建貴族，大概還不是有閒情逸致的士大夫，他離奴隸制社會不遠，還懂得一些奴隸主最上層的心理。奴隸主貴族餐飲了，穿暖了，總得活動活動。成天行禮作樂，打獵觀魚，也有些膩煩，想到遠處走走。所以「穆王欲肆其心，周行天下，將必有車轍馬迹焉」，昭王和他兒子的心理應該是相同的。奴隸主不是機械，不像一部機床那樣，只生產一種產品，儘管把掠奪財富作爲最重要的生活目的之一，總該還有之二之三吧，即使是極不重要的，但也還是目的。就算「第一是掠奪，第二還是掠奪」，那末，第一百，第一千是什麽？即使第九百九十九還是掠奪，到第一千才是遊觀，也總還有千分之一的目的是遊觀。那末，兩千多年前的愛國詩人總還有一絲一忽的理由來答復這類譴責的。

《初學記》所引《竹書紀年》又說：「十九年，天大曀，雉兔皆震，喪六師於漢。」《太平御覽》八百七十四說：「昭王末年，夜清，五色光貫紫微。其年，王南巡不反。」和《左傳》僖公四年所說「昭王南征不復」，是符合的。但是我過去把十六年的南征和十九年的喪師，併爲一談，是錯誤的。《西周銅器斷代》曾提出唯叔鼎一例很重要。[五]唯叔鼎說：「唯叔從王南征，唯歸，在皕应。」可見昭王南征，是回來過的，那當然只能是十六年的一次了。這次南征，大大小小的將領們大概都是有俘獲的，從過伯簋、㹤駿簋、𡔷簋等銘來看，都是興高采烈的因俘金而作銅器，顯然沒有南征會招致災禍的預感的。十九年的喪師，應該是昭王的第二次南征，從作冊睘卣的銘來看，十九年初昭王還在庈，而據作冊麥尊，㡯（即庈）地是與葊京相近的。那末，第二次南征最早也在十九年的春蒐時節了。《吕氏春秋·音初篇》説：「周昭王親將征荆，辛餘靡長且多力，爲王右。還反，涉漢，梁敗，王及蔡公抎於漢中，辛餘靡振王北濟，又反振蔡公。周公乃侯之於西翟，實爲長公。」這段史料是比較可信的。宋代出土的安州六器中的中甗，就是説到了漢中州的，六器出土於湖北省孝感，是漢代的江夏郡即安陸縣境，正與漢水相近，昭王南征可能曾住過這裏。所謂梁，就是橋，古代造舟爲梁，是用船聯接起來作爲渡橋的，由於天大曀，《説文》「曀陰而風也。」雉兔皆震，風浪險惡，這樣的橋是完全可能崩壞，以致喪六師於漢，並不由戰爭的原故。所以《左傳》記齊桓公以此責楚，楚國説：「君其問諸水濱。」杜預注説「昭王時漢非楚境，故不受罪」，是很有道理的，所以齊人也無話可説了。《史記·周本紀》説：「昭王之時，王道微缺。昭王南巡狩不返，卒於江上。其卒不赴告，諱之也。」把他説成「卒於江上」是錯了。〔六〕《史記正義》引《帝王世紀》説：「昭王德衰，南征濟於漢。船人惡之，以膠船進王。王御船至中流，膠液船解。王及祭公俱没於水中而崩。其右辛（原誤卒）游靡長臂且多力，游振得王，周人諱之。」所謂膠船之説是後人所附會的。《水經·沔水注》：「沔水又東逕左桑。昔周昭王南征，船人膠舟以進之。昭王渡沔，中流而没，死於是水。齊楚之會，齊侯曰：昭王南征而不復，寡人是問。屈完曰：君其問諸水濱，庾仲雍言村老云：百姓佐昭王喪事于此，成禮而行，故曰佐喪。左桑字失體耳。沔水又東合巨亮水口，水北承巨亮湖，南達于沔。沔水又東得合驛口。庾仲雍言須導村耆舊云朝廷驛使合王喪于是，因以名焉。今須導村正有大斂口，言昭王于此殯斂矣。沔水又東謂之橫桑。言得昭王喪處也。沔水又東謂之鄭公潭。言鄭武公與王同溺水于是，余謂世數既懸，爲不近情矣。斯乃楚之鄭鄉，守邑大夫僭言公，故世以爲鄭公潭耳。沔水又東得死沔。言昭王濟沔自是死，故有死沔之稱，王尸豈逆流乎？但千古芒昧，難以昭知，推其事類，似是而非矣。」按沔水即漢水的別稱，左桑在今沔陽附近。巨亮湖當即現在的沈湖其地在孝感西南一百數十里，漢水由西北來，在此又折而東北流，下流水面當較寬，昭王濟漢，可能是選擇在這地點的。《水經注》采自晉庾仲雍《漢水記》，雖得諸民間傳説，未必就没有一些根據。正由於「喪六師於漢」，屬於偶然事故，所以穆王即位後還是要周遊天下，並不以此爲戒，而且也没有再去伐楚。假如是伐楚而戰敗，穆王這些行動就太不合情理了。

據《吕氏春秋》，蔡公是和昭王一起抎於漢中的，蔡公大概就是穆王時的祭公謀父，昭王淹死了，他是没有死的。穆王稱他爲祖祭公，是和康王同輩的。《吕氏春秋》又説，辛餘靡救了昭王，又救蔡公，「周公乃侯之於西翟」，可見當時柄國政的是周公，他大概没有隨王南征。所以這些善後的事就由他辦了。這個周公應該還是明公，因爲在作册矢尊和方彝裏，他被稱爲周公子明保，顯然那時他還年輕，初任大事，所以要把周公子這個關係寫出來，這時柄國政已近二十年，已經是老臣了。《尚書序》：「穆王命伯冏爲周太僕正，作《冏命》。」冏就是明字，《説文》𥃩字又作盟盟可證。我曾經指出明公是第二代周公的兒子，即周公的孫子一輩，與康王同輩，那末，他是可以在昭王時任職直至穆王初年的。鄭玄注説：「《冏命》逸。」但《史記·周本記》説：「王道衰微，穆王閔文武之道缺，乃命伯羿申誡太僕國之政，作《羿命》，復寧。」《説文》羿字下説：「古文以爲冏字。」司馬遷從孔安國問過故，而孔安國是見過《尚書》逸篇的，所以能講出一些内容，可見並不是穆王叫伯冏做太僕正的官，而是命伯羿申誡太僕國之政，尤其重要的是接着説「復寧」，可見這是昭王初死，舉朝汹汹的時候，由伯冏出來講了話，才安定了。那末，伯冏就是周公子明保，可以説是無疑的。《禮記·檀弓》説：「幼名，冠字，五十以伯仲，周道也。」所以冏叫做伯冏，是五十以後了。

我過去把王姜推斷爲昭王的母親，康王之后，是一個很大的錯誤。亡友吴其昌先生作《金文曆朔疏證》和《金文世族譜》，其書很龐雜，絶少可取，但是以王姜爲昭王之后是正確的。[七]我過去受了《國語·周語》所説「昭王娶於房曰房后」的影響，認爲房爲祁姓，就在思想裏被其束縛住了，即昭王只能有祁姓的后而不可能有姜姓的后。因而設想爲康王晚年的后，而且曾設想昭王曾經帶着他的繼母一起去伐楚。這個説法最大的弱點，是有關王姜的器爲什麽大都在昭王時代而很難确定其屬於康王時代。在這裏可以看到我的研究方法太機械了。康王晚期可以有新的王后，爲什麽昭王就只許一個房后呢？《史記·周本紀》説「穆王即位春秋已五十矣」，固然不完全可靠，但《尚書·吕刑》説：「王享國百年，耄荒。」既稱爲耄，至少有八九十歲了。穆王在位五十五年，那末，即位時最少也得三四十歲，而昭王在位，一共才十九年，那末穆王生時，遠在昭王未即位之前可知，穆王的生母固然可以是房后，但昭王即位以後，就未必還以房后爲王后了。或者房后已死，就可以有繼室；或者房后被黜，就可以另立新后，周幽王不就黜申后而寵褒姒嗎？那末，昭王時代的青銅器銘刻很多涉及王姜，就根本用不着推到昭王的母親的。我過去認爲叔卣的「使於太倸」是康王時事，是由於誤認爲太保只有召公一個，現在知道除了召公是太保以外，還有今太保，就是明保，那末，叔卣也是昭王時的。至於不𣪕簋是更没有必須定於康王時的證據的。新出的旟鼎，無論在器形、圖案和書法上都與盂鼎很接近，固然也可以定爲康王末年，但從盂鼎後只有三年就是昭王時代，昭王初期完全可以繼承康王時銅器的風格的。至於作册矢令簋既然同時説到「王于伐楚」和「尊俎于王姜」，其爲昭王時是最明顯的了。作册睘卣説到十又九年，是昭王十九年無疑。但王在庈的庈，既非斥字，就根本不能讀作漢水的漢，我過去認爲是鄰近楚國的地名，也是錯的。其實庈地離葊京不遠，王姜同在庈地，却没有同去伐楚，這都是需要糾正的。現在需要補充的，是宋代《薛氏鐘鼎款識》卷十四的「蔡簋」（原作龍敦），其銘是：

隹（唯）元年既望丁亥，王在減（注）应（位）。日（旦）王各（格）廟，即立（位）。宰曶入右□（蔡），立中廷。王乎（訏）史□册令（命）□（蔡）。王若曰：□（蔡），昔先王既令（命）女（汝）乍（作）宰，嗣（司）王家。今余隹（唯）醽（緟）𩫏（就）乃令（命）：女眔曶，䎸足（楚）對各□嗣（司）王家外内，母敢又（有）不𦖞（聞）。嗣（司）百工出入姜氏令（命）。氏（厥）又（有）見，又（有）即令（命）氏（厥）非先告□（蔡），母敢疾又入，告女（汝），女（汝）弗善，效姜氏人，勿吏敢又疾止從獄。易（錫）女（汝）玄衮衣、赤舄，敬夙（夙）夕勿灋（廢）朕令（命）。□（蔡）拜手𩒨（稽）首敢對䚄天子不顯魯休，用乍（作）寶隩（尊）既（簋）。□（蔡）其萬年釁（眉）壽，子=孫永寶用。

此器説：「王在減应。」凡稱在某位的都在共王以前。因所謂应，都是王出去時的臨時住所，昭王穆王滿處跑，所以常見。師虎簋和曶鼎作於恭王元年，還有這種記載，後來就没有了。不再滿處亂跑，是恭王之所以自稱爲恭的主要理由，在青銅器銘刻裏是有所反映的。那末，蔡簋的年代最晚只能是共王元年。但共王元年有師虎簋和曶鼎兩器，師虎簋作於元年六月既望甲戌，而曶鼎則説元年六月既望乙亥，兩者僅差一天。而□（蔡）簋則説元年既望丁亥，没有説月份。可是丁亥比乙亥晚十二天，假定共王元年六月的既望乙亥是十七或十八，那丁亥就得是二十九或三十了。從六月望下推，八月就得是三十日或九月初一，十月如没有丁亥就得是十一月的初一初二。如果向上推，四月份可以是二十八或二十九，二月份可以是二十七或二十八，都不能是既望。換言之，共王元年，無論那個月裏都没有既望丁亥。而從另一方面看，這篇器銘的格式，如「其萬年眉壽子子孫永寶用」，是晚期彝銘的通例，又不能早到成康昭等時代，而只能説穆王初年，是這種彝銘格式的開始時期，所以應當定爲穆王元年。這個銘裏命蔡作宰，其重點是「司百工出入姜氏命」，行間字裏，可以看到是作爲對姜氏權力的限制。那末這位繼位新王和他繼母姜氏之間是存在着矛盾的。《左傳》隱公元年鄭莊公説「姜氏欲之，焉辟害」，姜氏是指他的母親武姜，那末，蔡簋所説，也正是王的母親，當然，不一定是生母。由此銘，更可以證明王姜是昭王之后，和王姜在當時是擁有很大權力的。

在五十三篇銘刻中，作册夨令的兩篇顯然是最重要的，尊和方彝的銘記載了明公到成周的事，説到用牲于康宮，證明一定是昭王前期的作品，而簋銘則既説王于伐楚，又説伯在炎，並且聯繫到王姜的隩（尊）俎和賞錫，證明一定是昭王後期伐楚時事。這兩篇大文章，幾乎把昭王的在位時期都概括了，這實在是太湊巧了。作册麥尊也是一篇大文章，把一個新即位的諸侯來朝見的許多情節都描寫了。夨令諸器和麥的四器，中的諸器，有關明公（或明保）、王姜、伯懋父的諸器，有關出狩、南征、伐楚荆等器，以及有關王在庈的各器，都或多或少地能説明一些昭王時代的歷史情況，因此，我們已經可以初步地極其簡略地描出一個昭王時代的歷史輪廓了。

昭王即位時應在公元前十一世紀的末年，當時，周王朝還是全盛時期，但邊疆民族已經蠢蠢欲動，由盂統帥的大規模的鬼方之役的獻俘禮，是在康王二十五年的八月既望舉行的，離康王之死，不過一年的光景，奴隸制王朝的暫時統一，刑措四十餘年，天下安寧的景象，已經一去不復返了。昭王瑕是一個中年的繼承者，他曾經娶於房，曰房后（可能是祁姓），生穆王滿，在昭王即位時，總已在二十歲以上了。可是昭王此時的王后，已經不是房后而是王姜。王姜的權力是相當大的。不𢀛簋銘記「王在太室，王姜易（錫）不𢀛裘」，是意味着得到王的允許的，而陝西郿縣新出的旟鼎説「王姜錫旟田三」，這個權力是够大的了，因爲在當時賞賜土地的權，應該只屬於王的。旟就是員卣和寓鼎裏的史旟，這時還沒有做史，看來這個僅次于盂鼎的大鼎是作於昭王初年的。叔卣銘説「隹王桒于宗周，王姜史叔使于大保」，這個太保就是明保，在尹三事四方後就稱爲明公了，可見也還在昭王初期。作册翻卣銘説：「唯明保殷成周年，公錫作册翻鬯貝。」這裏的公就是明保。殷成周就指的明公到成周去舍三事四方令的事情。《周禮·大宗伯》「殷見曰同」，殷見和「殷周」「殷頫」「殷同」「殷相聘也」的殷相同，都代表會見許多人的意思。説「隹明保殷成周年」，可知殷成周在當時是一件大事，所以用以紀年，作册夨尊和方彝，對這件大事的記載，也很莊重，比之盂鼎，沒有遜色，在時間上也應該和盂鼎的康王二十三年很接近，很可能是康王死後，康宮建成不久的時代。至於魯侯簋説「唯王命明公遣三族，伐東或」，應該是在殷成周以後的事。旅鼎説「唯公太保來伐反夷年」，公太保也就是明公，前面已經説過了。這又是用以紀年的一件大事，所説三族，魯侯當是其中之一，這時的魯侯可能還是魯煬公熙，也可能已是魯幽公宰了。旅鼎説：「十又一月庚申，公在盩𠂤。」盩𠂤在今陝西盩厔，與宗周相近，可見已從伐夷回來了。但是𡨦鼎説「隹王伐東夷，溓公令𡨦眔史旗」，儘管真正的主將是溓公，王已親自出征了。而員卣説「員從史旗伐會」，可見伐東夷時，也並非只指向一處，如檜國是在東周附近，也還遭到侵伐了。又如𨔛鼎説「王令趞戡東反夷」，就不知道與王伐東夷，是一事，抑或又是另一次。但小臣謎簋所説「叡東夷大反，伯懋父以殷八𠂤征東夷」，其爲另一次是無可疑的。過去只是一般的反，這次則是大反，用的是殷八𠂤，作戰規模比較大了。又説「伯懋父承王命易𠂤」，説明王不在那裏。再從伯懋父在炎𠂤和王于伐楚同時這一點來看，已在昭王晚年無疑。炎𠂤是現在山東南境的郯城縣，西南方是江蘇的徐州，就是徐國。昭王伐楚，伯懋父還得留駐炎𠂤，是東夷還不安靖的緣故。這説明東夷爲患，是終昭王一生的。穆王即位時，對東夷不能不采取一些措施。《後漢書·東夷傳》説：「後徐夷僭號，乃率九夷以伐宗周，西至河上。穆王畏其方熾，乃分東方諸侯，命徐偃王主之。」這是一種對他羈縻的策略。《禮記·檀弓》徐容居説「昔我先君駒王西討濟於河」，也指的這件事情。但到穆王西征回來，就命將討伐，「八駿日行三萬里」，一天就回來，自是誇張之詞。據班簋則由毛班等伐東國，是經過三年，才得安靖的。

由於昭王曾伐東夷，是必然要道出成周的。厚趠鼎説「隹王來各于成周年」，也是作爲一件大事來紀年的，那可能是他第一次去成周吧！士上尊等器説「隹王大龠于宗周𢓊饔莽京年」，則是指一次大規模的祭禮，所以也用以紀年了。饔莽京時，新立的邢侯出砌也來助祭，作册麦尊記他由於王命而來朝見，參加饔禮，在辟雍裏舉行射禮，在敀地受到賞錫等等，這在那種社會制度下，確是很光彩的事，所以作册麦把它稱爲「唯天子休於麦辟侯之年」。這篇銘文也是很重要的，像：雩若的語詞，寧侯的提法，都是和古文獻可以互相印證，可以看到《尚書》的《虞夏書》應撰成於西周初期，也可以看到《考工記》等書所載的射侯的詩是有根據的。尤其是在辟雍裏坐在船上舉行射禮是以前所不知道的。還有作册䰧卣記載的「隹公大史見服于宗周年」，也是把一次朝見的事來紀年的。這個官居太史的公，大概是同公，他「見服于辟王，辨于多正」將近兩個月，王才讓他回去。這種種都可以反映出周代奴隸主統治者日常生活的一部分。

中方鼎説「王令（命）南宫伐反荆方之年」，這顯然更是值得大書特書的一件事了。這是由於東方有了反夷，而荆也乘隙而起了。從《竹書紀年》來看，這是昭王的十六年。昭王去的時候是先派中去省察，並經營居住地方的。當時漢水以北，有許多姬姓國家，昭王遠征，並不是孤軍深入，是有一些基礎的。但從長安出來，以狩南山蒐獵爲名，經過武關一帶入河南境內，再經方鄧一帶而進入湖北境內，到達孝感，至少有七百公里，總得走上兩三個月吧！從安州六器的出土地點，孝感應是他們渡過漢水以前的住處，所以中所鑄的銅器就埋在這裏。《薛氏鐘鼎款識》十六説父乙甗（即中甗）「重和戊戌歲出於安陸之孝感縣耕地得之，自言於州，州以獻諸朝」，看來不像是墓葬，而是昭王十九年喪六師於漢之後，倉皇北返，中的本人也不知是否還生存，因而遺留在此地的。

有關南征諸器，大都是第一次南征歸去後所做的，唯叔鼎銘説明「唯歸，在函应」，是很好的證據。第二次南征，在出了這樣大事故之後，是不會有人再去做銅器了。所以作册夨簋説王于伐楚，也應該是十六年的事情，這時昭王去伐楚，而伯懋父在炎自「作册夨尊俎于王姜」，是王姜替他祖道，那末，王姜還是在宗周的。王姜賞給夨貝十朋，臣十家，鬲百人，這個賞錫很厚，也是代表王的。到十九年的時候，作册睘卣説「王在庈，王姜令作册睘安尸伯」，從趩尊趩卣等銘説「唯十又三月辛卯王在庈」來看，應該是十九年的春天。而十三月是十八年的冬天，庈這個地名，在作册麥尊銘裏寫作㡴，剛説完葊京就説「雩王在㡴」，可見㡴離葊京不遠，並且在㡴地祀月，是應當在那裏有什麼宮的。那末，在十九年的春初，昭王還没有作第二次的南征，所以王姜也有這個閒暇派作册睘去安母家的夷伯，我過去把庈認爲和楚地很近，因而認爲昭王和王姜一起去伐楚，是大錯而特錯了。昭王的死，不知在什麼季節，很可能在夏曆六七月間，那時間是常常有暴風雨的，周曆建子，正月是夏曆的十一月，六七月已是周曆八九月了。到噩耗傳到宗周時就得更晚。那末，像睘卣、中方鼎、趩尊等都是十八年十三月被錫采土的，作册睘是十九年初受到夷伯禮物的，都是有可能已經鑄銅器的。

從這五十三篇銘文裏，我們可以看到昭王時代的歷史的大概輪廓。過去因爲材料不够，又没有綜合起來研究，因此，很多推測，都是很錯誤的。主要的是第一，認爲太保就是召公奭，所以把有些銘文和史料硬安到康王末年去了。第二，是把王姜認爲是昭王的母親，康王之后。尤其荒唐的是第三，認爲昭王伐楚是帶了王姜去的。第四是没有弄清昭王伐楚有兩次，十六年的一次是回來了的，十九年已是第二次的伐楚。但最主要的一點，却没有錯。這些都是昭王時器，它們之間有很多密切聯繫，不可分割，因而在主要輪廓上是没有錯的。當然，以後也還有更多的新材料的發現，我們的認識也還將前進，所以若干年後，也許就在很短時間內，又可以指出我今天的研究中的若干錯誤，去僞存真，去粗存精，學術研究，總是要不斷前進的。但我深深地相信這種把大量史料集中起來的綜合研究，在前進的方向上，總還不致於有很大錯誤。對於研究西周史的人們，至少可以省去他們若干搜集整理的工作，而我是力求能做到這一點的。

二、昭王時代青銅器的綜合研究

1. 從造型、裝飾和圖案來看

前面蒐集的青銅器銘五十三篇，如果從鑄這些器銘的銅器來説，共有六十五器。其中某些器在出土時是有很多同出器的。有些器的作者還鑄有别的銅器，但因銘詞簡短，所以没有蒐集。因此，可以定爲昭王時的銅器的，除了某些現在只存銘文，没有看到實物或照片、拓本、影印本、摹本等資料，可供研究的也還有上百件。利用這些資料來作綜合研究，對於我們劃分銅器時代的工作是很重要的一個環節。

首先，從青銅器的器形和裝飾圖案來説，新出的和王姜有關的旟鼎，是僅次於盂鼎的一個大圓鼎，馬蹄足（圖一、二）它的形制和獸面圖案（圖三）都和盂鼎十分近似，而盂鼎是康王二十三年的作品，三年以後就是昭王時代了。所以説旟鼎是昭王初期。它和康王時的另一個大鼎，即現藏上海博物館的德鼎，器形雖大致相同，但圖案却完全不一樣。（圖四）德鼎和解放後新發現的安陽後岡的大鼎圖案一樣。（圖五）在口沿下有三組用兩條龍湊合起來成爲一個獸面的圖案（也可以認爲是獸面形帶兩個身子的龍）。而盂鼎和旟鼎則是六組以獸面形爲主，（圖六）每組兩旁各附以[illegible]形的圖案。（圖七）這樣的圖案，顯然是有其時代限制的。

師旂鼎的腹是淺而下垂的，和商及周初的圓鼎口大而腹底小是不同的。（圖八）脣及兩耳均向外侈，也是較晚的形式。口下作一道長尾鳥紋，鳥尾分離，這種圖案在成王時期是絶對不能出現的，反之，如現藏廣州博物館穆王時代的剌鼎，銘文説明「啻邵（昭）王」却正是這種圖案。[illegible]鼎的形式圖案，也基本相同，也正是穆王時器。因此，我們可以斷言有關伯懋父的師旂鼎，單從器形和圖案來説，也應定爲昭王後期，甚至是穆王初年。

戠東反夷的疐鼎也是腹下垂的，素樸無裝飾，只有一道弦紋，（圖九）[illegible]鼎是兩道弦紋。我們看成王時代記周公征伐東夷的塱方鼎，裝飾何等雄偉繁縟，（圖一〇）此外，凡是能確定爲成王康王時代的鼎，例如：禽鼎、康侯豐鼎、卿鼎、獻侯鼎、應公鼎、太保鼎、成王鼎、作册大鼎、盂鼎等，（圖一一）幾乎没有一個是全素無紋的。但是宋代安州六器裏的三個中方鼎也都是素樸無紋的，（圖一二、一三、一四）這無論從出土地點，銘文內容，都可以定爲伐湖北的荆楚的，而這就絶不是成王時期的器，只有昭王南征才符合的。這三個方鼎裏兩個標明「王令南宮伐反荊方之年」的只有八稜，而在十又三月庚寅，王使錫士的那個鼎，則口下有兩個冏字紋。昭王時代之所以大量地出現素樸形式，我想是奴隸主貴族中鑄銅器的人更加普遍的緣故。開始時，由於一些新興的小奴隸主都要鑄銅器，熟練的工匠没有這麽多，因而省去在范上雕刻圖案的一些手續。當然素樸的器，單看造型，也有自然的美，在周初窮極工麗之後，出現了這一新形式，也就成爲一種風尚，有些人儘管有條件做得工麗些，他們也采取了這種新型式了。

嫿𢍰方鼎的耳是用相對的兩龍作裝飾的，（圖一五）這種形式是從康王時的太保方鼎成王方鼎等形式發展來的。但是四周的獸面紋圖案，上面用龍來代替的角形，是一直垂下到底部的，這樣的圖案過去是没有的。扶風新出的不指方鼎，（圖一六）也是八稜而在口上有一道的圖案，也是這個時期的新的作風。到了西周中葉以後，史頌鼎、克鼎之類才是盛行了。

至於和邢侯出㺇有關的麥方鼎是一件附耳的方鼎，（圖一七）淺腹，素樸無紋飾，而四足很長全仿馬足，膝骨空出，下作蹄形，在形制上也很突出，在成康之世，怎麽能會出現這種風格呢？

和明公有關的囚工簋，和王姜有關的作册夨令簋，以及和伯懋父有關的小臣謎簋，在簋這一類銅器裏都是新的風格。囚工簋除了兩耳上的獸首，以及下垂的帶有摺紋外是樸素無文的，但在形制方面變化極大，上面侈口極大，腹部略鼓如束帶，隨即收束。再下似爲方座，隨又作弧形突出，即又收束，下爲一層方足。在方座處上接簋耳，下有垂帶，而垂帶隨器形轉曲，末向外飄。在構形設計的精巧上，是極罕見的。（圖一八）作册夨令簋腹飾鈎連回紋，（圖一九、二〇）口足各爲鳥紋，它的特點是歛口並有子口，可以供簋蓋掩覆。（在西周初期的青銅器裏，只見過我方鼎是有子口的）。但商及周初的簋大都是侈口的，舊多稱爲彝，西周晚期的簋則大都有子口，如果失蓋，即使人有並非完器的感覺。此作册夨令簋在這類形式中是最早的了。西周早期的簋，往往連方座，但都是四邊落地的，而此簋則四角下各有方足，使簋座淩空，這也是新的。說明從王伐反荊的過伯簋，（圖二一）雙耳垂珥，口作一道鳥紋中有犧首，下連方座，也僅四角落地，中間向上彎曲似拱門式的。這也可以確證作册夨令簋之確爲昭王時期。小臣謎簋是附耳的弦紋簋，也是樸素型的，（圖二二、二三）附耳的簋不多見，不㠱簋也是一種附耳簋，（圖二四）口上一道花紋，已是解散了的龍形，顯得很晚。附耳簋有些像盂，而較小，但兩者的名稱有時是亂的，如凌源出土的匽侯盂銘是「匽灰作饙盂」而在美國的一對匽侯簋也自銘爲：（圖二五）「匽灰作旅盂」那末，（圖二六）這種附耳簋的形式原就是模仿盂形來的。像雍姒簋那樣底下有方座口下作一道冏字紋的，（圖二七）

應該還是成康時期的但小臣謎簋則底圈下有比較長的三足，又是新的格式。和士上各器同屬臣辰族又同時出土的父乙臣辰簋是一種口下用目亘文爲飾的四耳簋，耳下也垂有四個長足，（圖二八）顯然是同時代的風格。至於銘文中提出從王伐荆的㝨簋是兩耳簋而有四個長足，（圖二九）不過既不像父乙臣辰簋的直足，也不像小臣謎簋的似蹄形而向內，這是在底圈下接出來的像是獸首的裝飾，而下面則如象鼻那樣拖下來，又向外捲起的㝨簋的主要圖案是用回紋間隔起來的斜方格，在斜方塊裏鼓起五個小圓珠，中間一個較大，四角各一個較小。而在蓋上的外周，器口和器足上都有一道以目形爲主，旁綴亘紋的邊緣。這和沈子也簋蓋的全部作斜方格，裏面有四小一大的圓珠的紋飾，只有蓋頂處一道小圓圈的邊緣是基本相同的，可以説明它們是同時代的。

鼎本來有足而簋只以底圈着地，即所謂圈足，後來大概嫌它低而加以方座，連有方座的簋似乎是西周初期的特點，在武王時的朕簋（即大豐簋圖三〇）已經有方座，這種形式後來也還常見。但這種中空的方座，放在地下密不通風（鳳翔所出兩個禁，都有窄長的孔是透風用的），放久了容易引起潮濕，作册夨令簋和過伯簋的所以只用四角着地以通空氣。而另一種形式則就如小臣謎簋，父乙臣辰簋和㝨簋之類，在底圈上加以長足。穆王初期的標準器遹簋則是通身瓦紋，（圖三一）獸耳啣環，而下爲獸首三直足。還有班簋作變形的獸面紋，（圖三二）在四耳下垂下四足，如象鼻形而內捲，就尤其突出了。但這些變化，時間不長，似乎僅限於昭穆時代，後來的形式則大都有些像㝨簋，只是足没有這樣高罷了。研究銅器器形裝飾和圖案的變化，是有助於青銅器的斷代的，但必須和其它徵象結合起來。過去總把瓦紋的時代估計得太晚，根據遹簋就知道穆王時代已經有了，是其一例。在另一方面，由遹簋的長足也可以證明小臣謎簋等的必爲昭王時期。

有關明公用牲于康宫的銘文是鑄在作册夨方尊和作册夨彝上的，這因爲説到了康宫，而成爲昭王初年的標準器。方尊的形制和麥方尊略相同，（圖三三）此腹足均是獸面圖案，頸爲鳥紋，口上的花瓣式裝飾，爲雙重獸面圖案。有八稜，分三層均作鉏鋙形。但麥方尊的花紋則腹足爲鳳紋，頸爲鳥紋，口上花瓣形裝飾亦爲鳥紋。（圖三四）這類方尊實只四稜帶鉏鋙，其它四稜較小無鉏鋙，而且口和頸均只四稜，麥方尊的花瓣形就只有四瓣。作册麥尊由於記載第二代的邢侯，所以也是昭王時的標準器。另外，小子生尊花紋與作册麥尊相同，而形制又有變化，前後各三稜，而旁出兩耳，由腹上曲至口際，又下彎，似象鼻形，這也是新的形式。（圖三五）服方尊的形式與此相同，但圖案又復不同，腹部是整的獸首圖案，兩角下垂與獸口齊，和𡣍𢻫方鼎的獸首圖案完全相同。頸部則是兩龍相對組成的獸首圖案，足部鳥紋，口部花瓣形也只有四瓣，爲長冠鳥所組成。凡此類方尊均是上圓下方，顯爲同時的製作。

士上器同銘的有四件，一個尊，兩個卣，一個盉。尊和卣的圖案，基本上是相同的，尊是通常的有棱圓尊，有四棱，都有鉏牙，腹部是象紋，而在每個象頭上有兩個圓球紋。足部和頸部都是有長冠廻顧形的鳥紋。這兩種主體圖案和卣是相同的。口下花瓣形是以龍紋組成的。（圖三六）

銘言十三月王在庠的趩尊與趩卣同銘，尊形與言南征的启尊是相同的，都是器較低而大腹，有些像橢圓觶。這種尊和卣的圖案都是相同的。（圖三七）趩尊是頸上一道帶冠廻顧的相對鳥紋，中有獸首，這種形式是晚起的。启尊則是一道最早的波紋，中間是獸首，兩旁是雙綫的波紋，波上下是不很圓整的環形。（圖三八）過去一般認爲這種花紋是西周後期的，從启尊和启卣可以看到昭王晚年已經開始出現了。

和伯懋父有關的召尊召卣，（圖三九、四〇）以及和十九年王在庠，並和王姜有關的作册睘尊，（圖四一）作册睘卣，（圖四二）都是腹較大而頸足較小的一類形式，並且都是樸素無文每側只有一個獸頭，這和這時期的鼎簋等的樸素形式是一致的。

麥方彝和麥方尊的銘不同，但是同一人所作。（圖四三）這是一個舊式的方彝，即像斗一類的直腹形式，四側都是垂直的。有八棱，但作鉏牙形，是比商或周初有所不同的。腹上和蓋上的獸面，口中露出牙齒，兩耳側都有返顧的蹲獸。頸和足都有[illegible]紋。從整個風格來看，已和周初不同。至於令方彝的型式是屬於鼓腹式的。（圖四四）這種形式在商代有羊魚耒方彝，腹作鴟梟紋，所以容庚稱爲鴟鴞紋方彝，實際就是無梁的鴞卣而爲方形，其它方彝，也本是無梁的方卣，其發展爲八稜的鼓腹式方彝，總在成王以後了。文化大革命前，洛陽所出叔[illegible]方彝，器形與圖案，都和作册夨彝十分類似，而説「叔僞易（錫）貝于王姒」，書法風格是康王時代的。（圖四五）作册夨彝既爲昭王初年的標準器，而昭王即位後的王后，已確知是王姜，那末，康王的后應該是王姒，而叔[illegible]方彝應是康末，所以這樣相似。作册夨方彝腹與蓋的主要圖案都是由兩獸的側面組成的獸面，頸上爲周初盛行的雙尾蛇圖案，足上和蓋的最高處則爲鳥紋。

士上卣除主要圖案與士上尊相同外，（圖四六、四七、四八、四九）它是一有六稜的提梁卣，梁上似是龍紋，梁端飾羊頭，足部爲[illegible]圖案，這是一件周身佈滿圖案的精美作品。而启卣除提梁飾獸首外，花紋和启尊基本一樣，只是蓋上没有獸頭。(圖五〇)趞卣則梁飾獸頭,頸與蓋各一道圖案與尊同而蓋無獸頭飾。足上飾以目形爲主的變形龍紋。(圖五一)與明保有關的作册翻卣,是完全樸素的,梁端也只是環形,就是頸上前後各有一個羊頭。(圖五二)罍卣、作册睘卣也都是素樸的,梁端有獸頭飾,頸上有獸頭,只是作册睘卣在頸上飾獸頭處多兩條弦紋。而作册魖卣則連頸上的獸頭也没有了。(圖五三)

記十三月的另一罍卣,形制是特殊的,(圖五四)是一種圓筒形的卣而比較矮。有兩個環耳失提梁。中間爲斜道圖案,一道爲龍形與另一道回紋圖案相同,齊中間突起一環形。口上飾獸首,兩旁爲有冠鳥紋,足爲[illegible]紋。

更特出的是叔卣,(圖五五)這是講到王姜派人到太保那裏去的。這是四耳卣,而且是貫耳的形式,和一些壺的形式相同,蓋上也有四耳,那是要用繩索穿起來的,蓋和器都穿在一起了。在設耳的地方,即以耳爲鼻,而以變形的龍紋組成一道獸面紋。另外,和伯懋父有關的吕壺,正是一種貫耳的圓壺,這種壺比較細而長,只是腹是鼓出的,上下都逐漸縮小,兩個貫耳是在頸側的。它是完全素的,没有絲毫文飾。有關安州六器和昭王南征的中尊,(圖五六)也是純素的,但是上面出現了四個帶有指甲的指痕。

士上方盉和麥方盉都是四足的方盉,這種體製就不會出現於成王時期。兩者具有不同的風格。士上盉是繁縟的而麥方盉則是樸素的。(圖五七、五八)士上盉的圖案與前同名的尊卣不同,是以回紋爲地的獸面紋,共四組。

陝西新出土的⿰夫犬馭觥蓋,(圖五九)説明過去對這類兕觥多認爲是商器,其實西周前期也還是在流行的。這個蓋頭部是牛頭,但上面伏有一螭,後部作獸面,中間夾脊作對稱的龍紋。西周前期的兕觥,現在能比較明確指出的,如與⿱雨黽鼎的⿱雨黽同一人所作的兕觥蓋上的主要裝飾與此很接近,是同在昭王時期的。(圖六〇)像鎮江煙墩所出四足兕觥和告田觥那樣有方座的都應是康王時期,(圖六一)較此爲早,而守宫觥,(圖六二)似在康昭之間,穆王之後就幾乎看不到了。

以上是就昭王時代的銅器,作一個初步的綜合的探討,這種工作,現在做的還不多。有些人搞銅器斷代只在器形學上兜圈子,如果只是看一些大概輪廓,也許還可以,但要像昭王時代,一共還不到二十年,就很難辨別了。在考古發掘方面目前還没有給我們提供較多的可靠資料,當然我們是要儘量利用這些資料的。但就是發掘出來的資料,要作比較精確的斷代,也經常存在着困難的。在墓葬裏有些器物可能是死者所保存的較早的製作,而不是當時製造的。在遺址裏和窖藏裏,時代的分析,當然更不能够確切了。因此,我們以若干昭王時代的標準器爲中心,聯繫到和其有關的銅器,成爲一組。在這一組的銅器裏，最多只應有幾年的出入，比如在昭王之前幾年，即康王的末年；或者在昭王的身後幾年，即穆王的最初幾年。把這一組銅器在工藝美術上作綜合的研究，是可以看到這二三十年間的銅器起什麼變化，出現什麼新的風格的。在這裏所探討的一方面是證明這些銅器確實是昭王時代和其上下數年間的，另一方面則説明這個時代的銅器是什麼樣子的，如果我們再把康王時代的銅器和穆王時代的銅器都作了同樣的綜合研究，那就對這個一百年間的青銅器藝術發展史，有一個基礎了。我是希望能逐漸做到這些的。我們對一個時代的歷史文化，要有整個的看法，我認爲昭王時代的青銅器藝術是一個開始變革的時代，武王伐紂以後，時間很短，我們現在能確定爲武王時代的標準銅器，只有一個朕簋。成王康王時代的標準器比較多，每一時代至少有二三十件，它們的藝術風格，總的説來，還是繼承殷代而略有發展。康王時代發展得又多一些。當然，武、成、康三世大封諸侯，是會把王朝文化移植到邊地的，而這些移植過去的文化藝術受到地方影響，就會出現一些特點，過一些時候，例如昭穆時代，又反過來影響王朝文化。尤其是康王末年以後，在邊境用兵多了。昭王時期，幾次伐東夷，兩次伐楚荆，在戰争中俘金（銅），是當時值得夸耀的事，銅多了，銅器鑄得多了，新的風格就不期然而然地不斷出現了。當然，這種新風格還是不穩定的，有的只是曇花一現，有的則經過若干變動而後來成爲定型。在我上面的研究裏是可以看出一個輪廓的。因爲這只是初步，資料搜集得還不够豐富，還有賴進一步搜集和研究，在現在階段上，就只能做到這樣了。將來如果發現錯誤，再行改正，因爲這個工作顯然不是一次就做得好的。

2. 從銘詞中的專名、慣語、文法和文字的結構和書法等方面來看

銘詞中的專名，有時是可以作決定時代用的，比如王國維提出的生稱王号，郭沫若同志加以擴充以後，凡成王、穆王、共王、懿王諸器都毫無疑問地把時代定下來了。當然，王号在死後也還繼續用，像剌鼎所説「啻邵王」，就只能是穆王時代。同樣的例子，康宮也是一個重要的標準。作册夨方尊和方彝裏既説「用牲于京宮」，又説「用牲于康宮」，用牲是祭祀是没有疑問的，京宮是祭太王、王季、文王、武王、成王的宗廟是没有疑問的。《詩經・下武》説：「下武維周，世有哲王，三后在天，王配于京。」所謂「三后」，還不是太王、王季、文王嗎？「王配于京」，還不是武王嗎？《下武》又説：「王配于京，世德作求。永言配命，成王之孚。」過去不知道成王是生稱的王号，所以歷來傳箋注疏是不得其解的。其實這裏所説世有哲王，已經替成王在京宮留下位置了。所以下文説：「成王之孚，下土之式，永言孝思，孝思維則。媚兹一人，應侯順德，永

言孝思昭哉嗣服。」所謂一人就指成王。這是應侯的臣子做的詩，來歌頌成王和應侯的。《尚書・酒誥》説：「乃穆考文王。」是文王爲穆。《詩經・載見》説「率見昭考」，傳：「昭考武王也。」《尚書・金縢》：「二公曰：我其爲王穆卜。」是卜武王的下一代，讓誰來做武王的穆呢？可見在京宮裏面，太王爲始祖，王季和武王是昭，文王和成王是穆。《吕氏春秋・古樂篇》「薦俘馘于京太室」，就是京宮，只是伐商以後把武王和成王加進去作配罷了。京宮的祭祀既然指太王、王季、文王、武王、成王，那末，康宮能不是康王嗎？如果説京宮的京只是大而已，康宮的康，只是美稱。那末，明公到成周，第一天舍三事四方命，第二天祭京宮，第三天祭康宮，並且祭王城，京宮康宮有何區別，這樣，忙忙碌碌做什麽呢？從文獻上説，穆王賓西王母於昭宮，見於《竹書紀年》，昭宮自是昭王之宮。宣王命魯孝公于夷宮，見於《左傳》，夷宮自是夷王之宮。那末，康王的宮自可稱爲康宮。在金文裏，曶鼎説「王在周穆王太室」，而伊簋説「王在周康宮，旦，王格穆太室」，這不是康宮裏的周穆王太室嗎？那末，寰盤裏所説「王在周康穆宮，旦，王格太室」，這不就是康宮裏的穆宮和穆太室，或者叫做穆王太室嗎？望簋説「王在周康宮新宮」，這是穆王剛死時的稱呼，恭王時的趞曹鼎師湯父鼎等可證。這種爲康宮新宮，又鬲攸從鼎説「王在周康宮徲太室」，可見凡所謂康昭宮，康穆宮和康剌宮，實是康宮昭宮、康宮穆宮和康宮剌宮的省文。就是説在康宮裏面是包含着昭宮穆宮和徲宮（即徲太室）剌宮的。再據曶鼎的周穆王太室來説，就可以知道康昭宮確是在康宮裏面的昭王的宗廟。因此，十分明顯的事實是：由宗廟來説，則康宮裏面既有昭王的宗廟，又有穆王的宗廟。由周王的世系來説，又恰恰是康王以下的順序爲昭王穆王，這決不是巧合，而是鐵的事實。惟一的解釋，是康王以心滿志得的心情，在京宗之外，自立新的宗廟，以自己爲始祖而以兒子爲昭，孫子爲穆。這和秦始皇立號爲皇帝，而用一世二世以至萬世的心理是頗相近的。另一方面，武王、成王、康王、三次大封諸侯，被封的有太王的兒子一輩的，如：吴國、虞國等，有王季的兒子一輩的，如：虢國等，有文之昭的如：蔡國、曹國、衛國等，有武之穆的，如晉國等，這些都屬於京宗的。所以班簋説「受京宗懿釐」。因爲毛叔鄭正是文王的兒子。那末，京宗是太宗姬姓，各國祖先共同的宗廟。甲戌鼎説「維四月在成周，丙戌，王在京宗」（《西清續鑑甲編》一、三六），這個離成周不遠的京宗，不正是作册夨尊的京宮嗎？而康王以後的周王朝，又別立一個宗廟，是小宗，則是周代宗法制度所規定的。關於康宮問題，我已多次論證，這裏只補一下過去所未及罷了。

康宮是西周銅器斷代的一個重要標準。作册夨方尊和方彝既然説用牲于康宮，就決不可能是昭王以前時代的銘刻了。研究歷史，必須尊重客觀的歷史事實，既然作這件銅器時，康王已經死了，正如作作册大鼎、宜灰夨簋時成王已經死了；作剌鼎時昭王已經死了；作曶鼎時穆王已經死了一樣，明公尹三事四方一事決不能列於成王和康王時期。同樣，克鐘説「王在周康剌宮」，剌宮厲王之宮，克鐘就決不能列於夷王或厲王時代。這都是歷史事實，在斷代時必須得到尊重的。當然，確定這樣一個標準，還須考慮別的方面，有没有什麽矛盾現象，但是經過三十多年，看過所有的西周銅器資料，我還没有找到任何一點的矛盾現象，至於學者間的不同意見，是屬於看法的問題，我相信經過一段時間是必然會逐漸統一的。

自然，僅僅康宮一個標準，還是不能做好斷代工作的。作册夨方尊和方彝，不能列於昭王之前，至於昭王以後就不怎麽明確了，爲什麽不可以列於穆王時代呢？這就必須和其它斷代標準結合起來研究才能解決的。作册夨方尊和方彝與作册夨令簋是一個人的作品是勿庸懷疑的，那末，作册夨令簋裏的王于伐楚，楚國的國名，和王姜這個人名，也應該是可供斷代的標準了。先説楚這個國名，既然説到伐楚就必然是一個國名，而不是一個隨便的地名。如果是地名，楚就不是一個，小臣夌鼎有楚禁，屭羌鐘有楚京，春秋衛國有楚丘，都是，但既然是國名，就必然是江漢流域的楚。文獻記載裏，西周前期，只有昭王曾伐過楚，在銅器裏，㝬駿簋説「從王南征，伐楚荆」，不但説楚而説楚荆，是漢南荆山的楚就更清楚了。記載着伐反荆和伐荆的過伯簋和𡨦簋，就只稱爲荆，而説反荆方的中鼎，既安州六器又出土於漢水北岸的孝感。那末，楚是荆楚，即昭王所伐的，也就成爲標準之一了。至于王姜這個人，本來只能從伐楚來定爲與昭王同時代的人，她是一個王后是確定的，她究竟是昭王之后呢？還是昭王之母呢？（當然不可能是昭王的祖母的。）我過去錯誤地定爲昭王之母，康王之后，那末，究竟有那些器是康王時代呢？現在已經從穆王元年的𠩺簋證明她是昭王之后，到穆王時已只稱爲姜氏了。那末，她在昭王未即位以前是不能稱爲王姜的，而昭王死了以後，她已失去權力了。那末，王姜這個人是整個昭王時代的一個重要標準，而有關王姜的各器就都一定是昭王時代了。至於明公、伯懋父等人都可以證明爲與昭王同時，但所涉及各器是否有康王末年或穆王初年的，就很難確定了。

井侯出劢這個人可以定爲第二代的井侯，因此，作册麥的四器可以定爲昭王時代的標準，而作册麥尊所説的王才㡿和𧽊尊、𧽊卣、作册睘尊、作册睘卣等所説「王在㡿」或「在㡿」所在的這個地名，也正是昭王時代的又一個標準。

王应這個慣語也是一個標準。小臣夌鼎説「先眚楚应」，應是昭王伐東夷時事，而中鼎和中甗提出埶王应和埶应的話，是第一次伐楚時做的，但是説王在某应的，有昭王時期，也有穆王時期，甚至於共王元年。它的時間限制是比較寬的。

同樣，關於南征的記載也不應僅僅看作是昭王時期，還要考慮其它的因素。

成王時是幾乎没有長篇銘刻的。長篇銘刻開始於康王時代，昭王時沿襲康世，像作册夨的兩銘以及作册麥尊等都是大塊文章。而以很簡短的銘文記載孚金、孚貝、孚戈等大抵是昭王時代的銅器。

作册夨簋和伯者父簋都説：「用鄉王逆𨑥。」伯𡨦父鼎説「用鄉王逆𨑥吏人」，卯簋説「用鄉王逆𨑥吏」，作册麥尊説「用𩰫（獻）侯逆𨑥」，這些語彙都是相同的。中爯簋作「用鄉王逆[illegible]」。這些都是時代很接近的，其中早的要到康王時期。

小臣宅簋説「用鄉王出入」，衛鼎説「乃用鄉王出入吏人」，小子生方尊「用鄉出内吏人」，麥方彝説「用𩰫井侯出入」，這些慣語都是同時代之證，白矩鼎説「用言王出内吏人」，敕卣説「用言出入」。言音本一字，此讀爲歆。《詩·生民》「履帝武敏歆」，傳「饗也」。《左傳》襄公二十七年「能歆神人」，注「享也」。《國語·周語》「王歆太牢」，注「饗也」。可見歆饗同義。但白矩鼎似略早。

衛鼎説「乃用鄉王出入吏人眔多倗友」，作册麥方鼎説「用鄉多者友」，作册麥尊則説「妥多友」，作彝器而兼鄉朋友，是這時期銘詞中新提出來的。先獸鼎説「用朝夕鄉多倗友」，命簋「其永以多友簋飤」；毛公肇鼎「我用飤厚，眔我友厩」，辛鼎「用朁氏（厥）剸多友」，萬諆尊「用□侃多友」，又「用作念于多友」。也大都是同時代的作品。作册夨令簋説「用厩寮人婦子」，寮人也是朋友，厩字也與命簋和毛公肇鼎合。

王國維作《金文著録表》時，因鬲尊説「鬲錫貝于王」，就説它「殊不合理，疑僞」而不知道這是當時的語法，泉伯卣説「泉伯錫貝于姜」，作册夨令簋説「作册夨令隩俎于王姜」，都是被錫貝被隩俎的意思。作册麥尊説「侯易玄周戈」是説錫侯玄琱戈，而麥方鼎説「麥易赤金」就是錫麥赤金，麥方盉就説「侯易麥金」可證。但是這種語法的應用是有時間性的，恐怕就相當於昭王時代。

昭王時代有些銘文是很難讀的，作册夨令簋已經難讀，沈子也簋尤其難讀。銅器銘中還有些難讀的，如毛公肇鼎、辛鼎、萬諆尊等可能也都是同時期的作品。

在文字結構方面，文王武王的文武兩字加上王字偏旁作玟珷恐怕是康王時開始的。作册大鼎説「公來鑄武王成王異鼎」，所記是康王初年召公鑄鼎時事，武字還没有加王旁，可是宜侯夨簋的「珷王成王」，珷字已經加王旁，德方鼎説「王才成周，祉珷禩自蒿」，也從王旁，而盂鼎玟珷兩字都從王，則已是康王末年了。王旁只加在文武兩字，成王的成就不加，是應當有用意的。還有豐字門鋪，可能是豐宫的門上用的，豐是文王王業始基的地方，所以也加上王旁。昭王時代的中方鼎「易于珷王作臣」，那顯然是沿襲康世的。成王時的保字不從玉旁，而康王時的作册大鼎已經從玉作⿰亻⿱口王了，以後一段時間内，凡是太保的字没有不從玉的，昭王時器當然也是如此。這大概由於把保字借作寶字，而又作從玉保聲的形聲字的緣故。至於對揚字，昭王時代經常只用對王休不用揚，在用揚的時候則大都只作⿰目丮或⿱日⿰目丮，只有小子生方尊，不指方鼎、作册睘卣和作册魖卣才從玉旁作⿰⿱日王丮或⿱⿰目王丮，而前三器皆作於昭王晚年，可見這是昭王時的新體。作册夨令簋用㫃字來代替揚是其它器裏没有見到過的。啓卣的𡷞川，用川來代替水旁，毛公肇鼎「肆母又弗𧫒」，就是從言竞聲。總之，昭王時代就文字來説也是有其特徵的。

再從書法來看，昭王初期的書法和康王時是十分類似的。我們只要看旟鼎之于大盂鼎，作册夨尊和方彝之于小盂鼎，互相一對照，就看得很清楚了。這一種書法風格是謹嚴莊重，行格分佈比較匀稱的。但昭王後期有些器銘變化很大，作册夨令簋和作夨尊和方彝的文字書法截然不同。㝬駿簋、過伯簋、𡩜簋、麥方鼎等都屬於這一種，筆畫縱恣，神態流宕，寫得好的，奇詭而又酣暢。銅器銘刻裏這種極其突出的。如：伯褱卣、伯者父簋、䵼尊、欼尊等大都應屬於這一時代，但有些可能到穆王初期，如趞鼎。儘管筆畫也很縱恣，但命官賞錫跟昭王時代有很大的不同，應該屬於穆王了。有些小字的銘刻，如師旂鼎，作册魖卣等，可以看出穆王時代小而秀美的書法所由出。至於像沈子也簋那樣，一個字往往拉得很長，好像是兩個字，作册麥尊也有這種傾向顯然也是昭王時代書法的一個特點。總之，西周時代的書法每一階段有其特點，對於斷代也很有幫助，固然上下限不能很嚴格，昭初有類康王，昭末又略近穆初，但昭王時代決不同於成王，穆王時代，也一定有異於康王，這種大概的輪廓是可以定得下來的。

從銘刻的各方面來看，昭王時代的銅器自有明顯的標準，如果不是片面地、孤立地談某一問題，那末，昭王時代的銅器就決不能上推到成王時代去的。

結束語

西周銅器裏可以定爲昭王時代的器是比較多的，這裏選録了五十三篇銘文，主要是在内容方面互有連繫的。其它器的形制相似，文體雷同，書法近似等一概没有收入。就是這樣，我們已經有足够的資料來對昭王時代進行研究了。

我本打算作整個西周銅器的研究，搜集銘文近千篇，從武成到宣幽，分十二王，但資料既多，日不暇給，所以把昭王時代的一部分先寫出來，這也由於昭王時代銅器之爭議最多，很多重器都被目爲成王，少數被目爲康王，以致只剩𡊅馭簋、過伯簋、𡍮簋三器還被認爲是昭王南征時器，而有人還要連這幾件也歸於成康，那末，昭王伐楚這樣一件大事，在青銅器銘刻中就連一點兒影踪也不存在了。但我們要看到這種提法也是有一些理由的，主要是這幾件器和被目爲成康時的大部分銅器之間有着密切的聯繫，在孤立地研究時還不大覺察，從一個作斷代研究的人來説，「拔茅茹以其彙」，它們是不應分開的。要末像他那樣，不管文獻上有多少證據，硬把它們全歸到成康時代；要末，像我現在所做的工作，力求恢復昭王時代歷史的本來面目。在昭王時代的銅器整理出來以後，成康時代銅器的標準，就比較容易定了。

但是，這樣的綜合研究，其意義還不僅在此。在累積了大量史料以後，我們可以對昭王時代的歷史文化，有許多新的認識，這在過去是做不到的。補充西周史是今後研究銅器銘刻的新的重大任務。司馬遷在兩千多年前寫的《史記·周本紀》所依據的史料，貧乏得太可憐了。我們如果把全部西周銅器都整理了，以大量的可靠的地下史料爲根據，結合文獻資料，寫出一部新的比較詳盡的西周史，難道不是值得一做的鉅大工作嗎？西周時代，奴隸制社會的最後一個王朝，到底是什麽樣子，是應該盡可能地把它搞清楚的。

根據前面的研究，我們知道，西周初期，經過成康時期比較穩定的四十多年以後，康王末年已經和鬼方發生戰爭了。昭王時期，東夷幾次反周，開始是明公去征伐過，後來昭王自己去伐過，又後是東夷大反，荆楚也反，昭王自己帶了六師去伐反荆，伯懋父帶了殷八師去伐東夷，有一個時期，住在炎𠂤。昭王第一次南征，在十六年，是有一些收獲的，將士們紛紛做得一些銅器。第二次是在十九年，這次回來渡漢水時，因爲風浪的衝擊，浮橋壞了，喪六師于漢，昭王也就死了。昭王南征，由宗周，出南山，入今河南省西南界，經方鄧，渡漢水，往返數千里，在當時的條件下，車馬奔馳，也是够他受的，可見在奴隸主貴族的統治者裏，他還不是一個庸主。周朝的昭穆，頗有些像漢朝的武帝，清朝的康熙乾隆，都是想有所作爲的。

昭王時舉行了一些典禮，尤其是新立諸侯的來朝，許多儀節，有比較詳細的記載。可以看到奴隸制社會，王朝對諸侯們的控制是很鬆弛的，只要是肯臣服，就算是一個寧侯，被天子打發回國以後，他就是一國的最高主人了。從寧侯的一個詞，可以證明禮家所謂射侯的祝辭，不是完全没有根據的。周代禮文的繁縟，決不是周公旦一個人制禮作樂，在一兩年裏所能搞出來的，而是成康昭穆，世世代代積累起來的。從青銅器藝術的發展來看，成康之世，主要還是承襲商代的，大批的新型式是從昭王以後開始的。其實這也是一般的歷史規律。

賞賜土地和奴隸，是奴隸制王朝的重要措施之一，繼康王時代的封建諸侯，如：邢侯簋、宜侯夨簋之後，昭王時代已經没有這樣大規模的賞錫了。但在昭王十八年十三月曾賞錫過一批采地，見於睘卣、中方鼎和趞尊，有的達方五十里，也就够一個子男之國了。邢侯來朝，一下子賞錫了「者𡚬臣二百家」，這不是一個小數目。就是王姜，也錫旗田三，賞給作册夨令臣十家，鬲百人。而鬲的賞賜，昭王以後就不見記載了。

王姜是昭王之后，她是參與政事的，終昭王之世，她的權力不小。但到穆王初年大概是受到限制了。

從昭王時代的青銅器銘刻裏，還可以得到更多的東西，現在還只是一個初步的探索罷了。但就是這一些，已足以證明這個工作不是徒勞的。一個人的力量是有限的，認識是有局限性的，過去我對王姜伯懋父等諸問題上有若干錯誤的認識，現在所研究的，難免又有新的錯誤。我不願趨于保守，敢于把這部分的研究公開發表，就是希望許多同志共同來研究，使得這樣的鉅大工作能够早一些完成，我的一些錯誤也容易發現和糾正。只要我們每一次的研究，能對過去的東西有所突破，對歷史研究有些貢獻，這份勞力就不是白費的了。

〔一〕陳夢家《西周銅器斷代》(三)見《考古學報》一九五六年第一期七九頁至八〇頁。

〔二〕我在《西周銅器斷代中的「康宫」問題》一文中説所獲得的戰俘奴隸有四十八萬多是錯了。見《考古學報》一九六二年第一期。

〔三〕見雷學淇《竹書紀年義證》卷二〇，昭王十六年伐楚條。

〔四〕見《史記·周本紀》。

〔五〕見《考古學報》一九五六年第一期七九頁，(4)誨鼎。

〔六〕《穀梁傳》説：「昭王南征不反，我將問諸江。」司馬遷大概是受《穀梁》的影響而錯的。

〔七〕見吴其昌《金文世族譜》。但吴把王伯姜都併進去就錯了。

圖一　旟鼎圖像

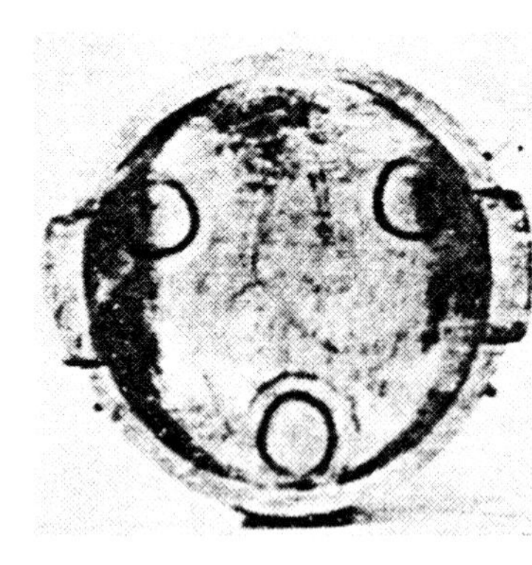
圖二　旟鼎（俯視圖）圖像

圖三　旟鼎（獸面）圖像

圖四　德鼎圖像

圖五　安陽後岡大鼎圖像

圖六　盂鼎圖像

圖七　⿸㫃冓鼎（細部圖案）圖像

圖八　師旂鼎圖像

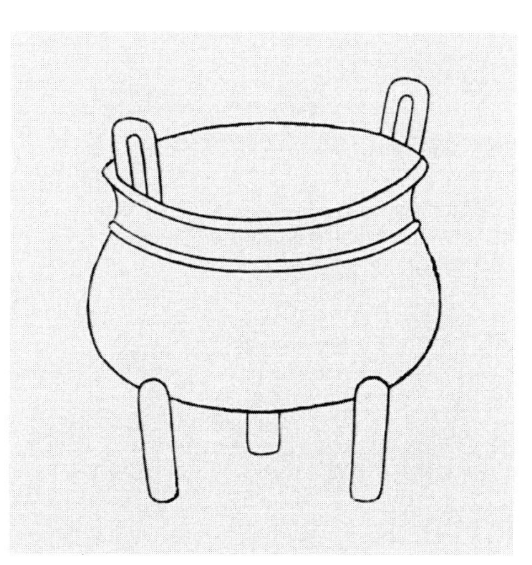

圖九　鼄鼎圖像

圖一〇　⿱𦥯士鼎圖像

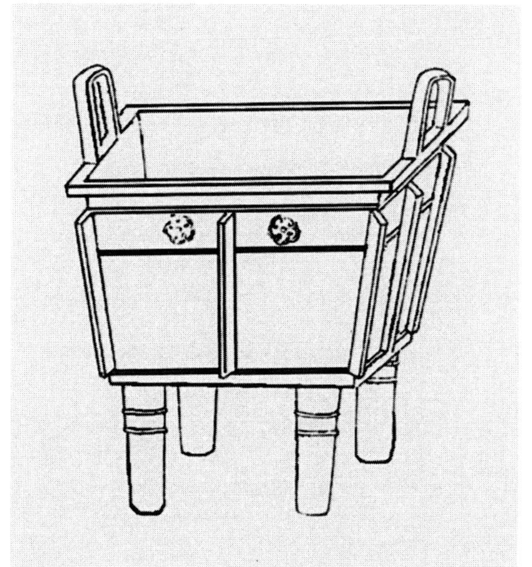

圖一一　應公鼎圖像

圖一二　中方鼎一圖像

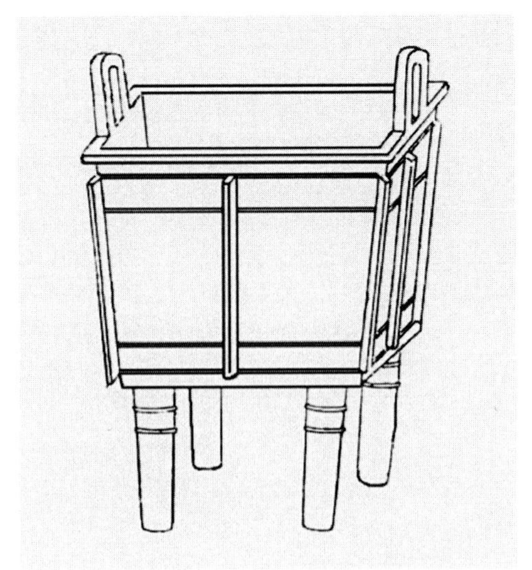

圖一三　中方鼎二圖像

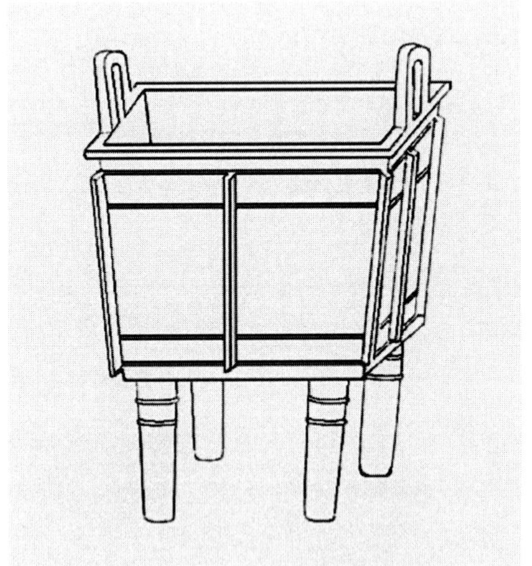

圖一四　中方鼎三圖像

圖一五　嬗繇鼎圖像

圖一六　不指方鼎圖像

圖一七　麥方鼎圖像

圖一八　⿴囗卜工簋圖像

圖一九　作册夨令簋圖像

圖二〇　作册夨令簋圖像

圖二一　過伯簋圖像

圖二二　小臣謎簋一圖像

圖二三　小臣謎簋二圖像

圖二四　不𢀜簋圖像

圖二五　匽侯簋（凌原出土）盂圖像

圖二六　匽侯簋（現存美國）盂銘圖像

圖二七　雍䍃簋圖像

圖二八　父乙臣辰簋圖像

圖二九　𠙵簋圖像

圖三〇　朕簋圖像

圖三一　遹簋圖像

圖三二　班簋圖像

圖三三　作册夨方尊圖像

圖三四　麥方尊圖像

圖三五　小子生方尊圖像

圖三六　士上尊圖像

圖三七　啓卣（花紋）圖像

圖三八　啓尊圖像

圖三九　䨻尊圖像

圖四〇　䨻卣圖像

圖四一　作册睘尊圖像

圖四二　作册睘卣圖像

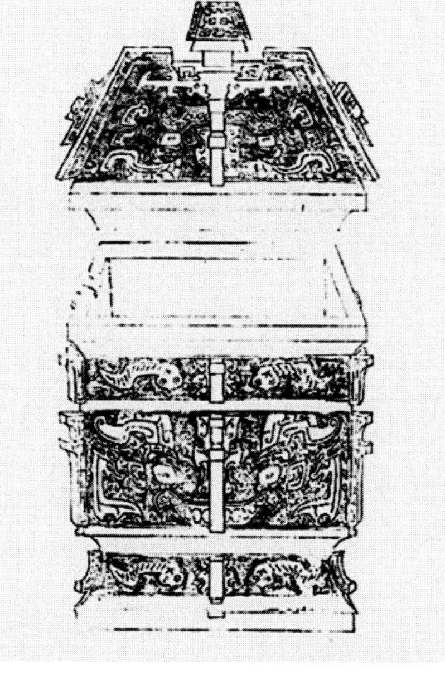

圖四三　麥方彝圖像

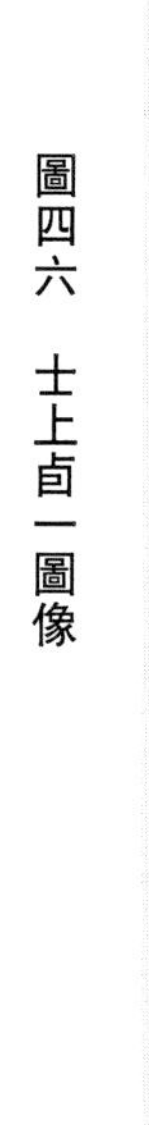

圖四四　作册夨令彝圖像

圖四五　叔𢓊方彝圖像

圖四六　士上卣一圖像

圖四七　士上卣二圖像

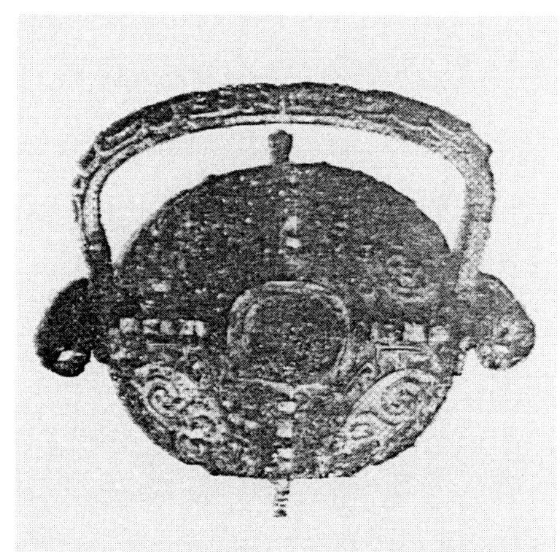

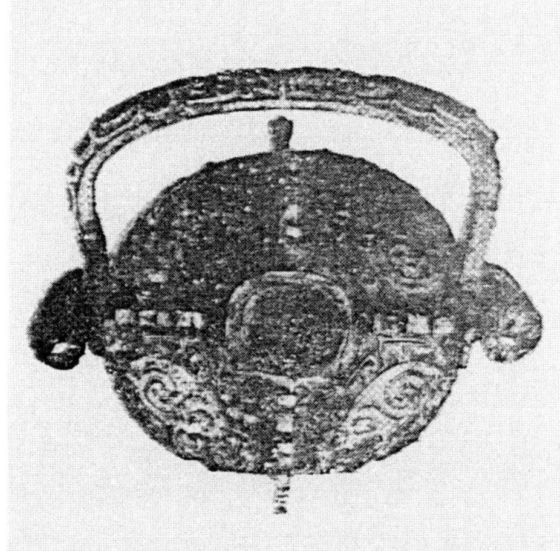

圖四八　士上卣二圖像

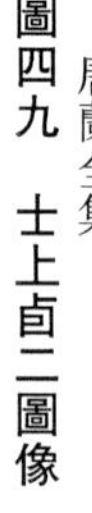

圖四九　士上卣二圖像

圖五〇　啓卣圖像

圖五一　[illegible]卣圖像

圖五二　作册䣄卣圖像

圖五三　作册魖卣圖像

圖五四　䨻卣圖像

圖五五 左右 叔卣圖像

圖五六 中尊（觶）圖像

圖五八 麥方盉圖像

圖五七 士上盉圖像

圖五九 𢦚駿觥蓋圖像

圖六〇　𨤏觥圖像

圖六一　四足兕觥圖像

圖六二　守宫觥圖像

唐復年整理後記

本文是家父的遺作，作於一九七三年三月。這次整理出版，儘可能地保持原狀，只是增補了原作缺少的注。

文章寫成後，各地陸續發掘出不少珍貴的資料。作者對某些青銅器的時代及某些文字的隸定考釋也有了新的認識（見於《西周青銅器銘文分代史徵》），生前未及修正。由於變動較大，本文暫不更動，僅在下面加以説明，待合編文集時再作處理。

一、師旂鼎、小臣宅簋、沈子也簋、作册䰧卣等四件青銅器在本文中確定是周昭王時代，在另文中則改定爲周穆王時器。

二、作者寫成本文時，利簋尚未發現，所以作者當時認爲「現在能確定爲武王時代的標準銅器，只有一個朕簋」（即大豐㲃），見正文。

三、鑒於上述情況，作者認爲「珷王的珷字從王旁，這是康王以後的專用字，首見於康王晚年的盂鼎……」又「……文王武王的文武兩字加上王字偏旁作玟珷，恐怕是康王時開始的……」見正文。

這裏二、三兩點，作者一九七六年利簋發現後，撰文（見《文物》一九七七年八月號）已提出新的看法。其他問題就不在這裏一一敷述。

由於本人學識甚淺，基礎太差，在整理中必然會出現很多遺漏和差錯。請古文字學界各位先生批評指正。

唐復年。

一九七九年十二月。

再整理後記

一、《上編》全部圖片拓片均已重新採集，統一列於九三頁後，圖拓互見，不再分散隨文列出。

二、《下編》圖版一至六二（一四五至一六二頁）係唐復年爲配合「二昭王時代青銅器的綜合研究　1. 從造型、裝飾和圖案來看」所作，現將這一部分圖版直接置於一三〇頁之後，以便讀者就近閱讀。

三、原文圖版一至六二有些錯誤和不妥之處，具體修改意見如下：

1. 去掉「圖版」隔頁。
2. 圖五與圖六之圖片誤倒，位置應對調。
3. 圖二六補充圖像一幅。
4. 圖二七、二八、二九三圖片位置連環誤倒：圖二七圖片應置於圖二九，圖二九圖片應置於圖二八，圖二八圖片應置於圖二七。
5. 删除圖四一拓片。

6. 圖五二與圖五三圖片誤倒，位置應對調。

四、《古文字研究》第二輯誤將應接於一三二頁的一頁文字接於一三六頁之後，現據作者手稿復原。

（劉雨）

唐復年注：寫成於一九七三年三月。

載《古文字研究》第二輯中華書局一九八一年。

又《唐蘭先生金文論集》第二三六至三三三頁紫禁城出版社一九九五年十月。

「弓形器」（銅弓柲）用途考

殷和西周墓中出土的青銅器中，常見一種所謂弓形器和弭與矢鏃同出，過去不知道是什麽器物。有的金石學家曾認爲是旂鈴、馬鈴、和鈴，都只注意到鈴而不知此物往往無鈴，顯然是錯誤的。〔一〕後來有人疑爲弓箭袋上的東西，但没有什麽證據。有人疑是盾面上物，〔二〕則只是推測。又有人根據小屯第二〇墓、第四〇墓、第一六四墓和第二三八墓等出土情況，推定是《考工記》的「柎」，當作「弣」，並曾作過在弓上縛了所謂銅弣的復原圖。言之似乎成理，因此考古學界有的人引用了，但是據劉熙《釋名》：

> 弓穹也，張之穹隆然也。其末曰簫，言簫梢也。又謂之弭，以骨爲之，滑弭弭也。中央曰弣，弣撫也，人所撫持也。簫弣之間曰淵，淵宛也，言曲宛也。

這裏除了弭是器物名稱，「以骨爲之」以外，簫是弓的末梢部位，弣是中央部位，淵是簫弣之間的名稱，都不是器物名稱。《考工記·弓人》説：「凡爲弓，方其峻而高其柎，長其畏而薄其敝。」注：「峻謂簫也。鄭司農云：敝讀爲蔽塞之蔽，謂弓人所握持者。」又「夫角之中恒當弓之畏」注：「故書畏或作威。杜子春云：當爲威，威謂弓淵。」那麽，《考工記》的峻等於《釋名》的簫，畏等於淵，柎就是弣，而多了一個「敝」，似乎跟柎是同一處。柎高敝薄，大概是説弓的中間用兩塊木片合成，厚的叫柎，薄的叫敝。總之，《考工記》的柎，只是弓的部分的名稱，也不是器物名稱。《儀禮·鄉射禮》「有司左執弣，右執弦而授弓」。這是張了的弓。又説「右執簫」，注：「簫，弓末也。」《大射儀》「左執弣，右執簫，南揚弓」。注：「簫，弓末，揚弓者，執下末。」是説弓末有上下，以左手執弓背而定。又説：「遂執弓，挾乘矢於弓外，見鏃於弣，右巨指鉤弦。」注：「弣，弓把也。」這也是張弓，矢鏃見於弓背，右手大指鉤弦是要射的樣子。《禮記·曲禮》説：「右手執簫，左手承弣。」注

「簫，弭頭也」，「弣，把中」。《儀禮・既夕記》：「設依撻焉。」注：「依，纏弦也。撻，弣側矢道也，皆以韋爲之。今文撻爲銛。」是説矢從弣旁射出去的道。《考工記・弓人》説「於挺臂中有柎焉，故剽」。注：「挺，直也，柎，側骨。」骨就是銛，挺就是撻。弩上有臂，弓上設挺是矢道，是在弣的旁邊的。總之，一切文獻資料都是把弣作爲部位的，正由於弣是把手，所以刀把也叫做拊。《少儀》「削授拊」，注：「拊謂把也。」《廣雅・釋器》「弣，柄也」。因之，要把它説成是一種器物，是没有根據的。

另一方面，弓要利於發射。商代的弓，已經是構造複雜的復體弓了。要加上一個所謂銅弣，爲的是什麽呢？爲的是裝飾嗎？「弭」倒是裝飾品，但那是在弓的末端，跟發射没有妨礙。如果在中央部分，加上了所謂銅弣，弛弓時它在外面，張弓時它就翻到弓背的裏側了。別人既看不見，發射的人又不好把握，因爲這種器物上大都有凸起的紋飾，那有漆得又光又滑的弓的便利呢？爲了「增加弓的剽力」嗎？那就不是弓的附加物而是弓的組成部分了。《考工記・弓人》講「爲弓取六材」是：幹（柘、檍、檿桑、橘、木瓜、荆、竹六種，而竹爲下），角（牛角），筋，膠（鹿、馬、牛、鼠、魚、犀），絲，漆等六種材料，怎麽能加上青銅呢？爲什麽文獻記載裏有「金矢」，因爲矢鏃是銅的，而没有金弓呢？爲什麽從戰國以來的圖畫裏，在張弓發射的形象中，從來没有看到在弓背裏側還存在任何附加物呢？總之，在實用方面，也是説不通的。

因此，儘管在考古發掘方面獲得了一些知識，我們仍然只好把它叫做弓形器。最近，我從番生簋和毛公鼎的銘文裏看到周王賞賜他們的器物裏都有「金簟弼，魚葡」，才發現現在大家所稱爲弓形器的這種器物就是金簟弼。它是用在弛弓時，縛在弓背的中央部位以防損壞的。當挂上了弦，張弓的時候，弓背就反過來成爲裏側了。「金簟弼」是青銅做的簟弼，是弓上的輔助器物，而「魚葡」是魚皮做的盛矢的箙，兩者是互相聯繫的。

簟弼的弼，現在寫作弼。《説文》：「弻輔也，重也。从弜丙聲。㢸，弼或如此。㢶、𢐀，並古文弼。」段玉裁注説：

> 《釋詁》曰：「弼俌也。」人部曰：「俌輔也。」俌輔音義皆同也。《詩》曰：「交韔二弓，竹閉緄縢。」傳云：「交韔，交二弓於韔中也。閉紲，緄繩，縢約也。」《小雅》：「騂騂角弓，翩其反矣。」傳曰：「騂騂調利皃。不善紲檠巧用則翩然而反也。」《士喪禮》注曰：「柲弓檠，弛則縛之於弓裏，備損傷，以竹爲之。《詩》所謂竹閉緄縢。」[三]木部曰：「榜，所以輔弓弩。」「檠，榜也。」然則曰檠曰榜曰柲曰閉者，竹木爲之。曰紲曰縢者，縛之於弛弓以定其體也。

段玉裁這段注解是很正確的。楊倞注《荀子・臣道篇》説：「弼，所以輔正弓弩者也。」弼是「閉」和「柲」的本字，一聲之轉。《詩經・秦風・小戎》寫作「閉」，《考工記・弓人》注引作「䪐」，而《儀禮・既夕記》寫作「柲」，今文作「枈」(柒)。《尚書・臯陶謨》「弼成五服」，《説文》引作：「𢐀成五服。」弼的古文作𢐀，从弗聲，而《尚書・費誓》的費，鄭玄注《禮記・曾子問》和《周禮・雍氏》都引作枈，可證弼即是柲。檠榜是戰國以後所用的稱謂，檠在器形上也應有所不同。

但是段玉裁還不知道銅器銘文裏的簟弼，吳大澂《説文古籀補》才開始説：

弼古弼字。毛公鼎：「簟弼魚葡。」《詩・采芑》「簟茀魚服」，《韓奕》「簟茀錯衡」，箋云：「簟茀漆簟以爲車蔽，今之藩也。」茀當爲𢐀，古文弼字。弼以蔽車，有輔助之義。

王國維接着在《觀堂集林》裏寫了一篇《釋弼》説「弼」是簟茀的茀的本字，从囟弜聲。囟象席形，是古文席字。而弜是柲的本字，就是弓檠。

吳大澂、王國維都上了鄭玄的大當，認定「簟茀」就是車蔽，而不知《詩經》裏有兩種簟茀，其一是車蔽，另一是弓柲。《齊風・載驅》説「簟茀朱鞹」，毛傳：「簟，方文席也，車之蔽曰茀。」《大雅・韓奕》説「簟茀錯衡」，鄭玄箋説：「簟茀漆簟以爲車蔽，今之藩也。」這兩處的簟茀和朱鞹錯衡在一起，都是車的一部分，可見簟茀確是車蔽。《周禮・巾車》有五蔽，第一是蒲蔽，鄭玄注：「車旁禦風塵者。」《儀禮・既夕記》也有蒲蔽。茀和蔽一聲之轉。《詩經・衛風・碩人》「翟茀以朝」，《周禮・巾車》注就引作翟蔽。《楚辭・懷沙》「修路幽蔽」，《史記・屈原傳》作「修路幽拂」，均可證。簟茀用竹席，蒲蔽是蒲席，而翟茀是用羽毛作裝飾。《爾雅・釋器》：「輿革前謂之報，後謂之茀。竹前謂之禦，後謂之蔽。」則又以革做的稱茀，竹做的稱蔽了。

至於另一種弓柲的簟茀，那就是《小雅・采芑》的「簟茀魚服」，跟前邊兩例，截然不同。這裏的「簟茀」就是銅器銘文的「簟弼」。番生簋銘在此前有「車電軫，𠦪縟較，朱䩪鞃䩱，虎冟熏裏，趞(錯)衡，右厄，畫轉，畫輯，金童，毛彖篕」等；毛公鼎銘前面是「金車，𠦪縟較，朱䩪鞃䩱，虎冟熏裏，右厄，畫轉，畫輯，金甬，趞(錯)衡，金踵，金豙，刺𣌭」等，車上的名物都已數完，才説到「金簟弼魚服」，是屬於弓矢方面的。簟茀跟魚服在一起，魚服是矢箙。《小雅・采薇》「象弭魚服」，象弭是象骨做的弓弭。《鄭語》「檿弧箕服」，檿弧是用檿桑做的弓。可見魚服應該和弓或有關弓的器物在一起，如果這個簟茀是車蔽，那麼下面怎麼能突然講到盛放箭的魚服呢。何況銅器銘文作簟弼，弼字顯然從兩弓和簟形的㐁，跟魚葡的葡作[illegible]，是由[illegible]變來，象矢在箙中的形狀，完全是一致的。可見這個簟茀即簟弼，是竹閉，或柲，又叫做紲這一種器物無疑。鄭玄在《采芑》的箋裏，説「茀之言蔽也，車之蔽飾象席文也」就完全錯了。一個是車蔽，一個是弓柲，由於聲音相通，漢代的《詩經》寫本都寫做「簟茀」，因而搞混亂了。鄭玄以後就更没有人能加以分析了。許慎説文字，經常有錯誤。我曾指出毛萇、鄭玄等把葱珩、幽衡解釋爲玉璜是錯的。現在又有簟弼一例。可見讀先秦文獻，儘管必須借助於漢儒的訓解，但不能盡信一切。漢代人對於古文獻也是在摸索中。我們今天在社會主義建設事業不斷發展中，所發現的古代遺物，很多是漢代人没有看到過的。只要有確鑿證據證明漢代人講錯了的，就可以加以糾正。我們需要的是實事求是，盲從古人，和任意的標新立異，都不是科學的態度。

吴大澂等都没有注意到「金簟弼」這個金字。他們都只對照着《詩經》的「簟茀魚服」來讀銅器銘文。但番生簋銘裏上文是金童金豙，那麼，金簟弼的金字決不能連到上面去。銅器銘文裏冠以金字的器物，如：金車、金甬、金嶂、金豙等等，都是指用銅做的，可見金簟弼也是用銅做的。這更可以證明「簟弼」決不是車蔽。因爲所謂金車，實際是木車而加上許多青銅裝飾品，而禦風塵的車蔽，不管像《爾雅》所説的車後也罷，或鄭玄所説的車旁也罷，那樣大的面積，決不可能用銅來做。如果全用銅，這樣一塊銅板至少也要一二百斤，用以掩蔽風塵顯然是不適宜的。如果是用竹席、蒲席或羽毛，是無法在其上加青銅裝飾的。吴大澂等拘泥於鄭玄的誤解，顯然是失於檢點的。

弼字从㐁，㐁就是簟的本字。《説文》「簟，竹席也」。㐁《説文》作丙和囟，解爲「舌皃」是錯的，但「讀若三年導服之導」是對的。導服就是禫服，可見它本來讀禫。《廣雅·釋器》「丙，席也」，證明丙即是簟。㐁象斜文的竹席，毛萇説簟是方紋席，這是編織藝術有所發展了。羅振玉、王國維等都解釋甲骨文的㐁爲席形，是古文席字，不知席本作席，从巾石聲，《説文》席古文作⿸厂㐁，則是从㐁石聲，石作[illegible]，可省作厂。从㐁的字可變爲从巾，守宫尊銘的⿰阝㐁字即幎字可證。弼字从弜聲，《説文》从丙聲是錯的，苗先夔《説文聲訂》和王國維的説法基本上是對的。《説文》「弜，彊也，从二弓，闕」。是許慎已不知它應讀什麼音，後世讀如强是錯的。卜辭常見弜字，用爲否定詞，與弗的意思一樣（張宗騫説），可證弜讀爲弼。但是王國維説弜是柲的本字，解爲弓檠也是錯的。銅器銘文裏也常見弜字，除隸卣的弜師是人名或官名外，都是氏族名，尤其常見的是亞弜的一族，有好幾件銅器，都是殷代的圖畫文字，都畫兩張弓，有的是很清楚的弛弓的樣子，根本看不到弓柲弓檠的形象。《爾雅・釋詁》「從申神加弼崇重也」，郭璞注「隨從，弼輔，增崇，皆所以爲重疊」。《說文》「弼，輔也，重也」。段玉裁《說文注》把弼字注的「重也」挪到弜字注的「彊也」下面，雖然受到一些人的指摘，這種不提出理由而隨意挪改的態度是不嚴肅的，但是他的意思，顯然是由於弜字從兩弓，所以說「重當作緟，重弓者彊之意也，緟疊之意也」。那末，弜應是訓作重也的弼的本字。兩弓相重爲弜，兩弓相反爲𢎘，《玉篇》以爲古文弗字，《漢書・韋賢傳》顏師古注：「紱畫爲𢎘文，𢎘古弗字也。」《三代吉金文存》有𢎘父乙卣（卷十二第四十九頁）作𢎘，象兩個弛弓相反形。這和兩個人相隨爲從，兩個人相背爲北，是一個道理，可見弜不是柲或弓檠。

只有弼字才是簟茀，竹閉和柲的本字。本來是用竹席捆綁兩張弓，又作彅，是用雙重竹席捆一張弓。在象意字演化爲形聲字時，就成爲從因弜聲，而古文⿲弓攴弓和⿱弗弓，則分別爲从攴弜聲或从弓弗聲，《詩經》就索性借用茀字了。王國維把弼作車蔽的茀的本字，是又一個錯誤。弼字从因，即簟字，而還叫做簟弼，這是由於中國文字和語言的差別。文字裏从因，說明它是用簟做的，但在語言裏和弜聲同音的字很多，單說弼容易混淆，所以還叫簟弼。（好像鯉字在文字裏已經從魚里聲，表明是一種魚，但在語言裏仍然叫鯉魚。）而發展到用銅來做弼時，也還叫金簟弼。當然，這只是暫時的狀態，有的人還只叫弼，音轉而爲閉、爲柲、爲枈，柲字又寫作⿰革必、⿰韋必，更後叫做棐，又叫做榜。

弓爲什麼要有弼呢？弓的製作複雜，一般有三個部分，容易變形。《小雅・角弓》「騂騂角弓，翩其反矣」。傳：「騂騂調和也，不善紲檠巧用則翩然而反。」釋文：「紲，息利反，弓⿰革必也。檠音景，弓匣也。《說文》云：榜也。謂輔也。」是說紲爲弓柲，檠爲弓匣（押），有所不同。《秦風・小戎》「竹閉緄縢」。傳：「閉紲、緄繩、縢約也。」閉就是⿰革必，也就是紲。《儀禮・既夕記》「有柲」。鄭玄注：「柲，弓檠。弛則縛之於弓裏，備損傷。以竹爲之。《詩》云：竹柲緄縢。今文柲作枈。」葉石林影抄宋本《經典釋文》作枈（《毛詩・小戎》釋文引這段注說是鄭注《周禮》是錯的）。鄭玄這一段注除了用弓檠解釋柲是用後世器物來做譬況之外，對柲的作用，解釋得很清楚。《考工記・弓人》：「恒角而達，譬如終紲，非弓之利也。」鄭玄注：「達謂長於淵幹，若達於蕭頭。紲，弓⿰韋必。角過淵接則送矢不疾，若見紲於⿰韋必矣。弓有⿰韋必者，爲發弦時防頓傷。《詩》云：竹⿰韋必緄縢。」這說明所以紲，是由於它是繫縛在弓上的，真正的器物名稱是⿰韋必。⿰韋必就是⿰革必，所以从韋或从革，是因爲柲是用皮帶束縛的。《說文》「⿰革必，車束也」。《考工記》的這一段是說弓的原料中，角的部分，如果比淵還長，超過了淵和蕭的結合處，對於弓不利，等於把柲老捆在弛弓上，說明柲只能縛在弛弓上，張弓時就用不上了。鄭玄這段注和《儀禮》注是互相補充的。

在弛弓時所以要用弓柲把弓綁上，就是爲的在張弓發弦時不致頓傷。戰國時，弼又音轉爲棐或棑。《管子·輕重甲》「彼十鈞之弩，不得棐檠，不能自正」。作棐。《荀子·性惡》「繁弱、鉅黍，古之良弓也，然而不得棑檠則不能自正」。注：「棑檠輔正弓弩之器」。《説苑·建本》「烏號之弓雖良，不得棑檠，不能自任」。並作棑。棑今文作「棐」，《説文》作棐，《玉篇》作棐。棐或棑就是《説文》的「棐」字，古代没有輕唇音，棐應讀爲輩。古書倫輩就是倫比，等輩就是等比，可見柲音可轉爲棐。而《韓非子·外儲説右》「榜檠者所以矯不直也」。榜檠顯然就是棐檠。棐的轉爲榜，正如誹的轉爲謗，都是唇音的關係。由此可見《説文》「弼，輔也」，又「棐，輔也」（段玉裁説：「棐蓋弓檠之類。」），又「榜，所以輔弓弩」，都是一事而異名。時代不同，地域不同，器物的形態也可能有所發展變化，像開始時以簟爲之，後來以竹木，間或用銅之類，再加以語音的變異，字的寫法也就多種多樣了。但是所謂檠和弼總不是一種器物。語源也不一樣。有人把這種弓形器叫做檠，也是不對的。〔四〕弼是縛在弛弓上的輔助器物，而檠是弓弩的矯正器物。《考工記·弓人》「今夫茭解中有變焉，故校」。就在「譬如終紲」下面，鄭司農注「茭謂弓檠也」，可見檠和紲或柲不是一個東西。《考工記》又説：「寒奠體。」注：「奠讀爲定。至冬膠堅，内之檠中，定往來體。」可見檠是弓放到裏面去的，而且在做弓時就要利用的工具，和弼只是縛在弓裏的大不相同了。《説苑·建本》「操弓不返於檠」，桂馥《説文義證》引做燥弓，那是説弓要在柔潤時，才可以放到檠裏。《韓非·外儲説》：「夫工人張弓也，伏檠三旬而蹈弦一日犯機。」是説弓伏在檠上。《毛詩·角弓傳》釋文「檠弓匣也」，匣一作押。《淮南子·説山訓》「檄不正而可以正弓」。高誘注「檄弓之掩牀也」，可見檠是有足的。後世把檠當作燈，《漢書·地理志》注：「以竹曰籩，以木曰豆，今之檠也。」戰國時期，豆變爲燈，因此，燈也稱爲檠了。那麽，弓檠的形制，可能和豆或燈有類似的地方。鄭玄説「柲，弓檠」，《説文》「檠，榜也」，大概都是借用同類的器物來解釋，而没有作嚴格的區别。

我們從文獻上對弼的形制和功用有所瞭解之後，再來看小屯的發掘情況，就很有意思了。從出土時的位置來看，弼和弭都是弓上的，而弼顯然是在弛弓的背上中部的，（圖一）這一點跟文獻上所謂「弛則縛之於弓裏」是完全符合的。《詩經·大雅·行葦》「敦弓既堅」，傳：「敦弓畫弓也。」《説文》作「弴，畫弓也」，殷代銅器銘文裏常見[古文字]的氏族，就是弴字。《荀子·大略》和何休《公羊傳》注都叫做雕弓，都是在弓面上刻畫文飾的。弼縛於弓裏，弓弛時就在外面。但有的作者由於有了主觀成見，把弓的輔助器物和弓的組成部分，混同起來，所以認爲無論張弓弛弓，都要綁住它，這就大錯特錯了。按照這種復原圖，在弛弓上綁着弼（他所謂弣），是在外面的，這基本上是對的。（圖二）在弛弓上張了弦，這個弓就翻轉來了，《詩經》稱爲反，醫書上所謂角弓反張，就根據這種特點説的。但如果照另一種復原圖，在張弓上也在弓的内側縛這樣的器物，就顯得十分可笑了。

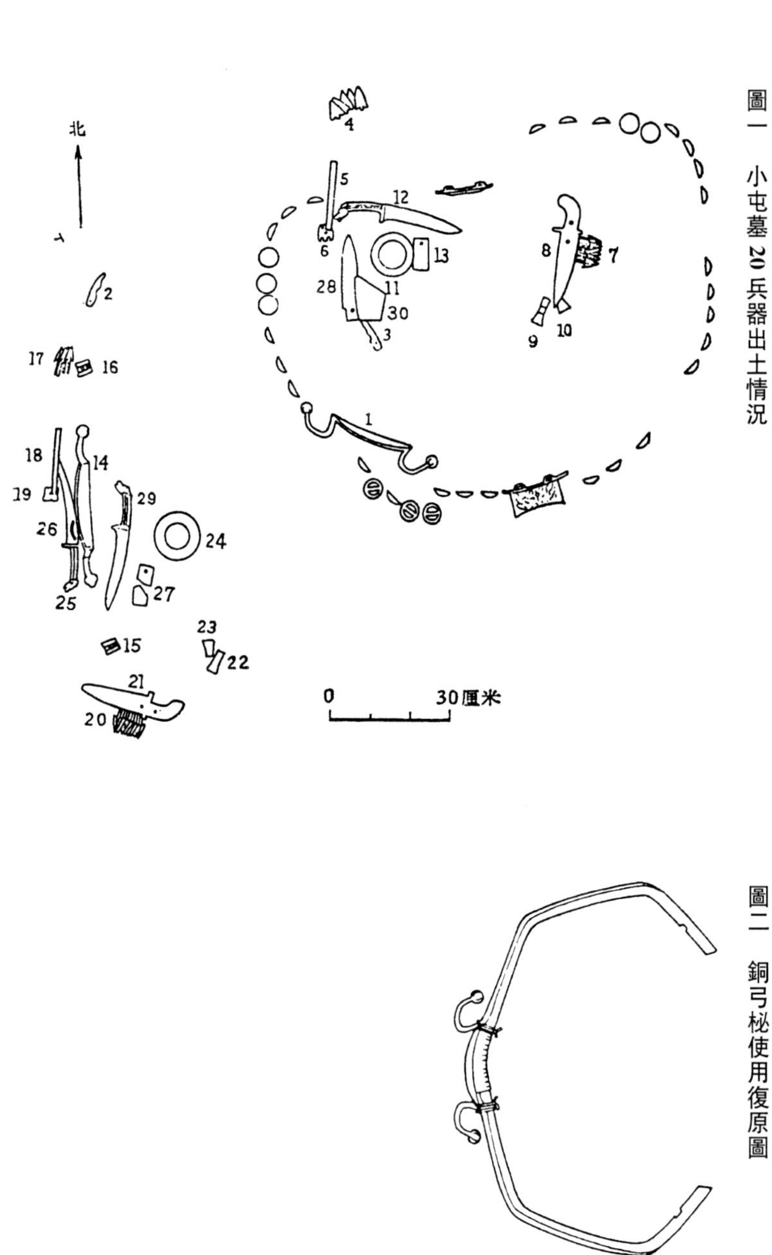

圖一　小屯墓 20 兵器出土情況

圖二　銅弓柲使用復原圖

當然，張弓是有静止的時候，譬如《鄉射儀》裏的有司，「左執弣，右執弦而授弓」，在這個時候，弓背裏側即使有些亂七八糟的東西，是「不致有大妨礙」的。但張弓的目的是發射，當關弓注矢，引滿發射的時候拉開一張强弓，至少要有一百多斤的力氣，而這張弓的把手處不是漆得很光滑，反是加上一個銅制的凹凸不平的器物，拉弓的手能不感到「苦痛」嗎？弓是要拉滿的，在弓背裏側加上這麽一件東西，其長度達二十多釐米，超過了把手的弣，一直到和淵聯屬的部分，這張弓又怎麽能拉得滿，這就不僅是「妨礙」的問題，而是可能與不可能的問題了。如果讓射箭手們實踐一下，就很清楚了。

這是否可能由於某些銅器的儀仗化或明器化呢？我們認爲儀仗化或明器化的情形，確實是有的，但首先必須從實用中來，是能够實用或曾經能够實用的。在素樸的器物上加上種種裝飾就成爲儀仗化。或者把厚重的器物做成簡陋脆薄、具體而微等等，那就是明器化。但這種器物出土的很多，僅是故宮博物院所藏，就有幾十具。有些是兩末有鈴的，有的無鈴，有的作馬頭形裝飾。表面大都有花紋。有的是嵌緑松石的，有一部分還鑄上氏族徽號。有一具是我國古代北方少數民族的，時代可能很晚了。（圖三：1—4、7—9；圖四）一九五〇年發掘的武官大墓中，也有一具在正中處飾獸面的。（圖三：5）一九六六年陝西省岐山縣賀家村西周墓也出土一具。（圖三：6）以上所見器物都可實用，既無儀仗化，也非明器化。所以問題不在於儀仗化或明器化，而在於所謂「這種活動的銅弣」。弣是弓的中間部分，也是部位名稱，怎麽能跳出一個「活動的銅弣」來呢？這豈止是「大概不很合用」，實在是「根本不能實用」。

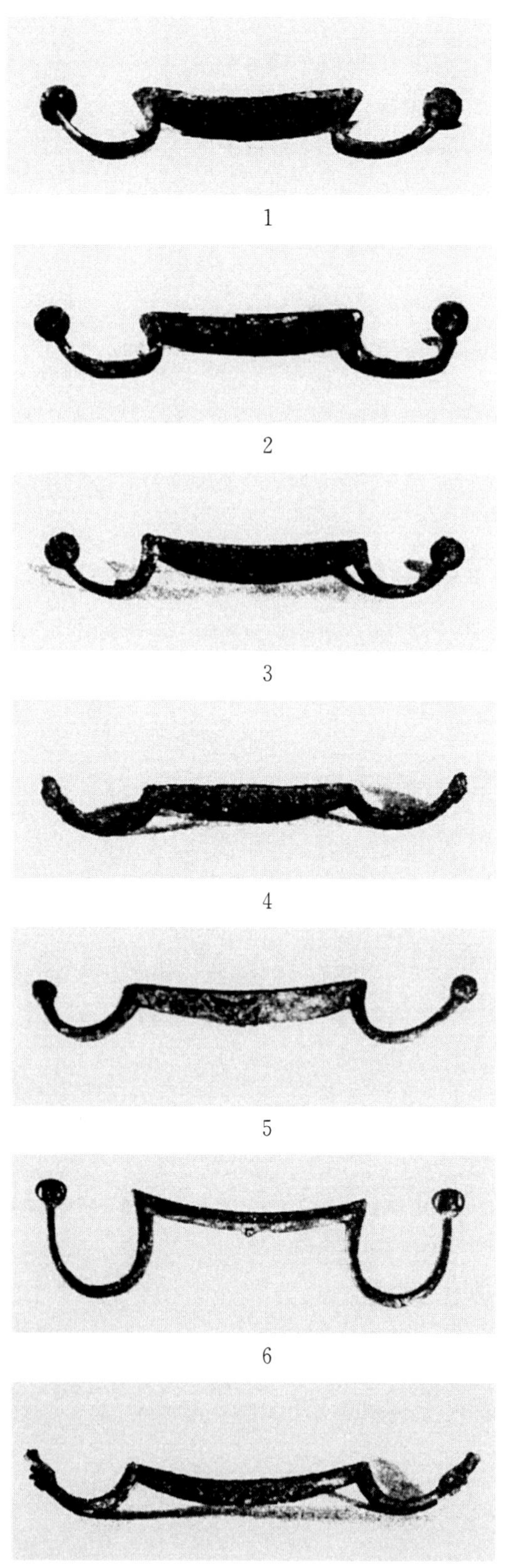

圖三　青銅弓柲

8

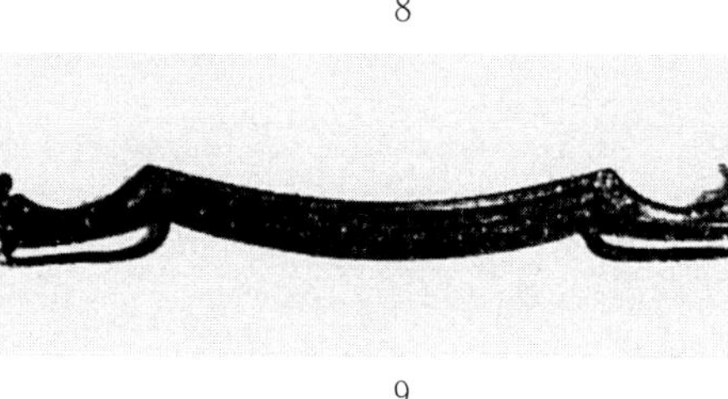

9

1．蟬紋弓柲（長三十九釐米）
2．鳥紋弓柲（長三十七釐米）
3．哭弓柲（長三十四·五釐米）
4．蟬紋弓柲（長三十九釐米）
5．獸面紋弓柲（長二十二·四釐米）
6．星紋弓柲（長三十六釐米）
7．嵌緑松石馬首飾弓柲（長四十二釐米）
8．盂弓柲（長三十七釐米）
9．銅弓柲（長四十一釐米）
（5．安陽出土，右。6．岐山出土，餘均藏故宫博物院。）

1　2

圖四　弓柲銘文拓本（1/2）
1．盂弓柲
2．哭弓柲

爲什麼有的作者根據弓形器的出土情況已經看出它是縛在弛弓之上以保持弓的弧度的，但還會把它叫做「銅弼」呢？這是由於他被一種假象所迷惑，把弓的組成部分和弓的輔助工具攪在一起了。如果認爲用青銅作弼能够增加剽力，那爲什麼不直接放到弓的本體上去呢？青銅儘管很硬，但也是很脆的，如果用青銅來做弓材，一綳緊弓就會斷的。再説把這種青銅附加物壓牢弓中間和兩角相接的地方，這個弓又怎麼能拉滿呢？可見這種想法是超乎常識之外的。

《考工記》提到的所謂「挺臂」，和這也没有關係。「挺」和「臂」是兩個名稱。弓上弣旁邊用皮來做的矢道叫做「挺」，《儀禮》叫做「撻」。「臂」則是弩上的。有些考古學家認爲古代没有弩，説弩是戰國以後才有的。其實商代以前就有弩了。只要看甲骨文常見的弘字，畫出弓上有一個臂的形狀，就可以知道了。《禮記·緇衣》引《太甲》説「若虞機張，往省括於度則釋」，文獻資料也可以證明。不過那時只有木製的弩機，還没有青銅弩機罷了。「挺」和「臂」都是相當於弣的部位的，所以説：「中有柎焉，故剽。」如果在弣的部位，縛上一個青銅的輔助器，那麼，弩的臂又怎麼能安上去呢？

據記載，小屯出土的弓形器，「在接縫處有纖維的遺存」，「出土時其内尚有朽木」，「在身與臂接合處的内角兩側，三面均有革條的痕迹，是用革帶纏在弣飾上的遺留」。這些都有助於説明弓形器是輔弓的弼。故宫博物院所藏北方少數民族的弓形器，内角處兩邊都有一對小牙，正可供穿皮帶之用。小屯第四十號墓出土的一件，身兩端有直通於臂的孔，在一個三角形孔的尖端，有被銅銹保留的一小片木材痕迹。有人便推測那是用木釘釘在弓弣上，並且上面還加上横釘。從故宫博物院的藏品看來，有孔的弓形器是極少數，恐怕只是個别的現象。古人對於弓是很愛護的，在弓弣上直接施木釘，似乎是不可能的。或者輔弓的弼比較複雜，先用竹木器貼近弓體，而銅製的簟弼則是裝飾品，又加在竹木器上而後繫縛再加釘固的。弼的形制，有時有鈴，也有其它裝飾，可證旗鈴、馬鈴、和鈴等都從鈴上着眼的説法是錯的。其所以兩端上屈如臂，是由於繫縛牢固，不致摇動。鈴或其他馬頭等形象，都是裝飾，但也許是怕人盜竊，跟簋的方座下有鈴是一個道理。至於推測兩個末端可以作爲弓已拉滿的標準，鈴可以在發出箭後有響聲等，那都是向壁虚構，羌無實據的。

傳世銅弼以商代和西周爲多。〔五〕顯然有弓必有弼的。《儀禮·既夕禮》講到隨葬明器裏面，有用器一樣，是弓矢、耒耜、兩敦、兩杅、盤匜。在《既夕記》裏解釋弓矢時説：「弓矢之新沽功，有弭飾焉。亦張可也。有柲。設依撻焉。有韣。𧗝矢一乘……志矢一乘……」可以看到弓一般是弛的，弓的附屬物，有弭，有柲，有弓弦（依），有皮做的矢道（撻），有布做的弓衣（韣）。一直到春秋戰國時代，弭和柲還做隨葬品。用皮革和布來做的東西都是容易腐朽的。弭是骨角做的，也有玉的或銅的，柲就是弼也有用銅的就保存下來了。番生簋、毛公鼎銘文中的金簟弼是隨着車馬飾作爲一種儀仗式的裝飾品而被賞賜的。但東周以後不大看到銅弼，可能一般已只用竹木來做，因而也已腐朽了。只有北方少數民族似乎還保存着銅製的器物，從所見遺物來看，大概是東周以後的東西。

由弼而柲，而棐，而榜，器物雖存在，但用以製器的原料不同，名稱也隨時代、地區而變異，弼字引申爲輔佐的意義，而《采芑》借茀爲弼，以致和車蔽的簟茀相混淆。於是，簟弼的器物和用途，這個詞的意義，就没有人知道了。一千七八百年前，所謂經學大師鄭玄就已經不能把兩種簟茀區别開來，也是很自然的。

現在由於銅器銘文裏有「金簟弼魚葡」，從簟弼魚葡（箙）聯在一起，知道簟弼一定是有關弓的器物。它是金的，就是銅做的。從弼字的字形，訓義，以及和弼有關的閉、柲、棐、榜等的訓義，進而從歷史文獻上證明弼是在弛弓時縛在弓裏以防弓體損傷的，這種器物是用竹席捆綁的，或用竹木製成的，也有銅的，名稱隨時代、地區而有變異。又從考古發掘上知道所謂青銅弓形器都和矢鏃等同出，從出土的位置，知道它應該縛在弛弓的弣上。從器形來看，又適合於這種用處。出土時内部還有殘存木質，轉角處有皮帶束縛的痕迹。都可以證明它就是弼，或者叫柲，叫桀，叫榜。舉凡出土情況，目驗實物，文字的形、聲、義訓，文獻記載，銅器銘刻，器物實用，隨葬品等，無一不吻合。因此，我們敢於斷定一般所謂青銅弓形器，實即《詩經》「簟茀魚服」的簟茀，番生簋、毛公鼎銘中的金簟弼和《儀禮》的柲。這一問題大致可以説解決了吧！

（本文承陝西博物館提供資料，特此志謝。）

〔一〕宋《宣和博古圖録》稱爲漢旂鈴。清李光庭《吉金志存》稱爲馬鈴，古董商人都用此説。馬衡《中國金石學概要》説是和鈴。

〔二〕郭寶鈞：《一九五〇年春殷墟發掘報告》，《中國考古學報》第五册，一九五一年。

〔三〕此處段誤記，實是《既夕記》。

〔四〕于省吾：《商周金文録遺》五二七，雟檠；五二八，盂檠（即本文圖三：5），稱爲檠，未作解釋。

〔五〕過去一般只知殷墟出土銅弓柲，其實解放前一九二九年軍閥党毓琨盜掘陝西寶鷄西周墓就發現過。解放後在扶風岐山等處西周墓中也常有出土。

載《考古》一九七三年第三期第一七八至一八四頁又一六一頁。
又《唐蘭先生金文論集》第四七〇至四八〇頁。

長沙馬王堆漢軑侯妻辛追墓出土隨葬遣策考釋

一九七二年長沙馬王堆一號漢墓的發掘，是近年考古發掘中的一件大事。女屍屍體保存得很好，棺槨完整，隨葬器物有一千多件，彩畫非衣是現在能看到的我國最早的巨幅帛畫，各種絲織品絢爛奪目，漆器豐富多彩，陶器和樂器模型都有重要發現。並有竹簡三百一十二枚，是記載隨葬器物的遣策，數量之多，內容之豐富，也是過去没有看到過的。

從器物和封泥上有軑侯家或軑侯家丞的銘記，知道死者是軑侯的家屬。從葬儀的規模來看，必爲軑侯之妻。從漆奩裏面的印章來看，她的姓名叫辛追。從隨葬器物中除一面銅鏡和一件有少許鎏金銅飾的漆卮外，没有其它銅器，更没有金銀器，可以判斷這個墓應在漢文帝時。

據《史記・惠景間侯者年表》，軑侯利倉（《漢書》作黎朱蒼）是漢惠帝二年始封的，死在高后二年。第二代軑侯名叫豨，死在文帝十五年。第三代名叫彭祖，死在景帝後元三年，即武帝即位的前一年。據《史記・孝文紀》説：「治霸陵皆以瓦器，不得以金銀銅錫爲飾。」漢朝皇帝的墳墓，都是即位不久就開始營造的。劉恒這個詔令，應該在他即位之初，王公諸侯當然不敢違禁。這個墓葬應當就在這段時間之内，即軑侯豨死時（文帝十五年，公元前一六五年）的前後。第一代利倉死在高后二年，當時還没有這樣的禁令，而且利倉是長沙王的相，相的權力遠比一個七百户的小侯要大，而這個墓裏的隨葬品既没有珠玉犀象，又没有金銀銅錫器（僅有銅鏡和錫鈴），因此如將這個墓説成是利倉的，就無法解釋了。第三代彭祖死時，離文帝之死已十六年（公元前一四一年），劉恒那個禁令的執行就不會怎麼嚴格了。只要看距文帝之死不過四十多年的劉勝夫婦墓中有很多珍貴的銅器、金銀器、玉器，就可以證明文帝死後，這種禁令是逐漸松弛的。所以這個墓葬應在漢文帝時是無可懷疑的。從死者的屍體觀察，死時約五十多歲，那末她應是軑侯豨之妻，軑侯彭祖之母。按照喪葬制度，出殯之前是要先把隨葬明器擺出來給衆人觀看的，正由於這批明器没有什麼十分貴重的東西，因此這個墓没有人盜掘過，但棺槨衣帛漆器等還是窮奢極侈，封建貴族的所謂「崇儉」，都不過是騙人的鬼話而已。

竹簡内容是隨葬器物的一本清册，《儀禮・既夕禮》説「書遣於策」，鄭玄注：「策，簡也；遣，猶送也。」是説送死者用的。當時還没有紙，要就寫在竹簡或木簡上，要就寫在絹帛上，再貴重一些就鑄銅器、刻碑石。竹木易得，所以一般總是寫在簡上的。這份竹簡大致長二十七・六釐米，寬〇・七釐米，合漢尺（約二十三・一釐米）長約一尺二寸，寬約三分。《尚書・（僞）孔安國序》正義引顧氏説：「策長二尺四寸，簡長一尺二寸。」這是和第二種尺寸符合的。但在一般情況下，簡和策是可以通稱的，單是一枚竹簡叫做簡，把許多簡編起來就叫做策。這份竹簡出土於槨左（東槨箱），和漆器在一起，原來是用兩道繩編起來卷成一卷的。可惜由於編簡的麻繩斷爛了，出土時竹簡自然散落爲五堆（見文物出版社《長沙馬王堆一號漢墓》圖版一七，插圖三六。以下書名從略）。這種散落下來的位置，已經零亂，很難作爲根據。因爲這份竹簡量很大，假定它的中心以四、五枚竹簡爲一周，到第十周，就有六七十枚，散落時有些可能是垂直掉下的，那末，第一、二周的某些簡可能和第九、十周的簡混在一起了，有些簡則可能因編繩没有斷而牽連在一起，有些簡墜落時遇到碰擊或其它原因而離得遠一些。我們讀古書時常碰到所謂錯簡、脱簡，就是這種情況。所以竹簡原來的次序已不很清楚，要恢復它的原狀是有相當困難的。

但是這份遣策的時代離戰國還不很遠。長沙五里牌、仰天湖和楊家灣等地的楚墓，都有遣策出土。河南信陽、湖北江陵發現的楚墓，也有遣策。只是這個墓裏比較完整罷了。可見書寫遣策，在當時封建貴族中是有傳統習慣的。現在所傳《儀禮》這部書，實際是戰國前期作品，其中繁文縟節，很多是根據當時的風俗習慣加以整理而成，並不是憑空虚構。尤其是楚國這個荀卿終老的地方，這位講禮大師對當時人的影響很大。長沙原是楚地，在西漢初對喪葬儀節，必然有許多講究，所以這份遣策基本上和《儀禮・既夕禮》以及其它文獻相符合。我們如果從這三百一十二枚竹簡的内容來研究，根據它的内在聯繫，參考文獻記載，是有可能把這部遣策還原得比較合乎客觀實際的。

《儀禮・既夕禮》：「書遣於策。」鄭玄注：「謂所當藏物茵以下。」這是由於在出殯前陳列明器時，茵就是放在第一位的。出殯的行列中，它也是在最前面。下葬時，它最先放進壙裏，因爲它是墊在棺下的，如果不先放下去，棺就不能放進去，因此它是應該放在遣策的第一條的。在這份遣策裏，槨中綑度、槨中縷帷和非衣等四條一組最爲突出，因爲除了這三件放槨中棺下、棺旁和棺上之外，其它隨葬明器都是放在内槨之外的，在遣策中稱爲槨首（即北槨箱）、槨足（即南槨箱）和槨左（即東槨箱），槨右在遣策中未提到，即西槨箱）。如果把槨中的三件葬具同内具的巾枕載和燕樂器的笙竽等夾雜在一起，就過於雜亂無章了。

遣策内容基本上可以和《既夕禮》相對照。很多明器的次序，在遣策裏還可以看到一個輪廓。現在根據它的實際内容，參照《既夕禮》的明器陳列次序，分爲下列十類：

1　葬具　包括槨中絪度、縷帷和非衣。

2　食物　包括肉食、粢食、棗梅等。

3　谷物　包括米、種等。

4　菹醢　包括魫、䏔、鯗魚、醢、醬、菹、梅、笋等。

5　酒

6　用器　包括漆器、瓦器。

7　燕樂器　包括笙、竽、竽律。

8　内具　包括奩、鏡、疎比、巾枕載、緂、履等。

9　燕器　包括竹器、席等。

10　其它　包括聶幣、犀、象、金、錢等竇貨以及馬、牛、羊、鳥等明器。

這份遣策的發現，對於研究我國古代文化，尤其是西漢初的文化藝術，有極重要的價值。例如：瓦資就是帶釉的硬陶罐，是瓷器的前身。過去研究瓷器歷史，對於瓷字的出現，只能找到西晉初年的文獻資料，現在提早了四百多年，並且有出土實物，這是具有重大意義的。又如：竽律一名的發現，使我們知道除配合金石之樂的鐘律以外，還有配合絲竹管弦之樂的竽律。在墓中發現的既有竽瑟和律管，又有以竽瑟爲主的一組樂俑，在音樂史上也是極其重要的新資料。此外，動植物的名稱，器物的稱謂，食品的種類，也都有很多新資料，有些是過去不知道的。在文字方面，如卝即卵字，可以解決清代學者爭論不休的問題。爵（雀）字作䨿，保持了古文的寫法。有些聲音通假，如：緒巾即是苧巾，還如其末的合音爲檕，都是研究語言文字的絶好資料。字體是早期隸書，還有一些六國文字和篆書的遺意，對研究書法藝術的人也是極其珍貴的。

西漢初期的文獻資料比較少，在這份遣策裏有些文字明白易識而苦於不得其解。因之，要完全讀通它，存在着一定困難。有些字在學者間還有爭議。我曾看到周世榮同志所作的通釋和朱德熙、裘錫圭兩同志的考釋，對我有很多幫助和啓發。但編次既有不同，細節也不盡合，爲了各抒己見，我逐簡考釋如下。對字形力求認識正確，如：匱字的釋爲匽，就曾在多種可能的解釋中反復推考數旬而後確定的。有些字求之聲音通假，也必確有依據，然後研究各簡之間的相互關係，參考出土實物，征諸文獻資料。每釋一義，往往反復幾次，才寫定稿。於所不知，寧可把它挂起來。個人學力有限，見聞狹窄，時間匆促，思慮不周，一定還有很多遺漏和錯誤，希望廣大讀者批評指正。

一、葬具

簡一　白綃乘雲綉郭（椁）中絪度一赤掾（緣）

白綃　綃是用生絲織成的繒。《説文》：「綃，生絲也。」玄應《一切經音義》十五引服虔《通俗文》「生絲繒曰綃」。《禮記·郊特牲》鄭玄注：「綃，繒名也。」關於綃的解釋很多，原本《玉篇》引《倉頡篇》：「綃，素也；綃，緯也。」《儀禮·士昏禮》鄭玄注：「《魯詩》以綃爲綺屬也。」《禮記·檀弓》注：「繰，縑也。繰讀如綃。」《廣雅·釋器》：「綃謂之絹。」《文選·洛神賦》「曳霧綃之輕裾」，注：「綃，輕縠也。」《漢書·元帝紀》注：「輕綃，今之輕紗也。」其實，縑、素、綺、縠、紗、絹等都各有自己的意義，只因注家往往用類似的東西來作比方，所以愈解釋愈使人糊涂。墓中出土有白絹信期綉香囊，因簡二六五上寫的是「白綃信期綉」，有人據此，認爲綃就是絹，但出土物是赤緣而該簡説是素緣。那末，綃是否就是絹，也還有待於其它的證明。

乘雲綉　《慎子·威德》説：「騰蛇起霧，飛龍乘雲。」出土物中所見到的乘雲綉，是用辮綉的方法綉出飛龍乘雲的形象，龍形與戰國銅器上的圖案很接近，是漢人採用古人成語作爲一種刺綉圖案的名稱。

郭中絪度　郭就是棺椁的椁，郭中指椁中部放棺的地方，與郭首、郭足、郭左（以及郭右）等是相對的。絪度是鋪在棺下的褥子。《儀禮·既夕禮》在下葬前先陳明器，説：「加茵，用疏布緇翦，有幅。」鄭玄注：「茵所以籍棺者。翦，淺也。幅緣之。」那是士禮，所以用淺緇色的粗布而有緣邊。此是軑侯家，所以用綃，還加上文綉。《既夕禮》説：「茵著用荼，實綏澤焉。」注：「荼，茅秀也。綏，廉姜也。澤，澤蘭也。皆取其香兼御濕。」所説茵著就是竹簡上的絪度。由於用絲織品做的，所以从糸作絪。古代讀著如睹，和度音很接近。《禮記・少儀》「茵席枕幾熲杖」，注：「茵著，褥也。」是説日常生活中所用的褥子。《説文》「茵，車中重席也」，司馬相如作鞇，而《漢書・霍光傳》「加畫綉絪馮」，注「褥也」，這是車上用的褥子，就寫作絪字。可見用席做的叫做茵，用皮做的叫做鞇，而用絲織品做的就叫做絪。《廣雅・釋器》「鞋轉謂之茵」，鞋轉是疊韻連語，鞋這個音就是由著或度轉化成的。據鄭玄注，絪度裏面，所放的是茅草和廉姜澤蘭等香草。

赤掾　掾就是緣。《禮記・玉藻》：「緣廣半寸。」注：「飾邊也。」赤是深朱色，這是用赤色的絲織品來緣邊。

遣策中應該把槨中白綃乘雲綉絪度放在第一條。這是因爲放棺材下去時，需先墊上一個褥子。據説這次發掘時，在棺下發現有褥子一類的東西，可惜已經腐爛了。

簡二　郭（槨）中綁（絹）印繫（縷）帷一繢掾（緣）素校（絞）衷二丈二尺廣五尺青綺帘（紟）素裹（纕）掾（緣）

這條簡所記的是三件葬具：（一）繫帷，（二）素校，（三）青綺帘。

綁印繫帷　綁字右旁似从邑，未詳。從文義看，應當還是絹字。印是在絹上印花，墓中所出絲織品有的是用小塊刻板印上各種美麗的圖案的。繫是縷字的繁體。《荀子・禮論》「縷翣」，楊倞注：「縷讀爲柳。翣字誤爲縷字耳。」《禮記・檀弓》「設蔞翣」，注：「棺之墻飾。」《檀弓》又説「周人墻置翣」，注：「柳衣也。」《釋名・釋喪制》：「輿棺之車，其蓋曰柳，其旁曰墻，似屋墻也。」那末，運棺的車子裝上一個棚架，總名爲柳，分開來説，柳的四周像墻，所以又叫做墻。縷帷就是柳衣，也就是墻衣，實即墻上挂的帷幔，不過這是圍在棺的四周罷了。

繢掾　《周禮・司幾筵》「蒲筵繢純」，純就是緣，是在蒲席上以繢爲緣，這裏是帷上的緣。繢有幾種解釋，《司幾筵》鄭玄注「繢，畫文也」，是借繢爲繪。《説文》「織餘也」，注釋家都解作機頭，即成匹的繒帛的頭尾部分。《文選・神女賦》注引《蒼頡篇》：「繢似纂色赤。」顔師古注《急就篇》因之就説：「繢亦絛組之屬也。」但不論機頭或絛組，都不能用於緣邊，所以都和這條簡所記不合。從墓中出土的織物來看，凡稱爲繢緣的，都是矩紋的起毛錦，那末，這裏所説的繢，應當讀爲𦆵。《廣韻》貴字居胃切，𦆵、罽、㲨等字居例切，不但聲母全同，韻部也極相近。例如：未字在未韻，而從未聲的制字就在祭韻，從制聲的猘字，也正是居例切，可爲確證。《逸周書・王會解》所附的「伊尹朝獻」裏講到正西方面所獻的方物就有「白旄紕罽」。《漢書・高帝紀》「賈人毋得衣錦綉綺縠絺紵罽」，顔注：「罽，織毛，若今毲及氍毹之類也。」是織毛的罽，在漢初已經爲封建貴族們經常服用了。《漢書・東方朔傳》「木土衣綺綉，狗馬被繢罽」，注：「繢，五彩也。罽，織毛也，即今氍毹之屬。」是繢罽並列，所以把繢解爲五彩。《説文》：「纗，西胡毳布也。」把毛織物叫做毛布是不恰當的。《一切經音義》卷一引《字林》「罽之方文者曰氀」，《通俗文》「織毛曰罽，邪文曰氀」。《玉篇》氀字下注「氀㲣方文者」，又㲣下曰：「方文者。」慧琳《一切經音義》卷六十六引《古今正字》則説「纗，西戎毛錦也」。那末，纗就是方文的起毛錦，此簡用繢，是借假爲纗字無疑。

此簡説郭中綳印繫帷，是應該圍在棺上的。出土時，在棺槨之間的北面有一部分絲織品，不知是否與此有關。另外，槨首（北槨箱）四周原有帷幔，從出土時照片中尚可看到（圖版一二、一三，插圖三六）現在已殘剩一些碎片了。也有可能在下葬時把應在槨中的縷帷移放在這裏。但槨首（296×92 釐米）部分，比内棺（202×69 釐米）大得多，這份縷帷如果是從棺上卸下移到此處的，那末，未必能把槨首部分墻面上都挂滿的。

素校　校就是絞字，是用來包裹屍體的。《禮記・王制》「唯絞紟衾冒，死而後制」，又《檀弓》「制絞衾」，注：「絞衾，尸之飾。」《釋名・釋喪制》：「已衣，所以束之曰絞衿。絞，交也，交結之也。衿，禁也，禁系之也。」絞紟和絞衿就是這條簡上的素校和青綺⿱令巾。《士喪禮》「緕絞紟」，是大斂時所陳。

衷二丈二尺，廣五尺　衷就是中字。穿在衣服裏面的叫做衷，例如衷甲就是在衣服裏面穿的鎧甲。

青綺⿱令巾素襄掾　⿱令巾就是紟字。《士喪禮》「紟，單被也」。襄就是纕字，《離騷》「既替余以蕙纕兮」，「解佩纕以結言兮」，注「佩帶也」。這裏用素來作帶，又作緣邊。

素校、青綺⿱令巾是大斂時用的，應該已納入棺中，而此簡在縷帷下有此兩項，不知什麼意思。墓中槨首出土的帷幔，已只存碎片，有：杯文羅、絳紅絹、香色絹、絳紫杯紋綺、紺地紅矩紋錦等，也與簡文不合。

簡三　非衣一長丈二尺

非衣　非衣是蓋棺的衣，就是出土時蓋在杝棺（裏棺）上的帛畫（圖版五八、七一，插圖三六），《荀子・禮論》稱爲「無帾」。《禮論》説：「無帾、絲歶、縷翣，其貇（貌）以象菲、帷、幬、尉也。」楊倞注：「無讀爲幠。幠，覆也，所以覆尸者也。《士喪禮》幠用斂衾夷衾是也。帾與褚同。《禮記》曰素錦褚，又曰褚幕丹質，鄭云：所以覆棺也。……菲謂編草爲蔽，蓋古人所用障蔽門户者，今貧者猶然。或曰：菲當爲扉，隱也，謂隱奥之處也。或曰：菲讀爲扉，户扇也。」那末，非衣應讀爲扉衣，指門扉的衣，等於柳衣、墻衣。從死者來説，棺好像屋子，棺蓋像是門扉，蓋在棺上的無幡等於門簾，所以這裏就稱爲非衣。《禮記・喪大記》：「飾棺：君龍帷，三池，振容，黼荒，火三列，黻三列，素錦褚，加僞荒。」鄭玄注：「荒，蒙也，在旁曰帷，在上曰荒，皆所以衣柳也。」王念孫《讀書雜誌》認爲「荒幠一聲之轉，皆謂覆也」，是很對的。鄭玄注又説「黼荒緣邊爲黼文，畫荒緣邊爲雲氣，火黻爲列於其中耳」。《周禮・縫人》鄭玄注引漢禮器制度，「天子龍火黼黻皆五列，又有龍翣二，其載皆加壁」。那末，荒上畫的本來只有一些圖案。而出土物中的非衣，所畫的是包括神話和現實生活的一幅綜合性的繪畫。因爲軑侯不過是一個七百户的小侯，在長沙地區，上面還有長沙王，儘管奢侈逾分，禮制是不能超越的。所以把蓋棺的幠（即荒）做成衣服的形狀，以符合非衣的名稱，並且採用楚地流傳的像屈原《天問》所載一類壁畫上的題材和手法，這不需要符合制度。但畫中顯然還分爲三列，中間一列，長方形的横條較寬，作方格回紋，即所謂兩展相對的黻，那末，它還是從黻三列等舊制演化出來的。

據簡文非衣長一丈二尺，按漢尺約今二十三釐米左右來計算，應長二百七十六釐米，但出土非衣全長只二百〇五釐米。這次出土的隨葬物中有許多比遣策記載爲小。非衣是蓋棺的衣，内棺只長二百〇二釐米，用以蓋棺是有餘的。非衣連兩袖廣九十二釐米，身廣四十七・七釐米，而内棺廣六十九釐米，比非衣的身部略寬，但非衣已把棺蓋中心的羽毛貼花絹部分完全覆蓋，所剩的只是緣邊的鋪絨了。出土時它又是覆蓋在棺上的，那末，這是專爲覆棺而作是毫無疑義的。

非衣之爲帛畫有四證：一、遣策由槨中茵度到非衣四條簡，自成一組。茵度是棺下的褥，縷帷是棺旁的帷，則非衣必是蓋棺的衣。二、《荀子・禮論》説無幡象菲，無幡就是荒，是蓋棺之物。菲是門簾，也是門扉之扉，非衣等於扉衣，與柳衣、墻衣同義，可證其爲蓋棺之物。三、出土帛畫正作衣形，而且正蓋在棺上，長度可證其本爲蓋棺而作。四、出土時畫幅的上端有一塊璧，和《周禮・縫人》注所引漢代禮器制度「其載皆加璧」正相符合。從這四證來看，蓋在棺上的帛畫，就是遣策裏的非衣。

有些同志没有注意這幅帛畫蓋在棺上，與棺同長，並作衣形等許多特點，又没有瞭解遣策中茵度縷帷和非衣的内在聯繫以及文獻中的有關記載，提出帛畫是銘旌或旛的説法。其實銘旌的特點是銘，和畫荒的特點是畫有顯著的區别。銘旌本只叫做銘，《周禮・小祝》「置銘」，《儀禮・士喪禮》「爲銘各以其物。亡則以緇長半幅，赬末長終幅，廣三寸，書銘於末，曰某氏某之柩」。《禮記・檀弓下》：「銘，明旌也。以死者爲不可別已，故以其旗識之。」《士喪禮》所説「爲銘各以其物」，物就是《檀弓》所説的旗識。《周禮・司常》「雜帛爲物」，又説「大夫士建物」，可見物是大夫士所用的旗識，這種旗識是用雜色的帛做的。這種旗識又叫做旌，所以在《儀禮・鄉射禮》就説「旌各以其物」。有些士還没有「建物」的資格，就用別的代替，在生前就像《鄉射禮》所説「無物則以白羽與朱羽糅」，而死後則就用半幅緇和整幅赬末來代替。所以銘也叫明旌，明和明器的明同義，就是死人用的旌。因之，也叫做銘旌。所以要這種旗識，在射禮中就是讓人知道射者是誰，而在喪禮中正是由於死者不可別，所以要寫上銘「某氏某之柩」。凡是旗識都起這種作用。《周禮・司常》：「官府各象其事，州裏各象其名，家各象其號。」鄭玄注：「事、名、號者，徽識所以題別衆臣，樹之於位，朝各就焉。《覲禮》曰：公侯伯子男，皆就其旂而立。此其類也。」又説「徽識之書則云某某之事，某某之名，某某之號，今大閲禮象而爲之，兵凶事，若有死事者，亦當以相別也」。《周禮・大司馬》還説：「王載大常，諸侯載旂，軍吏載旗，師都載旜，鄉遂載物，郊野載旐，百官載旟，各書其事與其號焉。」可見不論旗識或銘旌，都要在上題署官號名字以爲區別。《續漢書・禮儀志》講到皇帝的喪禮，説「旂之制長三刃，十有二斿，曳地，畫日月升龍，書旐曰天子之柩」，可見就是封建皇帝也是要題署的。《唐六典》十八説：「凡銘旌，三品以上長九尺，五品以上八尺，六品以下七尺，皆書云『某官封姓名之柩』。」可見一直到唐代還是這樣。近年出土的漢代銘旌，也都是以銘爲主，上面畫一些東西只是裝飾。從來還没有見過没有銘的銘旌。一般墓葬，棺下既没有茵，棺旁没有帷，棺上没有非衣，因而就把銘旌蓋在棺上，但是不能排除蓋棺的幠荒或非衣的制度。至於旛，原來也是旗識一類。顧野王《玉篇》就説：「旛，旌旗總名也。」旛上也要題署。許慎《説文解字・叙》説：「鳥蟲書，所以書旛信也。」崔豹《古今注》：「信旛古之徽號也。所以題表官號以爲符信，故謂爲信幡也。」所以銘旌也可以稱爲旛。《太平御覽》卷四百二十七引袁山松《後漢書》説：「范滂曰：死之日，願賜一幡，埋於首陽山側。」如果不是爲了題署姓名，范滂又何必作這樣的要求呢？佛教傳入以後，佛經上所説幢幡寶蓋，不知在印度究竟是什麽形式，可是《洛陽伽藍記》講到捍広城一個大寺裏，「懸彩旛蓋亦有萬計，魏國之旛過半矣。旛上隸書，多云太和十九年，景明二年，延昌二年，唯有一旛，觀其年號，是姚興時旛」。可見就是施捨給寺院的旛，也是寫上年月和施捨人姓氏的。當然，這個墓在西漢初年是不會受到後來用於佛事的旛的影響的。帛畫非衣是一幅結構完整的繪畫，和東漢以後的畫像石或壁畫有些相似，要把它説成銘旌和旛，相去未免太遠了。

湖南長沙曾發現晉升平五年周芳命妻潘氏墓，墓内的隨葬衣物券（《考古通訊》一九五六年第二期），其中有飛衣一項，有人認爲即此非衣。飛非兩字雖同音，其實全無瓜葛。首先，帛畫非衣是和槨中茵度、縷帷聯繫在一起的，没有這個聯繫，我們就不能斷定蓋棺帛畫即是非衣；同樣，如果没有蓋棺的非衣而只有棺下的茵和棺旁的柳，也講不通。這種内在聯繫是很重要的。而潘氏墓中，關於衣服所用的量詞是一領和一要（腰），而飛衣則是一雙，顯然不是衣服。它的次序是在璫、釧、環、釵以及絮巾、雜繒之後，而在要（腰）系、粧具、櫛、鏡等等之前，顯然都屬於内具，和葬具無涉。第二，此墓非衣長一丈二尺，而彼墓飛衣則是一雙，又截然不同。第三，此墓當公元前一六五年左右，而潘墓當公元三六一年，相去五百多年，即使文字完全相同，也未必就是同樣的東西。因此，只此孤立一例，是不能引以爲證的。

帛畫非衣中老婦人的形象，説者都認爲是墓主，這是對的。《禮記·王制》「唯絞紟衾冒，死而後制」，注：「絞紟衾冒，一日二日而可爲者。」可見古代貴族統治者很早就預製葬具。漢代統治階級不諱言死，很早就準備好墳墓。東漢末趙岐自爲生壙，就把自己的像畫在壙裏。這個墓裏的漆棺，决非短時間裏所能制的，那末，軑侯家在料理葬具時把蓋棺非衣也畫出來是毫不足怪的。我國很古就有善於畫人像的畫工，這件非衣實際是一張人像畫，所畫老婦人，神態生動，跟後世那種死後追畫的真容，完全不同。那種死後不久，吊襚之後，沐浴飯含之前倉促之間所作的銘旌，怎麽能畫出這樣一幅人像呢？簡文只説非衣長度，是由於陳列明器時把它挂起來，所以上端包有竹竿，並有四條絲帶以便系縛。既爲衆所共見，就無需詳加説明了。

簡四　一右方非衣

此簡上端作粗筆横畫，以别於記物之簡。所謂右方是指右方的記物之簡。古代常把小題放在最後，把前面所叙各項，總爲一題，所謂「題上事也」。前面絪度一簡，縷帷一簡，均失題。

按以上四簡是葬具。據《既夕禮》陳列明器，茵在最前。在路上按「陳之先後」爲序。到了壙上，先「陳器於道東西」，然後下葬，葬時也是「茵先入」。因此，遣策的編次，應以茵爲第一項，鄭玄注所謂「所當藏物茵以下」，即與《既夕禮》本意符合。鄭玄時，喪禮還没有很大變化，所以説是有一定根據的。

二、食物

簡五　牛首𨢎（醬）羹一鼎

𨢎羹　𨢎即《說文》醰字，本當从酉夅聲，由於讀入閉口韻，所以改爲从竷省聲。《切韻》古禫反，此處應讀爲腤，《切韻》「腤烏含反，煮魚肉」（此由 gum 變爲 wum，正如公 gong 讀爲翁 weng，其例甚多）。字或變爲⿰月立，《廣雅·釋器》「⿰月菐謂之⿰月立」，曹憲音泣。又變爲湆，《儀禮·士昏禮》「大羹湆在爨」，鄭注：「大羹湆，煮肉汁也。大古之羹無鹽菜。」《釋文》引《字林》「湆羹汁也，口洽口劫二反」，原本《玉篇》「去及反」，《唐韻·廿八緝》去急反下加湆字，注「羹汁，出《字統》」，則又變爲入聲字了。《爾雅·釋器》「肉謂之羹」。《士昏禮》《釋文》又引《字林》「⿰月菐，肉有汁也，户耕反」。那末，𨢎羹等於腤羹（湆羹），是指只有肉汁的太羹。《禮記·樂記》「大羹不和」，注「大羹肉湆，不調以鹽菜」。《左傳·桓公二年》「大羹不致」，注「大羹肉汁不致五味」。《大戴禮記·禮三本》「大饗先大羹」。可見太羹只有肉汁，是羹裏面最尊貴的。這份遺策裏有九個鼎是𨢎羹，比白羹、巾羹、逢羹、苦羹都要多，但不像其它各羹那樣，除肉之外都還有菜，可見確是無菜的太羹，所以列在最前面。

簡六　羊𨢎（醬）羹一鼎

羊𨢎羹　《戰國策·中山策》「羊羹不遍」。

簡七　狗𨢎（醬）羹一鼎

狗𨢎羹　《爾雅·釋畜》「未成毫，狗」，注：「狗子未成𣭘毛者。」《禮記·内則》有犬羹。

簡八　彖（豕）𨢎（醬）羹一鼎

彖𨢎羹　彖簡作彘，右旁如匕字的是豕背剛鬣之形，小篆訛作彖，《說文》「彖，豕也」。又「膮，豕肉羹也」。

簡九　豬（豚）酭（醢）羹一鼎

豬　當即豚字，豕从豕聲，此借豕爲豕。

簡一〇　雉酭（醢）羹一鼎

雉酭羹　《楚辭·天問》「彭鏗斟雉帝何饗」，王逸注：「彭鏗，彭祖也，好和滋味，善斟雉羹。」《禮記·内則》有雉羹。漢吕后名雉，相傳當時諱雉爲野鷄，見《史記·封禪書》。此遣策不諱雉，可爲此墓應在吕后以後的一證。

簡一一　鳨酭（醢）羹一鼎

鳨　簡文鳥多作鳥，是隸訛。《玉篇》「鳨音力，鳥似鳧而小」，鳧就是鴨。

簡一二　鷄酭（醢）羹一鼎

鷄酭羹　《禮記·内則》有鷄羹。陶器竹簽有鷄羹，或即此。

簡一三　鹿𩵦（魚？）一鼎

鹿𩵦　鹿字寫作𢉩，或作𢉩，上部从廾或从北，是大篆𢉩之省，象鹿角形。㒳形當爲曲的訛變，較晚隸書多作严。𩵦疑是魚字，右邊寫到簡外去了，所以少了一筆。鹿魚是鹿和魚二者。前面八個鼎都是酭羹，唯獨此簡只説鹿魚，可能是把酭羹二字省略了。陶器竹簽有鹿酭羹，當即此。

簡一四　一右方酭（醢）羹九鼎

簡一五　牛白羹一鼎

白羹　應是用稻米摻和的肉羹。稻古稱爲白，《周禮·籩人》「白、黑、形鹽」，鄭司農注：「稻曰白，黍曰黑，築鹽以爲虎形謂之形鹽。」《左傳·僖公三十年》：「冬，王使周公閲來聘，饗有昌歜、白、黑、形鹽。辭曰：國君，文足昭也，武可畏也，則有備物之饗以象其德，薦五味，羞嘉谷，鹽虎形，以獻其功，吾何以堪之。」《儀禮・有司徹》「婦贊者執白黑以授主婦」，注：「白熬稻，黑熬黍。」凡此都可以證明漢以前用白代表稻米。另外，《禮記・内則》「雉羹麥食，脯羹、鷄羹折稌，犬羹、兔羹和糝不蓼」，鄭注：「稌，稻也。凡羹齊宜五味之和，米屑之糝，蓼則不矣。」可見稻可用以和羹。糝就是糂字，《説文》「糂，以米和羹也」，籀文作糣，古文作糝。這一組白羹七鼎裏有芋、小菽、笋、瓠菜、蕅等，和上面酵羹九鼎都沒有菜是不同的。下文巾羹三鼎、逢羹三鼎、苦羹二鼎，也都是有菜的羹，可見白羹並不是簡單的白色的羹，而是摻和稻米或者再加一些別的菜的肉羹。出土陶器竹簡有牛白羹，當即此。

簡一六　鹿肉、芋白羹一鼎

簡一七　小叔（菽）鹿劦（脅）白羹一鼎

小叔　叔即菽，《説文》作尗，「豆也」。尗是古名，豆是漢以後的語彙。小菽就是小荳，《吕氏春秋・審時》有小菽。

劦　寫作㔸，這份遣策中凡重三形的，均上二下一。劦即脅字，《説文》「兩膀也」。

簡一八　鹿肉鮑魚笋白羹一鼎

鮑魚　《説文》：「鮑，饐魚也。」《釋名・釋飲食》：「鮑，腐也。埋藏奄（醃）之，使腐臭也。」《説苑・雜言》：「如入鮑魚之肆，久而不聞其臭。」正因鮑魚很臭，所以秦始皇死後，載他屍體的輼車臭了，就叫每一輛車都「載一石鮑魚以亂其臭」（見《史記・秦始皇本紀》）。《史記・貨殖列傳》「鮿千石，鮑千鈞」，可見秦漢之際，鮑魚是通都大邑常吃的咸魚。

簡一九　鷄白羹一鼎瓠菜

瓠菜　瓠字訛作夅旁，瓜作[glyph]，依朱德熙、裘錫圭兩同志所釋，詳後簡一五二。《齊民要術》八有作瓠菜羹法。

簡二〇　鮮⿰魚隻（鱯）禺（蕅）鮑白羹一鼎

鮮⿰魚隻　⿰魚隻即鱯字。楚國末年的楚王酓感鼎「戰隻兵銅」，就以隻爲獲，可證。《爾雅・釋魚》「魾大鱯，小者鮡」。郭璞

注：「鱯似鮎而大，白色。」《本草綱目》鮧魚條下説：「鱯即今之鮰魚，似鮎而口在頷下，尾有歧，南人方言轉爲鮠也。」此與鮑魚同煮，所以説鮮鱯。

禺　即蕅（藕）字。出土漆鼎中見有藕片，當即此。

簡二一　鰿白羹一鼎

鰿　就是鯽魚。《楚辭·大招》「煎鰿臛雀」，王逸注：「鰿，鮒也。」《説文》作鰤。《廣韻·二十二昔》：鯽同鰿。

簡二二　一右方白羹七鼎

簡二三　狗巾羹一鼎

巾羹　巾讀如芹。《切韻》巾在真韻，斤在欣韻，古音同在文部，芹从斤聲與巾音正同，《説文》音芹爲巨巾切，也是巾斤不分之證。《爾雅·釋草》「芹，楚葵」，注：「今水中芹菜。」《吕氏春秋·本味》：「菜之美者，云夢之芹。」《吕氏春秋》成書時代與漢初很接近，云夢又是楚地澤，和長沙接近。那末，巾羹應是有芹菜的肉羹。

簡二四　鴈（雁）巾羹一鼎

鴈巾羹　鴈即雁字，《衡方碑》寫法正同。陶器竹簽有鴈巾羹，即此。

簡二五　鰿禺（蕅）肉巾羹一鼎

鰿禺肉巾羹　肉禺兩字誤倒，鰿肉是一事，禺是一事。陶器竹簽上寫「鰿肉、禺（蕅）巾羹」（圖版二五三），不誤。

簡二六　一右方巾羹三鼎

簡二七　牛逢羹一鼎

逢羹　逢从夆，與上醉从夆不同。逢讀爲葑，又作蘴。《方言》三：「蘴、蕘，蕪菁也。陳楚之郊謂之蘴，魯齊之間謂之蕘，關之東西謂之蕪菁。」郭璞在葑下注：「舊音蜂。今江東音嵩，字作菘也。」長沙楚地，應叫作葑，音蜂，所以此簡借用逢字。《詩經·桑中》「爰采葑矣」，鄭玄箋：「葑，蔓菁。」《禮記·坊記》引《詩》「采葑采菲」，注：「葑，蔓菁也。」蔓菁就是蕪菁。此是用蔓菁做的肉羹。

簡二八　牛封（葑）羹一鼎

封羹　即葑羹、蘴羹，詳上。《説文》：「葑須從也。」《爾雅·釋草》「須葑蓯」，郭璞注「未詳」。實是葑須蓯之誤。須從合音爲菘。

簡二九　豕（豕）逢羹一鼎

簡三〇　一右方逢羹三鼎

簡三一　牛苦羹一鼎

苦羹　這是用苦菜爲和做的牛肉羹。《爾雅·釋草》「荼苦菜」，郭璞注：「《詩》曰：誰謂荼苦。苦菜可食。」《儀禮·公食大夫禮》「鉶芼：牛藿，羊苦，豕薇」，注：「苦，苦荼也。」鉶是和羹之器，可見苦菜可以用作肉羹。

簡三二　狗苦羹一鼎

簡三三　一右方苦羹二鼎

按以上二十九簡是鼎實。《既夕禮》陳明器之次序，首先是茵，其次是苞，據鄭玄注，苞「所以裹奠羊豕之肉」，這是説出殯之前的奠。出殯這一天，「陳鼎五於門外」，注：「鼎五：羊、豕、魚、臘、鮮獸各一鼎。」奠完後，把鼎撤去，將牲體包起來，用遣車裝起來。接着就出殯，在路上的行列，是「茵、苞、器序從」，牲體的苞在茵的後面。此墓所不同的是鼎裏裝的是羹，而且有二十四個鼎，都是小鼎，所以可以隨葬。但從後文來看，實際隨葬的是漆鼎七個，陶鼎六個，一共是十三個，出土隨葬物也正是十三個，可見遣策所書與實際情况往往有一些距離。

簡三四　魚膚一笥

魚膚　膚字《廣韻》與臚字同。此處應讀爲膴。《周禮·籩人》「膴、鮑、魚鱐」，鄭玄注：「膴牒生魚爲大臠。」《有司徹》「皆加膴祭於其上」，鄭玄注：「膴讀如殷哻之哻，刳魚時割其腹以爲大臠也，可用祭也。」《禮記·少儀》「祭膴」，鄭玄注：「膴大臠，謂刳魚腹也。膴讀如哻。」可見魚膚是從生魚腹上割取的大臠。

笥　《説文》：「飯及衣之器也。」《禮記·曲禮》「苞苴簞笥」，注：「圓曰簞，方曰笥。」從出土物來看，笥可以盛食品，不僅盛飯和衣（圖版二一九、二二一、二二三）。

簡三五　牛𦞣（朕）一笥

牛𦞣　𦞣字字書所無，當即朕字而加食旁。朕讀若膹。兆朕的朕，《廣韻·十六軫》作眹，直引切，和䏰字同音，又有䏰字，餘忍切，「當脊肉也」，又《十七真》膹字注「脊膹」，可見䏰和膹是一個字。《周易·艮卦》「列其夤」，馬融注：「夾脊肉也。」鄭玄本作膹，金文秦公簋有膹字，《説文》作胂，「夾脊肉也」，也是一聲之轉。出土竹笥木牌有「牛𦞣笥」。

簡三六　鹿𦞣（朕）一笥

出土竹笥木牌有「鹿𦞣笥」。

簡三七　一右方膚、𦞣（朕）四笥

實際只有三笥。（膚字下逗點是原有的，下同。）

簡三八　牛肩一器笥一

牛肩　《儀禮·少牢饋食禮》「肩、臂、臑」，鄭玄注：「肩、臂、臑，肱骨也。」指前腿的骨，肩在臂上。出土竹笥木牌有「牛肩笥」。

簡三九　犬肩一器與載（胾）同笥

載　即胾字。《説文》：「大臠也。」《禮記・曲禮》注：「胾，切肉也。」是切成方整的大塊肉。

簡四〇　牛載（胾）一笥

出土竹笥木牌有「牛載笥」。

簡四一　犬載（胾）一笥

簡四二　豕（豕）肩一器與載（胾）同笥

簡四三　豕（豕）載（胾）一笥

簡四四　羊肩載（胾）各一器同笥

出土竹笥木牌有「羊肩載笥」。

簡四五　一右方牛、犬、豕（豕）、羊、肩載（胾）八牒𦾡（𦽳）一、笥四合卑匲五

八牒　《説文》「簡，牒也」，「牒，札也」。牒與葉字通，《説文》：「葉，籥也。」《廣雅・釋器》：「葉，籥也。」用竹來做的是葉，削成薄片叫做牒。這裏説八牒就是八簡，但現在只有七簡。下面説𦾡一，就指盛牛肩的𦾡圩，可見牛肩一器的器是𦾡，那末，這七條簡裏還少一個卑匲，大概在所脱簡中。

𦾡　𦾡即𦽳字。《廣雅・釋木》：「𦽳、籜，落也。」此處應通作撲，《淮南子・時則訓》「具撲曲筥筐」，高誘注：「撲，持也。三輔（原作轉，誤）謂之撲。」撲，南陽人言山陵同曲簿也。那末，撲就是簿（薄）。《説文》：「薄，一曰蠶薄。」《方言》五：「薄，宋魏陳楚江淮之間謂之苗，或謂之麴，自關而西謂之薄，南楚謂之蓬薄。」《荀子・禮論》「薄器不成内」，注：「薄器，竹葦之器。」《史記・絳侯世家》：「勃以織薄曲爲生。」《索隱》引許慎注《淮南子》云：「曲，葦薄也。」那末，撲（薄）是用葦或竹來做的筐筥一類的盛器。下文漆器一組内有𦾡圩，其一盛牛肩。那末牛肩一器，即此簡所稱的𦾡一，參考下漆器𦾡圩簡。

卑匲　匲字内从帛，應爲𥝩之隸訛。《説文》𥝩字訓「𥝩𥝩不見也，闕」，是許慎已不知所從。漢隸有作𦉫的（見丁魴碑邊字偏旁），北魏鄭羲碑邊字偏旁作𦉫，唐代經生書常寫作𦉫，與此近似。釋匬、釋匧、釋匽、釋匴，並於字形相去過遠。《説

文》「籩，竹豆也」，籒文作匩。 卑是卑下的意義，也可以作低、矮、扁等解釋。 籩是豆一類的食器，木制的稱豆，瓦制的稱登，竹制的稱籩。 壽縣蔡侯墓所出青銅的籩，有些像豆而比較淺。 卑籩是指無足的籩，猶之廢敦廢爵，也都是指無足的。這份遣策裏，凡用卑籩的都稱爲器，與笥同用，笥是盛物器而卑籩是食器。 下文漆器項下説「髹畫卑匩樫(徑)八寸卌，其七盛干肉，郭(槨)首； 卅一盛瘖(膾)載(胾)」。 出土器物中有髹畫卑匩二十枚，五件在槨首(北槨箱)，盛肉食； 十五件在槨左(東槨箱)，其中六件有魚骨、牛脅骨、鷄骨、麵食等，都和遣策基本符合。 籩本竹豆，原來只盛干物，漆器仿的卑籩則兼具籩豆兩者的功用，既可以盛肉食，也可以盛面食等。《説文》： 「豆，古食肉器也。」《詩經・生民》傳： 「豆，薦菹醢也。」《考工記》： 「食一豆肉，中人之食也。」古書説豆可以包括籩，但像《國語・周語》那樣，「品其百籩」，就是用籩來包括豆了。這個墓裏，在槨首的案上，放的是五個卑籩，可以看到卑籩是常用的食器(圖版一一)。 有人釋爲匼，通作盛飯的簋，或訓匣的匭； 釋爲匜，解爲竹笥； 釋爲匴，通作甌，以及釋爲匾匾連語，訓爲薄，就在器制用途方面也都是講不通的。

簡四六　牛炙一笥

出土竹笥木牌有「牛炙笥」。

簡四七　牛劦(脅)炙一笥

簡四八　牛乘炙一器

牛乘　乘是前文賸字的同音假借字。 乘賸同音，賸字《廣韻》又作塖，可證。 那末，這是牛的夾脊肉。

簡四九　犬肝炙一器

簡五〇　犬其劦(脅)炙一器

簡五一　彖(豕)炙一筒

出土竹笥木牌有「彖炙笥」。

簡五二　鹿炙一笥

出土竹笥木牌有「鹿炙笥」。

簡五三　炙鷄一笥

簡五四　一右方牛、犬、豕（豕）、鹿、鷄炙笥四合、卑匳四

簡五五　牛癐（膾）一器

牛癐　癐即瘡字，《集韻》「病甚」，此處假作膾。《説文》：「細切肉也。」《禮記・内則》：「肉腥細者爲膾。」腥是生的意義，是把生肉切成細絲。《釋名・釋飲食》：「膾，會也。細切肉令散，分其赤白異切之，已，乃會合和之也。」《論語・鄉黨》：「膾不厭細。」

簡五六　羊癐（膾）一器

簡五七　鹿癐（膾）一器

簡五八　魚癐（膾）一器

簡五九　一右方癐（膾）卑匳四

簡六〇　牛濯（鸐）胃一器

濯　即鬻字，《説文》：「内（納）肉及菜湯中薄出之。」

簡六一　牛濯（鸐）脾㕣（肣）心肺各一器

㕣　㕣即岑字，此處假作肣，《説文》「圅，舌也」，俗作肣，从肉今聲。牛肣就是牛舌。

簡六二　濯（鸐）脊（豚）一笥

出土竹笥木牌上有濯膂。寫法微有不同。

簡六三　濯（鸐）鷄一笥

簡六四　一右方濯（鸐）牛胃、脊（豚）、鷄笥二合、卑匲三

簡六五　𤎩（熬）脊（豚）一笥

𤎩　即𤎩字，簡文寫从勢聲，出土竹笥木牌並只作𤎩。《説文》：「熬，干煎也。」《方言》七：「熬，火干也。凡以火而干五穀之類，自山而東，齊楚以往謂之熬。」

簡六六　𤎩（熬）兔一笥

出土竹笥木牌有「熬兔笥」。

簡六七　𤎩（熬）鷄一笥

出土竹笥木牌有「熬鷄笥」。

簡六八　𤎩（熬）鵠（鵠）一笥

鵠　即鵠字。《説文》：「鵠，鴻鵠也。」陸璣《毛詩草木鳥獸蟲魚疏》：「鴻鵠羽毛光澤純白，似鶴而大，長頸，肉美如雁。」出土竹笥木牌有「熬鵠笥」。

簡六九　𤎩（熬）鶮（鶮）一笥

鶮　即鶮字，讀如鶴。《史記·秦始皇本紀》索隱：「鶮，古鶴字。」出土竹笥木牌有「熬鶮笥」。出土遺物中有巨禽骨，當即此。

簡七〇　𤎩（熬）陰（鶬）鶉（鶉）一笥

陰鶉　即鵪鶉（鶴鶉）。陰字金文作陰，或作滄，此通作鵪。《説文》：「雂，雜屬。」籀文作鵪。又：「鶉，鵪屬。」《一切經

音義》十五引作「鴿，鶉也」，是對的。鶉是大名，而鴿是鶉屬，那末鴿也可以稱爲鴿鶉。桂馥《説文義證》以「今呼鴿鶉爲一物」爲誤，據此簡是西漢初已經以鴿鶉爲一物了。出土竹笥木牌有「熬隂（陰）鶉笥」。

簡七一　熬（熬）雉一笥

出土竹笥木牌有「熬雉笥」。

簡七二　熬（熬）鴈（雁）一笥

出土竹笥木牌有「熬鴈笥」。

簡七三　熬（熬）鳨一笥

出土竹笥木牌有「熬鳨笥」。

簡七四　熬（熬）爵（雀）一笥

出土竹笥木牌有「熬爵笥」。

簡七五　熬（熬）炙姑（鷓鴣）一笥

炙姑　即鷓鴣。《説文》没有鷓鴣兩字。《北户録》引《廣志》作遮姑。《一切經音義》十六鷓鴣條下引《埤倉》「鳥似服鳥而大」，又《字指》：「鷓鴣鳥其名自呼，飛但南不北，形如雌雉。」左思《吴都賦》「鷓鴣南翥而中留」。那末，炙姑是像這種鳥的鳴聲，後來才造鷓鴣兩字。炙鷓音同。出土竹笥木牌有「熬炙故（姑）笥」。

簡七六　一右方熬（熬）十一笥

簡七七　烝（蒸）秋（雈）一笥

烝秋　烝即蒸字，秋即⿱秋隹字。《説文》無⿱秋隹字。《方言》八：「鷄雛徐魯之間謂之⿱秋隹子。」《廣雅・釋鳥》：「⿱秋隹子，雛也。」《淮南子・原道訓》高誘注「屈，讀秋，鷄無尾屈之屈」，正用秋字。

簡七八　煎秋（⿱秋隹）一笥

簡七九　一右方烝（蒸）、煎二笥

簡八〇　脛勺一器

脛勺　脛是牲畜的膝下部分。勺讀若炮，从勺聲的字，如：杓讀如標，豹、䶂並北教切，⿱竹肑、肑、趵並讀剥，⿱竹灼、瓝並讀雹之類，均與包聲相近。《廣雅》瓝又作瓟，尥又音庖，可證勺得讀如炮（炰）。《説文》：「炮，毛炙肉也。」《禮記・禮運》「以炮以燔」，鄭注：「裹燒之也。」

簡八一　朊脯一笥

朊脯　朊即脘字，《説文》：「脘，胃脯也。」《玉篇》：「脘，胃脘。朊，同上。」《漢書・貨殖傳》「濁氏以胃脯而連騎」。晉灼注：「今太官常以十月作沸湯燖羊胃，以末椒姜坋之，暴使燥是也。」出土竹笥木牌有「朊脯笥」。

簡八二　⿸尸矢（雉）無（膴）一器

⿸尸矢無　⿸尸矢即矢字，《爾雅・釋詁》：「矢，陳也。」《釋文》作⿸尸矢。《廣雅・釋詁》二：「⿸尸矢，陳也。」曹憲音矢。此處應通作雉。無即膴字，《説文》引揚雄説：「膴，鳥腊也。」鳥腊是晒干的鳥肉，⿸尸矢無是晒干的野鷄肉。

簡八三　合（鴿）無（膴）一器

合　合即鴿字，《説文》「鳩屬」。

簡八四　取（焣）⿱穴侖（爵）一器

取龠　取即煛字。《方言》七「煛，火干也。秦晉之間或謂之煛」，即今炒字。熬與煛，《方言》雖則同訓爲火干，但方法未必全同，熬與煎類似，煛與僰（焙）類似。龠即《說文》爵字的古文〓，隸變作龠。漢印主爵都尉章作龠（《蘇氏類纂》），又主爵都尉作龠（《古官印存》）可證。爵就是雀，取龠是烤干的麻雀。

簡八五　一右方脛勺、肮、取（煛）龠（爵）六牒、卑匴四笥二

以上計五牒，卑匴四，笥一，尚缺一牒一笥。

簡八六　牛脯一笥

《說文》：「脯，干肉也。」出土竹笥木牌有「牛脯笥」。

簡八七　鹿脯一笥

出土竹笥木牌有「鹿脯笥」。

簡八八　弦（胘）脯一笥

弦脯　弦即胘字，《說文》「牛百葉也」。《廣雅・釋器》「胃謂之胘」。上文肮脯是羊胃，此是牛胃。出土竹笥木牌有「弦脯笥」。

簡八九　一右方脯三笥

簡九〇　卵一笥

卵寫作**卝**，即《詩經・甫田》「總角丱兮」的丱（音慣），和《周禮・卝人》的卝（音礦）。唐張參《五經文字・卝部》說：「卝《說文》以爲卵字。」唐玄度《九經字樣・雜辨部》列卝卵二字，注：「上《說文》，下隸變。」可見唐代的《說文》還把卝作爲卵，今本《說文》作爲磺字的古文，是不知誰人按照《周禮》改錯了的。卵讀如慣（當然不是西方語言學家所推測的古代中國語有復輔音），所謂「總角丱兮」，是把頭髮總成兩個犄角。又讀如礦，所以借作礦字。但是清代學者中有些人對張參等

所說，還認爲不足據，此簡寫作卝，出土竹笥木牌有「卵笥」寫法也相同，出土遺物内又確有鷄卵一笥（圖版二二〇），可爲鐵證。這個問題是得到最後的定論了。

簡九一　羊昔（腊）一笥

昔　昔就是腊，《說文》「㫺，干肉也」，籀文作𦠔（腊）。《周易·噬嗑》「噬腊肉」，馬融注：「晞於陽而煬於火曰腊肉。」出土竹笥木牌有「羊肯笥」（是从巛形訛作止）。

簡九二　昔（腊）兔一笥

昔兔　《儀禮·既夕禮》「魚腊鮮獸」，注：「士腊用兔。」

簡九三　一右方卵、羊、兔昔（腊）笥三合

簡九四　牛脣（脤）、脂、⿷匚旁（䅭）、濡一器

牛脣　脣即脤字。《廣雅·釋器》：「脤，肉也。」《穀梁傳·定公十四年》說：「脤者何，俎實也，祭肉也。生曰脤，熟曰燔。」據説古代把祭肉分給臣下時是用蜃殼來裝的，所以叫做脤。這裏指的大概是一般的生肉。

脂　《説文》「脂，戴角者脂，無角者膏」。《考工記·梓人》注：「脂，牛羊屬；膏，豕屬。」這裏所説的應是牛油。

⿷匚旁　即䅭字，現在常見的扁豆。《玉篇》：「䅭，籬上豆。」敦煌所出長孫訥言本《切韻》同（但字訛作稹，《廣韻》不誤），《本草》作藊豆，陶宏景注：「人家種之於籬援。」因爲它是籬上豆，和别的豆類不同，所以稱爲⿷匚旁或䅭。本無正字，所以這裏借用⿷匚旁字，後來才有从禾旁聲的形聲字。

濡　《禮記·内則》有濡豚、濡鷄、濡魚、濡鱉等名目，鄭玄注：「凡濡謂烹之以汁和也。」《説文》作洏，「熟也」。又作胹，「爛也」。《方言》七：「胹，熟也。」又：「自河以北趙魏之間，火熟曰爛。」《左傳·宣公二年》「宰夫胹熊蹯不熟」，釋文：「胹，煮也。」胹也作臑，《文選·七發》「熊蹯之臑」，李善注引《方言》「臑，熟也」。

這是用扁豆和牛油來燜牛肉。按濡的方法在烹調中是常用的，但只見此一簡，無所歸屬，暫附於此。

簡九五　居女（粔籹）一笥

居女　即粔籹。宋玉《招魂》「粔籹蜜餌」。一作粔粲，《一切經音義》卷五引《倉頡篇》：「粔粲，餅餌也，江南呼爲膏糫。」《字苑》：「粔粲，膏糫果也。」這是本無正字，借用居女、巨女、巨如等字，後人加米旁。《齊民要術》有做粔籹的方法，用蜜和糯米粉，做成環形，用猪油煠，所以又叫膏糫。

出土竹笥木牌有「居女笥」。

簡九六　唐（糖）一笥

唐　即糖（餹）字。《方言》十三：「餳謂之餹。」《釋名·釋飲食》：「餳，洋也，煮米消爛洋洋然也。」古代的糖用米熬成，所以糖字从米。

出土竹笥木牌有「糖笥」。

簡九七　僕𧺆（僕䅯）一笥

僕𧺆　僕𧺆即僕䅯（《齊民要術》卷二引《字林》有䅯字），疊韻連語，即餢飳。《北户録》引束晳《餅賦》「餢飳饘爝」，顔之推云：「今内國餢飳，以油蘇煮之，江南謂蒸餅爲餢飳，未知何者合古。」又作䴺䴳，《玉篇》「䴺䴳，餅也」。《齊民要術》作餢鍮，是發麵餅。《倭名類聚抄》卷四引蔣魴《切韻》則説：「餢飳，油煎餅名也。」又作餺飥、不托。

出土竹笥木牌有「僕𧺆笥」。

簡九八　卵𥢶一器

卵𥢶　𥢶字右旁鬲訛變得很難辨，後面小題中字較清晰。𥢶字字書所無，疑當讀如穈。鬲字《説文》又作䃒，適歷、滴瀝並疊韻連語，《論衡·譴告》説「歷者，適也」，是歷可通適之證。《廣雅·釋詁》三：「穈，摶也。」又作䵂，《廣雅·釋詁》四：「䵂，粘也。」《玉篇》：「䵂，粘飯也。」《廣韻·二十二昔》：「䵂，黏䵂。」那末，卵𥢶是加了鷄蛋的䵂米飯，即粘米飯。

簡九九　一右方居女、唐、僕逘、卵糒笥三合、卑匲一

簡一〇〇　唐（糖）扶於頪（糜）一笥

扶於頪　扶於疊韻連語。頪即糜字。《廣雅·釋器》：「糜，糏也。」《説文》作糲，「碎也」。又作䵑，《楚辭·離騷》「精瓊䵑以爲粻」，王逸注：「䵑，屑也。」糜與散同義，《荀子·富國》「以糜敝之」，注「散也」。扶於頪即敷於散，《荆楚歲時記》元月一日「下五辛盤，進敷於散」；《初學記》四：元日「服桃湯，進敷於散」。敷扶一聲之轉。丸散膏丹的散是藥屑。《荆楚歲時記》注説「敷於散出葛洪《煉化篇》，方用柏子人、麻人、細辛、干薑、附子等分爲散，井華水服之」，恐怕不是本義。據此簡，西漢初就有扶於頪，下文又有稻頪、秫頪等，扶於散當是食物而非藥物。疑扶於就是烏芋，唐扶於頪是糖拌的烏芋粉。《本草》有烏芋，《名醫别録》説「一名藉姑」。《廣雅·釋草》：「葃菇，水芋、烏芋也。」陶隱居注《本草》既解爲藉姑，又懷疑是鳧茨，蘇頌《本草圖經》並主鳧茨一説。鳧字與扶同音，鳧茨即今荸薺，正可作粉。《北户録》卷二崔龜圖注説：「顔之推又云：䓇茨令去黑皮，以爲粉作湯餅，甚光滑。」那末，烏芋粉應該就是荸薺粉。

出土竹笥木牌有「唐（糖）扶於頪笥」。

簡一〇一　稻頪（糜）一笥有縑橐（包）二

縑橐　《説文》：「縑，並絲繒也。」《釋名·釋彩帛》：「縑，兼也。其絲細緻，數兼於布絹也。」那末，縑是絲較細、較密的黄絹。橐字見毛公鼎和散盤，《石鼓文》「可（何）以橐（包）之，隹（唯）楊及柳」。《詩經·野有死麕》「白茅包之」，就作包字，《儀禮·既夕禮》作苞。《説文》「橐，囊張大皃」，那末，橐雖讀爲包，但是囊的形式。

簡一〇二　白頪（糜）二笥

出土竹笥木牌有白頪笥，又有白⿱百米一橐一笥，橐字寫作[illegible]。頪寫作⿱百米，另一木牌「密⿱百米一槖一笥」正同，但其它諸木牌仍都寫作頪。頁和百本是一個字，寫的人偶然把頁省作百，仍从米聲。不應以這種少數變例就讀爲从米百聲。

簡一〇三　⿱宀⿶凵米(奥)穎(糜)三笥

⿱宀⿶凵米　⿱宀⿶凵米即奥字，等於⿱亼⿶凵米即會字。《廣雅・釋詁》四：「奥，藏也。」《説文》：「奥，宛也，室之西南隅。从宀𢍏聲。」𢍏字像兩手捧着米，《説文》「𢍏，摶飯也」。那末，奥本是屋内西南隅藏米的地方。古代屋門開在東南，西南方是牖，牖下是奥。進屋門時開始看不到這個地方，所以奥有隱奥的意思。但在冬天，這地方最温暖，所以又有燠煖的意義。老年人常住在這裏，所以説「老死牖下」，這裏是室内最尊的地方。藏東西大概也在這裏。《釋名・釋飲食》「腝，奥也。藏物於奥内，稍出用之也」，可見奥是藏物的地方。《倭名類聚抄》四引《四聲字苑》説「腝，糟藏肉也」，是藏肉。《荀子・大略》講曾子吃魚，覺得很美，叫門人把它泔了，門人説：「泔之傷人，不若奥之。」是藏魚。注説「泔與奥皆烹和之名」是錯了。泔是用米泔水浸起來，奥是用火灰烤干的，都是在夏天怕魚很快餒敗而用的儲藏的方法。《齊民要術》有做鱧魚脯的方法，「草裹泥封，溏灰中熝之」，奥熝聲近。《本草》有陳廩米，也叫陳倉米，又叫老米，是藏久的米。出土竹笥木牌有⿱宀⿶凵米稟一橐一笥，稟爲穎字的異體，上文已詳。奥字中的米形，寫成㐅，是斜寫，並非密字。或釋蜜，非是。下文稻⿶凵米精，精是干飯，用作干糧而非餅餌，是不需要蜂蜜調和的，如果用蜜拌，就得用器來盛，而不應用竹笥和縑橐了。

簡一〇四　稻⿶凵米(奥)精一笥有縑橐二

精　《説文》：「乾飯也。」《釋名・釋飲食》：「干飯，飯而暴乾之也。」奥精大概是用火烤干的。《方言》：「僃，火干也。凡以火而干五穀之類，關西隴冀以往謂之僃。」這種乾飯是當乾糧用的，出門時携帶，可以不舉火。《後漢書補逸・張禹傳》注説精是「干飯屑」，可見精和穎性質相類，所以歸在穎的一組。

簡一〇五　棘穎(糜)一笥有縑橐(包)

棘穎　棘就是棗。《詩經・園有桃》説「園有棘」，毛傳：「棘，棗也。」《説文》：「棘，小棗叢生者。」這是野生的棗。經過人工培養，棗樹逐漸高大了，語音也變了，就把兩個朿叠起來，表示高的意義。《説文》：「棗，羊棗也。」是棗的一種。此簡仍以棘爲棗字。穎和精性質相似，《太平御覽》卷八百六十引崔寔《四民月令》説「四月可作棗精」。《齊民要術》有做粳米棗精的方法。出土竹笥木牌有棘穎笥。

簡一〇六　一右方粫(糜)十一笥、帛橐(包)七

簡文所記只有九笥五橐，但出土竹笥木牌卥粫和白粫都説一橐一笥，多出二橐。出土竹笥木牌還有黄粫笥，那末所少的只有一笥。

簡一〇七　棘一笥有縑橐(包)

出土竹笥木牌作臧(藏)棘笥。《釋名·釋飲食》：「桃諸，藏桃也。諸，儲也，藏以爲儲，待給冬月用之也。」藏棗和藏桃義同。

簡一〇八　梨一笥

出土竹笥木牌有梨笥，出土物中也確有梨一笥。

簡一〇九　栯一笥

栯　栯讀爲薁。司馬相如《上林賦》「隱夫薁棣」，注「山梨也」。《漢書·司馬相如傳》注「即今之郁李也」。《詩經·七月》説「六月食郁及薁」，孔穎達正義引《晉宫閣名》「華林園有車下李，有薁李」。《廣韻·一屋》：「栯，栯李，又音有，俗作[木郁]。」

簡一一〇　脯栂(梅)一笥

出土竹笥木牌有脯栂(梅)。

簡一一一　一右方棘、梨、栯、脯栂(梅)笥四、縑橐(包)一

簡一一二　麦食二器盛

簡一一三　黄粢食四器盛

黄粢　《爾雅·釋草》「粢稷」，注：「今江東人呼粟爲稷。」《説文》「齋稷也」，或从次作粢，古書多从米作粢。《楚辭·招魂》「稻粢穱麥挐黄粱些」，注：「粢，稷也。」穀物名稱，舊説紛紜。程瑤田説稷是高粱，其實高粱一名蜀黍，冠以蜀字的植

物，恐怕不是黄河流域固有的品種。蜀葵一名戎葵，胡葵，可證。簡文有黄粢白粢，就是白稷黄稷。《本草》蘇敬注説：「《本草》有稷，不載穄，稷即穄也。今楚人謂之稷，關中謂之糜，呼其米曰黄米。」《齊民要術》引《廣志》：「穄有赤、白、黑、青、黄，凡五種也。」稷穄一聲之轉，今植物學者把白色的一種稱爲稷。出土物中有小米餅，不知究竟是小米，還是黄米，還需要研究。

簡一一四　白粢食四器盛

簡一一五　稻食六器其二檢（籢）四盛

簡一一六　一右方食盛十四合檢（籢）二合

盛　《説文》：「盛，黍稷在器中以祀者也。」《穀梁傳·桓公十四年》注「黍稷曰粢，在器曰盛」。遣策漆器部分有「䰍畫盛六合，盛黄白粢、稻食、麥食各二器」一條。出土實物有鳳紋漆盒四個，在槨左，其中有餅狀或羹狀食物。另有錫涂陶盒四個，綵繪陶盒兩個，也在槨左，其中五個放小米餅。簡文在陶器部分短缺很多，陶盛一簡也短缺了，因此，這裏所説食盛十四合，已無法核對了。

檢　即籢字。《説文》：「鏡，籢也。」又作匳、作奩。《一切經音義》三引《蒼頡篇》：「盛鏡器曰奩。」又卷十引《韻集》：「匳，斂物也。」簡文有「䰍汭食檢一合盛稻食」，較此少一奩。出土物中有粉彩雲氣紋漆奩，夾紵胎，據説是盛米酒的。

以上從簡三四至簡一一六，共八十三簡，是食物，其盛器有：笥、卑⿷匸夏、蕢、縑橐、盛、檢等，並前二十四鼎，相當於《既夕禮》所記明器中的「苞二」，苞是用來裹奠祭中的羊豕肉的。

三、穀物

簡一一七　稻白鮮米二石布橐（包）二

白鮮米　鮮即秈，同音通假。《廣雅·釋草》：「秈，稉也。」稉就是秔。《説文》：「秔，稻屬。」《一切經音義》卷四引《聲類》：「秔，不粘稻也，江南呼秔爲秈。」

簡一一八　稻白秫（秫米）二石布橐（包）二

白秫　白秫當是白秫米之誤，秫字既誤從米旁，就漏寫米字。出土陶器竹簽有「稻白秫米一石」可證。《廣雅・釋草》：「秫，稬也。」《唐本草》注引《氾勝之書》「三月種秔稻，四月種秫稻」，《晉書・陶潛傳》「五十畝種秫，五十畝種秔」，均以秔秫對舉。崔豹《古今注》「稻之粘者爲秫」。這是由於秫字本爲稷之粘者，引申爲粘稻之稱。稬就是糯字，現在通稱粘稻爲糯米。

簡一一九　黄粢（粢）二石布橐（包）二

簡一二〇　白粢（粢）二石布橐（包）二

出土陶器竹簽有白粢，从米。

簡一二一　鞠（𥶄）一石布橐（包）一

鞠　即𥶄字，就是釀酒用的麯，《説文》：「𥶄，酒母也。」或作鞠。《列子・楊朱》「積麯成封」。《釋名・釋飲食》：「麴朽也，鬱之使生衣朽敗也。」漢代明器陶倉上經常見鞠萬石等題字。

簡一二二　黄卷一石縑橐（包）一笥合

黄卷　《本草經》有大豆黄卷，唐本注：「以大豆爲芽糵，生便干之，名爲黄卷。」

出土竹笥木牌有黄卷笥。

簡一二三　一右方米卅石、鞠（𥶄）二石、布橐（包）十三

按上記米只有八石，少廿二石。黄卷歸入麯類，則鞠二石没有短缺。布包只有九個，也少了四個。

簡一二四　莌（棕）種五斗布橐（包）一

莧　即棕字，《説文》：「栟櫚也，可作草。」草是下雨時穿的蓑衣，現在南方還常用棕來做蓑衣。

簡一二五　麻種一石布橐（包）一

簡一二六　葵種五斗布橐（包）一

簡一二七　賴（藾）種三斗布橐（包）一

賴　賴即藾字，《爾雅·釋草》「蘋藾蕭」，注：「今藾蒿也，初生亦可食。」《史記·司馬相如傳》「薛莎青薠」，集解「薛賴蒿也」，就只作賴字。

簡一二八　五種十橐（包）：盛一石五斗

五種　《周禮·職方氏》「其實宜五種」，注：「黍、稷、菽、麥、稻。」出土陶器竹簽有麥種，應是五種之一。

簡一二九　一右方種五牒、布橐（包）十四

從簡一一七至此，凡十三簡，是谷物，與《既夕禮》「筲三：黍、稷、麥」相應。但黍麥等並未見。米卅石，只有八石，恐怕有缺簡。

四、菹醢

簡一三〇　肉魫（肬）一資（瓷）

魫　魫即肬字，《説文》：「肬，肉汁滓也。」字又作醓，《釋名·釋飲食》：「醢多汁者曰醓，醓沈也，宋魯人皆謂汁爲沈。」《詩經·行葦》「醓醢以薦」，毛萇傳：「以肉曰醓醢。」《周禮·醢人》「韭菹醓醢」，鄭玄注「醓肉汁也」。又「深蒲醓醢」，鄭司農注「醓醢肉醬也」。《儀禮·聘禮》「其南醓醢」，注「醓醢汁也」。《公食大夫禮》「醓醢昌本」，注「醓醢醢有醓」。這些史料都説明醓是多汁的肉醬。但《説文》還有一個监字，「血醢也」，是遷就從血而立説的，實即监的訛字。不知何人在监注下增加「《禮記》有監醢，以牛干脯粱籟鹽酒也」十四字，這些話和血醢無關，其實是抄襲《周禮・醢人》鄭玄注「作醢及臡者必先膊干其肉，乃後莝之，雜以粱麴及鹽，漬以美酒，涂置甀中，百日則成矣」等話，鄭注指的是醢和臡，與監醢無涉。清代學者拘泥家法，明知《說文》這段注是錯的而不敢議論，這是所謂漢學家的一蔽。

資　資即瓷字。簡一五九說「瓦資一」，可見資是瓦器。簡一五七說「元栂（梅）二資，其一楊栂（梅）」。出土印紋有釉硬陶罐内正有梅；又簡一五四說「筍苴一資」，出土印紋有釉硬陶罐内正有筍。出土陶器竹簽中有鹽一資和□□資兩條，說明資就是那種帶黄褐釉的硬陶罐。《說文》没有收瓷字，徐鍇《說文系傳》說：「垐，《字書》云：此即今瓷字。」所說《字書》不知何時何人所作，但這類解釋總不是唐以前的。今見此遺策，才知道西漢初已經用資字來代表帶釉硬陶。從漢初到西晉初四百多年才出現瓷字。《文選・笙賦》「傾縹瓷以酌醽」，縹瓷是青瓷。這是晉初潘岳的作品，那時已用青瓷來盛酒了。《西京雜記》有鄒陽《酒賦》，其中有「清醪既成，綠瓷既啓」等話。雖是晉以後的僞書，但它總還能代表六朝時人對瓷器的認識。硬陶罐的好處就是陶土細緻，陶質堅硬，而且加釉，既比灰陶潔净，又没有滲漏的毛病，所以最適宜於盛酒。《笙賦》注引吕忱《字林》「瓷，白瓶長頽」，頽就是躲字，《玉篇》「身也」，吕忱也是西晉時人，可見西晉時已經有白瓷做的長身酒瓶。這份遣策裏有酒資五條，簡一六四說「右方酒資九」，可見西漢初已經常用硬陶罐來裝酒了。瓷器是從硬陶發展來的，但瓷這個名詞是從酒資這個資字發展而成的。瓦資爲盛酒之器，行用既久，就從瓦作瓷，成爲專字。《玉篇》：「瓷，瓷器也。」亦作𦈢。由帶釉硬陶發展爲瓷器，是陶瓷工藝的一個飛躍，它的開始，大概就在漢時，這在出土青瓷裏是可以證明的。文人用作詞賦，小學家編入字書，是一定晚於初期瓷器的。瓷器的新發展，用途日廣，不限於瓶罐一類，就繼銅器漆器而興起。銅器漆器費工大，價錢高，瓷器一窑可燒上百件，取材於瓷土，成本低，價廉物美，因而傳布廣，需求多，技術精益求精，遂成爲我國的重要發明之一。但是關於早期瓷器製造的文獻很少，我所知道的，慧琳《一切經音義》三十九引張戩《考聲切韻》說：「瓷，瓦類也，加以藥石而色光澤也。」張戩大概是開元時人（公元八世紀初），從瓷釉來說，恐怕這是最早的了。丁度等《集韻》才說：「瓷、𦈢，陶器之致堅者。」才把硬陶的特點描寫出來，則已經是北宋初了（公元十一世紀初）。從這份遣策中可以明確知道出土物中這類黄褐色釉印紋硬陶罐在西漢初期已經稱爲資（圖版二四七），而且盛酒的叫做酒資，是瓷器的祖先，這對於研究我國陶瓷史，確是一個重要的發現，可以說是極爲重要的發現。

簡一三一　魚魷（肬）一資（瓷）

魚魷　遣策肬字从魚作魷，正由於醢也可以用魚來做。肉醢作肬，魚醢可以作魷。出土陶器竹簽有魚□，第二字不很清晰，疑即此。

簡一三二　魚脂（鮨）一資（瓷）

魚脂　脂即鮨字。《爾雅・釋器》：「魚謂之鮨，肉謂之醢。」《北堂書抄》一百四十六引《爾雅》舊注：「蜀人取魚以爲鮨。」《説文》：「鮨魚胳醬也，出蜀中。」

簡一三三　彊（麠）⿰目旨（鮨）一資（瓷）

彊⿰目旨　彊即麠字，《説文》：「麠大鹿也，牛尾一角。」或从京聲作麖。但麠有兩種，《爾雅》《説文》所説是大鹿，《山海經》《漢書・地理志》所説則是小鹿。《山海經・中山經》「尸山，其獸多麖」，注：「似鹿而小。」《漢書・地理志》下「山多麈麖」，注也説：「似鹿而小。」現在湖南就有黄麖，似鹿而小，那末，此簡借彊字爲麠，就指黄麖無疑。⿰目旨字字書所無，當與上文的鮨字爲同一字。《儀禮・公食大夫禮》「炙南醢，以西牛胾，醢，牛鮨」，鄭玄注：「《内則》謂鮨爲膾，然則膾用鮨。」段玉裁在《説文》鮨字下注説：「聶而切之爲膾，更細切之，則成醬爲鮨矣。鮨者膾之最細者也。牛得名鮨者，魚得名胳也。」那末，做魚醬的方法，也可以用來做肉醬，也稱爲鮨。牛肉醬稱爲牛鮨，黄麖肉醬也可以稱爲彊鮨。

簡一三四　肉醬一資（瓷）

簡一三五　爵（雀）醬一資（瓷）

出土陶器竹簽有爵醬。

簡一三六　離（黐）然（橪）一資（瓷）

離然　離字寫作⿰萬隹，好象从萬旁，其實是離字之訛。戰國時趙國的貨幣離石離字作⿱林禺，从林和从艸是一樣的，《説文》

离作离，從屮也與艸通。漢隸从凶之字常與田形相混，如稷字寫作稷可證。韓勑碑、武梁祠畫像、祥瑞圖等離字並从禹，也和田形相近。離即黐字，《廣雅·釋詁》四「粘也」。《廣韻》「黐膠所以粘鳥」，又「黐，粘黐也」。《玉篇》：「黐粘飯也。」那末，粘膠是用粘飯做的。用黐膠來粘鳥和《戰國策·楚策》所説調飴膠絲來粘蜻蜓是差不多的，只是黐用黍而飴用米罷了。然即橪字，《説文》：「橪，酸小棗也。」《史記·司馬相如傳》「枇杷橪柿」，徐廣注：「橪，棗也。」離然應是用小棗和黍米做的粘飯。

簡一三七　孝糃（餳）一資（瓷）

孝糃　糃字字書所無，即餳字，也即糖字。《説文》：「餳，飴和饊者也。」今本餳作餳，這是由於漢隸昜易混淆，从昜聲的字，又往往由陽唐韻轉入庚青韻，後來人就把讀徐盈切的餳字，改爲餳字，從易，與音唐的餳字分爲兩字。而古書餳字也往往被改爲餳字了。《方言》十三：「餳謂之餦餭，飴謂之餩，䬴謂之餚，餳謂之餹。凡飴謂之餳，自關而東，陳楚宋衛之間通語也。」郭璞注「謂干飴也」。《廣韻》和今本《玉篇》才有糖字，餹可作糖，餳當然也可作糃。孝讀爲膠，从孝聲的酵，即讀如膠，嘐字有交哮兩音，漻字有古巧、胡巧兩切，均可爲證。那末，孝糃就是膠餳，也就是膠牙餳。《荆楚歲時記》在元月一日條下説：「今人又進屠蘇酒、膠牙餳。」《本草》飴糖條，陶宏景説：「方家用飴糖，乃云膠飴，皆是濕糖如厚蜜者。」膠飴也就是膠牙餳。近代南方還把琥珀色如膠狀的飴糖稱爲餳糖，餳音晴（徐盈切）。

簡一三八　魴一坑（瓬）

魴　《爾雅·釋魚》「魴魾」。郭璞注：「今江東呼魴魚爲鯿。」但魴魚和鯿魚只是類似，不是一物。《説文》鯾又作鯿，跟魴不同。《詩經》常把魴魚和鯉魚、鱮魚放在一起，《衡門》這首詩裏説：「豈其食魚，必河之魴。」陸璣《毛詩草木鳥獸蟲魚疏》：「魴，今伊洛濟潁魴魚也，廣而薄肥，恬而少力，細鱗魚之美者。」此當作成魚醬之類。

坑　字从冇，漢隸亢多作冇，或作亢，北魏呂望表，坑作堉，可證。坑即瓬字，《方言》五：「瓬甖也，靈桂之郊謂之瓬。」郭璞注：「今江東通呼大瓮爲瓬。」《廣雅·釋器》「瓬瓶也」。字亦作堈或甌。《新撰字鏡》瓬字下注「堈同」。《玉篇》「堈器也，亦作甌」。《廣韻》：「堈，甕也。」「甌，上同。」《説文》没有瓬、堈、甌等字，而有瓨、缸兩字，説：「瓨，似甖，長頸，受十升，讀若洪。」又說：「缸，瓨也。」《廣韻》缸下江切「罌缸」，𤭛「上同」。𤭛應是瓨字之誤。這些字都是一聲之轉。如《廣韻》岡、崗、剛、掆、鋼、綱、犅、堈等字和亢、笐、苀、犺、魧、迒等字都音古郎切，而瓨字變爲甌，正如扛字的變爲掆，即由古音的東部轉入陽部。由於方音的不同而假借別的字，如此簡借坑字來代替瓨或缸字，《玉篇》《廣韻》《字鏡》等書則借堈字，改爲从瓦的形聲字，就出現了瓬和甌字了。《史記·貨殖傳》「醯醬千瓨」，可見瓨是用來盛醯醬之類的。出土物中有印紋硬陶壺一件，是盛豆豉醬的，大概就是這裏所說的坑。

簡一三九　殺一坑（瓬）

殺　殺讀如鰶，《左傳·昭公元年》「周公殺管叔而蔡蔡叔」，注上蔡字「從殺下米」，此殺可讀如祭之證。《晉書音義》列傳四十六引呂忱《字林》「⿱殺魚鰶魚出東萊」。又引阮孝緒《文字集略》「⿱殺魚，亦作鰶」。《倭名類聚抄》八引《四聲字苑》：「鰶，魚名，似鰆而薄，細鱗也。」《廣韻·十三祭》「⿱殺魚，魚名，可爲醬」，那末，這是鰶魚的醬。

簡一四〇　馬醬一坑（瓬）

馬醬　馬醬大概是魚醬的一種。《倭名類聚抄》八引《唐韻》「鰢，魚名也」。《玉篇》《廣韻》都一樣，没有説到它的形狀。《倭名類聚抄》原注引日本古書説「都久良」，那是日本人對這種魚所用的和名，狩谷望之的注認爲是小鯔魚。

簡一四一　鰸一坑（瓬）

鰸　《説文》：「魚名。狀似蝦，無足，長寸，大如叉（釵）股，出遼東。」這也應是魚醬。

簡一四二　一右方魫（醓）、䐤（鮨）十牒資（瓷）九、坑（瓬）五

以上實際是十二牒，但是只有八個資和四個坑，那末，可能是十四牒，脱四字，並少一資一坑。

簡一四三　鰿離巂（雋）一⿰耳占（⿰耳斗）

鰿離巂　鰿即鯽魚。離字寫作蘺，並見前。離同儷，耦也。《禮記・曲禮》「離坐離立」，注「兩也」。《月令》「宿離不貸」，注「讀如儷耦之儷」。《白虎通・嫁娶》：「離皮者兩皮也。」可見離可以解釋爲兩。巂就是巂字，漢代巂雋不分，如攜作擕可證。此即雋字，也即鐫字，假借爲竹簽的簽字。《説文》：「鐫，穿木鐫也，讀若瀸。」又説：「鐵，鐵器也，一曰鑴。」這個鑴就是鐫的誤字。鐫是錐一類的工具。《説文》又説：「簽，驗也，一曰鋭也，貫也。」鋭和貫的解釋和鐵字的意義是相通的。《倭名類聚抄》卷六《厨膳具》引《唐韻》「籤（昨先反）細削竹也」。籤就是簽的俗字。《廣雅・釋器》「簽謂之鏟」，鏟就是弗（串）字。《一切經音義》十二引《字苑》「弗，初限反，謂以簽貫肉炙之者也」。當然，炙肉的簽是鐵的，應該作鐵，而削竹爲之才應該作簽。那末，鰿離巂是用竹簽串起來的兩條鯽魚，是一種干魚。《廣韻》在魼（音怯）字下注：「以竹貫爲魚干，出復州界。」可見干魚是用竹簽穿起來的，鯽魚和下簡鯉魚是較大的魚，所以只穿兩個。這個墓發掘出來時，槨首（北槨箱）的案上有五個卑篋，其中一個就放有竹簽，並有魚骨，見《簡報》圖版 15.2（圖版九、一一、一九七）。

聑　即咠字。金文咠本作耶，象附耳聶語之形，即所謂緝緝私語。舊釋聖是錯的。小篆把右旁的口移到耳字上面去了。此簡口字仍在右旁而把十字寫在口的上面，好象从古，其實非是。咠字《説文》訓「詞之咠矣」，是引用《詩經・板》「辭之輯矣」的話。咠和緝、輯、戢等字，都有集合在一起的意思。《爾雅・釋詁》：「戢，聚也。」把這些用竹簽串起來的食物放在一起稱爲咠，等於把詩文等匯合在一起稱爲集。出土遺物中有一疊用竹簽串起來的梅子，就是下文所記的梅十咠（圖版二六四）。

簡一四四　鯉離巂（雋）一聑（咠）

簡一四五　白魚五聑（咠）

白魚　此是白小魚，與《説文》訓「海魚」之鮊無涉。海魚之鮊，據桂馥《説文義證》説：「大者長七八尺，肉不美，其子可鹽藏。」是不適宜於用竹簽串起來的。另外，《開寶本草》所説白魚，「大者六七尺，色白，頭昂，生江湖中」，也不是這裏所説的白魚。《説文》：「鯫，白魚也。」《史記・貨殖列傳》「鯫千石，鮑千鈞」，張守節正義説「雜小魚也」。鯫亦作鰇，《玉篇》：「鰇，白魚也。」司馬遷所説的是當時通都大邑暢銷的貨物，那末，這種白魚才是日常食用的，所以有五聑（咠）之多。張守節還説：「鮐鮆以斤論，鮑鯫以千鈞論，乃其九倍多（按其實不止九倍——蘭注），故知鮐是大好者，鯫鮑是雜者也。」杜甫

《白小》詩説：「白小羣分命，天生二寸魚，細微霑水族，風俗當園蔬。」就是這一類。唐代人又爲此造了一個魝字。《倭名類聚抄》卷八引張戩《考聲切韻》説：「魝（音小），白小，魚名也。似鮊魚，長一二寸者也。」那末，《説文》稱爲鮿的白魚，應是白小魚，所以《漢書・張良傳》記被劉邦所駡的「鮿生」，服虔注説「鮿，小人也」，就是由小魚引申爲小人的。王念孫《廣雅疏證》在《釋魚》「鮊鱎也」條下，既説「今白魚，生江湖中，鱗細而白，首尾俱昂，大者長六七尺」，而接着説「一名鮿，《説文》鮿白魚也」。不知《本草》的白魚和《説文》的白魚，不是一種魚。過去考證家往往只從書本上，尤其是字面上來談訓詁，不管文義，更不問每一事物的本來意義，這類考證是無用的。這也是一個例子。

簡一四六　一右方蕠（縈）魚七⿰耳占（⿰十斗）

蕠魚　蕠即縈字，晉爨寶子碑縈字作榮，唐皇甫誕碑作榮，可證。《詩經・樛木》「葛藟縈之」，毛傳「縈繞也」。用竹簽串起來的干魚是用繩索繞着的。《家語》：「子路見孔子曰：枯魚銜索，幾何不蠹。」枯魚就是干魚。

簡一四七　醢（⿰酉監）一資（瓷）

醢　醢就是⿰酉監字，右旁从鹽省。《説文》：「⿰酉監，泛齊行酒也。」泛齊見《周禮・酒正》，是五齊中的第一種。鄭玄注：「泛者成而滓浮泛泛然，如今宜成醪矣。」《釋名・釋飲食》：「汎齊浮蟻在上汎汎然也。」那就像現在的醪糟，糟浮在酒面上，像浮蟻一樣。行酒是淡酒，《九章算術・盈不足篇》：「醇酒一斗，直錢五十；行酒一斗，直錢一十。」那末，行酒的成分只有醇酒的百分之二十左右。大概是烹調用的料酒。

簡一四八　醢（鹽）一資（瓷）

出土陶器竹簽有醢一資。

簡一四九　⿱次且（韲）一資（瓷）

⿱次且　字字書所無，即韲字。《説文》「韲，墜也，从韭，次、𠂔皆聲」。此簡從且次聲。因爲韲是菹的一類，所以從且。菹也作葅，《廣雅·釋器》「韲葅也」。《説文》韲字的或體作齏。《周禮·醢人》：「王舉則共醢六十瓮，以五齊、七醢、七菹、三臡實之。」鄭玄注：「齊當爲齏，凡醯醬所和，細切爲齏，全物若䐑爲菹。」《太平御覽》卷八百四十引《通俗文》：「淹韭曰韲，淹薤曰䪢。」正由於齏是搗韭菜做成的醃菜，所以小篆从韭。玄應《一切經音義》卷十九説：「齏醬，又作韲，醬屬也。」引《通俗文》云：「江南悉爲葅，中國悉爲齏。」這是南北朝時的慣語，北朝自稱爲中國，而把南朝稱爲江南。《倭名類聚抄》四引《四聲字苑》説「齏（即黎反）搗薑蒜用醋和之」。《玉篇》《廣韻》也都説「薑蒜爲之」，是用蒜而不用韭了。

簡一五〇　醬一資（瓷）

簡一五一　一右方醢（醯）醬四資（瓷）

簡一五二　瓜苴（菹）一資（瓷）

瓜苴　瓜字寫作□，朱德熙、裘錫圭兩同志據漢印瓠作□，狐作□、□的瓜旁與此相近，定爲瓜字是對的，今從其釋。苴《説文》訓爲「履中草」，此處應與菹字同，《説文》：「菹，酢菜也。」酢菜就是酸菜。一作葅，《北堂書抄》一百四十六引《聲類》「葅藏菜也」。《釋名·釋飲食》：「葅阻也。生釀之遂使阻於寒温之間不得爛也。」《周禮·醢人》有「七菹」，鄭玄注「韭、菁、茆、葵、芹、菭、筍」。但鄭玄根據《周禮》，没有分别菹和醢，因此對於菹，不分菜和肉。許慎《説文》則把菹專指酢菜（酸菜，類似現在的泡菜），而於血部的藍醢字，解爲「醢也」，專指肉類。從這分遣策來看，則是西漢初年，苴（菹）字已經專指菜類了。《詩經·信南山》「疆埸有瓜，是剥是菹」，傳「剥瓜爲菹也」。鄭玄箋「剥削淹漬以爲菹」。《説文》「蘫（原誤藍，各家依《廣韻》、《集韻》引文改正）瓜菹也」。

簡一五三　襄（蘘）荷苴（菹）一資（瓷）

蘘荷　即蘘荷。《漢書·司馬相如傳》「茈薑蘘荷」，顔師古注：「蘘荷蓴苴也，根旁生笋，可以爲葅。又治蠱毒。」《急就篇》「老菁蘘荷冬日藏」，顔注「莖葉似薑，其根香而脆」。《説文》：「蘘，蘘荷也，一名葍蒩。」《廣雅·釋草》「蘘荷蓴苴也」。葍蒩與蓴苴，一音之轉。

簡一五四　笋苴（菹）一資（瓷）

簡一五五　一右方苴（菹）五牒、資（瓷）五

此只存三牒，資也只有三個，似有脱簡。

簡一五六　梅（梅）十駘（鈄）

出土物中有用竹簽串起來的梅子一疊。每層用兩根竹簽，共約十五個到二十個梅子，用竹夾夾住，長五十六釐米，寬四十八釐米，有軑侯家丞印的印泥封緘。共若干層，總厚十八釐米，應即此（圖版二六四）。

簡一五七　元（杬）梅（梅）二資（瓷）其一楊梅（梅）

元梅　元梅（梅）是用杬樹皮汁來藏的梅子。左思《吴都賦》「木則楓柙豫樟，栟櫚枸桹，綿杬杶櫨，文欀楨橿」。李善注引《異物志》「杬，大樹也，其皮厚，味近苦澀。剥干之，正赤。煎訖，以藏衆果，使不爛敗，以增其味，豫章有之」。《爾雅・釋木》「杬魚毒」，郭璞注：「杬，大木，子似栗，生南方，皮厚汁赤，中藏卵果。」按《爾雅》的杬本作芫，《説文》在草部，就是芫華，可以藥魚，與南方的杬木無涉，顔師古《急就篇》注已經指出郭璞的錯誤了。這裏所説的元梅，是用杬木皮汁所藏的，所以裝在硬陶罐内。

楊梅　楊梅（梅）見司馬相如《上林賦》「樗棗楊梅」，李善《文選》注引張揖曰：「楊梅其實似穀子，而有核，其味酸，出江南也。」按《爾雅・釋木》「時，英梅」，今本郭璞注説是「雀梅」，但《齊民要術》引郭璞注説「未聞」，所以邵晉涵《爾雅正義》、郝懿行《爾雅義疏》都認爲「雀梅」不是郭璞注。《説文》柍字注「柍梅也」，清代學者都認爲非果類，而不知道柍梅就是英梅，也就是楊梅，只是聲調略異，寫法不同罷了。源順《倭名類聚抄》九引《爾雅注》云「楊梅狀似莓子，赤色，味酸甜可食之」，不知是何家舊注。狩谷望之的箋注説：「《爾雅》不載楊梅，恐源君誤引他書也。」也是由於不知道英梅就是楊梅的原故。此簡有楊梅，出土物中也有楊梅，則西漢初年已經吃楊梅，還在司馬相如之前。《爾雅》之作，在戰國末到西漢初期，柍梅（楊梅）這種果實，自可見於《爾雅》。

簡一五八　笋十聑(鈄)

簡一五九　一右方楳(梅)、元(杬)楳(梅)、笋、瓦資(瓷)一

據簡一五七，應有二資，此少記一資。

從簡一三〇至此共三十簡，是菹、醢、鹽、梅之屬，都是調味所用的，相當於《儀禮·既夕禮》的「甕三：醯、醢、屑」，鄭玄注：「屑，薑桂之屑也。《内則》曰：屑桂與薑。」甕是瓦器，這份遣策裏的資和坑，也都是瓦器。

五、酒

簡一六〇　温(醖)酒二資(瓷)

温酒　温就是醖字，《説文》「醖釀也」。《一切經音義》九引《三倉》：「米麴所作曰釀。」《廣雅·釋器》：「醖、䤖、釀，酘也。」《倭名類聚抄》四引《通俗文》：「醖，酘酒也。」《集韻》引《字林》：「酘，重醖也。」《倭名類聚抄》又引唐蔣魴《切韻》：「酘，於(徒)斗反，酒再下麴也。」那末，醖酒是反覆重釀多次的酒。《文選·南都賦》「酒則九醖甘醴」，注引《魏武集·上九醖酒奏》曰：「三日一釀，滿九斛米止。」古代没有燒酒，以釀的次數多爲美酒。

簡一六一　肕酒二資(瓷)

肕酒　肕讀爲瀝。肕勒同音，鞶勒《詩經》作鞶革；革鬲同音，鬲又音歷，䰛是鬲字的或體；那末，肕可以讀爲歷。肕和瀝都是來母字。《楚辭·大招》「吴醴白蘗和楚瀝只」，王逸注：「瀝，清酒也。」長沙楚地，當然要用瀝酒。瀝字《説文》作醨，訓爲「䤈也」。又䤈字訓「醨酒也」。《玉篇》「醨䤈也，漉酒也」，又「䤈，以孔下酒也」。《廣韻》：「醨，下酒也。」那末，瀝酒是用底下有孔的陶瓮把酒汁瀝下來，把漕滓去净了，所以王逸説是清酒。段玉裁《説文注》解醨字説：「謂滴瀝而下也，在水部作瀝，在酉部作醨，《周禮·量人》作歷，古文假借。」這是很對的。「下酒」是漢代的常用語。《詩經·伐木》「釃酒有藇」，毛萇傳「以筐曰釃，以藪曰湑」，《釋文》「釃，謂以筐漉酒」，正義「筐，竹器也；藪，草也。釃酒者或用筐，或用草，於今猶然」。這也是一種瀝酒的方法。《説文》解釋釃字，也説「下酒也」。釃和簁同音，等於現在的篩，用筐或草把酒糟瀝掉，大概

是商周時的舊方法，到後來用陶瓮來瀝酒，可以一滴一滴慢慢地瀝下來，已是進了一步。《周禮・酒正》的六齊裏，第四種叫做「緹齊」，鄭玄注：「緹者成而紅赤，如今下酒矣。」賈公彥疏「下酒謂曹（糟）床下酒」，用糟床來瀝酒，恐怕已是唐代的造酒方法了。時代在發展，造酒的方法也是在不斷發展的。

出土陶器竹簽有監酒，疑當作盬酒。

簡一六二　米酒二資（瓷）

米酒　米酒當即醴酒。《周禮・酒正》的六齊中，「二曰醴齊」，鄭玄注「醴猶體也。成而汁滓相將，如今恬酒矣」。《禮記・雜記》「醴者稻醴也」。《北堂書抄・酒食部》引《韓詩》：「甛而不泲，少麴多米曰醴。」《漢書・楚元王傳》顔師古注：「醴甘酒也，少麴多米，一宿而孰（熟）不齊之。」《説文》：「醴，酒一宿孰也。」《釋名・釋飲食》：「醴齊，醴體也。釀之一宿而成體，有酒味而已也。」醴和醪相類，《説文》「醪汁滓酒也」。《漢書・文帝紀》「爲酒醪以靡谷者多」，酒醪費谷，説明是用米做的。今江浙稱醪糟爲米釀，所做的酒，江西人就稱爲米酒。一宿而成的，酒味極薄。

簡一六三　白酒二資（瓷）

白酒　《一切經音義》九引《通俗文》「白酒曰醝」。《周禮・酒正》「三曰盎齊」，鄭玄注：「盎猶翁也。成而翁翁然葱白色，如今酇白矣。」陸德明《釋文》：「酇白即今之白醝酒也。」《酒正》又有三酒：「一曰事酒，二曰昔酒，三曰清酒。」鄭玄注：「昔酒今之酋久白酒，所謂舊醳者也。」《禮記・内則》「酒清白」，鄭玄注「白，事酒、昔酒也」，可見事酒、昔酒都是白酒，不過昔酒是陳釀，所以叫做酋久白酒，酋是久熟的意思，酋久應是當時的常用語。清酒、白酒是酒的兩大類，所以曹操禁酒時，酒徒們的隱語把清酒叫做聖人，白酒叫做賢人。

簡一六四　一右方酒資（瓷）九

酒資　酒資就是酒瓷，等於現在的酒罎。

按上文四簡只有八資，此云九資，少一資。此五簡記的是酒，相當於《既夕禮》「甒二，醴、酒」，注「甒亦瓦器也」。這裏的資等於《儀禮》的甒。從簡一百三十至此，應有二十九資，今出土的帶釉硬陶罐，共二十二個。

六、用器

簡一六五　髹（漆）畫木鼎七皆有蓋盛羹

髹　髹就是髤字，其實就是現在的漆字。《説文》：「髤，桼也。」桼是名詞，是用漆樹皮汁做成的涂料；髤是動詞，是以漆漆物。《説文》髤字从髟聲，讀如休，因此，古書或把髤字寫作髤，或改从休聲作髹。《史記・貨殖列傳》「木器髤者千枚」，徐廣注「髤音休，漆也」。《漢書・外戚傳》「其中庭丹朱而殿上髤漆」，顔師古注：「以漆漆物謂之髤，音許求反，又音許昭反。今關東俗，器物一再著漆者謂之捎漆，捎即髤聲之轉重耳。髤字或作髹，音義亦與髤同。今關西俗云黑髤盤、朱髤盤，其音如此。」但《説文》「髤，桼也」，和「匏，桼垸已復桼之」等桼字，顔師古所謂「以漆漆物」的後一漆字，都是動詞。《儀禮・鄉射記》「楅髤」，注：「赤黑漆也。」《周禮・巾車》注「髤謂赤多黑少之色韋也」，則髤也可以作爲名詞。那末，在實際應用時，名詞、動詞的區分，並不是很嚴格的。《北堂書鈔》《初學記》和《太平御覽》等書所引的魏武帝《上雜物疏》有漆畫書案、漆畫案、漆畫重几、漆畫韋枕、黑漆韋枕、銀鏤漆匣、油漆畫嚴器等等（見嚴可均輯《全三國文》卷一），並直作漆字，可見用漆漆的器物，仍舊叫漆器，並不讀作休音，讀爲休音的，只是某些時期中個别地區的用語。所以《廣韻》儘管以髤髤兩字入尤韻，音休，而在至韻又有髤字，訓爲「以漆涂器」，音次。而過去有些人死守以漆漆物的字要讀如休的説法，認爲《廣韻》是錯的，這是不通曉語音發展變化的緣故。其實从髟的字，都是和長髮有關的（長字本身就象長髮的人，後來才加彡旁，所以從長和從髟是一樣的），髹和髤本是从長（髟）從桼聲，指髮黑如漆，並不是從黍髟聲的形聲字，也不應該讀如休。假借以爲「以桼桼物」的動詞，和假借水名的漆爲「以桼桼物」的名詞，是一樣的。古代名詞和動詞的語音差異，都是聲調上的不同，《廣韻》髤有音次的讀法，正是漆字的去聲。那末，入聲的漆是名詞，去聲的髤是動詞，是完全符合語音的規律的。而髤字的讀如休，實際上是由匏字的音轉來的。匏是「桼垸已，復桼之」，和顔師古所説「一再著漆者謂之捎漆」的話正相合。《廣韻》匏音薄交切，訓爲「赤黑之漆」，也和《儀禮》注所説「髤，赤黑漆也」相合。包聲的字可以轉爲休聲，炰烋是疊韻連語，《詩經・蕩》「女炰烋於中國」，其字又作咆烋（《文選・魏都賦》）、咆哮（崔瑗《東觀箴》）、包哮（《三國志・高柔傳》注)、咆虓(《廣韻・五肴》)、彪休(《文選・琴賦》)等等，那末，匏和髹、髤、髹等字，實是一聲之轉，讀休音的髹是一再上漆的專門語言，而不是一般漆器的名稱。一般漆器，只名爲漆器是古今所同的，讀爲休的一音，在現代語音裏早就没有了。在這份遣策裏，一再上漆的器稱爲⿰足桼洀，洀是匏音之轉，此外諸漆器，就應該只讀爲漆，不需要讀爲休。

出土物有雲紋漆鼎七件與簡合(圖版一五四、插圖六九)，其中一鼎中有藕片。簡文食物類有兩個鼎說到禺(藕)，巾羹有禺一鼎見於陶器竹簽，那末，這個有禺的鼎，應即簡二十的鮮鱯(鱯)禺(藕)鮑白羹。

簡一六六　⿰足桼(漆)畫鈚(匕)六

鈚　鈚即匕字。比與匕通用，小篆妣字，金文作𠤧。鼎匕相聯繫，《詩經・大東》「有捄棘匕」，毛傳：「匕所以載鼎實。」匕或作朼，《儀禮・士喪禮》「朼載」，又《少牢饋食禮》「長朼」，鄭玄注並說：「古文朼作匕。」又作枇，《禮記・雜記》「枇以桑」，匕一般是用木做的，所以作朼或枇，而用銅的就寫作鈚。漆畫木匕是明器，用以代替銅器，所以還寫作鈚。出土物中正有六件雲紋漆匕，舊讀誤認爲勺(圖版一六五上，插圖七三)。

簡一六七　一右方⿰足桼(漆)畫鼎七、鈚(匕)六

簡一六八　⿰足桼(漆)畫卑匾桱(徑)八寸卌其七盛乾肉郭(槨)首、卌一盛癐(膾)載(胾)

卑匾　詳簡四五。

桱八寸　桱即徑字，出土卑匾二十枚，口徑十八・五釐米，合漢尺八寸。

乾肉　肉寫作宍，史晨後碑作宍。《越絶書》「飛土逐宍」。唐代經生書往往用宍作肉。《廣韻》「肉俗作宍」。

簡一六九　一右方卑匾卌

簡一七〇　⿰足桼(漆)畫⿱艹業(⿱艹僕)圩(盂)十枚其一盛牛肩郭(槨)左九郭(槨)足

⿱艹業圩　⿱艹業圩即⿱艹僕盂。⿱艹僕即撲曲的撲，通作薄，指用竹或葦所編的器，已見前。圩就是盂，古代常以盤盂連稱。《尸子・處道》「盂方則水方，盂圓則水圓」(《後漢書・呂强傳》引作杅)，則是水器。周代銅器中盂常自稱爲鐼(饙)盂、飤盂，則是

盛食器。《説文》「盂，飯器也」，有的本子作飲器，《儀禮・既夕禮》「兩杅」注「杅，盛湯漿」，則又可以飲。此簡説盛牛肩，則又不止盛飯了。可見盂是盛器，其用途並不是很固定的。漢代常見的盂，過去稱爲洗，徐中舒訂正爲盂（見《當涂出土晉代遺物考》）是對的。但《儀禮・士冠禮》「設洗」，鄭玄注：「洗承盥洗者棄水器也。士用鐵。」看來，洗是比較大的。賈公彦疏：「案漢禮器制度，洗，士用鐵，大夫用銅，諸侯用白銀，天子用黄金也。」就其用途來説，盂和洗是可以同類的。此稱[艹菐]圩，應是仿竹器或葦器的盂。疑此即盋盂，《漢書・東方朔傳》「置守宫盂下」，顔師古注：「盂，食器也，若盋而大，今之所謂盋盂也。」出土遺物中有編織雲紋漆盂六枚，同出槨左（東槨箱），與簡略異（圖版一六六，插圖八〇3、4）。

簡一七一　髹（漆）畫沐（木）般（盤）容五斗

沐盤　此當依後文小題作木盤，此處是食器，不應羼入沐髮用的水器。

簡一七二　髹（漆）畫盛六合、盛黄白粢稻食麥食各二器

盛已見前。麥食二器和簡一一二合。據簡一一三至一一五，共有黄白粢八盛，稻食四盛。這裏黄白粢和稻食，總共只四盛，尚缺八器。而出土遺物，漆盛又只有四件（圖版一五五、一五六，插圖七二）。

簡一七三　一右方髹（漆）[艹菐]（[艹僕]）圩（盂）十、木般（盤）一、盛六

簡一七四　髹（漆）洀（般）食檢（籢）一合盛稻食

髹洀　洀就是般字。此字寫作羽，有些象羽字，朱德熙、裘錫圭兩同志説應從三旁月（或月），甚是。容庚曾釋爲彤是錯的。字從水旁舟，極明顯。最近，湖北雲夢漢墓所出隨葬器物木方，水旁舟字，更無可疑。《管子・卜問》「君乘駁馬而洀桓」，洀桓就是《周易・屯卦》的「磐桓」。古書還有作般桓、盤桓、槃桓、畔桓等的，都只是一些寫法上的不同。漆器裏常見髹洀兩字。解放後，貴州清鎮出土的元始三年（公元三年）乘輿髹洀畫木黄耳杯，列有：素工、髹工、上工、銅耳黄涂工、畫工、洀工、清工、造工等工序；過去樂浪所出建平四年（公元前三年）乘輿髹洀畫紵黄釦飯槃也有：髹工、上工、銅釦黄涂工、畫工、洀工、清工、造工等工序。這些工序裏，素工是做胎骨的。陶宗儀《輟耕録》把棬木胎叫做棬素，可證。漆工是涂

漆的一道工序。刷漆同時或少後，又有上工的一道工序，可能上朱黑等底色。這道涂漆的工序，據《説文》又可以稱爲垸，是「以桼和灰而髤也」，在《輟耕録》裏稱爲「糙漆」。這時，漆器的第一階段已經完成，所以可以加銅釦（銅耳）黄涂（塗）的一道工，還可以由畫工加畫。汭工是列在畫工之後的，如果把汭字釋成彤，單指朱漆，無論在字形上要把左旁移到右旁是很牽强的，就是從漆工藝來説，也是不可通的。朱漆和黑漆是同時施工的，《儀禮・鄉射禮》「楅髤」，注：「赤黑漆也。」正如段玉裁在《説文注》裏所説：「以桼桼物謂之髤，不限何色也。」漆本無色，朱漆、黑漆，只是底色不同，決不可能在畫了以後再上朱漆的（墓中所出幸酒杯等都是上了朱漆後再寫字的）。其實，汭工就是《説文》所説的「桼垸已復桼之」的「麭」。上完糙漆以後，要經過一個時期，讓桼干了，經過打磨，才能再上漆，説「桼垸已」，就是這道「和灰而髤」的程序已經完成的意思。汭（般）和麭一聲之轉，汭般皆從舟聲，本在幽部，《説文》讀如休的髤字和麭都是從髤汭的汭這個語音轉變而成的，其本意就是上完灰漆之後，再上一道漆。經過汭工之後，才由清工來清理漆中斑點之類，然後磨光。造工大概是總管這些工序的，所以列在最後。從這些工種的次序來看，汭工就是麭工無疑。這許多工序裏汭和桼是最主要的兩道工序，所以特別提出來。這次出土的諸漆器，據有人鑒定都只有一道漆，大概没有把和灰的底漆算在裏面。《説文》所録的垸、麭等字，雖是公元一世紀末的記載，但上引兩件漆器是公元前三年或後三年的作品，相距不過百年，這些工序不會突然發生的。那末，髤汭諸器的標爲汭，在工藝上必然有其特點，與髤畫諸器的標爲畫是一個道理。我們知道這批漆器中如變幾和屏風所施的漆比較粗糙，但不知在工藝上應如何評定。而作爲明器，也有可能並不是按遣策上所寫的品種隨葬的。凡此種種，還需要作進一步的研究。

據簡一一五和一一六，盛稻食的應有二檢（籢），此簡只有一個。墓左出土的粉彩雲氣紋漆奩，據説裏面盛米酒，應即此。可能稻食經過某種條件的自然變化而成爲酒的。但是採漆而不是漆汭。

此簡失後題。

簡一七五　髤（漆）畫壺一有蓋盛沮（温‖醖）酒

沮酒　沮疑是温字的筆誤，温酒即醖酒。

簡一七六　髹（漆）畫壺二皆有蓋盛米酒

簡一七七　髹（漆）畫壺三皆有蓋盛米酒

簡一七八　—右方髹（漆）畫壺六

此六壺墓中未見。

簡一七九　髹（漆）畫橦（鐘）一有蓋盛温（醖）酒

簡一八〇　髹（漆）畫橦（鐘）一有蓋盛温（醖）酒

簡一八一　—右方髹（漆）畫橦（鍾）二

橦　《説文》：「橦，帳極也。」此用爲鐘，《説文》以从童的鐘爲樂器，从重的鍾爲酒器，古代常通用。出土雲紋漆鐘兩個，據説是盛羹的，或者濁酒沉澱與羹相似。有一個「石」字的銘，表明盛一石（圖版一五七，插圖七一）。

簡一八二　髹（漆）畫枋（鈁）一有蓋盛米酒

簡一八三　髹（漆）畫枋（鈁）一有蓋盛米酒

簡一八四　髹（漆）畫枋（鈁）二有蓋盛白酒

簡一八五　—右方髹（漆）畫枋（鈁）四

枋　枋爲木名，此用爲鈁。《説文》：「方，鐘也。」出土雲紋漆方壺四件，據説盛羹，恐怕也是酒滓。有銘文「四斗」二字（圖版一五八，插圖七〇）。

簡一八六　髹（漆）畫勺一

簡一八七　髹（漆）畫勺一

簡一八八　—右方髹（漆）畫勺二

出土浮雕龍紋漆竹勺二枚，與此合（圖版一六五下，插圖七六）。

簡一八九　髹（漆）布小卮一容二升有蓋盛温（醞）酒

髹布　即夾紵。以紵布爲胎，所以或稱紵（見上引建平四年飯槃），或稱布。

卮　過去多誤稱圓筒形的器爲奩，王振鐸同志的《論漢代的飲食器中的卮與魁》一文中已加以訂正。《禮記·內則》「敦牟卮匜」，注：「卮匜，酒漿器。」《史記·項羽本紀》「賜之卮酒，則與斗卮酒」，可見卮是酒器。《説文》：「卮，圜器也，一名觛。」又「觛，小觶也」（《太平御覽》引作「小卮也」）。又：「觶，禮飲酒角也，受四升。」又：「䏴，小卮也。」又：「𠨬，小卮有耳蓋者。」皆一物之異名。時代不同，方俗不同，器形略有變化，語音也多變異，就隨之而增加許多新字，王國維在《觀堂集林》裏已經指出了。《韓非子·外儲説右》：「爲人主而漏泄其羣臣之語，譬猶玉卮之無當也。」當是卮的底，今目睹古玉卮，常有無底的，玉卮無當的成語是信而有征的。美玉難得，玉卮極貴重，所以漢代常用漆卮。

墓中出土針刻雲獸紋夾紵漆卮一個，略大於二升卮，有鎏金銅耳，放在槨首案上，當即此（圖版一六一右，插圖七五）。

簡一九〇　髹（漆）畫二升卮八

墓中出土雲紋君幸酒漆卮四枚，銘爲「二升，君幸酒」，當即此，但只有半數（圖版一六一左，插圖七四）。

簡一九一　髹（漆）畫七升卮二皆有蓋

墓中出土雲紋君幸酒漆卮一枚，有蓋，銘爲「七升，君幸酒」，即此，亦只有半數（圖版一八三）。

簡一九二　髹（漆）畫斗卮二有蓋

墓中出土雲紋漆卮，大於七升卮，當即此。也只有一個（插圖三六 135）。

簡一九三　——右方髹（漆）畫卮十五

從簡一八九至一九二，共卮十三，還少兩個。

簡一九四　髹（漆）洀（般）幸食杯五十

簡一九五　髹（漆）洀（般）幸食杯五十

簡一九六　—右方髹（漆）洀（般）幸食杯一百

墓中出土君幸食漆耳杯五十枚，銘爲「君幸食，一升半升」，即此，亦只有半數（圖版一九一，插圖七七1）。

簡一九七　髹（漆）畫大栘（匜）容四升十

栘　栘匜音同，《廣韻》弋支切。《禮記·内則一》「敦牟卮匜」，注：「卮匜，酒漿器。」又《玉藻》「母没而杯圈不能飲焉」，注：「謂卮匜之屬。」《廣韻·五支》：「匜，杯匜，似榹，可以注水。」又《四紙》：「匜，杯匜，有柄，可以注水。」總之，由戰國以後，匜的用途已不僅沃盥，而轉爲酒漿器，其形狀也轉變得和杯相類，甚至是一物而異名了。出土有雲紋君幸酒漆栘十枚，銘在腹内爲「君幸酒」，耳背朱書「四升」二字，與此正合（插圖七七2）。

簡一九八　髹（漆）畫龔（供）中幸酒杯十五

簡一九九　髹（漆）畫龔（供）中幸酒杯十五

龔中　龔即供字，《説文》：「龔，給也。」與供同義。中，内也。意謂供内用。墓中出土卷雲紋君幸酒漆耳杯二十枚，銘爲「君幸酒，一升」，當即此。但比此少十枚（圖版一八九，插圖七七3）。

幸酒　「幸酒」「幸食」等的「幸」字爲統治階級專用的動詞。《漢書·成帝紀》「其後幸酒樂、燕樂」，注：「晉灼曰：幸酒好酒也。」實際上貴族們飲酒進食，到什麽地方去和寵愛那個人，都可以叫做「幸」。「君幸酒」「君幸食」的「君」即泛稱這類貴族。

簡二〇〇　—右方髹（漆）畫栘（匜）十幸酒杯卅枚

按栘和幸酒杯同一後題，知此栘是酒器。

簡二〇一　髹（漆）畫小具杯廿枚其二盛醬、鹽其二郭（槨）首、十八郭（槨）足

小具杯　具杯指食具所用的杯。《禮記·内則》「若未食則助長者視具」，注：「具，饌也。」《漢書·何武傳》説何壽爲具召武弟顯及故人楊覆衆等，顔師古注：「具謂酒食之具也。」正由於是酒食之具，所以具杯中的兩個是放醬和鹽的，兩個放在槨首象徵宴會的場所。有人把具杯當作一套杯子是錯的。具字是作爲量詞講的，例如魏武帝《上雜物疏》有純金參帶方嚴（即妝，避漢諱改）四具，銀畫象牙盤五具等，都是一具爲一件，所以這個具字和下文杯㭘無關。

墓中出土幾何紋君幸酒漆杯十個，長徑十四釐米，是出土漆杯中最小的。一件出於郭首（北槨箱），和卑虒、小卮等同列案上，説明即此具杯。此外九個在槨左，不在槨足，數目也只有一半（圖版一六四、一九〇，插圖七七4）。

簡二〇二　髹（漆）畫具杯㭘二合

㭘　《説文》：「㭘劍柙也。」柙通匣，《説文》：「匣匱也。」《史記·刺客傳》：「秦舞陽奉地圖匣。」那末，㭘本是盛物之匣的通名，後乃專指劍匣。杯㭘就杯匣。㭘从合聲，合本像有蓋的圓器形，後來又寫作盒。墓中出土的具杯㭘，只容七個具杯，説明並不是由於杯和㭘成爲一套，才叫做具杯的。盛杯之器又叫做笿，《説文》：「笿杯笿也。」《一切經音義》十六引《字林》：「笿，杯籠也。」這是用竹籠來盛杯的。㭘从合聲，笿从各聲，合和各也是一聲之轉。這説明盛杯之器有多種，此墓杯㭘是做得比較精緻的。出土只有一件，比簡文也少一半（圖版一六四，插圖七八1—4）。

簡二〇三　—右方髹（漆）畫小具杯廿枚、檢二合

檢　上簡稱㭘而此稱檢，似是筆誤。

簡二〇四　髹（漆）畫食般（盤）俓（徑）一尺二寸廿枚

墓中出土雲獸紋漆盤十件當即此，盤底朱書「九升」二字，口徑二十八·五釐米，相當於漢尺一尺二寸。但只有半數（圖版一八四、一八五，插圖八〇）。

簡二〇五　髹（漆）畫大般（盤）俓（徑）三尺一寸一枚

墓中出土雲龍紋漆盤，底有「軑侯家」銘，當即此。徑五十三·六釐米，合漢尺二尺三寸餘，較此略小（圖版一六二，插圖七九）。

簡二〇六　髹（漆）畫杝（匜）二

墓中出土的雲紋漆匜二件即此。底有「軑侯家」銘（圖版一六七，插圖八二）。

簡二〇七　—右方髹（漆）畫般（盤）小大廿一杝（匜）二

簡二〇八　髹（漆）畫平般（盤）俓（徑）尺六寸一枚

簡二〇九　髹（漆）畫平般（盤）俓（徑）二尺一枚

簡二一〇　髹（漆）畫平般（盤）俓（徑）二尺五寸一枚

墓中出土有雲紋漆盤，底部朱書「軑侯家」銘文，徑三十五釐米，約爲漢尺一尺五寸餘，不知應與此三盤中何者相當。出土器物往往小於記載（圖版一六二，插圖三七 1—117、七九）。

簡二一一　髹（漆）畫其末一長二尺六寸、廣尺七寸盛肉

其末　合音爲橛，一作嶡。《廣韻》橛字居月切，又其月切，古音月末同部，是古橛字長沙方言爲其末。《禮記·明堂位》記魯國祭周公的禮，「俎用梡嶡」。鄭玄注：「梡，始有四足也，嶡謂之距。」孔穎達正義説：「梡形四足如案。《禮圖》云：梡長二尺四寸，高一尺。諸臣加雲氣，天子犧飾之。嶡亦如梡而横拄四足中央如距也。」《廣雅·釋器》「橛几也」。那末，橛形如案，爲俎類，用以盛肉。此尺寸也與《禮圖》相近。

墓中出土雲紋漆案，在槨首，上有五個卑匾，一個小具杯，兩個卮，還有竹簽，即此簡所記。長六十·二釐米，約漢尺二尺六寸，寬四十釐米，與簡相符（圖版一六〇，插圖三六 382、八一）。但没有横距，實際是梡的形式而用橛的名稱。

簡二一二　髹(漆)畫其末一長二尺六寸、廣尺七寸

簡二一三　髹(漆)畫其末二廣各二尺長各三尺二寸

墓中出土另一雲紋漆案，寬四十六.五釐米，合漢尺二尺左右；長七十六.五釐米，約合漢尺三尺三寸餘，當即此，但只一件(圖版一八六，插圖三六 273)。

簡二一四　一右方平般(盤)三其末四

出土實物只有平盤一，其末二。

簡二一五　木髹(漆)畫大檢(籢)一合

此器未見。

簡二一六　髹(漆)畫木變機(几)一

變機　機即几字，《周易·渙卦》「渙奔其機」，注：「承物者也。」《周禮·司几筵》「凡吉事變几，凶事仍几」，注：「鄭司農云：變几變更其質，謂有飾也。」按《司几筵》有五几：玉几、彫几、彤几、漆几、素几。凶事用素几，此外都是變几。墓中出土的是幾何雲紋漆几，在槨首，是摹擬墓主人日常生活中用的，所以是變機。長六十三釐米，約漢尺二尺八寸餘，高四十三釐米，約漢尺一尺八寸餘。《周禮》疏引阮諶説：「几長五尺，高三尺，廣二尺。」又引馬融以爲「長三尺」。此與馬融説相近(圖版一九三，插圖八八)。

簡二一七　木五菜(彩)畫並(屏)風一長五尺高三尺

墓中所出方連龍紋漆屏風一件，長七十二釐米，合漢尺三尺一寸餘，高六十二釐米，合漢尺二尺七寸弱，比簡所記爲小(圖版一九二，插圖八九)。

簡二一八　—右方髹(漆)畫木器八牒

上記只有三牒，尚缺五牒。

簡二一九　瓦器三貴(簣)鍚(錫)塗(涂)其六鼎盛羹、鈁六盛米酒、温(醞)酒

貴　貴即簣字。《廣雅·釋器》：「簣籠也。」此爲盛物之籠。《史記·滑稽傳》「甌窶滿篝」，徐廣音義：「篝，籠也。」《廣雅·釋器》同。窶就是甀，甌和甀都是瓦器，可見籠也可以盛瓦器。三簣共盛十二器，那末，每簣四器。

鍚塗　鍚當作錫，隸書昜和易常混亂，張遷碑和靈台碑易字並訛作昜。塗字字書所無，即涂字。《尚書·梓材》：「唯其涂丹雘。」漢代銅器鎏金稱爲金涂，又叫黄涂。這是瓦器錫涂，以代替錫器。漢文帝禁止治霸陵用金銀銅錫，所以用錫涂的瓦器。

簡文説「錫涂其六鼎」，下文才説鈁六，可見錫涂限於鼎。但出土六個陶鼎只有四個是錫涂，兩個是彩繪(圖版二三五、二三九，插圖一〇七1、一〇八1)。陶鈁出土，只有兩個，都是彩繪。出土陶器竹笥有鹿醉羹、雞羹、牛白羹、鰿肉禺(藕)巾羹、瘍巾羹等，當即盛羹的六個鼎裏的，但還少一個笥。出土錫涂陶鼎裏有三個是有禽骨的，彩繪陶鼎裏也有一個有禽骨。

簡二二〇　瓦替(鬵)𤭛(鍑)各鍚(錫)塗(涂)

替　替是朁的錯字，漢隸替朁兩字常混亂。朁即鬵字。《爾雅·釋器》：「䰝謂之鬵。」《方言》卷五「甑自關而東或謂之鬵」，《廣雅·釋器》「鬵謂之甑」，《説文》：「鬵，大釜也。」

𤭛　𤭛字字書所無，即鍑字，因是瓦器，所以從瓦。《方言》卷五：「釜或謂之鍑。」

墓中出土有陶甑和陶鍑，並錫涂，即此(圖版二四九、二五一，插圖一〇八7、8)。

簡二二一　—右方七牒瓦器鍚(錫)塗(涂)

前記瓦器錫涂只有二牒，尚少五牒。出土物中有陶盛、陶壺皆錫涂，當屬此項。

簡二二二　瓦錝（鍾）二皆畫

錝　右旁「宗」字寫法與仲秋下旬碑和蒼頡廟碑合。錝鍾聲近通用。

出土瓦鍾一個是錫涂的，無畫鍾。

簡二二三　熏盧（爐）二皆畫

熏盧　即薰爐，漢劉向有《熏爐賦》。熏是「火烟上出」的意思，在爐裏燒薰草，使香氣上出，所以在蓋上是鏤空的，後來的博山爐，就是從熏爐發展而成的。墓中出土彩繪熏爐兩個，與簡合（圖版二三八，插圖一〇九）。

以上彩畫陶器兩簡無後題，墓中所出尚有陶豆、陶盛、陶鐎壺等也都是彩繪的。又前所記瓦資和坑（瓨）等，也都没有記載，出土物中有帶釉硬陶罐二十二個，就是瓦資（瓷），還有硬陶壺和鋗各一件。總之，陶器一項，脱簡是很多的。

由簡一六五至此共五十九簡都是用器。《既夕禮》所説「用器：弓、矢、耒、耜、兩敦、兩杅、槃、匜」，注：「此皆常用之器。杅盛湯漿，槃匜盥器也。」弓、矢、耒、耜，是士所用，此婦人葬禮無所用之。《既夕禮》又説「無祭器」，注：「士禮略也。大夫以上兼用鬼器人器也。」所説祭器，本都是銅器，即鼎壺等，軑侯妻當然可用祭器，但由於不用銅，所以漆器特多。

七、燕樂器

簡二二四　瑟一越閨（閏）錦衣一赤掾（緣）

越閏錦　越字右旁从成，形近而訛。閨是閏字之誤。鄐閣頌崖字作崖，从主；隋尉氏女墓志銘閏作閨。《説文》「黊鮮明黄也」，古書相承誤作黈，並可證。越閏之名待考。

出土瑟長一百一十六釐米，約漢尺五尺。《風俗通義·音聲篇》説「今瑟長五尺五寸」，較接近。出土瑟衣的緣是深烟色（圖版二〇六，插圖九四）。

簡二二五　竽一越閨（閏）錦衣素掾（緣）

出土竽二十二管,《風俗通義·音聲篇》説「今二十三管」,此少一管,無簧(圖版二〇五,插圖九七)。

簡二二六　竽律印熏(纁)衣一

竽律　古代以竹爲律,見《漢書·律曆志》等書。但周以後,大都用銅。《周禮·大司樂》「六律六同」,鄭玄注:「此十二者以銅爲管。」《漢書·律曆志》:「凡律度量衡用銅者,名自名也。所以同天下,齊風俗也。銅爲物之至精,不爲燥濕寒暑變其節,不以風雨暴露改其形,是以用銅也。」這是用銅的優點。蔡邕《月令章句》説上古聖人「始鑄金作鐘,以主十二月之聲」;又説「先有其鐘,後有其律」。因此,他經常以鐘律連稱,如説「古之爲鐘律者,以耳齊其聲,後不能則假數以正其度,度數正則音亦正矣」(以上見《續漢書·律曆志》注和《禮記·月令》正義所引)。這是由於十二律和編鐘的關係是分不開的。鐘之發展比較晚,商代還只有三個一組的手執的鐃,周以後才逐漸發展,十三個和十三個以上的編鐘是一直到春秋時才有的,十二律的完成,大概也在這個時期。所以六律的黄鐘,六吕的林鐘、夾鐘、應鐘都叫做鐘。六吕又叫做六同,見《周禮·典同》,故書就作銅字。所以十二律本是和鐘相應的,並且是用銅做的。竽律這個名稱,過去從未見過。《荀子·正名篇》説:「聲音清濁,調竽奇聲,以耳異。」楊倞注:「清濁宫商之屬,調竽謂調和笙竽之聲也。竽笙類,所以導衆樂者也。不言革木之屬而言竽者,或曰竽八音之首,故黄帝使伶倫取竹作管,是竹爲聲之始,《莊子》天籟地籟,亦其義也。」《韓非子·解老篇》説:「竽也者五聲之長者也。故竽先則鐘瑟皆隨,竽唱則諸樂皆和。」這是由於戰國時期新興的市民階層中管弦之樂已經盛行。《戰國策·齊策》蘇秦説齊宣王:「臨淄甚富而實,其民無不吹竽鼓瑟,擊筑彈琴,斗鷄走犬,六博蹹鞠者。」這種市民階級上層的糜爛生活,也影響到統治階級,所以齊宣王好竽,吹竽的有三百人。屈原《九歌》中的《東皇太一》描寫用以樂神的音樂説「揚枹兮拊鼓,疏緩節兮安歌,陳竽瑟兮浩倡」,可見楚國民間也是盛行這種音樂的。鐘律相應,主要是指打擊樂器爲主的金石之樂説的,金石之樂在春秋戰國時期只有王公卿相們才能具備。市民階層既盛行管弦樂器的絲竹之樂,就出現了竽爲五聲之長的説法,既用竽來導衆樂,律管就需要和竽相應。既然與鐘相應,稱爲鐘律,與竽相應當然要稱爲竽律了。這個墓裏出土的樂器只有竽和瑟,没有金石之樂。另外,在木俑裏有一個樂隊,五個俑都附有樂器,兩個吹的是竽笙之類,三個彈的是瑟琴之類,顯然是一個管弦樂的班子(圖版二〇三)。從文獻資料和出土實物相對照,這種竽律可以説是我國音樂史上極其重要的資料。出土竽律共十二支,竹質,插在雲紋綉花袋中(圖版二〇四）。每個律管上都墨書律名，其次序爲黄鐘、大吕、夾鐘、太簇、姑洗、中吕、林鐘、綏賓、南吕、夷則、無射、應鐘。從律管長短來看，綏賓應在林鐘之前，可能是插錯位置了（插圖九八）。據《漢書・律曆志》，黄鐘長九寸，但這只有十七・六五釐米，約漢尺七寸七分弱。可見它的長度與記載不合。

印熏衣　印是印花的意義。印和抑是一個字，《説文》抑本作[illegible]，「按也，從反印」。把刻好的印子一類的東西按在器物上，印出花紋來，抑是動詞，印是名詞。熏即纁字。《尚書・禹貢》説荆州「厥篚玄纁璣組」，是荆州很早就是生産纁帛的地方。《爾雅・釋器》：「一染謂之縓，再染謂之赬，三染謂之纁。」郭璞注説縓是「今之紅也」，赬爲「淺赤」，而纁是「絳也」。《説文》：「纁，淺絳也。」玄和纁固然是指顔色，但如《禹貢》這樣單説「玄纁」，就是指玄色和纁色的帛。不然《禹貢》説「玄纁璣組」，如果玄纁只指兩種顔色，就根本講不通了。此簡説印熏衣，應該是以印花的絳帛做竽律的囊。出土的囊確是紅色的，但不是印花而是綉花，這也是簡文和出土實物不完全符合的一例。

以上三簡缺後題，都是屬於樂器方面的。《既夕禮》説：「有燕樂器可也。」注：「與賓客燕飲用樂之器也。」這個墓裏所出只有竽、瑟和竽律，正是燕樂器。《逸周書・器服》説「侯樂鉍璪、參（三）笙、一竽，皆素獨」，也正有笙竽，鉍即瑟字。《逸周書》這一篇很象是戰國後期楚國人寫的，由此可見，這個墓裏的隨葬品和遣策所記，大都是依據戰國到漢初的禮儀制度的。這些樂器儘管正象《禮記・檀弓》所説「琴瑟張而不平，竽笙備而不和」，它們都是明器，不能實用，但它們的形象，總是摹擬實物，略存體制的。比《三禮圖》等書的懸空想象好得多。

八、内具

簡二二七　九子曾（層）檢（籢）一合

曾檢　曾即層字。檢即籢字，又作奩匳等字。奩的名稱，變化很多，前面所記都是食奩。《説文》所説「鏡籢」，《蒼頡篇》所説「盛鏡器」的匳，則是妝奩。《後漢書・陰皇后紀》「視太后鏡匳中物」，注「鏡匣也」，則可能是方奩。奩中所盛並不只鏡，正如慧苑《華嚴經音義》引《珠叢》所説：「凡宬（盛）物小器，皆謂之匳。」所以後世有香奩、粉奩、棋奩等等。漢末魏晉往往稱爲嚴具，或單稱爲嚴（就是妝字，因避漢明帝劉莊諱，改作嚴字）。墓中所出夾層粉彩雲氣紋木胎漆奩，應即此

（圖版一六八，插圖八四）。不説漆畫，可見它不是放在漆器一組的。曾檢就是雙層有蓋的奩。上層放手套、手巾，下層放九個小奩，六個是圓的，一個弓形，兩個長方形。內放脂粉、膏澤、絲綿撲，絲綿、假髮、梳篦、鍼衣、茀等。

簡二二八　五子檢（籢）一合

墓中所出雲紋木胎漆奩，附有五個小奩，當即此（圖版一六九、一七四，插圖八六）。內有銅鏡並鏡衣、鏡擦、環首角質小刀三把、角質笄、角質鑷、漆柄茀、黄楊木梳、印章等。五個小奩內有芸香、花椒等香草，脂膏和粉等。

簡二二九　布繒（層）檢（籢）一中有鏡

出土物中未見，下文有大鏡，應在此奩中。

簡二三〇　布檢（籢）五菜（彩）文=一合

文=　文=字未詳，疑即文字。

此未見出土物。

簡二三一　布膝（漆）檢（籢）一合盛小付蔞四

小付蔞　小付蔞即奩內有小奩。付蔞疊韻連語，同附婁，《説文》：「附婁，小土山也。」一作部婁、培塿。又小罌叫做瓿甊，都是同音語。這裏的附蔞，應該是簍的異名，漢人書竹字頭常變爲艸頭，所以簍蔞是一個字。《方言》十三：「簍簝也。簝小者南楚謂之簍。」簍讀爲付蔞，等於塿讀爲培塿、附婁，狸讀爲不來，在發簍音時先合脣作聲的緣故。

出土物中未見。

簡二三二　——右方檢（籢）一合

上所記妝奩共五簡，並缺後題，此題不知應屬那一個奩。

簡二三三　小付蔞三盛節（櫛）、脂、劵（粉）

節　節即櫛字。《儀禮・士冠禮》：「奠纚、笄、櫛於筵南端」。鄭玄注：「古文櫛作節。」《左傳・僖公二十二年》：「寡君之使婢子侍，執巾櫛。」《説文》：「櫛，疏比之總名也。」

脂　脂有兩種：一是面脂，一是唇脂。《釋名・釋首飾》：「脂砥也，著面柔滑如砥石也。」《急就章》「薋熏脂粉膏澤筩」，脂粉連稱，和這條竹簡合，均當爲面脂。《太平御覽》卷七百十九引郭義恭《廣志》説「面脂魏興以來始有之」，大概是錯的。此簡及《急就章》都在西漢時，就是《釋名》，也還在三國以前。《釋名》又説：「唇脂，以丹作之象唇赤也。」是那時候燕脂還没有大行，唇脂用丹，即朱砂，所以又叫做朱唇。《廣志》所説「魏興以來始有之」的面脂可能是燕脂。唐崔龜圖《北户録》注引晉張華《博物志》：「張騫使西域還，得大蒜、安石榴、胡桃、蒲桃、沙葱、苜蓿、胡荽、黄藍可作燕支也。」又説：「《博物志》有作黄藍燕支法。」晉崔豹《古今注》：「燕支葉似薊，花似蒲，雲出西方，土人以染名爲燕支，中國人謂之紅藍，以染粉，爲婦人面色，謂之燕之粉。」段公路《北户録》三引晉習鑿齒《致謝侍中（安）書》説：「此有紅藍，足下先知之否。北方人采取其花染緋黄，挼其上英鮮者作燕支，婦人妝時用作頰色。作此法，大如小荳許而按令遍（頰），色殊顯明可愛。吾小（少）時再三過見燕支，今日始覩紅藍耳。後當爲足下致其種。匈奴名妻閼氏，言可愛如烟支也（閼字音烟，氏字音支），想足下先亦（不）作此讀漢書也。」（《史記》索隱，《北堂書鈔》《太平御覽》等引作《與燕王書》《爾雅翼》引《與謝侍中書》，詳略各異。）可見燕支或稱烟支是漢末以後才盛行的。《釋名》所謂：「䞓粉，䞓赤也。染粉使赤以著頰上也。」實際上就是燕支粉，劉熙還不知道是用什麽染的，而晉時張華、崔豹、習鑿齒等人則已知道是紅藍（黄藍）所染，而這種花是由西域傳入的，是張騫通西域後才引進的。燕支後來轉寫爲燕脂（臙脂）、胭脂，唐馬縞的《中華古今注》就胡説什麽「燕脂，蓋起自紂，以紅藍花汁凝作燕脂，以燕國所生，故曰燕脂」了。一般人習見燕脂，就把脂和燕脂相混。其實漢末以前的脂，與此毫無關涉。從《釋名》的解釋裏，面脂似乎是一種石質的粉，《晉書・石崇傳》説：「崇塗屋以椒，王愷用赤石脂。」《本草》有五色石脂，所以稱脂，正是可以當脂粉用的。王愷用赤石脂塗屋和《太平御覽》卷七百十九引《漢官儀》所説「省中以胡粉塗壁」，是一個道理，胡粉可以敷面，説明赤石脂白石脂也是可以作爲面脂的。此墓中所出化妝品，需要作科學分析，那末，所謂脂究竟是什麽，總是可以弄清楚的。

劵　劵就是粉字。粉也有兩種，米粉和胡粉。《文選・登徒子好色賦》：「着粉則太白。」《説文》：「粉，傅面者也。」《釋名・釋首飾》：「粉分也，研米使分散也。」都是説米粉。粉字從米，古代用米粉是無疑的。一般使米成爲粒屑，只有傅面的粉，必須研得很細，並用水清澄，所以《説文》把粉專屬於傅面的粉。徐鍇《説文系傳》説：「古傅面亦用米粉，故《齊民要術》有傅面粉英。」段玉裁《説文注》駁難他説：「據賈氏説，粉英僅堪妝摩身體耳，傅人面者胡粉也。」不知道使用胡粉是很晚的事，《後漢書・李固傳》説「固獨胡粉飾貌，搔首弄姿」，已是東漢末年的事了。《釋名・釋首飾》：「胡粉，胡餬也，脂合以涂面也。」劉熙顯然還不知道胡粉是什麼，所以解釋爲餬。《本草》有粉錫，也還把鉛粉當成錫，張華《博物志・物類》：「燒鉛錫成胡粉，猶類也，燒丹朱成水銀則不類。」還不能分鉛錫。葛洪《抱樸子・論仙篇》説「人不信黄丹及胡粉是化鉛所作」，陶宏景注《本草》粉錫説：「即今化鉛所作胡粉也。」曹植《洛神賦》説「鉛華弗御」，也指的鉛粉。凡器物冠以胡字的，如：胡桃、胡桐、胡椒、胡荽、胡豆、胡蔴、胡葵、胡瓜、胡蘿卜，以及胡服、胡床、胡笳、胡琴等等，大都是從西域（即新疆地區），以及北胡、東胡等地傳入的，有一部分是張騫開西域時才有的。所以西漢初年還不應有胡粉（《中華古今注》説「三代以鉛爲粉」不足信）。用鉛制黄丹和鉛粉，用丹砂化水銀是我國化學史上一件大事，是應該給以考查的。所以在這個墓裏出土的化妝品中的粉類，以及繪畫中所用的粉，印染絲織品所用的粉，其中有無胡粉，是一個很重要的問題。

出土實物在九子奩裏有弓形小奩放角質梳篦和黄楊木梳篦各一對，似即盛櫛的小付蔞，又有兩個小奩放粉狀化妝品，一個小奩放方塊形白色化妝品，五子奩中也有一個小奩是粉狀化妝品，當是此簡所説的脂粉之類。

簡二三四　員（圓）付蔞二盛帶一空

出土九子奩裏有一條絲帶，但不在小奩裏。

簡二三五　員（圓）付蔞二盛印副

印　出土五子奩中有印，不在小奩裏。印文「妾辛追」三字當是死者之姓名。印質甚軟，出土不久，文字便已漫漶，似當爲蜜印，即以蜜蠟（《本草》稱蜂蜜中的蠟爲蜜蠟）做的印（圖版一七六，插圖八五4—6）。可能是由於當時禁用金銀銅錫，所以連明器的印章也用蠟做了。目前所見關於蜜印的最早文獻記載，是陳留王景元二年（公元二六一年）的魏王基斷碑：「追位司空，贈以東武侯蜜印綬。」這可能是由於三國時魏武帝禁用金銀銅錫，所以隨葬不用銅器。《晉書・山濤傳》：

「策賜司徒蜜印紫綬，侍中貂蟬，新沓伯蜜印青朱綬。」又作蜜章，《晉書・陶侃傳》：「追贈大司馬，假蜜章。」而皇帝則用蜜璽，《宋書・禮志》二説：「（晉）武帝泰始四年文明王皇后崩，將合葬，開崇陽陵，使太尉司馬望奉祭，進皇帝蜜璽綬於便房神座。」唐代詩人喜歡用蜜印的故事，元代周密《齊東野語》就根據《山濤傳》來解釋過。清郝懿行《晉宋書故》駁斥呂種玉《言鯖》所説蜜章是不用油質印泥，只用蜜調，非以蠟刻印章之説爲未深考，是對的。但是他説蜜章是摹仿蜜璽來的，開始於泰始四年（公元二六八年）也是錯的，王基賜蜜印早此七年，而此墓所出蜜印則要早此四百來年。出土蜜印没有經過化驗，據説曾把遺下屑粒用火燒過，微有臭味，有人推測，其中或有猪血。但蜜印的製作，也不一定全用蜂蠟，其中還可能摻和松脂等物，可惜體積過小，要取下一部分化驗是有困難的。但這種印章的代用物，在漢初已經出現，在研究印章歷史的人看來，也是很重要的資料。

簡二三六　——右方付蔞七

簡二三七　小鏡一有衣

出土五子奩中有銅鏡一個，套紅絹鏡袋，當即此。徑十九・五釐米，約漢尺八寸五分。爲此墓中唯一銅器。

簡二三八　大鏡一

此鏡未見。

簡二三九　素長壽鏡衣一赤掾（緣）大

出土九子奩上層有銀褐縑地綉花鏡衣一件，可能即此。長壽下脱綉字。大字可能指大鏡。

簡二四〇　所以除鏡一

除鏡　除是清潔的意思。《老子》「朝甚除」，王弼注：「潔好也。」所以除鏡是所以潔鏡的意思。出土五子奩裏有一個擦鏡子的工具，用絲棉卷成，外包紅色絲綢，高四・五釐米。

簡二四一　欠(扻)比(篦)二枚

欠比　欠即扻字，同櫛。《莊子·庚桑楚》「簡發而櫛」，《釋文》：「又作扻。」欠與次同，《説文》懿字就从欠作懿，而解爲从次省聲。《説文》「𩬂用梳比也」，則用爲動詞。次和櫛音相近，所以扻即櫛字。那末，欠比就是櫛比。《廣韻》：「枇，細櫛也。」櫛粗於比，就等於梳，櫛比等於梳篦，不過寫的時候採用不同語彙罷了。

簡二四二　象疎(梳)比(篦)一雙

象疎比　指象牙做的梳篦。《詩經·葛屨》：「佩其象揥。」揥就是摘字，是象牙做的摘發具。《史記·十二諸侯年表》「紂爲象著而箕子唏」，是用象牙做的筷子。可見凡在器物上冠象字的，往往都是用象牙做的。梳篦是疏密不同的兩種理髮工具。《史記·匈奴傳》索隱引《蒼頡篇》：「靡者爲比，粗者爲梳。」《釋名·釋首飾》：「梳言其粗疏也。數言比，其齒差數也，比言細相比也。」

一雙　一雙與二枚同，這也是用語的不同。

出土物九子奩裏的弓形小奩，盛黄楊木梳篦和角質梳篦各一具。梳爲二十三齒，篦齒極細密。這兩具梳篦，當即此兩簡所記。象疏比而實際爲角質，是明器的原故，以角代牙，等於以木匕代替銅匕而遣策仍書作鈚。

簡二四三　疎(梳)比(篦)一具

此當即出土物五子奩中的黄楊木疏篦。

簡二四四　茀二其一赤

茀　茀是刷子，應是䓛字的轉語。《説文》「䓛㕞也」(《集韻》引《字林》作刷)，《廣雅·釋器》：「𥴩謂之刷。」从竹作𥴩。䓛音轉爲茀，猶之朏有芳尾、普骨兩反(見《萬象名義》和《新撰字鏡》，是從原本《玉篇》來的)。《切韻》把入聲普骨一音，讀入去聲，作普佩反，都轉入唇音。《萬象名義》和《新撰字鏡》並録䓛𥴩二字，「故(古)没反」，王仁昫《切韻》「古忽反」。大概長沙方言把故没反讀成普骨反，項子京本王仁昫《切韻》「䓛恭屈反，刷」，大徐本《説文》䓛音區勿切，讀入唇音，就成爲敷勿反，即現在茀字的音了。《釋名·釋首飾》：「刷，帥也，帥髮長短皆令上從也。亦言瑟也，刷髮令上瑟然也。」古代刷子是用草做的，《説文》：「荔草也，似蒲而小，根可作刷。」《文選·養生論》注引《通俗文》「所以理髮謂之刷」。後世改用猪鬃來作刷，《北堂書鈔》引《東宫舊事》：「太子納妃有漆畫猪氂刷大小三枚。」《倭名類聚抄》六引雜題猪髮刷子詩云「委質巾箱裏」。刷子既放在巾箱裏，可見是屬於奩具的，和拂塵截然不同。刷子是刷髮的，拂塵是撣去塵土的，晉朝清談家手裏拿的麈尾很長，可以揮動的才是拂塵。出土物九子奩的粉彩長方夾紵小奩裏有黑漆柄茀二件，長十五釐米，用草扎成，其一染紅色，與簡文合。五子奩裏也還有一個漆柄茀。

簡二四五　⿱紋皿（盭）綺鍼衣一赤掾（緣）

⿱紋皿綺　⿱紋皿就是盭字，省去幸旁。盭爲綟之通借字，《廣雅·釋器》：「綠綟，紫綟彩也。」是綟有綠、紫兩種色。《説文》「綟，帛莀艸染色」。又：「莀，艸也，可染留黄。」作盭的如《漢書·百官表》「金璽盭綬」，如淳注「綠盭也」。又《匈奴傳》「黄金璽盭綬」，注「莀草名也」，都是綠綟。《爾雅·釋草》「藐茈草」，注：「可以染紫，一名紫莀，《廣雅》云。」這所引見於《廣雅·釋詁》説「燕莀，茈草也」。《周禮·掌染草》注「紫茢之屬」，疏：「紫茢即紫莀也。」《史記·司馬相如傳》「攢戾沙」，徐廣注：「草可染紫。」《續漢書·輿服志》注引何承天云：「綟紫色綬。」都是紫綟。這裏是指綟色的綺。

鍼衣　藏針所用。《禮記·内則》：「右佩箴管、綫、纊，施縏袠。」注：「縏袠言施，明爲箴管綫纊有之。」箴就是針，可見針綫之類是放在縏袠裏面的。《太平御覽》卷八百三十引魏武帝《上雜物疏》説「中宫雜物，雜象牙管鍼筒一枚」，是用象牙來做的針管。但此簡説「鍼衣」，則只有衣而没有管。《説文》「帙，書衣也」，或从衣作袠。那末，鍼衣就是袠。出土鍼衣兩件與兩個茀同在一個小奩裏。長十六釐米，寬八·八釐米，把細竹條編成簾狀，兩面蒙上綺，攔腰縫一絲帶，一件白緣，一件赤緣，可以摺轉，把針綫等包在裏面。按書衣的名稱，大概起於東漢。古代用簡策，多的要裝在車上，少的也要用袋子。《後漢書·楊厚傳》説「吾綈袠中有先祖所傳秘記」，這大概是帛書或紙上寫的。那末，袠的最初用途還是放針綫之類，此針衣就是《内則》所説的袠，是無可疑的。此奩中有一塊絲綿，當即纊。

簡二四六　紅組帶一

組帶　組是絲織的帶，《禮記·内則》「織紝、組、紃」，紝是繒帛，組是帶，紃是圓條。古代常用組，《周禮·典絲》「凡祭祀共黼畫組就之物，喪紀共其絲纊組文之物，凡飾邦器者受文織絲組焉」，都離不了組。《左傳·哀公十一年》：「歸國子之元，置之新篋，褽之以玄纁，加組帶焉。」這條簡上所説的組帶是用以束髮的。《儀禮·士喪禮》「鬠用組」，注「用組，組束髮也」。

出土物九子奩上層有絲帶一條，長一百四十五釐米，寬十一釐米，淺黄褐色，兩端有穗，當即此。前文簡二三四小付蔞裏説盛帶。

簡二四七　羅一

羅疑當讀爲襬，《玉篇》：「襬，力賀切，女人上衣也。」《萬象名義》作「女上衣」，可見是顧野王原文。《切韻》「盧個反，婦人衣」。《廣韻》改爲「力佐切」。《集韻》除去聲外，還有平聲一音，注爲「良何切，衣也。宋王敬弘婢着青紋袜襬」。但袜襬當是少數民族的語言。晉周芳妻潘氏墓中衣物券有「故紫沙縠羅一領」，當是衣名。此簡只説羅，不知是否指上衣，今仍附於此。

簡二四八　大燭剃（前）二

燭剃　剃字左旁上半未詳，當是《説文》從刀歬聲之剃，隸變作前，是剪刀的剪字的本字。燭剪是去燭燼的。庾信《對燭賦》「燼高疑數翦」，唐李商隱詩「何當共翦西窗燭」，翦是動詞，也可以作名詞。六朝人也用鋏字，梁簡文帝《對燭賦》「夜久唯煩鋏」，庾信賦又説「銅壺承泪蠟，鐵鋏染浮烟」，都是指燭剪。

以上從簡二三七至此共十三簡，失後題。

簡二四九　象刀一有鞞

出土物五子奩内有角質環首小刀三把，應是用角質刀來代替象刀，與象梳比同例。鞞是刀室，出土物中未見。

簡二五〇　—右方刀有鞞

簡二五一　素信期綉尉（褽）一兩赤掾（緣）千金絛（條）飭（飾）

素 《説文》：「素，白致繒也。」

信期綉 信期是綉的名稱。《戰國策・趙策》「忠可以寫意，信可以遠期」，信期二字，大概是從這類成語來的，意思是説誠信可以期待。信期綉的主題是鳳，秦漢之際的傳説把鳳代表信。《説文》在鷫字下注：「五方神鳥也。東方發明，南方焦明，西方鷫鷞，北方幽昌，中央鳳皇。」《續漢書・五行志》注引《樂葉圖征》：「似鳳有四：一曰鷫鸘，身義、戴信、嬰禮、膺仁、負智；二曰發明，身仁、戴信、嬰智、膺義、負禮；三曰焦明，身禮、戴信、嬰仁、膺智、負義；四曰幽昌，身智、戴信、嬰義、膺禮、負仁。」這四種鳥代表四方，鷫鸘西方身義，發明東方身仁，焦明南方身禮，幽昌北方身智，那末，鳳皇中央，應該是身信。綉出鳳皇用以象徵信期是和這種陰陽五行的附會有關的。

尉 下文作緭，即褽字，《説文》：「褽，衽也。」《廣雅・釋器》：「衽袖也。」又：「衽袂也。」袂也是袖，《釋名・釋衣服》：「袂，掣也，掣開也，開張之以受臂屈伸焉。」古代的衣袂很大，做事時要把袖子收斂一下。《史記・貨殖列傳》：「齊冠帶衣履天下，海岱之間斂袂而往朝焉。」又《留侯世家》：「陛下南鄉稱霸，楚必斂衽而朝。」《戰國策・楚策》：「一國之衆見君莫不斂衽而拜。」斂袂和斂衽都是斂袖。舊時代婦女的拜稱斂衽，也是從這個古語遺留下來的。《列女傳・魯季敬姜》説：「文伯引衽攘卷而親饋之。」引衽是引袖，攘卷是把袖子扎起來。袂又稱褾，《廣韻》：「褾袖端也。」因爲袖可以指整個衣袖，但經常單單指袖端，袖口。冬天單獨做一個袖頭，比較温暖，這種袖（衽）就叫做褽。褽從尉聲，尉就是熨斗的熨，用尉斗來烙平繒帛是需要取得一定温度的，所以尉有温暖的意義。再進一步把袖口縫得能把拇指分開以便活動，就成了手套的原始形式了。出土文物中的所謂手套正是袖頭的形式，而把拇指單獨分開的。其所以稱爲尉（緭）就是温暖的袖頭的意思。

千金縧 縧即條字。《説文》：「條，扁緒也。」其實條是縧帶，現在還用這個名稱，是用來緣邊的。扁緒只是條的一種罷了。千金條就是條上織有千金字樣的。

飭即飭字，假借爲飾字。

出土物九子奩裏有三付手套，一付是綉花的絹緣作絳紫色，以千金縧爲飾，即此（圖版八三）。

簡二五二 沙綺緭（褽）一兩素掾（緣）千金縧（條）飭（飭）

沙綺 沙綺指輕綺。沙就是紗字。《漢書・江充傳》注：「輕者爲紗，縐者爲縠。」《七啓》：「被文縠之華袿，振輕綺之飄颻。」

出土九子奩裏有銀褐色菱紋羅手套，同色絲織品的緣，飾千金絛，即此。今所謂菱紋羅，漢人稱杯文綺，《釋名·釋綵帛》：「綺，欹也，其文欹邪不順經緯之縱横也。有杯文，形似杯也。」（圖版一〇三、一〇四）。

簡二五三　縊（盭）綺緭（褽）一兩素掾（緣）千金縧（絛）飭（飾）

出土九子奩裏有一付朱紅色菱紋羅手套，銀褐色緣，飾千金絛，當即此（圖版一〇五、一〇六）。

此三簡尉（緭），失後題。

簡二五四　麻巾一

簡二五五　緒（紵）巾一

緒巾　緒即紵字，《説文》紵或作𦁲，從緒省，正是由於緒讀如寧，因而既從緒，又從寧聲的。《通典》説：「晉俳歌云：交交白緒，節節爲雙。吴音呼緒爲紵，疑即白紵也。」紵是用苧蔴織成的細布，《一切經音義》十四説：「布白而細曰紵。」《樂府詩集》五十五引白紵歌古詞，「其譽白紵曰：質如輕雲色如銀，制以爲袍餘作巾」。可見當時人對白紵的貴重。《漢書·高帝紀》「賈人毋得衣錦綉綺縠絺紵」，可見紵布的貴重可與錦綉等相比。

簡二五六　紋（文）緒（紵）巾一

紋緒　這條簡上的紋字，右旁好象是殳，但從下兩條簡，證明是紋字筆誤。紋就是文字，文緒（紵）等於文繒、文綺，是織成文的紵。

簡二五七　紋（文）緒（紵）巾一素掾（緣）

簡二五八　紋（文）緒（紵）巾二績掾（緣）

簡二五九　素長壽綉機（几）巾一績周掾（緣）素緌

長壽綉　長壽是吉語，等於《釋名》所説的長命綺。出土長壽綉圖案是長尾的鳥。其意義未詳。

機巾　是覆在几上的巾。

素⿰糸妾　⿰糸妾讀如緁。妾聲和疌聲的字多同音。《漢書·賈誼傳》「緁以偏諸」，注：「晉灼曰：以偏諸緁着衣也。」這是説用素帛來緝幾巾的邊。

出土物中有綉巾長一百五十二釐米，寬一百零六釐米，紺地紅矩紋起毛錦邊，素絹裏。

簡二六〇　素乘雲綉枕巾一績周掾（緣）素⿰糸妾

出土物中有綉巾長九十五釐米，寬八十七．五釐米，紺地紅矩紋起毛錦飾，絹裏。《説文》：「紉，枕巾也。」

簡二六一　綉枕一

出土物中有香色縑長壽綉枕一件，長四十五釐米，寬十．五釐米，高十二釐米，兩側是香色地紅茱萸花錦，兩頭爲紺地紅矩紋起毛錦，内裝香草。

簡二六二　素長壽綉小檢（籢）戴一赤周掾（緣）

戴　戴是承載的意思，在這裏是用以放漆奩的。《廣雅·釋詁》三：「戴，䟕也。」䟕就是庋藏的庋字。

出土五子奩外包裹的絹地長壽綉包袱，長七十五釐米，寬八十五．五釐米，烟色絹緣，絹裏（圖版一七三）。

簡二六三　素信期綉檢（籢）戴一素周掾（緣）繻緩⿰糸脩（絛）飭（飭）

繻緩⿰糸脩　是絛的一種。《説文》：「繻，繒采色。」緩是柔緩的意思。繻緩⿰糸脩當爲織法比較鬆緩的彩色絛帶，出土包袱上所飾與千金絛差不多。

出土九子奩外的絹地信期綉包袱，朱紅綃緣，白絹裏，銀褐繻緩縧飾（圖版一七〇）。

簡二六四　——右方巾、沈（枕）載

沈　沈即枕字，可參看簡二六〇和二六一，説明遣册是經常用通借字的。

簡二六五　白綃信期綉熏（薰）橐（包）一素掾（緣）

熏橐　熏就是薰字，《説文》「香草也」。熏橐是盛香草的囊。《禮記·内則》「衿纓皆佩容臭」，注：「容臭香物也，以纓佩之。」大概是放在鞶囊裏而用纓來系挂的。鞶和橐一聲之轉，正如前面的漆洀就是漆匏。《晉書·劉寔傳》記載寔到石崇家的厠所裏，看到「兩婢持香囊」，又《謝幼度傳》説幼度少時喜歡佩紫羅香囊，叔父謝安和他賭得後拿來燒了。就都稱爲香囊。

出土物中有白絹信期綉熏囊，長三十二·五釐米，口徑十·五釐米，朱紅緣，紺地紅矩紋起毛錦和紅綃做的囊底，並有朱紅菱紋羅帶（圖版一一一右）。

簡二六六　紺綺信期綉熏（薰）橐（包）一素掾（緣）

紺綺　紺，《説文》「帛深青揚赤色」。《廣雅·釋器》「紺青也」。

出土六十五號竹笥内有香色菱紋羅信期綉熏囊，長四十八釐米，口徑十九釐米，白綃緣，紺地紅矩紋起毛錦底，上有紅綃帶。

簡二六七　素信期綉熏（薰）橐（包）一沙素掾（緣）

沙素　當是輕素。

出土六十五號竹笥内有香色對鳥菱紋綺信期綉熏囊，長五十釐米，口徑十八釐米，紅緣，紺地紅矩紋起毛錦底，有紅綃帶。

簡二六八　紅綺熏（薰）橐（包）一素掾（緣）

出土六十五號竹笥内有香色菱紋羅熏橐，長四十三釐米，口徑十八釐米，白綃緣，香色對鳥菱紋綺信期綉囊底，黄方孔紗黑紅火焰紋帶。

以上四簡熏橐失後題。

簡二六九　青絲履一兩扁楮（緒）掾（緣）

青絲履扁楮掾　楮即緒字。《漢書・賈誼傳》「今賣僮者爲之綉衣絲履偏諸緣」，偏諸就是扁緒。青絲履是青絲做的，紫絲做的叫紫絲履。扁緒，絛的一種，《説文》：「絛，扁緒也。」服虔注《漢書》説偏諸緣是「加牙絛以作履緣」。

一兩　兩即緉字，《説文》「緉，履兩枚也」。

簡二七〇　絲履一兩

簡二七一　素履一兩

出土六五號竹笥内有殘破履一雙，兩只套疊，從殘留部分看，是雙尖頭翹起方履，面底裏均由編織而成，底是用植物條杆，用綫編結成簾狀的。不知應屬那一件。

簡二七二　接（緌）姦一兩

接姦　接即緌字，見前。姦寫作奻，與刕、聶等字同例。此簡上有兩女字多一横畫，後題不誤。姦讀如絞，聲之轉。《玉篇》：「奻古巧切，古文姣。」《汗簡》下之一「奻」字下注：「狡，出孫强《集字》。」《集韻》吉巧切下有：姣、佼、妖、奻四體。注：「好也，亦姓。或从人，亦作妖，古作奻。」奻從兩女和姦從三女是一樣的。《方言》四：「緉緛絞也。關之東西謂之緉，或謂之緛，絞通語也。」注：「謂履中絞也。」《説文》：「緉，履兩枚也，一曰絞也。」《廣雅・釋器》「緉緛絞也」。郭璞所説「履中絞」，應與《説文》「屧，履中薦也」同義，屧是緛字的音轉，薦和絞也是一聲之轉。徐鍇《説文系傳》把屧字解爲「履中替也」，那就是鞋墊，或套在履裏的鞋套。玄應《一切經音義》十四：「屧，思頰反，《説文》：履之薦也。本音他頰反。《東宮舊事》曰：絳地文履屜自副。今江南婦女猶著屧子，制如芒屧而卑下也。」所説芒屧，應是草做的，而絳地文履屜當是絲織品，所謂自副，是履和屜成套的意思。唐段公路《北户録》三「枹木屧」條説「其輕不讓草屧」，草屧就是履中薦或履中絞。

姦和荾是一個字，荾本菅草，可以做草鞋，現在是用來做鞋墊或鞋套而緝了邊的，所以叫做接（緓）姦。《切韻・三十六養》把緓字解爲「屩中絞繩」，意義也相近。鞋套也可單穿着下地，即現在的拖鞋，用木做的即趿拉板。

簡二七三　——右方履二兩姦一兩

上面所記履實有三兩。姦是履薦，所以可和履在一起。

簡二七四　素婁一

素婁　婁即娵字，當讀爲襦，素婁是用素帛來做的汗襦。《荀子・佹詩》「閭娵子奢，莫之媒也」，閭娵和子奢是兩個美人，注音娵爲「子於反」。《廣韻・十虞》須字紐下有婁字，注：「《荀卿子》曰：問（閭）婁之媒，又七句切。」《新撰字鏡・女部》「娵婁二同，姊俱反，婁，此言室辟是也。楚人謂美也」。那末，婁讀如須，與需同音，大概是楚地方音，所以可以借婁爲襦。《説文》：「襦，短衣也。」《急就篇》：「袍襦表裏曲領帬。」顔師古注：「長衣曰袍，下至足跗，短衣曰襦，自膝以上。」襦的種類很多，《釋名・釋衣服》有反閉襦，有單襦，有要襦。所謂反閉襦，是「反於背後閉其襟」，出土的曲裾綉花綿袍，襟反到背後，大概就是此類。要襦是下齊腰的。單襦就是禪襦。《方言》四：「汗襦，江淮南楚之間謂之褶，自關而西或謂之祇裯，自關而東謂之甲襦，陳魏宋楚之間謂之襜襦，或謂之禪襦。」郭璞注：「今或呼衫爲單襦。」又稱汗衣，《釋名・釋衣服》：「汗衣，近身受汙垢之衣也。《詩》謂之澤，受汗澤也。或曰鄙袒，或曰羞袒，作之用六尺，裁足覆胸背，言羞鄙於袒而服此耳。」所説《詩》謂之澤，見《無衣》「與子同澤」，鄭玄箋：「澤，褻衣近污垢。」《周禮・玉衣》注稱爲襗。《史記・淳于髡傳》「堂上燭滅，主人留髡而送客，羅襦襟解，微聞薌澤」，這是汗襦是很明顯的。《玉府》注「燕衣服者：巾、絮、寢衣、袍、襗之屬」，那末，此應與巾絮等同入内具。此簡缺後題。

簡二七五　葸（蕙）一笥

葸　葸就是蕙字。從田是叀之省變。甲骨文常見叀字，金文𨽾簋省作□，□字金文變作□，均其例。《説文》胃彙等字，小篆均作⊠，隸變均作田，胃彙等字與蕙古音均相近。蕙是香草，《離騷》「雜申椒與菌桂兮，豈維紉夫蕙茝」，王逸注：

「菌薰也，葉曰蕙，根曰薰也。」又説：「蕙茝皆香草也。」但王逸把菌解釋爲薰是錯的。洪興祖補注説：「下文別言蕙茝，又云：矯菌桂以紉蕙，則菌桂自是一物。《本草》有菌桂，花白蘂黄，正圓如竹，菌一作箘，其字从竹，五臣以爲香木是矣。」王念孫《廣雅疏證》主張洪説，認爲「申椒與菌桂對文」，並引左思《蜀都賦》「菌桂臨崖」和劉逵注引《神農本草經》的菌桂爲證。《廣雅・釋草》：「菌，薰也，其葉謂之蕙。」又説：「薰草，蕙草也。」《名醫別録》「薰草一名蕙草」。嵇含《南方草木狀》也説：「蕙草一名薰草，葉如麻，兩兩相對，氣如蘼蕪，可以止癘，出南海。」都是跟着王逸這種説法來的。其實《山海經・西山經》浮山「有草焉，名曰薰草，麻葉而方莖，赤華而黑實，臭如蘼蕪，佩之可以已癘」。又：天帝之山，「下多菅蕙」，注：「菅茅類也。」則薰草與蕙，並非一草。又幡冢之山「有草焉，其葉如蕙」，郭璞注：「蕙，香草，蘭屬也。或以蕙爲薰葉，失之。」就是糾正王逸説的。陶宏景注《名醫別録》説：「俗人呼燕草，狀如茅而香者爲薰草，人家頗種之。」《藥録》云：「葉如麻，兩兩相對。《山海經》云：薰草麻葉而方莖，赤花而黑實，氣如蘼蕪，可以已厲。今市人皆用燕草，此則非。今詩書家多用蕙者，而竟不知是何草，尚其名而迷其實，皆此類也。」可見陶宏景在梁時已不知蕙究竟是那一種草，所以譏誚俗人把燕草當作薰草，而不知蕙草並非薰草。唐人修《本草》就退去薰草一條，而後來又録入零陵香一種，開元時陳藏器作《本草拾遺》説：薰草即蕙根也。葉如麻，兩兩相對，此即是零陵香也。」零陵香是以産零陵而得名的，《本草圖經》説：「古方但用薰草而不用零陵香，今合香家及面膏澡豆諸法皆用之，都下市肆貨之甚多。」由此可見唐代本草家只是把當時所用的香藥來推證其爲薰草罷了。但即使零陵香確即薰草，也不能説是蕙根，因薰、蕙本不是一物。其實陶隱居所譏誚的俗人把燕草當作薰草，乃是真正的蕙草。所謂狀如茅而香者，宋人稱爲茅香，屬禾本科。從《重修政和證類本草》所附的圖來看，岢嵐軍茅香和溜洲茅香其外形都略有些像現在蘭科的蘭花（《楚辭》的蘭是澤蘭，屬菊科），所以清吴其濬《植物名實圖考》認爲現在的蘭花，就是陶隱居所謂燕草。此簡説蕙一笥，出土物的竹笥木牌有葸（蕙）笥，而出土物中確有香草一笥，經鑒定爲茅香。又出土熏爐裏滿裝香草，據鑒定也是茅香。耿鑒庭先生告訴我此簡之蕙，實際應即茅香，我認爲是正確的。陶宏景時雖去戰國末已近八百年，但世俗所傳還把燕草作爲一名蕙草的薰草（嚴格説來，燕草是蕙草而不是薰草），陶氏對市人的燕草，失之交臂，不知蕙是何草，尚名迷實，是誤信薰草即蕙草所造成的。當然，蕙草可用於熏爐，所以也可稱爲薰草，但説爲麻葉方莖的薰草就誤入歧途了。屈原作《離騷》當在公元前三世紀九十年代前後，而這份遺册，是在公元前 165 年前後，時代相去，不過一百三十來年，長沙又是楚地，那麼屈原賦裏的蕙，確即陶宏景所謂如茅而香的燕草，也就是後來的茅香無疑。既有遺册和竹笥木牌上的文字記載，又有出土實物的證明，兩千年來久已隱晦的香草，真相終於大白了。

簡二七六　蕢（蕢）一笥

蕢　蕢是賁字的別寫，把卉寫成芇，是此遺册中的通例，賁就是蕢字，《説文》：「蕢，雜香草也。」出土竹笥木牌有臧（藏）蕢（蕢）笥。

簡二七七　—右方土（杜）衡（蘅）蕢（蕢）三笥

土衡　即杜衡。《離騷》：「雜杜衡與芳芷。」王逸注：「杜衡芳芷皆香草也。」《名醫別録》：「杜蘅香人衣體。」《廣雅·釋草》「楚蘅，杜蘅也」，可見杜蘅是楚地的香草。

此一小題内都是香草，但缺杜蘅一簡，證明這份遺策是有脱佚的。香草主要是佩帶香囊用的，《急就章》説：「鏡奩梳比各異工，蕢熏脂粉膏澤筩。」就把香草的蕢熏和鏡奩梳比，脂粉膏澤放在一起。所以列在内具之末。

從簡二二七至此，凡五十一簡，屬於内具。《周禮·内司服》：「後之喪，共其衣服，凡内具之物。」鄭玄注「内具，紛、帨、綫、纊、鞶、袠之屬」，後世的粧奩等物都應屬此。《儀禮·既夕禮》有役器一類，那是士禮，所以陳的是「甲胄干笮」，這是婦人的葬禮，所以改爲内具。

九、燕器

簡二七八　大扇一錦周掾（緣）鞔秉

扇　《方言》五：「扇，自關而東謂之箑，自關而西謂之扇。」《説文》：「箑，扇也。」扇字从户，本來是門扇的意義，箑字才是扇子的意義。箑和扇一聲之轉。出土兩個扇都有些像門扇，那麽一扇門的稱爲扇，可能就從和扇子的形像相似，而借用其語言，隨後才成爲從户的專字的。崔豹《古今注》：「舜廣開視聽，求賢人以自輔，作五明扇，漢公卿大夫皆用之，魏晉非乘輿不得用。」（見《初學記》二十五）《鄴中記》叙述石季龍的雲母五明金薄莫難扇，説「季龍出時以扇夾乘輿」。又説

「季龍出時乘輿用桃枝扇，或緑沈色，或木蘭色，或紫紺色，或鬱金色」。所謂桃枝扇，是用桃枝竹做的。這都是夾在車旁的，正像門的形狀。喪事裏用翣，《説文》：「棺羽飾也。」《釋名·釋喪制》：「翣，齊人謂扇爲翣，此似之也。像翣扇爲清涼也。翣有黼，有畫，各以其飾名之也。」《説文》箑的或體作篓，和翣實是一個字，不過用竹制的竹篓（扇）和用羽制的羽翣（扇）的區别罷了。棺車旁的翣就是按照生前車旁的扇的，所以《小爾雅·廣服》就説「大扇謂之翣」，《周禮·巾車》：「輦車組輓有翣羽蓋。」都指生前所用的扇。此大扇只有一個，顯然是代表生前所用的扇，而不是把喪車旁的翣放在墓裏的。

鞔秉　秉同柄。《一切經音義》十四引《蒼頡篇》：「鞔覆也。」鞔柄就是包住柄。

出土大扇在槨右竹笥上，連柄通長一百七十六釐米，約漢尺七尺六寸餘《後漢書·趙咨傳》注引《三禮圖》説：「翣，以竹爲之，高二尺四寸，廣三尺，衣以白布，柄長五尺。」除「衣以白布」是喪制的翣的特點外，通高七尺四寸，和此生前所用的扇是相仿佛的。出土大扇的扇面呈狹長形，廣四十五釐米，不足漢尺兩尺，一側長五十五釐米，另一側長七十六釐米。用細竹篾編成；另用細竹絲編成斧形圖案，即《禮記·喪大禮》所説的黼翣，黼紋就是斧紋。扇面邊用素緣，柄用黄絹包，還有四道提花錦的緣飾（圖版二三四）。

簡二七九　小扇一錦掾（緣）

出土小扇在槨首，是代表日常所用的。通長五十二釐米，約漢尺二尺二寸五分。扇面寬二十二釐米，不足漢尺一尺，一側長二十九釐米，一側長三十九釐米。用提花錦包柄，扇面三周也用提花錦包邊緣（圖版二二九）。

簡二八〇　熏大篝（篹）一素鞔赤掾（緣）下

熏大篝　篝就是篹字，熏篹就是熏篝，也稱熏籠，是方音的變異。《方言》五「篝，陳楚宋衛之間謂之墻居」。郭璞注：「今熏籠也。」《説文》：「篝答也，可熏衣。」篝音轉爲簍，篝鉤音同，鉤甊、瓠甊、佝僂、痀瘻、拘簍、拘摟等等都是疊韻連語，可見篝可以讀爲簍，《説文》「簍籠也」。《方言》十三：「簍籧也。小者南楚謂之簍。」簍音又轉爲籔，籔從數聲，數從婁聲，簍籔實際上是一小字，寠數、寠數爲疊韻連語，可見簍可讀爲藪。《説文》：「籔，炊䉂也。」等於飯籮。《廣韻·四十五厚》：「籔，漉米器也。」字又作匴，《説文》：「匴，漉米籔也。」籔、匴義同，一聲之轉。匴又作篹，《儀禮·喪大記》「食於篹者盥」，

注：「竹筥也。」所以此簡借篳爲篼，熏篼就是熏篝。總之，如果從表面看，熏篝和熏篳，字形不同，聲韻都異，但如尋求根柢，一物異名，往往有語音上的聯繫。我國地區遼闊，方言變化很多，歷史又太悠久，語言學者應該從語言發展的觀點來探討語彙的變化。竹器的用途很廣，如：籔和匴可作爲漉米器，匴又可作冠箱，篼可以是籧屬，又可解釋爲籮，則又隨所用的不同而異其形制。考古者必須隨所用來定其器，不應該拘泥於一個名稱來定各種器物，如果説帽籠和漉米的籮是一個器，那總是錯誤的。熏籠罩在熏爐上面，香氣從熏爐蓋上的孔隙裏散發出來，在熏籠上放衣服手巾等就可以染上香氣。漢淮南王有《熏籠賦》，見《北堂書鈔》一百三十五引劉向《别録》。

出土圓錐形大熏籠，高二十一釐米，底徑三十釐米，口徑十釐米。周圍用絹包，即素鞔。頂上錦緣。篼本是籮或籠，倒轉來把底向上，後來才開的口，所以簡文説赤緣下（圖版二三〇左）。

簡二八一　熏小篳（篼）一素鞔繢掾（緣）下

出土小熏籠高十五釐米，底徑十九釐米，口徑六．五釐米。

簡二八二　—右方四牒竹器

簡二八三　滑辥席一廣四尺長丈生（青）繒掾（緣）

滑辥席　辥可通薛，《説文》「薛草也」，《史記·司馬相如傳》集解「賴蒿也」。此處應讀若篾，篾和薛同韻。㩢楔、㒝偰、瀎㴒、䁾瞁以及瞯頡、瀨纇、蹩躠等都是疊韻連語，楔、偰、㴒、躠等字並和薛音相近，所以篾音可以轉爲辥。《尚書·顧命》「敷重篾席」，正義引鄭玄注：「篾，析竹之次青者。」《一切經音義》十引《埤蒼》：「篾，析竹膚也。」又引《蒼頡篇》「篾篣也」，並説「今蜀土及關中謂竹篾爲篣，音彌」。又十七引《埤蒼》則作「析竹皮也」。現在浙江人還把竹席稱爲篾席。《逸周書·喪服》：「纏裹桃枝素獨。」又説：「纏裹桃枝蒲席皆素獨。」《周禮·司幾筵》「加次席黼純」，鄭玄注：「次席，桃枝席，有次列，成文。」《爾雅·釋草》：「桃枝四寸有節。」戴凱之《竹譜》：「桃枝皮赤，編之滑勁，可以爲席，《顧命》篇所謂篾席者也。」後世稱爲桃笙，《文選·吴都賦》「桃笙象簟」，劉逵注：「桃笙，桃枝簟也。」《周禮·司幾筵》：有大典禮時，先鋪莞筵，上面加繅席，再上面才是次席，越是下面的越是粗席，越是上面的越是細席。莞席最粗，次席最細，細的竹席是平而滑的，正如戴凱之所説「編之滑勁」，所以叫做滑薛席。

生繒　生當讀爲青，《説文》青字從生。生繒就是青繒。

墓中出土竹席三件，其一較完整，長二·三〇米，約漢尺一丈；寬一·六五米，約漢尺七尺。用人字形編制，上有花紋，就是鄭玄所説的有次列，成文（圖版二二一）。

簡二八四　滑辭席一綪掾（緣）

綪　《説文》：「綪赤繒也。以茜染，故謂之綪。」

簡二八五　坐莞席三錦掾（緣）二青掾（緣）

坐莞席　當是莞制的坐席，猶之熏大篝就是大熏篝。《爾雅·釋草》「莞苻蘺」，郭璞注：「今西方人呼蒲爲莞蒲，江東謂之苻蘺。」《詩經·斯干》正義引《本草》：「白蒲一名苻蘺，楚謂之莞蒲。」《説文》：「莞草也，可以作席。」《一切經音義》十：「此草外似葱，内似蒲而圓，《廣雅》謂之葱蒲，可以爲席，生水中，今亦名莞子也。」這是專做席子的草。

簡二八六　莞席二其一青掾（緣）一錦掾（緣）

墓中出土兩條草席，長二百二十釐米，合漢尺不足一丈，寬八十二釐米，約漢尺三尺五寸，一條青絹緣，一條錦緣，即此。

簡二八七　滑度席一績掾（緣）

度席　度當讀爲芏，《爾雅·釋草》「芏夫王」，郭璞注：「芏草生海邊，似莞藺，今南方越人採以爲席。」《釋文》：「今南人以此草作席，呼爲芏，音杜。」杜、度音同。

簡二八八　—右方席七其四莞

據上記是席八其五莞。

《儀禮・既夕禮》：「燕器：杖、笠、翣。」翣就是扇。熏篝和席以類從。

十、其它

簡二八九　合（匌）青笥二合盛聶敝（幣）

合青笥　合即匌字，《説文》「匌，帀也」，是圈繞的意思。青是竹皮。《尚書・顧命》正義引鄭玄注：「筍，析竹青皮也。」又：「篾，析竹之次青者。」《儀禮・覲禮》疏：「篾謂竹青。」那末，合青笥是笥的周圍都用竹青圈繞起來的。

聶敝　聶字寫作聑，聶有碎片的意思。《禮記・少儀》「聶而切之爲膾」，注：「聶之言䐑也。」《周禮・醢人》注：「皆䐑而切之。」《説文》作䐑，「薄切肉也」。䐑是牒的後起字，牒是削薄了的木片。䐑字和牒字都從枼聲，枼是樹葉子，葉字又讀書涉切的一音，還有喋字，都和從聶聲的攝、欇、囁等字同音。而從枼聲的字，如：緤、渫、媟等字又和𢅥字同音私列切，那末，聶字可以讀若𢅥。《説文》：「𢅥，殘帛也。」又説：「𢂁、𢅥，裂也。」那末，聶等於𢅥，也等於𢂁，《急就篇》説：「𢂁幣囊橐不值錢。」顔注：「𢂁者𢅥殘之帛也。」那末，𢂁幣等於𢅥幣，也就是這個簡上的聶敝，出土竹笥木牌作聶幣，《説文》：「幣，帛也。」

出土竹笥木牌有麻布聶幣笥和繒聶幣笥。同時，出土兩笥，都有一挂織品的小片，當即聶幣。其中一件，據描述爲由五釐米左右的小塊絲織品連結在一起，有的用竹篾（針）穿起來，有的用絲綫綴結，有的把一條絲織品剪碎，但還留一角相聯，成爲一挂。其織物品種有：錦、起毛錦、羅、綃、絹、刺綉和印花等，並有朱紅、香色、烟色、灰色、絳紅、紺色等。似並非布幣裁剪的殘餘，而是有意作成這樣品種以爲飾物的，所以，《急就篇》把𢂁幣與囊橐並提。《廣韻》𢅥又音所例切，「𢅥縷桃花，今製綾花」。《集韻》「𢅥縷，今時剪繒爲花」。看上去，後世的絹花，就是這類聶幣（𢅥幣——𢂁幣）發展而成的。

簡二九〇　——右方笥二合

簡二九一　木白璧生（青）璧一笥

出土物中有一個笥盛木璧二十三枚。

簡二九二　木文犀角象齒一笥

文犀　《逸周書・伊尹朝獻》：「正南……請令以珠璣、瑇瑁、象齒、文犀、翠羽、菌鶴、短狗爲獻。」《後漢書・馬援傳》「皆明珠文犀」，注：「犀之有文彩也。」

出土一笥盛彩畫木犀角十三個，象牙八個，上系文犀象齒笥木牌，即此。

簡二九三　菜（彩）金如大叔（菽）者千斤一笥

菜金　菜即彩字，疑是土質畫彩的金幣。

以上三簡缺後題。

簡二九四　土珠璣一緣橐（包）

一字下應脱笥字。出土物中笥内裝盛泥丸的絹袋，上系珠璣笥木牌，即此。

簡二九五　土金二千斤二笥

出土物中一笥盛涂黄粉的泥質郢稱約三百枚。上系木牌是金二千一笥，即此。但只一笥（圖版二五五，插圖一一〇上）。

簡二九六　土錢千萬、篂一千

篂　篂讀爲簞。《説文》「觶或從氏作觗」，是單聲可轉爲氏，氏與是同音。《漢書・揚雄傳》「徒恐鷤鴂之將鳴兮，顧先百草爲不芳」，鷤鴂一作鶗鴂，《文選・思玄賦》：「恃已知而華予兮，鶗鴂鳴而不芳。」《廣韻・十二齊》作鷤鴂，又作鶗鴂；《十二齊》作鶗鴂，《十六屑》作鶗鴂，是單聲之字轉爲是聲之證。《漢書・金日磾傳》注「磾音丁奚反」，《公羊傳石經》有馬日磾，並音隄，也見《廣韻・十二齊》；又《漢書・地理志》：粘蟬縣，服虔音蟬爲提，都是單聲的字讀爲隄或提之證。那末，篂字就是《説文》「簞，笥也」的簞字，因長沙方言讀如是聲，所以寫作篂了。《禮記・曲禮》注：「簞笥盛飯食者，圓曰簞。」盛飯竹器也可以用以盛其它器物。

墓中出土泥半兩二十二簍，每簍約二千五百枚。又槨足和槨左也都有一大堆錢散在槨裏（圖版二五四，插圖一一〇下）。從泥半兩和泥郢稱的大量存在而没有五銖的一點來看，也可以證明此墓在西漢初。

簡二九七　—右方土珠、金、錢

簡二九八　土牛五十

簡二九九　土羊百

簡三〇〇　土豕（豕）廿

簡三〇一　土犬廿

簡三〇二　土鷄五十

簡三〇三　土軍（鶤）五十

土軍　軍即鶤字，《説文》「鶤鷄也」。《爾雅·釋畜》：「鷄三尺爲鶤。」注：「陽溝巨鶤，古之名鷄。」字亦作䳒，《楚辭·九辯》：「䳒鷄啁哳而悲鳴。」

簡三〇四　—右方土牛馬軍（鶤）

此後題應總指六畜，寫遣策的人只舉首尾，没有提到羊豕犬鷄。但今遣策缺土馬一簡。

簡三〇五　土白鷎（鷎）廿

簡三〇六　土利（黎）鷎（鷎）廿

利鷎　利鷎是青色鶴。利就是黎字，《釋名·釋地》：「土青曰黎，似藜草色也。」黎鶴當即蒼鶴，《廣雅·釋器》：「蒼青也。」陸璣《草木鳥獸蟲魚疏》：「鶴……多純白，亦有蒼色，蒼色者人謂之赤頰。」

簡三〇七　土圂（圈）鷎（鷎）廿

圈鷂　圈就是圈字，《説文》：「養畜之閑也。」《一切經音義》十七引《蒼頡篇》：「圈，檻類也。」《管子・立政》「圈屬」，注：「羊豕之類也。」養畜的牢叫做圈，現在還叫養猪的地方爲猪圈。用圈來養畜的動詞叫做豢，《説文》：「以穀圈豢豕也。」《禮記・月令》「案刍豢」，注：「養牛羊曰刍，犬豕曰豢。」春秋時衛懿公就養過鶴，《左傳・閔公二年》説：「懿公好鶴，鶴有乘軒者。」陸璣《草木鳥獸蟲魚疏》説：「今吴人園囿中及士大夫家皆養之。」圈鷂當是豢養之鶴。

簡三〇八　土鵠（鵠）十

簡三〇九　土鴈（雁）十

簡三一〇　土鳥十七

十七似是七十之誤。

簡三一一　——右方土金錢馬牛羊鳥廿牒

從簡二九四至三一〇，只有十七牒，少三牒，據後題兩次説到土馬，可見至少缺土馬一牒。

簡三一二　蘩[illegible]蒙四

蘩蒙　蘩即蘻字，蘻蒙即番䑃。《史記・司馬相如傳》「煩鶩鷛鶏」，集解：「徐廣曰：煩鶩一作番䑃。」煩、番、蘻三字並同音，䑃蒙同音，鶩字古讀重唇音，屬侯部，與古音東部的蒙、䑃等字爲對轉（凡東部字有ng 韻尾，如果韻尾消失，就變成侯部字，例如：雺字音蒙，又音謀）。裴駰《集解》引《漢書音義》：「煩鶩鳧也。」司馬貞《索隱》引郭璞云：「煩鶩，鴨屬。」

此簡失後題，也不知應屬何類。從蘻蒙爲鳥名而且有四只的一點來看，好像應該和「土雁十，土鳥十七」等同例，但上面没有冠土字，不知是否土制明器，姑附於此。

從簡二八九至此，凡二十四簡，屬於寶物、貨幣、六畜、禽鳥等明器，其次序文獻未詳，姑附於此。

後記

以上凡出土竹簡三百一十二枚。簡二文字最多，計二十五字，簡二四七最少，只二字。字已用隸書，但有些還有篆書遺意，有些字訛變過甚，如鳥字之作鳥，如果不是有很多字的偏旁可供推考，幾乎是不可辨認的。但如卯寫作丱，可以證明寅卯之卯，也就是卯字，丱字的兩粗點，如改爲廓鉤即爲卯字。卯讀爲丱，又轉爲礦。另一方面卯音轉如留或如柳，後人强造丣字以爲區别，是可笑的。柳音又轉爲唇音的卯。柳字從卯，昴一名留，其證甚多。此類語言上的發展變化，拘於一隅的學者必將詫爲奇談，但事實俱在，只是如何去解釋這些現象罷了。因而此種綫索是極其重要的。

遣册文字簡單，但其使用量詞時，往往有變化，如：欠比二枚、象疏比一雙、疏比一具，一雙就是一具，也就是二枚，明明是有意避免重複的。如：一笥有時寫作笥一，也寫作笥合；幾笥寫作笥幾合。又在一簡之中上面說六鼎，下面說鈁六，也都是變異其位置。但寫者常有筆誤，如：温酒誤爲沮酒，枱二合誤爲檢二合，紋緒巾誤爲級緒巾之類，幸而有它簡可以校對。如簡二二九刮去一字，也是由於寫錯了的緣故。簡二九四的土珠璣一，下面脱笥字，出土有系珠璣笥木牌的竹笥可證。簡二三九「素長壽鏡衣」，長壽下脱綉字。也有寫倒了的，如簡二五的鰿禺肉巾羹，禺肉二字誤倒，出土竹笥木牌不誤。此類甚多，讀時應注意前後。如奥字作奥，偶寫作窓，即不應讀作密；糗字偶變作稟，不應即讀爲百聲；姦字作篓，偶在上面兩女字各多一筆，也不礙其爲從女。對於一些偶然現象，是必須加以區别的。至於同音假借，尤其是常見的，如：逢羹就是封羹，巾沈載的沈就是綉枕的枕之類，可見布繒檢的繒就是九子曾檢的曾，並非夾紵器中既用紵布胎又用繒帛胎。遣策原文偶有逗點，常見於後題中，但如小付蔞簡的節脂粉之間，盛帶和一空之間也偶然加逗點，今在釋文中仍依原樣，不再另加標點，以免淆亂。

遣策中共有後題五十四簡，很多簡是没有後題的。但就以現存後題而論，似乎竹簡缺少得很多。例如：簡三五説「膚臘四笥」，實際只有三笥；簡四五説「牛犬象羊肩載八牒」，現在只有七牒；簡一〇六説「糗十一笥」，而竹簡所記只有九笥；出土竹笥木牌有黄糗笥，是竹簡所遺漏的；簡一一三説「米卅石」，而實際只有八石；簡一五五説「苴五牒資五」，而只有四牒四資；簡二一八説「膝畫木器八牒」，只有三牒；簡二二一説七牒瓦器錫涂，而竹簡只存二牒；簡三一一説：

土金錢，馬、牛、羊、鳥廿牒，而實際只有十八牒，其中土馬一項，兩見後題，而無此簡；又如簡二七七說：杜蘅蕢三笥，而竹簡無杜蘅。凡此種種，説明遣册確有脱簡，但不知其脱佚在編簡入墓之前，還是入墓以後簡編斷爛所致。從出土情況來看，三百一十二枚竹簡比較完整，此外並無殘簡，恐怕不是在墓中朽爛的，那末，只能歸於編簡之前了。

再以遣策與出土實物對照，出入更多。有簡文已寫進去而並無實物的，最顯著的如土制畜鳥，一件未見。也有簡文所無而實物具在的，如：衣笥、繒笥、杖和杖衣，以及大批木俑之類。至於器物件數的多少，所用質料、顏色等的不同，更是常見的。推考其原因，有的是寫遣策時有意夸張，如：角質的疏比説成象疏比；而土錢千萬，實際只有五六萬。有的可能是寫遣策的人和辦理明器的人各不相謀，例如盛羹的鼎二十四，而遣策所記只有漆鼎六個、瓦鼎六個；屏風記的是長五尺，實際不過漢尺三尺餘。或者臨葬時所納明器有了變化，有的是陳列過的，但未放入墓中；也有是没有寫的，臨時增加進去的。遣策早就編成，無法删補。因此，遣策與實物，不能處處求其一致。但從大體上説，遣策所記和出土實物，很大部分是對得上號的，並且能互相印證的。

西漢初距戰國時代不遠，長沙又是楚地，屈原、宋玉等的文學，荀卿的禮學，楚國宗廟裏的壁畫等，所遺留下的影響很大。秦漢以後，古書遺失很多，現在所傳的大都是北方的典册，對楚文化記載不多。這份遣策裏涉及的方面很廣，無論禮儀制度，風俗習慣，四方物産，各種工藝，以及語言文字，有很多是現在已經不大清楚的。它的内容很豐富，有些可以和《儀禮》《逸周書》《荀子》《楚辭》等作品互相印證，爲我們提供十分寶貴的史料。

這部遣策的研究工作，還剛剛展開，有些問題，還有不同意見。例如：帛畫非衣，是這次出土中最重要的一件遺物，也是這份遣策的一個中心問題。漢代所謂「東園秘器」即漆畫棺，是十分貴重的，棺下有綑，棺旁有帷，棺上必有覆蓋之物，而這幅帛畫出土時正把畫面覆蓋在棺上，當即簡文非衣無疑。從遣策來説，這一份合於漢代禮制的葬具，應該是《既夕禮》所説寫在遣策之首的。這都有待於更多的新材料的發現和進一步的深入的探討。時間短促，見聞狹隘，思考不周，主觀片面，遺漏錯誤，均所不免。希望廣大讀者，各舉所見，匡謬補缺，使對這份二千多年前的遺簡多一些瞭解，就是此編的最大收穫了。

一九七二年十二月第三次脱稿。
一九七三年七月作部分修訂。

本文竹簡編號與文物出版社《長沙馬王堆一號漢墓》（簡稱「馬文」）竹簡編號對照表

本文編號	1	2	3	4	5	6	7	8	9	10	11	12	13	14	15	16	17	18
馬文編號	252	251	244	245	1	2	6	4	5	8	7	9	3	10	11	13	14	12
本文編號	19	20	21	22	23	24	25	26	27	28	29	30	31	32	33	34	35	36
馬文編號	15	17	16	18	19	20	21	22	23	24	25	26	27	28	29	30	31	32
本文編號	37	38	39	40	41	42	43	44	45	46	47	48	49	50	51	52	53	54
馬文編號	33	61	63	62	64	65	66	67	68	38	39	40	42	41	43	44	45	46
本文編號	55	56	57	58	59	60	61	62	63	64	65	66	67	68	69	70	71	72
馬文編號	56	57	58	59	60	51	52	53	54	55	69	70	78	71	72	77	75	74
本文編號	73	74	75	76	77	78	79	80	81	82	83	84	85	86	87	88	89	90
馬文編號	73	79	76	80	125	126	127	85	86	163	164	87	88	34	35	36	37	81
本文編號	91	92	93	94	95	96	97	98	99	100	101	102	103	104	105	106	107	108
馬文編號	82	83	84	89	120	121	122	123	124	115	118	116	114	117	113	119	133	134
本文編號	109	110	111	112	113	114	115	116	117	118	119	120	121	122	123	124	125	126
馬文編號	135	136	137	131	128	129	130	132	145	144	142	143	146	161	147	150	151	148

續表

本文編號	127	128	129	130	131	132	133	134	135	136	137	138	139	140	141	142	143	144	145
馬文編號	149	152	153	91	90	92	96	93	94	95	97	99	101	98	100	102	47	48	49
本文編號	146	147	148	149	150	151	152	153	154	155	156	157	158	159	160	161	162	163	164
馬文編號	50	103	104	105	106	107	156	154	155	157	138	139	140	141	109	110	111	108	112
本文編號	165	166	167	168	169	170	171	172	173	174	175	176	177	178	179	180	181	182	183
馬文編號	165	166	167	214	215	201	202	203	204	212	168	169	170	171	176	177	178	173	174
本文編號	184	185	186	187	188	189	190	191	192	193	194	195	196	197	198	199	200	201	202
馬文編號	172	175	198	199	200	181	182	180	179	183	192	193	194	184	185	186	187	195	196
本文編號	203	204	205	206	207	208	209	210	211	212	213	214	215	216	217	218	219	220	221
馬文編號	197	188	189	190	191	205	206	207	208	209	210	211	218	216	217	219	221	222	224
本文編號	222	223	224	225	226	227	228	229	230	231	232	233	234	235	236	237	238	239	240
馬文編號	223	220	276	277	278	230	231	233	232	229	213	227	226	225	228	242	241	264	243
本文編號	241	242	243	244	245	246	247	248	249	250	251	252	253	254	255	256	257	258	259
馬文編號	237	238	236	240	265	275	274	239	234	235	268	266	267	250	249	248	247	246	255

續表

本文編號	260	261	262	263	264	265	266	267
馬文編號	253	254	257	256	258	269	270	271
本文編號	268	269	270	271	272	273	274	275
馬文編號	272	261	260	259	262	263	273	158
本文編號	276	277	278	279	280	281	282	283
馬文編號	159	160	279	180	281	282	283	287
本文編號	284	285	286	287	288	289	290	291
馬文編號	288	290	289	286	291	284	285	293
本文編號	292	293	294	295	296	297	298	299
馬文編號	292	296	294	295	297	298	299	300
本文編號	300	301	302	303	304	305	306	307
馬文編號	301	302	311	303	304	307	308	309
本文編號	308	309	310	311	312			
馬文編號	306	310	305	312	162			

作者自注：寫成於一九七三年七月。

載《文史》第十輯第一至六十頁中華書局一九八〇年。

從河南鄭州出土的商代前期青銅器談起

二十世紀五十年代河南省鄭州市商代前期文化遺址的發現，是新中國成立以後考古工作的重要收穫之一。在二十世紀初安陽殷墟發現之前，人們研究商代歷史所掌握的資料是很貧乏的。從那時起，地下史料不斷出現，現在對盤庚遷殷（約公元前十四世紀）以後一段時期的殷代歷史文化的認識，比過去已經豐富得多了。二里岡文化的新發現，使我們對商代遷殷以前的歷史情況有更多的認識。

一、商代前期的青銅器

商代前期青銅器是從鄭州商代遺址發現後新認識出來的。前期青銅器有許多特點。例如：鼎和鬲雙耳的位置，不像後來那樣放在前面一條腿和後面兩條腿的中間，而是一個耳和一條腿相當，另一個耳居於另兩條腿的中間。鼎足作圓錐形，中空到底。鬲略有分襠，下有尖錐形的足。盉的三足也中空而較大，像牛角似的，足尖向外斜出，口上安有覆蓋的半球形，蓋的前部矗立着管狀的長流，上粗而下細，後部有橢圓形的口，鋬（即把手）上平，下略橢圓，造型很奇特。爵和斝都是平底，兩柱比較短而靠前，三足是三角的錐形，鋬爲半圓形。尊和罍都是侈口鼓腹，尊口特別大，作喇叭形，罍的肩較平，尊則作斜坡形，上面有獸首裝飾，在肩和腹上還都有稜牙。觚比後來的矮，小腰侈口，還沒有稜。這些銅器的胎壁都比較薄，花紋都是平雕，只有一層，沒有底紋。花紋的圖案有獸面形，即過去所謂饕餮紋；有乇字形，有些像金文的□或□字，中間的圓圈像目形，《説文》作□，即乇字，有人把它叫做目雷紋；有囧字形，正如金文的□字，近人多稱爲渦紋、旋渦紋、圓渦紋等；有回字形，即一般所謂雷紋，等等；和安陽出土的後期銅器是一脉相通的。有銘刻的器不多見。此次出國展覽的一把戈，有銘文章字，（圖一下）這是城廓的廓的象形字。本來畫出四方的城墻上都有樓，寫作□，這把戈上把代表樓墻的兩竪並成一竪，所以成爲✥了。由於中國文字後來主要是直行，不適宜於横處太闊，所以把兩邊的城樓省去不畫，只有上下兩座樓就變爲章字，《説文》又錯成𩫏，而説「讀若庸」。戈的另一面就是囧字形圖案而没有外面的圓框。（圖一上）一般囧字形圖案，都是陰刻的綫條，如白家莊墓三出土的那件殘破的斝，腹部有七個囧字形圖案，〔一〕就是如此。這件戈的圖案，是陽文綫條，它借用未雕刻的戈面作爲外框，所以成爲這樣。陳介祺舊藏的目形勾兵，兩面都是陽文囧字形圖案，但加了框，就很清楚了。〔二〕另外一件豕戈，一面也是囧字形圖案；〔三〕還有一件罍戈，在囧字形圖案外兩旁有耒形，下有𢆉字，〔四〕也都没有加框，可以互證。另外一件罍上有銘文黽字，也是圖畫象形字。（圖二、三）黽是蛙一類動物中比較大的。銘文在肩上，共三處，和腹部的三組獸面形圖案相配合。有人疑是花紋，但這個罍的肩部已經有一道花紋，肩上口下的部位裹不應再有花紋，白家莊墓三同時出土的另外一件罍可以爲證。商周銅器經常有把銘文與花紋配合在一起的。在戈内上，也常常是兩面是同一銘文的，可見確是銘文。這個字很像龜字，但龜字的四足，大小相等，而此銘的後

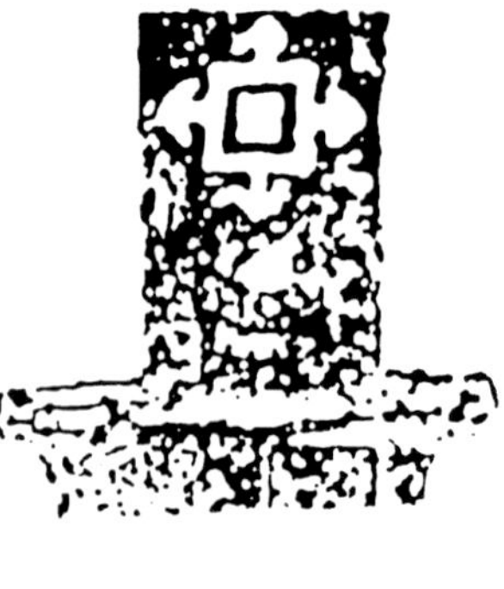
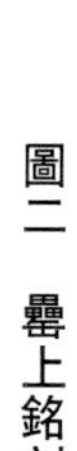

圖一　旋渦紋銅戈

圖二　罍上銘刻黽字

圖三　罍上銘刻黽字拓片

足長於前足，從尾部上曲，應爲黽字無疑。這兩個字在一般情况下應是氏族徽號。《詩・桑中》説「美孟庸矣」，毛萇傳説：「姓也。」周初有鄘國，就寫作章，古代常以國爲氏，可證章是氏族徽號。至於黽這個氏族，金文中常見，如：黽父丁鼎、黽且乙觚、父辛黽卣之類，〔五〕都可以爲證。

如果拿這些銅器的製作與殷墟出土的最精緻的器物相比較，當然顯得質樸一些，它們没有凸出的雕刻，没有底紋，不如殷周之際青銅器極盛時代那麽工細，那麽繁縟，那麽詭異。但在青銅彝器的工藝裏，它們已經遠不是創始時期的器物了。它們的胎壁很薄，這並不是創始時期所能做到的。開始鑄造容器時，没有掌握好做陶範的技術，尤其是内範和外範的關係更是不容易處理好，又没有掌握好如何均匀地灌注青銅溶液的技術，是不可能鑄得很薄的。只是熟練的勞動者積累了豐富的經驗，掌握了高度的鑄造技術以後，才能鑄出很薄的銅器。春秋時期的銅器也都是很厚重的，但到了春秋末以及戰國時期也出現過薄胎，顯然是爲了節省銅的原料。可見薄胎並不由於時代早的關係。至於有些器形是平底，也和時代早晚無關，因爲像鼎這類器物，依然不是平底的，而且鑄圓底的手續總比鑄平底要方便得多。這只能説明它是某時某地一種流行的型式罷了。

相反，像盉的形制，像尊上的獸首稜牙等裝飾，都説明這個時期的青銅工藝，並不那麽簡單。儘管那時的鑄造工序比較多，例如鑄盉的主體包括腹和足是一道工序，安上鋬是另一道工序，上面的蓋和流又是一道工序；尊上的獸首稜牙等裝飾是一個一個地用熱焊的方法焊接上去的。一直到西周和春秋前期都還采取這樣的方法，不過越到後來越精工越複雜罷了。把鄭州的獸面紋尊和安徽阜南所出的一件來比較，除了小一些以外，在製作工藝上是並無遜色的。這種工藝水平，没有幾百年的積累是不可能達到的。

二、關於鄭州商代文化遺址的考察

鄭州商代遺址的發掘工作開展還不久，根據現在所瞭解的一些情况來看，這個地區在當時已建築了城墻，城墻是古代都邑的一個重要標志。那裏還發現了製造陶器、骨器和銅器的場所，這也是很重要的，是構成都邑的重要條件之一。但這遺址，從目前發表的資料看來還不如安陽殷墟那樣典型。安陽殷墟有宫殿遺址，有很多大墓，發現了上萬片刻了卜辭的甲骨，還有大批的其它文物。在青銅器裏，有牛方鼎和鹿方鼎，有重達八百七十五公斤的姤（后）戊方鼎（過去把它叫做司母戊鼎），有解放後後崗出土的宰鼎等，都是重器，都足以證明文獻資料所謂殷墟，〔六〕就是盤庚遷殷以後，一直到商紂時的殷都，也就是甲骨卜辭裏所説的「大邑商」，〔七〕是毫無疑義的。鄭州商代遺址的中心區域，情況尚未明了，就已發現的墓葬來看，規模都比較小，銅器和其它陪葬物很有限，因之，要詳細估計這個遺址，還需要期待新的發現。

從文獻資料考查，除安陽殷墟外，商代前期曾有過五個王都，《尚書·盤庚》所説「於今五邦」，就是指遷殷以前説的。首先是亳都，《書序》所説「湯始居亳，從先王居」，是商王朝建立之前，「自契至於成湯八遷」中的最後一遷。這個王都在什麼地方，過去有很多説法，清代雷學淇認爲要從成湯所伐的韋、顧和昆吾等國的地望來考查，從而確定商湯的「景亳之命」，是從現在河南省商邱縣之北、山東省曹縣之南這個亳發出的，這個推證很可信；後來王國維的説法，也大略相同。〔八〕商邱是商代先王相土住過的，所以説「從先王居」。從成湯到太戊，一直住在那裏。《書序》説「仲丁遷於囂」，《史記·殷本紀》作「遷於隞」，隞也作敖。北魏酈道元注《水經·濟水》説：「濟水又東徑敖山北，……其山上有城，即殷帝仲丁之所遷也。」這個在北魏時代還能看到的殷代古城，是在鄭州市附近一帶。〔九〕在這個地方只住過仲丁和外壬兩代，據《太平御覽》，他們一共只有二十六年。〔一〇〕河亶甲即位就遷到相，〔一一〕在現在河南省北部内黄縣附近。北魏孝文帝在這裏建立相州，就以此爲根據，〔一二〕《括地志》説「故殷城，在相州内黄縣東南十三里，即河亶甲所築都之，故名殷城也」。〔一三〕内黄就在安陽的東南，中間隔着衛河。這次遷都時間最短，只住了河亶甲一代，據説只有九年。第三次遷都是中宗祖乙，這次新都，《書·序》説是耿，《史記·殷本紀》説是邢，耿和邢聲音相通。但《竹書紀年》説是庇，〔一四〕就不知怎麽錯的了。唐司馬貞《史記》索隱説是現在山西省河津縣的古耿國，〔一五〕是只根據耿字來推測的。王國維認爲隞和相都在河南北數百里内，祖乙所居，不得遠在河東，因而根據《説文》所説邢「地近河内懷」，而定爲《左傳》《戰國策》的邢丘。他説「邢丘即邢虚，猶言商邱、殷虚」是頗有道理的。〔一六〕《水經·沁水注》引晉郭緣生《述征記》説「河内懷縣有殷城」，〔一七〕跟敖和相兩地都有殷城符合，可以證明王説是正確的。其地在漢代懷縣的東南，現在河南省武陟縣之南，與隞都夾河相望。據《竹書紀年》，這次遷都，住了祖乙、祖辛、開甲、祖丁四代，時間是最長的了。最後遷的一個都是奄，只見於《竹書紀年》，〔一八〕這批竹簡是晉代出土的，《書·序》上缺了這一次遷移，所以漢儒馬融鄭玄等都不知道。〔一九〕《左傳》昭公九年説：「武王克商，薄姑、商奄，我東土也。」定公四年説：「因商奄之民命以伯禽。」《墨子·耕柱》《韓非子·説林》並作商蓋，金文禽簋和岡劫尊都作蓋，就是蓋字。可見奄字本應作蓋，是聲音相通。商蓋之所以冠一商字，就因爲它原來一度曾作商都的緣故。成王踐奄之後，這裏封給魯公伯禽，所以魯國有亳社，就是商王朝的社，亳社被燒了，還見於《春秋》（哀公四年）。這個亡國之社之所以保存下來，顯然也是舊都的關係。《盤庚》說「盤庚作，惟涉河以民遷」，過去都解釋不出來，現在知道是從奄遷殷，那就是由曲阜一帶向西北渡河到安陽，更是有力的證據《括地志》說：「兖州曲阜縣奄裏即奄國之地也。」〔二〇〕在這裏住的有南庚陽甲兩代，然後盤庚遷到殷。綜合起來，商代前後共六個王都，南面是靠近商邱的亳，西面是鄭州附近，夾河對峙的隞和邢，北面是安陽一帶夾着衛河的相和殷，東面是曲阜的奄。在殷的時間尤其長，所謂「二百七十三年更不徙都」，〔二一〕所以發掘出來的遺址和墓葬很多，小屯前期有武官大墓，已發掘的侯家莊大墓爲後期墓，這是很典型的。

文獻上的隞都是在丘陵地帶的，最早是皇甫謐所說的「或雲河南敖倉是」。〔二二〕劉昭注《續漢書·郡國志》在敖亭下說周宣王狩於敖。《左傳》宣十二年，晉師在敖鄗之間。秦立爲敖倉。」說敖就是秦漢間的敖倉，所以酈道元所指敖山上的古城爲仲丁所都，在地望上是確切的。現在鄭州市地區，從歷史上看，則是周初管叔所封的管。《漢書·地理志》河南郡中牟縣「有筦（管）叔邑」。《水經注·渠水》：「渠水又東，不家溝水注之，……其水自溪東北流徑管城西，故管國也，周武王以封管叔矣。」清顧棟高《春秋大事表》卷七說：「在今開封府鄭州北二里，即管叔所封國。」清光緒三十一年（一九〇五年）把鄭州改爲商埠，是鄭州市的前身。那末可以認爲仲丁所遷的隞雖以敖山得名，可以包括東面的管國的故地，等於殷墟在文獻是包括朝歌的。

武王伐紂後建立的三監：武庚祿父是投降了周王朝的，所以被封於安陽殷墟；管叔蔡叔是武王之弟，一個封於管，在今鄭州；一個封於蔡，在今上蔡。管在殷的西南，蔡又在管的東南。南北成爲一個弧綫，管在中央，而殷、蔡爲突出的兩翼，這個陣勢，本是用以抵禦徐奄等國的。殷是原來的王都，管、蔡既然和它並列，就決不是平常的都邑。從這遺址看，應該可以代表商代前期的整個歷史階段，上限可以推到仲丁之前，下限也可以延續到盤庚遷殷之後。我們在這裏可以看到商代前期文化的一般情況。它的發現的重要意義是爲我們提供了一把鑰匙來打開研究商代前期以及夏王朝歷史文化的大門，開拓了我們的眼界。在這個意義上，它比安陽殷墟的發現是更上一層樓的。

三、從鄭州發現的商代早期青銅器來看我國青銅彝器的悠久歷史

從鄭州商代遺址的發現，我們可以看到中國青銅彝器的歷史是十分悠久的。假定盤庚遷殷在公元前十四世紀的五十年代，[二三]鄭州發現的商代前期青銅器便應是公元前十五世紀前後，最早的可能要到公元前十七世紀，那就是夏商之間了。從考古發掘中的地層依據，證明鄭州遺址上層大略相等於安陽小屯文化的下層，而被鄭州上層文化壓在下面的二里岡文化，又可以分爲兩層。我們知道小屯文化，一般也分兩期，前後將近三百年，那末，二里岡文化是可以經歷兩三百年的。

這裏發現的商代早期青銅彝器的工藝水平，顯然已經有幾百年的經歷，而在歷史傳説上，商王朝之前是夏王朝，這就使我們有理由可以從器物的發展上來推斷夏朝已經製造青銅彝器，而這在古代文獻中也有不少的史料，可以互相證明的。傳説中最有名的九鼎，據《逸周書・克殷》是周武王伐紂所俘獲，從殷都遷到洛邑的。相傳就是夏代的製作。據《史記・楚世家》説是「三翮六翼」，即三個是鬲形的鼎，那和鄭州所出商代早期的空足鼎是符合的；而六個是異鼎，即方鼎，那是和安陽所出的牛方鼎、鹿方鼎相符合的。[二四]可惜這九個鼎傳説在周赧王死後（公元前二五五）被遷入秦以後就遺失了。[二五]

從歷史文獻中的一些傳説來看，夏朝應該已經是奴隸制社會的國家。在當時，「這樣的生產關係在基本上是與當時的生產力狀況相合的。此時人們所擁有的已經不是石器，而是金屬工具」（斯大林）。古代勞動人民從勞動中創造了工具，更進一步發明創造了金屬工具。人們熟練地使用了新的工具，生產力向前發展，才促使社會有了新的分工，有了私有制，逐漸形成貧富兩極分化，部落間戰爭頻繁，有了許多俘虜，因而出現了奴隸制國家，有了奴隸主和奴隸兩個對立的階級。畜牧業、農業和手工業的分工，手工業裏又有進一步的分工，青銅的鑄造成爲一種專業，青銅工藝有了巨大發展，才有鑄造青銅彝器之可能。鑄造青銅彝器，必須先雕刻模子，這就要用鋒利的青銅工具，不可想象那樣精細的花紋只是靠石刀或骨角的刀所能刻成的。有了模子還要翻成十分精確和工細的陶型（範），熔鑄銅錫又必需有耐高温的不怕重壓的陶容器，這在制陶業没有很好發展時也是不可能的。爲了獲得上千度的高温，又必須有革制的鼓風橐（等於後世的風

箱），這也要在製革工業高度發展之後。銅錫等原料（銅都煉成銅餅）來自各地，没有各個部落間的極爲廣泛的交换，没有很多很好的交通工具，是不可能獲得大量的金屬原料的。總之，青銅彝器的産生，必然是生産力高度發展之後，在奴隸制國家建成時期是無可疑的。

在我國的古代傳説裏，在夏禹的父親鯀的時候開始營造城郭。〔二六〕役使成千上萬的奴隸來興建城垣，營造宫室府庫，規劃溝洫，於是出現了大大小小的都邑。當時的大事是治水和攻有苗。不能想象没有青銅工具，如斧钁之類，而能隨山刊木，進行十三年之久來治好懷山襄陵的洪水。也不能想象，没有青銅兵器能對付首先用五刑的苗民。只有在這樣的物質基礎上，奴隸主們才能有多餘的財富來「致敬於鬼神」，而用青銅來鑄造祭器。《禮記・檀弓》説：「夏后氏用明器，示民無知也；殷人用祭器，示民有知也；周人兼用之，示民疑也。」其實，夏代還是早期的奴隸制國家，生産力比之氏族社會儘管已經高度發展，却還没有發展到奴隸主可以任意蹧蹋其財産的程度。他們把應該用以發展生産的金屬，來做祭器，即彝器，還没有用來殉葬。那時銅錫等的獲得還不容易，還不肯把它埋到地下去。殷商時代，生産力發展得更高了，奴隸主統治階級不惜用大量糧食來做酒，成天地酗酒，不論是代表財富的牲畜或奴隸，都毫不吝惜地成千上百的宰殺，他們當然也不會去吝惜青銅祭器，整批整批地用來殉葬了。把祭器埋在地下後，下一代又得重新鑄造，這樣，消耗大批銅錫，嚴重地阻礙了生産力的發展。殷紂亡國以後，周王朝已經是奴隸制國家的後期了，金屬的使用更加廣泛，需要量也逐漸增大，原料的獲得，相對地一天一天地困難了，他們想節約一些，而又不願意縮小他們的排場，所以兼用之，這和無知有知是無關的。

地下發現的實物史料，證明很大一部分的古代文獻資料還是可以信賴的，只是我們在運用這些史料時要善於分析罷了。從「禹惡旨酒」這個傳説來看，當時的糧食生産還不很豐富，還没有大量釀酒，所以酒器是不發達的。那末，鼎鬲之類的烹煮器在青銅彝器裏最先發展是可以理解的。但是也要看到在當時生産力發展還不很高的情況下，做比較巨大的青銅祭器，就是在奴隸主貴族中也只是極少數權力最高的人才可能製造，而且這種祭器是世世相傳，「子孫永寶」，並不用以殉葬，所以，要在商以前的墓葬裏發現大批青銅祭器是不大可能的。但是既然商代前期銅器已經有了這樣的發展，可以説明夏代是應該有青銅彝器的。儘管在考古發掘方面還有待於證明，在没有地下發掘出來的實物證明之前，有些問題很難作出確切的判斷，但古物的發現，是和考古學的發展有密切關係的。三百年前明朝談古印的人還不知道戰國古鉨

（壐）；二百年前的古錢鑒賞家還没有見到過春秋時期的空首布；安陽殷墟未發現以前，學者間有誰知道甲骨卜辭；二里岡遺址未發現之前，也没有人認識商代前期的青銅彝器；商代青銅兵器中曾發現夾有隕鐵，而過去總認爲《禹貢》裏講到鐵，是戰國時人僞託的。正是由於人們的認識的這種局限性，所以也可能有這樣的情況，如有些古物雖曾發現，而還没有被注意；有些銅器早就看到過，而没有能判斷其時代。我們相信夏文化這一重要歷史環節，在我國考古工作者的努力下將可以得到一個水落石出，那末，青銅鼎鬲一類的原始型式也總會有實物資料來作證明的。

四、從鄭州發現的商代早期青銅器來看我國古代青銅工藝的廣泛傳布

青銅工具和兵器的發明和使用，比青銅彝器爲早。奴隸主貴族用青銅製造彝器阻礙了生産力的發展。在青銅工藝的發展歷史裏，我國的青銅彝器是一個極其重要的新階段。在開始時，無論品種和數量，總是不太多的。隨後，用途增加了，鑄造者多了，工匠們的技藝更加成熟，經驗更加豐富了，就逐漸由這個地區傳播到那個地區，形成了一個新的歷史階段。在文獻記載裏，我國青銅彝器的鑄造是在黄河下游的區域裏成長起來的。《墨子·耕柱》所説「夏后開使蜚廉折金於山川而陶鑄之於昆吾」，有人懷疑陶是錯字，不知道青銅彝器的冶鑄，正是在製陶工業高度發展的基礎上産生的。昆吾是很古老的氏族，本以做陶器出名，〔二七〕後來又做銅器，昆吾之刀相傳可以切玉，周代還把做銅器的官叫做昆吾。《國語·鄭語》説：「佐制物於前代者，昆吾爲夏伯矣。」她大概就由於手工業的發達而在夏代發展爲大國的。昆吾的故墟是現在河南省東北的濮陽縣西南，這是山東、河北、河南三省交界的地方，離山西省也不很遠。這是古代文化的中心，傳説中的顓頊在這裏住過，所以稱爲帝丘。根據這些情況，説這個地區是我國最早的製造青銅彝器的場所，或者是比較接近於實際的。青銅器文化十分接近於龍山文化，在器形方面，鼎鬲等和陶器都有些關係；青銅的盉有些像陶鬹；青銅彝器上的圖案，和有些陶器、玉器相似；最近山東發現的屬於龍山文化的兩個大陶罐上有兩個象形文字，一個是戉（鉞）字，（圖四）一個是⿳日火山（炅）字，（圖五）和青銅器銘刻是一脉相承的。龍山文化分佈於黄河中下游，古代黄河横貫河南省後，在濮陽附近折而北流，在這個地區裏，孕育出我國古代燦爛的青銅文化，並逐漸向四方傳播，是極其自然的。

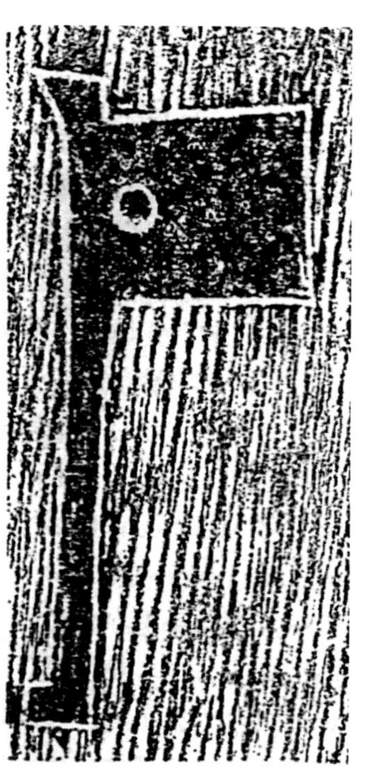

圖四　龍山文化陶罐上銘文

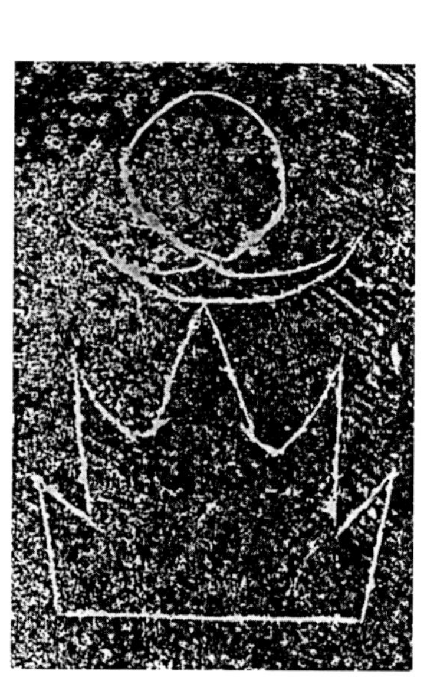

圖五　龍山文化陶罐上銘文

從鄭州商代遺址發現後，河南的許多地方及河北省、湖北省的有些地方曾發現同樣的文化遺存，鄭州只是這些遺址中之一罷了。從這個事實中可以看到這些地區在商代前期的某一階段裏是有密切聯繫的。從商代的六個王都來説，主要在河南省東部，而涉及山東省的東南部。商代初期的亳都既然在商邱一帶，那末，由商邱一直向南約四五百里的安徽省阜南縣，在公元前十四世紀左右，能出現大型的製作精工、裝飾華美的龍虎尊和獸面紋尊，是完全不用奇怪的。這個獸面紋尊跟鄭州所出，其特徵基本相同，不過比較大罷了。再向東南三四百里的肥西縣，也出現平底的大斝，但是從它有很高的兩柱來看，已經相當於殷墟文化的晚期了。仲丁所遷的隞和祖乙所遷的邢，是在鄭州和武陟一帶，隔着黄河南北遥遥相對，影響到河南西部直到湖北，是無可疑的。但是湖南寧鄉出土的人面紋銅方鼎，在相當於商代後期的青銅器裏，十分突出。這個地區和商王朝有何種聯繫，尚有待於研究。在傳説裏，舜葬於蒼梧之野，似乎虞夏之間就有過交通，方鼎夏代就有，那末，人面紋方鼎可能包含一些夏文化的影響。至於常寧所出的獸面紋銅方尊，從形制花紋來看和故宫博物院所藏醜亞方尊很類似，醜亞方尊大概是清代乾隆年間發現的一批屬於醜亞的重器，從近年考古發掘的情況來看，它們應該是山東省益都縣一帶出土的。益都離曲阜約三四百里，而曲阜即奄，是商代遷殷以前的最後一個王都，山東可以有很豐富的商代彝器是毫無疑問的。但它怎麽能流傳到遠在湖南省衡陽以南的常寧呢？這個問題還有待於查考。河亶甲所居的相，盤庚所遷的殷，都在河南省的最北邊，與河北省接境。肯定會對河北一帶地區有影響。北京附近在清末（一八六七年）出土的匽侯諸器有鼎、盉、觚、爵、卣等，後來又出過兩個大亥方鼎，都是殷周之際的。一九四一年遠在長城喜峰口外東北三四百里的喀喇沁左旗（現在的喀喇沁左翼蒙古族自治縣，屬遼寧省）曾發現過一百五十斤的大鼎，也是屬於殷周之際的。解放後一九五五年在凌源發現的十六件銅器有：鼎、甗、簋、盂、罍、卣、壺、鴨形尊、盤等，其中盂是匽侯作的，當系周初器。就是在這個喀左縣最近又出土了五個罍，一個鎗，出土地在前兩次發現地的中間，其中一個罍有銘文六字，是「父丁[illegible]冉⿱山儿亞」，（圖六）可以斷定爲商代後期器。從文獻上考察，這個地區，在商代屬於孤竹國，也就是伯夷叔齊的老家，現在從出土實物上可以得到證明了。〔二八〕由此可見，遠在三千多年前，這個遠在後代長城之外的地區，早已是商文化所及之地，而那些無産階級的叛徒却無耻地硬説中國以長城爲界，歷史事實足以給他們以無情的鞭撲。

圖六　⿱山儿亞父丁罍銘文及父丁罍圖

這次出國的考古展覽品展出了山西省石樓縣出土的龍紋銅觥，（圖七、八）是稀有的寶物之一。從器形説，有些像獸角，但做成一條船的樣子。我們根據習慣把它稱爲觥，但它不能作爲飲罰酒的用具。它的獸頭部分，好像淺口的鞋，附着於器身而没有飲酒用的流。它有些像西周中期的隹弔（叔）匜，那是自名爲匜的。但這件器也不像灌水的匜。很可能是一種盛酒的容器，古代常用一種香料和在酒裏，稱爲鬯，用於祭祀，這應是盛鬯酒的。這件器不但形制殊異，動物圖案也和一般商代銅器的風格不同，這個地區受夏文化的影響比較深，所以儘管也屬於商代後期，但有它自己的特徵。再向西的陝西地區，在商代後期，周王國已經逐漸發展，她聯繫到庸、蜀、羌、髳、微、盧、彭、濮等國，所謂「三分天下有其二」，並不是完全無據的。周人自以爲是夏的子孫，她的文化藝術和商人也有同有異。這個地區出土的銅器，也有一部分（如涇陽一帶）是屬於商代後期的。這種影響還一直擴展到四川省，彭山出土的銅罍就是一證。

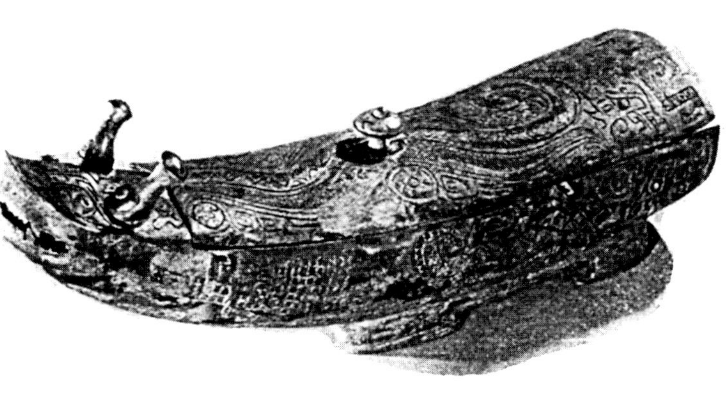

圖七　龍紋銅觥（一九五九年山西石樓出土）

圖八　龍紋銅觥花紋拓片

總之，我國青銅彝器從開始製造到普遍發展，是有綿長的歷史的。商代前期的青銅器，目前所知道的雖以河南爲中心，但其傳播應該廣泛得多。到商代後期，隨着奴隸制經濟的發展，大大小小的奴隸主貴族都競相鑄造青銅彝器，尤其是這些剥削者還養成了酗酒惡習，鑄造很多酒器，加以經常把大批祭器作爲殉葬，埋到地下，又重鑄新的，銅錫的浪費，十分驚人。這種情況，一直延續到西周前期約二三百年之久。鑄造既多，在青銅工藝上有了飛躍的發展，品種繁多，製作技術日益精巧，形式上經常有新的創造，裝飾日趨華美。因之，這個時期是我國青銅彝器十分燦爛的時期，也是青銅工藝廣泛傳播的時期。此後春秋時代青銅工藝又重新廣泛傳播，因之，春秋戰國之際又達到一個新的階段，但這時的青銅工藝的主要範圍，已只是日常生活用具，而不是彝器了。

我們之所以特别重視商代早期的青銅彝器，是因爲更早的彝器儘管從文獻上可以考信，還未見實物；如工具兵器，往往幾百年間變化不大，也許見而未識；所以現在所認識到的，以這些器物爲最早。這裏有一點是很清楚的，就是我國的青銅文化，是古代勞動人民的血汗與智慧的結晶，是在長期的生産鬥爭實踐中不斷發展並廣泛傳播到各地的。有些人總想説，在中國，什麽都是外來的，那就請他們去看看從地下發掘出來的實物吧！

（後記：據目前瞭解，旋渦紋銅戈應屬於鄭州上層文化，那就相當於小屯前期了）

〔一〕見《文物參考資料》一九五五年第十期三十四頁。

〔二〕見《周金文存》卷六，七十七頁。

〔三〕見《商周金文録遺》五五八。

〔四〕同上六〇四。

〔五〕見《三代吉金文存》卷二，二十一頁（鼎）；又卷十四，二十四頁（觚）；卷十二，五十五頁（卣）。

〔六〕見《史記・項羽本紀》集解和索隱。

〔七〕《殷虚書契》卷三，二十七頁。《尚書・多士》作「天邑商」。

〔八〕雷説見《竹書紀年疏證》卷十。王説見《觀堂集林》卷十二《説亳》。

〔九〕《史記・殷本紀》正義引《括地志》：「滎陽故城在鄭州滎澤縣西南十七里，殷時敖地也。」《元和郡縣志》卷八滎澤縣下説：「敖山，縣西十五里，春秋時晉師救鄭在敖鄗之間，二山名。宋武《北征記》曰：敖山秦時築倉於山上，漢高祖亦因敖倉傍山築甬道下汴水，即此山也。」又：「敖倉城，縣西十五里，北臨汴水，南帶三皇山，秦所置。仲丁遷於囂，此也。《詩》曰：薄狩於敖。即此地也。」顧棟高《春秋大事表》卷八上：「敖山在今河南鄭州河陰縣西二十里。」東晉李顒《尚書注》説「在陳留浚儀縣」，則在今開封附近。

〔一〇〕《太平御覽》卷八十三引《史記》「帝仲丁在位十一年」。又「帝外壬在位一十五年」。

〔一一〕《太平御覽》卷八十三引《紀年》。

〔一二〕《元和郡縣志》卷十六：「後魏孝文帝於鄴立相州。初，孝文幸鄴，訪立州名。尚書崔光對曰：昔河亶甲居相，聖皇天命所相，宜曰相州。孝文從之。蓋取内黄東南故殷王河亶甲居相所築之城爲名也。」

〔一三〕見《史記·殷本紀》正義。《元和郡縣志》卷十六作「在縣東南十里」。

〔一四〕見《太平御覽》卷八十三所引。

〔一五〕《史記·殷本紀》：「祖乙遷於邢。」索隱説：「邢音耿，近代本亦作耿，今河東皮氏縣有耿鄉。」正義引《括地志》云：「絳州龍門縣東南十二里耿城，故耿國也。」

〔一六〕《觀堂集林》卷十二《説耿》。

〔一七〕《水經·沁水注》：「朱溝自枝渠東南逕州城南，又東逕殷城北。郭緣生《述征記》曰：河之北岸，河内懷縣有殷城。或謂楚漢之際，殷王卬治之。非也。余按《竹書紀年》云：秦師伐鄭，次於懷城殷。即是城也。然則殷之爲名久矣，知非從卬始。」那末，戰國時在這裏就有殷城，司馬卬的被封爲殷王是沿用舊稱的。

〔一八〕《太平御覽》卷八十三引《竹書紀年》「南庚自庇遷於奄」。又「陽甲即位，居奄」。又「盤庚旬自奄遷於北蒙，曰殷」。盤庚以下，又見《水經·洹水注》、《史記·殷本紀》正義、《項羽本紀》索隱、《尚書·盤庚》正義、《路史·國名紀》丁、《通鑑外紀》二等所引，文字略有出入。

〔一九〕馬融鄭玄注《尚書·盤庚》的「於今五邦」，都把商邱數進去是錯的。從商邱遷亳是「自契至於成湯八遷」中的最後一遷。

〔二〇〕《尚書·盤庚》正義引王肅注：「爲此思南渡河之事。」這是由於《尚書·序》「將始宅殷」誤爲「將治亳殷」，過去都以爲亳殷在河南的原故。所以舊釋都認爲「耿在河北，殷在河南」，自北南渡。從殷墟發現以後，羅振玉《殷虚書契考釋》和王國維《觀堂集林》卷十二《釋殷》，都已明確地指出殷爲安陽，在河北。但他們都把盤庚渡河一事忘了。王國維釋祖乙遷耿是河内的邢邱，那是對的，但從邢邱遷殷，都在河北，而且相去很近，怎麼要渡河呢？他是没有考慮到的。只有根據《紀年》，有南庚遷奄一事，才能解決這一問題。

〔二一〕《史記·殷本紀》正義引《竹書紀年》「自盤庚徙殷至紂之滅，七百七十三年更不徙都」，朱右曾《汲冢紀年存真》改上七字爲二。

〔二二〕《史記·殷本紀》集解。

〔二三〕據漢人所引殷曆，武王伐紂應在公元前一〇七五年，加上盤庚遷殷到紂的滅亡二百七十三年，是盤庚遷殷爲公元前一三四八年。

〔二四〕翮通鬲，《漢書·郊祀志》講到九鼎，説：「其空足曰鬲，以象三德。」翼通異，周康王初年的作册大鼎説「公來鑄武王成王異鼎」，公是太保召公，他所鑄的鼎，現在還有兩個，一個有銘「太保鑄」三字，一個有銘「成王尊」三字，都是方鼎。

〔二五〕見《史記・周本紀》和《秦本紀》。關於九鼎的來踪去脉，《史記》記載極詳。入秦是可信的，其他許多神奇怪誕的傳説，都是游説家和方士們隨意杜撰的。

〔二六〕見《世本・作篇》。

〔二七〕「昆吾作匋」，見《吕氏春秋・君守》、《尸子》、《世本》和《説文》等。

〔二八〕《漢書・地理志》遼西郡令支縣下注説「有孤竹城」，應劭注「故伯夷國」。清《一統志》「令支故城今遷安縣西」，又「孤竹山在盧龍縣西，孤竹城在其陰」。據《爾雅・釋地》觚竹是北荒，《逸周書・王會解》有孤竹、不令支，《國語・齊語》、《管子》和《史記・齊世家》都記載齊桓公伐孤竹事。今河北省遷安縣附近的古孤竹城，可能是孤竹國的一個都邑，而孤竹國的國境決不止此。清吕調陽的《漢書地理志詳釋》則説：「(今喀喇沁左翼)旗南八里有故龍山城，蓋即令支城也。……又旗東北二十五里有元利州城，蓋志所云孤竹城。」汪士鐸《水經注圖》所附《漢志釋地略》則以喀喇沁左翼爲《漢書地理志》的遼西郡文成縣。今按喀左在遷安東北，離遷安不到三百里。這種屬於四荒的國家，還在游牧情況下，地廣人稀，喀左應屬孤竹是無疑的。

載《文物》一九七三年第七期第五至十四頁。
又《唐蘭先生金文論集》第四八一至四九三頁紫禁城出版社一九九五年十月。

一九七四

座談長沙馬王堆漢墓帛書發言

我國文物考古工作者於一九七三年十一月至一九七四年年初發掘了長沙馬王堆第二、三號漢墓，獲得了大批珍貴文物。特别是三號墓出土的帛書，共十二萬多字，大部分是失傳了一兩千年的古籍，包括《老子》甲本卷後無篇名的四篇，《老子》乙本卷前的《經法》、《十大經》、《稱》、《道原》四篇。還有《周易》、《易説》以及類似《戰國策》、相馬經、醫經方、天文星占等古籍。帛書中的《老子》、《周易》等，與今本文字上也有不少出入。這些古籍的出土，爲研究我國古代歷史和哲學思想，研究西漢初期的儒法鬥爭，研究古代醫學、天文學等提供了新的資料。這是我國文物考古工作者，在批林批孔運動推動下所取得的又一重大成果。

這批帛書，目前正由有關專業人員進行整理。《文物》編輯部於八月二十八日邀請參加整理工作的部分同志對帛書的内容和文字舉行了座談。由於整理工作正在進行，座談會談到的只是一些初步的看法。不少問題還正在開始探索，需要根據「百花齊放、百家爭鳴」的方針，展開進一步的研究和討論。

關於帛書内容

馬王堆三號墓發現的大批帛書，在我國文物考古工作方面是一件大事。有人説這次發現這麽多古書，是汲郡竹書以來的第一次，但是汲郡的發現是竹簡，而此次的發現是帛書。在紙没有發明之前，竹帛都是寫書用的。從帛書方面説，這樣的重要發現是空前的。

這批帛書特别珍貴之處在於其中有不少是長期來失傳的古書，例如《老子》乙本前面的四篇古佚書，我認爲是《黄帝四經》。漢文帝時，黄老之學很行時。《老子》乙本前面四篇和《老子》兩篇之間，並無間斷，六篇是聯貫寫下來的。《老子》是道家的經，黄帝四篇也應當是經，就是《漢書·藝文志》的《黄帝四經》四篇。《隋書·經籍志》説漢代道書三十七種中只有「黄帝四篇，老子兩篇，最得深旨」，是有力的證據。

黄老並稱，黄和老實際上有很大不同。《黄帝四經》應該是公元前四世紀的著作，比《老子》較晚。可能是一個早期法家採用一些《老子》的樸素的辯證法，借以講法家的理論的。第一篇《經法》，講的是法，是《老子》所不講的。第二篇《十大經》，主要講的是兵，講黄帝擒蚩尤的故事。《老子》主張不爭，這裏講的却是「不爭亦無以成功」。第三篇講權衡輕重的《稱》，第四篇講《道原》，是有體系的。這本書有很多新的創造。例如：刑名（實際是形名）就是這本書開始講的，爲法家所主。有形才有名。戰國後期的名家也講形名，可是把名放在形的前面，和法家相反。還有刑德，也是這本書首先提出來的，本來很簡單，是法家的提法。到了戰國後期，陰陽五行家就把這用得很亂。戰國後期的著作，經常引用這本書裏的話，像《管子》裏的《勢》篇，《國語》裏的《越語》，以及《慎子》、《鶡冠子》等，我初步已找到了幾十處，可見這本書在戰國後期已經有很大的影響。這本書有完整的思想體系，決不是東抄西撮所能湊集起來的。相反，在戰國後期盛行的，像：堅白同異，五行，以及道家的太一等，這裏還完全没有接觸，也可見這書是比較早的。這本書的重新發現，使我們對黄老之黄究竟是什麽，漢文帝爲什麽宗黄老，儒家爲什麽反對黄老，可以有比較清楚的看法，是十分重要的歷史資料，我們應對它作深入的研究。

帛書中所謂《戰國策》的一種，我很懷疑它是《藝文志》縱横家裏的《蘇子》三十一篇，不是《戰國策》。現在這個卷子，我還没有仔細研究。但它並不分國，又不按時代次序，就跟《戰國策》不一樣。現在的《戰國策》是劉向所定的，在他的序録裏説得很清楚。在劉向之前，這些書「或曰國策，或曰國事，或曰短長，或曰事語，或曰長書，或曰脩書」，本没有《戰國策》這個名稱。現在這本古佚書，約有二十八篇，能和《戰國策》對得上的，只有十一篇，不過五分之二，就是對得上的，也有很大不同處。而且很多篇没有説話的或上書的人的名字，查考起來都是蘇秦、蘇代、蘇厲等人，這是這本書就是《蘇子》的明顯證據。這本書的大部分都是蘇氏的話，只有絶少數不是。先秦古書中是常有攙雜着别人的東西的例子的。《蘇子》這本書，《隋書·經籍志》裏已没有，也是久已失傳的古書。

這次發現的《周易》，只有卦辭爻辭繫辭，没有彖傳象傳這類東西，卦的次序也不同，後面有先生和學生問答，學生中有昭力繆和等人，都是從來不知道的。這也是一本古佚書，恐怕劉向等就没有看到過，還有待於研究。

帛書中有《導引圖》一卷，也是很珍貴的古佚書。《莊子·刻意篇》説：「吹呴呼吸，吐故納新，熊經鳥伸，爲壽而已矣。此道引之士，養形之人，彭祖壽考者之所好也。」可見現在所謂氣功和太極拳，古代稱爲導引，在戰國時就已經盛行了。《漢書·藝文志》在神仙家裏有「黄帝雜子步引十二卷」，步引就是導引。華佗的「五禽戲」是由此發展來的。《隋書·經籍志》在「醫方」中有「引氣圖一卷，道引圖三卷（立一、坐一、卧一）」。現在發現這本《導引圖》主要是用導引來治病的，其中有一個圖，正叫做「熊經」，前面有一段文字，講却谷和呴（煦）吹，説明這就是《導引圖》。這是我國講氣功和健身運動的最早的書了。可惜出土時較破碎，復原還有一定的困難。由此可見我國古代醫學的多種多樣。帛書中還有很多醫方，也需要研究。

帛書中有關天文方面的《五星占》，記録當時的星象，從秦始皇元年開始到漢文帝時，還是很有價值的科學記録。還有《相馬經》，也是一本古佚書。

至於許多講陰陽五行的，像《刑德》一類的書，在《漢書·藝文志》裏屬於《兵陰陽》，也都是些早已失傳的東西了。

那篇有些像《左傳》的古佚書，裘錫圭同志認爲很可能是《鐸氏微》一類的書，我懷疑它是《漢書·藝文志》中的《公孫固》。班固説《公孫固》是十八章，現在發現的大概是十八段左右。《史記》的《十二諸侯年表》説：「及如荀卿、孟子、公孫固、韓非之徒，各往往捃摭《春秋》之文以著書。」可見公孫固的書在漢初還很有名。這次發現的雖然只有兩千多字，由於十分破碎，很難整理。它並不按時代次序，有幾段記事和《左傳》接近，但後面的議論，和《左傳》都不同。很多引閔子辛的話，可能就是閔子騫。像晉國的隨會在秦國，晉國使魏壽餘詐降秦國招回他去，隨會臨走時，秦國的大夫繞朝送他一個馬鞭子，説：「莫謂秦無人，吾謀適不用也。」這個有名的故事，在這篇書裏却説隨會回晉國以後，利用間諜説，繞朝和他同謀，因此秦國把繞朝殺了。這結尾是《左傳》所没有的。只有《韓非子》上曾提到過，「故繞朝之言當矣。其爲聖人於晉而爲戮於秦也」（《説難》）。不見這段遺逸的史料，《韓非子》這段話就講不清楚。還有好多段史料是《左傳》裏完全没有的，也因此引起整理上的困難。但就是這些情况，它不是《左傳》系統而爲另一本古書是無疑的。

載《文物》一九七四年第九期第四五至五一頁。

《黄帝四經》初探

馬王堆三號墓出土帛書《經法》等四篇，寫在《老子》乙本前面，隸書，避邦字諱。寫的時間大約在公元前一七九—前一六九年。[一]原來没有題書名，每篇後均有篇名並字數，六篇的次序如下：

經法　凡五千
十大經　凡四千三（？）□（百）　六□（十）四
稱　千六百
道原　四百六十四
（德）　三千卌□
道　二千四百二十六

六篇前後是銜接的。前四篇共一百七十四行，計：《經法》七十七行，《十大經》六十五行，《稱》二十五行，《道原》七行。每行字數由六十餘字至七十餘字不等。保存得比較完整，有缺字，没有缺行。我個人認爲：這四篇就是《漢書·藝文志》中著録的《黄帝四經》，是黄老合卷的一部分。

一、如何確定此四篇是《黄帝四經》

六篇中後兩篇是《老子》，漢以後流傳不斷。此漢初寫本，除了《德經》在前，章句文字和今本只略有差異。那麽，前四篇是什麽書呢？

首先，從内容來看，這四篇是一本書，而且是有關黄帝的書。四篇的文筆比《老子》兩篇較爲淺近，文章的風格也比較晚，但在四篇中前後是一致的。例如：在《經法》一篇裏所講的「毋陽竊，毋陰竊，毋土敝，毋故埶，毋黨別」（一二行）；在《十大經》一篇則説「使民毋人埶，舉事毋陽察，力地毋陰敝」（八六行）。又如：《經法》講「抹利，襦傳，達刑，爲亂首，爲怨媒，此五者，禍皆反自及也」（五八—五九行）；在《十大經》一篇則説「不達天刑，不襦不傳」（九〇行），「聖人不達刑，不襦傳」（一一七行），「不爲亂首，不爲怨媒」（一三九行）。又如：《經法》裏有「稱以權衡」一節（四—七行），《稱》篇就加以發揮。《十大經》有「雌雄節」一章，《稱》篇則説「此地之度而雌之節也」（一六六行）。《經法》説「道者，神明之原也」（七〇行），《十大經》説「道有原而無端」（一三三行），《道原》篇也加以發揮。其它方面，從思想體系説極爲完整，可以證明爲一本書，決非隨便抄在一起的。在《十大經》裏記載黄帝初立和禽蚩尤的故事，以及黄帝和力黑（即力牧）、閹冉、單才（單盈才）、果童（四輔之一）、大山之稽（太山稽）、高陽（即《離騷》的帝高陽）等人的事迹或問答，可見這本書是有關黄帝的書。

其次，從歷史背景來看。抄寫這本書的時候，正是漢文帝初年。《隋書·經籍志》在道家裏説：

> 自黄帝以下，聖哲之士，所言道者，傳之其人，世無師説。漢時曹參始薦蓋公能言黄老，文帝宗之。自是相傳，道學衆矣。

曹參死在漢惠帝五年（公元前一九〇年），那末，黄老之學在惠帝時早已流傳開了。漢文帝劉恒在高祖十一年（公元前一九六年）時已封爲代王，到他即位做皇帝已經過十七年，他宗黄老遠在即位以前。他即位以後，既然愛好黄老，王侯貴族當然受其影響。他的皇后竇姬就是最堅決的好黄老者，《史記·外戚世家》説：「竇太后好黄帝老子言，帝（指景帝）及太子諸竇不得不讀黄帝老子，尊其術。」可見《黄帝》《老子》是連起來讀的兩本書。這四篇既然是關於黄帝的書，又寫在《老子》的前面，是黄老合卷，抄書時代又正是文帝初年，可見這正是文帝和景帝時代通行的「黄帝老子言」。除此之外，是不可能有別的解釋的。

第三，從著録方面來看。《漢書·藝文志》裏的道家者流有三十七家，其中有關黄帝的五家，計：

《黄帝四經》四篇
《黄帝銘》六篇
《黄帝君臣》十篇
《雜黄帝》五十八篇
《力牧》二十二篇

此外，陰陽家者流裏有《黄帝泰素》二十篇；小説家者流裏有《黄帝説》四十篇；兵陰陽裏有《黄帝》十六篇、《封胡》五篇、《風後》十三篇、《力牧》十五篇、《鵊冶子》一篇、《鬼臾區》三篇、《地典》六篇；天文裏有《黄帝雜子氣》三十三篇；曆譜裏有《黄帝五家曆》三十三卷；五行裏有《黄帝陰陽》二十五卷；《黄帝諸子論陰陽》二十五卷；雜占裏有《黄帝長柳占夢》十一卷；醫經裏有《黄帝内經》十八卷、《外經》三十九卷；經方裏有《泰始黄帝扁鵲俞拊方》二十三卷、《神農黄帝食禁》七卷；房中裏有《黄帝三王養陽方》二十卷；神仙裏有《黄帝雜子步引》十二卷、《黄帝岐伯按摩》十卷、《黄帝雜子芝菌》十八卷、《黄帝雜子十九家方》二十一卷，共二十三種。但只有《黄帝四經》是四篇，和這個寫本符合，所以即使僅僅從篇數來説，這四篇也正和《黄帝四經》相當。戰國後期，著書的人往往假託神農黄帝，所以有關黄帝的書很多，很龐雜。但既然黄老合稱，這個「黄」總是和《老子》差不多，是屬於道家的。《隋書·經籍志》的《道經部》又説：

> 漢時，諸子道書之流有三十七家……其《黄帝》四篇，《老子》二篇，最得深旨。

這裏所説的《黄帝》四篇，不就是《黄帝四經》嗎？《隋書·經籍志》裏，《黄帝》四篇已不見著録。《道經部》所説，大概是根據劉宋時的王儉《七志》，或梁代的阮孝緒《七録》轉述的。從這裏可以知道，黄老之學是《黄帝》四篇和《老子》二篇，南朝學者還能知道其底細。

最後，再從本書的體制和思想體系來分析，這四篇確實是經的體裁。第一，它所表達的都比較簡要而帶有概括性的；第二，它大部分是韻文，文體和《管子》的《經言》，《韓非子》的一些文章很相似；第三，《經法》一篇就稱爲「經」。《十大經》的篇名很奇怪，有的同志認爲跟《管子・牧民》的《士經》一樣，《士經》實際是十一經，是十一句經。如果是這樣，那就指「欲知得失，請必審名察刑」等十句話，就成爲十條大經了。總之，這四篇的體裁是經，是没有疑問的。

至於思想體系，基本上跟《老子》相近，但也有新的發展。《老子》只講道，而這四篇既講道，又講法，所以，第一篇就是《經法》，是表面上用道家的一些話而實際説的是法家的觀點。《老子》只講「名」，而這四篇是把名和形（借用刑字）對立起來，稱爲「刑名」。《老子》只講「德」，而這四篇把刑和德對立，稱爲「刑德」。《老子》不談「理」，而這四篇强調「循名廐理」，講曲直，分公私。作爲君人南面之術，這是比《老子》符合實際的。所以，漢文帝要宗黄老。「黄老」並稱，「黄」有它自己的特點。可見這四篇必然是《黄帝四經》，是不容懷疑的。

總結上面四點：一、這四篇是一本書，是關於黄帝的書；二、抄寫的時候，正是漢文帝初期，文帝宗黄老，所以抄寫者把黄老合卷。三、《漢書・藝文志》著録《黄帝四經》四篇與此正相合，除此之外，上引有關黄帝的著作都没有適合的；《隋書・經籍志》把《黄帝》四篇和《老子》兩篇合在一起説，更是有力的證據；四、這四篇正合「經」的體裁，第一、二兩篇本就叫經。這四篇雖主要的是法家觀點，但却蒙上一層道家色彩，黄老並稱，黄有自己的特色，更足以證明它是《黄帝四經》。那麽，這是《黄帝四經》，是可以確定下來的。

二、對《黄帝四經》的初步探索

《黄帝四經》的内容很豐富，「刑名」是它的最重要的部分。《史記》把老莊和申韓合爲一傳，在《申不害傳》裏説「申子之學本於黄老而主刑名，著書二篇，號曰《申子》」，這是最早提到「黄老」和「刑名」的。《韓非傳》裏也説：「喜刑名法術之學，而其歸本於黄老。」從這裏可以看到法家和道家的關係。法家重的是法，但爲了要和儒家進行鬥爭，所以借重道家，托之於黄帝。這是由於孔丘講仁義，講禮樂，要倒退到奴隸主統治階級的先王、商周時代。墨子雖然反孔，也還要講詩書，追溯到夏禹。老子却不講這些先王之道，（儘管他想小國寡民，更倒退回到上古，有反動的一面）這和當時號稱「顯學」的儒墨兩大派都是不同的。法家在這點上受到它的某些啓發，就利用這一點，在道家的外衣下發揮法家思想。所以韓非子就做了《解老》、《喩老》兩篇。《黄帝四經》一開始就説：「道生法，法者，引得失以繩而明曲直者也。」〔二〕就明白地看出這一點，表面上説「道生法」，但實際上重點放在闡述法好像繩子一樣，可以幫助人們搞清楚曲直，「是非有分，以法斷之」（七四行），主要的還是法家思想，陽道陰法。據《史記》，申不害原來是鄭國人，鄭國在公元前三七六年被韓國滅亡後，他做韓昭侯（公元前三六二—前三三三年）的相，他比老聃的時代要晚得多是無疑的，但他「本於黄老」的「黄」是從那裏來的呢？從這本《黄帝四經》來看，他所主的「刑名」，實際上是本於「黄」，那末，所謂黄帝學派的刑名家是從公元前四世紀的上半就開始了。鄭國在春秋時代就重法，子産鑄過刑書，鄧析做過竹刑，在這時出現新的重法的刑名家是不奇怪的。到戰國末年，韓非這個更重要的法家，也正是韓國人，這也很值得重視。凡是神農黄帝的學説，都是戰國中、後期人所假託的。《漢書・藝文志》的陰陽家流裏有《黄帝泰素》二十篇，原注「六國時韓諸公子所作」，而韓非也正是韓諸公子中之一。那末，《黄帝四經》很可能也是韓國法家的著作。其時代很可能就在公元前四世紀。

《黄帝四經》的《稱》篇説：「毋借賊兵，毋裹盜糧。借賊兵，裹盜糧，短者長，弱者强，贏絀變化，後將反施。」這段話在公元前二七一年就被引用了。《史記・范雎傳》説：「故齊所以大破者，以其伐楚而肥韓魏也，此所謂借賊兵齎盜糧者也。」這是秦昭王三十六年時范雎説的話，説「所謂」，顯然是引用成語。如果《黄帝四經》確是公元前四世紀的著作，那末公元前三世紀上半已廣泛流傳而被魏國人范雎所引用，就完全可能了。

《十大經》篇的《順道》章裏説：「大草（庭）氏之有天下也，安徐正静，柔節先定。……立於不敢，行於不能。單視不敢，明勢不能。守弱節而堅之，胥雄節之窮而因之。」（一三八—一三九行）《管子・勢篇》則説：「故賢者安徐正静，柔節先定。行於不敢而立於不能，守弱節而堅處之。」這顯然是抄襲《黄帝四經》的，首先，把句子抄漏了，其次，把韻語變得不叶韻了。《管子》裏這種抄襲很多。如同篇「逆節萌生」，見本書一三五行。「秉時養人，先德後刑」，見本書八七行，作「夫並時以養民功，先德後刑」。而《九守》篇説「安徐而静，柔節先定」，也就是《順道》的兩句。《管子》這部書有很多篇是戰國末年人寫的，顯然已經看到這本書了。此外，《慎子》和《國語・越語》等引用的材料也很多。

《十大經》裏兩次説到「當斷不斷，反受其亂」（九〇行和一一七行），是經常被人引用的名言。《漢書・高五王傳》記吕后死後，齊相召平悔恨説：「嗟乎！道家之言，當斷不斷，反受其亂。」（也見《史記・齊悼惠王世家》）這在文帝即位前一年，道家之言，當然指「黄老」。《史記》在《春申君傳》的贊裏則引「語云：當斷不斷，反受其亂」。《後漢書・儒林傳》的《楊倫傳》説「當斷不斷，黄石所戒」，李賢注引黄石公《三略》，可能是這書曾沿襲這一成語。羅福頤同志曾從銀雀山竹簡裏看到

「大百言有本，千言有要，萬言有總」（〇四六三）的話，跟這裏的一二三行相同（總字借用葱字），這也是漢初就引用的。

第四八行「□行喙息，扇飛蠉（同蠕）動」這兩句美文，漢朝人是經常用的。《淮南子·原道訓》作「跂行喙息，蠉（音軒）飛蠉動」。蠉和扇，聲音相通，所以借用。淮南王劉安被封在漢文帝十六年（公元前一六四年），顯然是看到《黄帝四經》的，像《詮言訓》裏所説「至味不慊，至言不文，至樂不笑，至音不叫」，顯然是受到本書「實穀不華，至言不飾，至樂不笑」（一五一—一五二行）的影響的。

「不襦不傳」是本書裏常見的話，「襦傳」本來的意義是過關卡時的憑證，戰國時楚國就有「王命傳」，漢代終軍棄襦也是很有名的故事，但是襦傳兩個字很少連在一起用。東漢時李尤的《函谷關賦》説「察言服以有譏，指襦傳而勿論」，恐怕也是讀過這本書的。

以上對於此書還僅僅是一個初步的探索，已可以説明它在戰國後期已經流行。儘管《十大經》説「天地已成，黔首乃生」（一〇七行、一〇八行），黔首兩個字似乎比較晚，但《吕氏春秋》的《振亂》、《懷寵》等篇，經常説到黔首，這本書是秦始皇八年（公元前二三九年）以前寫的，可見黔首的名稱是秦並天下以前早就存在了。並六國後，「更名民曰黔首」，只是和皇帝、朕這些稱呼一樣，把它固定爲制度罷了。

漢初，這本書又重新被推崇，文景之際約四十年（公元前一七九—前一四一年）更盛極一時，名爲黄老，實際上，黄帝言更占勢力。現在發現這個抄本，也正是在這個歷史背景下遺留下來的。

三、這本書的失傳和西漢初期的儒法鬥爭

司馬遷作《史記》，對漢文帝的宗黄老是諱莫如深的。在《太史公自序》裏説到「自曹參薦蓋公言黄老，而賈生晁錯明申商」，没有説文帝宗黄老。《儒林傳》裏説「孝文帝本好刑名之言，及至孝景，不任儒者，而竇太后又好黄老之術」，但是在《老莊申韓列傳》裏已明明透露刑名就是黄老之術了。現在發現這本《黄帝四經》，更可以看出刑名之言是黄帝言的一個主要特點，更清楚地説明文帝宗黄老，而竇太后不過是文帝的忠實的繼承者罷了。黄帝言實際上是以法家思想來改造道家的。老子主張不争，而《黄帝四經》則説：「作爭者凶，不爭者亦無成功。」（九四行、一〇七行）淮南王劉

安儘管用了《黄帝四經》中的一些話，但他是宗老子而反對黄帝的。《脩務訓》説：「世俗之人多尊古而賤今，故爲道者必托之於神農黄帝而後能入説。亂世暗主高遠其所從來，因而貴之。爲學者蔽於論而尊其所聞，相與危坐而稱之，正領而誦之，此見是非之分不明。」劉安的父親劉長是被廢黜遷徙而死於路上的，他儘管重新被封，心裏却懷恨。這一段議論反對尊古賤今，看上去很冠冕堂皇，實際上是罵漢文帝是暗主，罵稱誦黄帝之言是是非不明。其實黄帝的書是戰國中、後期法家所假託的。爲什麽要依託於黄帝呢？這可能出於當時同儒家鬥爭的需要，某些法家便采取這策略：想借黄帝的名義來壓孔丘。而它代表了法家的思想體系是無疑的。黄帝之言是刑名，爲什麽漢文帝不能貴它呢？這個鬥爭到景帝時更激烈了，轅固生跟黄生爭論，黄生是道家，但所説「冠雖敝必加於首，履雖新必關於足」，則是法家的話。景帝死後，武帝的舅父武安侯田蚡用事，跟魏其侯竇嬰在一起要使儒家復辟。建元元年（公元前一四〇年）丞相衛綰奏：「所舉賢良，或治申、商、韓非、蘇秦、張儀之言，亂國政，請皆罷。」（見《漢書·武帝紀》）這是尊儒反法的第一炮。但不久，趙綰王臧等的儒家集團因爲想奪竇太后的權失敗了。一直到建元六年，竇太后死後，田蚡又做丞相，才公開地「絀黄老刑名百家之言」（見《史記·儒林傳》）。當時的鬥爭，好像只是反對竇太后，實際上是反對漢文帝。司馬遷的父親司馬談是道家，但司馬遷却是儒家觀點，他寫《五帝本紀》時説：「百家言黄帝，其文不雅馴，薦（同搢）紳先生難言之」，而寧願采取並不可靠的「孔子所傳宰予問五帝德及帝系姓。」他在《殷本紀》裏還提到成湯和伊尹論九主，但是對人人誦讀的黄帝之言——這本《黄帝四經》却一字不提，説明司馬遷不敢反抗當時的「社會潮流」。到了東漢明帝時，儒家班固作《漢書·藝文志》，把有關黄帝的書壓抑在俗薄小書《周訓》十四篇之後。雖然《黄帝四經》四篇還是放在五種黄帝書的最前面，這是因爲它是「經」的原故。他在《黄帝君臣》十篇下注：「起六國時，與老子相似也。」在《雜黄帝》五十八篇下注：「六國時賢者所作。」在《力牧》二十二篇下注：「六國時所作，托之力牧。」但在《黄帝四經》四篇下却没有注什麽。看來這可能因爲它是文帝所宗述的道家的經典；而自西漢元帝以後的兩漢皇帝却又都是崇儒的，在這樣的矛盾情況下班固就不好説什麽了。因之，自元帝真正「獨尊儒術」以後，陽道陰法的《黄帝四經》受到重重抑制與排斥，就若存若亡，在南北朝後期，這本書就已失傳了。

兩千年來久已沉晦的《黄帝四經》的重新發現，是一件大事。這使我們明瞭「黄老」的「黄」究竟是什麽内容，漢文帝所好的刑名究竟指什麽。更可以使我們明瞭道家和法家的關係，黄老之學在漢初儒法鬥爭中的地位。尤其是這本書的内容很豐富，可以研究的問題很多，是研究我國哲學思想史，研究古代儒法鬥爭的十分重要的珍貴史料。對於它的深入研究將是十分必要的。

載《文物》一九七四年第十期第四八至五二頁。

〔一〕這個墓是漢文帝十二年（公元前一六八）建的。

〔二〕此字原作𠂇，前釋作「佐」，是錯的。

一九七五

馬王堆出土《老子》乙本卷前古佚書的研究

——兼論其與漢初儒法鬥爭的關係

目　次

一、古佚書四篇的書名問題
二、寫作時代和作者
三、古佚書四篇是法家重要著作
四、古佚書四篇與漢初儒法鬥爭的關係

馬王堆三號墓是長沙王相軑侯利蒼的兒子的墓。軑侯利蒼死於吕后二年(公元前一八六),他的大兒子利豨繼位,死於漢文帝十五年(公元前一六五)。這個墓大約屬於利豨之弟,墓中有木牘,可以證明他死在文帝十二年(公元前一六八)。隨葬帛書中有兩本《老子》(圖版壹),甲本書法在篆隸之間,不避漢高祖劉邦的諱,可能是高祖末年或晚至惠帝和吕后時代抄寫的。[一]乙本卷前有古佚書(以下簡稱古佚書)四篇(圖版貳至拾陸),連同《老子》兩篇,共六篇。没有書名,每篇只題篇名和字數。六篇的次序如下:

《經法》凡五千,

《十大經》凡四千五（或三）[百]六[十]四，

《稱》千六百，

《道原》四百六十四，

《[德]》三千册卌□，

《道》二千四百二十六。

六篇共二百三十二行。隸書，避邦字諱，改爲國，抄寫時代顯在甲本《老子》之後。用以寫書的帛高四十八釐米，系整幅，未裁開。應是文帝初年時（公元前一七九至前一六八年）所寫。〔二〕

一、古佚書四篇的書名問題

這六篇書是一氣寫下來的，篇與篇之間並無空行。後兩篇是《老子》，除了《德經》在前，基本上和通行本符合，那末，前面的四篇是什麼書呢？我從三個方面，證明它就是《漢書・藝文志》裏的《黃帝四經》四篇。

第一，從内容來看，這四篇是一本書。從思想方法上説，大體上是繼承老子而加以發揮的。老子屬於道家，但這本書實際上是法家。在思想體系方面，四篇是一貫的。〔三〕第一篇《經法》，主要講的是法。第二篇《十大經》，主要講的是兵。〔四〕第三篇《稱》，主要講的是樸素的辯證法。第四篇《道原》，講的是道，即事物的客觀規律。四篇體裁各别，但互爲聯繫，成爲一個整體。尤其是第二篇用很大篇幅來叙述關於黃帝的神話故事，説明這本書應該是黃帝之言。它一共四篇，也和《黃帝四經》符合。

第二，從抄寫時代和歷史背景來看，這本書是在文帝初期抄寫的。漢初最早傳《老子》的是蓋公。漢高祖六年（公元前二〇一）封他的兒子劉肥做齊王，用曹參做齊相國，曹參聽到「膠西有蓋公，善治黃老言」，把他請來，以他爲師。〔五〕《隋書・經籍志》説：

自黄帝以下,聖哲之士,所言道者,傳之其人,世無師説。漢時曹參始薦蓋公能言黄老,文帝宗之。自是相傳,道學衆矣。

漢文帝即位時(公元前一七九)約二十三四歲,〔六〕黄老之言的傳播,已經有二十多年,他由愛好黄老而宗黄老,當然傳播得就更廣了。儘管《史記·儒林傳》只説「孝文帝本好刑名之言」,但刑名之言以黄老爲主是很清楚的。文帝的后竇姬,在他作爲代王時就是王妃,受其薰染而好黄老之術是很自然的。文帝死後,她作爲景帝母親而稱爲竇太后,繼承文帝的政策,所以景帝和太子(即武帝)、諸竇都讀黄帝老子之言。一直到武帝建元六年(公元前一三五)竇太后死,武帝的舅父田蚡做丞相,才「絀黄老刑名百家之言」。那時,黄老之言已經傳播了六七十年,而從「文帝宗之」起,它們已行時四十多年了。

因此,《老子》乙本卷前的四篇有關黄帝之言,顯然只有《黄帝四經》才能當之了。《老子》當時已稱爲經,〔七〕所以《黄帝四經》也稱爲經。不可能想象在文帝宗黄老,黄老正在行時的時代,作爲軑侯的兒子,所抄的《老子》前面會冠以别的不相干的書的。

第三,從傳授原流和流傳情況來看,這本書也應該是《黄帝四經》。《史記·樂毅傳》説:

樂臣公善修黄帝、老子之言,顯聞於齊,稱賢師。

樂臣公學黄帝、老子,其本師號曰河上丈人,不知其所出。河上丈人教安期生,安期生教毛翕公,毛翕公教樂瑕公,樂瑕公教樂臣公,樂臣公教蓋公。蓋公教於齊高密、膠西,爲曹相國師。

可見黄帝老子之言是從戰國後期流傳下來的。《史記·老莊申韓列傳》説:

申子之學本於黄老而主刑名。

韓非者,韓之諸公子也,喜刑名法術之學而歸本於黄老。

這是有關「黄老」的最早記載。《韓非子》講刑名是很明顯的。《申子》雖已亡佚,《羣書治要》引它的《大體》篇也確是刑名之言，可見司馬遷所説是有根據的。但是《老子》並不講刑名，刑名怎麽能和黄老結合起來呢？前人是不清楚的。看到了這本黄帝之言，主要講的是刑名之學，才知道刑名之言就是黄帝之言，説申韓本黄老，重點是在法家的黄而不在道家的老。從戰國中期到晚期，很多法家著作，如：《申子》、《慎子》、《管子》、《鶡冠子》、《韓非子》以及《國語・越語》等對此書都有引用，有的還引得很多（詳見附録一，古佚書引文表），説明這書正是戰國中期以後流傳的黄帝之言。《漢書・藝文志》道家三十七種中有關黄帝的書共五種：

《黄帝四經》四篇

《黄帝銘》六篇

《黄帝君臣》十篇

《雜黄帝》五十八篇

《力牧》二十二篇

其中稱爲經的只有《黄帝四經》，而本書的《經法》和《十大經》兩篇就稱爲經，《稱》和《道原》兩篇也正是經的體裁。本書既非銘體，顯然不會是《黄帝銘》，如果説是《黄帝君臣》，就只能與《十大經》接近，但這一篇内共十五章，只有八章是涉及黄帝君臣們的。八章中有講黄帝本身神話的，有講擒蚩尤故事的，羣臣的名，有力黑（即力牧）、太山之稽、果童、閹冉等，還有高陽，據傳説是帝高陽。那末，這也不可能是《力牧》這本書。至於《雜黄帝》五十八篇就更附會不上了。此外，陰陽家、小説家、兵陰陽、天文、曆譜、五行、雜占、醫經等還有有關黄帝的書二十八種，内容俱不相合。而且，這些黄帝書中只有《黄帝四經》是四篇，從篇數説，與古佚書的四篇也正相符合。

漢代的書，如《春秋繁露》、《淮南子》、《史記》、《説苑》等也多引用此書中的詞句，説明這本黄帝之言在漢代曾流行過。《隋書・經籍志》的《道經部》又説：

漢時諸子道書之流有三十七家。……其黄帝四篇，老子二篇，最得深旨。

這裏所説《黄帝》四篇，顯然指《黄帝四經》。但在《經籍志》裏，《黄帝四經》已不見著録，這一節可能是根據劉宋時的王儉《七志》或梁代的阮孝緒《七録》。可見黄帝老子之言，是《黄帝》四篇、《老子》二篇，南朝學者大概還曾看到過這一類的黄老合卷的。從這一記載更可以證明寫在《老子》乙本前面的四篇和黄帝有關的刑名之言應是《黄帝四經》。

二、寫作時代和作者

上面論證古佚書四篇就是《漢書·藝文志》的《黄帝四經》，那末，這本書是在什麼時候寫成的呢？我認爲它的寫成時代，應該是戰國前期之末到中期之初，即公元前四〇〇年前後。

首先，黄老連稱，最早見於《史記·申不害傳》：

申不害者，京人也，故鄭之賤臣。學術以干韓昭侯，昭侯用爲相。内修政教，外應諸侯，十五年。終申子之身，國治兵强，無侵韓者。申子之學，本於黄老，而主刑名。

韓國滅鄭在公元前三七五年，申不害既在鄭國時就已是賤臣，總有三十歲左右了吧。他的學術應該已經完成了。〔八〕那末，黄帝之言至晚總是在公元前四世紀的初期就已出現了。

從黄和老的關係來看，黄帝之言應該是從《老子》學説發展出來的。老聃與孔丘同時，孔丘曾向他問禮，但比孔丘長壽，晚年從知禮轉變爲反對禮。據《史記》，他的兒子李宗爲魏將，約在魏文侯時代（公元前四四五—前三九六），〔九〕可見老聃可能活到公元前五世紀的中葉，即比孔丘晚死二三十年。那個時候，孔丘要復殷周的禮，墨翟雖然反對孔丘的提倡禮樂，但也稱引《詩》《書》，要學夏禹。他們都是到處宣揚，擁有很多徒衆，所以儒墨成爲顯學。但老子只是一個「隱君子」，是主張把夏商周三代奴隸制社會一切舊文化舊禮教全部加以否定，而返回到較原始的小國寡民時期。他是一個唯心主義的哲學家，但是他的一套樸素的辯證法却深深地吸引了一些人。楊朱是他的弟子。現在流傳的《老子》這本書，可能是楊朱或老子的其他弟子們所傳播的。楊朱繼承老聃的學説而主張「貴己」，是一個唯我主義者。墨翟反孔丘，楊朱反墨翟，到孟軻的時代已經是「楊朱墨翟之徒滿天下」，墨翟在孔丘後，楊朱在墨翟後，孟軻又在楊朱後，楊朱的時代定下了，楊朱的老師老聃的時代也就可以定下來了。黄帝之言既然是繼承《老子》而有所發展，又是申不害所本，那末，它的寫作時代，其上限不能超過楊朱時代，其下限不能延到申不害時代，也可以定下來了。就是説最早不能到公元前五世紀中期，最晚也不能到公元前四世紀中期。

再者，所謂神農黄帝之言，都是戰國時興起的。儒家常常講復古，從三代一直推到堯舜。這些反儒家的隱者爲了壓倒儒家，索性拿出神農黄帝來，一則比堯舜還要古，二則講到神農黄帝就不需要講《詩》《書》了。從這四篇古佚書來看，説到黄帝，不過講一些神話，此外都是時世的語言，絲毫没有復古的意味，這就很清楚了。在《孟子》這部書裏有爲神農之言者的許行，説明神農之言在戰國中期已經流行，也可以爲黄帝之言應在公元前四〇〇年前後之旁證。

《史記・孟子荀卿傳》説：

> 慎到，趙人。田駢、接子，齊人。環淵，楚人。皆學黄老道德之術，因發明序其指意。故慎到著十二論，環淵著上下篇，而田駢、接子皆有所論焉。

司馬遷用「黄老」這個合稱，跟「老子」是有區别的，凡稱「本黄老」或「學黄老」的都是法家，申不害和韓非是法家，慎到也是法家，《荀子・非十二子》以慎到、田駢並稱，《莊子・天下》稱彭蒙、慎到、田駢，可見田駢也應該是法家（接子一作捷子，環淵一作蜎淵，《漢書・藝文志》也列於道家）。但在《史記・莊周傳》裏則只説「其要本歸於老子之言」，「以明老子之術」，説明莊周不是繼承黄老學派的。繼黄老學派的《慎子》，《漢書・藝文志》説：「先申韓，申韓稱之。」（《申子》書今已失傳，《韓非子》則確實曾引用過慎子的話）據《史記》則慎到是齊威王和宣王時的稷下學士之一，相當於公元前四世紀的後期。《慎子》的書儘管已亡佚，但各書所引佚文還很多，清代人有輯本，其中有好幾處是引用這四篇古佚書的（見引文表）。此外，《管子》（《内言》、《區言》、《雜言》部分）、《鶡冠子》、《國語・越語》等引用的更多，是四篇古佚書——《黄帝四經》爲公元前四世紀初作品的確證。〔一〇〕

相反，戰國時期托名爲黄帝的書很多，品類極爲龐雜，但這本《黄帝四經》却應是法家著作，像戰國中期稷下談士們盛行的堅白同異之辯，五德終始之論等等，在這裏還完全没有反映，也可以證明這本書决不是戰國後期的著作。

漢初傳黄老的蓋公已經是老年了。蓋公的師是樂臣公，在趙國將滅亡之前流徙到齊國，「善修黄帝老子之言，顯聞於齊，稱賢師」，這總在齊國滅亡（公元前二二一年）之前吧。再向上推，「其本師號曰河上丈人，不知其所出。河上丈人教安期生，安期生教毛翕公，毛翕公教樂瑕公，樂瑕公教樂臣公」，師徒之間已有五代。三十年爲一世，五代師徒有一百五十來年，蓋公教曹參是公元前三世紀末到二世紀初年的事，加上一百五十來年就是公元前四世紀前期了。這也可以説明黄帝之言的流行應在公元前四世紀的前期。

戰國初期道家很多是隱者，老子本身就是一個隱君子，假託神農黄帝之言的人都没有留下姓名，傳黄老的如河上丈人和安期生也都不是姓名，因此，後來對這些人製造了許多神話。春秋末年到戰國初期，由於奴隸主貴族政權的日趨没落，這類隱士是很多的。他們不是貧民，生活能自給，儘管不想做官，但是不甘寂寞，就往往著書立説，表示自己的政治態度。等到新興的封建政權建立後招納游談之士，這類隱士就逐漸少了。

古佚書四篇很可能是鄭國的隱者所作的。春秋時代，鄭國是有法治傳統的，子産曾經「制參辟（三種法律）」，鑄刑書」，鄧析作竹刑，鄧析雖被殺而竹刑還得使用，劉向《别録》説「鄧析好刑名」，都可以證明這一點。《漢書・藝文志》道家有《鄭長者》一篇，説「六國時，先韓子，韓子稱之」。鄭長者應該是鄭國人而没有姓名，長者和丈人差不多。鄭長者見《韓非子・外儲説右》。〔一一〕班固所説道家有很多是法家，鄭長者既爲韓非所稱，可能也是法家。鄧析是在公元前五〇一年被殺的，他的門徒們可能都隱姓埋名了，一直到鄭國滅亡（公元前三七五）以後，申不害本黄老而主刑名，做了韓昭侯的相，法家才又抬起頭來。申韓並稱，韓非是韓國的諸公子。韓國以鄭縣爲國都，所以戰國時韓國往往自稱爲鄭，可見韓國還是有鄭國的重法傳統的。《漢書・藝文志》陰陽家有《黄帝太素》二十篇，説是「六國時韓諸公子所作」，可見韓國人也曾經依託黄帝，儘管「太素」這個名稱和《莊子・天下》提出來的「太一」、《周易・繫辭》提出來的「太極」差不多，都是戰國中期以後才出現的新語彙，在《黄帝四經》裏還没有反映。〔一二〕但由此也可以看到在鄭國和韓國是有依託黄帝的傳統的。

三、古佚書四篇是法家重要著作

《漢書・藝文志》所謂道家，實際上可分三類，第一類是古代政治家的著作，如：伊尹、太公、辛甲、鬻子、管子等，現在只有《管子》書還存在，應屬於較早的法家。第二類是以《老子》、《莊子》爲代表，講道德，主張無爲的道家，《文子》、《關尹子》、《列子》等，大概相近。第三類是以《黄帝四經》爲首的黄老派，《蜎子》（環淵）、《田子》（田駢）、《鶡冠子》、《捷子》（接子）、《鄭長者》等大體都應屬此派，是由老子學派發展出來的一個支派，是講道法，主刑名的新型法家。《申子》、《慎子》、《韓非子》等都本黄老，而《藝文志》却又别列於法家。可見黄老雖並稱，重點在黄，法家儘管在思想方法上繼承《老子》（例如《韓非子》還有《解老》、《喻老》兩篇），實際還是把「法」放在第一位的。

《老子》在政治上是消極的，這本《黄帝四經》則比較積極。《老子》講道，這本《黄帝四經》講術（王術）；《韓非子·定法》説「申不害言術而公孫鞅爲法」，用術是法家的一個新派别。《老子》講道而不講法，這本《黄帝四經》則首先講「道生法」。「執道者，生法而弗敢犯也，法立而弗敢廢也。」立了法以後就得自己也守法。「法度者正之至也，而以法度治者，不可亂也，而生法度者，不可亂也。」（二〇、二一行）「是非有分，以法斷之。虚静謹聽，以法爲符。」（七四行）法家思想是很明確的。《老子》經常講「道」而不講「理」，這本《黄帝四經》却非常注重理。「物各（合於道者）謂之理，理之所在謂之道。物有不合於道者謂之失理，失理之所在謂之逆。」（五一行）所以專立《名理》一章，要「審察名理」，「循名究理」（七四、七五行）。才能「萬舉不失理，論天下而無遺策」（六九行）。這是從老子的侈談天道進一步來研究人事了。

《老子》儘管也講到「名」，但認爲「無名天地之始，有名萬物之母」，主張「鎮之以無名之樸」，「始制有名，名亦既有，夫亦將知止，知止所以不殆」。這是倒退的哲學。古佚書四篇是進取的。它把「刑（形）」和「名」對稱。「刑名」之説，是從黄帝之言才開始有詳盡發揮的。古佚書四篇都講刑名之説，這一條綫是貫串全書的。「有物將來，其刑（形）先之，建以其刑（形），名以其名。」（一四三行）是説先有形而後有名，跟後來那些主張先有名而後有形的唯心主義觀點不同。「刑（形）名立，則黑白之分已。」（三行）「黑白」用以比喻是非曲直，所以又説「欲知得失，請必審名察刑（形）」（一四一行）。此書前面説「法者，引得失以繩，而明曲直者殹（也）」（一行）。可見用審名察形的辦法來明曲直，知得失，就可以立法，用法來治國，所以刑名之説是新的法家的主要論點。「循名究理」，有了「法」才能公正，「使民之恒度，去私而立公」（七行）。所以法官又叫做「理」。

《老子》講的「道」，没有講到「平衡」。古佚書四篇則説「應化之道，平衡而止。輕重不稱，是胃（謂）失道」（六行）。「稱」本來就是「秤」，是用來量輕重的工具，所以説「稱以權衡」（四行）。「權」是秤錘，「衡」是秤杆，都借用來比喻事物的平衡。

所以古佚書的第三篇，就是《稱》。說「賣（讀）今之曲直，審其名以稱斷之」（一六四行）。這和「是非有分，以法斷之」，意義是相同的。用權衡來知輕重，用法來知曲直，《管子·心術》說「法出乎權，權出乎道」，也是這個道理。這是法家的方法論，是古佚書四篇的一個特點。

《老子》說「知其雄，守其雌」，又說「柔弱勝剛强」。古佚書四篇因之有《雌雄節》一章。節是符信，是有牝牡兩半的。這裏用雌節來比喻柔弱之道，所以也叫做「柔節」或「弱節」。戰國後期的道家和兵家（如《管子》和《國語·越語》等）是很喜歡用這種新語彙的。

《老子》講德而不講刑，四篇古佚書把「德」和「刑」對立，稱爲「刑德」，這是黄帝之言的重要發展。法家如《韓非子》就有《二柄》一篇，說「二柄者刑德也。何謂刑德？曰：『殺戮之謂刑，慶賞之謂德』」。兵家也常講「黄帝刑德，可以百勝」（見《尉繚子》）。但到了戰國後期，陰陽家和五行家就把它變成「天官時日，陰陽向背」這一類江湖術士用以騙人的一套把戲了。[一三]僅僅這一點也可以證明古佚書四篇一定出於更早的時代的。

《老子》雖也講「無私」，但没有把「公」和「私」對立起來。古佚書四篇站在法家的立場上，主張「去私而立公」和「唯公無私，見知不惑」（七五行）。「精公無私而賞罰信，所以治也。」（一一一行）這是由於「公者明」，「無私者智」，「唯公無私」，才能做到法治。《老子》不講「逆順」，古佚書四篇說「逆順同道而異理，審知逆順，是胃（謂）道紀」（四一、四二行）。因此把怎樣是逆，怎樣是順，作了詳細的探討。《老子》强調「不爭」，例如說：

上善若水，水善利萬物而不爭。

天之道利而不害，聖人之道爲而不爭。

天之道不爭而善勝，不言而善應，不召而自來。

善爲士者不武，善戰者不怒，善勝敵者不與，善用人者爲之下，是謂不爭之德，是謂用人之力。

夫唯不爭，故天下莫能與之爭。

以其不爭，故天下莫能與之爭。

這是片面的，倒退的哲學。古佚書四篇比他强，它儘管也説「柔節先定，善予不爭」（一六七行），但反復强調「作爭者凶，不爭亦毋以成功」（一〇七行，又九四行略同）。爲亂首是不好的，但到了一定的時機，該爭的還得要爭，如果還不爭，就是失敗主義。就是「當斷不斷，反受其亂」（九〇、一一七行）。該爭而不爭，就是「逆天」，所以説「順天者昌，逆天者亡」（一〇七、一〇八行）。强調「常後而不先」，是「後發制人」，需要爭時還必須力爭，就把這個道理講得很全面，合乎辯證法了。

這本《黄帝四經》不引詩書，不談仁義，不涉及禮樂，它的反儒是比較徹底的。在《十大經》篇裏有一些關於黄帝的神話，很多是别的古書裏没有講過的，現在很難知道它是否根據傳説。但在《姓爭》一章裏説「天地已成，黔首乃生，勝（姓）生（甥）已定，敵者生爭。不諶（戡）不定」（一〇八行），似是反映古代的氏族戰爭。我國古代的姓，大都從女旁（如：姬、姜、姒、嬀等），「姓爭」就是母系氏族之間的鬥爭。所説的「姓生已定」三句，又見《觀》章，「姓」是母系親屬，所以從女，生是男系親屬，後世加男旁作「甥」，古代只作「生」字。「姓生已定」就反映當時很多互通婚姻的氏族，「敵者生爭」，是指他們之間因敵對而發生戰爭，不到一方戰勝，就不能安定下來（「不諶不定」）。炎帝和黄帝的戰爭，就是姬姓和姜姓的戰爭。這些資料是很有裨益於對我國古代歷史的研究的。

總之，《黄帝四經》，漢代人雖稱爲道家，實際上是法家。它一開始就説「道生法」，道這個名詞，是應該當作客觀規律來講的，法是根據事物的客觀規律來制定的，所以説「道生法」。這和講空虚玄妙的道不同。事實上，稱爲道家的政治家和法家在開始時是很難區分的。從時代看，這本書運用了《老子》書中的思想方法，出於《老子》之後，但它的成就，它的影響，却比《老子》要大。作爲一個哲學家的老聃，儘管是唯心主義的，但他的思想方法是包含着樸素的辯證法的成分的，正像黑格爾一樣，他的《法理哲學》一書是反動的，但是他的辯證法是可以批判地繼承的。這本《黄帝四經》運用了老聃的思想方法來闡明法家思想，所以法家把它凌駕於《老子》之上，稱爲「黄老」，也就是「黄帝老子之言」。因此，這本書是我國古代法家的重要著作。由於受到儒家的排斥，在漢以後久已失傳，這次重新發現，是值得重視的。

四、古佚書四篇與漢初儒法鬥爭的關係

這四篇古佚書在戰國後期的法家著作中經常被引用，但從未作爲是黄帝所説的話。時代較晚的《莊子》，放論道德，

繼承《老子》的倒退思想，被合稱爲「老莊」，[一四]是道家的另一個派別。象《漢書・藝文志》裏的《黃帝君臣》四篇，原注「起六國時，與《老子》相似也」，應當屬於這一流派。《呂氏春秋》和《淮南子》所引「黃帝曰」，也屬於這一類。至於《漢書・藝文志》裏的神仙家，由於講「長生久視之道」，東漢以後，也把它稱爲「黃老」；和東漢以後的道教與《漢書・藝文志》所説道家無關一樣，這類神仙家言和西漢初期所稱的「黃老」，更是截然無關的。

戰國末期，樂臣公從趙國遷到齊國，傳授黃帝老子之言，稱爲賢師。齊人蓋公是他的門徒，到曹參請他的時候，也已是老師了。趙人田叔則「學黃老術於樂鉅公」，樂鉅公和樂臣公大概是一家人而留在趙地沒有遷齊的。[一五]由於黃老和法家的關係極其密切，秦代焚詩書，黃老應該不受影響。所以秦漢之際，傳黃老的不只齊地。漢文帝在高祖十一年（前一九六）封代王，代地近趙，可能還受到趙地黃老家的影響。呂后末年，就是漢文帝即位的前一年，齊相召平在自殺前説：「嗟乎！道家之言，『當斷不斷，反受其亂』」（《史記・齊悼惠王世家》），這兩句話見《十大經》。召平繼曹參後做齊相，對「黃老」當然很熟悉。西漢人好「黃老」的很多，如：汲黯、鄭莊等，均見《史記》，可見那時「黃老」是很時行的。

《史記・太史公自序》説：「自曹參薦蓋公言黃老，而賈生晁錯明申商，公孫弘以儒顯。」「黃老」盛行，主要在文景時代，跟賈晁的明申商並不矛盾。《史記・儒林傳》：「孝文帝本好刑名之言，及至孝景不任儒者，而竇太后又好黃老之術。」好像「刑名之言」跟「黃老之術」是兩回事，其實「刑名之言」就是黃帝之言。文帝和竇后（在景帝時是竇太后）所好的完全是一回事，司馬遷是有意把它分開的。

西漢初年繼承秦政，本來是有法治傳統的。文帝宗黃老，善刑名之言，景帝和竇太后繼承法治，可是奴隸主復辟勢力都反對法治，要爲儒家復辟禮治。景帝時期儒法鬥爭已很激烈，《史記・儒林傳》轅固生和黃生爭論可以説明。轅固生是儒家，黃生被説是道家。黃生説「冠雖敝，必加於首；履雖新，必關於足」是法家經常説的話。竇太后召轅固生問《老子》書，固説：「此是家人言耳。」竇太后怒了，説：「安得司空城旦書乎！」事實上，《老子》所説還較玄妙，《黃帝四經》才真正像家人言。至於「司空城旦書」是法家所用，竇太后由於痛惡儒生，所以要用刑書來代替道經。到景帝一死，武帝即位，竇嬰田蚡等乘機搞尊儒反法。首先由丞相衛綰來奏「所舉賢良，或治申、商、韓非、蘇秦、張儀之言，亂國政，請皆罷」（《漢書・武帝紀》），放出了反法的第一炮。隨後就和趙綰、王臧等組成一個儒家集團，陰謀奪權，爲竇太后發覺後，趙和王兩人均下獄自殺，竇、田免官，這次宮廷政變失敗了。六年後，竇太后死，田蚡第二次做丞相，就公開地「絀黃老刑名百家之言」，把矛頭集中到「黄老刑名」上，反法才得以進行。淮南王劉安的父親劉長是在文帝時被廢黜遷徙而死於道路的。劉安在文帝十六年被封，心裏却懷恨。在武帝時，他招集一班人寫的《淮南子》，許多地方抄襲《文子》，基本上是屬於老莊一派的道家。在《脩務訓》裏説：「世俗之人多尊古而賤今，故爲道者必托之於神農黄帝而後能入説。亂世闇主高遠其所從來，因而貴之。爲學者蔽於論而尊其所聞，相與危坐而稱之，正領而誦之，此見是非之分不明。」借「尊古賤今」來毁謗文景的宗「黄老」，駡他們是亂世闇主，稱誦黄帝之言爲是非不明。司馬遷作《史記》雖把申韓與老莊合爲一傳，並明白指出申韓是本黄老的刑名之言，而寫《五帝本紀》則説：「百家言黄帝，其文不雅馴，薦紳先生難言之。」所謂「薦紳先生」就是奴隸主復辟勢力，爲了回避這班人的壓力，他寧願採用並不可靠的「孔子所傳《宰予問五帝德》及《帝系姓》」。儘管在《殷本紀》他曾採用戰國時人依託的《伊尹・論九主》的故事，但對不久以前人們都還誦讀的黄帝之言却只字不提，這和不提文帝宗黄老，顯然是同樣的原因。班固的《漢書・藝文志》把黄帝書壓抑到道家的最後，放在俗薄小書的《周訓》十四篇以後，也是有意的。他把《黄帝四經》列在五種黄帝書之首，是由於它是經而且曾爲文景所宗，不得不如此。但是什麽話都不説，而於《黄帝君臣》下説「起六國時，與《老子》相似也」；《雜黄帝》下説「六國時賢者所作」；《力牧》下説：「六國時所作，托之力牧，力牧黄帝相」。大概他認爲這些書都是六國時所依託，而《黄帝四經》並不似《老子》的緣故吧。

《黄帝》四篇，《老子》二篇，西漢初期並稱「黄老」。西漢後期，儒家逐漸占優勢，「黄老」繼申商韓非蘇秦張儀之言之後，受到排斥。可是《老子》書因有老莊學派的傳授，在《漢書・藝文志》裏還有《老子鄰氏經傳》四篇，《老子傅氏經説》三十七篇，《老子徐氏經説》六篇，《劉向説老子》四篇。此外，西漢末年還有嚴遵的《道德指歸》，現在還有傳本。至於河上公注本，似是東漢時依託。到魏晉以後，注家就更多，因此，流傳不絶。而《黄帝四經》則若存若亡，在《隋書・經籍志》裏已不見著録，大概久已散失了。

《老子》乙本卷前古佚書即《黄帝四經》的發現，是我國考古工作中的一件大事。這部著作寫於公元前四世紀的戰國時期，已亡佚一兩千年了。它的重新發現，使我們對戰國時期的法家著作有新的瞭解，使我們能够清楚歷史上所謂「黄老」，所謂「刑名之言」，究竟指什麽。使我們對西漢初期的儒法鬥爭爲什麽把矛頭指向「黄老」有明確的理解。這一古代法家重要著作的重新發現，對於研究兩千四百年前我國封建社會初期的法家思想體系，是極其寶貴的資料。這個新發現，將使我國古代文化史上許多方面的問題需要重新考慮。

〔一〕此本字體近篆，但與秦權文字不類，因此定爲漢初所書。帛書中高祖十一年或十二年所書《刑德》雖似避邦字諱，但當時避諱恐尚未嚴，如帛書《五星占》，所記迄於文帝三年，却不避文帝名的恒字諱可證。

〔二〕帛書中另一本《刑德》，有惠帝元年的記載，也是隸書，最早爲吕后時所寫。《五星占》也是隸書，記載迄於文帝三年均可證。

〔三〕如第一篇《經法》所説「陽竊」、「陰竊」（一二、一三行）等，也見於第二篇《十大經》（八六、八七行）；「繻傳達刑」（五八行）等也是這樣（九〇、一一七行）。《經法》裏有「稱以權衡」一段，而第三篇《稱》就加以發揮。第二篇《十大經》裏有《雌雄節》一章，《稱》篇也説「此地之度而雌之節也」（一六六、一六七行）。《經法》説「道者神明之原也」（七〇行），《十大經》説「道有原而無端」（一三三行），而第四篇就是《道原》。《十大經》説「乃能操正以正奇，握一以知多」（一二三、一二四行），也見於第四篇《道原》。至於整篇都是刑名之言更不用説了。

〔四〕《十大經》是此書第二篇最後一章的名稱。因原書没有另出篇名，只好借用。

〔五〕《史記·曹參世家》。

〔六〕《太平御覽》卷八十八引皇甫謐《帝王世紀》説：「孝文即位二十三年，年四十七。」《漢書·文帝紀》注引臣瓚曰：「帝年二十三即位，即位二十三年，壽四十六也。」二説相差一歲，不知哪一説是對的。

〔七〕《漢書·藝文志》有《老子》的鄰氏經傳、傅氏經説、徐氏經説，可證。

〔八〕據《戰國策》，申不害相韓是魏圍邯鄲時開始的（公元前三五一），卒於周顯王三十二年（前三三七），假定申生於公元前四〇五年，死時應爲六十九歲。申和商鞅同時，比商晚一年死。

〔九〕過去有人認爲李宗「爲魏將，封於段干」，就是《戰國策·魏策》的段干崇。如果這樣，就與魏安釐王同時（前二七六—前二四三），他的父親至多也只是公元前四世紀的人物了。這既不能解釋魏文侯時代就已經有段干木，段干之爲姓氏，並不由於李宗封於段干。更不符合於和梁惠王（前三六九—前三一九）同時的莊周所不斷稱道，並引證其著作的老聃。可見這種推想是錯誤的。

〔一〇〕《管子》這些部分大都是戰國後期寫成的。尤其是《勢篇》，共分四段，除第一段和第四段外，二三兩段很多是抄本書的，並且有很多處是抄錯了的（詳所附引文表）。《國語·越語》似乎還出其後。如果説這四篇古佚書是抄襲這許多古書而編成這樣一本有完整的思想體系的著作，將是不可思議的。

〔一一〕《華嚴經音義》引《風俗通》説：「春秋之末，鄭有賢人著書一篇，號鄭長者。」據《韓非子·外儲説右》，鄭長者似與魏文侯田子方同時，爲公元前五世紀的後半期。

〔一二〕《道原》篇説「迥同太虛」，《莊子・知北遊》也説：「不遊於太虛。」這是《黄帝四經》中唯一的加上「大」字的。

〔一三〕《漢書・藝文志》在兵陰陽裏有《黄帝》十六篇。班固説：「陰陽者順時而發，推刑德，隨斗擊，因五勝，假鬼神而爲助者也。」甲乙等十干爲德，子丑等十二支爲刑。五行家有《刑德》七卷。《淮南子・天文訓》有講陰陽刑德的記載。帛書中有三種講刑德的古書。

〔一四〕「老莊」合稱，始於《淮南子・要略》「考驗乎老莊之術而以合得失之勢者也」。司馬遷作《史記》以老莊申韓並爲一傳，顯然以老莊爲一派，申韓爲另一派。有些人認爲魏晉時才談老莊，是錯的。

〔一五〕田叔死在景帝晚年（約公元前一四四年左右），他做趙王張敖的郎中（前二〇二—前一九九年）時，不過二十歲左右，他的學黄老術於樂鉅公，應即在漢初的四、五年，並即在趙地。曹參在齊請蓋公爲師（前二〇一）與他做趙王郎中同時，時蓋公已老，蓋公的老師樂臣公當已早死。秦滅趙爲前二二二年。《史記・樂毅傳》説樂臣公「趙且爲秦所滅，亡之齊高密」，是在趙未滅之前遷齊，應在公元前二三〇年左右。所以「樂臣公善修黄帝老子之言，顯聞於齊爲賢師」，是在戰國末年。如果蓋公在當時約三十歲，到曹參請他爲師時就約六十歲了。而在漢初就只有蓋公教於齊高密膠西。田叔的年輩遠比曹參爲晚，他的老師樂鉅公至多與蓋公的時代相當，當也是樂毅的子孫留在趙地的。樂瑕公比樂臣公長一輩，公鉅公則更較樂臣公爲晚。由於鉅或作巨，與臣字形近，舊注遂以樂臣公和樂鉅公爲一人，這是錯誤的。

附録一

《老子》乙本卷前古佚書引文表

一、《經法》	引　　文
（一）道生法。（《道法》）	道生法。（《鶡冠子・兵政》） 法出乎權，權出乎道。（《管子・心術上》）
［附記］　《鶡冠子》説：「賢生聖，聖生道，道生法，法生神，神生明。」已非此經本意。	
（二）法者引得失以繩，而明曲直者殹。（《道法》）	正道而辨姦，猶引繩以持曲直。（《荀子・正名》） 欲審曲直莫如引繩。（《春秋繁露・深察名號》）
（三）虛無刑（形）。（《道法》）	虛無刑謂之道。（《管子・心術上》）

（四）故同出冥冥，或以死，或以生；或以敗，或以成。（《道法》）

（五）必有刑名。（《道法》）

［附記］「刑名」即形名，是黄帝之言提出來的。

（六）天下有事，必有巧驗。（《道法》）

（七）事如直木，多如倉粟。斗石已具，尺寸已陳。則無所逃其神。（《道法》）

（八）使民之恒度，去私而立公。（《道法》）
去私而立公，人之所稽也。（《四度》）

（九）變恒過度，以奇相御。（《道法》）

（一〇）毋陽竊，毋陰竊，毋土敝，毋故埶，毋黨別。陽竊者天奪其光，陰竊者土地荒，土敝者天加以兵，人埶者流之四方，黨別者内相功。陽竊者疾，陰竊者饑，土敝者亡地，人埶者其民□，黨別者亂。此謂五逆。（《國次》）
夫是故使民毋人埶，舉事毋陽察，力地毋陰敝。陰敝者土荒，陽察者奪光，人埶者摐兵。（《十大經·觀》）

道也者，……人之所失以死，所得以生也。事之所失以敗，所得以成也。（《管子·内業》）
其物冥冥，……萬物得之以死，得之以生；萬物得之以敗，得之以成。（《韓非子·解老》）

申子之學本於黄老而主刑名。（《史記·申不害傳》）

内無巧驗。（《鶡冠子·學問》）

同如林木，積如倉粟。斗石以陳，升委無失也。（《鶡冠子·王鈇》）

法者使去私就公。（《鶡冠子·度萬》）
廢私立公，能舉人乎。（《管子·正篇》）
廢私立公。（《鶡冠子·道端》）
自環者謂之私，背私者謂之公。（《韓非子·五蠹》）
寡人聞太子之義，將廢私而立公。（《戰國策·燕策一》）

見間則以奇相御。（《鶡冠子·天則》）

後無陰敝，先無陽察，用人無蓺，往從其所。（《國語·越語下》）

(一一)兼愛無私則民親上。(《君正》)

中心物愷，兼愛無私。(《莊子・天道》)
兼愛無私，久而不衰。(《文子・道德》)

(一二)主兩則失□明，男女挣威，國有亂兵，此謂亡國。(《六分》)

后妻淫亂，主母畜穢，外內混通，男女無別，是謂兩主，兩主者可亡也。(《韓非子・亡徵》)

(一三)主兩，男女分威。(《六分》)

(一四)主失立(位)，臣不失處，命曰外根，將與禍閵(鄰)。(《六分》)

削株掘根，無與禍鄰，禍乃不存。(《戰國策・秦策一》)

(一五)主上者執六分：以生殺，以賞罰，以必伐。(《六分》)

君者用六律，……六律者生之與殺也，賞之與罰也，予之與奪也。(《文子・下德》《淮南子・本經》)

(一六)知王述者驅騁馳獵而不禽荒……不知王述者驅騁馳獵則禽荒。(《六分》)

出則禽荒。……(《國語・越語下》)
王且其馳騁弋獵，無至禽荒。(《國語・越語下》)

(一七)極而反，盛而衰，天地之度也。(《四度》)

天道之數，至則反，盛則衰。(《管子・重令》)
天地之道，極則反，盈則損。(《淮南子・泰族》)

(一八)毋爲虛聲，聲溢於實。(《四度》)

盛名之下，其實難副。……是故俗論皆言處士純盜虛聲。(《後漢書・黃瓊傳》)

[附記] 東漢時，尚得見本書，所以常被引用，故今隨文附見。

(一九)岐行喙息，扇蜚耎動。無不□□。(《論》)

蚑行喘息，蜎飛蠕動之類。(《新語・道基》)
蚑行喙息蜎飛蠕動，待而後生，莫之知德。待之後死，莫之能怨。(《淮南子・原道》)
蠉飛蠕動，蚑行噲息。(《淮南子・俶真》)
蚑行喙息蠕動之類。(《史記・匈奴傳》)
蚑行喙息。(《漢書・公孫弘傳》)

（二一〇）天執一以明三：日，信出信入，南北有□，□□□□。月，信生信死，進退有常，數之稽也。列星有數而不失其行，信之稽也。（《論》）

（二一一）至神之極，見知不惑。（《論》）

（二一二）三名：一曰正名立而偃，二曰倚名法（廢）而亂，三曰强主立而無名。（《論》）

（二一三）名實不相應則定，名實不相應則靜。勿（物）自正也，名自命也，事自定也。（《論》）

日，信出信入，南北有極，度之稽也。月，信死信生，進退有常，數之稽也。列星不亂其行，代而不干，位之稽也。天明三以定一則萬物莫不至矣。（《鶡冠子・泰鴻》）

天者誠其日德也。日，誠出誠入，南北有極，故莫弗以爲法則。天者信其月刑也。月，信死信生，終則有始，故莫弗以爲政。天者明星其稽也。列星不亂，各以序行，故小大莫弗以章。（《鶡冠子・王鈇》）

至神之極，見之不忒。（《鶡冠子・道端》注「一作或」）

名正則治，名倚則亂，無名則死。（《管子・樞言》）

正名自治，倚名自廢。（《管子・白心》）

昔者堯之治天下也以名，其名正則天下治，桀之治天下也亦以名，其名倚而天下亂。（《申子・大體》）

用一之道，以名爲首。名正物定，名倚物徙。（《韓非子・揚搉》）

動者搖，靜者安。名自正也，事自定也。（《申子・大體》）

執一以靜，令名自正，令事自定。（《尸子・分》）

名自命也。物自定也。（《史記・晉世家》引師服語）

故聖人執一以靜，使名自命，令事自定。（《韓非子・揚搉》）

故虛静以待令，令名自命也，令事自令也。（《韓非子・主道》）

聲自召也，類自求也，名自命也。人自官也。（《文子・上德》）

聲自召也。貌自示也。名自命也。文自官也。（《淮南子・繆稱》）

（二四）所伐當罪，其禍五之。所伐不當，其禍什之。（《亡論》）	所伐而當，其福五之。所伐不當，其禍十之。（《説苑·談叢》）
（二五）抹利、襦傳、達刑、爲亂首、爲怨媒，此五者禍皆反自及也。……約而倍之，謂之襦傳。（《亡論》） 不達天刑，不襦不傳。（《十大經·觀》） 聖人不達刑不襦傳。（《十大經·兵容》）	察言服以有譏，捐襦傳而弗論。（《藝文類聚》六引漢李尤《函谷關賦》）

［附記］ 襦或作繻。隋陸法言《切韻·十虞》鬚紐下「繻，繻傳」。襦和傳都是過關卡所用的憑證，借用爲約信，又轉爲背約。

（二六）大殺服民，僇降人，刑無罪，禍皆反自及也。（《亡論》）	是故不殺降人。（《鶡冠子·近迭》）
（二七）從中令外謂之惑，從外令中謂之□（賊）。（《亡論》）	且夫從外制中謂之惑，從下制上謂之賊。（《史記·李斯傳》）
（二八）三時成功，一時刑殺，天地之道也。四時時而定，不爽不貸，常有法式。（《論約》）	三時生長，一時殺刑，四時而定，天地盡矣。（《鶡冠子·泰鴻》） 是故天之道，以三時成生，以一時殺死。（《春秋繁露·陰陽義》）
（二九）□□□□，一立一廢，一生一死，四時代正，終而復始。（《論約》）	天無常於物而一於時，時之所宜而一爲之。故開一塞一，起一廢一，至畢時而止，終有復始爲一。（《春秋繁露·天道無二》）
（三〇）不有人僇，必有天刑。（《論約》）	非其天誅逆夫人僇。（《鶡冠子·天則》）
（三一）道者神明之原也。（《名理》）	夫道者神明之源。（《鬼谷子外篇·本經陰符七篇》）
（三二）如影之隨形，如響之隨聲。（《名理》）	如響之應聲，影之象刑。（《文子·精誠》、《淮南子·主術》）

二、《十大經》	引文
（三三）作自爲象，方四面，傅一心。（《立□》）	子貢問孔子曰：「古者黃帝四面，信乎？」（《太平御覽》七十九，又三百六十五引《尸子》） 故黃帝立四面。（《呂氏春秋·本味》） 昔軒轅建四面之號。（《三國志·魏志》二注引《魏略》）

［附記］　黃帝四面本是神話，後來卻解爲用四人爲佐。可見這本書是比較早的。

（三四）吾受命於天，定位於地，成名於人。（《立命》） （三五）天地已成，而民生逆順無紀，德虐無刑（形），静作無時，莫□其命名。……因以爲常。（《觀》） 静作相養，德虐相成。（《果童》）	受數於天，定位於地，成名於人。（《鶡冠子·世兵》） 德虐之行。因以爲常。（《國語·越語下》）

［附記］　從前後文義看，本書「因以爲常」句上應依《越語》補「德虐之行」句。

（三六）其明者以爲法，而微道是行。（《觀》、《姓爭》）	明者爲法，微道是行。（《鶡冠子·世兵》） 明者以爲法，微道則是行。（《國語·越語下》）
（三七）今始判爲兩，分爲陰陽，離爲四時，……□□牝牡。牝牡相求，會剛與柔。柔剛相成，牝牡若刑。（《觀》）	離而爲四時，分而爲陰陽。……剛柔相成，萬物乃生。（《文子·十守》） 於是乃別爲陰陽，離爲八極。剛柔相成，萬物乃形。（《淮南子·精神》） 黃帝生陰陽。（《淮南子·説林》）
（三八）春夏爲德，秋冬爲刑。（《觀》）	德取象於春夏，刑取象於秋冬。（《太平御覽》二十二引《范子計然》）

【附記】 刑德對稱，也是黃帝之言開始的。

（三九）先德後刑以養生。（《觀》）

夫並時以養民功，先德後刑。（《觀》）

（四〇）姓生已定而適（敵）者生爭。不諶不定。凡諶之極，在刑與德。（《觀》）

勝生已定，敵者生爭。不諶不定。凡諶之極，在刑與德。（《姓爭》）

【附記】 諶讀如戡，是戰勝的意思。《十大經》篇主要講如何戰勝敵人。黃帝刑德爲後來兵法家所常用，但在本書中還沒有講「天官時日」以及「向背」等，可見時代最早。

（四一）是故爲人主者，時控三樂，毋亂民功，毋逆天時，然則五穀溜熟，民乃蕃滋。君臣上下，交得其志，天因而成之。夫並時以養民功，先德後刑，順於天。（《觀》）

（四二）其時贏而事絀。……其時絀而事贏。（《觀》）

（四三）聖人不巧，時反是守。（《觀》）

（四四）當斷不斷，反受其亂。（《觀》、《兵容》）

德始於春，長於夏；刑始於秋，流於冬。（《管子·四時》）

以此見天之顯經隱權，前德而後刑也。（《春秋繁露·王道通三》）

梁惠王問尉繚子曰：「黃帝刑德，可以百勝，有之乎？」尉繚子對曰：「刑以伐之，德以守之，非所謂天官時日陰陽向背也。黃帝者人事而已矣。」（《尉繚子·天官》）

時節三樂，不亂民功，不逆天時。五穀睦熟，民乃蕃滋。君臣上下，交得其志。（《國語·越語下》）

故不犯天時，不亂民功。秉時養人，先德後刑。順於天，微度人。（《管子·勢篇》）

此謂「時絀舉贏」。（《史記·韓世家》）

上帝不考，時反是守。（《國語·越語下》）

聖人不朽，時變是守。（《史記·太史公自序》）

聖人不巧，時變是守。（《漢書·司馬遷傳》）

道家之言：當斷不斷，反受其亂。（《史記·齊悼惠王世家》及《漢書·高五王傳》引齊相召平語）

語云：當斷不斷，反受其亂。（《史記·春申君傳贊》）

當斷不斷，黃石所載。（《後漢書·儒林傳》和《楊倫傳》）

[附記] 李賢注引黃石公《三略》，今本無。黃石可能是黃帝之誤。

（四五）任一□重，任百則輕。人有其中，物有其刑。（《果童》）

人有其才，物有其形。有任一而太重，或任百而尚輕。（《淮南子·主術》）

（四六）以天爲父，以地爲母。（《果童》）

以天爲父，以地爲母。（《管子·五行》、《淮南子·精神》）

故聖人立天爲父，建地爲母。（《鶡冠子·泰時》）

（四七）充其胃以爲鞫，使人執之，多中者賞。（《正亂》）

蹴鞠者傳言黃帝所作。（《太平御覽》七百五十四引劉向《别録》）

[附記] 這也是神話。但皮球起蚩尤的説法，僅見此書。

（四八）不死不生，慤爲地桯。（《正亂》）

不死不生，不斷不成。（《鶡冠子·博選》）

（四九）刑陰而德陽。（《姓爭》）

陽爲德，陰爲刑。（《春秋繁露·王道通三》、《大戴禮·四代》）

（五〇）天道環於人反爲之客。爭作是時，天地與之。爭不衰，時靜不靜，國家不定，可作不作。天稽環周，人反爲之客。（《姓爭》）

天時不作，反爲之客。（《國語·越語下》）

（五一）居則無法，動作爽名，是以僇受其刑。（《姓爭》）

其事乃不成，繆受其刑。（《管子·勢篇》）

其事是以不成，雜受其刑。（《國語·越語下》）

[附記] 按上文「居則有法，動作循名，其事若易成」與此遥遥相對，則此應補「其事乃不成」一句。

（五二）觀其所積，乃知□□之鄉。（《雌雄節》）

觀其所積，以知存亡。（《文子·道原》）

觀其所積，以知福禍之鄉。（《淮南子·原道》）

（五三）□□□之，天地刑之，聖人因而成之。（《兵容》）

人先生之，天地刑之，聖人成之。（《管子·勢篇》）

人自生之，天地刑之，聖人因而成之。（《國語·越語下》）

（五四）□□弗受，反隋以央。（《兵容》）

（五五）一之解，察於天地；一之理，施於四海。（《成法》）

（五六）夫百言有本，千言有要，萬言有蔥。（《成法》）

（五七）萬物之多，皆閱一空。（《成法》）

［附記］ 上文説「萬言有總」，《文子》等所引把上面的「總」字移過來了。但「多」和「一」是相對的，改爲「總」，和「一」相近，顯然是改錯了。

（五八）諸庫藏兵之國，皆有兵道。（《本伐》）

（五九）世兵道三：有爲利者，有爲義者，有行忿者。（《本伐》）

（六〇）伐亂，禁暴，起賢，廢不肖。（《本伐》）

（六一）是以方行不留。（《本伐》）

（六二）聖人舉事也，闔於天地，順於民，羊（祥）於鬼神。（《前道》）

且天與不取，反受其咎。時至不行，反受其殃。（《意林》一引《太公金匱》）

得時不成，反受其殃。天予不取，反爲之災。（《國語・越語》）

是故聖人一言解之，上察於天，下察於地。（《管子・心術下》）

一言之解，上察於天，下極於地。（《管子・内業》）

故一之理施於四海；一之嘏察於天地。（《文子・道原》）

是故一之理施四海。一之解際天地。（《淮南子・原道》）

夫百言有本，千言有要，萬言有總。（銀雀山漢墓竹簡，四六三號簡）

萬物之總，皆出一孔。（《文子・道原》、《淮南子・原道》）

藏甲之國，必有兵道。（《意林》二引《慎子》道誤作逌，《太平御覽》三五六引《慎子》）

用兵者五：有義兵，有應兵，有忿兵，有貪兵，有驕兵。（《文子・道德》）

伐亂禁暴，興賢良，廢不肖。（《文子・下德》）

方行而不流。（《鄧析子・無厚》）

旁行而不流。（《周易・繫辭上》）

當於世事，得於人理，順於天地，祥於鬼神。（《文子・上義》地作道，注：一本作地。又《淮南子・氾論》）

（六三）治國固有前道，上知天時，下知地利，中知人事。《前道》

（六四）道有原而無端。《前道》

（六五）逆節萌生，其誰肯當之。《行守》

（六六）言者心之符也。《行守》

（六七）直木伐，直人殺。《行守》

（六八）安徐正靜，柔節先定。昴濕共僉，卑約主柔。常後而不失（先）。《順道》

安徐正靜，柔節先定。善予不爭。此地之度而雌之節也。《稱》

（六九）體正信以仁，茲惠以愛人。端正□勇，弗敢以先

上經曰：夫道者上知天文，下知地理，中知人事，可以長久。《內經・氣交變大論》

而道上知天文，下知地理，中知人事，可以長久。《內經・著至教論。》

始乎無端，道也。《管子・幼官》和《兵法》

逆節萌生。《管子・勢篇》又《國語・越語下》

目者心之符也，言者行之指也。《韓詩外傳》卷四

直木必伐，甘井先竭。《莊子・山木》

甘泉必竭，直木必伐。《文子・符言》

故賢者安徐正靜，柔節先定。《管子・勢篇》

安徐而靜，柔節先定，虛心平意以待須。《管子・九守》

安徐正靜，其被節無不肉（應作定）。善予而不靜（爭），虛心平意以待傾損。《鬼谷子・符言》

守清道，抱雌節。因循而應變，常後而不先。柔弱以靜，安徐以定。功（攻）大靡堅，不能與爭也。《文子・道原》

故聖人虛無因循，常後而不先。《文子・上德》

守清道而抱雌節，因循應變，常後而不先。柔弱以靜，舒安以定。攻大礦堅，莫能與之爭。《淮南子・原道》

虛無因循，常後而不先也。《淮南子・主術》

夫仁之功善予不爭。《鶡冠子・道端》

故賢者誠信以仁之，慈惠以愛之，端正象（勇），不敢以先人。

人。中請不剌，執一無求。刑於女節，所生乃柔。□□□正德，好德不爭。（《順道》）

中静不留，裕德無術。刑於女色（節），其所處者柔。安静樂，行德而不爭。（《管子・勢篇》）

（七〇）立於不敢，□於不能。單視不救，明勢不能。守弱節而堅之，胥雄節之窮而因之。（《順道》）

行於不敢而立於不能，守節弱而堅處之。（《管子・勢篇》）

立於不盈，設於不敢。（《申子・大體》）

退讓守弱，爲天下雌。立於不敢，設於不能。（《文子・道德》）

藏於不敢，立於不能。（《文子・道原》）

所謂志弱而事强者，柔毳安静，藏於不敢，行於不能。（《淮南子・原道》）

【附記】這裏説「守弱節」和下句「胥雌節」是相應的。《管子》只用了「守弱節而堅之」一句是錯的。

（七一）不廣其衆。（《順道》）

無曠其衆，以爲亂梯。（《國語・越語下》）

（七二）不爲兵邾，不爲亂首。（《順道》）

爲兵主，爲亂首。（《文子・道德》）

（七三）不陰謀。（《順道》）

我多陰謀是道家之所禁。（《史記・陳平世家》）

【附記】司馬遷説，陳平「少時本好黄帝、老子之術」。此稱道家與召平説「道家有言曰」正同。

（七四）若此者戰勝不報，取地不反。戰勝於外，福生於内。用力甚少，名聲章明，順之至也。（《順道》）

是故戰勝而不報，取地而不反。兵勝於外，福生於内。用力甚少而名聲章明。（《國語・越語下》）

故能戰勝而不報，取地而不反，民不疾疫，將不夭死。五穀豐昌，風雨時節。戰勝於外，福生於内。（《淮南子・兵略》）

（七五）能一乎？能止乎？能毋有己？能自擇而尊理乎？（《十大經》）

能專乎？能一乎？能毋卜筮而知吉凶乎？能止乎？能已乎？能毋問於人而自得之於己乎？（《管子・心術下》）

能摶乎？能一乎？能無卜筮而知之乎？能止乎？能一乎？能勿求諸人而得之己乎？（《管子・内業》）

能抱一乎？能勿失乎……能止乎？能已乎？能捨諸人而求諸己乎？（《莊子·庚桑楚》）

三、《稱》

（七六）侍表而望則不惑，案法而治則不亂。

（七七）聖人不爲始，不剸己，不豫謀，不爲得，不辭福，因天之則。

（七八）故巢居察風，穴處知雨。

（七九）帝者臣，名臣，共實師也。王者臣，名臣，其實友也。霸者臣，名臣也，其實□□。□□臣，名臣也，其實庸也。亡者臣，名臣也，其實虜也。

引　文

彼立表而望則不惑，按法而割者不疑。（《鶡冠子·天權》）

循繩而斲則不過，懸衡而量則不差，植表而望則不惑。（《淮南子·説林》）

不爲善，不避醜，遵天之道。不爲始，不專己，循天之理。不豫謀，不棄時，與天爲期。不爲得，不辭福，因天之則。（《文子·符言》、《淮南子·詮言》）

猶巢居知風，穴處知雨。（《漢書·翼奉傳》）

郭隗先生對曰：「帝者與師處，王者與友處，霸者與臣處，亡國與役處。」（《戰國策·燕策一》）

故帝者與師處，王者與友處，亡主與徒處。（《鶡冠子·博選》）

郭隗曰：「帝者之臣，其名臣也，其實師也。王者之臣，其名臣也，其實友也。霸者之臣，其名臣也，其實賓也。危國之臣，其名臣也，其實虜也。」（《説苑·君道》）

［附記］　此郭隗所説，《戰國策》較簡，《説苑》當出先秦古書。

（八〇）不受禄者天子弗臣也。禄泊者弗與犯難。

是故先王見不受禄者不臣，禄不厚者不與入難。（《慎子·因勢》）

（八一）……不士於盛盈之國。不嫁子於盛盈之家。不

滿盈之國不可以仕任。滿盈之家不可以嫁子。驕倨傲暴之人

友□□□易之□。

（八二）聖人麋論天地之紀。

（八三）故立天子□□□諸侯疑焉。立正嫡者不使庶孽疑焉。立正妻者不使婢妾疑焉。疑則相傷，雜則相方。

（八四）取予不當，流之死亡。天有環刑，反受其央。

（八五）時極未至而隱於德。既得其極，遠其德，淺□以力。既成其功，環復其從，人莫能代。

（八六）利不兼，賞不倍。

（八七）戴角者無上齒。

（八八）實穀不華。至言不飾。至樂不笑。

（八九）毋失天極，廐數而止。

不可與交。（《管子・白心》）

故能彌倫天地之道。（《周易・繫辭上》）

立天子者不使諸侯疑焉。立諸侯者不使大夫疑焉。立正妻者不使孽妾疑焉。立嫡子者不使庶孽疑焉。疑則動，兩則爭，雜則相傷。（《慎子・德言》）

內有疑妻之妾，此宮亂也。庶有疑適之子，此家亂也。朝有疑相之臣，此國亂也。（《管子・君臣下》）

得時不成，反受其殃。失德滅名，流走死亡。（《國語・越語下》）

未得天極則隱於德。已得天極則致其力。既成其功，順守其從，人莫能代。（《管子・勢篇》）

利不兼，賞不倍。（《說苑・談叢》）

戴角者無上齒。（《淮南子・地形》、《大戴禮・易本命》）

凡有角者無上齒。（《呂氏春秋・博志》）

有角不得有上齒。（《春秋繁露・度制》）

予之齒者去其角。（《漢書・董仲舒傳》）

實穀不華，至言不飾。（《列女傳・晉伯宗妻》）

至味不慊。至言不文。至樂不笑。至音不叫。（《淮南子・說林》）

毋亡天極，究數而止。（《管子・勢篇》）

毋過天極，究數而止。（《國語・越語下》）

（九〇）貞良而亡，先人餘央。商闕而栝，先人之連。

（九一）埤而正者增，高而倚者傰。

（九二）天下有參死：忿不量力死，耆欲無窮死，寡不辟衆死。

（九三）毋籍賊兵，毋裹盜糧，籍賊兵，裹盜糧，短者長，弱者强。

（九四）贏絀變化，後將反㐌。

（九五）天有明而不憂民之晦也，百姓辟其户牖而各取昭焉。天無事焉。地有□而不憂民之貧也，百姓斬木刈新而各取富焉。地亦無事焉。

貞良而亡，先人餘殃。猖蹶而活，先人餘烈。（《説苑·談叢》）

卑而正者可增，高而倚者且崩。（《説苑·談叢》）

人有三死，非命亡焉。飲食不節，簡賤其身，病共殺之。樂得無已，好求無已，刑共殺之。以寡犯衆，以弱淩强，兵共殺之。（《文子·符言》）

人有三死而非命也者，人自取之。夫寢處不時，飲食不節，佚勞過度者，疾共殺之。居下位而上忤其君，嗜欲無壓而求不止者，刑共殺之。少以犯衆，弱以侮强，忿怒不量力者，兵共殺之。（《説苑·雜言》）

此所謂籍賊兵而齎盜食者也。（《戰國策·秦策三》）

此所謂借賊兵而齎盜糧者也。（《史記·范雎傳》）

齎盜糧，借賊兵者也。（《荀子·大略》）

此所謂籍寇兵而齎盜糧者也。（《史記·李斯傳》）

贏絀變化，後將悔之。（《國語·越語下》）

蚤晚絀贏，反相殖生。變化無窮，何可勝言。（《鶡冠子·世兵》）

天有明，不憂民之暗也。地有財，不憂人之貧也。聖人有德，不憂人之危也。天雖不憂人之暗，辟户牖必取已明焉，則天無事也。地雖不憂人之貧，伐木刈草必取已富焉，則地無事也。聖人雖不憂人之危，百姓準上而比於下，其必取已安焉，則聖人無事焉。（《慎子·威德》）

（九六）故唯聖人能察無刑，能聽無（聲）

（九七）臣有兩位者其國必危。國若不危，君臾存也。失君必危。失君不危者臣故差也。子有兩位者家必亂，家若不亂，親臾存也。□□□危，失親不亂，子故差也。

（九八）兩虎相鬥，奴犬制其餘。

（九九）主陽臣陰。上陽下陰。男陽□□。□陽□陰。兄陽弟陰。

四、《道原》

（一〇〇）鳥得而蜚，魚得而流，獸得而走。

（一〇一）萬物得之以生，百事得之以成。

（一〇二）虛其舍也，無爲其素也。

引　文

天有明，不憂民之晦也。地有財，不憂民之貧也。（《文子・符言》）

天有明，不憂民之晦也，百姓穿户鑿牖，自取照焉。地有財，不憂民之貧也，百姓伐木芟草，自取富焉。（《淮南子・詮言》）

誠聽能聞於無聲，視能見於無形。（《鄧析子・無厚》）

視乎冥冥，聽乎無聲。（《莊子・天地》）

視於無形則得其所見矣，聽於無聲則得其所聞矣。（《淮南子・説林》）

故臣有兩位者國必亂，臣兩位而國不亂者，君在也，恃君不亂矣，失君必亂。子有兩位者家必亂，子兩位而家不亂者，父在也，恃父而不亂矣，失父必亂。（《慎子・德言》）

兩虎相與鬥而駑犬受其弊。（《史記・春申君傳》）

君爲陽，臣爲陰。父爲陽，子爲陰。夫爲陽，妻爲陰。（《春秋繁露・基義》）

獸以之走，鳥以之飛。（《文子・道原》、《淮南子・原道》）

萬物不得不生，百事不得不成。（《文子・道原》《淮南子・原道》）

虛無者道之舍也，平易者道之素也。（《文子・道原》）

是故虛無者道之舍，平易者道之素。（《淮南子・俶真》）

平者道之素也,虛者道之舍也。(《淮南子·詮言》)

(一〇三)規行僥重。

蚑行蟯動。(《淮南子·原道》及《俶真》「蚑蟯」兩字的高誘注)

(一〇四)堅强而不槓,柔弱而不可化。

疏達而不悖,堅强而不匱。(《文子·道原》)

疏達而不悖,堅强而不韇。(《淮南子·原道》)

(一〇五)《道原》

《道原》(《文子》篇名)

《原道》(《淮南子》篇名)

[附記] 《文子》與《淮南子》很多辭句是相同的。究竟誰抄誰,舊無定說。今以篇名襲黃帝之言來看,《文子》當在前。《文子·道原》説「虛無者道之舍也,平易者道之素也」,本是摹仿此書中《道原》的「虛其舍也,無爲其素也」兩句,《淮南子》把這兩句放到《俶真訓》去。又略變易,放入《詮言訓》,這更是《淮南子》抄襲《文子》的鐵證。先秦古書見於《漢書·藝文志》的,如《六韜》之類,過去都認爲後世僞作,近西漢墓中所出古籍,證明很多是西漢初已有的古籍。《文子》中有很多内容爲《淮南子》所無,也應當是先秦古籍之一。

附録二

《老子》乙本卷前古佚書釋文

《老子》乙本卷前古佚書,共四篇,篇題是《經法》、《十大經》、《稱》、《道原》,共有一萬一千多字,除殘斷處文字略有缺漏外,保存得還相當完整。各篇的篇、段末尾原有標題,爲了閲讀方便,我們加了標點,並將篇題另列於前。括號中的數字爲原件行次。帛書中出現的古體字、異體字,釋文中用通行字體排印,並用圓括號注明是今之某字。原來的錯字,後面用尖括號注出正字。明顯的衍文,下加點號。原來涂改過的廢字,用圓圈代替。缺字用方框代替。可以補出的缺文外加方括號。

道生法。法者，引得失以繩，而明曲直者殹（也）。［故］執道者，生法而弗敢犯殹（也），法立而弗敢廢［也］。□能自引以繩，然後見知天下而不惑矣。虛無刑（形），其裻冥冥，萬物之所從生。生有害，曰（一）欲，曰不知足。生必動，動有害，曰不時，曰時而□。動有事，事有害，曰逆，曰不稱，不知所爲用。事必有言，言有害，曰不信，曰不知畏人，曰自誣，曰虛夸，以不足爲有餘。故同出冥冥，或以死，（二）或以生，或以敗，或以成。禍福同道，莫知其所從生。見知之道，唯虛無有。虛無有，秋稿（毫）成之，必有刑（形）名。刑（形）名立，則黑白之分已。故執道者之觀於天下殹（也），無執殹（也），無處也，無爲殹（也），無私殹（也）。是（三）故天下有事，無不自爲刑（形）名聲號矣。刑（形）名已立，聲號已建，則無所逃迹匿正矣。公者明，至明者有功。至正者静，至静者聖。無私者知（智），至知（智）者爲天下稽。稱以權衡，參以天當，（四）天下有事，必有巧驗。事如直木，多如倉粟。斗石已具，尺寸已陳，則無所逃其神。故曰：度量已具，則治而制之矣。絶而復屬，亡而復存，孰知其神。死而復生，以禍爲福，孰知（五）其極。反索之無刑（形），故知禍福之所從生。應化之道，平衡而止。輕重不稱，是胃（謂）失道。天地有恒常，萬民有恒事，貴賤有恒立（位），畜臣有恒道，使民有恒度。天地之恒常，四（六）時、晦明、生殺、輮（柔）剛。萬民之恒事，男農，女工。貴賤之恒立（位），賢不宵（肖）不相放（妨）。畜臣之恒道，任能毋過其所長。使民之恒度，去私而立公。變恒過度，以奇相御。正、奇有立（位），而（七）名□弗去。凡事無大小，物自爲舍。逆順死生，物自爲名。名刑（形）已定，物自爲正。故唯執［道］者能上明於天之反，而中達君臣之半，富密察於萬物之所終始，而弗爲主。故能（八）至素至精，悎（浩）彌無刑（形），然後可以爲天下正。　道法

□國失其次，則社稷大匡。奪而無予，國不遂亡。不盡天極，衰者復昌。誅禁不當，反受其央（殃）。禁伐當罪當亡，（九）必虛（墟）其國。兼之而勿擅，是胃（謂）天功。天地無私，四時不息。天地立，聖人故載。過極失［當］，天將降央（殃）。人强朕（勝）天，慎辟（避）勿當。天反朕（勝）人，因與俱行。先屈後信（伸），必盡天極，而（一〇）毋擅天功。兼人之國，修其國郭，處其郎（廊）廟，聽其鐘鼓。利其齍（資）財，妻其子女。〇是胃（謂）□逆以芒（荒），國危破亡。故唯聖人能盡天極，能用天當。天地之道，不過三功。功成而不止，身（一一）危又（有）央（殃）。故聖人之伐殹（也），兼人之國，隋（墮）其城郭，棼（焚）其鐘鼓。布其齍（資）財，散其子女，列（裂）其地土，以封賢者，是胃（謂）天功。功成不廢，後不奉（逢）

央(殃)。毋陽竊,毋陰竊,毋土敝,毋故執,毋黨別。(一二)陽竊者天奪[其光]。[陰竊]者土地芒(荒),土敝者天加之以兵,人執者流之四方,黨別[者]□内相功(攻)。陽竊者疾,陰竊者幾(饑),土敝者亡地,人執者失民,黨別者亂,此胃(謂)(一三)五逆。五逆皆成,□□□□□地之剛(綱),變故亂常,擅制更爽,心欲是行,身危有[央](殃),[是]胃(謂)過極失當。

國次

□一年從其俗,二年用其德,三年而民有得,四年而發號(一四)令,[五年而]□□□,[六年而]民畏敬,七年而可以正(征)。一年從其俗,則知民則。二年用[其德],民則力。三年無賦斂,則民有得。四年發號令,則民畏敬。五年以刑正,則民不幸(倖)。(一五)六年□□□□□□□。[七]年而可以正(征),則朕(勝)强適(敵)。俗者順民心殹(也)。德者愛勉之[也]。[有]得者,發禁拕(弛)關市之正(征)殹(也)。號令者,連爲什伍,巽(選)練賢不宵[肖]有別殹(也)。以刑正者,罪殺不(一六)赦殹(也)。□□□□□□□□殹(也)。可以正者,民死節殹(也)。若號令發,必廄(究)而上九,壹道同心,[上]下不斿,民無它[志],然後可以守單(戰)矣。號令發必行,俗也。男女勸勉,愛也。動之静之,民無不(一七)聽,時也。受賞無德,受罪無怨,當也。貴賤有別,賢不宵(肖)衰也。衣備(服)不相緰(逾),貴賤等也。國無盜賊,詐僞不生,民無邪心,衣食足而刑伐(罰)必也。以有餘守,不可拔也。以不足功(攻),反自伐也。(一八)天有死生之時,國有死生之正(政)。因天之生也以養生,胃(謂)之文,因天之殺也以伐死,胃(謂)之武。[文]武並行,則天下從矣。人之本在地,地之本在宜,宜之生在時,時之用在民,民之用在力,力之用(一九)在節。知地宜,須時而樹,節民力以使,則財生。賦斂有度則民富,民富則有佴(耻),有佴(耻)則號令成俗而刑伐(罰)不犯,號令成俗而刑伐(罰)不犯則守固單(戰)朕(勝)之道也。法度者,正之至也。而以法度治者,不可亂也。(二〇)而生法度者,不可亂也。精公無私而賞罰信,所以治也。苛事,節賦斂,毋奪民時,治之安。無父之行,不得子之用。無母之德,不能盡民之力。父母之行備,則天地之德也。(二一)三者備則事得矣。能收天下豪桀(傑)票(驃)雄,則守御之備具矣。審於行文武之道,則天下賓矣。號令闔(合)於民心,則民聽令。兼愛無私,則民親上。

君正

□觀國者觀主,觀(二二)家觀父。能爲國則能爲主,能爲家則能爲父。凡觀國,有六逆:其子父,其臣主,雖强大不王。其○謀臣在外立(位)者,其國不安,其主不吾(晤)則社稷殘。其主失立(位)則國無本,臣不(二三)失處則下有根,[國]憂而存。主失立(位)則國芒(荒),臣失處則令不行,此之胃(謂)頪國。主兩則失其明,男女挣(爭)威,國有亂兵,此胃（謂）亡國。適（嫡）子父，命曰上曊，羣臣離志；大臣主，命曰雍（壅）（二四）塞；在强國削，在中國破，在小國亡。謀臣［在］外立（位）者，命曰逆成，國將不寧；在强國危，在中國削，在小國破。主失立（位），臣不失處，命曰外根，將與禍閵（鄰）；在强國憂，在中國危，（二五）在小國削。主失立（位），臣失處，命曰無本，上下無根，國將大損；在强國破，在中國亡，在小國滅。主暴臣亂，命曰大芒（荒），外戎内戎，天將降央（殃）；國無小大，又（有）者滅亡。主兩，男女分威，命（二六）曰大麋（迷），國中有師；在强國破，在中國亡，在小國威（滅）。凡觀國，有大〈六〉順：主不失其立（位）則國［有本］。［臣］失其處則下無根，國憂而存。主惠臣忠者，其國安。主主臣臣，上下不逝者，其（二七）國强。主執度，臣循理者，其國朝（霸）昌。主得□臣楅（輻）屬者，王。六順六逆□存亡［興壞］之分也。主上者執六分以生殺，以賞□，以必伐。天下大（太）平，正以明德，參之於天地，（二八）而兼復（覆）載而無私也，故王天下。王天者之道，有天焉，有人焉，又（有）地焉。參（三）者參用之，□□而有天下矣。爲人主，南面而立。臣肅敬，不敢敝（蔽）其主。下比順，不敢敝（蔽）其上。萬民（二九）和輯而樂爲其主上用，地廣人衆兵强，天下無適（敵）。文德廄（究）於輕細［武］刃於□□，王之本也。然而不知王述（術），不王天下。知王［術］者，驅騁馳獵而不禽芒（荒）。飮（飲）食喜樂而（三〇）不面（湎）康，玩好睘（娟）好而不惑心；俱與天下用兵，費少而有功，□□□□□□□□□則國富而民□□□□□□□其□［不］知王述（術）者，驅騁馳獵則禽芒（荒），飮（飲）食（三一）喜樂則面（湎）康，玩好睘（娟）好則或（惑）心；俱與天下用兵，費多而無功，單（戰）朕（勝）而令不□□□失□□□□□□□空□與天□□則國貧而民芒（荒）。□聖之人弗留，天下（三二）弗與。如此而有（又）不能重士而師有道，則國人之國已（矣）。王天下者有玄德，有□□獨知□□□□王天下而天下莫知其所以。王天下者，輕縣國而重士，故國（三三）重而身安；賤財而貴有知（智），故功得而財生；賤身而貴有道，故身貴而令行。□□天下□天下則之。朝（霸）主積甲士而正（征）不備（服），誅禁當罪而不私其利。故令行天（三四）下而莫敢不聽。自此以下，兵單（戰）力掙（爭），危亡無日，而莫知其所從來。夫言朝（霸）王，其□□□唯王者能兼復（覆）載天下，物曲成焉。

大〈六〉分

□君臣易立（位）胃（謂）之逆，賢不宵（肖）（三五）並立胃（謂）之亂，動静不時胃（謂）之逆，生殺不當胃（謂）之暴。逆則失本，亂則失職，逆則失天，［暴］則失人。失本則□，失職則侵，失天則幾（饑），失人則疾。周畬（遷）動作，天爲之稽。天道不遠，（三六）入與處，出與反。臣君當立（位）胃（謂）之静，賢不宵（肖）當立（位）胃（謂）之正，動静參於天地胃（謂）之文，誅□時當胃（謂）之武。靜則安，正治。文則［明］，武則强。安得本，治則得人，明則得天，强（三七）則威行。參於天地，闔（合）於民心。文武並立，命之曰上同。審知四度，可以定天下，可安一國。順治其内，逆用於外，功成而傷。逆治其内，順用其外，功成而亡。内外皆逆，是胃（謂）（三八）重央（殃），身危爲僇（戮），國危破亡。外内皆順，命曰天當，功成而不廢，後不奉（逢）央（殃）。○聲華□□者用也。順者，動也。正者，事之根也。執道循理，必從本始，順爲經紀，禁伐（三九）當罪，必中天理。伓（倍）約則窘（窘），達刑則傷。伓（倍）逆合當，爲若又（有）事，雖○無成功，亦無天央（殃）。毋□□□□，毋御死以生，毋爲虚聲。聲洫（溢）於實，是胃（謂）威（滅）名。極陽以殺，極陰以生，是（四○）胃（謂）逆陰陽之命。極陽殺於外，極陰生於内。已逆陰陽，有（又）逆其立（位）。大則國亡，小則身受其央（殃）。□□□□□□□□建生。當者有□，極而反，盛而衰，天地之道也，人之李（理）也。逆順同道（四一）而異理，審知逆順，是胃（謂）道紀。以强下弱，以何國不克。以貴下賤，何人不得。以賢下不宵（肖），□□不□。規之内曰員（圓），柜（矩）之内曰［方］，□之下曰正，水之曰平。尺寸之度曰小大短長，權（四二）衡之稱曰輕重不爽，斗石之量曰小多有數。八度者，用之稽也。日月星辰之期，四時之度，［動静］之立（位），外内之處，天之稽也。高［下］不敝（蔽）其刑（形），美亞（惡）不匿其請（情），地之稽也。君臣不失（四三）其立（位），士不失其處，任能毋過其所長，去私而立公，人之稽也。美亞（惡）有名，逆順有刑（形），請（情）僞有實，王公執□以爲天下正。因天時，伐天毁，胃（謂）之武。武刃而以文隨其後，則有成功矣。用二文一武者（四四）王。其〈失〉主道，離人理，處狂惑之立（位）處不吾（悟），身必有瘳（戮）。柔弱者無罪而幾，不及而翟，是胃（謂）柔弱。剛正而□者□□而不廄。名功相抱，是故長久。名功不相抱，名進實退，是胃（謂）失道，其卒必□（四五）身咎。黄金珠玉臧（藏）積，怨之本也。女樂玩好燔材，亂之基也。守怨之本，養亂之基，雖有聖人，不能爲謀。　四度

□人主者，天地之□也，號令之所出也，□□之命也。不天天則失其神，不重地（四六）則失其根。不順［四時之度］而民疾。不處外内之立（位），不應動静之化，則事窘（窘）於内而舉窘（窘）於［外］。［八］正皆失，□□□□，［天天則得其神，重地］則得其根，順四［時之度］□□□而民不□疾。［處］外（四七）［内之位，應動静之化，則事］得於内，而得舉得於外。八正不失，則與天地總矣。天執一，明［三定］二，建八正，行七法，然後□□□□□□□□□之中無不□□矣。岐（跂）行喙息，扇蜚（飛）耎（蠕）動，無（四八）□□□□□□□□不失其常者，天之一也。天執一以明三。日信出信入，南北有極，［度之稽也。月信生信］死，進退有常，數之稽也。列星有數，而不失其行，信之稽也。天明三以定二，則壹晦（四

九)壹明，□□□□□□□□[天] 定二以建八正，則四時有度，動静有立(位)，而外内有處。天建[八正以行七法]。明以正者，天之道也。適者，天度也。信者，天之期也。極而[反] 者，天之生(性)也。必者，天之(五〇)命也。□□□□□□□□者，天之所以爲物命也。此之胃(謂)七法。七法各當其名，胃(謂)之物。物各□□□□胃(謂)之理。理之所在，胃(謂)之[道]。物有不合於道者，胃(謂)之失理。失理之所在，胃(謂)之逆。逆順各自命也，(五一)則存亡興壞可知□□□□□生惠(慧)，惠(慧)生正，[正] 生静。静則平，平則寧，寧則素，素則精，精則神。至神之[極，見]知不惑。帝王者，執此道也。是以守天地之極，與天俱見，盡□於四極之中，執六枋(柄)以令天(五二)下，審三名以爲萬事□，察逆順以觀於朝(霸)王危亡之理，知虚實動静之所爲，達於名實[之] 應，盡知請(情)僞而不惑，然後帝王之道成。六枋(柄)：一曰觀，二曰論，三曰僮(動)，四曰轉，五曰變，六(五三)曰化。觀則知死生之國，論則知存亡興壞之所在，動則能破强興弱，槫(轉)則不失諱(韙)非之□，變則伐死養生，化則能明德徐(除)害。六枋(柄)備則王矣。三名：一曰正名一曰立而偃，二曰(五四)倚名法而亂，三曰强主威(滅)而無名。三名察則事有應矣。動静不時，種樹失地之宜，[則天]地之道逆矣。臣不親其主，下不親其上，百族不親其事，則内理逆矣。逆之所在，(五五)胃(謂)之死國，伐之。反此之胃(謂)順之所在，胃(謂)之生國，生國養之。逆順有理，則請(情)僞密矣。實者視(示)[人] 虚，不足者視(示)人有餘。以其有事起之則天下聽，以其無事安之則天下静。名實(五六)不相應則定，名實不相應則静。勿(物)自正也，名自命也，事自定也。三名察則盡知請(情)僞而[不] 惑矣。有國將昌，當罪先亡。　論

□ 凡犯禁絶理，天誅必至。一國而服(備)六危者威(滅)。一(五七)國而服(備)三不辜者死，廢令者亡。一國之君而服(備)三壅者，亡地更君。一國而服(備)三凶者，禍反[自及] 也。上洫(溢)者死，下洫(溢)者刑。德溥(薄)而功厚者隋(隳)，名禁而不王者死。抹(昧)利，襦傳，達刑，(五八)爲亂首，爲怨媒，此五者，禍皆反自及也。守國而侍(恃)其地險者削，用國而侍(恃)其强者弱。興兵失理，所伐不當，天降二央(殃)。逆節不成，是胃(謂)得天。逆節果成，天將不盈其命而重其刑。贏(五九)極必静，動舉必正。贏極而不静，是胃(謂)失[正]。動舉而不正，[是] 胃(謂)後命。大殺服民，僇(戮)降人，刑無罪，過〈禍〉皆反自及也。所伐當罪，其禍五之。所伐不當，其禍什之。國受兵而不知固守，下(六〇)邪恒以地界爲私者□。救人而弗能存，反爲禍門，是胃(謂)危根。聲華實寡，危國亡土。夏起大土功，命曰絶理。犯禁絶理，天誅必至。六危：一曰適(嫡)子父。二曰大臣主。三曰謀臣(六一)□其志。四曰聽諸侯之所廢置。五曰左右比周

以雍(壅)塞。六曰父兄黨以儹。危不朕(勝)，禍及於身。[三]不辜：一曰妄殺殺賢。二曰殺服民。三曰刑無罪。此三不辜。三雍(壅)：內立(位)朕(勝)胃(謂)之塞，外立(位)朕(勝)胃(謂)(六二)之儹，外內皆朕(勝)則君孤直(特)。以此有國，守不固，單(戰)不克。此胃(謂)一雍(壅)。從中令外[謂之]惑，從外令中胃(謂)之□，外內遂諍(爭)，則危都國。此謂二雍(壅)。一人主擅主，命曰蔽光。從中外周，此胃(謂)(六三)重雍(壅)。外內爲一，國乃更。此謂三雍(壅)。三凶：一曰好凶器。二曰行逆德。三曰縱心欲。此胃(謂)[三凶。昧]天[下之]利，受天下之患。抹(昧)一國之利者，受一國之禍。約而倍之，胃(謂)之襦傳。伐當罪，見(六四)利而反，胃(謂)之達刑。上殺父兄，下走子弟，胃(謂)之亂首。外約不信，胃(謂)之怨媒。有國將亡，當□□昌。　亡論

□始於文而卒於武，天地之道也。四時有度，天地之李(理)也。日月星晨(辰)(六五)有數，天地之紀也。三時成功，一時刑殺，天地之道也。四時時而定，不爽不代(忒)，常有法式，□□□□。一立一廢，一生一殺，四時代正，冬(終)而復始。[人]事之理也，逆順是守。功洫(溢)於天，故有(六六)死刑。功不及天，退而無名。功合於天，名乃大成。人事之理也。順則生，理則成，逆則死，失□□名。伓(倍)天之道，國乃無主。無主之國，逆順相功(攻)。伐本隋(墮)功，亂生國亡。爲若得天，亡地更君。(六七)不循天常，不節民力，周遷而無功。養死伐生，命曰逆成。不有人僇(戮)，必有天刑。逆節始生，慎毋□正，皮(彼)且自氐(抵)其刑。故執道者之觀於天下也，必審觀事之所始起，審其刑(形)名。刑(形)名已定，(六八)逆順有立(位)，死生有分，存亡興壞有處。然後參之於天地之恒道，乃定禍福死生存亡興壞之所在。是故萬舉不失理，論天下而無遺策。故能立天子，置三公，而天下化之，之胃(謂)有(六九)道。　論約

□道者，神明之原也。神明者，處於度之內而見於度之外者也。處於度之[內]者，不言而信。見於度之外者，言而不可易也。處於度之內者，靜而不可移也。見於(七〇)度之外者，動而〇不可化也。動而靜而不移，動而不化，故曰神。神明者，見知之稽也。有物始□，建於地而洫(溢)於天，莫見其刑(形)，大盈冬(終)天地之間而莫知其名。莫能見知，故有逆成，(七一)物乃下生；故有逆刑，禍及其身。養其所以死，伐其所以生。伐其本而離其親，伐其與而□□□，後必亂而卒於無名。如燔如卒，事之反也。如繇(由)如驕，生之反也。凡萬物羣(七二)財(材)，絩(佻)長非恒者，其死必應之。三者皆動於度之外而欲成功者也，功必不成，禍必反□□□。以剛爲柔者栝(活)，以柔爲剛者伐。重柔者吉，重剛者威(滅)。若(諾)者，言之符也。已者，(七三)言之絕也。已若(諾)不信，則知(智)大惑矣。已若(諾)必信，則處於度之內

也。天下有事，必審其名。名□□循名廄（究）理之所之，是必爲福，非必爲材（災）。是非有分，以法斷之。虚靜謹聽，以法爲符。（七四）審察名理名冬（終）始，是胃（謂）廄（究）理。唯公無私，見知不惑，乃知奮起。故執道者之觀於天下□見正道循理，能與（舉）曲直，能與（舉）冬（終）始。故能循名廄（究）理。刑（形）名出聲，聲實調合，禍材（災）廢（七五）立，如景（影）之隋（隨）刑（形），如向（響）之隋（隨）聲，如衡之不臧（藏）重與輕。故唯執道者能虚靜公正，乃見□□，乃得名理之誠。亂積於内而稱失於外者伐亡。刑成於内而舉失於外者威（滅）。逆則（七六）上洫（溢）而不知止者亡。國舉襲虚，其事若不成，是胃（謂）得天；其事若果成，身必無名。重逆□□，守道是行，國危有央（殃）。兩逆相功（攻），交相爲央（殃），國皆危亡。　名理　經法凡五千（七七）

十大經

□昔者黄宗質始好信，作自爲象，方四面，傅一心。四達自中，前參後參，左參右參，踐立（位）履參，是以能爲天下宗。吾受命於天，定立（位）於地，成名於人。唯余一人□乃肥〈配〉天，乃立王三公。（七八）立國置君三卿。數日、磿（歷）月、計歲，以當日月之行。允地廣裕，吾類天大明。吾畏天愛地親[民]，□無命，執虚信。吾畏天愛[地]親民，立有命，執虚信。吾愛民而民不亡，吾愛地而地不兄（曠）。（七九）吾受民□□□□□□□□死，吾位不□。吾句（苟）能親親而興賢，吾不遺亦至矣。　立□

□[黄帝]令力黑浸行伏匿，周留（流）四國，以觀無恒善之法則。力黑視（示）象，見黑則黑，見白則（八〇）白。地□□□□□□□□□亞（惡）人則視（示）竞（兢）。人靜則靜，人作則作。力黑已布制建極□□□□□□曰天地已成而民生，逆順無紀，德瘧（虐）無刑（型），靜作無時，先後無命名。今吾欲得逆（八一）順之□□□□□□□□□□以爲天下正靜作之時，因而勒之，爲之若何。黄帝曰羣羣□□□□□爲一囷，無晦無明，未有陰陽。陰陽未定，吾未有以名。今始判爲兩，分爲陰陽。離（八二）爲時四[時]□□□□□□□□□□因以爲常，其明者以爲法而微道是行。行法循□□牝牡，牝牡相求，會剛與柔。柔剛相成，牝牡若刑（形）。下會於地，上會於天。得天之微，時若（八三）□□□□□□□□□□寺（待）地氣之發也，乃夢（萌）者夢（萌）而茲（滋）者茲（滋），天因而成之。弗因則不成，[弗]養則不生。夫民之生也規規生食與繼。不會不繼，無與守地；不食不人，無與守天。是（八四）□□嬴陰布德，□□□□□民功者，所以食之也。宿陽脩刑，童（重）陰〇長夜氣閉地繩（孕）者，［所］以繼之也。不靡不黑，而正之以刑與德。春夏爲德，秋冬爲刑。先德後刑以養生。姓（八五）生已定，而適（敵）者生爭。不諶不定。凡諶之極，在刑與德。刑德皇皇，日月相望，以明其當，而盈□無匡。夫是故使民毋人埶，舉事毋陽察，力地毋陰敝。陰敝者土芒（荒），陽察者奪（八六）光，人埶者摐兵。是故爲人主者，時挃三樂，毋亂民功，毋逆天時。然則五穀溜孰（熟），民［乃］蕃茲（滋）。君臣上下，交得其志。天因而成之。夫並時以養民功，先德後刑，順於天。其（八七）時贏而事絀，陰節復次，地尤復收。正名脩刑，執（蟄）蟲不出，雪霜復清，孟穀乃蕭（肅），此材（灾）□生。如此者舉事將不成。其時絀而事贏，陽節復次，地尤不收。正名施（弛）刑，執（蟄）蟲（八八）發聲，草苴復榮。已陽而有（又）陽，重時而無光。如此者舉事將不行。天道已既，地物乃備。散流相成，聖人之事。聖人不巧，時反是守。優未愛民，與天同道。聖人正以侍（待）（八九）天，静以須人。不達天刑，不襦不傳。當天時，與之皆斷。當斷不斷，反受其亂。　觀

□黄帝問閹冉曰：吾欲布施五正（政），焉止焉始？對曰：始在於身。中有正度，後及外人。外内交（九〇）綾（接），乃正於事之所成。黄帝曰：吾既正既静，吾國家窬（愈）不定，若何？對曰：後中實而外正，□□不定。左執規，右執柜（矩），何患天下？男女畢迵，何患於國？五正（政）既布，以司五明。左右執規，（九一）以寺（待）逆兵。黄帝曰：吾身未自知，若何？對曰：後身未自知，乃深狀於淵，以求内刑。内刑已得，後□自知屈後身。黄帝曰：吾欲屈吾身，屈吾身若何？對曰：道同者其事同，道異者其事異。今（九二）天下大爭，時至矣，後能慎勿爭乎？黄帝曰：勿爭若何？對曰：怒者血氣也，爭者外脂膚也。怒若不發，浸廪是爲癰疽。後能去四者，枯骨何能爭矣。黄帝於是辤其國大夫，（九三）上於博望之山，談臥三年以自求也。單才，閹冉乃上起黄帝曰：可矣。夫作爭者凶，不爭［者］亦無成功。何不可矣？黄帝於是出其鏘鉞，奮其戎兵，身提鼓鞄（枹），以禺（遇）之（蚩）尤，（九四）因而禽（擒）之。帝著之明（盟），明（盟）曰：反義逆時，其刑視之（蚩）尤。反義伓（倍）宗，其法死亡以窮。　五正

□黄帝□□輔曰：唯余一人，兼有天下。今余欲畜而正之，均而平之，爲之若何？果童對曰：不（九五）險則不可平，不諶則不可正。觀天於上，視地於下，而稽之男女。夫天有［恒］榦（幹），地有恒常。合□□常，是以有晦有明，有陰有陽。夫地有山有澤，有黑有白，有美有亞（惡）。地俗德（九六）以静，而天正名以作。静作相養，德瘧（虐）相成。兩若有名，相與則成。陰陽備，物化變，乃生有□□□□重，任百則輕。人有其中，物又（有）其刑（形），因之若成。黄帝曰：夫民

印(仰)天而生，侍(待)地(九七)而食。以天爲父，以地爲母。今余欲畜而正之，均而平之，誰敵(適)繇(由)始？對曰：險若得平，諶□□□，[貴] 賤必諶，貧富又(有)等。前世法之，後世既員，繇(由)果童始。果童於是衣褐而(九八)穿，負並(餅)而巒。營行氣(乞)食，周流四國，以視(示)貧賤之極。　果童

□力黑問□□□□□□□□□□□驕□陰謀，陰謀□□□□□□□□□□高陽□之若何？太山之稽曰：子(九九)勿患也。夫天行正信，日月不處，啓然不台(怠)，以臨天下。民生有極，以欲涅□，[涅] □□失。豐而[爲] □，□而爲既，予之爲害，致而爲費，緩而爲之憂。桐而宭(窘)之，收而爲之咎。累而高(一〇〇)之，部(踣)而弗救也。將令之死而不得悔，子勿患也。力黑曰：單(戰)數盈六十而高陽未失。涅□蚤□，□曰天僅(佑)，天僅(佑)而弗戒，天官地一也。爲之若何？[太] 山之稽曰：子勿言僅(佑)，交爲之備，□將因(一〇一)其事，盈其寺，軵其力，而投之代，子勿言也。上人正一，下人静之，正以侍(待)天，静以須人。天地立名，□□自生，以隋(隨)天刑。天刑不𦯬，逆順有類。勿驚□戒，其逆事乃始。吾將遂是其逆而僇(戮)(一〇二)其身，更置大直而合以信。事成勿發，胥備自生。我將觀其往事之卒而朩焉，寺(待)其來[事] 之遂刑(形)而私〈和〉焉。壹朩壹禾(和)，此天地之奇□以其民作而自戲也，吾或使之自靡(一〇三)也。單盈才，大(太)山之稽曰：可矣。於是出其鏘鉞，奮其戎兵。黄帝身禺(遇)之(蚩)尤，因而貪(擒)之。勀(剥)其□革以爲干侯，使人射之，多中者賞。𩠐其發而建之天□，曰之(蚩)尤之署(旌)。充其胃(一〇四)以爲鞫(鞠)，使人執之，多中者賞。腐其骨肉，投之苦酭(醢)，使天下雔(噍)之。上帝以禁。帝曰：毋乏吾禁，毋留(流)吾酭(醢)，毋亂吾民，毋絶吾道。止禁，留(流)酭(醢)，亂民，絶道，反義逆時，非而行之，過(一〇五)極失當，擅制更爽，心欲是行。其上帝未先而擅興兵，視之(蚩)尤共工。屈其脊，使甘其箭。不死不生，慤(慤)爲地楃。帝曰：謹守吾正名，毋失吾恒刑，以視(示)後人。

正亂

□高(一〇六)陽問力黑曰：天地□成，黔首乃生。莫循天德，謀相復(覆)頃(傾)。吾甚患之，爲之若何？力黑對曰：勿憂勿患，天制固然。天地已定，規(蚑)僥(蟯)畢掙(爭)。作爭者凶，不爭亦毋以成功。順天者(一〇七)昌，逆天者亡。毋逆天道，則不失所守。天地已成，黔首乃生。勝(姓)生已定，敵者早(?)生爭。不諶不定。凡諶之極，在刑與德。刑德皇皇，日月相望，以明其當。望失其當，環視其央。天德(一〇八)皇皇，非刑不行。繆(穆)繆(穆)天刑，非德必頃(傾)。刑德相養，逆順若〈乃〉成。刑晦而德明，刑陰而德陽，刑微而德章(彰)。其明者以爲法，而微道是行。明明至

微，時反以爲幾（機）。天道環［周］，於人反爲之（一〇九）客。爭（靜）作得時，天地與之。爭不衰，時靜不靜，國家不定，可作不作，天稽環周，人反爲之［客］。靜作得時，天地與之。靜作失時，天地奪之。夫天地之道，寒涅（熱）燥濕，不能並立。（一一〇）剛柔陰陽，固不兩行。兩相養，時相成。居則有法，動作循名，其事若易成。若夫人事則無常。過極失當，變故易常。德則無有，昔（措）刑不當。居則無法，動作爽名。是以僇（戮）受（一一一）其刑。　姓爭

□皇后屯磿（歷），吉凶之常，以辯（辨）雌雄之節，乃分禍福之鄉（嚮）。憲敖（傲）驕居（倨），是胃（謂）雄節；□□共（恭）驗（儉），是胃（謂）雌節。夫雄節者，涅之徒也。雌節者，兼之徒也。夫雄節以得，乃不（一一二）爲福，雌節以亡，必〇將有賞。夫雄節而數得，是胃（謂）積英〈殃〉。凶憂重至，幾於死亡。雌節而數亡，是胃（謂）積德。愼戒毋法，大祿將極。凡彼禍難也，先者恒凶，後者恒吉。先而不凶者，是恒（一一三）備雌節存也。後［而不吉者，是］恒備雄節存也。先亦不凶，後亦不凶，是恒備雌節存也。先亦不吉，後亦不吉，是恒備雄節存也。凡人好用雄節，是胃（謂）方（妨）生。大人則毀，小人則亡。以守不寧，（一一四）以作事［不成，以求不得，以戰［不］克。厥身不壽，子孫不殖。是胃（謂）凶節，是胃（謂）散德。凡人好用［雌節］，是胃（謂）承祿。富者則昌，貧者則穀。以守則寧，以作事則成。以求則得，以單（戰）則克。（一一五）厥身□□□□□□□□節，是胃（謂）絳（降）德。故德積者昌，［殃］積者亡。觀其所積，乃知［禍福］之鄉（嚮）。

雌雄節

□兵不刑〈法〉天，兵不可動。不法地，兵不可昔（措）。刑法不人，兵不可成。（一一六）參〇□□□□□□□□□之，天地刑（形）之，聖人因而成之。聖人之功，時爲之庸，因時秉□□必有成功。聖人不達刑，不襦傳。因天時，與之皆斷。當斷不斷，反受其亂。天固（一一七）有奪有予，有祥□□□□□弗受，反隋（隨）以央（殃）。三遂絶從，兵無成功。三遂孜（務）從，兵有成［功］，□不鄉（饗）其功，環（還）受其央（殃）。國家有幸，當者受央（殃）。國家無幸，有延其命。茀茀陽陽，因民（一一八）之力，逆天之極，有（又）重有功，其國家以危，社稷以匡，事無成功，慶且不鄉（饗）其功。此天之道也。　兵容

□黄帝問力黑，唯余一人兼有天下，滑（猾）民將生，年〈佞〉辯用知（智），不可法組。吾恐或（一一九）用之以亂天下。請問天下有成法可以正民者。力黑曰：然。昔天地既成，正若有名，合若有刑（形）□，以守一名。上捦之天，下施之四海。吾聞天下成法，故曰不多，一言而止。循名復一，民無亂（一二〇）紀。黄帝曰：請問天下猷（猶）有一虖（乎）？力黑曰：然。昔者皇天使馮（鳳）下道一言而止。五帝用之，以朳天地，［以］楑［揆］四海，以壞（懷）下民，以正一世之士。

夫是故毚（讒）民皆退，賢人減（咸）起，五邪乃逃，年〈佞〉辯乃止。（一二一）循名復一，民無亂紀。黄帝曰：一者一而已乎？其亦有長乎？力黑曰：一者，道其本也，胡爲而無長？□□所失，莫能守一。一之解，察於天地。一之理，施於四海。何以知□之至，遠近之稽？夫唯一不（一二二）失，一以騶化，少以知多。夫達望四海，困極上下，四鄉（嚮）相枹（抱），各以其道。夫百言有本，千言有要，萬［言］有蔥（總）。萬物之多，皆閱一空。夫非正人也，孰能治此？罷（彼）必正人也，乃能操正以正奇，（一二三）握一以知多，除民之所害，而寺（持）民之所宜。綒□守一，與天地同極，乃可以知天地之禍福。

成法

□行非恒者，天禁之。爽事，地禁之。失令者，君禁之。三者既脩，國家幾矣。地之禁，（一二四）不□高，不曾（增）下。毋服川，毋逆土，毋逆土功，毋壅民明。進不氐，立不讓。俓（徑）遂淩節，是胃（謂）大凶。人道剛柔，剛不足以，柔不足寺（恃）。剛强而虎質者丘，康沈而流面（湎）者亡。憲古章（一二五）物不實者死，專利及削浴以大居者虛。天道壽壽，番（播）於下土，施於九州。是故王公慎令，民知所繇（由）。天有恒日，民自則之，爽則損命，環（還）自服之，天之道也。

三禁

□諸庫（一二六）臧（藏）兵之國，皆有兵道。世兵道三，有爲利者，有爲義者，有行忿者。所胃（謂）爲利者，見□□□飢，國家不叚（暇），上下不當，舉兵而□之，唯（雖）無大利，亦無大害焉。所胃（謂）爲（一二七）義者，伐亂禁暴，起賢廢不宵（肖），所胃（謂）義也。［義］者，衆之所死也。是故以一國戉（攻）天下，萬乘［之］主□□希不自此始，鮮能冬（終）之，非心之恒也，窮而反矣。所胃（謂）行忿者，心唯忿，不能徒（一二八）怒，怒必有爲也。成功而無以求也，即兼始逆矣。非道也。道之行也，繇（由）不得已。繇（由）不得已，則無窮。故囯者，趆者［也］；禁者，使者也。是以方行不留。本伐

□聖［人］舉事也，闔（合）於天地，順於民，羊（祥）於鬼神，使（一二九）民同利，萬夫賴之，所胃（謂）義也。身載於前，主上用之，長利國家社稷，世利萬夫百生（姓）。天下名軒執□士於是虛。壹言而利之者，士也。壹言而利國者，國士也。是故君子卑身以從道，知（智）以（一三〇）辯之，强以行之，責道以並世，柔身以寺（待）之時。王公若知之，國家之幸也。國大人衆，强□□□身載於後□□□□□□□□□而不□□□□□□□幸也。故王（一三一）者不以幸治國，治國固有前道，上知天時，下知地利，中知人事。善陰陽□□□□□□□□□□□□□□□□□□ □□□□正者治，□奇者亂。正名不奇，奇名不立。正道不台（殆），（一三二）可後可始。乃可小夫，乃可國家。小夫得之以成，國家

得之以寧。小國得之，以守其野。大國[得之以]並兼天下。道有原而無端，用者實，弗用者藿。合之而涅於美，循之而有常。古之(一三三)賢者，道是之行。知此道，地且天，鬼且人。以居軍□，以居國其國昌。古之賢者，道是之行。

[前道]

□天有恒榦(幹)，地有恒常。與民共事，與神同□。驕洫(溢)好爭，陰謀不羊(祥)，刑於雄節，危於(一三四)死亡。奪之而無予，其國乃不遂亡。近則將之，遠則行之。逆節夢(萌)生，其誰骨〈肯〉當之。天亞(惡)高，地亞(惡)廣，人亞(惡)苛(苛)。高而不已，天闕土[之]。廣而不已，地將絶之。苛而不已，人將殺之。有(一三五)人將來，唯目之瞻。言之壹，行之壹，得而勿失。[言]之採，行之配(熙)，得而勿以。是故言者心之符[也]，色者心之華也，氣者心之浮也。有一言，無一行，胃(謂)之誣。故言寺首，行志卒。直木(一三六)伐，直人殺。無刑(形)無名，先天地生，至今未成。　行守

□黄帝問力黑曰：大草(庭)氏之有天下也，不辨陰陽，不數日月，不志四時，而天開以時，地成以財。其爲之若何？力黑曰：大草(庭)之有天(一三七)下也，安徐正静，柔節先定。昻濕共(恭)僉(儉)，卑約主柔，常後而不失〈先〉。體(體)正信以仁，玆(慈)惠以愛人，端正勇，弗敢以先人。中請不剌，執一毋求。刑於女節，所生乃柔。□□□正德，好德不爭。立於(一三八)不敢，行於不能。單(戰)視(示)不敢，明執不能。守弱節而堅之，胥雄節之窮而因之。若此者其民勞不□，幾(饑)不飴，死不宛(怨)。不廣(曠)其衆，不爲兵邾，不爲亂首，不爲宛(怨)謀(媒)。不陰謀，不擅斷疑，不謀削人(一三九)之野，不謀劫人之宇。慎案其衆，以隋(隨)天地之從。不擅作事，以寺(待)逆節所窮。見地奪力，天逆其時，因而飾(飭)之。事環(還)克之。若此者，單(戰)朕(勝)不報，取地不反。單(戰)朕(勝)於外，福生於内。用力甚少，名殸(聲)章明。順之(一四〇)至也。　順道。

□欲知得失，請必審名察刑(形)。刑(形)恒自定，是我俞(愈)静。事恒自包(施)，是我無爲。静翳不動，來自至，去自往。能一乎？能止乎？能毋有己，能自擇而尊理乎？紓也，毛也，其如莫存。萬物羣(一四一)至，我無不能應。我不臧(藏)故，不挾陳。鄉(嚮)者已去，至者乃新。新故不翏，我有所周。　十大經　凡四千□□六(一四二)

稱

□道無始而有應。其未來也，無之；其已來，如之。有物將來，其刑(形)先之。建以其刑(形)，名以其名。其言胃

(謂)何？·環[刑]傷威。㐌(弛)欲傷法。無隋(隨)傷道。數舉參(三)者，有身弗能葆(保)，何國能守？[·]奇从奇，正从正，奇與正，恒不(一四三)不同廷。·凡變之道，非益而損，非進而退。首變者凶。·有義(儀)而義(儀)則不過，侍(待)表而望則不惑，案法而治則不亂。·聖人不爲始，不剸(專)己，不豫謀，不爲得，不辭福，因天之則。·失其天者死，欺其主者死。翟(一四四)其上者危。·心之所欲則志歸之，志之志之所欲則力歸之。故巢居者察風，穴處者知雨，憂存故也。憂之則取，安之則久。弗能令者弗得有。·帝者臣，名臣，其實師也。王者臣，名臣，其實友也。(一四五)朝(霸)者臣，名臣也，其實□□。□□臣，名臣也，其實庸也。亡者臣，名臣也，其實虜也。·自光〈廣〉者人絶之；□□人者其生危，其死辱翳。居不犯凶，困不擇時。·不受禄者，天子弗臣也。禄泊(薄)者，弗與犯難。(一四六)故以人之自爲□□□□□□□不士(仕)於盛盈之國，不嫁子於盛盈之家，不友□□□易之[人]。□□不執偃兵，不執用兵，兵者不得已而行。·知天之所始，察地之理，聖人麋論天地之紀，廣乎(一四七)蜀(獨)見□□□□□□□□□蜀(獨)在。·天子之地方千里，諸侯百里，所以朕合之也。故立天子[者，不使]諸侯疑焉。立正敵(嫡)者，○不使庶孽疑焉。立正妻者，不使婢妾疑焉。疑則相傷，雜則(一四八)相方。·時若可行，亟□勿言，[時]若未可，涂其門，毋見其端。·天制寒暑，地制高下，人制取予。取予當，立爲□王。取予不當，流之死亡。天有環(還)刑，反受其央(殃)。·世恒不可擇(釋)法而用我。用我不可，是以生禍。·(一四九)有國存，天下弗能亡也。有國將亡，天下弗能存也。·時極未至，而隱於德。既得其極，遠其德。○淺□以力，既成其功，環(還)復其從，人莫能代。·諸侯不報仇，不修佴(恥)，唯□所在。·隱忌妒妹賊妾(一五○)如此者，下其等而遠其身。不下其德等，不遠其身，禍乃將起。·内事不和，不得言外。細事不察，不得言[大]。·利不兼，賞不倍。戴角者無上齒。·提正名以伐，得所欲而止。·實穀不華，至言不飾，至(一五一)樂不笑。華之屬，必有覈(核)，覈(核)中必有意。·天地之道，有左有右，有牝有牡。誥誥作事，毋從我冬(終)始。雷□爲車，隆隆以爲馬。行而行，處而處。因地以爲齎(資)，因民以爲師。弗因無揱也。·宮室過(一五二)度，上帝所亞(惡)。爲者弗居，唯(雖)居必路。·減衣衾，泊(薄)棺椁，禁也。疾役可發澤，禁也。草蓯可淺林，禁也。聚□□隋(墮)高增下，禁也。大水至而可也。·毋先天成，毋非時而榮。先天成則毁，非時而榮則不(一五三)果。·日爲明，月爲晦。昏而休，明而起。毋失天極，廄(究)數而止。·强則令，弱則聽，敵則循繩而爭。·行曾(憎)而索愛，父弗得子。行母(侮)而索敬，君弗得臣。·有宗將興，如伐於□。有宗將壞，如伐於山。貞(一五四)良而亡，先人餘央(殃)。商(猖)闕(獗)而栝(活)，先人之連(烈)。•坤(卑)而正者增，高而倚者傰(崩)。•山有木，其實屯屯。虎狼爲孟(猛)可揗，昆弟相居，不能相順。同則不肯，離則不能。傷國之神。•□□不來，胡不來相教順弟兄(一五五)兹，昆弟之親，尚可易戈(哉)。•天下有參(三)死：忿不量力死，耆(嗜)欲無窮死，寡不辟(避)衆死。•毋籍(借)賊兵，毋裹盜量(糧)。籍(借)賊兵，裹盜量(糧)，短者長，弱者强，贏絀變化，後將反㐌(施)。•弗同而同，舉而(一五六)爲同。弗異而異，舉而爲異。弗爲而自成，因而建事。•陽親而陰亞(惡)，胃(謂)外其膚而内其勮。不有内亂，必有外客。膚既爲膚，勮既爲勮。内亂不至，外客乃却。•得焉者不受(一五七)其賜，亡者不怨大□□天有明而不憂民之晦也。[百]姓辟(闢)其户牖而各取昭焉。天無事焉。地有[財]而不憂民之貧也。百姓斬木刈新(薪)而各取富焉。地亦無事焉。•諸侯有亂，正亂(一五八)者失其理，亂國反行焉。其時未能也，至其子孫必行焉。故曰：制人而失其理，反制焉。•生人有居，[死]人有墓。令不得與死者從事。•惑而極(亟)反，□道不遠。•臣有兩位者，其國必危。國若不(一五九)危，君臾存也。失君必危。失君不危者，臣故跍(佐)也。子有兩位者，家必亂。家若不亂，親臾存也。[失親必]危。失親不亂，子故跍(佐)也。•不用輔佐之助，不聽聖慧之慮，而侍(恃)其城郭之固，古(怙)其勇力(一六〇)之御(禦)。是胃(謂)身薄。身薄則貸(忒)。以守不固，以單(戰)不克。•兩虎相爭，奴(駑)犬制其餘。•善爲國者，大(太)上無刑，其[次]□□□□，□下斗果訟果，大(太)下不斗不訟有(又)不果。大(太)上爭於□，其次爭於明，其下栽(救)患禍。•寒(一六一)時而獨暑。暑時而獨寒。其生危，以其逆也。•敬朕(勝)怠，敢朕(勝)疑。亡國之禍□□□□□□□□□□□□□□□□□□□□□□□□□□□□□□□□□□□□□□不信其□(一六二)而不信其可也。不可矣，而不信其□□賣前□以知反，故□□(一六三)賣今之曲直，審其名以稱斷之。積者積而居，胥時而用，賣主樹以知與治合積化以知時□□□正貴□存亡。•凡論必以陰陽□大義。天陽地陰。春陽秋陰。夏陽冬陰。晝陽夜陰。大國(一六四)陽，小國陰。重國陽，輕國陰。有事陽而無事陰。信(伸)者陰〈陽〉者〈而〉屈者陰。主陽臣陰。上陽下陰。男陽[女陰]。[父]陽[子]陰。兄陽弟陰。長陽少[陰]。貴[陽]賤陰。達陽窮陰。取(娶)婦姓(生)子陽，有喪陰。制人者陽，制(一六五)人者制於人者陰。客陽主人陰。師陽役陰。言陽黑(默)陰。予陽受陰。諸陽者法天，天貴正，過正曰□□□□祭乃反。諸陰者法地，地[之]德安徐正静，柔節先定，善予不爭。此地之度而雌之(一六六)節也。

稱　千六百(一六七)

道原

□恒先之初，迵同大虛。虛同爲一，恒一而止。濕濕夢夢，未有明晦。神微周盈，精静不巸(熙)。古未有以。萬物莫以。古無有刑(形)，大迵無名。天弗能復(覆)，地弗能載。小以成小，大以成大。盈四海之内，又包其外。在陰不腐，在(一六八)陽不焦。一度不變，能適規(蚑)僥(蟯)。鳥得而蜚(飛)，魚得而流(游)，獸得而走。萬物得之以生，百事得之以成。人皆以之，莫知其名。人皆用之，莫見其刑(形)。一者其號也，虛其舍也，無爲其素也，和其用也。是故(一六九)上道高而不可察也，深而不可則(測)也。顯明弗能爲名，廣大弗能爲刑(形)，獨立不偶，萬物莫之能令。天地陰陽，[四]時日月，星辰雲氣，規(蚑)行僥(蟯)重(動)，戴根之徒，皆取生，道弗爲益少；皆反焉，道弗爲益(一七〇)多。堅强而不櫝，柔弱而不可化。精微之所不能至，稽極之所不能過。故唯聖人能察無刑(形)，能聽無[聲]。知虛之實，後能大虛。乃通天地之精，通同而無間，周襲而不盈。服此道者，是胃(謂)能精。明(一七一)者固能察極，知人之所不能知，人服人之所不能得。是胃(謂)察稽知○極。聖王用此，天下服。無好無亞(惡)。上用□□而民不麋(迷)惑。上虛下静而道得其正。信能無欲，可爲民命。上信無事，則萬物周扁(遍)，分(一七二)之以其分，而萬民不爭。授之以其名，而萬物自定。不爲治勸，不爲亂解(懈)。廣大弗務，及也。深微弗索，得也。□爲一而不化。得道之本，握少以知多。得事之要，操正以政(正)畸(奇)。前知大古，後□精明。抱道執(一七三)度，天下可一也。觀之大古，周其所以。索之未無，得之所以。道原　四百六十四(一七四)

馬王堆漢墓帛書整理小組。

原載《文物》一九七四年第十期，轉載時，作了一些修改，並注出衍文。

圖版壹

馬王堆三號墓出土的漆奩

一、盛帛書的漆奩

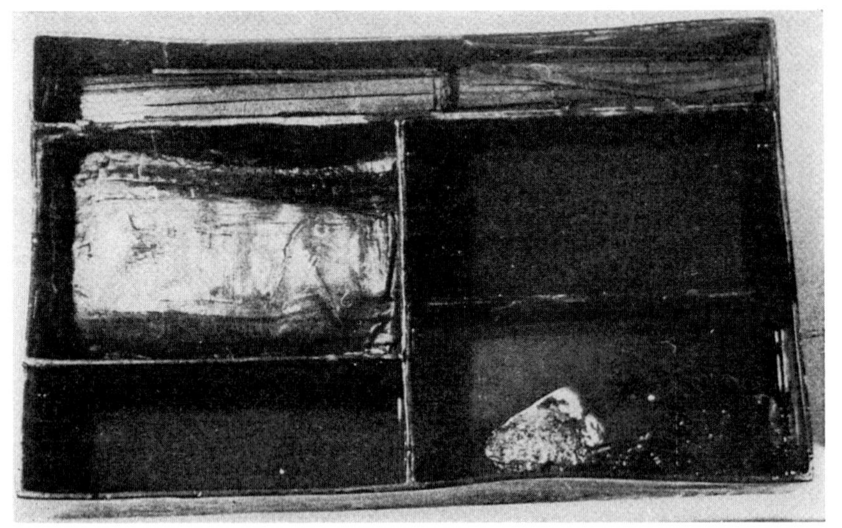

二、漆奩下層的帛書

圖版貳

馬王堆出土《老子》乙本卷前古佚書

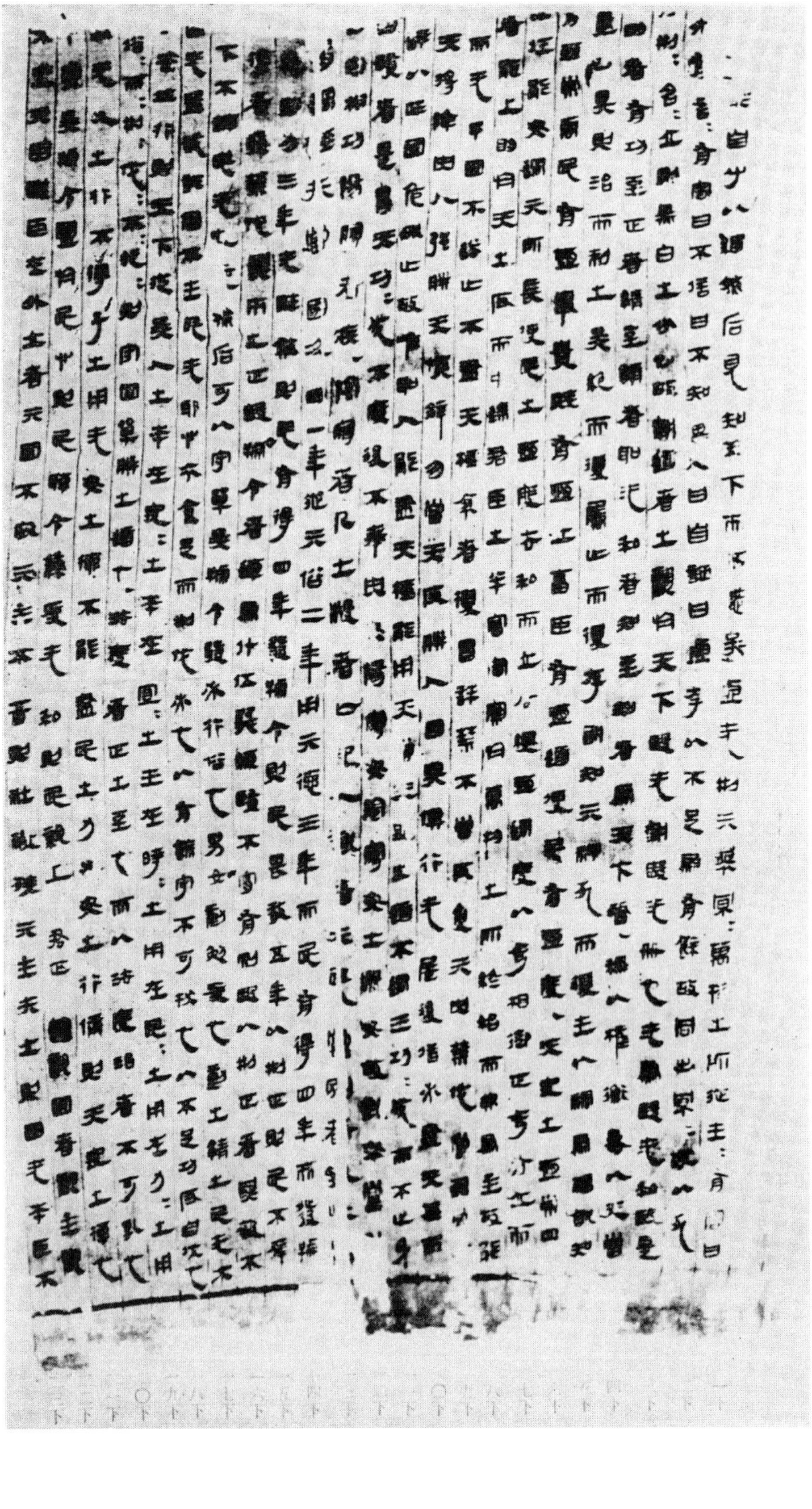

圖版肆

馬王堆出土《老子》乙本卷前古佚書

圖版伍

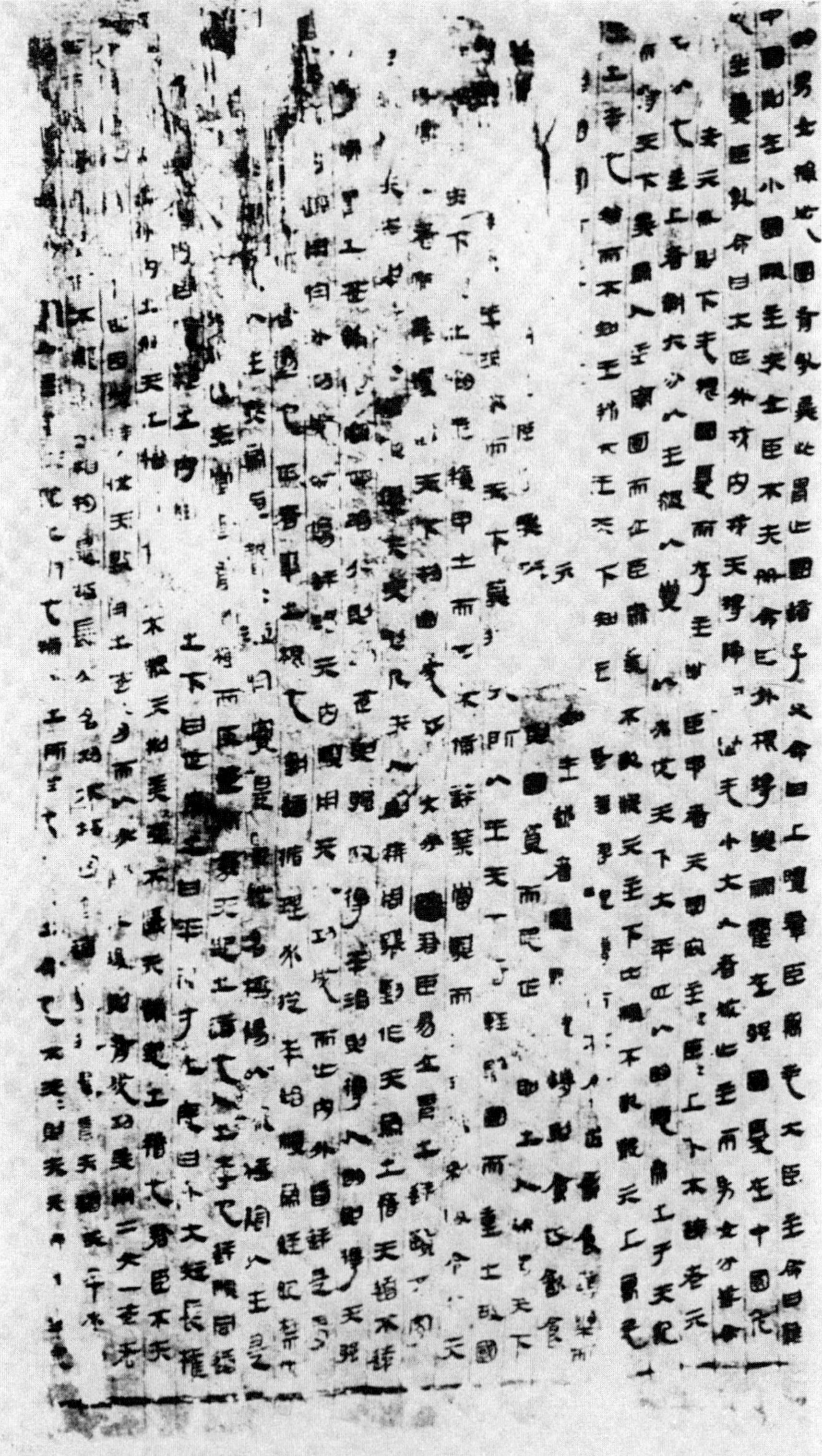

圖版陸

馬王堆出土《老子》乙本卷前古佚書

圖版柒

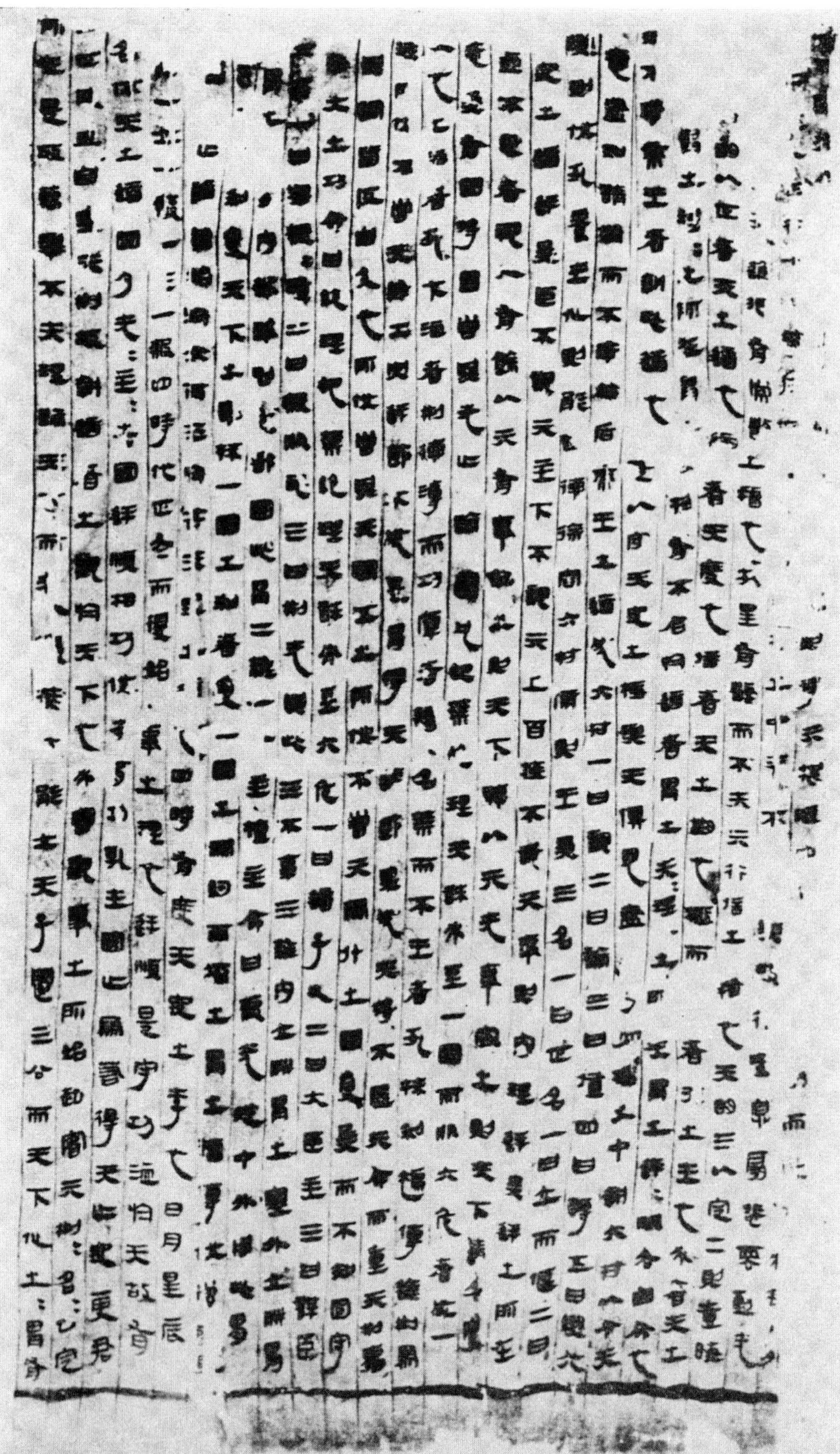

圖版捌

馬王堆出土《老子》乙本卷前古佚書

圖版玖

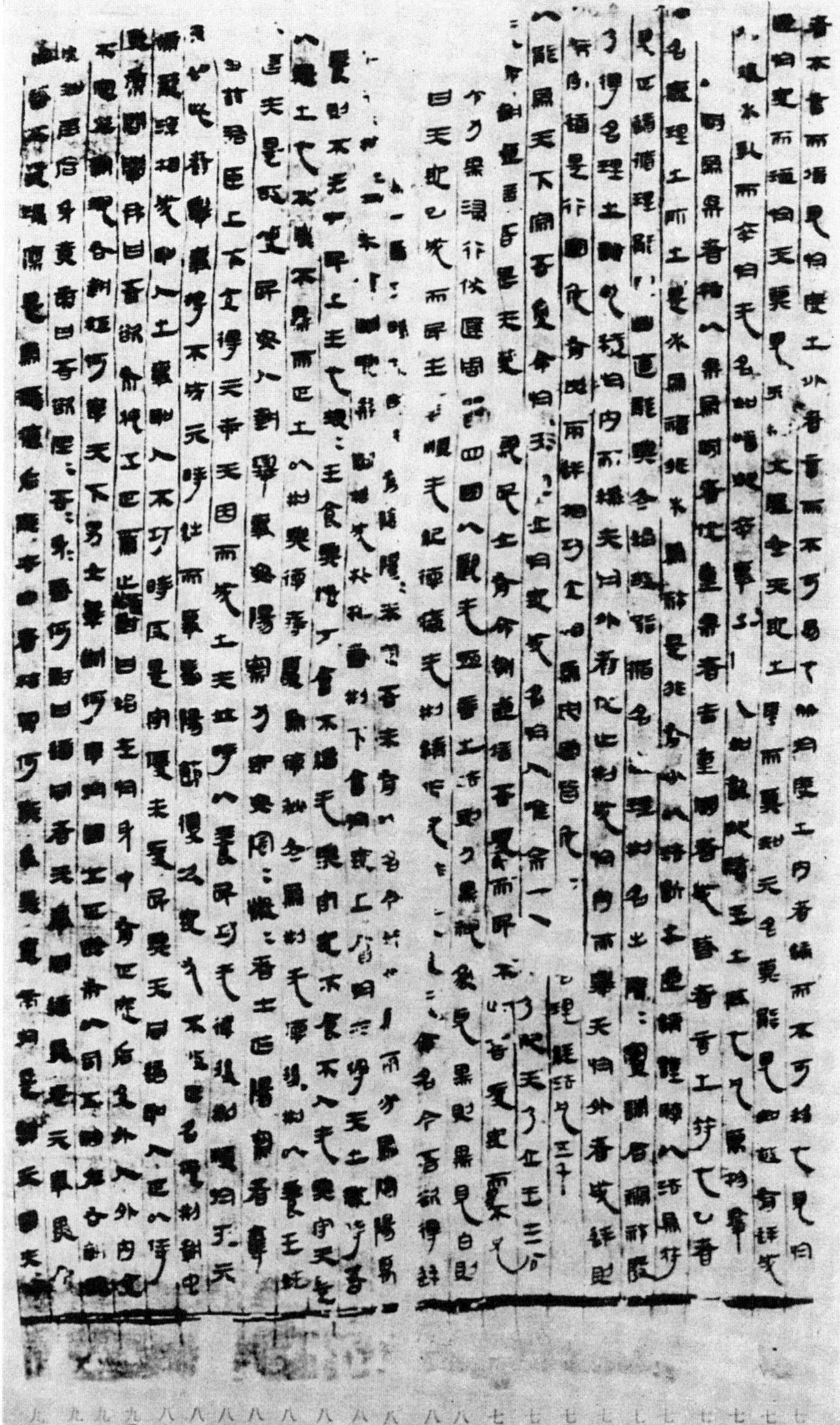
七〇下
七一下
七二下
七三下
七四下
七五下
七六下
七七下
七八下
七九下
八〇下
八一下
八二下
八三下
八四下
八五下
八六下
八七下
八八下
八九下
九〇下
九一下
九二下
九三下

圖版拾

馬王堆出土《老子》乙本卷前古佚書

圖版拾壹

圖版拾貳

馬王堆出土《老子》乙本卷前古佚書

圖版拾叁

馬王堆出土《老子》乙本卷前古佚書

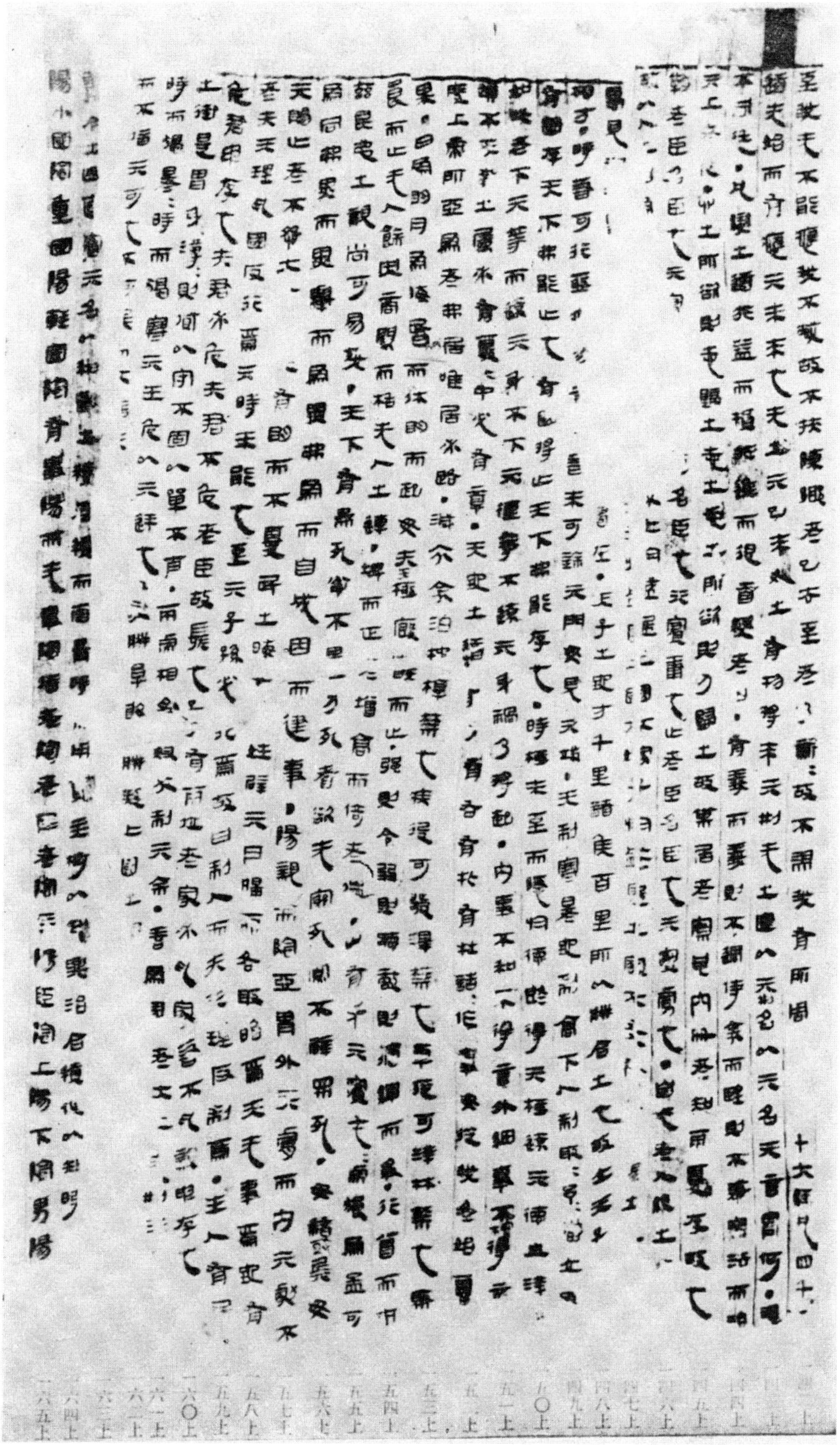

圖版拾伍

馬王堆出土《老子》乙本卷前古佚書

載《考古學報》一九七五年第一期第七至三六頁。

本文發表後，唐先生在抽印本上對正文和附録一、二作有重要修改和補充。此次重版，增加了上述修補内容。

馬王堆帛書《却穀食氣篇》考

馬王堆帛書的導引圖前，有文字二十六行，每行五十餘字至六十一字，寫在整幅帛上，朱絲欄，墨書。無題，今據内容定爲《却穀食氣篇》。字體是由篆變隸的過渡形式，當是漢初寫本，可能在高祖惠帝時期（公元前二〇六—前一八八）。

此篇分兩部分：第一部分是却穀食氣，約八行餘。第二部分從九行開始，是「經脉」。「經脉」部分與《靈樞·經脉篇》可以互證。但十二經脉中缺「臂厥陰」一經。這批帛書中另有《經温經脉》一篇，「經脉」部分與此基本相同，也正缺「臂厥陰」，可能是同一來源。

「却穀」，帛書寫作「去穀」。也叫做辟穀，是不吃糧食的意思。《史記·留侯列傳》説張良「性多疾，即導引不食穀」，又説「乃學辟穀導引輕身」。也作「絶穀」、「斷穀」，見《晉書·郗愔傳》和《哀帝紀》。秦以前的養生家中曾經有些人幻想過不吃五穀就可以長生不老，他們有些尋找各種代用品，主要是藥品；〔一〕有的則主張除喝一些水以外，什麽都不吃，全仗呼吸空氣來維持生命。前一類是服藥，後一類叫做食氣，也稱爲行氣或服氣。

用另一種食物來代替五穀是容易理解的，上古時代人類曾經有過不吃糧食的階段。但是種植穀物，發展農業，是人類社會生産力發展的一個標志，食用五穀無疑是人類生活中一大進步。自從奴隸制社會以來，剥削階級中一些人妄圖無限止地延長剥削生活，永遠騎在勞動人民頭上作威作福，於是就出現了「長生不死」的幻想，又於是而出現了方士和求仙。却穀之説之所以興起，和這一點是密切相關的。但是，客觀的自然規律無情地嘲笑了這些人。「服食求長生，多爲藥所誤」，因求長生而反致短命，在歷史上是常常見到的。

至於行氣，往往和導引聯結在一起。《莊子·刻意》説：「吹呴呼吸，〔二〕吐故納新，熊經鳥申（伸），爲壽而已矣。此道（導）引之士，養形之人，彭祖壽考者之所好也。」所説「吹呴呼吸，吐故納新」，就是行氣；「熊經鳥伸」，就是導引。所以帛書此幅，前面是《却穀食氣篇》，後面就是《導引圖》。

所謂彭祖，相傳是殷朝人，壽很長，也可能是戰國時方士們所假託的，傳世有一個玉佩，上面有一篇關於行氣的銘文，字體跟韓國的廳羌鐘很接近。廳羌鐘是公元前四〇四年所作，和玉刀柲的年代大概差不多。《莊子》的時代要晚一些。再晚一些的是《楚辭·遠遊》所説的「飡六氣而飲沆瀣兮，漱正陽而食朝霞」，已經有「朝霞」「沆瀣」等名稱。東漢王逸注《楚辭》引用《陵陽子明經》的「六氣」。〔三〕那末，這些説法，都是在戰國時業已流傳的。漢初，張良「學辟穀導引輕身」，可見這類養生家的東西，當時還流行很盛。馬王堆三號墓是軑侯利蒼的小兒子的墓，離張良時還不遠，墓中隨葬有此篇和《導引圖》聯成一卷。這篇裏所講「呴炊」，就是「莊子」所講的「吹呴」，而「朝霞」「輪陽」等和《楚辭》及所謂《陵陽子明經》符合，可見這是戰國時流傳下來的一種古佚書。

當然，説食氣可以辟穀長生，這只是一種主觀幻想，根本做不到，或者是故神其説，有意騙人。西漢末法家王充在《論衡·道虛》裏就批判過，説：「道家相夸曰：真人食氣，以氣而爲食。故傳曰：食氣者壽而不死，雖不穀飽，亦以氣盈，此又虛也。……食氣者必謂吹呴呼吸，吐故納新也。昔有彭祖，嘗行之矣，不能久壽，病而死矣。」就是喜歡談論神仙的晉代葛洪，也把道書所説「欲得長生，腸中當清；欲得不死，腸中無滓」以及「食穀者智而不壽，食氣者神明不死」等話説是「行氣者一家之偏説耳」（見《抱朴子·雜應》）。張良學辟穀導引，就没有得到長壽，收藏這篇帛書的軑侯少子，更只活三四十歲，就是現實的明證。對於這類古代文獻的神秘的、不符合科學的部分，必須用批判的方法剔除其糟粕。

東漢末，曹操做魏王時，招致方技之士十六人，其中有甘始、華佗等，曹丕《典論》和曹植《辨道論》都有記載。甘始能行氣導引。同時荀悦寫的《申鑒·俗嫌》講到「鄰臍二寸謂之關，關者所以關藏呼吸之氣……故道家常致氣於關，是謂要術」。看來，行氣的方法這時有了新的發展，晉代流行的《黄庭經》就屬於這一類。現在的「氣功」，是根據這種新説演化來的。這次出土的《却穀食氣篇》，則是在目前所能見到的關於氣功的最早的文獻。

行氣或氣功，如果剔除其幻想「却穀」長生的糟粕，還是具有一定科學價值的醫療健身方法。但無論行氣或氣功，做得不合適，都容易有流弊。曹丕《典論》記有人學甘始的行氣導引，「爲之過差，氣閉不通，良久乃蘇」。「爲之過差」就是做得不得法。今天我們要做氣功療法，應當在醫生的指導之下進行，可以增强體質，治療某些疾病，尤其對於老年衰病更是適宜。我們祖國醫學有豐富遺産，應該剥去其中某些神秘的外衣，吸收其合理的部分。此次馬王堆三號墓裏發現很多古醫書，《却穀食氣篇》和導引圖是其中很重要的一種，對於古代醫學史研究者將是十分寶貴的資料。

〔一〕例如本篇一開頭提到的「石韋」，就是一種利小便的藥，見《本草》。曹丕《典論》説：「潁川郤儉，能辟穀，餌伏苓。」（嚴可均輯本）茯苓也是一種利小便的藥。

〔二〕吹呴，即呴吹，就是釋文中的「昫炊」。呴，《説文》作欨，吹也。但吹和呴有所不同：吹出氣急，是凉氣；呴出氣緩，是温暖的呵氣。

〔三〕王逸注引《陵陽子明經》：「春食朝霞，朝霞者，日始欲出赤黄氣也。秋食淪陰，淪陰者，日没以後赤黄氣也。冬食沆瀣，沆瀣者，北方夜半氣也。夏食正陽，正陽者，南方日中氣也。並天地玄黄之氣，是爲六氣也。」

載《文物》一九七五年第六期第十四至十五頁。

試論馬王堆三號墓出土《導引圖》

馬王堆三號墓出土帛畫《導引圖》，畫在整幅帛上，圖前面有《却穀食氣篇》二十六行。本圖高五十釐米，長約一百釐米。彩色畫男女導引各項單個動作，上下四列，有殘缺，現存四十四圖，其中三十圖有題記，其中之一是「熊經」，跟《莊子》合，證明這是《導引圖》。

「導引」是我國醫學的一科

我國在三四千年以前，疆域就異常廣闊，勞動人民在長期同疾病鬥爭中，積累了經驗，有很豐富的醫學理論和醫療技術。《内經異法方宜論》説東方的民，「其病皆爲癰瘍，其治宜砭石」；西方的民，「其病生於内，其治宜毒藥」；北方的民，「藏寒生滿病，其治宜灸焫」；南方的民，「其病攣痹，其治宜微鍼」；而中央的民，「其病多痿厥寒熱，其治宜導引按蹻」。可見導引按蹻是針灸藥石之外的一種醫療方法。王冰注「導引謂摇筋骨，動支節，按謂抑按皮肉，蹻謂捷舉手足」，那就是到現在還在應用的按摩牽引等方法。同書《血氣形志篇》説：「形苦志樂，病生於筋，治之以熨引。」注：「熨謂藥熨，引謂導引。」又説：「形數驚恐，經絡不通，病生於不仁，治之以按摩醪藥。」注：「按摩者所以開通閉塞，導引陰陽。」這是説某些病症是適宜於用導引的。《史記・扁鵲傳》説：「臣聞上古之時，醫有俞跗，治病不以湯夜醴灑、鑱石撟引、案抗毒熨。」索隱説撟引是「按摩之法，夭撟引身如熊顧鳥伸也」。那麽，所説撟引案抗，就是導引按蹻。《靈樞官能》説：「語徐而安静，手巧而心審諦者，可使行鍼艾；理血氣而調諸逆順，察陰陽而兼諸方，緩節柔筋而心和調者，可使導引行氣。」那末，導引行氣和針灸一樣，是醫者爲人治病的一種方法，並且有專門的醫生。

行氣本來只是導引時所用的一種方法，即所謂「導氣令和」。此圖前面的《却穀食氣篇》説：「爲首重足輕體軫，則呴吹之，視利止。」因辟穀而發現頭重脚輕身上浮腫的症狀時，就用呴吹的方法，一直到好了才停下來。可見呴吹是治病的一種方法。《莊子·刻意》説「吹呴呼吸，吐故納新」，就是行氣。人的呼吸，本就是吐故納新。但納新氣只有一種方法，只要吸的是新鮮空氣，而且要吸得深而且長。而吐故氣，在古代就有吹、呴、呼三種方法，吹是吹出凉氣，呴等於呵，是呵出熱氣。《雲笈七籤》卷三十二引《服氣療病》説：

凡行氣以鼻内氣，以口吐氣，微而引之，名曰長息。内（納）氣有一，吐氣有六。内氣一者謂吸也。吐氣六者謂：吹、呼、唏、呵、（《雲笈七籤》卷六十一《服氣雜法秘要口訣》唏呵作嘻煦）嘘、呬，皆出氣也。……吐氣之法，時寒可吹，温可呼。委曲治病，吹以去熱，呼以去風，唏以去煩，呵以下氣，嘘以散滯，呬以解極（極是困乏的意思）。

可見吐氣，古代只有三種方法，漢以後就發展爲六種方法了。一直到唐代孫思邈著《千金要方》也還用呼來治心冷，吹來治心熱，用嘘治肺病，呵治肝病，唏治脾病，呬治腎病（見卷二十七《調氣法》）。

在這個圖裏有很多部分是標明引那種病的，像：引聾、引貴、引膝痛、引胠責、引炅（熱）中、引温病、引脾痛等，在病名前都有一個引字。像：煩、痛肋、覆（腹）中、備（滿）厥、信（呻）、項等都只有病名。這些圖在當時總還要有人指點解釋的，但像引膝痛畫出一人坐而用手撫膝，那也可以理解。在動摇筋骨支節的同時，大概兼用行氣，如引脾痛這個圖，病者抱膝蹲坐，顯然可以看到在張口呵氣的。還有印謼，就是仰呼，明顯是一種呼吸運動，反舉雙手，挺胸、仰首、呼氣。那末，其它各圖在操作時也一定要有很多細節，這有待於進一步的研究。

導引是養生法的一種

把導引行氣作爲個人養生的方法，是我國古代醫學的一個新發展。善於導引行氣的人，各種疾病必然要少一些，比較年壽要高一些。《莊子·刻意》説：「吹呴呼吸，吐故納新，熊經鳥申，爲壽而已矣。此道引之士，養形之人，彭祖壽考者之所好也。」這裏的吹呴呼吸，吐故納新，就是指用吹呴和呼三種方法來吐故氣，用吸納新氣，是行氣；熊經鳥伸則是導引。李軌音説導引是「導氣令和，引體令柔」。養生是老子學派的主要目的之一，老聃據傳説就是長壽的，《老子》書裏就講到「長生久視之道」，既然要長生，就會發展到要不死，要學神仙，所以後來求神仙的都假託是黄帝老子之所傳，而行氣導引也成爲求神仙的一種方法。漢初張良的「學辟穀導引輕身」，就是要「從赤松子遊」，赤松子是當時傳説中的仙人之一。張良死於吕后二年（公元前一八六年），比馬王堆三號墓中軑侯的小兒子早死十八年。這個墓中隨葬的《導引圖》和《却穀食氣篇》是漢初的寫本，和張良所學的辟穀導引同時。儘管這種方術在當時可能有很多家，但大致上總是相類的。

作爲神仙家的行氣，跟導引是有所不同的，神仙家就要辟穀，要食氣，用氣來代替糧食。儘管他們也把這叫作導引，例如《史記·龜策傳》説：「江旁家人常畜龜，飲食之，以爲能導引致氣，有益於助衰養老。」又説「龜能行氣導引」。所以神仙家有「龜咽」一項，據説是學龜的吸氣方法，這和治病的導引行氣是不一樣的。所以漢末魏晋的方士，導引行氣，各有專門，行氣的專講吐納，導引的專講屈伸。但這兩者總是密切聯繫的，治病的導引需要兼行氣，養生家或神仙家以行氣爲主也需要導引。不過，這種導引跟治病的導引有所不同，治病的導引，大體上是頭痛醫頭，脚痛醫脚，至多能懂得十二經脉，通些醫理，治療得更好些，所以這個圖前面的《却穀食氣篇》後邊就講經脉。但是屬於養生的導引法，就要歸納出若干種經常適用的導引方法，用以獲得長壽。這在《莊子》裏就只提出「熊經鳥申」兩種方法。到漢武帝時的《淮南子·精神訓》説「吹呴呼吸，吐故納新，熊經鳥伸，鳧浴猨躩，鴟視虎顧，是養形之人也」，基本上是抄襲《莊子》的，但比《莊子》就多出四項了。這個圖還在《淮南子》之前，計有：「木侯（沐猴）讙」、「宗狼」、「鶴聽」、「鸇」、「爰嫭（猿呼）」、「熊經」、「嵍北（鷂背）」等項。除了「熊經」最早見於《莊子》外，「猨呼」相當於《淮南》的「猨躩」，「宗狼」可能相當於「狼顧」，《淮南》作「虎顧」，虎是不能顧的。魏文帝曹丕的《典論·論郄儉等事》講到甘始善行氣，説「始來，衆人無不鴟視狼顧，呼吸吐納」，正作「狼顧」。晚到晉代葛洪的《抱朴子·雜應》講聰耳之道，説：「能龍導虎引，熊經龜咽，燕飛，蛇屈鳥伸，天俛地仰。合赤黄之景，不去洞房；猿據兔驚，千二百至；則聰不損也。」名目就更繁多了。總之，這些動作都是模仿動物姿態，行導引法的人當然是可以因需要而有所增減變化的。

用導引行氣來希冀長生不老，不食人間烟火，白日升天，當神仙，都是荒誕不經的騙人鬼話。但應該肯定，如果做得適當，作爲一種健身的運動，減少疾病，還是有一定益處的。《莊子》把這種活動，叫作「養形」，可見戰國時已經有這一個流派，但當時跟治病的導引，還没有截然分開，並且也没有體系。到漢末華佗根據導引的原理而作五禽戲，《三國志·華佗傳》記他對吴普説：

人體欲得勞動，但不當使極爾。動揺則穀氣得消，血脉流通，病不得生，譬猶户樞不朽是也。是以古之仙者爲導引之事，熊頸（《後漢書·華佗傳》作熊經，《雲笈七籤》卷三十二《導引按摩》作猿經）鴟顧，引輓腰體，動諸關節，以求難老。吾有一術，名五禽之戲：一曰虎，二曰鹿，三曰熊，四曰猨，五曰鳥，亦以除疾，並利蹄足（《雲笈七籤》引作手足），以當導引。體中不快，起作一禽之戲，霑濡汗出，因上著粉，身體輕便，腹中欲食。

這實在是一個新的發展。據《雲笈七籤·導引按摩》所載：

虎戲者，四肢距地，前三擲，却二擲，長引腰，乍却，仰天，即返距行，前、却各七過也。

鹿戲者，四肢距地，引項反顧，左三右二，左右伸脚，伸縮亦三亦二也。

熊戲者，正仰，以兩手抱膝下，舉頭，左僻地七，右亦七，蹲地，以手左右托地。

猿戲者，攀物自懸，伸縮身體，上下一七。以脚拘物自懸，左右七。手鉤却立，按頸，各七。

鳥戲者，雙立手，翹一足，伸兩臂，揚眉鼓力，右二七。坐伸脚，手挽足距各七，縮伸二臂各七也。

可見這個方法的運動量相當大，跟導引法的導氣令和，引體令柔，不完全一樣，所以華佗自己説「以當導引」，實際上是一種新的體育運動了。但還是摹仿動物的動作，是善於繼承古代遺産的。後世又有八段錦、十二段錦、太極拳等，都屬於體育活動，但從歷史上看，是從導引法開始的。

關於《導引圖》

《漢書·藝文志》在神仙部分著録《黄帝雜子步引》十二卷，步引應該就是導引。晉葛洪的《抱朴子·遐覽》裏有《按摩經》《導引經》十卷。梁代陶弘景作《養生延命録》在《導引按摩》裏面就引過《導引經》。《隋書・經籍志》在醫方裏有《引氣圖》一卷，《道引圖》三卷，原注「立一、坐一、卧一」。《雲笈七籤》卷三十四《寧先生導引養生法》説：「若卒得中風病，固瘓㾂不隨，耳聾不聞，頭眩，顛疾，欬逆上氣，腰脊苦痛，皆可按圖視像，於其疾所在，行氣導引，以意排除去之。」可見原來有圖，也是用導引來治病的。宋初《崇文總目》有《軒轅黄帝導引法》一卷，王應麟《漢書藝文志考證》引梁肅《導引圖序》説：「朱少陽得其術於黄帝外書，又加以元化五禽之説，乃志其善者，演而圖之。」可能是唐代的著作。《崇文總目》的道書類還有《六氣導引圖》一卷，《黄庭五藏導引圖》一卷，則都只是後世的行氣方面的。以上這些書和圖，現在已都散佚。只有隋代巢元方所撰的《巢氏諸病源候論》所引的《養生方按摩法》還有上百條，其時代總在齊梁以後，中間很多是迷信的東西。

馬王堆三號墓《導引圖》的發現，可以説是導引一科最早的和最重要的歷史文獻了。尤其可貴的是這是兩千一二百年前畫的圖，使我們能够看到具體的形象。關於「熊經」，司馬彪注《莊子》説是「若熊之攀樹而引氣也」。《後漢書・華佗傳》的李賢注則説「若熊之攀枝自懸也」。但從新發現的這個圖看，它根本不像是攀枝自懸，尤其不像人的自經即上吊的樣子，圖中的熊經，只像熊的摩仿人那樣走路，那末，這個經字可能當作經過的經講，有行走的意思，題記似從人作徑，也可作徑的意義。這個圖出於漢初，可見戰國時人所説的「熊經」，就應該是這種形式。這個圖裏面主要是立式的，少數幾個是坐式的，但没有卧式的，可見卧式的導引法，起源是比較晚的。

晋代葛洪的《玄鑒導引法》説：

道以爲流水不腐，户樞不蠹，以其勞動故也。……小人習勞而湛若，君子優游而易傷，馬不行而脚直，車不駕而自朽。導引之道，務於详和。俛仰安徐，屈伸有節。導引秘經，千有餘條，或以逆却未生之衆病，或以攻治已結之篤疾，行之有效，非空言也。……一則以調營衛，二則以消穀水，三則排却風邪，四則以長進血氣。故老君曰：「天地之間，其猶橐籥乎，虚而不屈，動而愈出。」言人導引摇動而人之精神益盛也。導引於外而病愈於内，亦如針艾攻其滎俞之源而衆患自除於流末也。（見《雲笈七籤》卷三十六）

他説身體健康主要由於勞動是合理的。正如毛主席所指出的「流水不腐，户樞不蠹，是説它們在不停的運動中抵抗微生物或其它生物的侵蝕」。導引法既可以作爲一種體育運動，強健身體，預防疾病。又可以用以治病，作爲醫學的一科，既不需要藥品，又不需要針灸和動手術，可以不找醫生，又不用耗費很多時間，可以節省很多人力物力，可以使我國人民的體質更加健壯。這是祖國醫學和體育運動兩方面的一份珍貴遺産。這個圖的發現，可以給我們很多啓發。爲了總結幾千年來我國勞動人民的豐富經驗，吸取菁華，剔除糟粕，古爲今用，以發揚我國醫學衛生和體育運動的優秀傳統，對這個有重要歷史價值的新資料進行更爲深入的研究，將是十分必要的。

附　圖中題記釋文

這個圖自上而下共四列，有殘缺，存四十四圖。其中二十八個圖有題記。

第一列

圖八 　□狼　狼上一字疑是虖字，未詳。古書講導引常説到狼顧。《晉書・宣帝紀》説：「聞有狼顧相，欲驗之，乃召使前行，令反顧，面正向後而身不動。」這個圖正是回首返顧的形狀。

圖一〇 　□□　第二字似腹字的右半，未詳。

第二列

圖一三 　痛肋　肋字從肉旁刀，不從力，當是筆誤。圖前的《却穀食氣篇》，凡筋字下半的肋，都從刀，可證此爲肋字。痛肋當即肋痛。《説文》：「肋，脅骨也。」《雲笈七籤》卷三十四引《蝦蟇行氣法》説：「舉手交頸上相握自極，治脅下痛。」此圖平伸兩手，治法略不同。

圖一四 　□□　未詳。

圖二〇 　引聾　《巢氏諸病源候論》卷二十九《耳聾候》引《養生方導引法》説：「坐地交叉兩脚以兩手從曲脚中入低頭叉項上，治久寒不能自温，耳不聞聲。」系坐式，與此圖不同。

圖二　□□　未詳。

圖一八 　覆中　當讀爲腹中。《雲笈七籤》卷三十四引《太清導引養生經》説：「左手據腰，右手極上引，復以

右手據腰，左手極上引；五息止。引腹中氣。」與此圖不合。

圖一五　引貴　引字只存一筆，按此圖通例應是引字。貴字左邊可能還有偏旁，疑當讀爲憒，《說文》「亂也」，是心中煩亂的意思。也可能是積疝的積字，又作癀，《埤蒼》：「癀，陰病也。」

圖二二　煩　此圖已殘缺。《雲笈七籤》卷三十四引《太清導引養生經》說：「兩手叉胸前，左右極引，除皮膚中煩氣。」同書卷三十六引葛洪《玄鑒導引法》說：「治皮膚煩，以左右手上振兩肩極五息止。」此圖兩手一上一下。

第三列

圖二三　引厀痛　厀就是膝字。從圖上看，當是坐式，手撫兩膝。此爲手撫兩腰。

圖二四　引胠責　責讀爲積。胠積是脅下積聚。《說文》：「胠，腋下也。」《廣雅・釋親》：「胠。脅也。」《雲笈七籤》卷三十四引《王子喬導引法》有一條「除脅下積聚」，但是坐式，與此不同。

圖二五　鸖□　鸖即鶴字，下一字疑當讀爲聽。唐人詩中有說到鶴聽的。

圖二六　□□□　未詳。

圖二七　蜚登　蜚就是飛字。圖中人舉兩臂是振翅欲飛的形狀。

圖二八　備欮　備字从人，字書所無，疑當讀爲滿。欮就是厥字。《內經・厥論》：「厥或令人腹滿」，「陰氣盛於上則下虛，下虛則腹脹滿」。所以太陰和少陰之厥都有腹滿；少陰厥逆、厥陰厥逆和手太陰厥逆都有虛滿。

圖三二　信　信當讀爲呻。圖前《却穀食氣篇》說陽明脉「是動則病寒善信」，《靈樞・經脉》就作「善呻」，可證。呻吟是痛苦聲，所以成語裏有「無病而呻」的話。《莊子》說「熊經鳥申」，司馬彪注說「若鳥之嚬呻也」，嚬呻也是痛苦聲。但此圖中畫的是兩足垂直，身前俯，兩手據地，是獸形，不是鳥形。所以這裏題的信字，只是指所治的病。

圖二九　引項　也應是病名。

圖三〇　以丈通陰陽　丈就是杖字。導引法中有利用杖來爲輔助工具的。《雲笈七籤》卷三十二引《導引按摩》說：「以一長拄杖策腋，垂左脚於床前，徐峻盡勢掣左脚五七迴，右亦如之。療脚氣痛悶、腰腎冷氣、冷痺及膝冷，並主之。日夕三掣彌佳。」這個圖是用杖來通陰陽，王冰注《內經血氣形志篇》就說「按摩者所以開通閉塞，導引陰陽」，意

思差不多。

圖三一　䍃北　當讀爲鷂背，像鷂鷹背飛的形狀。

第四列

圖三四 　印謼　應讀爲仰呼。從圖中可以看到導引者高舉兩臂，手掌向上，仰面呼氣的運動。

圖三五 　木侯讙引炅中　木侯應讀爲沐猴。《史記·項羽本紀》：「人言楚人沐猴而冠耳。」集解：「沐猴，獼猴也。」獼猴也叫做母猴或馬猴，是猴類中比較大的一種，所以説「母猴似人」。讙是喧叫的意思。這是摹仿大馬猴喧叫的形狀，用以引炅中的病。炅中即熱中。炅字本應從日從火，此誤爲從大。（或釋作戾，但戾从犬，與此更遠。戾中也不可解。）帛書中常用炅代熱字。《内經·舉痛論》五見炅字，也都當熱字用。此圖前《却穀食氣篇》厥陰脉「主治其所産病熱中」，醫書常見此病名。

圖三六 　引温病　《巢氏諸病源候論》卷十《温病候》引《養生方導引法》所説屬於迷信，已非導引本法。

圖三七 　坐引八絻　第四字疑是維字。未詳。

圖三九 　引脾痛　脾應讀爲痹。《雲笈七籤》卷三十四引《王子喬導引法》説：「踞，兩手抱兩膝頭，以鼻内氣，自極，七息。除腰痹背痛。」與此圖略相似。

圖四四 　鸇　此圖應是一臂高舉，一臂下揚，象鷹鸇側翼迅疾下飛的形態。

圖四〇 　爰嫭　爰字似有虫旁，應讀爲猨呼，猨即猿字。《淮南子》有猨躩，《抱朴子》作猿據，象猿用爪抓物。此圖據題當象猿的呼嘯。

圖四一 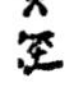　熊經　俓當假爲經字，已詳上文。

圖四二　□恨　上字左邊似是虫旁，疑亦動物名。恨字疑當讀爲墾，象墾地發土的樣子。

馬王堆出土導引圖墨綫復原圖

載《馬王堆漢墓帛書》第一至十頁文物出版社一九七九年四月。

關於江西吴城文化遺址與文字的初步探索

一九七三年冬至一九七四年秋，在江西省清江縣吴城村進行了三次考古調查發掘工作。那裏的商代遺址中，出土了青銅、陶、玉、石等器物五百餘件，在若干器物上刻劃了文字（文字摹本及層位關係等均見本期五十六頁表一），這是一個極其重要的發現。

第一，在江西發現商代遺址，已發表的這是第一次。清江就是樟樹鎮，在北緯二十八度，東面相當於浙江省的温州，西面相當於湖南省的長沙，遠在長江以南，離開黄河流域的殷商奴隸制王朝較遠，但是它們的文化，却有着密切的關係，這是很可注意的一件事。

第二，考古工作者把這遺址區分爲三期，第一期相當於鄭州二里岡上層文化，時間爲商代中期，第二期相當於安陽殷墟文化的早期和中期，第三期約略相當於殷的晚期，可能延續到周初。這是以青銅文化爲主的時代了。這裏出現了小規模的鑄造遺址，除了大量的銅渣與木炭外，還出現了鑄造青銅工具和武器的石範。過去在唐山雹神廟發現的石範是戰國時期的，比這裏要晚一千來年了，這是很重要的發現。

第三，在陶器和鑄造銅器的石範上發現了許多刻劃文字，陶器上的文字基本上是燒制過程中先刻在土坯上然後入窑的，顯然出自勞動人民之手，有些文字完全無法認識。至於在石範上的文字，當然也是勞動者制範時所刻，更是過去没有見過的了。還有刻在陶器和原始瓷器上的陽文矢鏃形，鎸刻技術已很精巧，也是很突出的。

據瞭解，這片遺址約有四平方公里，三次發掘的面積還只有一千一百多平方米，已經有這許多極其重要的收獲。但這僅僅是一個開端，有些問題還希望有更多的新資料發現，因此，我在這裏所想到的，只不過是一些極不成熟的初步看法而已。

一、關於吴城地區文化問題

我們説吴城地區的商代遺址，是一個時代上的概念，就是這裏所發現的遺址，相當於鄭州地區的二里岡文化和安陽地區的小屯文化。嚴格地説，二里岡文化和小屯文化在商代奴隸制王朝所在地，而這裏距離比較遠，是受這些文化的影響。那末，這個地區在商代中期以後的居住者是哪一個民族呢？

中國是一個歷史十分悠久的國家，又是一個多民族的國家。最近大汶口地區陶器文字的發現，使得我們對我國古代歷史有必要進行深入的研究。迄今爲止，大汶口文化遺址出土的灰陶缸上的文字，已經發現了五個字了。〔一〕最有意義的是其中三個都是「炅」字，兩個較繁，上面刻畫着太陽，太陽下面畫出了火，下面是山，而另一個字却只在日下畫出火形，把山形省略，因此，跟後來的「炅」字完全一樣。還有兩個字，一個是鉞的象形，也就是「戉」字和「戌」字（古代這兩個字是一個字）；另一個是錛的象形字，是斧斤的「斤」字。這些象形文字跟商、周青銅器文字、商代甲骨文字以及陶器文字，都是一脉相承的。這個遺址在龍山文化之前，至少在五千年以上，可見我國有文字可考的文明時代，應該有五千年或者更多了。

根據文獻記載，清江一帶遠在夏以前即四千多年前，就有很高的文化。《戰國策・魏策》記吴起的話：「昔者三苗之居，左彭蠡之波，右有洞庭之水，文山在其南，而衡山在其北。恃此險也，爲政不善，而禹放逐之。」《史記・吴起傳》略同。清江縣在彭蠡之西，應該是三苗氏故居的一部分。據《吕刑》，苗族是制定五刑的，那已經是貧富兩極分化，階級鬥爭十分尖鋭殘酷的社會了。解放後，湖南省發現過許多相當於商代的青銅重器，如四羊尊和人面紋方鼎，都有地方特點，不完全同於殷墟文化。看來這個地區的苗族文化，商代還是在發展的。

清江縣文化遺址的發現，證明了這個地區在商代已有相當高的文化，這是十分重要的。清江離九江和彭蠡都不遠。湖南地區在《禹貢》裏是屬於荆州的，而江西省西部則屬於荆揚兩州的交界，潯陽的九江還屬於荆州，而鄱陽的彭蠡，就屬於揚州了。贛江從西南來，經過清江，向東向北注入鄱陽湖。袁水從西來，在清江地區與贛江會合，在《水經注》裏稱爲牽水。這是交通要道，這裏發現的遺址，在當時顯然是一個都邑，當然這種都邑的規模不是很大的，但它已經有青銅器的鑄造場所，則是很明顯的。在記載裏，我國古代東南地區居住的民族有越族。〔二〕《竹書紀年》記周穆王「三十七年，伐越，大起九師，東至於九江」，九江就在清江以北。那末，清江這地方，在商代，可能是越族的居住地。越族内部種別是很多的，詳細情況，需要更多的發現，才能有進一步的瞭解。總之，當時的江南地區，既有苗族、越族的文化，又不斷受商周王朝文化的影響，因之，同黄河、淮河流域相比起來，它們的文化又有很多特點。這個遺址的發現，對研究這個地區的歷史文化的發展，將是十分重要的。

二、吴城遺址的陶器與石器文字

吴城遺址商代器物中，在三十八件器物上，刻有六十六個文字，很多是刻在陶器底部的。有些可能是紋飾性質的，例如横直三條綫和横直兩條綫，以及74ET9灰陶鉢底刻劃的□形格等，都不一定是文字。×和+，可能是記數文字的五和七（圖一，八：4、14、21，以及74秋T7⑤：46黄釉陶罐中刻劃較粗的+形），但有時也可能用作紋飾。至於圖八：1的「五」字則確是記數文字。

圖一　74ET9③　二期

值得注意的是在一期陶器上所刻的文字，大都是不可認識的，如圖八：2陶盂上的□形和圖八：5陶鉢上的□形等。尤其突出的是字比較多的兩件，如圖版拾：2的那件灰陶鉢，約有兩行七字，其中右面第二字作□，有些象角形，也有些象目形。還有不太大的黄陶盂，在器底中央飾有三行穀穗紋，左右共刻五字（圖版拾：1），其在右面兩字，如果在戰國陶器上，就將被認爲是「張名」兩字，但這在比戰國早一千多年、相當於二里岡時期的商代的器物上，就無法解釋了。至於圖八：13（一期），由採集得來的灰陶鉢刻有四字，左邊一行是帚田，卜辭文字常用帚作婦字，右邊一行作□、□可能即且字，商代常用且來代表祖字。

在二期遺物中，一件紅陶碗（74ET10③：19）底部的□形是刀字，這和藁城臺西商代遺址陶器中的刀字有些類似。〔三〕

還有一個陶鉢上的川字(圖二),可能即州字。

吴城遺址的發現物中已經有了釉陶和原始瓷器,在一件一期黄釉陶罐的肩部弦紋下刻了一周文字,似爲「[glyph]止豆木□帚十中」(圖八:10),在[glyph]字前下方的[glyph]形和豆字後上方弦紋中的刻劃,恐怕都不是文字。這些字的意義還不能理解。[四]但和由大汶口陶器文字以來,一直到商周時代的青銅器、玉石器、陶器、甲骨等文字是同一體系,是無可疑的。[glyph]字不可識,第三期的一個黄陶鬲上所刻與此類類似(圖四,八:19)。

在二期器物中的一個紅陶罐肩部刻有[glyph]形,(圖三)另一個泥質黄陶罐作[glyph]。還有三期的一個紅陶罐上的[glyph](圖八:23)和一塊印紋陶片上的[glyph](圖八:16),都應該是戈字。在陶器肩部有些文字往往是横刻的,大汶口陶文已如此。

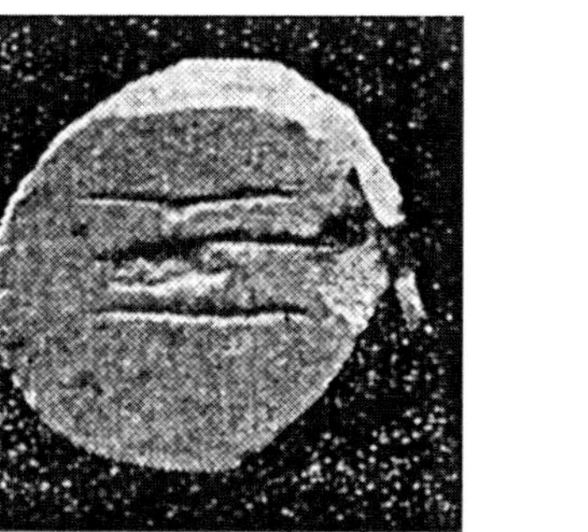

圖二　74ET10:56　二期

圖三　73 正 M1　二期

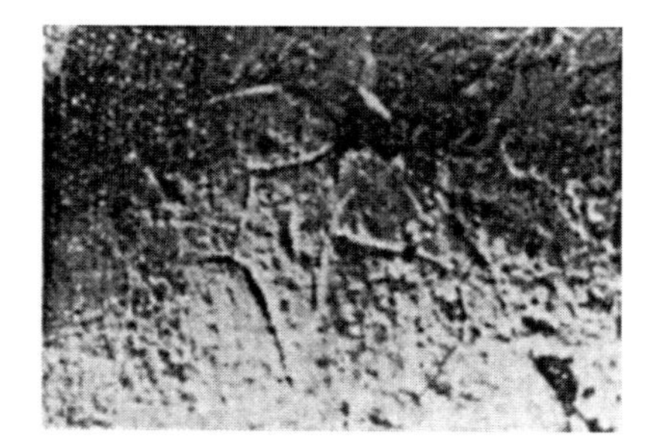

圖四　74 秋 ET9H　11:10　三期

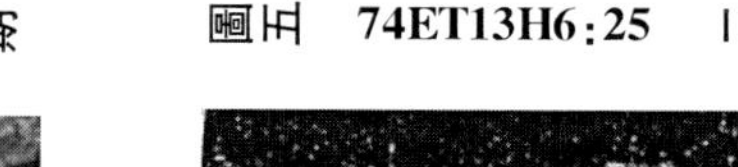

圖五　74ET13H6:25　二期

二期的圈點紋折肩罐,肩部殘留矢鏃形的上半(圖八:15),三期的黄陶圈點紋罐肩部所刻也是殘的(圖八:22),在一塊三期陶片上却比較完整(圖八:20),至於三期圈點紋折肩原始瓷瓮(73 正 T1:7,見本期七十九頁)肩部上的陽文矢鏃形和圈點紋折肩罐肩部的陽文鏃形(圖八:18),是在制坯時已經加上弦文和圈點之後,把器表挖得凹下去才顯出陽文的筆劃來的。筆劃的端正，鎸刻的精工，都顯示出高度的藝術水平。

在二期中的黄色軟陶片，兩面都刻有□字，（圖五）此陶片不知用途。在銅器裏有一個簋上有□字（見《三代吉金文存》卷六，頁四），下半就是這個字，應釋爲曲。《説文》作□，象用竹或柳條、蒲葦等編成的筐的樣子。

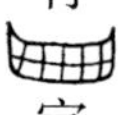

這批器物中有很多模制的馬鞍形陶刀，是這個地區特有的，其中之一是瓷質的，上面刻有↓字（圖八：7），這字也見於二期的紅色粉砂岩石範（圖八：12）和圈點紋釉陶豆（73T4③:370）。這是一個帶有長柄的尖鋭的工具，銅器的簋上也有這個字（見《三代吉金文存》卷六，頁四），作↑。古人寫字，正或倒是很隨便的。↑當是俞的原始象形字，且辛父丁鼎作□，就是俞字。《説文》作□，「空中木爲舟也」，月是舟的象形，古代把一塊大木，剜空其中來做船，↑就是剜木的工具。所以孟康注《史記・萬石張叔傳》説「東南人謂鑿木空中如曹（槽）謂之腧」。而《廣雅・釋詁》四則説「俞，剜也」。綸鎛説：「勿或□改」（見《三代吉金文存》卷一，頁六八），□就是↑的變體，讀爲勿或俞（渝）改，可證↑即俞字的原始體。[五] 如豆閉簋，如黄韋俞父盤，俞字還只作□，不嬰簋等則已多一筆作□，《説文》篆文因而誤爲□，這一剜木工具的字，就不爲人所識了。

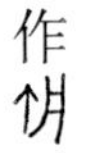

一期的馬鞍形陶刀背面，還有刻□字的（圖八：9），不可識。另一個一期馬鞍形陶刀有網形和匡字（圖八：6），圖八：8的陶刀兩邊有網形，並刻在正面，可能是紋飾。三期也有此種陶刀，背面刻一□字（圖八：17）。

青銅工具的石範，可能是這個地區充分利用當地的自然資源製成的。除了前面已説過的↓字一例外，還有鑄造銅錛的石範刻有□字，（圖七）另一個灰砂岩石範刻有□字，（圖八：11）都不認識。還有一個不知是什麼器的紅砂岩石範，刻有□㞢兩字，（圖六）㞢字是卜辭裏常見的，跟「又」和「有」字通用。

三　從吴城遺址文字談到中國文字的起源問題

文字不同於圖畫，也不同於記號，圖畫是對客觀物象的摹寫，記號是代表某種思想或幫助記憶的，但它們都没有跟語言結合，所以不是文字。文字是社會的產物，它是以某一民族的語言爲基礎的。儘管每一個民族都有自己的語言，却不是每一個民族都有自己的文字，文字是進入文明時代的一個標志。

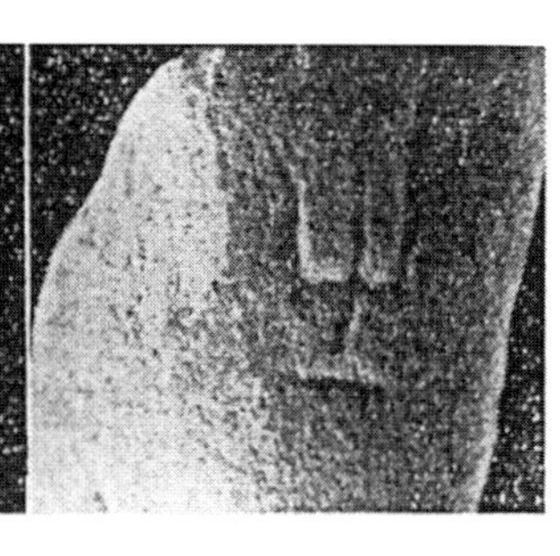
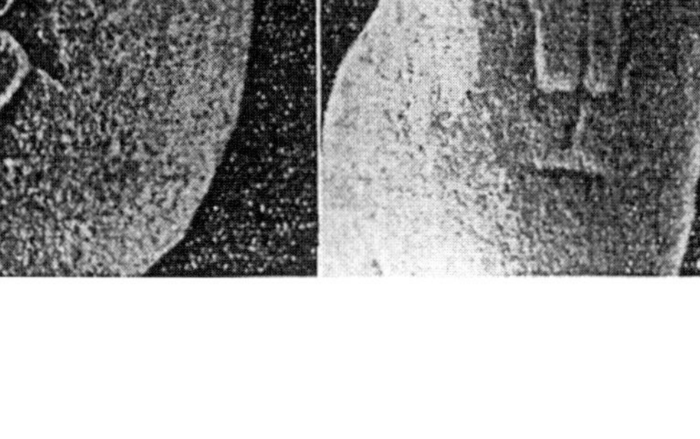

圖六　74ET13H6:33　二期

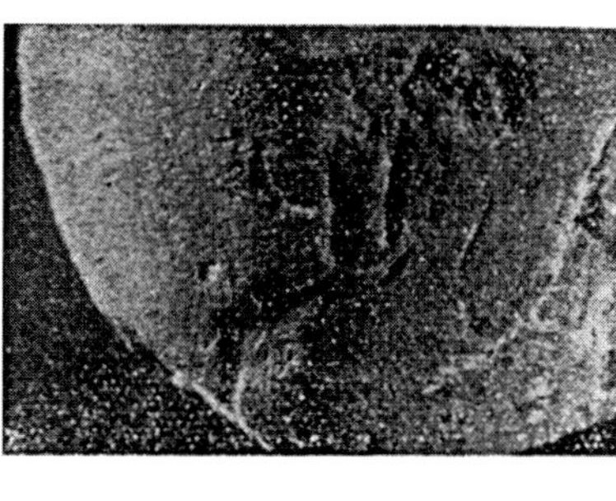

圖七　74ET6H2:17　二期

由於大汶口文化陵陽河遺址和前寨遺址中陶器文字的發現，我國商周以前的圖畫文字體系，至少可以推到五千年以前了。但是我國的疆域如此廣闊，民族如此衆多，在古代決不能只有一種民族語言，也不能只有一種文字。一九五七年我寫的《在甲骨金文中所見的一種已經遺失的中國古代文字》，就是根據安陽四盤磨發現的一塊獸骨所刻的兩種文字證明這個事實的，例如「奕曰隗」，即「甲＝乙」，「甲」是已經遺失的民族文字，而「乙」是當時通用的殷商文字。可見這種民族文字在商周之際還是有人認識的。〔六〕因此，在某些銅器或甲骨中兩種文字也曾偶然共存。此次吴城遺址中所出的文字材料，其中又有一些跟商周文字截然不同，尤其是一期遺物中，灰陶缽的七個字和黄陶盂的五個字，更爲突出，很可能是另一種已經遺失的古文字，到二期、三期受殷文化的影響比較深厚，這種文字就不多見了。《左傳》上説楚史倚相能讀《三墳》《五典》《八索》《九丘》之書，顯然别人是不能讀的。這裏恐怕不僅僅是一種文字的古今不同，很可能是有兩種文字，甚至是兩種以上的文字。就是戰國時期，巴蜀文字跟當時各諸侯國的文字，也不是一個體系。一直到唐宋以後，我國境内還存在着契丹文、西夏文、女真文、蒙古文、藏文、維吾尔文、彝文、納西文，等等。我們應該認識到我國由於歷史悠久，在漢族居住的廣大地區内，語言文字逐漸趨於統一，但是決不能認爲我國從古至今，只有這一種語言和文字。

吴城遺址的發現，是十分重要的。我對吴城遺址的文化和文字，只有一些表面的認識，意見還很不成熟，希望指正。

〔一〕見《大汶口》一百一十八頁，文物出版社，一九七四年十二月。

〔二〕《逸周書》伊尹朝獻記東方有「越漚」。《王會解》有東越、歐人、于越、姑妹、具區、共人、海陽、自深、會稽等。

〔三〕季雲：《藁城臺西商代遺址發現的陶器文字》，《文物》一九七四年八期。

〔四〕右邊第二字「十」應是「七」或「甲」字。此字刻得特别粗，與其他的字不同，疑是兩次所刻。

〔五〕四年邲其卣有[illegible]字，舊不識。當釋爲榆。

〔六〕見《考古學報》一九五七年二期。

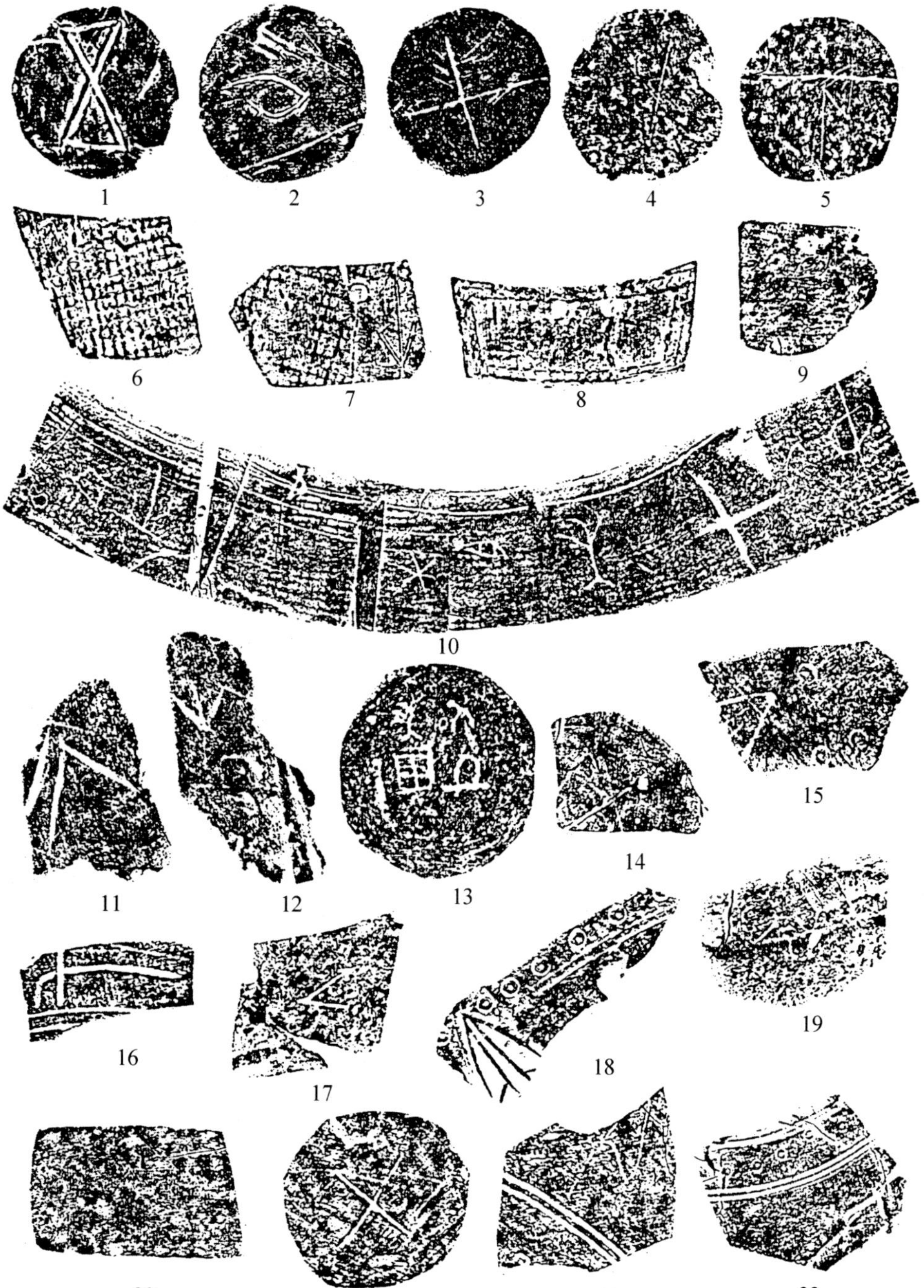

圖八　吴城遺址陶文、石刻文字和符號拓片

1—10 均爲 74 秋 T7⑤出土，器物號依次爲：79、60、80、57、18、41、44、40、42、46。13、採集（以上均屬一期）

11、74ET13H6

12、73T4⑤：67

14、74ET9④

15、74WT4②

21、採集（以上均屬二期）

16、74 秋 ET2③

17、73 竹 T1②

18、74 秋 ET2④

19、74 秋 ET9H11：10

20、74 秋 ET2③

22、73 楊 H1

23、74 秋 ET1③：3（以上均屬三期）

載《文物》一九七五年第七期第七十二至七十六頁。

關於帛書《戰國策》中蘇秦書信若干年代問題的商榷

《文物》一九七五年第四期發表了馬雍同志的《帛書〈戰國策〉各篇的年代和歷史背景》一文。其中，關於最重要的蘇秦書信部分，提出了「帛書四是帛書前十四篇中時間最晚的一篇」，和「帛書第四篇雖非蘇秦絶筆之書，可也是他死前不久的一封書信」的論點，以及根據這個論點而以帛書四「作爲提綱」，排定十四篇帛書的年代，我認爲是值得商榷的。尤其是把帛書前四篇都列在前二八六年，把蘇秦的「惡齊趙之交」放到「五國攻秦」之後，既不合帛書四原文，又不符於歷史事實，這或者是一時間疏忽和誤解，所以必須提出來加以討論，供作者考慮。

應該承認帛書四「自齊獻書於燕王」一篇是比較難讀、容易引起誤解的。《戰國策·燕策》有這封書信的三個片段，經過竄改，已非本來面目，不足據信。這封信寫得較長，蘇秦在寫信時，對他和燕昭王相互瞭解的情事，本不需要寫得十分詳細。在前面説過的事，後面重新提到時，並不需要重複前文而往往只説這一事情的另一方面。爲了行文方便，他又經常使用倒插筆，突然追溯往事。這些，對讀者來説，是會造成困惑的。因之，必須把全文劃分段落，仔細探索與分析，（可參看本文末附一、《帛書四〈蘇秦自齊獻書於燕王〉原文》，附二、《帛書四内容分析表》）才不致把時代顛倒，事實混亂。

馬雍同志可能由於疏忽，没有把帛書四的段落分清，因而誤會爲寫在前面的時代最早，寫在後邊的時代最晚。由於這一誤會而構成了一個體系，把歷史資料填進這個框框去，因此，在這篇文章裏出現了很多可以商榷的問題：

一、他把帛書四所説「臣處於燕齊之交」和「治齊燕之交」，跟「臣受教任齊交五年」看成兩件事，從而誤把任齊交五年安排到齊閔王元年到五年（前三〇〇—前二九六）。他不知道由燕國來説，「齊交」即是齊燕之交或燕齊之交，在帛書中實際是指爲燕國在齊作反間工作。這樣重要的工作是不能輕易交給一個人的。蘇秦儘管很早就和齊國有關係，但在齊閔王元年到五年時，齊國還是孟嘗君執政，蘇秦並不當權，他怎麼能在馬雍同志所推想的「任齊交五年」中做到「齊兵數出，未嘗謀燕」，「齊之信燕，至於虛北地行其甲」呢？事實上，任齊交是從齊殺張庢開始的。齊殺張庢，燕王認爲是大辱，而又不敢對抗，才勉强蘇秦去齊，「不之齊，危國」，而蘇秦也是「以死之圍，治齊燕之交」。從帛書四看，君臣之間對這一去看得何等重大，燕昭王要蘇秦不惜一切代價以博得齊王重用；而蘇秦的計劃，則是他被重用之後，「大者可以使齊毋謀燕，次可以惡齊趙之交」。只是蘇秦下了苦功，「無不以口齊王而得用焉」，以後，才能在五年之中，「齊兵數出，未嘗謀燕」。所以帛書四所叙述的主要是「治齊燕之交」後五年中的事情，與他曾在孟嘗君手下做過事是毫不相干的。由於忽略了齊殺張雁後蘇秦治齊燕之交在帛書中的重要性，才會孤立地對待這一節文字而誤認爲既在文章最前面，就一定是最早的了。

二、他把「王信田代，繰去疾之言攻齊」，「趙疑燕而不攻齊」，和後面的「後，薛公、韓徐爲與王約攻齊」割裂開，把前者安排到齊閔王五年（前二九六），而後者被安排到齊閔王十五年（前二八六），整整隔了十年，而不知道這是同時的事，田代等是受到魏國薛公與趙國韓徐爲的影響而議論攻齊的。帛書所説田代等「言攻齊」，實際並未進攻，所以齊國還只有大爲戒備而不信燕罷了。下文説「趙疑燕而不攻齊」，如果燕國已進攻，趙國還疑什麽呢？但是作者却説燕國攻齊，齊國反攻，燕國打敗了，不知何所根據。齊閔王五年，齊國確實打過燕國，是由陳璋帶兵，深入燕亳，所謂「覆三軍，得二將」，根本没有燕國先進攻的事，跟帛書四所説，我認爲是互不相及的。

三、由於上面所説不分段落這一原因，作者把燕助齊攻宋，齊殺燕將張雁，這一燕齊之間的嚴重事件，錯誤地排列到前二八八年攻秦去帝之後。根據帛書四，蘇秦在張雁死後被派去齊的時候，燕王和他訂約要他不惜一切代價來獲得齊王重用。蘇秦就是根據這個精神，才把什麽話都告訴齊王而得到重用。但是帛書四這些話作者並没有加以注意，而是認爲蘇秦從前二九六年齊燕之戰離開齊國後，就没有聯繫了。經過八年之久，才突然寫信給齊閔王，〔一〕簡單地投一下機，而齊閔王也就立刻加以寵任了。在當時錯綜複雜的政治形勢之下，出現這種情況的可能性是很小的，而且更重要的是與帛書不合。在帛書裏，是在張雁死後，蘇秦「以死之圍，治齊燕之交」之後才得到齊王重用的。對於張雁之死，對於蘇秦治齊燕之交，帛書四裏反覆叙述，幾乎占了近一半的篇幅，説明蘇秦之能得到齊王重用是不容易的。惟有蘇秦能得用於齊，才能使齊毋謀燕，才能使齊趙大惡，才能要求齊王用諸侯之禮接待他，也才能跟齊相韓曩訂立密約。所以從帛書四來看，齊殺張雁，是倒插筆，是追溯蘇秦被齊王重用以前的事，是蘇秦寫信前五年，也就是「任齊交五年」前的事，而不應該列在前二八八年攻秦去帝之後，是很明顯的。蘇秦是喜歡用倒插筆的。帛書四從齊殺張雁，蘇秦去治齊燕之交之後，叙述了薛公韓徐爲與燕王約攻齊，奉陽君要定封於齊，燕王强蘇秦去齊國惡齊趙之交，之後，還叙述了「秦受兵矣，齊趙皆嘗謀」。而後說到「今齊有過辭」，燕王以爲蘇秦罪，已經是寫信時的事了。他突然又來一個倒插筆，又重新追溯起「庢之死也」、「襄安君之不歸哭也」這些五年前的舊事來了。難道在「今齊有過辭」以後，又有「庢之死也」一事嗎？顯然不是的。是倒插筆。既然「庢之死也」一段是倒插筆，爲什麼「齊殺張庢」就不是倒插筆呢？看來，馬雍同志對蘇秦這一倒插筆未加注意，於是就把五年前的舊事誤排到攻秦去帝之後去了。

四、馬雍同志把齊殺張庢跟齊閔王第一次伐宋聯繫在一起是對的，但由於把齊殺張庢的時間搞錯了，第一次伐宋的時間也就成了問題。儘管帛書上没有關於第一次伐宋的記載，但是據帛書八，可以知道在薛公（即孟嘗君）相齊的時候，就已經「欲以殘宋取淮北」了。齊閔王是在田甲劫王，薛公出走後，即閔王七年（前二九四）親自執政的。如果按照馬雍同志的想法，第一次攻宋在前二八八年齊趙遇於阿之後，那已經是執政後第七年了，這時才第一次攻宋，莫非齊閔王並不那麼貪婪躁進，因而不急於攻宋嗎？事實不然。孟嘗君從齊國出走後，先是回到他所封的薛邑。《史記・孟嘗君列傳》說：「後齊湣王滅宋，益驕，欲去孟嘗君。孟嘗君恐，乃如魏，魏昭王以爲相。」說滅宋以後，是錯的，應該是攻宋勝利以後，馬雍同志也是這樣講的。但是他說薛公罷相在前二九〇年，這已經錯誤地推遲了四年，又說薛公至梁是前二八八年，即攻秦去帝之後，就更錯了。據《戰國策・東周策》「爲周最謂魏王」章說：「謂周最曰：魏王以國與先生，貴合於秦以伐齊。薛公故主，輕忘其薛，不顧其先君之丘墓。而公獨修虛信，爲茂行，明羣臣，據故主，不與伐齊者產，以忿絶秦不可。」周最當時是魏相，薛公是新來魏作相的。後來周最就去齊國作相，謂趙國的金投不讓伐齊。於是秦將呂禮假作逃至齊國，通過祝弗，讓齊王逐走周最而相呂禮，所以薛公爲魏謂穰侯，破壞此事（見《秦策》四）。這些事都發生在穰侯去齊致帝以前。那末，薛公離薛而去魏，至遲也在前二九〇年。由此可以推知齊閔王的第一次伐宋，當在前二九三或前二九二年，即親政後的一兩年中，決不如馬雍同志所想遠在六年以後的前二八八年的年末。況且前二八八年的年末，是攻秦去帝時期。據《史記・六國表》，秦昭王是十月稱帝，十二月即復稱王。帛書四說「之後，秦受兵矣，齊趙皆嘗謀」，這顯然是攻秦的實際行動。據帛書二十一蘇秦獻趙王書說「且五國之主嘗合衡謀伐趙，……五國之兵，出有日矣。齊乃西師，以禁强秦」，[二]說明攻秦是有實際行動的，齊國首先出兵，才能「使秦廢令疏服而聽」。《魏策》記蘇秦說：「今之攻秦也，爲趙也。五國伐趙，趙必亡矣。」可以看到蘇秦策劃「齊趙遇於阿」時，秦國正在組織五國伐趙，所以一拍即合，而齊國就立即「西師」了。試問在這段時期內，齊閔王那有工夫來伐宋呢？行軍作戰，需要充分的準備和嚴密的組織。如果像馬雍同志所設想的不但齊國自己發兵攻宋，還糾合趙梁兩國一起行動，還讓燕國出兩萬人自備糧食去助攻，還立刻就能迫使宋國割淮北之地以講和，在前二八八年的年終僅僅幾十天裏，要容納這麼多的大規模行動，恐怕是很難符合實際情況的。

五、五國攻秦，表面上是李兑所約，暗地裏是齊國在操縱的，其實際組織者是蘇秦，所以從前二八八年冬天到前二八七年夏季「攻秦之兵始合」而齊閔王第一次攻宋和齊殺張庫等重大事件，因而把前二八八年的冬季讓第一次攻宋占據了，把齊趙遇於阿所約的攻秦暫時置之腦後，到了前二八七年蘇秦才奉命出去組織五國攻秦，這已經難於解釋了。更難於解釋的是齊殺張庫時，據帛書四是蘇秦原在燕國「齊改葬其後而召臣，臣欲毋往，使齊棄臣」，而燕王則認爲他「不之齊，害國」，於是君臣兩個，經過許多商議，蘇秦怕受懷疑，而燕王示以必信，他們還共同討論了計劃，然後他「以死之圍，治齊燕之交」。而馬雍同志的設想則是蘇秦原在齊國，正在爲齊王組織五國攻秦而回燕國，這是與帛書不合之一；說燕王却勉强他繼續原來的活動(指組織五國攻秦)，而不是去「治齊燕之交」，這是與帛書不合之二；說「蘇秦在燕王勉强之下，從燕國到達梁國」，而不是「之齊」或「之圍」，這是與帛書不合之三；這樣的推論，恐怕與當時的實際情況是不相符合的。

六、帛書四所説「薛公韓徐爲與王約攻齊」一事跟田代等的「言攻齊」，本是一時的事，前面已經説過了，時間在齊殺張庫之後，在攻秦之前。帛書本只説「約攻齊」，未有實際行動，所以奉陽君要賣好於齊以定封。但馬雍同志又在帛書之外，提出了一種見解。他説這是一次真正的進攻，但並無薛公，只有韓徐爲。趙惠文王十三年(前二八六)是有過韓徐爲伐齊之事的(見《史記·趙世家》)，但那只應在齊滅宋之後，趙魏與秦已經聯合了，而馬雍同志所想的却是齊滅宋之前，這又是風馬牛不相及的。但是馬雍同志對這一結論又未能十分肯定，所以又説：「似乎這次戰役，並未認真實現，而是半途而廢。」至於他所謂「從帛書所提供的綫索」，由於没有作進一步説明，這裏不能提出什麼不同意見。

七、和「約伐齊」有關的是奉陽君定封，公玉丹致蒙，蘇秦惡齊趙之交，使毋予蒙而通宋使等事，馬雍同志根據他設想的體系，都合併到前二八六年的賬上。但他所設想的體系，又有三個矛盾難於自圓其説。首先，在帛書四裏，奉陽君定封，公玉丹致蒙，蘇秦正在燕國，是燕王强他「之齊」的。馬雍同志引用了帛書原文，但所説與原文相背。他的想法是蘇秦從前二八七年下半年，一直到前二八六年的上半年都在趙國，公玉丹致蒙時他正被拘，想見公玉丹等就得冒險。只是燕王把他從趙國救出來，才由趙至齊，説服齊王，不把蒙給奉陽君。要真像馬雍同志所設想，帛書四的「故强臣之齊」，就必須加以修改了。因爲蘇秦在趙，遠在燕都的昭王還正在派人營救，又怎麼去「强」他呢？其次，據帛書四，向奉陽君致蒙和毋予蒙，都在攻秦以前，而到了攻秦之後，前二八七年，據帛書十二和帛書十四，齊王已答應把陶封給奉陽君了。陶比蒙重要得多，先給蒙而後給陶，奉陽君當然會高興。怎麼可能答應給奉陽君以陶，相距不過半年，會像馬雍同志所設想，突然變成致蒙了呢？第三是更大的漏洞。帛書四在惡齊趙之交一節後，還有「之後，秦受兵矣，齊趙皆嘗謀」一節，這是十分重要的。因爲這裏明白地寫出「之後」兩字，可以作爲確定年代的標準。「秦受兵矣」是指秦國的被攻，而這次攻秦是齊趙共謀的，也就是齊趙遇於阿時所約定的，並不需要像馬雍同志所認爲的讓蘇秦重新開始去組織。齊趙約好了，齊國就「西師以禁强秦」，使得秦國不但取消帝號，還把若干土地還給趙魏兩國，接着燕趙韓魏也相繼出兵，這就是五國攻秦，時間是從前二八八的冬天到前二八七的夏天。攻秦之兵方合，齊國就第二次攻宋了。更準確一些來説，則「秦受兵矣」是在秦國取消帝號之前，秦王十月稱帝以後，即前二八八的十月十一月之間。有這一段文字來作年代標準，帛書四裏所叙述的一切往事，都可以瞭如指掌了。馬雍同志對帛書四這一條可以確證攻秦去帝是在奉陽君定封、公玉丹致蒙、蘇秦由燕去齊、惡齊趙之交、使毋予蒙而通宋使等等之後的重要資料没有提及，總不能不説是絶大的漏洞。

八、蘇秦的止於趙，是惡齊趙之交的必然結果。馬雍同志把它定在前二八六年。在帛書四裏，這件事確是最後才寫到的，但這決不等於是帛書四所叙述的往事中的最後一事，更絶對不是蘇秦一生事迹中最晚的大事。馬雍同志對帛書年代的一系列錯誤，就由於把善於説辭的蘇秦的這篇文章看得太平淡了。蘇秦在這篇書信裏利用許多倒插筆，追溯往事，十分巧妙地説明燕昭王是如何和他定計去治齊燕之交的，是如何放手讓他去做需要做的一切的。也説明在他任齊交五年中，齊國没有謀燕這個大原則是做到了的，齊趙聯合攻秦對燕國決無壞處，固然要幫助出兵攻秦，要忍受齊王的「過辭」，燕王還應該信任他，不要相信「衆口與造言」。全文可以分爲五段，每段有一個中心，而又前後映帶，呵成一氣，是蘇秦書信中的一篇代表作品。馬雍同志將此文看得過於簡單了，認爲蘇秦是在寫流水賬，寫在前面的，年代就在前，寫在後面的，年代就在後，把文章中用三個「今」字來分别叙述當時的事，兩次提到張庴的死來追溯治齊燕之交的開始，用「後」和「之後」來分時間先後等等都未加以注意，而用按次序編下去的辦法把帛書四作爲提綱來定十四篇帛書的時代，叙述蘇秦的事迹。因此，就把「止於趙」當作蘇秦一生中最晚的大事了。帛書一至三共三篇是蘇秦止於趙時寫給燕王的信，馬雍同志當然也就安排到前二八六的上半年了。帛書三是三篇中最早的，其中有「蘇脩在齊」一句話，馬雍同志認爲是對這封書信的時間的一個佐證，他認爲帛書十二説「齊道楚取秦，蘇脩在齊矣」，那封信的時間在前二八七年八月以後，他把帛書三定在前二八六的年初，時代正相銜接。但是蘇脩是楚國的使者，我們有什麼證據，能説他在前二八七，甚至在前二八八之前不能在齊呢？《戰國策·魏策二》的「謂魏王」是在「五國伐秦，無功而還」，秦王已經許齊伐宋之後，時間當在前二八六的上半年，從内容看，正是蘇秦的説辭，篇末説：「蘇脩、朱嬰既皆陰在邯鄲，臣又説齊王而往敗之。天下共講，因使蘇脩游天下之語而以齊爲上交。兵請伐魏，臣又爭之以死而果西，因蘇脩重報。」那末，前二八六的上半年，不但蘇秦並未拘留在趙，就連蘇脩也並不在齊，馬雍同志的佐證，兩頭都落空了。其實根據帛書四，蘇秦是在奉陽君要定封於齊，公玉丹致蒙，奉陽君已經接受之後，才接受燕王的使命，由燕國到齊國去惡齊趙之交，使毋予蒙而通宋使的，並不如馬雍同志所説的蘇秦原本在趙，而碰到公玉丹去齊國致蒙邑。馬雍同志這樣安排，又是根本不合帛書的。帛書四本文還有不少證據，這裏從略。

九、關於帛書四的年代，馬雍同志的意見定爲前二八六年。但又單獨提出帛書有「通宋使」的話，説這封書信作於齊王滅宋之前。據帛書四原文，「惡齊趙之交，使毋予蒙而通宋使」，是蘇秦去齊國的任務，不知爲什麼馬雍同志要把「毋予蒙」和「通宋使」兩件事割裂開來。其實「通宋使」跟「毋予蒙」一樣，也是「惡齊趙之交」的一個内容，所以蘇秦是用「而」字把這兩件事聯繫在一起的。原來奉陽君的要定封於齊，和齊閔王的致蒙，跟後來的齊王許他陶是一樣的，目的是爲了攻宋。《趙策》四説：「齊欲攻宋，秦令起賈禁之，齊乃捄（收）趙以伐宋。」説明秦是反對攻宋的，奉陽君爲了定封，同意齊國伐宋；而韓贙作齊相是親秦派，反對攻宋。蘇秦回到齊國，也主張先「歸休士民」（見《趙策》四「齊將攻宋」章，原誤爲李兑語）。於是齊王召回將軍蜀子，不攻宋了，這是李兑懷恨蘇秦的一事（見《燕策》）。帛書三蘇秦給燕王的信中説「以齊之任臣，已不攻宋」，即指此事。帛書二裏齊王派人通知奉陽君，「相橋於宋，與宋通關」，是説齊國派橋去宋國作相，並和宋國通使了。奉陽君聽了就「甚怒於齊」，這正是由於不攻宋也就不用給他蒙邑了，他的定封一事就吹了。所以「通宋使」是在第一次攻宋之後的齊趙大惡時期。現在馬雍同志把蘇秦止於齊安排在前二八六的上半年，把「毋予蒙」説成是蘇秦由趙被釋放回齊之後，而「通宋使」却没有定出時間，只説在齊滅宋之前，這是很難理解的。齊閔王第二次伐宋在前二八七年，八月就已撤兵，與宋講和。那末，到了前二八六的上半年，秦國已經許齊伐宋，齊國可能已經開始伐宋，怎麼又要通宋使，並且派橋去作相呢？怎麼又不攻宋了呢？那末，就從帛書所説「通宋使」一事，也就證明帛書前四篇決不在前二八六年。

何況帛書四的「通宋使」，明明在「秦受兵矣」之前，而這是馬雍同志所没有談到的。

十、其實要定帛書四的時代，主要要看蘇秦爲什麽要寫這封書信。對這個問題，馬雍同志只說：「燕王忽派盛慶傳令，說他要另外委派人來代替蘇秦的職務。蘇秦感到自己很受委屈，便寫了一封很長的書信。」其實帛書四有三個「令」字，而馬雍同志只說了最後一個。前面的「今齊有過辭，王不諭齊王多不仁也，而以爲臣罪，臣甚懼」，以及「今王以衆口與造言罪臣，臣甚懼」。已經說到一部分原因，馬雍同志就不管了。蘇秦如此爲燕反間，而燕王忽然要另外派人，爲什麽呢？不值得思索一下嗎？難道蘇秦寫這樣一封信，對這一關鍵性的問題，却避而不談嗎？那末，他爲什麽又要說燕王以齊有過辭和衆口與造言罪他而聯寫兩個「臣甚懼」呢？但如果仔細加以分析，是可以找到原因的。蘇秦這封信，很注重修辭。說：「雁之死也，王辱之；襄安君之不歸哭也，王苦之。」一個「王辱之」，一個「王苦之」，表示事情的嚴重性，所以燕王要强蘇秦去齊國，而蘇秦是「以死之圍」。到了奉陽君要定封，公玉丹去趙致蒙，接着就說「王憂之，故强臣之齊」，顯然對於齊趙聯合是很擔心的。所以蘇秦是「以死任事」。到了「齊趙遇於阿」，又說「王憂之」，還是擔心齊趙聯合，對燕不利，是無可疑的。那末，燕王之所以要罪蘇秦，並且還要撤換他，就是爲這件事。他派蘇秦去，本來爲的是惡齊趙之交，現在齊趙聯合已經具體化，再加以齊國的過辭，燕臣的衆口，就有了撤換他的意思了。看來，蘇秦寫這封信，並不象馬雍同志所說是由於覺得委屈。他知道燕昭王有了誤會，需要加以解釋，堅定燕昭王對他的信任，否則是無法完成既定的使命的。寫這封信就是解釋爲什麽他從惡齊趙之交突然轉變爲齊趙聯合的撮合者的。所以他首先表明他任齊交的主要目的是「齊毋謀燕」，現在齊趙聯合攻秦，就可以毋齊趙之患。齊趙謀攻秦，其後果是「未嘗謀燕，而俱爭王於天下」。雖無大功，至少可以免罪，所以燕王是錯了。這樣，這封信當是寫在前二八八年的年末。在前二八七年燕王就派了兩萬兵甲自備糧食來會攻秦之師，可見蘇秦這封信已經消除了燕王的憂慮了。可以看到蘇秦在信裏寫了兩個「王憂之」，不是無意的。蘇秦死在前二八四年，在寫這封信後，還活了三年多，還有很多活動。就在帛書十四篇中，也有七篇是在此之後的。馬雍同志說成是最後的一篇，顯然是錯誤的。

以上所舉十點，只是其犖犖大者，其它也還有可以商榷的。馬雍同志說他擬另著專文對他這篇文章的論據加以申述，我尚未見到。上面所舉，他在第二篇文章中可能已有解釋。我的意見，可能有很多錯誤，希望能得到批評指正。

帛書四這篇文字，確很重要，首先與帛書一至三有密切關係，另外，它是蘇秦治齊交五年中的詳細記録。也是他爲燕反間的確實證據。由於他的文章内容較錯綜複雜，不容易一下子就讀通，所以在下面我附録全文，並分清段落，以供讀者參考。同時還附有《帛書四内容分析表》以爲輔助，俾使讀者更加容易瞭解。是否有當，也一併希望讀者加以指正。

〔一〕帛書原作「謂齊王」，所謂「謂」有兩種：一種是兩人面對面的談話；另一種是「使人謂」，就是捎口信，跟寫成書面的書信不同。馬雍同志認爲是寫的書信，是誤會了。

〔二〕《戰國策・趙策》一説「趙收天下，且以伐齊，蘇秦爲齊上書説趙王」是對的，文中説「聲德與國，實伐鄭韓」，是指前二八六年秦敗韓於夏山一事。《史記・趙世家》作蘇厲爲齊遺趙王書列在趙惠文王十六年是錯的，那時齊閔王已在上年被殺，齊太子還在善太史家，樂毅已拔燕七十餘城，蘇厲爲誰寫此信？即使寫給趙王還有什麽用？馬雍同志從《史記》是錯的。

附一　帛書四《蘇秦自齊獻書於燕王》原文

第一段（每段内分的小節，用・隔開）（定計）

燕齊之惡也久矣。臣處於燕齊之交，固知必將不信。・臣之計曰：齊必爲燕大患。臣循用於齊，大者可以使齊毋謀燕，次可以惡齊趙之交，以便王之大事。是王之所與臣期也。

第二段（三個轉變）

臣受教任齊交五年，齊兵數出，未嘗謀燕。齊趙之交，壹美壹惡，壹合壹離。燕非與齊謀趙，則與趙謀齊。・齊之信燕，至於虚北地行其甲。王信田代、繰去疾之言攻齊，使齊大戒而不信燕，臣秦拜辭事，王怒而不敢强。趙疑燕而不攻齊，王使襄安君東，以使事也，臣豈敢强王哉。齊趙遇於阿，王憂之。臣與於遇，約攻秦去帝。雖費，毋齊趙之患，除羣臣之耻。

第三段（以死立功）

齊殺張庫，臣請屬事辭爲臣於齊。王使慶謂臣：「不之齊，危國！」臣以死之圍，治齊燕之交。後，薛公，韓徐爲與王約攻齊，奉陽君鬻臣，歸罪於燕，以定其封於齊。公玉丹之趙致蒙，奉陽君受之。王憂之，故强臣之齊。臣之齊，惡齊趙之交，使毋予蒙而通宋使。故王能材之，臣以死任事。之後，秦受兵矣，齊趙皆嘗謀。齊趙未嘗謀燕，而俱爭王於天下，臣雖無大功，自以爲免於罪矣。今齊有過辭，王不喻齊王多不仁也而以爲臣罪，臣甚懼。

第四段（不信與信）

庫之死也，王辱也。襄安君之不歸哭也，王苦之。齊改葬其後而召臣，臣欲毋往，使齊棄臣。王曰：「齊王之多不仁也，殺妻逐子，不以其罪，何可怨也？」故强臣之齊。二者大物也，而王以赦臣，臣受賜矣。臣之行也，固知必將有口，故獻御書而行，曰：「臣貴於齊，燕大夫將不信臣；臣賤，將輕臣。臣用，將多望於臣。齊有不善，將歸罪於臣。天下不攻齊，將曰善與齊謀；天下攻齊，將與齊兼棄臣。臣之所處者重卵也。」•王謂臣曰：「吾必不聽衆口與造言，吾信若猶齕也。大，可以得用於齊；次，可以得信；下，苟無死，若無不爲也。以奴自信，可；與言去燕之齊，可；甚者與謀燕，可；期於成事而已。」「臣恃之詔，是故無不以口齊王而得用焉。」•今王以衆口與造言罪臣，臣甚懼。

第五段（感德願報）

王之於臣也，賤而貴之，辱而顯之，臣未有以報王。•以求卿與封不中意，王爲臣有之兩，臣舉天下使臣之封不慚。臣止於趙，王謂韓徐爲：「止某不道，猶免寡人之冠也。」以振臣之死。臣之德王，深於骨髓。臣甘死辱，可以報王，願爲之。•今王使慶命臣曰：「吾欲用所善。」王苟有所善而欲用之，臣請爲王事之。王若欲專舍臣而轉任所善，臣請歸，釋事。苟得時見，盈願矣。

公元年代	第一段	第二段	第三段	第四段	第五段
前二九二以前					王之於臣也，賤而貴之，辱而顯之。
前二九二			齊殺張庴。	庴之死也，王辱之。襄安君之不歸哭也，王苦之。	
			臣請屬事辭爲臣於齊。王使慶謂臣，不之齊危國。	齊改葬其後而召臣，臣欲無往，使齊棄臣。王曰：「齊王之多不仁也，殺妻逐子，不以其罪，何可怨也？」故强臣之齊。	
	臣處於燕齊之交，固知必將不信。臣之計曰：……臣循用於齊大者可以使齊毋謀燕，次可以惡齊趙之交以便王之大事是王之所與臣期也。	臣受教任齊交五年，*齊兵數出未嘗謀燕。齊趙之交，壹美壹惡一合一離。燕非與齊謀趙則與趙謀齊。齊之信燕，至於虛北地行其甲。	臣以死之圍治齊燕之交。	臣之行也，固知必將有口，故獻御書而行。……王謂臣曰：「吾必不聽衆口與造言。……」臣恃之詔，是故無不以口齊王而得用焉。	
前二九〇		王信田代繰去疾之言攻齊，使齊大戒而不信燕。臣秦拜辭事，王敢怒而不敢强。	後，薛公韓徐爲與王約攻齊。		
		趙疑燕而不攻齊，王使襄安君東，以便事也，臣豈敢强王哉。	奉陽君鬻臣，歸罪於燕，以定其封於齊。		

續表

公元年代		前二八九		前二八八	
第一段					
第二段				齊趙遇於阿王憂之。臣於於遇，約攻秦去帝，雖費，無齊趙之患，除羣臣之耻。	
第三段	公玉丹之趙致蒙，奉陽君受之王憂之，故强臣之齊。	臣之齊，惡齊趙之交，使毋予蒙而通宋使。故王能材之，臣以死任事。		之後，秦受兵矣，齊趙皆嘗謀。齊趙未嘗謀燕，而俱爭王於天下。臣雖無大功，自以爲免於罪矣。	今齊有過辭，王不諭齊王多不仁也而以爲臣罪，臣甚懼。**
第四段					今王以衆口與造言罪臣，臣甚懼。
第五段	以求卿與封不得意，王爲臣有之兩，臣舉天下使臣之封不慚。		臣止於趙，王謂韓徐爲：「止某不道，猶免寡人之冠也。」以振臣之死。		今王使慶命臣曰：「吾欲用所善。」……

* 由此年至前二八八年蘇秦寫此書信時，計五年。　** 今，指寫此書信時。

載《文物》一九七五年第八期第二三至三〇頁。

中國青銅器的起源與發展

中國青銅器的起源，應在六千多年前。

在銅器發展的過程中，以中國的歷史情況論，跟一般的説法相反，在我國，是先發明冶煉青銅，一直到很晚才冶煉紅銅，即純銅的。大約在六七千年前，我國已經進入新石器時代的末期。這時，火早已發明和應用了，在古代歷史傳説裏，這相當於炎帝時期，炎帝又稱烈山氏，是放火燒山林的意思。又稱神農氏。這時，磨制石器已經盛行，農業和家庭手工業已經分工，陶器已經廣泛燒造，由於各個區域都需要石器，人們對於石器的質地的要求高起來了，有些部落就專門生産爲製作石器用的原料，運輸到别的部落，作爲交换糧食、麻布以及牲畜等之用，因此要集中很多人去採石，礦業就開始發展了。當時，爲了採石，就要挖掘石山，有些石塊和沙土混合的地方是很容易用木棍之類的工具把石塊挖掘出來的。如果石塊比較大，就要架起火來把它燒到自然分裂，這樣，就逐漸獲得了用火來冶煉礦石的知識。我國有很多各種金屬共生的礦，例如銅和鉛、錫、鋅等共生的礦。一直到現在，我們所知，在山東、湖南等省境内，還有若干銅鋅共生礦，可以爲證。古代人還没有選礦知識，他們大概是把這些共生礦的礦石混合在一起就在礦山上架了柴火燒的。在山坡下挖了一些圓坑，經過温度並不太高的柴火燃燒之後，一些礦石熔化了，通過溝渠流入坡下的圓坑，冷却後就凝結成青銅的餅塊。開始時可能是無意中發現的，但隨後就懂得這些青銅餅塊是可以再熔化，再凝結，從而可以用作硬度很高的兵器和工具，我國最早的青銅器就由此誕生了。

在考古發掘方面，一九五六年，西安半坡的仰韶文化遺址（碳測定爲距今六千六十五年）中發現一個銅片，經化驗，含有大量的銅、鋅和鎳，當時由於考古工作者對這問題還不瞭解，未曾發表。十七年後，臨潼姜寨發現的仰韶文化遺址（碳測定爲距今五千九百七十年）中，又發現了一個銅片，經化驗測定爲銅百分之六十五、鋅百分之二十五、錫百分之二、鉛百分之六（發掘報告尚未發表，此數據承半坡博物館見告）。有的同志因爲有了大量的鋅，就以爲是黄銅，認定是宋元以後之物。他們不知道古代青銅除了銅錫合金和銅鉛合金之外，是有銅鋅合金的。蘇聯阿爾茨霍夫斯基教授的《考古學通論》説過：「必須指出，在東歐，真正的青銅較西歐或西伯利亞爲少，東歐錫太少。因此，流行另外一種代替青銅有時也稱爲青銅的合金。這就是將紅銅和鉛或鋅熔合在一起。」（樓宇棟等譯本，七十四頁，科學出版社一九五六年版。）

最近，又聽説甘肅馬家窑文化中發現有青銅刀，時代距今五千多年，比武威皇娘娘臺發現的紅銅器早得多。但詳細情形還不清楚。

其實，把紅銅和錫的合金稱爲青銅，是後代的事情，古代人還不知道銅和錫的區别，而只是統稱爲「金」。一直到春秋時代，還把這種銅稱爲金。

從文獻上來考查，我國首先製造銅兵器的是蚩尤，發明冶金術的也是蚩尤。純銅是不適宜於作兵器的，那末，蚩尤首先發明的冶，冶煉的就是青銅而決不是紅銅。蚩尤是少昊國家的首領，與黄帝同時，他的發明冶鑄青銅製造兵器，使他的國家特别强盛，後來與黄帝戰於涿鹿之野而被殺，是我國古代史上的一個赫赫有名的戰役。近年新發現的大汶口文化遺址我曾經證明它就是少昊文化。在這個文化裏儘管還没有發現銅器，但已經發現有很進步的文字。姜寨遺址裏也發現有文字，但比大汶口文化較爲幼稚，我認爲是受大汶口文化的影響的。因此，姜寨發現的銅片，很可能是蚩尤作九冶以後的遺物。

在古文字裏，冶字本畫出兩塊銅餅，即吕字，是金屬的名稱。冶字還畫出一把刀，有時下面還畫有火，是指冶鑄銅爲刀的意思。那時，戰爭已經很頻繁，而且規模都比較大，奴隸制已經興起，而且不僅僅是家庭奴隸，已經有很多戰俘奴隸了。在礦山上採石採玉以及採金屬原料和冶煉金屬的人，大多數應當都是奴隸，也稱爲庶人即衆庶。古代的庶字就是用火來造石塊，這些石塊就是礦石。蚩尤本是國君，《大戴禮》記孔子説他是「庶人之强者也」，並不是説他是真正的老百姓，而是説明他是屬於礦工部落的。

古代的兵字是兩個手捧一個斤，斤就是錛，既可以作兵器，也可以作農具或工具。蚩尤就是發明了兵器而被後世奉爲「兵主」，即戰神。戰國時，齊地有八神，第一是天主，第二是地主，第三就是兵主。少昊氏又稱金天氏。古代人本來只知道四種物質，水、火、木和土，有了金就成爲五行。少昊時代的手工業就有五雉，管理五種手工業。少昊的後代，一直到顓頊時代還有做金正的官。少昊時代已經有曆法，曆法裏用十干和十二支，甲乙丙丁的丁字就是畫一個銅餅。戊字是圓

圖一　夔紋銅盉　湖北黄陂盤龍城出土

刃的長柄斧，戌字是方刃的長柄斧，大汶口文化發現的陶器文字就有斤和戌兩個字。這一切情況，都説明銅器是從少昊時代開始的，蚩尤開始冶金的傳説是完全可信的。大汶口文化遺址裏，目前雖還没有發現青銅工具，但從發現的許多工藝品來看，是不可能没有金屬工具的。在膠縣三里河龍山文化遺址中就已經發現青銅錐子，而龍山文化是緊接大汶口文化之後的。最近山西夏縣一個遺址裏發現了鑄銅錛的石範，時代應在龍山文化後期，離夏禹時代不遠。夏禹治洪水，僅僅在黄河下游和濟水之間的兖州，就花了十三年的時間，後來，禹就「致力於溝洫」，建立了灌溉系統。這些開山通道，伐木掘地的偉大工程，顯然需要大批的青銅工具。

隨着青銅器的發展和冶金技術的提高，人們逐漸有了區别礦石的知識，首先是黄金和白金，這些都是有天然的礦石的，即所謂自然金與自然銀，但赤金則是由冶煉而得的。礦物中固然也有自然銅，但並不呈紅色。所以我國古代能够分出金三品，即黄金、白金、赤金的時期，顯然已經冶煉出紅色的純銅了。紅銅的熔點在一千度以上，這是我國冶金技術的一個重大發展，其時間應遠在冶煉青銅之後，五十年代末期在甘肅武威皇娘娘臺遺址發現了許多紅銅器，其年代大約在四千年前。正由於純銅的煉得，其它金屬也逐漸認識了。鉛、錫和鋅，本來是不能辨别的，熔度高的銅礦石既然單獨選出後，比銅熔點低的礦石就很容易區别出來，這裏首先發現的是鉛。在《禹貢》裏，青州所貢的就是「鉛松怪石」。《説文》：「鉛青金也。」《禹貢》又説梁州貢「璆鐵銀鏤」，這個鐵應當是隕鐵中的純鐵。《説文》：「鐵黑金也」，這是金的五色。但錫最先還没有從鉛中分析出來。《禹貢》揚州説：「厥包橘柚，錫貢。」鄭玄注説：「此州有錫則貢之，乏則不貢，錫所以柔金也。」但從原文語義來看，這個錫字不一定指金屬。只是商代已經有純鉛和純錫，則是在考古發掘中已經證實了。《説文》「錫，銀鉛之間也」，説明對錫的認識，在鉛之後，至於鋅就更晚了。河南潢川高稻場出土一批蔡公子的銅器，青黑色而無銹，經化驗含鋅，還是銅鋅合金的青銅。但戰國以後，錢幣盛行，鑄錢用銅多，往往雜以連、錫，連也作鏈，有人説是鉛礦石，有人説是鉛錫樸，有人説是銅屬，可見當時鉛鋅不能分，但已經能鑄出黄銅來了。漢以後把黄銅稱爲鍮石,才懂得用爐甘石和銅可以冶煉黄銅,再後才把爐甘石煉成金屬,還稱爲倭鉛,没有跟鉛分清,至於現代稱爲鋅,則是從西方語言的 zinc 轉譯的。

各種金屬的知識愈加豐富,冶金的技術就更加發達,在這個基礎上就使我國的青銅工藝出現了一個十分燦爛的時代,使我國成爲世界上鑄造青銅藝術品最發達的國家。

青銅器的起源,是爲了鑄造供發展生産用的工具,也爲了製作保衛自己、攻擊猛獸和敵人的兵器,而不是爲了做生活用具,這是青銅時代的共同規律。我曾經考察過北歐的一些古代青銅工具和兵器,與我國的工具、兵器,基本上是類似的。但由於我國在商周時代遺留着極其豐富的青銅彝器,這些器物的工藝水平之高,在世界美術史上獨樹一幟,反映出我國曾經有過十分燦爛的青銅文化,而傳世的青銅工具却比較少。有些人被這種現象所眩惑,就認爲當時銅很貴重,奴隸主貴族們只用以鑄造禮樂器而不用來做工具,這種觀點是十分錯誤的。他們不懂得傳世青銅工具之所以很少,其原因是很複雜的,主要有兩個方面:首先,當時的青銅工具是由奴隸主貴族們所佔有的,他們既害怕奴隸們造反,又防範財産的遺失,所以都集中保管,不容易流散,舊了可以重鑄,不用了可以改鑄别的,不像陶器骨器的容易破損和拋棄。其次,即使有些墓葬裏曾經隨葬青銅工具,例如最近安陽殷虚新發現的殷高宗時的後辛墓隨葬的青銅工具就有四十四件之多,但在舊社會裏,這種樸素的工具,不入封建士大夫或資産階級玩賞者之目,没有人去作爲古玩來採集和收藏,常常被作爲廢銅而入爐熔化。在舊社會裏,地下古物的重新發現,往往就是它被毁滅的時刻,只有在社會主義的新中國,考古事業才受到重視,才能有科學的發掘,古代文物才能得到妥善的保護。也只有在今天,我們才能對我國青銅器的起源有初步的認識。

我們認爲青銅彝器的開始,已經是奴隸制社會的後期了。當夏禹治水以後,最大的川流,有所謂「四瀆」,即:江、淮、河、濟,都列入《禹貢》九州的範圍。其中長江流域的揚州和荆州,都是産銅的地區。做爲貢品,銅的來源已很旺盛。由於這時已是奴隸制社會最發展的時期,建設溝洫,修水利,農業生産發展得很快,手工業也跟着發展,青銅鑄造技術也更提高了。奴隸主貴族們的財富積累不斷增加,生活上更加奢侈淫佚,貪圖享樂。糧食多了,用來做酒,所謂「禹惡旨酒」,説明當時已經能釀造很甜美的酒了。夏禹繼虞舜之後,建立了夏王朝,時過不久就死了。他的兒子夏後啓據説是一個很好的繼業者,但是也習慣於奢侈,築了鈞臺,大饗賓客;製作了「九辨」和「九歌」,在大樂之野舉行大規模的「萬舞」。屈原曾

圖二　左：湖南寧鄉老糧倉出土大鐃重一百五十四公斤
右：大鐃内部的兩個虎

經譏刺他，説：「啓九辨與九歌兮，夏康娱以自縱。不顧難以圖後兮，五子用失乎家巷。」就是説他的兒子們太康等的「失邦」，推原禍始，是由這種鋪張浪費的風氣所造成的。

青銅彝器的彝字，本象兩只手捧了一頭反縛四足的猪，應該是用猪來祭祀，但這個原來的意義，早就湮晦了。最近，陝西省岐山縣發現了一批周文王時期的甲骨，把彝字作爲一種祭名，那麼，彝是從祭名引申爲祭器的意義的。孔丘説禹「菲飲食而致孝乎鬼神」，説明他是重視祭禮的，用青銅來作彝器，可能在這時已經開始。據《墨子・耕柱篇》，夏鼎是夏後啓時在昆吾國開始鑄造的，因爲是四足的方鼎，在當時的陶器裏還没有出現過，所以曾推演出很多的神話故事。在周武王伐紂後，曾經從商王朝那裏得到了九個鼎，據稱是成湯伐夏桀時得之於夏王朝的。周代本來就很重視古董，尤其重視九鼎，認爲是王權的象徵，所以成王建都洛邑，就「定鼎於郟鄏」。戰國時人稱九鼎爲「三翮六翼」，翮就是鬲，是空足的圓鼎；翼就是釴，是附耳的方鼎；商周時代，方鼎是很盛行的，從最近鄭州出土的兩個商代前期的大方鼎來看，技術水平已經很高，夏代不過比它早五六百年，能鑄造方鼎，應該是没有疑問的。當然，從冶鑄技術來説，夏鼎可能還不如商鼎的進步，比較原始，比較粗糙，但不會没有。只是夏代還没有用青銅的祭器來隨葬，所以在考古發掘中不容易發現。

關於九鼎的傳説很多，有些是神話，但神話總是有若干歷史背景的。有些是任意編造的稗官小説，有些則出於誤會，跟别的故事混淆在一起。例如《吕氏春秋》所説的周鼎，有：饕餮、象、竊曲、倕、鼠等等，明明是周鼎而不是夏鼎，所謂自囓其指的倕的形象，可能已是西周後期一直到春秋時代的新的藝術形式。至於所謂「宋太丘社亡而鼎没於泗水彭城下」，那是宋鼎，九鼎在洛陽，怎麼能到泗水呢？其實，九鼎是在周赧王死時爲秦人所取的，此後就不知下落了。

商代奴隸主貴族更加信鬼，也更加奢侈，因而用青銅彝器來隨葬，逐漸多起來。最近發現的殷墟五號，即後辛墓，經科學發掘，最爲完整；出土器物一千六百餘件，僅銅器就達四百四十多件。青銅作爲原料，本來可以用來鑄造工具，發展生産，但這時的貴族們却把它長埋地下，化爲無用之物，嚴重地破壞了生産力，即此一端，就可以看到奴隸制已經日落西山，即將崩潰了。

商代前期的青銅器，已經有獸面紋等裝飾，這些花紋圖案，可能從黄河下游的北岸傳播過來。這時的銅器，大都没有銘文，個别有銘文的，大都和花紋在一起，這是由於當時還只能作器物的外範的原故。殷墟時代，鑄造技術又有了進步，有了内範，才能在器物的腹内鑄銘文，銘文的字數從一兩字逐漸增多，或記氏族徽號，或記所祭祖、妣、父、母等稱號，進一步成爲長篇記事，到殷、末已經有三四十字的銘文了。

從解放以後大量發現的殷代銅器來看，黄河流域和長江流域遍佈着高度發展的殷代文化，北至長城以北，南至洞庭彭蠡之南，大約有二百萬平方公里，相當於《禹貢》九州的疆域。叔弓鎛記載成湯的功績，説「咸有九州，處禹之堵」，從青銅器的出土區域來看，已經完全可以證實了。由於區域之廣大，銅器製作常常帶有地方特點，但總的説來，是以時代特徵爲主流的。一九七四年，湖北黄陂盤龍城出土的盉，除了袋狀足和鋬之外，口上的覆蓋是用連續灌鑄的方法焊接的。蓋的前部有管狀的流，後部開有方孔，在鑄造技術上已有很高的藝術水平了。（圖一）一九七五年湖南醴陵出土的象尊（見封底），形象如生，是雕塑藝術的傑作，用高舉的象鼻爲注酒之口，可見設計之巧，至於遍身花紋與裝飾之美更不用説了。殷代最大的青銅方鼎後戊鼎（即司母戊鼎），應與後辛同時而稍後，重七百多公斤，鑄造這樣重器，顯然不是輕而易舉的。當時在鑲嵌工藝方面也已有很高的成就，尤其在兵器上常見這種裝飾。彝器屬於禮器。樂器方面，有成組的鐃，後辛墓已發現有五個爲一組，是鐘的前身；大鐃有重到一百五十四公斤的。（圖二）還有側擊的大鼓，鼓面仿「獸」皮形。武士的裝飾，除了戴在頭上的冑以外，還有「鞶鑒」，是安在大帶上的，是後世銅鏡的前身。至於車馬飾，更爲繁多；這種到處用銅作裝飾的車子，稱爲「金車」。孔丘要「乘殷之路」，路是路車，説明殷代的車子最漂亮。宫殿建築也用銅飾，如銅的柱礎，在安陽考古中已有發現。大約殷代末年，已經用銅來作爲交换用的資料，所謂「資斧」，是後世貨幣的起源。總之，殷代是我國青銅器最發達的時代，青銅藝術已經登上奴隸制時代的高峰了。

周國在殷王朝後期崛起於陝西汧河、渭河之間，當時就已鑄造青銅彝器。武王伐紂，建立周王朝以後，在青銅工藝方面，繼承殷代而有所發展。康王末年的兩件盂鼎，都有長篇銘文，説明内範的製作已有巨大的進步。一九七五年北京市房山縣琉璃河出土的一批燕國銅器，像圉方鼎上的雙身龍紋，和一九五五年遼寧省喀左縣出土的匽侯盂上的鳥紋，都是新的型式。一九七二年陝西省郿縣出土的旗鼎，（圖三）屬昭王初年，所以其形制花紋以及銘文書法都和盂鼎差不多。

殷代青銅器華麗而繁縟，一直到西周初期還是如此。穆王末年以後，進入西周中期，一批新興的農業奴隸主代替了落後的奴隸主大貴族，在青銅器藝術上也有新的變化，出現了雄偉厚重、簡單樸素的新風格，在器物方面，如：食器的盨、水器的匜、樂器的鐘等，都是新開始的；瓦紋、帶紋、鱗甲紋等，也是新興起的。這時銅器的鑄造又增多了，除了祭器之外，還有外出時的行器，嫁女兒的媵器；銘功勳、立契約等也往往特地鑄造銅器。這種風氣，一直延續到春秋時代。

圖三　旗鼎　一九七二年陝西郿縣出土

圖四　「曾中斿父」銅方壺　一九六六年湖北京山出土

西周王朝崩潰後，東周實際上已降爲一個小國，貴族們不再有力量大批鑄銅器了；各個封建割據國家的青銅工業都獨立發展，齊、晉、秦、楚等都是大國，差別就越來越多。山西省侯馬發現的銅器作坊遺址，出土大批陶範，可以看到晉國青銅工業的盛況。一九六六年湖北省京山發現的「曾中斿父」方壺等一批銅器，（圖四）屬於春秋前期；而一九五七年河南省信陽發現的戰國楚墓中所出一套編鐘十三個，則可能是春秋後期的遺物。

春秋初期，以大規模農業生産爲標識的奴隸制經濟已經崩潰，小農經濟迅速發展，每一個農夫都要有自己的銅農具；各個國家之間的戰爭頻繁，銅兵器的需要增多了；交通發展，商業往來也多了，符節、璽印、度、量、權衡等的用途擴大了；用銅來作貨幣，如齊國的法化等逐漸發展；銅的需求越來越多，價格越來越高，銅器往往作爲國家的重器，在打了勝仗後，往往把俘獲的兵器改鑄爲别的銅器。

殷代已經有鑲鐵刃的兵器，但當時用的還是隕鐵。用鐵礦石來冶鑄鐵器比較晚，春秋初期，冶煉技術可能還不高，但由於銅的貴重，農具的推廣很快，於是用鐵來代替銅，冶鐵工業迅速發展，技術逐漸提高。叔弓鎛是晏嬰的父親晏弱所作，記載着齊國的萊縣有「陶鐵徒四千」，一是陶，一是鐵，都已成爲官營手工業了。我國鐵器時代的開始，已經是封建社會初期，有些人不懂得中國歷史的具體情況，硬要把鐵器時代作爲奴隸制的開始，這是把馬克思主義的社會發展學説僵化了。

用鐵器來代替銅器，其發展過程是相當長的。戰國時代的兵器大體上還都用銅，但冶鑄技術越來越進步，因而有很多有名的劍，如干將、莫邪之類，山西渾源出土的少虡劍應是這種名劍之一。這時，市集上出現一些用於個人生活的普通銅器，如：鼎、壺之類，器壁都很薄，紋飾也極簡單；還有像鏡子、帶鈎之類的小銅器，是每個都市居民所需要的。當然，在富有的貴族們，還是需要高級的奢侈品的，一些用金、銀、緑松石等鑲嵌着的銅器又時興了，比殷代銅器還要華美。一九五七年河南省陝縣所出的一件鈁，一九六五年山西長治出土的一件豆，（圖五）湖北江陵出土的一件尊，以及江蘇漣水出土的獸尊，都是這個時代青銅鑲嵌工藝的代表作品。這個時代的花紋也已經起了很大變化，新的藝術家已經從商周時代以動物形象爲主的古典作風中解放出來，用綫條組織成複雜繁縟的圖案；尤其是描寫漁獵、宴樂、攻戰等用寫實手法畫的圖案，更充滿了生活的氣息。這是從新的青銅工藝開始的。但在另一方面，漆器和青瓷也已經開始風行，没有很多時間就將取青銅器而代之了。

秦王朝統一各國後興建的咸陽宫闕建築，大都用銅來裝飾，可惜被大火毁滅了，現在遺留得比較多的只是權量以及詔版罷了。漢代的青銅生活用品，如：鼎、鍑、尊、壺、盤、盂之類，大都很樸素，只有燈錠、博山爐之類有新的創造。鎏金器物取代了鑲嵌工藝，一九六二年山西右玉出土的鍍金温酒樽就是一件代表作品。（圖六）但是銅的價值昂貴，用來做生活用品又不切於實用，而用銅鑄錢，關係到國家經濟命脉，所以漢文帝、魏武帝都曾嚴禁用銅作器物。青銅器的時代結束了，只有一些小器物，如印章、銅權、銅鏡等還繼續存在，一直到封建社會的末年。

考古學必須與歷史相結合。中國青銅器的起源，遠在商代之前；研究中國青銅器必須從工具和兵器開始。中國有六千年以上的文明史，中國的青銅文化是土生土長、獨立發展的，因而它的成長與發展的過程是很緩慢的，但是它的最後一個階段，即青銅彝器階段是别的古老民族所没有的，這樣燦爛的文化是我們足以自豪的。

圖六　鎏金銅温酒樽　一九六二年山西右玉出土

中國有很長的奴隸制時代，又有很長的封建制時代。中國是文明的古國，但是在世界各國進入資本主義時代的時候，它落後了。在經過英勇卓絶的鬥爭以後，舊中國推翻了，新中國誕生了，中國人民又站起來了。在舊中國，考古事業是微不足道的，古文物出土後，大都流散毁棄。新中國制定了正確的文物政策，重視考古事業，建國至今還不到三十年，古代文物的發現遠遠超過歷史上的任何時代，許多意想不到的新發現，使研究工作者應接不暇。現在，我國又進入一個新的階段，四個現代化正在開始，在大規模的經濟建設中，埋葬在地下的古代遺物必將大量涌現。我深信我國青銅器工藝的歷史，我國青銅時代的歷史，都必將發現更多的新資料，使我們對於祖國最早一段文明史可以有更深入的瞭解。

本文可能寫成於一九七五年故宮青銅器館建館前後。

載《故宮博物院院刊》一九七九年第一期。

又《唐蘭先生金文論集》第五一九至五二七頁紫禁城出版社一九九五年十月。

中國奴隸制社會的開始時期
——論大汶口文化，批判孔丘的反動歷史觀

《共産黨宣言》指出：「到目前爲止的一切社會的歷史都是階級鬥爭的歷史。」在一八八八年英文版上恩格斯加注説：「確切地説，這是指有文字記載的歷史。」這是説有文字可考的歷史時期，都是有階級鬥爭的，是有階級的社會。有文字記載的歷史，就是有文字資料的歷史，許多古代歷史只能依靠考古資料，而有文字資料則有兩種，一種是當時的文字資料，一種是較後的文獻記載(包括神話、史詩、傳説等等)。解放前，由於受二千多年來的孔丘反動歷史觀的束縛，一般都認爲中國的文明史——奴隸制社會是從堯舜(即大約四千年前)開始的。解放後，在馬列主義唯物史觀的思想指導下，隨着考古工作的深入開展，結合古代文獻，對此問題作了重新考察，我們以爲中國的奴隸制社會應從太昊、少昊、炎帝、黄帝開始，即相當於距今五、六千年前的大汶口文化開始的。過去被截掉了二千年之久的一大段，現在應予補正。

截掉這一大段歷史的罪魁禍首是孔丘。孔丘生於奴隸制社會過渡到封建制社會的春秋末期，當時奴隸主貴族統治的周王朝早已分崩離析，名存實亡。他爲了復辟已經没落的奴隸制，利用編纂古籍的機會，閹割、篡改史料，爲其反革命復辟大造輿論。他編《尚書》，有意擯棄古代流傳下來的「三墳，五典，八索，九丘」等材料的大部分，而只從《虞夏書》開始，着意在歌頌堯舜至德，宣傳唐虞禪讓，恢復夏商周三代禮樂。這樣就把堯舜以前的炎帝、黄帝歷史全抹掉了，好像我國歷史是從唐虞三代開始，而這段歷史到現在才四千多年。孔丘爲什麽要抹掉炎帝、黄帝的歷史呢？這是因爲孔丘有意迴避炎帝、黄帝時期曾爆發過激烈的階級鬥爭。炎帝與黄帝的阪泉之戰，黄帝與蚩尤的涿鹿之戰，締造了奴隸制國家。毛主席説：「戰爭——從有私有財産和有階級以來就開始了的、用以解決階級和階級、民族和民族、國家和國家、政治集團和政治集團之間、在一定發展

階段上的矛盾的一種最高的鬥爭形式。」(《中國革命戰爭的戰略問題》)奴隸制國家正是由戰爭中獲得大批俘虜作爲奴隸而逐漸形成和壯大的。孔丘迴避戰爭而宣傳禪讓，抹殺鬥爭而大講德化，因此就把炎帝黄帝的鬥爭史實全部抹掉了。由於孔丘的這種篡改歷史的惡劣手段，使得我國古代文獻遭到亡佚散落，後代無數歷史學家很少不受欺騙。

戰國前期編撰的《左傳》，所記春秋時事，對太昊、少昊等的後代有很多記載。[一] 戰國中期魏國史官所編的一部編年史——《竹書紀年》就從黄帝開始。[二] 別的古書中也有一些資料。戰國時，神農、黄帝之説大行，儒家也受其影響，所以在《周易》的《繫辭》裏，在《大戴禮》的《五帝德》和《帝系》裏，也不得不假託孔丘的話追溯到堯舜之前，但是他們的話很多是不可信的。司馬遷作《史記》是從《五帝本紀》開始的，可是他偏信儒家，只在黄帝的本紀中提到一下炎帝，而對太昊、少昊卻一概不提。至於漢以後人所談古代史，不是僞託，便是虛構，更難憑信了。

大汶口遺址的發現，[三] 尤其是遺址中出土的陶器文字，給了我們一把寶貴的鑰匙，打開被反動儒家封閉了兩千多年的我國古代史的大門。這些目前已經見到的我國最早的象形文字，它們至少是五千五百年以前的，從字體的工整謹嚴，説明它們已經不是文字的萌芽時期。現在，我們完全有信心説：我國有五、六千年有文字可考的歷史，我們的奴隸制社會遠在唐虞之前約兩千年左右就已開始了。

下面我分四個方面加以闡述。

一、關於大汶口文化所反映的社會性質問題。有些同志認爲它是原始公社的遺存，我看是太保守了，它應該是處於奴隸制社會前期的最初階段。證據是：

（一）私有制早已産生，貧富兩極分化也早已存在。由於「母權制的傾覆」、「父權制的實行」、「古代的氏族制度中就出現了一個裂口：個體家庭已成爲一種力量，并且以威脅的姿態與氏族對抗了」（《家庭、私有制和國家的起源》，《馬克思恩格斯選集》第四卷，一九七二年，一五八頁）。從大汶口文化裏，可以看到氏族社會的公有制早已爲個體家庭的私有制所代替。大汶口的一百三十三座墓葬中，只有四十三座有猪頭隨葬，不到三分之一。而這四十三座墓葬中的將近半數只有一個猪頭隨葬，有四、五個猪頭隨葬的只有五個墓，最顯著的十三號大墓則有十四個猪頭排成一行。猪在當時是家庭的財富，貧富差別十分明顯。這些墓葬中有八個墓没有任何隨葬品，有二十多個墓很少隨葬品，而一般的墓裏有一、二十件隨葬品，多的有五、六十件，最多的有一百八十多件。凡是隨葬品多的，其中就有貴重物品，像雕刻精緻的象牙器、玉鏟、玉和大理石或緑松石的飾物，以及龜甲、鰐骨等，有些（例如象牙雕刻品、鰐骨）可能是從遠方交换來的。同樣，在曲阜西夏侯的十一座墓葬中，多的有一百二十多件隨葬品，少的是二十多件。〔四〕在邳縣大墩子的四十四座墓葬中，隨葬品多的有五、六十件，但有三個墓只有一件，三個墓一無所有。〔五〕貧富這樣懸殊，能説這還是没有階級的社會嗎？

（二）大汶口遺址裏有八座男女合葬墓，其中四座經鑒定都是成年男女，除了一座是二次葬外，還有一座在女屍旁還有女孩的屍骨。邳縣劉林一百五十七座墓葬裏，也有八座合葬墓。〔六〕這都説明當時是父系社會。正如恩格斯所説的：「隨着畜羣和其他新的財富的出現，在家庭中便發生了革命。謀取生活資料總是男子的事情，謀取生活資料的工具是由男子製造的，並且是他們的財産。畜羣是新的謀取生活資料的工具，最初對它們的馴養和以後對它們的照管都是男子的事情。因此，牲畜是屬於他們的；用牲畜换來的商品和奴隸，也是屬於他們的。這時謀生所得的全部剩餘都歸了男子；婦女參加它的消費，但在財産中没有她們的份兒。」（《馬克思恩格斯選集》第四卷，一百五十七—一百五十八頁）大汶口的合葬墓裏，隨葬品的安放大都偏重男的一方，説明女性是在從屬的地位。這類以父權爲主要標志的家長制家庭中是包括着自由人與非自由人的，因爲在這時奴隸制早已發明了。羅馬人的「家庭」一詞，起初只是指奴隸，而按遺囑傳授的「家庭」，即遺産」，「用以表示一種新的社會機體，這種機體的首長，以羅馬的父權支配着妻子、子女和一定數量的奴隸，并且對他們握有生殺之權」（《馬克思恩格斯選集》第四卷，五十三頁）。因此，在這些合葬墓裏，有些女人可能是在家長死後被迫殉葬的，不然，怎麽能男女兩人大都是同時合葬呢？而這種悲慘的習俗，在我國，一直到春秋戰國時，還常常見於記載。

（三）養猪業的發展，説明這已經是初期奴隸制社會。猪的馴養是一個長期的過程，現在大汶口遺址的墓葬裏有猪頭骨九十六個，滕縣崗上的墓葬裏也有很多猪頭骨和脊椎骨與猪蹄，〔七〕可見養猪事業已很普遍。恩格斯説：「在成文歷史的最初期，我們就已經到處都可以看到畜羣乃是一家之長的特殊財産，完全同野蠻時代的工藝品一樣，同金屬器具、奢侈品以及人畜——奴隸一樣。」「因爲這時奴隸制度也已經發明了。對於低級階段的野蠻人來説，奴隸是没有用處的。」「隨着牧畜、金屬加工、紡織以及田間耕作的采用，情況就改變了。」「特别是在畜羣完全轉歸家庭所有以後。家庭并不像牲畜那樣迅速地繁殖起來，現在需要有更多的人來看管牲畜；爲了這個目的，正可以利用被俘虜的敵人。」（《馬克思恩格斯選集》第四卷，四十九—五十頁）在大汶口地區中，一個墓葬裏有十四個隨葬的猪頭，這個墓主人顯然不是自己來看管猪圈的。儘管在初期奴隸制社會裏，奴隸是被收養的家庭中的人口之一，但他們總是牧猪奴，跟猪羣的主人，一家之長，決不是同一階級。

（四）大汶口遺址中出現了木槨墓，這是十分突出的現象。在原始的氏族社會裏是決不可能有的。大汶口的墓葬制度有不同等級是十分明顯的。小墓長僅一米左右，寬不到半米，容身而已。一般的墓長2.5米，寬0.7米左右。而最大的墓，長四米多，寬三米多。有的墓還挖有二層臺。至於木槨墓，共有十四個，占全部墓葬十分之一强。大都有頂和四壁，有的還在底部鋪枕木。在當時的條件下，如果用石斧來伐木，不是很容易的，用幾十根原木拼合成槨，要用多少勞動力呢？爲什麽有人死後只挖一個小坑，埋了就了事，而有的人卻要花費很多勞動力來造木槨，甚至未成年人的墓葬，也使用了木槨，這就説明使用木槨的人是有一定地位的。

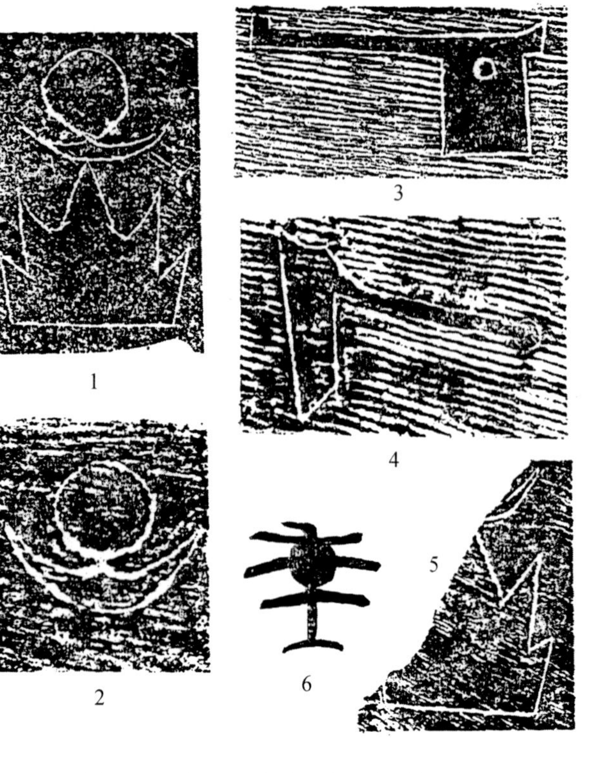

圖一　大汶口文化遺址出土陶器文字

1—4. 莒縣陵陽河遺址　5. 諸城前寨遺址
6. 大汶口遺址75號墓

（五）大汶口陶器文字的發現，尤其重要。文字反映民族語言，是一個民族文化高度發展的標識。有些民族已經發展爲很强大的國家（例如匈奴），但是還没有文字，一些符號或信物等是不能當作文字的。凡是最原始的象形文字都是在一個民族裏經過廣大羣衆長期醖釀而出現的，它們既不是某一個人所能創造，更不是模仿來的。那時，人們已經能夠做工具和兵器，已經能夠生産很多東西，有交通工具，並且已經有數學和曆法了。這種文字是在有了奴隸制度以後才出現的，有文字的時代已經是階級鬥爭史的時代。現在已經發現的大汶口陶器文字，儘管還只有六個，（圖一）但它們反映了很多重要事實：首先，它們和商周時代的象形文字是一脉相承的，説明是我國最早的象形文字。根據這個文化的江蘇邳縣大墩子遺址第三層下層出土木炭 C_{14} 測定的年代是五七八五±一〇五年，〔八〕説明這些文字至少應在五千五百年以前。再者，這六個字中五個是刻在灰陶缸口上的，其中四個是在莒縣陵陽河遺址發現的，（圖一：1—4）一個是在諸城縣前寨遺址中出土的殘片。（圖一：5）還有一個是用紅色顏料寫在灰陶背壺上的，出土於大汶口遺址的75號墓。（圖一：6）由此可見這種文字在大汶口文化遺址裏普遍使用，而這類遺址的分佈是很廣的。三者，六個字裏有的是象自然物體，如「夲」字象花朵形；有的象工具和兵器，如「斤」字象短柄的錛；「戌」字象長柄的大斧；有的是意符文字。這裏有三個「炅」（即熱）字：兩個是繁體，上面畫一個太陽，中間是火，下面是山，它們一個出土於陵陽河，而另一個出土於前寨，但它們的筆畫結構，簡直是一模一樣，似乎這種文字已經有一定型式了；另一個則是簡體，就是日下火，跟《説文》相同，也出土於陵陽河，説明那時的文字已經有繁有簡了。總之，這種文字已經是比較進步的文字，不是剛一誕生時的現象。四者，陶背壺是生活用品，但在灰陶缸的口上刻文字，其部位有定處，而且前寨一片，在文字上塗紅色，很可能是用於某種祭祀儀式的，而這種祭祀儀式屬於上層階級。那末，這種文字工具在當時是被富人和奴隸主階級所佔有的。

根據這五點，大汶口文化是初期奴隸制社會的文化是無可疑的。當然，奴隸制和奴隸制社會有差別。在家長制家庭裏已經有一定數量的奴隸，已經有了奴隸制。在手工業和農業分離以後，「剛剛産生并且是零散現象的奴隸制，現在成爲社會制度的一個本質的組成部分；奴隸們不再是簡單的助手了；他們被成批地趕到田野和工場去勞動」（《馬克思恩格斯選集》第四卷，一百五十九頁）。那就已經是奴隸制社會了。但是，初期奴隸制社會總還有一些過去時代的殘餘，所以在同一塊墓地上，既有十分富有的奴隸主們用木槨葬制度的大墓，也有一無所有，僅以蔽體的奴隸們的小穴。如果不從階級本質來分析，就會誤認爲這還是平等的氏族成員的公共墓地，而這是不符合於當時的實際情況的。

二、大汶口文化遺址分佈得相當廣。已經發掘的遺址，在山東省境內有：泰安市的大汶口，寧陽的堡頭村，曲阜的西夏侯，鄒縣的野店，滕縣的崗上；還有安丘的景芝鎮，諸城的前寨，莒縣的陵陽河，日照的東海峪，臨沂的大范莊等。在江蘇省北部的有：邳縣的大墩子和劉林，新沂的花廳村等。〔九〕總面積至少有六萬平方公里（很可能有十幾萬平方公里比現在西歐的荷蘭、比利時兩個國家加起來還要大得多）。在春秋戰國諸侯割據的時代裏，這已是很大的邦國了。

從文獻上來考查，這裏是少昊氏的文化。

太昊和少昊，都是國家的名稱。昊字在古書裏常寫作皞，音同通用。古代稱舊時的國都爲虛（墟），太皞之虛是周王朝所封陳國的國都，即現在河南省淮陽縣地，少皞之虛是周王朝所封魯國的國都，即現在山東省曲阜縣地。〔一〇〕太昊的後裔，在春秋時代還有任、宿、須句、顓臾等風姓的國家，都在現在山東省境內。〔一一〕但是關於太昊的文獻太少了，遠不如少昊的顯赫。太和少等於大和小，是相對的。這兩個稱爲昊的國家，可能有先後之分，在少昊强盛的時期，太昊已經衰落了。

少昊民族的有名英雄是蚩尤。《逸周書・嘗麥解》說：

> 昔天之初，誕作二后。乃設建典，命赤帝分正二卿，命蚩尤宇於少昊，以臨四方。司□□上天未成之慶。蚩尤乃逐帝爭於涿鹿之河，九隅無遺。赤帝大懾，乃說於黃帝，執蚩尤，殺之於中冀，以甲兵釋怒。

這裏所講的是我國歷史上最早的也是最有名的黃帝和蚩尤的涿鹿之戰。赤帝就是別的古書上的炎帝，他原和蚩尤在一起，所以黃帝曾和炎帝戰於阪泉之野，後來黃帝和炎帝講和了，涿鹿一戰，就把蚩尤殺了。

蚩尤是敗了，但他依然是英雄。古書多說「蚩尤作兵」，是指銅兵器，《尸子》甚至說：「造冶者蚩尤也。」但黃帝在那時還只是「教熊羆貔貅貙虎」來作戰，可以看到在當時以蚩尤爲首的少昊民族，文化比黃帝民族要高得多。蚩尤雖死，少昊民族依然存在，還紀念他。所以戰國以後齊地的八神，除了第一第二是天主和地主之外，第三個兵主，據《史記・封禪書》是「祠蚩尤。蚩尤在東平陸監鄉，齊之西境也」。[一二]兵主之下，才是陰主、陽主、月主、日主和四時主，說明蚩尤神的地位是在天地之下，陰陽日月四時之上。齊地就是少昊的故墟。一直到漢高祖劉邦起義時，還「祠蚩尤，釁鼓旗」，可見一直到淮北一帶都崇奉他。

黃帝戰勝了蚩尤後，《逸周書・嘗麥解》接着說：

> 乃命少昊清司馬鳥官以正五帝之官，故名曰質。天用大成，至於今不亂。

這個少昊清，又叫做質，就是《左傳》郯子所說的「少皞摯」，質和摯同音通用。這是少昊氏的另一個英雄人物，在蚩尤被殺以後，他受黃帝之命，繼續統治這個國家。在黃帝民族後來衰弱的時候，少昊民族又曾一度强盛，一直到顓頊興起以後才衰弱下去。《左傳》昭公十七年記郯子講述以鳥名官的制度是：

鳳鳥氏曆正也，玄鳥氏司分者也，伯趙氏司至者也，青鳥氏司啓者也，丹鳥氏司閉者也。祝鳩氏司徒也，鴡鳩氏司馬也，鳲鳩氏司空也，爽鳩氏司寇也，鶻鳩氏司事也。五鳩，鳩民者也。五雉爲五工正，利器用，正度量，夷民者也。九扈爲九農正，扈民無淫者也。

從這個記載裏可以看到少昊民族已經具備國家的形式，只是還很原始而且是比較簡單的形式。首先是五種鳥的氏族管理曆法，當時曆法的發明還只在初期階段，所謂曆，只是觀察天文，即日、月、星等各種現象罷了。「分」是晝夜平分，如春分秋分，「至」是白天最長和最短的極限，如夏至冬至。而「啓」和「閉」則是根據時節來控制關卡。這些比起《堯典》裏的曆法部分，確是簡單多了，但在當時則是農業國家的第一等大事。正由於農業手工業的分工，被奴隸們養活着的奴隸主階級才有可能對天象作比較深入的專門觀測，而他們就壟斷這些天文學、曆學、數學等的知識，作爲私有來擴大他們的政治權力。他們宣揚天命論和神權論，説什麽「天之曆數在爾躬」，是天給他們的統治工具，他們就自封爲代表昊天和上帝了。其次是五種鳩的氏族是具體管理國家事務的。祝鳩、鴡鳩、鳲鳩，等於後來的司土（司徒）、司馬、司工（司空），管理土地、戰爭和工業。爽鳩氏等於司寇，則是法官，是鎮壓國内人民的機構。鶻鳩氏代表司事，則等於周代的卿事（古書作卿士，此據金文），但在少昊氏還名列最後，而到周代則已高踞百官之上了。五雉和九扈看來都是管具體事務的，職位較低，五雉管理手工業，除了製作器具外，還有正度量——就是規定尺寸長短、升斗大小等職務。九扈則是管理農業耕種收穫等。説明這個奴隸制國家已經建立起種種管理機構了。在這二十四個職官中，爽鳩氏所居是周王朝所封給齊國的國都臨淄，也就是現在山東省的臨淄縣。〔一三〕可見郯子所説，并非虚構。而少昊之後，用鳥名爲氏族的部落，還被稱爲鳥夷。

少昊故都，在商末是奄國。周武王克殷後，立管叔、蔡叔和武庚爲三監，武王死後，三監叛周，奄國幫助武庚，所以周公東征踐奄，把奄國封給魯公伯禽。〔一四〕《書序》説：「魯侯伯禽宅曲阜，徐夷并興，東郊不開。」《左傳》昭公元年説「周有徐奄」，杜預注：「二國皆嬴姓。」《説文》：「嬴，少昊氏之姓。」那末，徐、奄兩國都應是少昊民族的後裔。

《國語·鄭語》説「嬴，伯翳之後也」，韋昭注：「伯翳，舜虞官，少皞之後伯益也。」《史記·秦本紀》：「秦之先爲嬴姓。其後分封，以國爲姓，有徐氏、郯氏、莒氏、終黎氏、運奄氏、菟裘氏、將梁氏、黄氏、江氏、脩魚氏、白冥氏、蜚廉氏、秦氏。然秦以其先造父封趙城，爲趙氏。」這裏的徐氏、郯氏、莒氏，就是春秋時代的徐、郯和莒國。《漢書·地理志》在東海郡郯縣下說：「郯故國，少昊後，盈姓。」又在城陽國莒縣下說：「故國，盈姓……少昊後。」在臨淮郡徐縣下說：「故國，盈姓。」盈字與嬴字音近通用。郯國在今山東省郯城縣，莒國在今莒縣，徐國在周初當離曲阜不遠，加上奄國本是少昊之墟，就在曲阜。爽鳩氏的故地是臨淄。《史記》所說的菟裘氏，後來是魯國的別邑，在今泗水縣西北。〔一五〕這都在現在山東省境內。《地理志》的徐縣，在今安徽省泗縣；《史記》的終黎氏，《世本》作鍾離，當在漢代九江郡的鍾離縣，今安徽省鳳陽縣。總之，這些少昊後裔的國家，大部分在山東省及其附近一帶，和大汶口文化遺址的範圍正相吻合，其中曲阜和莒縣就已經發現遺址，可見大汶口文化就是少昊文化。

我國歷史，從共和（公元前八四一年）以後，才有編年的記載，從夏禹起到周代的共和元年，都有總的年數，雖各說不同，大致上夏王朝的開始，當在公元前二千年前。夏以前，記載上只有唐堯在位七十載，虞舜五十載陟方乃死兩個年代，此外就無可考了。《史記》雖從《五帝本紀》開始，但誤信儒家僞造的《帝系》，從黃帝和帝舜，只有五世，是十分荒謬的。我們知道，黃帝之後，明明與顓頊不相銜接；《史記》裏帝嚳以後也還有帝摯；帝堯的兒子丹朱，古書裏稱爲帝丹朱。此外，還有帝乾荒、帝鳩（帝江）、帝俊等，怎麽只有五世呢？據《竹書紀年》「黃帝至禹，爲世三十」，間隔是很長的。《國語·楚語》說「少皞之衰也，九黎亂德」，而接着説「顓頊受之」，《山海經·大荒東經》說「少昊之國，少昊孺帝顓頊，於此棄其琴瑟」，都說明顓頊是承少昊之後的。而少昊氏也不止一世。《春秋命曆序》說：黃帝十世，少昊八世，顓頊九世，帝嚳十世，連堯、舜，禹就是四十世了。〔一六〕漢世緯書，采用殷曆的材料，應該是有根據的。

根據文獻，當蚩尤和黃帝作戰時，少昊民族文化已經很高了。在黃帝以後，少昊還曾强盛，一直到顓頊繼起時，才衰弱或者滅亡。《左傳》引郯子說：黃帝氏爲雲師而雲名，炎帝氏爲火師而火名，共工氏爲水師而水名，太皞氏爲龍師而龍名，少皞氏爲鳥師而鳥名。「自顓頊以來，不能紀遠，乃紀於近，爲民師而命以民事，則不能故也。」從這裏可以看到我國古代有兩個民族集團：一個是炎黃和共工集團，炎帝和共工都姓姜而黃帝民族姓姬；另一個是兩昊集團，太昊風姓而少昊嬴姓。以時代論，炎帝相當於太昊後期，黃帝相當於炎帝、少昊時期，少昊相當於黃帝、顓頊時期，顓頊相當於少昊、共工時期。顓頊以後，國家機構已有很大改造，脱離了原始狀態了。顓頊以前，奴隸制國家還在創立時期，但少昊之國在這些國家中是比較晚的，已經接近於成熟階段了。

從大汶口文化遺址來看，應當屬於少昊文化，是不必懷疑的。這種文化，現在已從考古學方面，可以斷定當在距今五千五百年以上，這和文獻上的年代是大致符合的。至於它應屬於少昊文化的前期，還是後期，現在還不能確知，有待於更多資料的發現。

三、從大汶口陶器文字的結構，可以看到少昊文化在五、六千年前已經相當高了。這六個文字是現在所知道的我國最早的文字，但它們決不是剛誕生的文字而已經是比較進步的意符文字了。它們有的是寫的，有的是刻的，在刻的文字裏已經利用鈎出匡廓的方法來代替繪畫中的實體，例如畫一個太陽，就只鈎一個圓圈來代表。這種表述方法，是後來圖形文字中常用的。更重要的是有三個炅字，兩個是繁體，一個是簡體。兩個繁體字：一個出在莒縣，一個出在諸城。但是它們的筆畫結構，完全一樣，幾乎可以説已有一定的規格了。因此，我們可以斷定它們已經不是草創時期的文字。

這些文字，桒字、戉字、斤字，以及炅字由日、火、山三個部分所組成，我們都可以用商周時代的甲骨文和金文來對照。

大汶口陶文與殷墟甲骨文、商周金文對照表

一	二	三
1 2 3	1 2 3 4 5	1 2 3
桒 1. 陶文 2. 甲骨文（《殷虛書契後編》上，28，8） 3. 金文（杜伯盨）	戉 1. 陶文 2. 甲骨文（《小屯甲編》2356） 3. 甲骨文戣（《戰後京津新獲甲骨集》3102） 4. 金文（師虎簋） 5. 金文（父辛觚）	斤 1. 陶文 2. 甲骨文（《殷虛書契前編》八，7，1） 3. 金文新字（⿰鬲攵尊）斤字周金文多作[illegible]，唯前期新字偏旁尚存原狀

續表

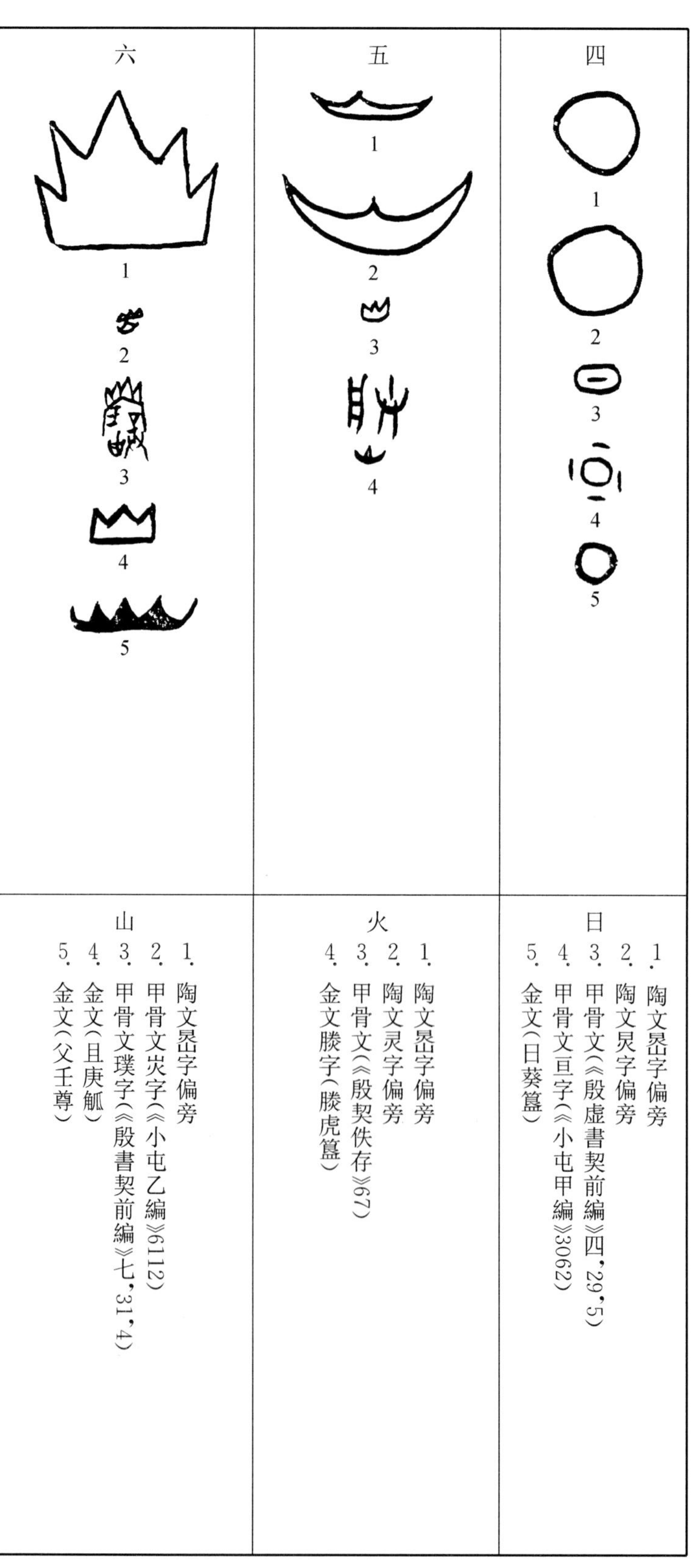

四	五	六
日 1. 陶文⿳日火山字偏旁 2. 陶文炅字偏旁 3. 甲骨文(《殷虚書契前編》四,29,5) 4. 甲骨文亘字(《小屯甲編》3062) 5. 金文(日癸簋)	火 1. 陶文⿳日火山字偏旁 2. 陶文灵字偏旁 3. 甲骨文(《殷契佚存》67) 4. 金文塍字(塍虎簋)	山 1. 陶文⿳日火山字偏旁 2. 甲骨文炭字(《小屯乙編》6112) 3. 甲骨文璞字(《殷書契前編》七,31,4) 4. 金文(且庚觚) 5. 金文(父壬尊)

附注:甲骨文、金文資料很多,此處僅舉一二例。金文諸器均見《三代吉金文存》

顯然,我國古代文字就是從這種陶器文字發展出來,是一望即知的。蘇修有個所謂史學家,拾起西方資産階級六十多年前的陳腐説法,宣稱「安陽文字同蘇美爾象形字要相象得多了」,〔一七〕妄想把中國文字説成不是土生土長的,而是外部成分在起作用,真是捕風捉影之談,不值一駁。

斤字和戌字,一是工具,就是錛子;一是兵器,即安長柄的有孔斧。古代的工具和兵器,是很難區分的。「蚩尤作兵」,兵字在古文字裏作㫊,就是兩只手捧一個斤。錛子可以砍樹木,也可以砍人,一直到春秋末年,衛國的三匠暴動,「皆執利兵，無者執斤」。那末，斤是最早的兵器，所以兵字就用它來代表一切兵器了。至於戌字，本來是殺人用的大斧，在商代的銅器文字裏有一個常見的氏族徽號——戍，就象一把長斧在殺人，以後把它借用爲十二辰裏的戌，這個字的原來意義就被遺忘了。

石器時代有石錛、石斧，大抵在石器時代末期到銅器時代，就改爲用自然銅來鍛製；在冶金術發明以後，用紅銅來鑄造，最後則爲青銅所鑄造。在大汶口文化遺址中，迄今爲止，還沒有發現過銅。但這并不能確定當時還沒有使用銅。我們已經發現了這一文化的許多遺址，但可能還沒有發現最典型的遺址，正如從北宋時已經經常發現商代銅器，但隔了八九百年，十九世紀末以後，才在安陽發現了殷代文化的典型遺址，并發現了大批甲骨文。商代早期文化和銅器，則在解放以後才發現的，一直到最近才發現了重86公斤的大方鼎，據此推測，夏代就應有銅鼎，但迄今爲止尚未發現。所以，沒有發現就不能斷爲絶對沒有。另一方面，在開始使用銅的時代，銅還很貴重，不大會被拋棄，因此就不很容易發現。從大汶口墓葬中發現的那些精緻的手工藝品，如象牙的梳子等，很可能是用銅工具製造的。

如果從文獻資料來考查，少昊文化就應該已經使用銅了。其一，蚩尤最先作兵器，并且開始冶金。其二，少昊稱爲金天氏。其三，繼承少昊的顓頊，建立五官，其中金正、木正和水正，都是少昊的後裔。其四，少昊已經有曆法，應當已經有干支（即甲子等十日和十二月的名稱），而十干中的丁字，原來作●，就象一塊銅餅，這是冶銅者從礦山採掘出礦石後，熔鑄成銅餅，以便運送到別處去鑄造銅器的。十干、十二支一共二十二個字，其中戊辛寅卯戌等五個字都是兵器，戊和戌是有長柄的斧鉞，寅是大鏃的箭，卯（劉）是背上有環狀把手的大刀，辛是類似戈的三角形的兵器；〔一八〕這些兵器很可能已經是銅兵了。儘管有這些例證，但我們不能排斥少昊文化的最早時期銅器還沒有出現，或者在別的地區已經有銅器，而少昊文化還沒有銅器等的可能性。因此，我們還不能斷言，在這一時期在這個地區內是否已經使用銅器，這有待於今後的更多發現。

但是，根據這種陶器文字已經是比較進步的文字這一點，我們相信這個文化裏一定已經有很多文字，在當時社會裏已經有足夠使用的文字。因此，回過頭來，也可以從古文字學的研究來判斷我國文字就是由少昊文化時期，甚至更在其前，在這個地區内創造出來的。

我國古文字裏的大字象正面的人形，而人字象側面直立的人形，人字是作爲動物的人的總稱的。商代的甲骨文和銅器銘文，都把山東一帶的國家稱爲人方（那時把後世所説的邦或國叫做方），顯然由於這個地區的人是自稱爲「人」的。尸字是側面而蹲踞的人形，周代把人方稱爲東尸，古書作東夷，《説文》：「夷，東方之人也。」尸（夷）和人（一直到現在，山東方言把人字讀如寅）也只是一聲之轉。黄帝民族的人，自稱爲夏，夏也是側面人形，但頭部全畫出來了，有時連手足都畫出來。《説文》：「夏，中國之人也。」西方民族的羌，則在人形上畫出羊角，《説文》：「西戎，牧羊人也。」在我國文字裏，民族名稱而畫出人形的，只有這三字。總之，人本是東方民族的稱號而後來成爲一切人的總稱，可見這種文字是東方民族的文字。

天字本也象正面人形而特別畫出圓形的頭，這是從人頭的意義引申到頭上的天的意義。後來把這個圓點演化成一個横畫，就成爲現在的天字，所以天字和大字常通用（如：天君即大君，天邑即大邑）。昊字本來作旲，象正面人形而頭上是太陽。〔一九〕古代把天叫做昊天，是以太陽爲主的。那末，太昊少昊之所以稱昊，是代表太陽神。至於炎帝、黄帝以至帝堯、帝舜等的帝字，和朿（刺）是一個字，只是假借它的語言罷了。有了人間的帝就産生了觀念中的上帝，上帝是統率一切神的，但是没有爲他造一個文字。由此也可以看到文字産生於稱爲昊的民族。

大汶口文化中有蚌鐮，蚌在古代稱爲蜃。郭沫若同志説辰就是蜃，是很重要的貢獻。一直到周代銅器文字裏，許多辰字還反映出蚌殼的形狀。〔二〇〕《淮南子·氾論訓》「古者剡耜而耕，摩（磨）蜃而耨」，把鋒利的蚌殼作爲鐮刀來除草就是耨。原始時代的農業很簡單，一些肥沃的土地，不需要耕，種子播下去，只要經常除草就行了。所以蚌鐮除草，在當時是重要農活。在我國古文字很多有關農業的字，都是用辰字作爲一個主要部分，例如：農字的最複雜的寫法是手裏拿着辰在田間除草，最簡單的寫法是辳，从田从辰，蓐（音蒿）字是蓐草。耨字是蓐草的工具。𦦫（晨）字是早上，因爲一早就要拿農具上田間，所以是兩手取辰。有關農業的星也叫辰，所以又有個農字，省作晨。〔二一〕這些重要例證，可以説明我國的象形文字最早是在以蚌殼爲農具的地區中誕生的。仰韶文化中没有蚌鐮，説明這種象形文字的首先創造者，應是大汶口地區的人。以貝爲裝飾，或作交换媒介買賣等均起於東方。據傳説，炎帝就是神農氏，是首先發展農業的國家，那末，這種文字的發生，可能還在少昊以前。

大汶口遺址中有這麽多的猪頭隨葬是一個極重要的現象。仰韶文化中雖然也養猪和狗，但數量不多。黄河上游的齊家文化，例如甘肅永靖縣大何莊墓葬和秦魏家墓葬中，也發現較多的猪顎骨，〔二二〕但時代晚得多了。可見我國古代的畜牧業是以黄河下游的養猪業的發展開始的。從大汶口遺址的現象來看，猪在當時代表財富，而我國古代語言中把有財産的人稱爲「有家」（家當）。西周初期銅器銘文中賞賜臣多少家，鬲多少夫，臣是有財產的高級奴隸，所以説家，而鬲是奴隸，没有任何財產，只是匹夫而已。〔一三〕在父系家庭中，財產屬於男子，所以男子結婚稱爲娶（取女），而女子便稱爲嫁，代表「女有家」的意思。而我國古代文字中的家字正畫出屋下有猪，在殷墟甲骨文裏還有寫成屋内有兩頭猪的。這個字在過去的文字學家中有過爭論，據《説文》這個字是「从宀，豭省聲」，這是由於不懂得在原始的意符文字裏還没有形聲字。有些學者認爲這是借猪圈爲人的住所，最爲封建文人所攻擊。〔一四〕其實猪是可以養在家中的，在過去，不但貧苦農民就在所住的屋裏養猪，就是地主老財也把猪圈放在家裏。猪圈常和厠所在一起，所以圂（溷）字是豕在囗中。據説周文王是生在猪圈裏的。那末，在商代，就是邦國的統治者也還是以猪圈作厠所的。〔一五〕養猪是私有財產迅速擴大的主要來源，而這種財產被男子佔有後，他們就成爲個體家庭的主宰者，那末，家字畫出屋内有猪，正是馬克思主義關於家庭的起源的另一個最好例證。在古文字裏，有關猪的象形或意符文字特别多。例如畫一只猪而具有生殖器，是當公猪講的豭字的原始象形字，是所有牲畜中惟一的例子。〔一六〕又如亥跟豕都代表猪，在十二個月名中借用爲最後一個月名，而這在干支等二十二個字裏也是惟一的牲畜的名字。古文字中的彝字，本來是用兩只手捧着反綁的猪，應當是一種祭祀的禮儀，後來用爲青銅彝器的總名，又變爲常法的意義。看來這是把牛作犧牲之前的，商代把牛稱爲太牢，羊稱爲小牢，而彝字原來的意義被湮晦了。總之，我國牧業是由大汶口地區的養猪業開始的，而古文字中有關猪的許多字正反映出養猪業發展後的情況，這更可以證明我國象形文字是從大汶口文化地區創造的。

我國疆域廣闊，古代文化的發展，決不可能一致。在這個地區可能還停留在很原始的母系社會，而另一個地區則已經是文化很高的奴隸制社會，這是并不奇怪的。從大汶口陶器文字，我們可以推斷我國古代象形文字是從黄河下游這個地區裏産生的。這個地區内已經是父系社會，農業手工業已經分工，養猪業已經發達，階級對抗現象已經存在。從文獻上看，這應該是少昊文化。少昊是繼太昊之後的稱昊的民族。與少昊同時的還有稱帝的炎帝民族，而後是黄帝民族，而這都已經是奴隸制國家了。古代黄河是在今河南省浚縣一帶的宿胥口折而北行，到河北省入海的。黄河下游的東南方，東面到海，南面到淮河，這一個地區在《尚書・禹貢》裏是兖州、青州和徐州，以現在地圖看，則包括山東全省，北面是河北省的東南部，西面是河南省的東部，南面是江蘇省的北部和安徽省的東北部。在這個區域裏最早孕育着我國的古代文明，所謂太昊、炎帝、少昊以及炎帝後的共工等的國家都在這裏。而黄帝雖和炎帝同一民族，卻是發展得比較遲的，黄帝族的故墟是以今北京市西北，河北省涿鹿縣爲中心，在《禹貢》裏是黄河下游北岸的冀州區域。黄帝與炎帝、蚩尤的戰爭，是我國歷史上最早的大戰役，是一次「爭爲帝」的戰爭。〔二七〕黄帝儘管戰勝，但少昊國還是獨立存在的。帝顓頊以黄帝的後裔而繼承少昊之後，才把黄河下游南北這兩大區域合并起來了。但是炎帝的後裔，共工氏的國家還存在，於是又有顓頊與共工之爭，在歷史上是又一次的「爭爲帝」的戰爭，這次戰爭持續很久，一直到夏禹的時代才解決。〔二八〕因此，在我國的遠古史上，有兩個大轉折點：首先，帝顓頊時代，地區統一了，國家的形式有了很大的改變，過去稱爲某昊、某帝，現在則只稱爲帝某，這就是統一的標識。而到了共工和三苗被趕到北方以後，夏代的疆域更擴大了，夏后氏卻只稱爲后而不稱爲帝了，以後商周都稱王，就成爲後期奴隸制中的夏商周三代。

《左傳》昭公十二年説楚國的史官倚相，能讀「三墳、五典、八索、九丘之書」。在這些古書裏，除了「五典」就是「帝典」，還保留一篇《堯典》以外，全都亡佚了。現在還見到的《古三墳》是後人僞造的，其實三墳是講黄河下游東南部地區的古代文獻，《禹貢》：兖州「厥土黑墳」，青州「厥土白墳」，而徐州「厥土赤埴墳」。〔二九〕這三墳的地區，正是我國文化最早發達的地區。如果説尼羅河的下游是埃及古代文明的發祥地，那末，黄河下游的河淮之間是我國古代文明的發祥地，是無庸懷疑的。現在在這個地區發現了五、六千年以前的已經很進步的陶器文字，可見文獻記載并非虚構。一切資産階級、帝國主義和社會帝國主義國家的御用學者，散播所謂中國人種西來説、文化西來説等等謬論，可以休矣。

四、我國奴隸制社會很長，需要分爲兩期或三期，這裏存在着一系列的理論問題：

（一）兩昊諸帝時代，是歷史時代還是神話的問題。前面我們已經約略地舉出許多歷史事實來了，神話是有的，在任何時代、任何民族都會有神話，但神話的背後，總有若干歷史事實爲依據。毛主席説：「作爲觀念形態的文藝作品，都是一定的社會生活在人類頭腦中的反映的産物。」（《在延安文藝座談會上的講話》）神話也是如此。炎帝、黄帝，一直到帝堯、帝舜稱爲帝，人們可以説帝是神，是主宰一切的上帝。但是天上的上帝這個觀念怎樣構成的呢？它必須有一個模子。沒有人間的奴隸制國家的統治者的形象，就不可能憑空構造出一個主宰一切的上帝來。因此，跟埃及的古王朝一樣，在我國，有了昊或帝的時代，就是奴隸制國家業已建立的歷史時代了。神話中包藏着歷史，歷史裏也夾雜着神話。歷史是各方面的具體事實構成的，只要我們根據考古資料和古代的語言文字資料，根據社會發展的客觀規律，善於發現綫索是可以去僞存真，把古代歷史的原來面目呈露出來的。

（二）國家的起源和構成問題。我國是有幾千年歷史的國家，它的疆域很廣闊。解放前，我國考古工作還很少，有些人的眼睛裏只看到殷墟安陽，就誤認爲中國歷史只是那時開始的，懷疑這，懷疑那，作出許多幼稚可笑的推論。近年來，遠在長城以北的，遼寧喀左等地發現大批商代的銅器，湖北、江西也都發現商代早期遺址，説明《禹貢》九州所説夏代疆域并不是虚構的。如果歷史學家還拘囿於夏王朝才開始建立起奴隸制國家的話，那末，上百萬平方公里的疆域能在幾年或幾十年之間奠立起來嗎？這顯然是不可能的。國家是從以氏族爲主的部落發展起來的。當母系社會轉變爲父系社會，即有了以父權建立的個體家庭以後，這個龐大的家庭中已經存在着自由人與非自由人的不同階級了。這種家庭如果没有消滅，就很快發展爲氏族，氏族擴大後就成爲部落，在我國古代這種部落就稱爲什麽氏（如高陽氏、高辛氏等），意思就是那個部落的人。在部落裏，出身高貴的人是有姓的，例如：炎帝和黄帝都屬於少典氏，但是「黄帝以姬水成，炎帝以姜水成」，〔三〇〕所以一個是姬姓，一個是姜姓，這是以地區來分的。〔三一〕部落强大了，通過戰爭或其它條件，兼併了别的部落，就形成國家。我國古代國家，内容已經很複雜，《堯典》記載，陶唐氏這個國家是「克明峻德以親九族」，這九族都是屬於陶唐氏族的，族字在古文字裏是有人舉着一面旗，旗上必然標明這一族的徽號。〔三二〕接着説「平章百姓」，百姓是有姓的奴隸主貴族，有些是這個國家中的官吏。再下面説「協和萬邦」，在這個時代，奴隸制帝國除了直接統治的較大區域外，對其它區域中小邦的控制還不很有力，有些是子弟或族人封出去的，有些是臣服的，有些只維持一些極小的關係。如果出現對抗，如共工、三苗等，那就得用兵鎮壓了。最後説「黎民於變時雍」，這是説奴隸們也變得和睦了，可以看到奴隸階級的對抗實際上是在不斷發生的。所謂黎民，原來就是少昊民族的一部分，在顓頊繼承少昊後，曾有所謂「九黎亂德」，經過鎮壓，把九黎的人作爲農業奴隸，就是黎民。所以，從顓頊以後的國家，是以黎民搞農業生産作爲基礎而建立起來的奴隸制國家。顓頊以前，以少昊國爲例，也已經有一套官吏制度，如爽鳩氏等於司寇，就是專管鎮壓的，國家的形式也已具備了。我們知道少昊氏在黄河下游與淮水之間已經有廣大的疆土，黄帝本在黄河以北的冀州區域以涿鹿爲中心，疆域也很遼闊。到了顓頊把這兩部分統一了。唐堯時，丹朱已到了湖北北部的丹水區域，夏禹把共工和三苗都趕跑了，所以舜到了蒼梧，禹到了會稽。從黄帝、少昊到夏禹，將近兩千年，那末，到夏禹時，《禹貢》疆域這樣遼闊，就并不奇怪了。

（三）我國的奴隸制社會要不要分前後期的問題。如上所説，我國的奴隸制社會至少有三千年以上，比封建制還長；在其發生發展到消滅的全過程中，又有幾個階段，我以爲把它分爲兩期或三期是有利於研究的。毛主席説：「歷史上奴隸主階級、封建地主階級和資産階級，在它們取得統治權力以前和取得統治權力以後的一段時間内，它們是生氣勃勃的，是革命者，是先進者，是真老虎。在隨後的一段時間，由於它們的對立面，奴隸階級、農民階級和無産階級，逐步壯大，并同它們進行鬥爭，越來越厲害，它們就逐步向反面轉化，化爲反動派，化爲落後的人們，化爲紙老虎，終究被或者將被人民所推翻。」（在一九五八年十二月一日中共中央政治局武昌會議上的講話，見《和美國記者安娜・路易斯・斯特朗的談話》題解）奴隸主階級如此，整個奴隸制時代也是如此。這個制度在開始時確是比氏族社會進步，到後來就越來越反動。如果從它的前期來看，正如恩格斯在《反杜林論》裏説過：「在古代世界、特别是希臘世界的歷史前提之下，進步到以階級對立爲基礎的社會，是只能通過奴隸制的形式來完成的。」又説：「只有奴隸制才使農業和工業之間的更大規模的分工成爲可能，從而爲古代文化的繁榮，即爲希臘文化創造了條件。」希臘如此，我國的古代也正是如此。在我國，很多重要發明，如天文學、曆法、數學、文字，以及其它，都是在初期奴隸制社會誕生的，説明奴隸制在當時確比氏族社會的末期進步。但在長期的奴隸制社會裏，隨着生産的發展，它們的對立面逐步壯大起來了，階級鬥爭越來越尖鋭化了，它們就必然向反面轉化，化爲反動派。因此，到了殷代後期，我們一方面可以看到這個奴隸制國家當時確實很富裕，文化藝術的高度發展使人驚異；但另一方面，豐富的糧食都做了酒，奴隸主貴族整天沉湎於酒；本來可以發展的青銅，用來做了許多青銅彝器，而且大都用於殉葬，埋入地下；牲畜多了，一次祭祀可以殺幾百頭牛；奴隸多了，爲了殉葬，爲了祭祀，以及其它典禮，動不動就殺戮數以千百計的奴隸：它們顯然已經化爲反動派了。殷代是三代的中心，夏代早於此幾百年，周代晚於此幾百年，孔丘所醉心的三代就是這樣的一個喫人的社會！這個社會，必然要崩潰，必然要被新興的封建制度所取代。孔丘的反動，就由於他死抱了三代的禮制，把事物看成是永恒不變的，不承認矛盾，害怕階級鬥爭，極力宣傳禮讓，爲此，他必須回避蚩尤這個戰神而看上了唐虞的禪讓，貶低周武王而歌頌泰伯與伯夷，因而不惜改篡歷史，把前期奴隸制社會幾乎全部抹殺了。過去有些人認爲殷墟裏殺戮了那麽多的奴隸，不象是奴隸制社會，因而説那時還是氏族社會末期；他們不懂得在奴隸主眼睛裏，奴隸只不過是會説話的牲畜。在初期奴隸制社會裏，奴隸也不是不可以殺戮的，只是爲了愛惜他們的財産，才不肯大批的殺戮，而在奴隸制社會的晚期，奴隸主貴族們已經習慣於擺排場，闊闊氣，既然可以屠宰很多牲畜，爲什麽不可以殺戮大批的奴隸呢！所以，把我國的歷史時代定得太晚，奴隸制時代定得太短，是無法解釋這類問題的。只是少昊文化的新發現，使我國奴隸制社會可以分成前、後兩期（或初、中、晚三期），使我們可以看清楚奴隸制時代由先進變成落後，由進步變成反動的整個面貌，這些問題，才能得到合理的解決。中國的長期奴隸制社會，由發生、發展以至最後全面崩潰的歷史過程，是馬克思主義關於社會發展理論的最好例證。同樣，也只有通過馬克思主義的歷史唯物主義，中國古代歷史的各種現象，才能得到正確的解釋。

根據上述的四個方面，可以總結如下：

第一，大汶口文化遺址屬於初期奴隸制社會。

第二，大汶口文化是少昊民族的文化。

第三，從大汶口陶器文字可以看到中國古代文化的黎明。古黄河下游南北的兩大區域，即《禹貢》的兖州、青州、徐州，以及冀州，是我國古代文化的發祥地。

第四，我國奴隸制社會時間很長，可分爲前後兩期（或初、中、晚三期）：前期（或初期與中期）由奴隸制的開始，經過奴隸制國家的建成和昌盛，即由太昊、少昊、炎帝、黄帝時期（以上也可以列爲初期）發展到帝顓頊、帝嚳、帝堯、帝舜時期（以上可列中期）。後期（即晚期）夏、商、周三代，這是奴隸制社會的極盛時期，到衰頽没落直至崩潰的時期。

這就是我對這個問題的初步探索，有錯誤的地方，希望廣大讀者給以指正。我們深信這樣遼闊的少昊文化遺址，隨着社會主義革命和建設的深入發展，必將會陸續發現更多的新資料，偉大的中華民族古代史有了更充實的實證，是一定能夠得到更爲深入的闡明的。

〔一〕《左傳》是戰國前期人所搜集春秋時各國的史料，並不是爲孔丘的《春秋》作傳，書中有很多法家和兵家的資料，其解釋《春秋》部分是後人所加。關於太昊、少昊等史料是最可信的。戰國中期以後書往往只説庖羲氏、神農氏等，就很少説到太昊。司馬遷作《史記》，受當時儒法鬥爭的影響，只采用儒家的所謂「五帝」説，把少昊漏卻，是錯誤的。

〔二〕《史記·魏世家》集解引和嶠説。

〔三〕《大汶口》，文物出版社，一九七四年。以下凡提到大汶口遺址，皆引此書，不再逐一注出。

〔四〕《山東曲阜西夏侯遺址第一次發掘報告》，《考古學報》一九六四年第二期。

〔五〕《江蘇邳縣四户鎮大墩子遺址探掘報告》，《考古學報》一九六七年第二期。

〔六〕《江蘇邳縣劉林新石器時代遺址第一次發掘》，《考古學報》一九六二年第一期。

〔七〕《山東滕縣崗上村新石器時代墓葬試掘報告》，《考古》一九六三年第七期。

〔八〕《放射性碳素測定年代報告(三)》，《考古》一九七四年第五期，三三四頁。

〔九〕參看《大汶口》一百一十七頁和一百二十頁。

〔一〇〕《左傳》昭公十七年説：「陳，太皞之虚也。」又定公四年説成王封魯事：「命以伯禽而封於少皞之虚。」

〔一一〕《左傳》僖公二十一年説：「任、宿、須句、顓臾，風姓也，實司太皞與有濟之祀，以服事諸夏。」任國在今山東省濟寧市，宿國在今東平縣東，須句在東平縣壽張縣一帶，顓臾國在費縣西北。

〔一二〕《漢書·地理志》在東郡壽良縣下説：「蚩尤祠在西北涉(濟)上。」魏代的《皇覽》説：「蚩尤冢在壽張縣闞鄉城中，冢高七尺，常十月祠之。」壽張就是壽良，闞鄉就是監鄉，在今山東省汶上縣西南。《皇覽》還有蚩尤肩髀冢，「在山陽郡鉅野縣重聚」，在今鉅野縣。

〔一三〕《左傳》昭公二十年晏嬰説：「昔爽鳩氏始居此地(指齊都)。」

〔一四〕奄國古書或作蓋，音近通用。西周初銅器作埜，即蓋字異體。

〔一五〕《逸周書·作雒解》敘述周公東征時，「凡所征熊、盈族十有七國」，銅器文字嬴字从女从能，能就是熊的原始象形字，所以嬴和熊也常通用(如《左傳》敬嬴，在《公羊傳》和《穀梁傳》作頃熊)。可見熊盈當即嬴姓。奄國反周時，所糾合的嬴姓國家是比較多的。《史記》所記嬴姓國家，大概是根據《世本》的，但説「秦之先，帝顓頊之苗裔」，則是錯的。

〔一六〕見《禮記·祭法》正義。顓頊原誤爲二十世，據《大戴禮·五帝德》注和《左傳》文公十年正義引改。

〔一七〕Л.С.瓦西里耶夫：《古代中國文明的起源》，蘇聯《歷史問題》一九七四年十二月號。

〔一八〕戉是鉞的原始字。寅字與矢字形近而鏃特大，作新月形。卯字是劉的原始字，應是相對的兩把大刀，過去出土的康侯刀就是這種形式。辛與辛是一字，也是刑具。

〔一九〕昊字在西周銅器文字的偏旁裏常見。下半大字象人形，常誤爲矢字，而作昊。上半日形常誤爲白，因而作臭(《説文》有此字)，又作昊(見戰國銅器)。臭字又變爲昦，《説文》以爲昊天字，隸書則變爲昊。臭字變爲皋，因而出現皞字(見《説文》)，《左傳》等書作皞，都是形聲字。《殷契佚存》581片有□字，應即昊字，而象太陽所發的光芒，則和皇字同意，所以太昊就是秦始皇時所説的泰皇。

〔二〇〕如辰父辛尊的□字，見《三代吉金文存》十一卷二十一頁。

〔二一〕隸書農字是由晨字變來的。《説文》作囟，从囟，是錯的。晨字所从晶，就是古代的星字，省作晨，本是晨星的專字，晨本是早晨的專字。

〔二二〕《甘肅永靖大何莊遺址發掘報告》，《考古學報》一九七四年二期。《甘肅永靖秦魏家齊家文化墓地》，《考古學報》一九七五年二期。

〔二三〕如作册夨令簋説：「姜賞令貝十朋，臣十家，鬲百人。」見《三代吉金文存》九卷二十六頁。《周易·損卦》的上九説「得臣无家」，臣而無家是例外。

《家人卦》說「閑有家」、「王假有家」，以及「富家」，都指財產。鬲在《逸周書・世俘解》裏寫作磿，同音通用。武王伐紂時，俘獲了數以億萬計的磿，成爲戰俘奴隸，康王昭王時代，經常把這種奴隸作賞賜。

〔二四〕元代戴侗《六書故》創此說，清代段玉裁《說文注》曾加以發揮。

〔二五〕見《國語・晉語》四。

〔二六〕别的牲畜都把生殖器畫在旁邊，是意符字，例如牡和牡。只有牡豕是畫出來的象形字。《說文》作豭。

〔二七〕昊只是太陽神，而帝是主宰一切的最高的神，所以要爭。《逸周書・嘗麥解》說「蚩尤乃逐帝爭於涿鹿之阿」，爭帝是爭對小邦的宗主權。

〔二八〕《淮南子・天文訓》：「昔者共工與顓頊爭爲帝。」同書《原道訓》則說「與高辛爭爲帝」。《尚書・堯典》說帝堯問誰可以用，驩兜推薦了共工而給堯否定了。《淮南子・本經訓》又說：「舜之時，共工振滔洪水，以薄空桑。」所以舜用事以後，「流共工於幽州，放驩兜於崇山」。《山海經・大荒西經》有禹攻共工國山。又《海外北經》和《大荒北經》都有禹殺共工臣相柳(相繇)的事。

〔二九〕《方言》一「墳地大也。青幽之間，凡土而高且大者謂之墳」，可見墳是東方的語言。《爾雅・釋地》：「墳莫於河墳。」《詩・汝墳》「遵彼汝墳」，又《常武》說「鋪敦淮濆」，濆與墳通。凡河邊高地最肥沃，古代農業由此開始。鮑照《蕪城賦》「袤廣三墳」，注「或曰河墳、汝墳、淮墳也」。《堯典》據《禮記・大學》稱《帝典》，《尚書序》還有《舜典》，五典可能指五帝之典。索當即《左傳》定公四年所說的「疆以周索」和「疆以戎索」的索，是處理民族之間疆界的法。洪水期間，都邑都遷到丘陵地帶，九丘可能是記述洪水期間的史事。

〔三〇〕《國語・晉語》。

〔三一〕姓字从女，大概是從妻子那裏得來的姓。氏族社會裏本是母系，後來出現了父系家庭，還沿襲母系社會的舊習慣，從高貴的母族來的兒子是嫡子，是有姓的，一般是庶子，比較卑賤。所以黄帝二十五子，只有十四人有姓。舜本姓姚，由於娶堯的二女，「釐降二女於嬀汭」，所以他的後人就姓嬀，也是從地區得姓的例子。

〔三二〕九族是許多族。一個氏族集團裏有很多族，例如清王朝就有八旗。族字本从大，即正面人形，从㫃是旗子。在古文字裏，大字往往與矢字相混，所以誤爲从矢，後來解釋爲矢鏃，即箭頭，是錯的，不是族字的原來意義。

整理說明：

這是作者已完成的一篇論文，原定在《考古學報》一九七六年第二期發表，因故未發，此次整理增加了作者在排録本上做的一些改動。

（劉　雲）

𣄨尊銘文解釋

𣄨（音呵）尊是一件圓唇的方尊，腹外作獸面紋。一九六三年在陝西省寶鷄市出土。最近發現器底内有銘文十二行，一百二十二字。（圖一）銘文釋文如下：

隹（唯）王初𨛭（遷）宅於成周，復亩（禀）一行
珷（武）王豊（禮），〔一〕禣（福）〔二〕自天。〔三〕才（在）三（四）月丙戌，二行
王𧥛（誥）〔四〕宗小子於京室，〔五〕曰：「昔才（在）三行
爾考公氏克逨玟（文）王。〔六〕肄（肆）玟（文）四行
王受兹「大令（命）。〔七〕」隹（唯）珷（武）王既克大五行
邑商，則廷〔八〕告於天，曰：『餘其六行
宅兹中或（國），〔九〕自之（兹）辥（乂）民。〔一〇〕』烏七行
虖！爾有〔一一〕唯小子亡（無）戠（識），䚇（視）於八行
公氏，有𤔲（勞）〔一二〕於天，𢼸（徹）令（命）。〔一三〕苟（敬）九行
亯（享）𢦏（哉）！」叀（唯）〔一四〕王龏（恭）德谷（裕）天，順（訓）我十行
不敏（敏）。王咸𧥛（誥）。𣄨〔一五〕易（錫）貝卅朋，用乍（作）十一行
□公寶隩（尊）彝。隹（唯）王五祀。十二行

這是西周初期一篇極爲重要的歷史文獻，這裏所說的王是周成王。現在再把全文轉譯如下：

周成王開始遷都成周，還按照武王的禮，舉行福祭，祭禮是從天室開始的。四月丙戌，成王在京室誥訓「宗小子」們，說：「過去你們的父親能爲文王効勞。文王接受了大命，武王戰勝了大邑商，就向天下卜告，說：『我要住在中央地區，從這裏來治理民衆。』嗚呼！你們或者還是小子，沒有知識，要看公氏的樣子，有功勞於天，完成使命，敬受享祀啊！」王是有恭德，能够順天的，教訓我們這些不聰敏的人。王的誥訓講完後，𣄰被賞賜貝三十串，𣄰用來做□公的祭器。這時是成王五年。

這裏，𣄰是做這件銅器的一個奴隸主貴族（實際鑄造者當然是奴隸），他的父親是周文王的舊臣，並且是周王朝的宗族，所以𣄰是「宗小子」中的一人。這件銅器的銘文本來只是𣄰聽了成王的誥辭和受到賞賜後，記述這一榮寵。但由於它記載了成王初遷的王朝大事，和成王誥辭中所引武王告天的話，因此就向我們提供了十分重要的史料。

首先，周武王滅了殷王朝以後，就有建都洛陽一帶的意圖。《逸周書・度邑解》說：「自雒（即洛字，下同）汭延於伊汭，居易無固，其有夏之居。我南望過於三涂，北望過於岳鄙，顧瞻過於有河，宛瞻延於伊雒，無遠天室。」就提出由雒汭到伊汭，適宜於建都的規畫。後來，《尚書・召誥》記載太保召公先去「相宅」，看建在那裏合適，在三月五日戊申他到了洛水旁卜宅，從占卜中定下了地址就開始經營，三月七日庚戌，太保命令「攻位於洛汭，」就是在洛河北面建築臨時的王宮，可見這是依照武王的遺命行事的。新發現的這篇銘文裏引武王在克大邑商以後，廷告於天說「餘其宅茲中國，自之乂民」，意思是「要建都於天下的中心，從這裏來統治民衆」，和文獻資料完全符合，這是一個很重要的證據，對西周初期歷史的研究有很大幫助。

武王之所以作此規畫，是由於他預見到，原來的都城鎬京在黄河以西，稱爲「西土」，對東方的統治，很不鞏固。所以要「宅茲中國」，就是要建都於中心地區。《逸周書・作雒解》記周公的話，一則說「俾中天下」，再則說「乃作大邑成周於土中」，意思是一樣的。果然，武王死後，管叔、蔡叔就和殷王紂的兒子武庚禄父聯合起來叛變，而在山東省的諸侯：奄國、薄姑等也都響應，當時成王還年幼，周公攝政，先平定管蔡等三監，隨後又東征，把奄國等都滅了，所以接着就營建洛邑，其目的還是要鞏固中央政權，營建的規模很大，見《逸周書・作雒解》。

第二，此器作於成王親政後五年，這是一件重要的史料。《史記・周本紀》和《尚書大傳》都有周公攝政七年，反政成王的記載。《尚書·洛誥》篇末説「在十有二月，惟周公誕保文武受命惟七年」，顯然記的是周公攝政第七年年終時事。而篇中周公對成王説：「王肇稱殷禮，予齊百工，伻從王於周，予惟曰庶有事，今王即命曰記功宗，以功作元祀。」而成王的答詞説：「公明保予沖子。公稱丕顯德，以予小子揚文武烈，奉答天命，和恒四方民。居師惇宗將禮，稱秩元祀，咸秩無文。」就是周公要召集百官，舉行歸政於成王的典禮，讓成王舉行第一次的「殷禮」，就把這下一年稱爲「元祀」。而這篇銘文的記事是「惟王五祀」，那就是成王五年了。照《爾雅·釋天》的説法，殷朝人稱「祀」，周代只稱爲「年」，但在銅器銘文裏，西周初期，經常稱「祀」，據現有的材料説，這篇銘文所記成王五祀，是最早的了。過去歷史學家都認爲周公攝政七年並不包括在成王在位年數之内，現在知道從「元祀」以後才是成王親政後的紀年，這個問題就得到證實了。

第三，尤其重要的是：從這篇銘文裏，可以看到成王確實要遷都成周，並已見諸行動，這在過去是不知道的，至少也是不清楚的，但這在當時是一件大事。當洛邑開始營建和剛建成的時候，都只稱爲「新邑」，這在《尚書·召誥》、《洛誥》和《多士》裏屢次講到。在銅器銘文裏也常常見到。〔一六〕而在這篇銘文裏就已經稱爲「成周」了。我們知道西周的許多王號都是自稱的，這是王國維首先提出來而經郭沫若同志作了若干補充的。成王是在洛邑建成以後，在這個新建的「大邑」裏親政，並且把紀年改稱爲「元祀」。那末，他的自稱爲成王，就是表示「王業」已經告成的意思，而且把這新邑也改稱爲「成周」，把原來的鎬京則改稱爲「宗周」，這顯然表明成周是周王朝的新都，而宗周只是它的老家了。《書序》説：「周公在豐，將没，欲葬成周。」《史記·魯世家》則説：「周公在豐，病，將没，曰：『必葬我成周，以明吾不敢離成王。』」正説明「成周」是成王的周。周初銅器銘文裏經常講到周公，而此篇銘文記載如此大事，却没有提到周公，那末，周公歸政以後，就由成王在成周親自執政，而他回到豐邑，不久就病死，所以在成王親政五年時開始遷都，周公已死了。

周王朝在滅殷後，對俘獲的殷王朝所寶藏的鼎是十分重視的。在《逸周書·世俘解》裏，武王在四月庚戌早上回到鎬京，在周廟裏獻了俘馘後，第二天辛亥就「薦俘殷王鼎。」而《左傳》記成王「定鼎於郟鄏」。就把俘獲的所謂九鼎遷到成周。周王朝是把這些鼎代表王權的，把這樣的重器遷來，可見當時確實已經把成周定爲正式的國都了。但是後來不知由於什麼原因，周王朝的政治中心，還是在宗周，一直到幽王時西周王朝覆滅，平王才真正東遷，而從此以後，周王朝已經没有實力，諸侯割據，成周與王城在政治上已經不能起什麼作用了。

銘文中説到「王誥宗小子於京室」，這個京室顯然是在成周的宗廟，是祭太王、王季、文王和武王的地方。京是周國的舊名，《詩經・思齊》説「思媚周姜，京室之婦」，這個「婦」是文王的母親太任，而周姜則是文王的祖母太姜，由此可見「京室」的名稱，早就有了。到了武王滅殷後，「薦俘馘於京太室」，是在鎬京的宗廟。而到了《詩經・下武》裏所説「三后在天，王配於京」，那已經是成王所作的京宫了。成周有京宫，見作册夨彝。又叫京宗，見《西清續鑑甲編》的甲戌鼎。〔一七〕根據此銘，它也可以稱作京室了。

這次遷都大事，由於文獻記載語焉不詳，所以過去從未被人注意，是這件銅器銘文中提出的最重要的歷史事實。

作器者𣄰的父親在銘中只説是公氏，等於只稱公，最後説「用作□公寶尊彝」，公上一字又未能辨認，不知究爲何人。成王誥辭説他是文王舊臣。《國語・晉語》四説：文王「詢於八虞，而諮於二虢。」寶鷄在周代是虢國的封地，那末，這個公可能是虢公，所以他的後人能得到成王這樣重視。從這件銅器來看，製作之精美，尤其是在尊的腹内圓底，呈窪形，直徑不過十五六釐米，而能範鑄成這樣長篇的銘文，如果没有熟練的工匠是絶對做不到的。《書序》説：「成周既成，遷殷頑民。」鄭玄注：「此皆士也，周謂之民，民無知之稱。」這種亡國之頑民，實際上等於奴隸，或者就是奴隸了。成王時在成周有了這批新的手工業奴隸，所以在銅器内範的製作上有了很快的提高。從武王時的大豐簋銘文範製的粗拙，與此器相比較，可以看到洛邑的青銅工藝的水平確是高得多了。

這件銅器應作於公元前十一世紀的後半期，距今約三千年。這是一件極其重要的歷史文物，跟武王時代的大豐簋，康王時代的宜侯夨簋等差不多，而在成王時代，這將是最可珍貴的史料。這一新發現，是我國考古學上又一重大收獲。

〔一〕小篆从豊的字，金文多从豐。醴字，師遽方彝等均作醴，長囟盉「穆王饗豐」，就是饗醴。那末，大豐簋的「王又大豐」和麥尊的「爲大豐」，都應讀爲「大禮」。

〔二〕此字卜辭和金文均常見，象用手捧有流的酒尊在示前灌祭的形狀。

〔三〕「天」是「天室」，《詩經・下武》説「三后在天」，就指天室。大豐簋説「王祀於天室，降天亡尤」，降天就指從天室下來。

〔四〕𢍉字我釋作誥，見《史𩑦簋考釋》，《考古》一九七二年第五期。

〔五〕京室是周初的宗廟，詳見後文。

〔六〕逨字見長囟盉、單伯鐘等器，小臣逨簋的逨字，即從此。

〔七〕「大令」二字在器殘缺處，但「大」字還略見字頭，「令」字也略見字尾，今補。

〔八〕「廷」疑當讀爲「筳」，《離騷》「索瓊茅以筳篿兮」，筳篿是折竹卜。

〔九〕這裏的中國，是指周王朝疆域的中心。

〔一〇〕⿰目亭就是薛字，《説文》誤作㚕，「治也」。王國維説。民字从目，此銘中初見。

〔一一〕「有」字通「或」。

〔一二〕毛公鼎「勞勤大命」作[illegible]，录伯𢦏簋「有勞於周王」作[illegible]，均象兩手捧爵形，爵與勞音近。此無兩手形而上从凡，而句法與录伯簋相似，當仍讀作勞。師克盨「有勞於周邦」作[illegible]，則有兩手。

〔一三〕⿰啇殳字卜辭常見。《説文》徹字古文作𢕌，當與此爲一字。《左傳》昭公二年説「徹命於執事」，注：「達也。」

〔一四〕叀與惠同，讀爲唯。見唐蘭：《天壤閣甲骨文存並考釋》。

〔一五〕⿰歹可當是⿰可欠的異體，《廣雅·釋詁》二説：「⿰可欠息也。」

〔一六〕見卿鼎、卿簋、⿰鳥攴士卿尊和《文物》一九六三年第三期的癸卯鼎。

〔一七〕詳見唐蘭：《西周銅器斷代中的康宮問題》，《考古學報》一九六二年第一期。

載《文物》一九七六年第一期第六〇至六三頁。

圖一 䀇尊器形、銘文及花紋拓片

陝西省岐山縣董家村新出西周重要銅器銘辭的譯文和注釋

陝西省岐山縣董家村新發現的一批西周銅器，有的銘文很重要，如記述西周中期的租田易地等事和晚期的一篇判決書等是研究奴隸制社會後期的寶貴史料，我將在綜論寶鷄市近年發現一文中探討其重要歷史價值。這裏只就裘衛四器、倗簋等七篇銘文譯出它們的語意並加注釋，以便於瞭解其内容。考證很可能有錯誤，希廣大讀者加以指正。

一　衛簋　原銘七行，七十三字。

王二十七年三月既生魄戊戌，〔一〕王在周，到了太室，就位。南伯陪裘衛進門，站在庭心裏，面向北。王叫内史賞給衛黑色圍裙〔二〕和朱紅色的帶子，車上的鈴。衛拜、叩頭，敢稱揚天子顯赫的恩賜，用以做我的祖父們的簋，衛子子孫孫永遠寶用。

二　衛盉　原銘十二行，一百三十二字。

三年三月既生魄壬寅，王在豐邑舉行建旗的禮。〔三〕矩伯庶人在裘衛那裏取了朝覲用的玉璋，〔四〕作價〔五〕貝八十串。這租田，〔六〕可以給〔七〕田一千畝。〔八〕矩又〔九〕取了兩個赤玉的琥，兩件鹿皮披肩，〔一〇〕一件雜色的橢圓圍裙，〔一一〕作價貝二十串，可以給田三百畝。裘衛詳細地〔一二〕告知伯邑父、崇伯、定伯、琼（音亮）伯、單伯等執政大臣，大臣們就命令三個職官：〔一三〕司徒微邑，司馬單旟，〔一四〕司空邑人服，到場付給田。燹（音險）扶、衛小子□，〔一五〕迎接的人舉行宴會。衛用來做我的父親惠孟的盤，〔一六〕衛一萬年永遠寶用。

三　五祀衛鼎　原銘十九行，三百〇七字。

正月上旬庚戌，衛把邦君〔一七〕厲的話告知邢伯、伯邑父、定伯、琼（音亮）伯、伯俗父等。厲說：「我辦理〔一八〕共王勤政〔一九〕的事，在昭王的太室東北，〔二〇〕臨時禜（音咏）祭涇渭兩條大川的神，〔二一〕對我説〔二二〕給你種五百畝田。」執政們〔二三〕訊問厲説：「你租田嗎？」厲承認〔二四〕説：「我確實要租給人田五百畝。」邢伯、伯邑父、定伯、琼伯、伯俗父辦成了，〔二五〕要厲立了誓。於是命令三個職官：司徒邑人趙，司馬頞人邦，司空陶矩，内史友寺芻，帶領着踏勘〔二六〕給裘衛的厲的田四百畝。於是給在這個邑里定下四界，〔二七〕北界到厲的田，東界到散的田，南界到厲的田和政父的田，西界到厲的田。邦君厲到場付給裘衛田。厲叔子夙，厲家的管事的䜌（音崇）季、慶癸、燹（音險）䙥（音表）、荆人敢、邢人倡屖、衛小子者，舉行宴會並送禮。〔二八〕卫用以做我的父親的鼎，衛一萬年永遠寶用。這是王五年。

四　九年衛鼎　原銘十九行，一百九十五字。

九年正月既死魄庚辰，王在周的駒宫，到了宗廟裏。眉敖的使者者膚來見王，〔二九〕王舉行盛大的接待禮。〔三〇〕矩向裘衛取了一輛好車，〔三一〕附帶車旁的鈎子，車前横木中有裝飾的把手，虎皮的罩子，長毛狸皮的車幔，〔三二〕彩畫的裹在車軛上的套子，鞭子，〔三三〕大皮索，〔三四〕四套白色的繮繩，〔三五〕銅的馬嚼口〔三六〕等。〔三七〕又給了矩姜（當是矩的妻）六卷帛，矩給裘衛林䇘（音擬）〔三八〕里。這林木是顔的，我又給了顔陳〔三九〕兩匹大馬，給了顔姒（當是顔的妻）一件青黑色衣服，〔四〇〕給了顔家管事壽商一件貉皮袍子〔四一〕和罩巾。〔四二〕矩就到濂（音廉）鄰〔四三〕那裏命令壽商和意辦成了，踏勘付給裘衛的林䇘里。於是在四面堆起土壟爲界，〔四四〕顔小子辦理立壟，壽商察看了。〔四五〕給了盠（音黎）冒梯〔四六〕兩張公羊皮，〔四七〕兩張羔羊皮，〔四八〕給業兩塊鞋筩子皮，〔四九〕給朏一塊銀餅，〔五〇〕給厥吴兩張喜皮。〔五一〕給了濂虎皮罩子，〔五二〕用柔軟的帶裝飾的〔五三〕皮繩子裹的把手，〔五四〕給東臣羔羊皮袍，給顔兩張五色的皮。〔五五〕到場受田的是衛小子寬，迎接的、送禮物的是衛臣虣（音暴）朏（音匪）。衛用來做父親的鼎，衛一萬年永遠寶用。

五　㑷（音滕）匜　原銘器六行，蓋七行，共一百五十七字。

三月既死魄甲申，王在方邑的上宫，〔五六〕伯揚父〔五七〕定下了判詞，〔五八〕説：「牧牛！你被譴責〔五九〕爲誣告。〔六〇〕你敢和你的師打官司，你上面違背了〔六一〕先前的誓言。現在你已經有了辦理〔六二〕的誓，到嗇去見㑷，〔六三〕給這五個奴隸，〔六四〕也已經辦理你的誓言了，你也已經聽從訟詞，〔六五〕聽從誓約了。最初〔六六〕的責罰，我本應〔六七〕鞭〔六八〕打你一千下，給你黷（音蔑）

罷(音屋)之刑〔六九〕(墨刑的一種，在顴骨處用刀割破並填上墨，另外還用黑巾蒙在頭上)；現在我赦了你，還應該鞭你一千下，給你黜罷之刑〔七〇〕(除了罷刑外，只是罷免，不蒙黑巾了)；現在更大赦你，鞭五百下，罰銅三百鍰〔七一〕(合漢時的秤二千兩。」伯揚父就又〔七二〕叫牧牛立誓說：「從今以後，我大小事不敢擾亂你。」伯揚父說：「你的師再把你告上來，就要給你鞭一千下，〔七三〕給你黷罷之刑。」牧牛立了誓。於是把這告知官吏邦和曶參加了會。牧牛的案子和誓約都定下了，罰了銅。𠊨用來做宗旅的盉。〔七四〕

六　公臣簋　原銘六行，四十三字。

虢仲〔七五〕命令公臣說：「管理我的百工，賞給你四匹馬，五個鐘和銅，任事！」公臣拜，叩頭，敢讚揚〔七六〕大尹(君)〔七七〕的顯赫恩賜，做這個簋。公臣一萬年用寶這次恩賜。

七　此鼎和此簋　原鼎銘十一行，簋銘十行均一百十二字。

十七年十二月既生魄乙卯，王在周的康宮裏的夷宮。〔七八〕早上，王到太室，就位。司徒毛叔陪此進門，站在庭心裏。王叫史翏册命此，說：「排列邑人和善夫們的次序。〔七九〕賞給你玄色的上衣，有針刺花紋的邊，火紅色的圍裙和朱紅色的帶子，車上的鈴和旗。」〔八〇〕此敢讚揚天子的顯赫的恩賜，用以做我的父親癸公的鼎(簋)，用來薦享孝順祖先，〔八一〕用來祈求長壽。此一萬年無止境，盡力臣事天子，〔八二〕善終，子子孫孫永遠寶用。

〔一〕裘衛四器，三器均在共王時，則此應爲穆王二十七年。

〔二〕原作「載市」。載从𢦏聲，𢦏从才聲，當通緇。《說文》：「緇，帛黑色也。」古文作紂。

〔三〕原作「爯旗」，是舉旗，與建旗意義相近。舉旗當是朝會諸侯。康王時曾大朝諸侯於豐宮。

〔四〕原作「堇章」，當是朝覲用的璋，覲本是動詞，此轉爲形容詞。頌鼎等說「册佩以出，反入堇璋」，與《左傳》僖公二十八年所說「受策以出，出入三覲」，文義相近，可證。如果解爲用瑾玉來做的璋，《左傳》的話就講不通。五年召伯虎簋說「琱生則堇圭」，堇也是動詞。

〔五〕原作「才」。才字和裁字古書常通用。《廣雅·釋言》「裁，制也」，有量度決斷的意思。此處用爲作價。

〔六〕原作「厥貯」。貯與租音近通用。郭沫若同志在《兩周金文辭大系考釋》沈子簋下說：「貯者租也，賦也。頌鼎：『官嗣成周貯廿家』，格伯簋(應爲倗生簋）：『氏（厥）貯卅田』，毛公鼎：『貯毋敢龏橐橐』，兮甲盤：『毋敢或入蠻夷貯』，均其例。」是對的。但倗生簋與此銘的貯是租田，頌鼎與兮甲盤等是都市、關卡的租賦。王國維跋頌壺把貯字讀爲予（《觀堂別集補遺》），則是錯的。

〔七〕原作「舍」字，即舍字，从口余聲，《説文》反以余字爲从舍省聲，是弄顛倒了。余予同音，作爲代名詞的余，古書常作予；从余聲的舍字，古書也常作給予的予。會鼎「余其舍汝臣十家」，散盤「湄矢舍散田」，居簋「君舍余三鏞」，「趞舍余一斧」，均應讀爲予。

〔八〕原作「田十田」。上一「田」字是名詞，指農田。下一「田」字，是田畝的量詞。《考工記·匠人》説：「田首倍之。」注：「田，一夫之所佃百畝。」那末，田十田是田一千畝。田字也可以作爲動詞，如《書·多方》「畋爾田」，《詩·齊風》「無田甫田」正義引作「田爾田」，那是種田的意思，也可以作佃和甸。但不嬰簋記伯氏錫不嬰臣五家，田十田，田與臣都是名詞，説明在數量前應是名詞。

〔九〕原作「或」，當又字講，見《經傳釋詞》。

〔一〇〕原作「麀𠦪」。麀字下似从乙，未詳，當是鹿屬。𠦪通賁，音臂，與帔（音僻）音近。《釋名·釋衣服》：「帔，披也，披之肩背，不及下也。」那末，麀賁是鹿皮的披肩。《書·立政》「綴衣、虎賁」，《顧命》：「虎賁三百人。」過去不懂得爲什麽叫虎賁，其實是披着虎皮披肩的武士。《左傳》莊公十年：「蒙皋比而先犯之。」皋比就是虎賁，所以可以蒙。

〔一一〕原作「𠦪韐」，𠦪也通賁，但這個賁字，是雜色。韐《説文》又作帢，是市（紱）的一種，「制如榼，缺四角」，當是橢圓形。賁韐是雜色皮的蔽膝（圍裙）。

〔一二〕原作「堯」，通「矢」。《爾雅·釋詁》「矢，陳也」，是叙述的意思。

〔一三〕原作「參（三）有嗣（司）」。有司是管理具體職事的官吏。

〔一四〕原作「旟」字从弄，即輿字。那末，旟是旟字，與肇字省作旐不同。

〔一五〕原作「䆁」字，右旁似从豸，左旁未詳。

〔一六〕器是盉而銘中稱爲盤，是由於盤盉都是盥洗用具，鑄盤時大都也鑄盉，所以就把盤銘鑄在盉上，此例銅器中常見。

〔一七〕邦君當是王畿裏面的小國國君。穆王時的静簋説：「合數茲自邦君，射於大池。」共王時的豆閉簋説：「司突俞邦君司馬弓矢。」厲王時的梁其鍾説：「邦君、大正。」均其例。

〔一八〕原作「執」，執掌，辦理。

〔一九〕原作「邮工」，即恤功，《書·吕刑》：「乃命三后，恤功於民。」是憂勤政事的意思。

〔二〇〕原作「東逆」，「逆」通「朔」。古代常用朔代表北方，《爾雅·釋訓》：「朔北方也。」《書·堯典》：「宅朔方。」

〔二一〕原作「燮二川」。「燮」通「禜」，音咏，祭山川。《左傳》昭公元年説：「山川之神則水旱厲疫之灾於是乎禜之。」《説文》説是「設綿絶爲營」，這是没有固定的祭祀場所，臨時圈起一塊地，把茅草捆扎起來竪立在那裏，作爲參與祭祀者的位置的標記。二川指鄰近宗周的涇水和渭水。因爲這是臨時性的祭祀，所以就在昭王太室的東北。

〔二二〕原作「曰余」。曰通謂。這是共王和厲説的，但不是共王的正式賞賜。

〔二三〕原作「正」，通政，指執政。《書·文侯之命》「亦惟先正」，鄭玄注：「先正、先臣，謂公卿大夫也。」

〔二四〕原作「許」，許諾。此處有承認的意思。

〔二五〕原作「顜」，與「構」字通。構，促成。《廣雅·釋詁》三：「構，成也。」

〔二六〕原作「履」，踐踏。此處指踏勘疆界。大簋記王把趞睽的里賞給大以後，曾派善夫豖和趞睽去「履大錫里」，與此同義。《左傳》僖公四年：「賜我先君，履：東至於海，西至於河，南至於穆陵，北至於無棣。」履也指定界，過去連上句讀成「賜我先君履」，是錯的。

〔二七〕原作「寓於氏(厥)邑」。寓字在《説文》裏是宇字的籀文。《左傳》昭公四年杜預注説「於國則四垂爲宇」，四垂就是四境。此處指田的四至。

〔二八〕原作倂，即媵字，《説文》作倂，「送也」。其飱媵，是宴會後還送禮物。

〔二九〕眉敖亦見乖伯簋，説：「唯王九年九月甲寅，王命益公征眉敖，益公至，告(誥)。二月，眉敖至，見，獻貴(賦)。」所記是共王九年九月到第二年二月的事。眉敖來朝是當時的一件大事。據此銘則共王九年正月先派使者來，九月，共王又派益公去，眉敖才來朝見，並獻賦。

〔三〇〕原作「大黹」。黹應讀爲致，黹、致音相近。《儀禮·聘禮》記諸侯的使者聘問時，主人方面由卿去致館，安排住所，準備筵席，並送糧食柴薪等。大致是舉行隆重的致館禮。

〔三一〕原作「省車」。矩當是被命爲致館的卿，所以要向裘衛取車。《爾雅·釋詁》：「省，善也。」石鼓文説：「省車載行。」省車應是好車。

〔三二〕原作「虎幎貄幃」，與晨鼎所説：「虎幃幎」同。《説文》：「希，脩豪獸。」《爾雅·釋獸》説：「貄，脩毫」。又説「狸子隸」，貄隸當是一字。那末，這是用長毛的狸皮來做幃幔。

〔三三〕原作「㝸」字，在《説文》裏是鞭字的古文。

〔三四〕原作「帀䩞」。帀當即席字，通「蓆」，《爾雅·釋詁》：「蓆，大也。」䩞字从革，當是皮做的繩索。席索是大索。

〔三五〕原作「帛(白)轡乘」。轡是馬繮繩，是四匹馬的白色的繮繩。

〔三六〕原作「金麃」，麃通鑣，《説文》：「馬銜也。」就是馬嚼子，金鑣是用銅做的。

〔三七〕此處原有一字，金旁，右半上面像是再字，下不可辨。應是馬具一類。

〔三八〕⿱孖日字音擬。《説文》是朁字的籀文，説：「从二子，一曰⿱孖日即奇字晉。」按金文⿱孖日字从甘(或作口)，不从日，篆文寫錯了。商代亞獸卣⿱孖日字从二子(見《三代吉金文存》一三、一二)，春秋時的戲⿱孖日妊簋同。但宋代出土亞獸鼎⿱孖日字作⿱孖甘，兩個子字寫法微有不同(見《薛氏鐘鼎彝器款識》卷一)。到了較晚的亞獸尊索性變成⿱孖日，左方的子形已不能辨認了。此銘兩子字寫法也略有不同。這都是書寫者的筆法變化。至於晉字本从兩矢，倒寫時作□有些像子形，因而致混，其實⿱孖日和晉原是兩字。

〔三九〕陳字戰國時陳侯午錞與陳侯因資錞均略同。

〔四〇〕原作「虡各」。虡字似从虎下乘，疑與《説文》解爲「黑虎也」的䖘字通，乘騰聲相近。各字與戰國時子姣壺的姣字偏旁[illegible]字相同。凡从爻的字古書多从交，較作較可證，所以各通咬。咬應讀如絞，《夏小正》「玄校」，傳：「若緑色然，婦人未嫁者衣之。」校即絞，《禮記·玉藻》：「麛裘、青豻褎，絞衣以裼之。」䖘有黑的意思，同音的黱字即青黛。那末，䖘絞是婦人所穿的青黑色衣服。

〔四一〕原作「圀裘」。圀字从豹从口，應即豹字。《爾雅·釋獸》「豹子貆」，據《説文》則豹就是貉，現在我國東北還盛産貉皮。

〔四二〕原作「幎」，上一字从皿，未詳。幎當是裘外的罩。

〔四三〕漋鄰就是漋所管理的鄰。鄰比里小，有兩説：《周禮·遂人》是「五家爲鄰，五鄰爲里」。《尚書大傳》則説「八家爲鄰，三鄰爲朋，三朋爲里」。

〔四四〕原作「封」，是把土堆起來作疆界，散盤作弄，《小爾雅·廣詁》：「封界也。」

〔四五〕原作「䦧」字，《説文》：「經繆殺也。」此處當借爲糾字，察看的意思。

〔四六〕盠音黎，見《廣韻·十二齊》。梯字从[illegible]是弟字。盠冒梯當是人名。

〔四七〕原作「羝」字，从氏，與氐通。公羊。

〔四八〕原作「羴」，羔羊，見《廣雅·釋畜》。

〔四九〕原作「踊」，是筩形的鞋。《左傳》昭公十三年：「屨賤踊貴。」注：「刖足者屨也。」刖足者無足，所以穿踊。這裏説舄踊皮，疑是鞋筩的皮。

〔五〇〕原作「帛(白)金一反」。白金是銀。「反」通「鈑」，一鈑是一塊銀餅。《爾雅·釋器》：「鉼金謂之鈑。」

〔五一〕喜皮未詳。

〔五二〕原作「虎幎」，一般是車上覆蓋物，並都在賁鞃之後。此處没有説到車子，未詳。

〔五三〕原作「㷭㚔(賁)」。㷭是㶌字，等於夓就是猱字。此處當通鞣，是製成的柔軟的皮革，車具中賁鞃都聯起來説，這裏的賁字，疑只是裝飾的意思。

〔五四〕原作「韈冟(鞃)」。韈字當與纕字通，是皮做的帶子所以从韋。鞃是車前面横木(軾)中間的把手處，用皮帶裹起來。

〔五五〕原作「下皮」。下疑通夏，下夏音同。《周禮·染人》「秋染夏」，注：「染五色。」

〔五六〕原作「莽上宫」。莽是金文常見的莽京。宋代出土的亞㠱長𣪕卣説：「唯十又二月，王初餮旁，唯還，在周。」可見成王時還只稱旁。其寫作莽而稱京，疑在穆王以後。而在西周晚期，如此器與六年召伯虎簋則又不稱京了。古書稱爲方。《詩·六月》：「侵鎬及方，至於涇陽。」鎬是鎬京，方是莽京，其地應在涇水之北。《出車》説「王命南仲，往城於方」，「天子命我，城彼朔方。」可見方在宗周之北，是比較遠的。方上宫是方地的上宫。

〔五七〕伯揚父與《國語·周語》的伯陽父不知是否一人。但此器似較早，可能只是同名。

〔五八〕原作「𠭯」字。又見師旂鼎，是判詞。《説文》𠭯字讀若概，《切韻》𠭯、概都是古代反，而劾字胡概反，兩字音近通用，那末，𠭯就是漢代法律上專用名詞的劾。《周禮·鄉士》：「辨其獄訟，異其死刑之罪而要之。」鄭玄注：「要之，爲其罪法之要辭，如今劾矣。」今，指漢代。《尚書·吕刑》正義說：「漢世，問罪謂之鞫，斷獄謂之劾。」

〔五九〕原作「可」，讀爲苛，譴責。法律用語。《周禮・世婦》注：「苛，譴也。」《漢律》有「苛人受錢科」。

〔六〇〕原作「湛」讀爲抌，音同。《說文》抌，「讀若告，言不正曰抌」。告言不正就是誣告。

〔六一〕原作「卭」，通「挺」。《說文》：「挺，拔也。」拔出，拔去，都是背離的意思。

〔六二〕原作「⿰午阝」，即「御」字，這種寫法，甲骨文常見。御，辦理。

〔六三〕原作「⿺走各（格）嗇⿰兟見儹（倂）」。「⿰兟見」當即「覲」字，見面。做這個匜的倂的職位是師，師是帶兵的地方官，兼管嗇（糧倉），所以牧牛到嗇去覲見他。

〔六四〕原作「㝉亦茲五夫」。㝉通授或受，㝉和受都從舟聲，五夫應指五名奴隸，曶鼎也爲五夫而涉訟。

〔六五〕原作「辭」，也是法律上的專用名詞，在打官司時陳述理由或案情。《說文》：「辭，訟也。」《書・呂刑》：「有辭於苗。」

〔六六〕原作「尗」，通俶，《爾雅・釋詁》：「俶，始也。」

〔六七〕原作「義」。義和宜，古代經常通用。師旂鼎判詞中也用義來表達應該如何處理的意思，可見是當時法律上的常用語。

〔六八〕原作「便」字，从人从㚇，象用手持鞭鞭人的背，當是鞭的原始字。鞭字从革，是皮鞭，是後起的形聲字。

〔六九〕原作「⿰⿱𡉉黑殳⿰⿱𡉉黑殳」，即⿰黑蔑⿰黑屋，是墨刑之一。⿰⿱𡉉黑殳字應从黑殸聲，殸字與蔑字，一从殳，一从戈，當是同一字的不同寫法。⿰黑蔑⿰黑屋兩字都从黑，當是墨刑。《說文》屋字的古文作𡈙，上面所从的龶，就是這裏的户，此又从殳，與从刀的剭通，所以定爲⿰黑屋字。《說文》：「黥，墨刑在面也」，或作⿰黑刂，从刀从黑。其實⿰黑刂字是墨刑的原始字，象用刀刻人面的形狀。《書・呂刑》和《周禮・司刑》都有墨刑，那末，黥只是墨刑的一種罷了。黑字鄘伯𠭰簋作□，本象正面人形（即大字）而面部被墨刑的人，鑄子叔黑𦣞簠作□，則在兩臂上下均有裝飾性的點，《說文》就認爲是从炎，是錯了（炎字原作□，不作炎）。正由於黑字原是受墨刑的人，所以屬於墨刑的字都从黑，此銘⿰黑蔑、⿰黑屋、黜三字，《說文》黥字以及《梁律》所謂黵面之刑都是。此銘既有⿰黑蔑⿰黑屋，又有黜⿰黑屋，顯然在⿰黑屋刑之中，又分兩種。《易・鼎卦・九四》說「其形渥」，有很多別本作：「其刑剭。」晁說之《易詁訓傳》引京房說：「刑在頄爲剭。」頄是臉上的顴骨。《玉篇》：「⿰黑屋，刑也，或作剭。」大概就根據京房本，所以《廣韻・一屋》就說：「⿰黑屋墨刑也。」據此銘則西周已有⿰黑屋字了。黥刑在古書中大都解爲鑿額，與此刻顴骨的剭刑略有不同。至於⿰黑蔑，古書没有這個字，應與幭通，《說文》：「幭，蓋幭也。」《管子・小稱》說齊桓公死時「乃援素幭以裹首而絶」，可見幭是蓋頭的巾。幭字與幪字聲近相通，《方言》四：「幪，巾也。」《說文》「幪，蓋衣也」，意義也是一祥。那末，⿰黑蔑就是《尚書大傳》「下刑墨幪」的幪無疑。墨幪是頭上蒙黑巾。只是戰國以後人上了儒家的唯心主義的胡說的當，把唐虞時代的「象刑」（把刑法畫成圖象來公佈）解釋成爲只是象徵性的刑罰，因而說墨幪用來代替黥刑，那是錯誤的。據此銘則⿰黑蔑⿰黑屋是在剭刑的基礎上再加蓋幭的，即先用刀割顴骨處，再用墨填，而又使他蒙黑巾的雙重刑罰，可以糾正舊說之誤。

〔七〇〕原作「⿰黑⿱止虫⿰⿱𡉉黑殳」。⿰黑⿱止虫字从黑从⿱止虫（音騁，與蚩字不同）。⿱止虫字甲骨文作□，上半與止字同，下象蟲身。《說文》誤爲从屮，作蚩。古書無⿰黑⿱止虫字，當即點字。蚩和出聲近，形亦相類（出字本亦从足形的止，《説文》也誤从屮）。黜字《説文》「貶下也」，是廢逐、罷免的意思。過去對於黜字爲什麼从黑是講不出道理來的，現在知道黜也是墨刑，就好懂了。黜䵝只是罷免官職，比黷䵝要輕。

〔七一〕原作「爰」，是鍰的原始字，是上下兩手授受一塊銅餅的形狀。銅餅畫成橢圓形的點，也可以畫成空心的圓圈，所以大孔的的玉璧和門環叫做瑗和鍰，正因爲這圓圈和璧字、環字中的圓圈是一祥的。古文字對這種圓圈，有時用帀字來代替（如卫作衛），所以虢季子白盤的爰字寫作□，後來把不字寫得像亐（于）字，就是小篆的□字。有些人把爰字釋作寽，是錯的。寽字原作□，是捋的原始字。與爰字來源不同。但由於戰國時爰字或變成□，兩字就很難分别，所以漢人常以鍰鋝爲一。但爰字本象授受銅餅，銅的重量應作爰。古書上罰多少鍰的字也只作鍰字。《經典釋文》在《書・吕刑》「其罰百鍰」下説：「六兩也，鄭及《爾雅》同。」……賈逵説：「俗儒以鋝重六兩，《周官》『劍重九鋝』，俗儒説是。」《周禮・冶氏》鄭玄注説：「今東萊稱（秤）或以大半兩爲鈞，十鈞爲環，環重六兩大半兩。」環與鍰音近，六兩大半兩，爲一百六十銖，三鍰爲四百八十兩，即東萊秤的二十兩。漢代民間的秤，可能和周代相近，三百鍰是二千兩。至於鋝，《説文》説是「十一銖二十五分之十三」，作選，作率，均聲近通用。這比半兩略小，《考工記・弓人》説「膠三鋝」，不到一兩半。清代戴震硬説罰鍰的鍰應作鋝，《弓人》的鋝應作鍰，前人多从他，是十分錯誤的。

〔七二〕原作「或」，通又，見《經傳釋詞》。

〔七三〕原作「到」字，本从人，不从刀。人形有時畫出脚，有時只畫脚而不畫人，便是「致」字。

〔七四〕原作「旅盉」。旅是宗旅，比族的範圍較小。一個大家庭中包括子弟，稱爲旅。有當行旅講的，是錯了。盉與盤爲一組，西周後期，把匜代替盉，有時還叫做盉。如毳匜就自稱爲盉，此器與同例。

〔七五〕虢仲是厲王時大臣，見虢仲盨和舸簋。

〔七六〕此原作「井曼」字，未詳。當與揚字同義。

〔七七〕尹一作君。

〔七八〕原作「徲宫」。徲通夷，夷宫是康宫里的夷王廟：宋代出土的害簋説「王在屖宫」，融攸从鼎説「王在康宫徲太室」，但聯説康宫徲的，此爲初見。《國語・周語》「宣王命魯孝公於夷宫」，韋昭注：「夷宫者宣王祖父夷王之廟。」

〔七九〕原作「旅」，是排列次序。

〔八〇〕原誤爲「旅」字，宋代所出褱鼎也誤旗爲旅。

〔八一〕原作「文神」，指祖先，克鼎：「顥孝於神。」

〔八二〕原作「畯臣天子」。畯通允，忠誠。

載《文物》一九七六年第五期第五五至五九頁又六三頁。

又《唐蘭先生金文論集》第一九四至二〇四頁紫禁城出版社一九九五年十月。

用青銅器銘文來研究西周史

——綜論寶鷄市近年發現的一批青銅器的重要歷史價值

近年來陝西省寶鷄市發現一批重要青銅器，很多銘文具有極爲重要的歷史價值，如：寶鷄市賈家出土的𣧑尊，作於周成王親政五年，約公元前十一世紀中葉，是這批銅器中最早的，所記成王初遷宅於成周，文獻記載不詳。扶風縣莊白大隊的伯𢦚諸器，是穆王時器，記載他初次被命抵抗滩戎，即後來的獫狁，是十分重要的史料。扶風縣强家生産隊的師𩛥(音載)鼎，銘文中的周王説他的皇考是穆王，我先認爲是共王時器，後來發現是錯了，這是穆王另一個兒子，共王之弟孝王時的器。[一]過去還没有發現過孝王時代的標準器，因此，這個鼎也相當重要。岐山縣董家村出土的重要銅器中，裘衛四器記載着奴隸制社會末期關於土地制度的重要内容。還有𠑇(音朕)匜，記着一件判決書，當屬於西周後期，是我國法律史上一件極重要的文獻。武功縣迴龍村的駒父盨蓋，記宣王十八年(公元前八一〇年)南仲命駒父向南淮夷索取貢獻，也是文獻未詳的一件大事。

這些銅器的發現，陝西省博物館、寶鷄市博物館和岐山縣文化館等單位的同志已有報導，𣧑尊我已寫過銘文解釋，董家諸器，我也寫過譯文和考釋，[二]這裏再就銘文作綜合的論述(關於伯𢦚三器的釋文和考釋，見附録)。

一、奴隸制社會崩潰的前夕——租田和易地——西周中期土地制度的重要變化

裘衛四器中關於租田一事是十分重要的，[三]過去雖有過類似的記載，但被誤解了。因此，這一新發現，具有特別重要的歷史價值。衛盉記矩伯從裘衛那裏取走一塊玉璋而租給裘衛田一千畝，和傳世的倗生簋所説格伯從倗生那裏取了四匹好馬而租給倗生田三千畝，是同樣的事。[四]過去把倗生簋叫做格伯簋是錯誤的，説：格伯付良馬四匹於倗生，倗生給價

三十田,〔五〕是把事實弄顛倒了。「典格伯田」的是倗生,「鑄寶簋」的也是倗生,格伯只是把田租給倗生罷了。過去對租田的問題也没有搞清楚,如果認爲是給價三十田,那是以馬易田,實際上是買賣行爲了。試問在奴隸制社會裏能有這樣的買賣行爲嗎?而且如果是以馬易田,那怎麽説「厥(其)貯(租)卅田」呢?如果説這個租字是指田租,用三千畝的田租來換四匹馬,那怎麽能「典格伯田」呢?

其實,租田有兩個方面,一是出租,一是承租。衛盉的矩伯和倗生簋的格伯都是出租者,衛和倗生則是承租者。當時,田地屬於王所有,其他奴隸主們只能暫時享有使用的權利。裘衛從矩伯那裏共租到田一千三百畝,告訴了伯邑父等五個執政大臣,大臣們還派職官去參加授田,是十分隆重的。

如果説在倗生簋裏還可以誤解爲以馬易田的話,在五祀衛鼎裏就決没有可能了。五祀衛鼎裏只是説邦君厲轉述周王的意思要他租給衛五百畝田,衛把這話告訴了執政們,經過對證屬實,經執政們辦理,只租給裘衛四百畝。這裏,出租者邦君厲没有向裘衛取過什麽。

迄今爲止,已發現的租田史實,還只有這三例。曶鼎記穆王末年奴隸主階級内部發生搶糧事件,當時告到了東宫(即後來的共王)那裏,被告匡季用七百畝田和五名奴隸向曶要求和解。〔六〕到了共王三年和五年就有裘衛兩次租田的事。從大臣們對這事的處理來看,這兩次未必是租田的開始,但開始總還不久,所以有這樣隆重的方式。在倗生簋裏,顯然簡單多了。定下了析地的契約後,格伯作了盟誓,劃定地段,只有一個寫字的人和一個參加歃血的證人。可能時代晚一些,制度已經鬆弛了。

九年衛鼎記矩向裘衛取了一輛車子和車馬的裝飾,裘衛還另外送給矩姜(可能是矩妻)四卷帛,而後矩把林舀(音擬)里給他。林舀里應是林子旁的舀里。都邑中有里,田野中也有里,里是居民區,比鄰大而比鄉小。但林子是顔的,所以又送給顔陳兩匹馬,還送東西給顔姒和顔有司,矩才把林舀里付給裘衛。這儘管不能算是買賣,而是互相贈予,其價值未必相當,但在事實上總是以物易地了,這樣的史料還是第一次發現。大簋記周王命令把䞬(音配)睽的里賞給大,〔七〕是經過王命的,而矩的付衛林舀里,却没有通過大臣們。這可能是矩的私地,即在周王所賞之外,利用奴隸勞動新開發出來的,不在王朝册籍之中。也可能林地與田地,制度上是有所不同的。

這部分資料之所以重要,在於它們記下了租田易地的詳細情節是過去所不知道的。西周是我國奴隸制社會的最後一個王朝。西周王朝從建立到覆滅,有一個漫長的過程。儒家歌頌文武成康,事實上,康王以前,還是建立時期,許多典章制度是沿襲殷代的。昭穆兩代，有了很大發展。昭王南征，爲了掠奪銅；穆王西征，爲的交換玉；這些活動是着重在經濟方面的。法家管仲説「昔我先王昭王穆王世法文武，遠績以成名」（見《國語·周語》），不説成康而説昭穆，可見周朝的政治經濟制度，很多是昭穆時代建立起來的。昭穆兩代連續遠征，在歷史上儘管起過一定的作用，但是奴隸制政權的基礎更加摇摇欲墜了。奴隸主貴族們醉心於向外掠奪，田地荒蕪了，奴隸減少了，積蓄耗盡了，遇到災荒就出現搶糧一類的事。可是在另一方面，出現了新的農業經營者，他們招募了流散奴隸，誘騙了貧苦的自由民，進行了大規模農業生産。由於利用青銅家具和較進步的農業技術，比舊的農業生産有較多的收穫，在三百篇裏的農業詩曾經吹嘘這種新的經營方法。因此，這些新的農業奴隸主們就千方百計地謀求擴大耕地面積，租田就是這樣興起的。舊的奴隸主貴族自己既不經營農業，對荒蕪的田地不甚愛惜，訴訟失敗，願意把田地轉讓；得到一些小便宜，當然願意把田出租。看來，當時的政府是容許甚至參與的，這就使新的農業奴隸主們有擴大耕地的機會。這樣就把奴隸制國家原來的農業制度完全破壞了。奴隸制國家原來是靠奴隸主們派奴隸代耕國家的公田來作爲主要收入的，所以王畿千里，稱爲甸服，甸服諸侯，是替王種田的，是王的佃户。現在奴隸主貴族們大都不經營農業，當然很少派奴隸去耕公田了。而新的農業奴隸主的大部分田地是租來的，不是王賞的，就没有助耕公田的義務，國家的收入就越來越少了。所以到了西周後期，厲王就要「革典」（見《周語》），把助耕公田的制度取消，而代之以十分取一的徹法，所謂「周人百畝而徹」，實際已是西周後期的制度了。

從衛的三件銅器銘文，可以看到他在三年時間裏租到田一千七百畝，後來又要到了一個林孴里，顯然是這種新興的農業奴隸主。他又叫裘衛，可能是原來任司裘一類的小官而以官爲氏的。〔八〕他不是大貴族，在四件銅器裏只有衛盉説到文考惠孟，其餘就只説文祖考或文考，他的家世大概不是很顯赫的。但是他擁有貴重的玉器，豪華的車馬，大量的裘和皮，儼然是富商巨賈。西周中葉（約公元前十世紀），出現這類人物，以及租田、典田等事，這和封建社會中的若干現象，已經十分類似了。

二、西周後期的一篇判決詞——我國法律史上的重要資料

𠑇（音朕）匜大約是西周後期（約公元前九世紀）的作品，銘文所記主要是伯揚父對於牧牛和他的師（即𠑇）打官司所

作的判決詞，這在當時稱爲𠭥(劾)，牧牛接受了判決，立了誓，罰了銅，「𠈇用作旅盉」。這種體裁在銅器銘刻中很少見。

在判詞中，牧牛本應鞭一千下，給以黷𪓿之刑；赦了後，還要鞭一千下，給以黜𪓿之刑。最後大赦，鞭五百，罰銅三百鍰(合漢時秤二千兩，一百二十五斤)。這裏有四種刑罰：一是鞭刑，二黷𪓿和三黜𪓿都是墨刑中的𪓿刑，是用刀刻顴骨處，並在創口上填黑色，前者還要在頭上蒙黑巾，後者則僅僅罷免官職罷了。四是罰鍰。

《書·舜典》説：「象以典刑，流宥五刑，鞭作官刑，撲作教刑，金作贖刑。」《國語·魯語》上説：「薄刑用鞭撲。」作爲官吏們的體罰，鞭刑算是最輕的了。五刑是：墨、劓、刵、宫、大辟，就是：刻面、割鼻、截脚、閹勢和砍頭，是以墨刑爲最輕。所謂「象以典刑」，是把這些法典畫成圖象來公佈。儒家捏造出唐虞象刑説，説是象徵性的刑罰，只要改換一下服飾就不用損傷肉體了，是有意的歪曲。《舜典》所記刑法是我國法律史上最早的文獻，《尚書》中資料很多是可信的。[九]《左傳》昭公十四年引《夏書》説：「『昏墨賊殺』，皋陶之刑也。」皋陶就是傳説中舜禹時代的法官。昭公六年又説：「夏有亂政而作《禹刑》，商有亂政而作《湯刑》，周有亂政而作《九刑》。」現在《尚書》裏還保存着穆王時代的《吕刑》，可見刑法的製作，在每個奴隸制王朝中没有間斷過。現在𠈇匜中記載了鞭刑、墨刑和贖刑，是在地下史料中前所未見的，可以和文獻相印證。由此可見從傳説中的唐虞到西周末，在刑法上是前後一脉相承的，這對於研究法律史的人，將是很可寶貴的資料。

西周前期的師旂鼎，也有判詞，那是師旂的衆僕，没有隨周王出征，告到伯懋父那裏，被罰三百鍰，但他們還違抗不交，伯懋父下令説，應該流放他們，現在不流放，快交罰款吧！[一〇]由這兩個判詞看來，奴隸社會的基礎，到這最後一個西周王朝，已經很虚弱了。師旂和𠈇都是師，是帶兵的地方官，師旂的衆僕(高級奴隸)不肯從征，連罰鍰都不交，而𠈇的部下牧牛，竟敢和師打官司，這就難怪幽王爲犬戎所圍，舉烽火而没有人去救援了。

三、濰戎和南淮夷

伯𢦏(音終)這個人銅器中常見，曾帶領成周的軍隊隨伯雍父戍古師，禦淮夷。[一一]𢦏方鼎二則説周王初次派𢦏抵禦濰戎，[一二]在銘文中𢦏還説他文母幫他戰勝敵人，可見他還年輕。他追擊敵人，在棫林搏戰，殺了一百個敵人，生俘只有兩人，可見不是大仗。棫林在今陝西省涇水之西，濰戎應是住在焦獲澤的犬戎，在西周後期稱爲玁狁。據《竹書紀年》，殷王朝後期，周國已經經常與戎交戰了。〔一三〕周民族自稱爲夏族，而把殷王朝稱爲戎殷。〔一四〕我國西部的一些少數民族，商代稱爲方，如：甲骨文中所見的犬方與鬼方，也被稱爲犬戎和西雒鬼戎了。《史記·匈奴傳》説：「武王付紂而營洛邑，復居於酆鎬，放逐戎夷涇洛之北，以時入貢，命曰荒服。」可見周王朝初建時，也不過把他們趕得離開豐鎬遠一些罷了。所謂荒服，這是由於戎是游牧民族，忽來忽去，荒忽（怳惚）無常的意思。《國語·周語》第一篇説穆王要伐犬戎，祭公謀父曾阻止他，祭公是穆王的祖父一輩，那時還没有死，可見在穆王初年。據説這次征伐，只得到四白狼和四白鹿，從此荒服就不來了。〔一五〕《詩·六月》説：「玁狁匪茹，整居焦穫，侵鎬及方，至於涇陽。」這是宣王時期的詩了，住在焦獲澤的戎被稱爲玁狁，銅器銘文中也常見，但不从犬旁，應是允姓的戎，〔一六〕在幽王被殺時，就只稱爲犬戎。可見在涇洛一帶的戎是犬戎，或名濰戎，或名玁狁，是與西周一代相終始的。

戜簋稱戎爲戎㝬（胡），這是由於戎又稱胡，而合稱爲戎胡，與商稱殷商，楚稱荆楚同例。胡就是匈奴兩字的合音，説得急了就是胡，説得慢了，變爲兩個音節，就是匈奴。在古書上最早見於春秋末年的《考工記》，説：「胡無弓、車。」鄭玄注：「胡，今匈奴。」過去有人説：「在宗周之際則曰玁狁，入春秋後則始謂之戎，繼號曰狄，戰國以降則稱之曰胡，曰匈奴。」〔一七〕實則戎的名稱，遠在周前；狄是戎的一支，即媿姓的戎，也可以合稱爲戎狄，與戎胡同；〔一八〕而據此銘，則西周中葉，穆王時期，已稱戎爲戎胡了。戎、西戎、北戎、犬戎、濰戎、玁狁、胡、匈奴等等，儘管名稱隨時變異，强弱也隨時不同，但他們跟殷商民族有關，在周代也是荒服，這對研究我國民族史，將是極其珍貴的資料。

在銅器銘文裏，有很多關於淮夷、南夷、南淮夷的記載。〔一九〕駒父盨銘的重要，由於派遣駒父的人是南仲邦父，又由於派駒父去見南淮夷，索取貢賦。南仲是周宣王的卿士，見於《詩·出車》和《常武》，曾伐玁狁，毛萇以爲有兩個南仲，一在文王時，一在宣王時，鄭玄則簡直把他作爲文王時人，都是錯的。〔二〇〕無惠鼎稱司徒南仲，〔二一〕據這篇銘文則又叫南仲邦父，他派駒父取貢賦，大概是任司徒時事，在任卿士之前。在銅器銘文裏涉及南淮夷的，大都和軍事有關，但師寰簋説：「淮夷繇我貟畝臣」，兮甲盤説：「淮夷舊我貟畝人」，〔二二〕説明對周王朝有貢賦關係。這篇銘文裏，駒父去見南淮夷，爲了取他們的服，就是貢賦；〔二三〕南淮夷迎見他，獻了服。這在銅器銘文裏也還是第一次看到。駒父到了淮，大小國都接受王命，説明周王朝這時還有一些聲勢。

從銅器銘文裏，可以看到，周王朝在西北方面常爲戎所侵擾，而在東南方面又常需抵禦或征伐淮夷。但淮夷較富饒，所謂「元龜象齒，大賂南金」，都屬於南方的貢品，一直到東周初年，曾伯霥簠還記載征伐淮夷，使銅錫來源暢通的事。[二四]所以周王朝是十分注重南國的，而對於北方的戎，却只是防守罷了。周宣王時，北攘玁狁，南伐淮夷與徐楚，在三百篇裏，有：《出車》、《六月》、《採芑》、《江漢》、《常武》等篇盡力歌頌其功業，髣髴這個奴隸主王朝居然有了續命之湯了。這個宣王十八年的駒父盨，就是在所謂中興盛世時所做的。但只有二十來年，宣王三十九年（公元前七八九），「戰於千畝，王師敗績於姜氏之戎」，「喪南國之師」（並見《國語·周語》），這隻紙老虎終於顯露原形，一敗塗地，不能復振，再隔十八年，西周王朝終於覆滅了。

四、用青銅器銘文研究西周史

我國上古歷史，文獻資料很貧乏，但在西周青銅器銘文中往往記載着許多重要歷史事件，又常涉及社會、政治、經濟、法律、軍事、文化等各個方面，這種第一手資料，遠比書本資料爲重要。四十多年前，郭沫若同志對西周銅器斷代，有過重要貢獻。其後，新資料日益豐富。解放以後，由於社會主義革命和建設的巨大發展，文物考古工作的加强，尤其是無產階級「文化大革命」以來，新資料越來越多，用青銅器銘文進一步研究西周史，已具有很好的條件，可以提到日程上來了。

西周是奴隸制時代的最後一個王朝。平王東遷以後，名義上雖然還建立一個王朝，但局促於成周洛邑，依附晉鄭等國，不能自立，名存實亡了。因此，要研究奴隸制怎樣崩潰，就必須研究西周史。此次新發現的租田易地等資料，是值得重視的。

過去，金文研究者往往只着眼於一件器銘，不能用歷史唯物主義的觀點和方法對有關方面作綜合的考查，是不能用來研究歷史的。銅器斷代是用器銘來研究歷史的重要條件之一，既要根據考古學知識來判斷時代，又要從器銘内在的證據和許多器銘之間的相互關係，也還要用正確的文字訓詁和有關文獻的對證，綜合起來以確定每件銅器的年代，許多歷史事實，才不致於錯亂和顛倒。因此，銅器斷代牽涉的面極其廣泛，例如銘文中經常見到的康宫問題，即凡説到康宫的銅器不能列在康王以前等，[二五]就是銅器斷代的具體標準之一。此次岐山董家發現的五祀衛鼎中的昭太室（昭王的太室）；此鼎、此簋中的康宫徲宫（夷王的宗廟），都是這種標準的重要例證。衛盉記共王三年時的執政是：伯邑父、榮伯、定伯、琼伯和單伯；而五祀衛鼎中的執政是：邢伯、伯邑父、定伯、琼伯和伯俗父；這一类在重要職位的人名，也有助於銅器的斷代。〔二六〕

關於物價的資料是比較少見的，衛盉所説的一件玉璋，裁八十朋，兩件赤琥和三件皮製服飾，裁二十朋，儘管裁是作價的意思，不是正式的買賣價格，也可以看到貝在當時還是作爲一種貨幣的。過去只有虘伯睘簋説到「用貝十朋又四朋」，〔二七〕那是鑄造那個簋所用的原料等費用。但西周前期存在着貝和銅兩種貨幣，銘文中周王等有時錫貝，有時就錫金，例如量鼎記周公賞貝百朋，而禽簋和禽鼎就記成王錫金百鍰。共王時的曶鼎説用百鍰來贖五名奴隸，合銅六百六十六兩餘。共王以後就很少看到貝了。

用銅器銘文研究歷史，需要參考文獻，但不應爲文獻所束縛。尤其對漢朝的毛萇、許慎、鄭玄等人，更不應迷信，他們所見真正古代資料，有時比我們還少。我們今天必須根據可靠資料來整理文獻，去僞存真，破除一切迷信。例如古書中所見的衡（蔥衡、幽衡等），也寫作珩，毛萇説是佩玉，金文作黄，或作亢。我曾根據金文中黄的質料和顏色，認爲佩玉説是錯的，定爲繫市（紱，圍裙）的帶子，研究學者間曾有不同意見，〔二八〕現在師鼎𣪕的「赤市（紱）朱横（衡）」横字正从市（紱）旁，證明他從屬於市（紱）而非佩玉。這雖是很小的問題，但可以説明毛萇儘管是西漢初人，對古代事物已經有很多不瞭解了。

至於古書上記載不詳或没有記載的事情，更需要仔細分析，使新發現的重要資料不致埋没。例如此次發現的㚸尊，所説成王初遷宅於成周，古書雖没有明確記載，但事情肯定是有的。只要看《書・召誥》，召公先到洛邑相宅和卜宅，就是爲遷宅作準備。《書序》説「盤庚五遷，將始宅殷」，就是「遷於殷」。周公營洛邑，目的就是要完成武王「宅兹中國」的遺命而遷宅，是很明顯的。周公隨後到洛，《召誥》説：「則達觀於新邑營。」又説：「社於新邑。」到了洛邑建成以後，《康誥》説：「惟三月哉生魄，周公初基作新大邑於東國洛，四方民大合會。」《多士》説：「惟三月，周公初於新邑洛，用告商王士。」這是要把殷的頑民遷洛而作誥，所以在文中説：「今朕作大邑於兹洛。」大邑就指都城。到了周公攝政七年十二月致政於成王，在《洛誥》裏就説：「王肇稱殷禮，祀於新邑，咸秩無文。」《洛誥》最後又記「王在新邑烝」。在銅器裏，有王來奠新邑鼎説：「癸卯，王來奠新邑。□二旬又四日丁卯，□自新邑於柬。」〔二九〕是説新邑建成以後，成王曾去進行奠居。〔三〇〕嗷士卿尊説：「丁巳，王在新邑，初餗工。」卿鼎和卿簋説：「公違省自東，在新邑。」都與文獻資料符合。總之，洛邑建成以後，至少在成王親政以前，只稱新邑，没有稱成周的。而這個新邑和《盤庚》所説「無俾易種於茲新邑」和「用永地於新邑」相同，正是指新的都城。而𣧑尊在「唯王五祀」所説「初遷宅於成周」則是成王新政五年的遷都，這時王已自稱爲成王，新邑就也改稱爲成周，還有什麽疑問呢？《史記・周本紀》説：「成王在豐，使召公復營洛邑，如武王之意。周公復卜申視，卒營築，居九鼎焉。曰：『此天下之中，四方入貢，道里均。』」周公這些話跟武王所説的「余其宅茲中國，自茲乂民」，是同樣的意思。既然是四方入貢的中心，還不是都城嗎？《公羊傳》隱公五年説：「自陝而東者，周公主之；自陝而西者，召公主之。」《史記・燕召公世家》説是成王時事。何休注《公羊傳》説是「彌農陝縣」，就是今河南省陝縣，遠在洛陽之西，顯然是錯的。《經典釋文》説「一云當作郟，古洽反，王城郟鄏」，是對的。正因爲王城郟鄏，天下之中，所以東西方諸侯，以此分界。《吕氏春秋・長利》記南宫适説：「君獨不聞成王之定成周之説乎，其辭曰：『惟余一人營居於成周。惟余一人，有善易得而見也，有不善易得而誅也。』」那末，成王確是居於成周的。古書多疏漏，周王朝的「復居於豐鎬」，應是康王以後的事了。〔三一〕

商周青銅彝器本是奴隸主貴族們罪惡史的一部分。他們殘酷剥削和壓迫奴隸，鑄造數以萬計的銅器，大量埋入地下，嚴重地阻礙社會的發展。但在今天，這些青銅器的發現，使我們能看到奴隸們的智慧創造和高度技術水平，看到我國古代燦爛的文化藝術。青銅器銘文本來是奴隸主階級用以歌功頌德，記述他們的私事，但我們今天也可以采取若干事實，作爲研究古代歷史文化的重要資料。商朝末年，鑄造銅器内範的技術有了很大進步，因此，西周青銅器銘文有很多長篇巨制，附帶着的記事比較多，這些第一手記録是研究西周史的絶好資料。這次寶鷄市發現的一批銅器，是其一例。只要站在無産階級立場上，用馬克思主義的觀點和方法，掌握了大量新資料，同時也吸收過去研究的成果，是可以寫出一部研究奴隸制時代最後一個王朝的西周史來填補我國春秋以前這一段歷史的空白的。

〔一〕這個鼎的形制、紋飾、銘文字體等看來都較共王時爲晚。銘中所説伯太師，見於伯太師盨（《三代吉金文存》卷一〇頁三〇）。宋代出土的克尊，説：「伯太師錫伯克僕卅夫。」（《薛氏鐘鼎款識》卷一一）均當屬於西周後期。因此定爲孝王時。《史記・周本紀》説共王的兒子是懿王，懿王死後，共王弟辟方立，是爲孝王。《漢書・古今人表》同。《史記・三代世表》作懿王弟，是錯的。

〔二〕關於𣧑尊見《文物》一九七六年第一期；董家諸器見《文物》一九七六年第五期。師𩰫鼎見《文物》一九七五年第八期；駒父盨蓋見《文物》一九七六年第五期。

〔三〕關於裘衛四器及下文倗匜等銘文的譯文和考釋，請參看《文物》一九七六年第五期。

〔四〕見《三代吉金文存》卷九頁一四—一六，原誤作格伯簋。

〔五〕見楊樹達《積微居金文説》二六頁《格伯𣪘跋》。《文物》一九七六年第五期載林甘泉同志《對西周土地關係的幾點新認識》一文中同意這個説法，並把衛盉的貯字讀爲價格的價，而把衛鼎的貯字讀爲租。這兩件器物，製作出於一人，製作時間前後僅隔兩年，所記内容又都是土地問題，如果把所用的同一個貯字作兩種解釋，恐怕是不恰當的。楊樹達先生讀貯爲價（本作賈），韻母雖同，聲母距離很遠，不可通。而且，如果讀爲價，那就是等價交换，西周時還没有私有的田産，怎麽能有農田的價格呢？

〔六〕見《三代吉金文存》卷四頁四五。

〔七〕見《三代吉金文存》卷九頁二五、二六。

〔八〕《周禮·太宰》有司裘、掌皮兩官，級别是中士和下士，官很小。《周禮》是春秋末年的作品，但所記官制總有一些依據。

〔九〕《堯典》所説「厥民析」等和《山海經·大荒經》所説「東方曰析，來風曰俊」等，已在殷代甲骨文中得到證實。《堯典》所説「朞三百有六旬有六日」，這種記數文例與甲骨文同。《堯典》所説「陟方」，就是甲骨文裏的「德方」。

〔一〇〕見《三代吉金文存》卷四頁三一。

〔一一〕录𢦏卣記成古師事，見《三代吉金文存》卷一三頁四三；三件录簋見上書卷七頁一九，卷七頁三五和卷八頁三五；录伯𢦏簋見上書卷九頁二七；伯𢦏簋見《小校經閣金文》卷八頁三二。

〔一二〕𢦏方鼎等三器可參看本文附録。

〔一三〕古本《竹書紀年》：「武乙三十五年，周王季伐西落鬼戎，俘二十翟王。」「太丁二年，周人伐燕京之戎，周師大敗。」「四年，周人伐余無之戎。克之。」「七年，周人伐始呼之戎，克之。」「十一年，周人伐翳徒之戎，捷其三大夫。」

〔一四〕《書·康誥》「殪戎殷」，殪是動詞。舊説把戎解作兵，或解作大，都是錯的。《國語·周語》下引《太誓》説「戎商必克」，戎商就是戎殷。商代的始祖是契，據傳説有娀氏之女簡狄，吞燕卵而生契。《淮南子·地形訓》説：「有娀在不周之北，長女簡翟（狄），次女建疵。」是在西北地區。那末，有娀應該就是戎。所以殷王子亥「記於有易河伯僕牛，有易教王亥取僕牛」（見《大荒東經》）的故事，也正在北方。周人稱殷民族爲戎，大概是有些根據的。

〔一五〕《後漢書·西羌傳》説：「王乃西征犬戎，獲其五王，遂遷戎於太原。」郭璞《穆天子傳》注引《竹書紀年》：「取其五王以東。」與此當是一時事。

〔一六〕不娶簋作厰夋，兮甲盤和虢季子白盤均作厰⿰革允。春秋時小戎與陰戎（即陸渾之戎）均允姓。

〔一七〕見王國維《鬼方昆夷獫狁考》，《觀堂集林》卷一三。

〔一八〕《竹書紀年》説伐西洛鬼戎而俘二十翟王，翟就是狄。鬼戎即鬼方，當是媿（隗）姓之戎。《左傳》説狄隗姓。後世區分爲西戎和北狄，其實北狄就是北戎。《左傳》襄公四年記魏絳講和戎有五利，而經常連説戎狄，服虔在「戎狄薦居」下注「言狄人逐水草而居徙無常處」，可見戎狄只是兩名連寫。

〔一九〕淮夷見彔㦰卣、師寰簋、翏生盨、曾伯霥簠等；南夷見兢卣、無㠱簋、周王㝬鐘等；南淮夷見禹鼎、敔簋、仲偁父鼎、兮甲盤、虢仲盨等。

〔二〇〕《詩·出車》説：「具命南仲，往城於方」；又説：「天子命我，城彼朔方；赫赫南仲，玁狁於襄」；又説：「赫赫南仲，薄伐西戎」；「赫赫南仲，玁狁於夷。」毛萇的傳認爲這首詩排列在《小雅》第八首，而宣王時代的《六月》則排列到第二十三首，相隔很遠，就誤把《出車》作爲文王時詩，説：「王，殷王也，南仲文王之屬。」而《常武》説「赫赫明明，王命卿士，南仲大祖，大師皇父」，則《詩序》已明説：「《常武》，召穆公美宣王也。」毛傳説「王命南仲於太祖」，這個南仲就是宣王時人了。鄭玄《詩》箋認爲有兩個南仲講不通，就把《常武》的「南仲大祖，太師皇父」解釋爲南仲是太師皇父的太祖，「文王時武臣」，只有文王時的一個南仲了。其實《出車》本是宣王時詩，毛詩排列有誤。而《常武》所説，則毛鄭兩家的解釋都是錯的。「大祖」，是祖道的意義，就是餞行，並不是太祖。這首詩的句法有些特别，它的意思是太師皇父要去征南國，宣王命令卿士南仲給他餞行。《詩·烝民》説「仲山甫出祖」，《韓奕》説「韓侯出祖」，都是宣王時事，都是爲出行而舉行的一種儀式，可以爲證。《漢書·匈奴傳》、《鹽鐵論·繇役》和《後漢書·馬融傳》都以《出車》爲宣王時事。《漢書·古今人表》南仲和召虎、方叔都列在宣王時，都是對的。此駒父盨銘又是最好的證據。

〔二一〕見《三代吉金文存》卷四頁三四。

〔二二〕𧵥字从貝白聲，也作賁，从貝帛聲，見乖伯簋。𧵥字通賦，《尚書·多方》「越惟有胥伯」，《尚書大傳》作「越惟有胥賦」，毛公鼎説「埶小大楚賦」，楚賦即是胥賦，也就是胥伯，可證。𧵥畮臣是納田賦的臣。

〔二三〕服，貢賦。《國語·周語》上「夷蠻要服」，「要服者貢」，又説：「歲貢。」淮夷是夷，屬於要服，要通約，即訂立盟約要每年納貢的屬國。《書·禹貢》在甸服下説：「百里賦納。總，二百里納銍，三百里納秸服。」秸是剛割下的帶秆的稻子，可稱服，那末，其他貢賦，也都可稱服。

〔二四〕見《三代吉金文存》卷一〇頁二六。

〔二五〕康宫是康王的宗廟，昭宫、穆宫是昭王穆王的宗廟，夷宫、厲宫是夷王厲王的宗廟。宫或作廟，作寢，還有太室，並同。詳見唐蘭：《西周銅器斷代中的康宫問題》，《考古學報》一九六二年第一期。

〔二六〕共王十二年的永盂中，執政是：益公、邢伯、榮伯、尹氏、師俗父、遣仲等人，與此可以參證。詳唐蘭：《永盂銘文解釋》和《永盂銘文解釋的一些補充》，《文物》一九七二年第一期和第一一期。一九七三年五月長安馬王村出土的衛簋，也有榮伯（見《考古》一九七四年第一期），可能與裘衛四器有關。

〔二七〕見《三代吉金文存》卷六頁四六。

〔二八〕見唐蘭：《毛公鼎「朱韍、葱衡、玉環、玉瑹」新解——駁漢人葱珩佩玉説》，《光明日報》一九六一年五月九日。郭沫若：《師克盨銘考釋》，《文物》一九六二年第六期。林巳奈夫《西周金文中的市與黄》，《史林》五五卷二號《西周時代玉人像之衣服與頭飾》附論。

〔二九〕見《文物》一九六三年第三期。

〔三〇〕《書·盤庚》説：「既遷，奠厥攸居，乃正厥位。」鄭玄注：「徙主於民，故先定其里宅所處，次乃正宗廟朝廷之位。」按《書序》説：「成周既成，遷殷頑民，周公以王命誥，作《多士》。」那末，「王來奠新邑」，是定所遷殷民之居。當時還稱新邑，《書序》説成周，是後人追記。

〔三一〕《書序》説：「周公既没，命君陳分正東郊成周，作《君陳》。」又説：「康王命作册畢分居里成周郊，作《畢命》。」可以看到康王早期也還在成周，如果當時已復居豐鎬，爲什麽不提宗周郊而對成周郊這樣重視呢？

附録

伯㦰三器銘文的譯文和考釋

扶風縣莊白大隊發現的銅器十八件中有十件是有銘刻的，有關伯㦰的器共八件，還有一個伯雍父盤，今將較重要的三件譯成現代漢語並考釋如下：

一、㦰（音終）方鼎一　器蓋同銘，八行，六十五字。

九月十六（或十七）日乙丑，在堂師，〔一〕王𠭰（音呼）姜〔二〕命内史友員賞給㦰玄色的上衣，〔三〕是有紅的領子〔四〕和大襟的。㦰拜，叩頭，感謝王𠭰姜的美意，用來做鬻鼎，〔五〕用來早晚祭他的祖父乙公和祖母日戊，子子孫孫永以爲寶。

二、㦰方鼎二　器銘十一行，一百一十六字。

㦰説：「嗚呼！王悼念我的上司，我的父親甲公；王初次派你的兒子㦰帶領武將〔六〕們抵禦淮戎。」〔七〕㦰説：「嗚呼！父親甲公母親日庚的美好的〔八〕餘蔭，還可以永遠開拓你的兒子㦰的心，〔九〕永遠沿及到㦰自身，這樣還奉事天子，這樣使你的兒子㦰一萬年君事天子，在㦰身上没有什麽過錯。」〔一〇〕㦰拜，叩頭，贊揚王命，用以做母親日庚的祭器，恭恭敬敬地早晚祭祀求福，子子孫孫永遠寶貴這光榮。

三、㦰簋　器銘十一行，一百三十五字。

六月上旬乙酉，㦰在堂師。戎侵伐𩰫，〔一一〕㦰率領了官屬和武將們奔走着追上去在棫林〔一二〕地方抵禦戎，和戎胡〔一三〕搏戰。我的先母的强幹敏捷等美德，〔一四〕庇護了並開拓了我的心，永遠沿及我身，使我勝了敵人。獲得敵人一百顆首級，生俘兩個夫，俘獲兵器〔一五〕有盾、〔一六〕、矛、戈、弓、箭袋、箭、甲〔一七〕和盔等一百三十五件，〔一八〕救出〔一九〕被戎擄去的人口一百十四人。搏鬥完畢，〔二〇〕在㦸身上没有出差錯。你的兒子㦸拜，叩頭贊揚文母的福佑和功烈，用以作文母日庚的簋。讓你的兒子㦸一萬年用來早晚祭祀他的文母，子子孫孫永寶。

〔一〕堂原作𡈼，上半从宜，下半从𡈼即堂字。《説文》堂字籀文作𡈼，堂堂通。堂師，地未詳。

〔二〕𠟭字亦見小臣傳卣。王𠟭姜疑是穆王的后。

〔三〕内史友，官名。《尚書·酒誥》有太史友和内史友。屬於員的銅器很多，疑是一人。

〔四〕銘作朱⿴衣虣，⿴衣虣从衣虣聲。虣就是暴字，見《周禮·司虣》。那末，⿴衣虣就是《説文》解爲「黼領」的襮字。《詩·揚之水》：「素衣朱襮。」毛萇傳：「襮，領也。」

〔五〕䰞，煮。音傷。

〔六〕原作虎臣，武將。《尚書·顧命》説「師氏、虎臣」，大概比師氏的地位低。師寰簋有「左右虎臣」。

〔七〕濉戎是濉地的戎。或以爲淮夷，非是，淮夷從來不稱戎。此器的㦸還年輕，也不能統率大軍，遠征淮夷。㦸簋説「追禦戎於棫林」，棫林在今陝西涇水西，濉戎居地當不遠。那末，濉戎是住在焦穫的戎，濉字應讀爲濩。古代穫字就寫作隻，殷虚卜辭的禯祭，可以作祷，用兩手捧鳥來祭。可以用一隻手，作禯；也可以不从又，只作䧿。此外還有不少例子可以説明隹字可讀爲隻。因此，濉字可讀爲淮，也可讀爲濩。焦穫古書也作焦護，周代的大澤，在渭水北，是玁狁所居之地，見《詩·六月》和《爾雅·釋地》穫、護和濩並可通用。玁狁是戎，見《詩·出車》和不嬰簋。那末，濉戎是玁狁前身無疑。

〔八〕美好原銘作尗，是菽的本字。豆，古代稱菽。金文叔字作[illegible]，就从尗，下面三點是豆形，右邊的手形是揀豆，所以《説文》解叔爲「拾也」。尗通淑，美好。

〔九〕可以，原銘作安字，在這裏，和以字意思相近。

〔一〇〕過錯原作兕，當爲从目尤聲的字，借爲傷。

〔一一〕原作㲋字，从車叏聲，疑即《説文》䡟字。此處爲地名，未詳。

〔一二〕棫字原作𠷎，下从囧，即周字。𠷎林即棫林，大概由於在周原一帶，所以从周。《左傳》襄公十四年記晉國代秦，「濟涇而次……至於棫林」。是棫林在涇水之西。《漢書·地理志》右扶風雍縣有棫陽宫，昭王起。清《一統志》説：「棫陽宫在今扶風縣東北。」或説在寶雞附近。棫陽宫的名稱，應與棫林有關。那末，棫林舊地當在今扶風、寶雞一帶。當時秦國都在雍，在今鳳翔縣南，寶雞縣北，晉兵本想攻雍，而逗留在棫林，可證。《史記·鄭世家》索隱引《世本》：「桓公居棫林，徙拾。」《漢書·地理志》京兆有鄭縣。注：「周宣王弟鄭桓公邑。」臣瓚注：「周自穆王以下，都于西鄭，不得以封鄭桓公也。」顔師古注則説：「穆王以下，無都西鄭之事，瓚説非也。」按臣瓚曾見《竹書紀年》，所説穆王都西鄭，本不誤。但以京兆的鄭縣（今陝西省華縣）爲穆王所都則是錯了。《竹書紀年》説：「穆王所居鄭宮、春宮。」銅器中如免觶、大簋等都説「王在奠（鄭）」，都證明穆王曾居鄭，但這個鄭並不是後來的京兆鄭縣。《史記・秦本紀》：「德公元年，初居雍城大鄭宮。」正義引《括地志》：「岐州雍縣南七里故雍城，秦德公大鄭宮城也。」這個大鄭宮應是穆王鄭宮的舊址。雍縣故城在今鳳翔縣南，那末，西鄭本在鳳翔至扶風一帶，鄭桓公始封之鄭，是在涇西的棫林。後來才遷到京兆鄭縣，可能就是《世本》所説的「徙拾」。東周後又遷到新鄭，到秦武公「縣杜鄭」時則是以鄭桓公所遷之地爲鄭縣，不是始居的棫林了。後人不知道西鄭原在涇水之西，又不知道京兆鄭縣不是鄭桓公始封之地，而誤以鄭縣（今華縣）當作棫林，就和《左傳》所説棫林的地理不合了。

〔一三〕胡原作㝬，銅器上常見此字，古書作胡。周王㝬鐘（即宗周鐘）是周厲王胡自稱其名爲㝬。遇甗和㝬侯之孫鼎的㝬侯是胡侯。銅器中的簠，銘文中常稱爲𠤳，就是《左傳》哀公十一年「胡簋之事」的胡，而季宮父簠寫作𠥃，从㝬。師𩛥鼎所説的「㝬德」，應釋爲「胡德」，和《儀禮・士冠禮》的「永受胡福」詞例同，胡有大的意思。此處「搏戎㝬」，顯然是「戎胡」。不嬰簋説「戎大同從追汝，汝及戎大敦搏」，與此語法正同，可見「戎胡」就是「戎」。

〔一四〕原作競敏𡫐行，𡫐字从宀从攴，下半似从盱，未詳。

〔一五〕原作戎兵，兵器總稱。《書・立政》：「其克詰爾戎兵。」

〔一六〕原作𢖷字，从†（古毌字，音貫，即盾形）、豚聲，即盾字。

〔一七〕原作裨，當指甲。《説文》：「萆，雨衣，一曰簑衣。」古代的甲，是用皮革製成鱗甲形的小片連綴起來的（漢代帝王死後穿的玉柙，即所謂金縷玉衣，就摹倣武士的甲，所以稱柙），與蓑衣之形相近，所以可以稱裨。

〔一八〕原作𣪘字，甲骨文常見，《説文》作𣪠。此處當讀如款，即一百三十五件之意。

〔一九〕原作爰，此字常被誤釋爲寽，此處當讀爲援。《史記・匈奴傳》説匈奴在戰爭中，「得人以爲奴婢」，所以常掠奪人口。此銘説救下戎所俘一百十四人。宋代出土的敔簋説截獲南淮夷所俘四百人，是同類的事。

〔二〇〕原作衣，即卒字，完畢。郾王戠戈萃字作𦯷，寡子卣誶字作𧦝，並可證。

載《文物》一九七六年第六期第三一至三九頁。

又《唐蘭先生金文論集》第四九四至五〇八頁紫禁城出版社一九九五年十月。

司馬遷所没有見過的珍貴史料

——長沙馬王堆帛書《戰國縱横家書》

一、帛書《戰國縱横家書》的概況

長沙馬王堆三號墓出土的大批西漢初帛書古佚書中包括着戰國時重要史料《戰國縱横家書》。絹高約二三公分，長約一九二公分，共三百二十五行，每行三四十字不等。首尾基本尚完整，後面留有空白。原來曾摺爲雙幅，因此，受潮後，末行字迹反印在開始第十行處，此外也大都相互反印。由雙幅再摺爲四幅，而八幅，而二十四幅。出土時斷爲二十四片，摺處絹有殘破，文字有爛缺。書法在篆隸之間，避邦字諱，可能是漢高祖後期或惠帝時（前一九五前後）寫本。分二十七章，每章用小圓點間隔，不提行。二十七章的内容，可分爲三組：

第一組　十四章

一、蘇秦「自趙獻書燕王」　一—九行，約前二八八年初。

二、蘇秦「使韓山獻書燕王」　九—一四行，約前二八九年。

三、蘇秦「使盛慶獻書於燕王」　一四—二八行，約前二八九年。

四、蘇秦「自齊獻書於燕王」　二八—四八行，約前二八八年冬。《戰國策・燕策二》有此文，但脱誤很多。

五、蘇秦「謂燕王」　四八—五五行，約前三〇八年前後。《戰國策・燕策一》有兩篇：㈠「人有惡蘇秦於燕王」，㈡「蘇代謂燕昭王」。《史記・蘇秦傳》與《燕策》前一篇略同。均較帛書爲詳。

六、蘇秦「自梁獻書於燕王」　五五—六〇行，前二八七年。

七、蘇秦「自梁獻書於燕王」二　六〇—六七行，約前二八七年冬。

八、蘇秦「謂齊王」　六七—七七行，約前二八七年冬或前二八六年春。

九、蘇秦「謂齊王」二　七七—八三行，約前二九〇年或前二八九年初。

十、蘇秦「謂齊王」三　八三—八七行，前二八七年。

十一、蘇秦「自趙獻書於齊王」　八七—九七行，前二八七年。

十二、蘇秦「自趙獻書於齊王」二　九七—一一〇行，前二八七年。

十三、韓𡌭「獻書於齊」　一一〇—一一四行，前二八七年。

十四、蘇秦「謂齊王」四　一一四—一三二行，前二八七年。

以上十四章應是最早流傳的關於蘇秦的書信和談話。[一]其中第九八行「而功」下脱九六字，前四九字誤入九五行「惡燕者」下，後四七字誤入一〇一行「寡人」下。説明原本寫在竹簡上，每簡約二三至二五字。後來編簡的繩子斷了，有四條錯簡，兩簡誤在前，兩簡誤在後，編此書的人没有發現，照抄下來了。

第二組　五章

十五、「須賈説穰侯」　一三二—一四七行，前二七三年。

「五百七十」字。也見《戰國策・魏策三》和《史記・穰侯傳》。

十六、朱忌「謂魏王」[二]　一四七—一七〇行，前二六五年，或少後。

「八百五十八」字。也見《戰國策・魏策三》和《史記・魏世家》。

十七、「謂起賈」　一七〇—一八六行，前二八四年。

「五百六十三」字。

十八、觸龍説趙太后　一八六—二〇一行，事在前二六五年。

「五百六十九」字。也見《戰國策・趙策四》和《史記・趙世家》。

十九、秦客卿造「謂穰侯」　二〇一—二〇九行，前二七一年。

「三百」字。也見《戰國策・秦策三》。

「大凡二千八百七十」字。按此是從十五到十九共五篇的總字數。

以上五章當係另一來源，每章後記字數，最後有總字數。

第三組　八章

二十、「謂燕王」　二〇九—二二三行，此章當是戰國末的縱横家的擬作，〔三〕也見《戰國策·燕策一》和《史記·蘇秦傳》均作蘇代遺燕昭王書。

二十一、蘇秦「獻書趙王」　二二三—二三六行，前二八五年。也見《戰國策·趙策一》，《史記·趙世家》誤作蘇厲爲齊遺趙王書。〔四〕

二十二、蘇秦「謂陳軫」　二三六—二四八行，前三一二年。也見《史記·田敬仲完世家》，誤作蘇代謂田軫。

二十三、虞卿「謂春申君」　二四八—二五五行，約前二五九年。〔五〕也見《戰國策·楚策四》和《韓策一》。

二十四、「公仲倗謂韓王」　二五五—二七一行，事在前三一七年。也見《戰國策·韓策一》和《史記·韓世家》，《韓非子·十過篇》。

二十五、李園「謂辛梧」　二七一—二八三行，前二三五年。

二十六、「見田併於梁南」　二八三—三一四行，前二二五年。

二十七、麛皮對邯鄲君　三一四—三二五行，事在前三五四年。

以上八章當是另外抄集的。前三章與蘇秦有關，末三章似是最後增入，因此第二十五和二十六兩章時代最晚，而二十七章的記事却在本書中爲最早。

第二十五章説：「秦使辛梧據梁，合秦梁而攻楚，李園憂之。」當即《史記·六國表》秦始皇十二年「發四郡兵助魏擊楚」一事。第二十六章所記則應是秦始皇二十二年王賁攻魏時事。〔六〕可見此書之編集在始皇二十二年以後，但總還是秦代編集的，因爲即以這兩章史料來説，在秦以後就不易搜集了。《漢書·藝文志》「縱横家」裏有《秦零陵守信》一篇，原注：「難秦相李斯」。《文選·吴都賦》注引《秦零陵令上始皇帝書》説到荆軻行刺事，當在始皇二十六年（前二二一）統一天下之後。零陵去長沙不遠，漢初抄此書時離此書編集的時間，不過二十來年。那末，此書很可能就是零陵守信所編集的，所以長沙能有這個抄本。

二、帛書《戰國縱橫家書》的重要歷史價值

這本書原無書名，二十七章中有十章見於《戰國策》，八章見於《史記》，除去兩書重複，只有十一章著録過，其餘十六章都是佚書。《戰國策》是西漢末劉向編集的，他的《戰國策書録》説：

中書本號，或曰《國策》，或曰《國事》，或曰《短長》，或曰《事語》，或曰《長書》，或曰《脩書》。臣向以爲戰國術士輔所用之國，爲之策謀，宜爲《戰國策》。

説明劉向之前還没有《戰國策》這本書。新出土的這本書爲司馬遷、劉向等所未見。

《漢書·藝文志》有《蘇子》三十一篇，原注："名秦，有列傳。"所説列傳當指司馬遷的《史記·蘇秦傳》。他在《蘇秦傳》的贊裏説：

世言蘇秦多異，異時事有類之者皆附之蘇秦。……吾故列其行事，次其時序，毋令獨蒙惡聲焉。

他儘管懷着這番好意，但没有見到關於蘇秦的第一手的史料，因而把公元前三世紀初的蘇秦事迹，推到前四世紀末；把張儀、蘇秦的時序改爲蘇秦、張儀；[七]五國伐秦錯成了六國合縱，還提早了四十五年（前二八八—前三三三）。時序既差，事迹中既有弄錯的，又有假造的，他的《蘇秦傳》就等於後世的傳奇小説了。由此可見在漢武帝時已經看不到這一重要的史料《戰國縱横家書》了。

帛書《戰國縱横家書》的重要歷史價值，正在於它保存了已被埋没兩千多年的真實可信的關於蘇秦的書信和談話十四章，既可以糾正有關蘇秦歷史的許多根本錯誤，又可以校正和補充這一段戰國時代的歷史記載。十四章裏只有兩章著録過。十四章的内容是互相聯繫着的，其中六章有蘇秦自稱的話：

一、封秦也，任秦也，比燕於趙。令秦與兑（李兑）……

三、奉陽君（李兑）使周納告寡人（齊閔王自稱）曰：燕王（燕昭王）請毋任蘇秦以事。

四、王（燕昭王）信田代、參去疾之言攻齊，使齊大戒而不信燕，臣秦拜辭事。

八、臣謂𣌭（韓𣌭，即齊相韓珉）曰：請劫之。子以齊大重秦，秦將以燕事齊。

九、王（齊閔王）誠重御臣，則天下必曰：燕不應天下以師，又使蘇（秦）……

十二、若楚不遇，將與梁王復遇於圍地，收秦等（指蘇秦），遂明攻秦（指秦國）。

這裏的蘇秦，顯然和燕昭王、齊閔王、奉陽君、韓珉等同時。尤其是第四篇，儘管《戰國策·燕策二》已著録，但《燕策》只殘存一小部分，文字又多錯誤。「臣秦拜辭事」是最重要的一句，偏偏脱落了。《燕策》此篇前題「蘇代自齊獻書於燕王曰」，除蘇代兩字外，與帛書全同。説明劉向編《戰國策》時，由於此句的脱落，不知道這是蘇秦寫的信，就按司馬遷的錯誤時序而歸之於蘇代，由此可見帛書的可貴。

就由於這些内在的證據，可以證明這十四篇是屬於蘇秦的真實史料。第四篇裏「齊殺張庫」一事，與《吕氏春秋·行論》可以互證，説明這十四篇所記，確是當時的歷史事實。這十四篇是如此集中地密切聯繫着的蘇秦新史料發現以後，那些散在各書的零星的但是真實的史料，就都可貫串起來了，這真是最大的發現。

這十四篇最早的包含着關於蘇秦的書信和談話，在當時是極其秘密的資料，大概是保存在他的追隨者手中的。蘇秦死後，就被輾轉傳録，所謂「蘇秦死後，其事大洩」，即可能由於這些資料的傳播所致。因此，這批資料，幾乎可以説是當時的第一手資料。

根據這批新資料，我們可用以審查一切舊史料，哪些是真的，哪些是虛構的，哪些是改錯了，哪些是歪曲了。劉向編的《戰國策》裏所保存的，有一些也應是《蘇秦書》的殘篇，例如：

《齊策四》「蘇秦自燕之齊」章，《史記》誤作蘇代。

《趙策四》「齊欲攻宋，秦令起賈禁之」章。

《趙策四》「齊將攻宋而秦楚禁之」章，篇中謂齊王的李兑是蘇秦之誤。
《趙策四》「五國伐秦無功」章，原誤爲蘇代。
《魏策二》「五國伐秦」章，原無人名。
《韓策三》「韓人攻宋」章，韓字是齊字之誤。《史記》誤作蘇代。
《燕策二》「蘇代爲奉陽君説燕於趙以伐齊」章，「奉陽君告朱讙與趙足」章，蘇代也是蘇秦之誤。

但這類史料，由於文字的脱落錯誤，不能使讀者看到蘇秦歷史的真實情況，因此，反被後世擬作的蘇秦合縱八篇所掩蓋。經過去僞存真，我們現在可以把蘇秦的主要事迹逐年地叙述出來，並且可以把這一時期的重要歷史事件説清楚（參看附録《蘇秦事迹簡表》），這在馬王堆帛書發現之前是根本不能設想的。

當然，帛書《戰國縱横家書》除了這十四章外，還有四章也與蘇秦有關。除第二十章《謂燕王》是後世擬作，此外三章，也應是真正可信的有關蘇秦的史料。第十七章的《謂起賈》，也是從未著録的佚篇，可以證明在公元前二八四年初，五國攻齊開始時，蘇秦還在活動，是十分重要的史料。第二十二篇《謂陳軫》中「今者秦立於門」一句是蘇秦自稱其名，更爲重要，可以説明蘇秦早年的活動。

以上都是有關蘇秦的。除此之外，從第二十五章到第二十七章，也都是從未著録過的佚篇，對戰國史料有所補充。就是已經著録的各篇，在文字上也都有很多優點，這裏就不一一説明了。

三、蘇秦的時代和他的一生

關於蘇秦的時代，我在一九四一年曾推斷他在張儀之後，與齊秦稱帝同時。〔八〕楊寬同志在一九五五年寫的《戰國史》，徐中舒同志在一九六四年的論文，都有類似的意見，〔九〕現在發現了真正的《蘇秦書》，時代問題已經得到證實了。《史記·蘇秦傳》説蘇代是蘇秦之弟，事實上蘇代當是兄，我過去的論斷，看來也没有錯。蘇代游説諸侯較早，在前四世紀末期，已往來於楚魏燕齊各國。〔一〇〕蘇秦的事迹要晚得多。帛書第二十二章《謂陳軫》説：「齊宋攻魏，楚圍翁是，秦敗屈丐。」這個游説之士自稱其名爲秦，顯然是蘇秦。《史記》改成蘇代説田軫，〔一一〕是由於齊宋攻魏，在前三一二年，照司馬遷的錯誤年代，蘇秦早已死了，就不得不改爲蘇代。其實，蘇代此時早就顯名於諸侯，決不會立在門前，聽到一些傳聞之辭，就來請謁陳軫的。而蘇秦年紀還輕，還没有知名，所以尊稱陳軫爲「公」。陳軫與張儀相惡，蘇秦的游説是迎合他的心意的。此時的張儀早已相秦、相魏、相楚，再過兩年就死了。《史記》説蘇秦掛六國相印後，才激怒貧困的張儀，使他入秦。一直到蘇秦死後，張儀才搞連横。這顯然是戰國末年把范睢改名爲張禄入秦爲相的故事，誤傳爲張儀而寫成小説家言，而司馬遷却誤信爲真了。戰國末年學縱横之術的好事者曾擬作蘇秦合縱和張儀連横十多篇，文筆頗酣暢可喜。〔一二〕這些僞作，充塞於《史記》和《戰國策》中，把真正的蘇秦事迹都攪混亂了。兩千年來，迷惑了無數讀者，儘管其中有很多可疑之處，也無法搞清楚。

帛書《戰國縱横家書》的發現，爲蘇秦的歷史提出了可靠的資料，尤其是前十四章。我過去儘管認爲張儀説六國連横是不可信的，但還相信同是擬作的蘇秦合縱八篇，把蘇秦合縱與李兑約五國攻秦分爲兩回事，蘇秦合縱時李兑已死，以及爲燕反間是蘇代等等，都是錯的。現在看到了這批關於蘇秦的書信和談話，才知道五國攻秦即是蘇秦合縱，其間並無楚國。蘇秦原來爲燕反間，是要使齊趙大惡，由於齊秦稱帝，却一轉而爲「齊趙遇於阿」，爲李兑來約五國攻秦了。當然，從齊閔王説來，攻秦是假的，目的在滅宋。而蘇秦助齊滅宋，目的又是使「弱燕敵强齊」。這一切計謀，本都很隱秘，如果不是看到這些蘇秦自己寫的書信談話，也還是難於想象的。

蘇秦的一生，主要是爲燕昭王作反間。他可能出生於東周洛陽的農民家庭，〔一三〕在燕昭王初年就去燕國，〔一四〕帛書第五章「謂燕王」，就是初歸燕的事。《史記・蘇秦傳》叙述此事是：「秦惠王以其女爲燕太子婦……是爲燕易王。易王初立，齊宣王因燕喪伐燕，取十城。」蘇秦説齊宣王，説「燕雖弱小，即秦王之少婿也」，勸齊宣王不要與强秦爲讎而歸燕十城，齊宣王同意了。蘇秦回燕而燕王不館，他知道有人説他壞話，所以有「假臣孝如曾參」等話。這些事實應該是有的。因爲根據這本帛書《戰國縱横家書》來看，每章資料往往既不指出游説者是誰，又不説明所説的燕王、齊王等是哪一個王。到了《史記》和《戰國策》中却常常具體地指明了。由於司馬遷把時代搞錯了，造成了許多混亂。齊宣王伐燕，事實上並不是燕易王時的公元前三三二年，而是前三一四年的燕王噲和燕相子之時。秦惠王的少婿，也決不是燕文侯的太子燕易王而應是燕公子職，即燕昭王。〔一五〕齊宣王伐燕，殺子之，曾佔領一些城邑，由於燕國民衆持久抵抗，〔一六〕所以蘇秦去游説，就歸還了。帛書第十五章「齊人攻燕，拔故國，殺子之，燕人不割而故國復返」，就指此事。《戰國策・燕策一》有兩篇都與此有關。前一篇「人有惡蘇秦於燕王者」，跟《史記》相近，但本來只説燕王。後一篇「蘇代謂燕昭王」，指明燕昭王，時代對了，把蘇秦改作蘇代又錯了，燕昭王元年是前三一一年，師事郭隗，逐漸招來一批游士。假定蘇秦歸燕是昭王四年，隨後去説齊宣王，回燕後向昭王説這些話，就可能是昭王五年（前三〇七）前後了。

後來燕國派質子去齊國，蘇秦大概跟了去，就委質爲齊臣。〔一七〕所以，當公元前三〇〇年，即齊閔王元年時，〔一八〕蘇秦曾勸阻孟嘗君去秦國，下一年，又向孟嘗君獻策，要他「留楚太子以市其下東國（並見《齊策三》），這時齊國的政權在孟嘗君手里。孟嘗君終於去秦國作相，不到一年就逃回。此時秦國與趙宋聯合，趙武靈王派樓緩相秦，仇赫相宋。孟嘗君則聯合齊國和韓魏，擊秦於函谷。齊閔王五年（前二九六），齊國曾派陳璋伐燕，「覆三軍，獲二將」。〔一九〕秦國樓緩免相，穰侯作相，秦趙關係破裂而齊趙聯合，齊國幫趙滅中山。李兑圍殺趙武靈王而在趙國專權，帛書第八章所説薛公（即孟嘗君）「身率梁王與成陽君北面而朝奉陽君於邯鄲」，就在這時。〔二〇〕齊閔王七年（前二九四），田甲劫齊王，薛公出走，回到薛，齊閔王自己執政。燕昭王和蘇秦謀劃怎樣以燕敵齊，《史記》有蘇代説燕王噲一事（也見《燕策一》），燕王説「我有深怨積怒於齊而欲報之二年矣」，實際即指前年「覆三軍，獲二將」一役。而所謂蘇代的對「今夫齊王長主也，而自用也。南攻楚五年，稸積散；西困秦三年，民憔悴，士罷弊」等話，則正與帛書第八章蘇秦所説「薛公相齊也，伐楚九（五之誤）歲，攻秦三年」相符合。顯然司馬遷既把齊閔與燕昭時事移到齊宣燕噲時代，又把蘇秦改成蘇代。《燕策二》「客謂燕王曰」章，説：「齊南破楚，西屈秦，用韓魏之兵，燕趙之衆，猶鞭策也。」建議燕王「陰出使，散游士，頓齊兵，弊其衆」。燕王説：「假寡人五年，寡人得其志矣。」蘇子則説：「請假王十年。」這個蘇子也一定是蘇秦。〔二一〕燕王「奉蘇子車五十乘，南使於齊」，説齊王，要他伐宋。這是蘇秦第一次爲燕使於齊閔王，伐宋是符合閔王的心意的，因而在他親政的下一年（前二九三）就興兵伐宋，這是他的第一次伐宋。

當時，燕國在表面上屈從齊國，所以派張雇將兵從齊攻宋，爲齊所殺。〔二二〕據帛書第四章，蘇秦不想再去齊，燕昭王説「不之齊，害國」，因而勉强他去「治齊燕之交」，實際是要他作反間，這是一個重要的發展，時爲前二九二年。燕王要他不擇一切手段來博得齊閔王重用，他果然成了齊王的心腹。他們制定的策略是「大者可以使齊毋謀燕，次可以惡齊趙之交」，蘇秦也做到了在五年時間内，齊没有謀燕。

齊閔王在攻宋得到一些勝利後，跟薛公的關係更惡化，薛公就再去魏國作相，〔二三〕先與秦國聯合攻齊，後又聯合趙國，因此，燕國也與趙謀齊，使齊國大爲恐慌，蘇秦也爲此而「辭事」。可是奉陽君李兑要在齊國定封，説謀齊是蘇秦搞的，歸罪於燕。齊閔王派公玉丹去趙，把蒙邑許給奉陽君。燕昭王急了，又硬要蘇秦去齊國，「惡齊趙之交，使毋予蒙而通宋使」。

這時，趙國有兩派，韓徐爲與薛公一起謀攻齊，而奉陽君在勾結齊國，燕國有舉足輕重之勢。蘇秦此次去齊，表示燕齊又結合，跟以前出使大不相同了。據帛書第八章，蘇秦和新回齊國作相的韓𧴪，訂了反趙國的約密，「子以齊大重秦，秦將以燕事齊」。帛書第九篇是他使人謂齊王，要求待他以諸侯之禮，齊王也願意讓人知道齊燕結合而同意了。所以燕昭王就封他爲卿，給了封邑，讓他帶一百五十乘去齊國，韓𧴪在齊國都門外迎接他，並親自爲他駕車，而齊王也就任他事，「封而相之」（見《燕策二》）。齊王聽從他的計謀，召回攻宋的將軍蜀子，並通過韓魏聯合秦國來謀趙。隨後，蘇秦爲齊國使趙，打消公玉丹的諾言，就被趙所拘。其時爲前二八九年。帛書前三章，都是他止於趙時寫給燕昭王的信。

當時，形勢變得十分複雜。齊國要攻宋，由於秦楚禁它攻宋，所以聽了韓𧴪、蘇秦的主張，暫時不攻宋。大概在蘇秦止於趙時，親秦的韓𧴪終於離開齊國去楚國，而反秦的周最，由魏國來作齊相，派人游説趙國的金投，不要攻齊（見《東周策》）。但是在另一方面，秦國因趙國遲遲不肯攻齊，轉而要攻趙，前二八八年初，秦伐趙梗陽。所以在帛書第一章裏，趙國在考慮「五和」，即五國聯合對抗秦國，同時也想跟燕國一樣，封蘇秦，任蘇秦，讓他幫李兑聯絡各國。但是終究不放心，不願他回齊國和去韓、魏兩國，只是燕昭王召他，才放他回去。此後，奉陽君才派人與蘇秦結交。〔二四〕

秦國爲了聯齊，先由秦將吕禮，假作逃到齊國，使齊王趕走周最而相吕禮，〔二五〕齊閔王十三年（前二八八），穰侯魏冉親自到齊國致帝，秦爲西帝，齊爲東帝。蘇秦由燕到齊，主張齊不稱帝，用以拉攏各國反秦，而齊國乘機伐宋（見《戰國策·齊策四》，《史記》誤爲蘇代）。接着，「齊趙會於阿」，「約攻秦去帝」，齊國就很快出兵以恫嚇秦國，帛書第二十一章所説「五國之主嘗合衡謀伐趙，齊乃西師以禁强秦」，就指此事。帛書第七章説「齊先鬻趙以取秦，後賣秦以取趙而攻宋」，這個變化太大了，出於秦國意外，秦昭王十月才稱帝，只兩個月就取消了，並且「反温軹高平於魏，反王公符逾於趙」，這是秦國的一大挫折。這次突變，燕昭王開始也不理解，很擔憂，並曾有派人代替蘇秦的意思。大約在前二八八年的冬天，蘇秦曾寫信給燕昭王作解釋，這就是帛書第四章。

不久，燕國派兩萬兵自備糧食以攻秦（見帛書第十一和第十二章），韓魏也答應出兵，趙國等兩國兵齊了，就發上黨的兵，這就是五國攻秦。攻秦的主要活動者有三人，一是李兑，攻秦是由他出面約的。爲此，魏國曾把河陽、姑密封他的兒子（見《魏策二》和《趙策四》）。蘇秦説：「今之攻秦也，爲趙也。五國伐趙，趙必亡矣。秦逐李兑，李兑必死，今之攻秦也，以救李子之死也。」（見《齊策四》）。二是魏相薛公，齊閔王説「寡人之所爲攻秦者，爲梁爲多」，梁即是魏（見帛書第十二章）。薛公曾組織三國攻秦，所以蘇秦説：「非薛公之信，莫能合三晉以攻秦。」（帛書第十四章）三是蘇秦。在游説魏王時，他説：

> 燕齊讎國也，秦兄弟之交也，合讎國以伐婚姻，臣爲之苦矣。以燕伐秦，黄帝之所難也，而臣已致燕甲而起齊兵矣。臣又遍事三晉之吏，奉陽君、孟嘗君、韓珉、周最、周韓徐爲徒，從而下之。恐其伐秦之疑也，又身自醜於秦，扮之。請焚天下之秦符者臣也，次傳焚符之約者臣也，欲使五國閉秦關者臣也。（見《魏策二》）

可見五國攻秦的許多工作是他做的，因此，趙國封他爲武安君。這就是後來所稱「蘇秦合縱」的真實情況。

齊閔王十四年（前二八七），齊國第二次伐宋，把攻秦之兵抽去打宋國的平陵，蘇秦使人謂齊王，認爲應該先盡力攻秦（見帛書第十四章）。這次攻宋，楚魏都來爭地，連弱小的魯國也要插手。齊閔王聽説燕國也在策劃攻齊，決定不論從宋國得到土地與否，都在八月撤兵。帛書第六章，蘇秦把這消息透露給燕昭王。接着，齊與宋講和了，蘇秦回過齊國，又去燕國，在帛書第十章裏，他使人謂齊王，要他休息士民而不必對宋、魯表示憤慨。後來，他又從燕國去魏國，經過趙國，寫信給齊王，説奉陽君不願齊楚相遇，怕齊國聯秦，而希望與魏王再會面（見帛書第十一章）。帛書第十二章則是把齊閔王的回話告訴奉陽君以後寫的。

五國伐秦，各有各的打算。把軍隊逗留在滎陽成皋一帶，没有進展。齊國爲了伐宋，把定陶許給奉陽君，平陵許給薛公，而私下還和秦國勾結，趙國、魏國也在暗中聯繫。秦國從上年受挫折後，也在設法破壞五國連盟，帛書第十三章韓量獻書於齊，就是聯齊的途徑之一。魏國始終是動摇的，帛書第七章，蘇秦從魏國獻書燕王，就已看到薛公想變，但希望齊國先變。齊王想先變，想通過楚國聯秦，又想召回韓量，又想通過趙國聯秦。薛公和徐爲是有理由號召天下反齊的，但主張燕國不要先發動，讓趙國先動。帛書第八篇蘇秦使人謂齊王時，薛公大概已經在變，所以他推測三晉是否支持薛公，而要齊閔王緊緊拉住燕國，即使對它懷疑，也要給它好處。

前二八六年，齊閔王終於召回韓員作相，齊秦也聯合了。於是第三次伐宋。〔二六〕由於宋國内亂，齊國攻滅了宋，宋王偃逃到魏國，死於溫。齊國這一大勝利，使各國都震動了。魏國首先把安邑與河内獻給秦國以求和，並把蘇秦拘了。齊國派蘇厲去游説，才放回齊國（見《魏策一》）。趙國説援救魏國，韓徐爲首先伐齊。〔二七〕秦國也答應出兵，但先攻韓國，敗韓於夏山。〔二八〕第二年（前二八五），秦國蒙武才攻齊河東。秦和趙會中陽，和楚會宛，都爲了伐齊。這時，樂毅還用趙相國名義伐齊取靈邱，燕國没有露面。帛書第二十一章蘇秦獻書趙王，要趙國還是聯齊，就是這時寫的。齊國派田章把陽武給趙國，還派順子作質。趙王想和了，可是秦國不同意，要增兵四萬助趙伐齊，蘇秦曾爲此獻書穰侯。〔二九〕

前二八四年初，燕昭王去趙國，見趙王，五國伐齊之局定了。帛書第十七章這個游説者還在爲齊國和蘇秦游説秦國派到魏國去的起賈。直到燕國「絶交於齊」（見《燕策二》「客謂燕王曰」章），樂毅率五國之兵伐齊，先從燕境進攻北地，蘇秦的爲燕反間就完全暴露了。齊閔王過於信任蘇秦，認爲燕國決不會反齊，只注重濟西的正面，所以「悉起而距軍乎濟上」，而樂毅却出其不意，攻其無備，從北綫開始進攻，北綫崩潰，西綫也守不住了。蘇秦被車裂徇於市，是完全可能的。他死時約五十多歲。

四、後記

蘇秦是縱横家中重要人物。《荀子・臣道》説：「内不足使一民，外不足使距難，百姓不親，諸侯不信，然而巧佞便説，善取寵乎上，是態臣者也。……齊之蘇秦，楚之州侯，秦之張儀，可謂態臣者也。」《吕氏春秋・知度》説：「桀用羊辛，紂用惡來，宋用唐鞅，齊用蘇秦，而天下知其亡。」都是從齊國的角度來否定他的。《孫子・用間》説：「昔殷之興也，伊摯在夏；周之興也，吕牙在殷。」最近出土的西漢初銀雀山竹簡中的《孫子》增加「燕之興也，蘇秦在齊」等話，當是戰國末兵家所補。《説苑・君道》把蘇秦和鄒衍、樂毅等並稱四子，説是「以弱燕並强齊。」漢初鄒陽稱他爲燕之尾生，則都是從燕國的角度來推崇他的。蘇秦爲燕作反間，盡力搞好齊燕的關係，使齊不謀燕伐燕，在他的信件和談話中，可以看得很清楚，這是使燕國能得到勝利的主要關鍵。

《戰國策・秦策》説他：「得太公《陰符》之謀，伏而誦之，簡練以爲揣摩。」《陰符》是兵家。〔三〇〕西漢末，任宏校兵書，在「兵權謀」中既有《伊尹》、《太公》、《管子》等，又有《蘇子》和《蒯通》，可見縱横家與兵家有一定聯繫。作爲一個權謀家，蘇秦對每一件事的如何處理，常提出三種辦法，「上不可則行其中，中不可則行其下」，以此博得當時統治者的信任。《漢書・主父偃傳》説「學長短縱横術」，服虔注「蘇秦法百家書説也」，可見長短縱横之術以蘇秦爲代表。

漢初，長短縱横之術還盛行，所以軑侯利倉的少子曾保藏了這部極可寶貴的《戰國縱横家書》，可能當時已是孤本，被埋入墳墓後，就失傳了。武帝時司馬遷作《史記》時顯然没有見過，否則他所寫《蘇秦列傳》就不會有這麽多的重大錯誤了。

帛書《戰國縱横家書》的發現，是我國考古事業的又一重大收穫。它糾正了過去所傳蘇秦事迹的許多錯誤，作爲縱横家主要人物蘇秦的傳記，在見到這部被埋没了兩千一百多年的重要資料以後將需要重寫。蘇秦在公元前三世紀初的重要歷史事件中所處的地位極其重要。當時，齊秦作爲東西兩帝，幾乎是勢均力敵的。由於燕昭王使蘇秦治齊燕之交，最後樂毅伐齊，取得勝利，齊國由此削弱，這在客觀上爲秦國能控制六國，統一全中國，造成有利條件。這段歷史是戰國後期重要關鍵之一。當時各國在政治、軍事、外交上的鬥爭是十分錯綜複雜的。但是舊有的史料既不完備，又真假混淆，雜亂不易整理。這部新資料幾乎是當時的第一手資料，使我們能够比較看清楚當時各國的真實情況和瞬息萬變的形勢。這段歷史，也相應地需要改寫了。對這樣寶貴的史料，我們還必須作進一步的深入的研究。此文只是初步的探索，一定有很多錯誤，希望讀者指正。

〔一〕《漢書・杜周傳》「業因勢而抵陒」，注引服虔曰「謂罪敗而復抨彈之，蘇秦書有此法」，所説蘇秦書可能指現在還有傳本的《鬼谷子》。帛書《戰國縱横家書》前十四章本是部獨自存在的古書，它搜集蘇秦的書信和談話，以及和他有關的韓量的書信，可以認爲戰國後期的一本重要歷史文獻。

〔二〕《魏世家》作「無忌謂魏王」，當由朱字誤作無，己字與忌通，後人誤以爲即信陵君無忌而改。《荀子・强國篇》楊倞注引《史記》作「朱忌」可證。

〔三〕此篇似摹擬蘇秦的口氣所作，《燕策》和《史記》均作蘇代是錯的。此與有名的蘇秦合縱八篇，張儀連横諸篇，以及其他，當都是戰國末縱横家的擬作，氣勢都很盛，跟真正的蘇秦文筆，宛轉而有條理，風格截然不同。擬作時對當時的歷史已不很清楚。例如：一、當時各國都相互有質子，秦國就曾派涇陽君到齊國爲質，燕國寄質於齊，不能以此説「名卑而權輕」。二、燕助齊攻宋，齊殺張雁是燕國的奇耻大辱，根本没有提到。三、淮北在當時是宋地，帛書第一組十四章是當時的真實史料，第八章「欲以殘宋取淮北」，第十四章「宋以淮北以齊講」，均可證。此文説「以宋加之淮北」，下文更明説「反宋，歸楚淮北」，以淮北爲楚地，顯然是錯的。四、五國攻秦是齊國發動，由趙國李兑出面去約的，此文的作者却要讓燕昭王發動此事，説什麽「莫若遥霸齊而尊之，使盟周室而焚秦符」。五、攻秦是由齊秦稱帝引起的，秦昭王稱帝才兩個月，因齊國西師而被迫取消了，此文作者却異想天開，要搞三帝。況且燕在當時是弱國，如何可以稱北帝？根據這些事實上的錯誤，此文必是後人擬作無疑。

〔四〕此篇《趙策》説是「趙收天下，且以伐齊」時的蘇秦上書是對的，《史記》列在趙惠文王十六年，説是「秦復與趙數擊齊」，蘇厲遺趙王書。這是公元前二八三年。前一年（前二八四）樂毅率五國兵伐齊，一共打了三仗，第一是北地之役，第二是濟西大戰，齊兵敗後，各國都不再進兵了。只有樂毅率燕兵長驅入臨淄，即帛書老子甲本後的佚書《明君》篇所説的「邦郊」之戰。齊閔王逃走，最後到莒邑，爲淖齒所殺。樂毅連下齊國七十餘城。齊太子法章變姓名爲莒太史家傭僕，很久才敢暴露而被莒人立爲王。這個時候那有秦國約趙攻齊的事。齊國已無君，蘇厲即使寫信，爲誰寫呢？從文中内容看，秦國當時雖説伐齊，實際是先伐韓，就是公元前二八五年秦國敗韓於夏山一事，這時五國攻齊還在醞釀時期，燕國還未正式參加。秦國與趙會中陽，謀伐齊，並派蒙武攻齊河東，與此書情況完全符合，可見《史記》是弄錯了。（《趙世家》在惠文王十六年既説「趙乃輟謝秦，不擊齊」，可接着又説「王與燕王遇，廉頗將攻齊昔陽取之」，自相矛盾。其實攻齊昔陽是與燕國爭得地，由此也可以證明此時秦趙没有共伐齊。）應從《趙策》。

〔五〕此篇舊説都認爲是楚考烈王十五年（公元前二四八）春申君獻淮北十二縣而徙封於吴時事，是錯的。篇中虞卿爲春申君考慮封地莫若遠楚，即不在楚國境内，如果只是徙封於吴，那仍是楚地。虞卿説：「今燕之罪大，趙之怒深，君不如北兵以德趙，踐亂燕國，以定身封，此百世一時也。」顯然要他出兵幫助趙國攻燕而在趙國獲得封地。這和趙國的奉陽君要在齊國定封是同一個例子，如果説在考烈王十五年，那末，遠在前三年中，趙將廉頗樂乘就已擊破燕軍，殺栗腹，虜慶秦，又連年圍燕都，作爲趙相的虞卿有什麽必要來請春申君出兵呢？春申君之所以徙封於吴，對趙國又有什麽關係而虞卿要爲趙游説呢？這一切都是講不通的。《史記・趙世家》在趙孝成王七年説：「武垣令傅豹、王容、蘇射率燕衆，反燕地，趙以靈丘封楚相春申君。」這是公元前二五九年。上一年，趙國被秦將白起破趙括軍四十五萬於長平，所以借燕國引誘趙將一事來聯合楚國，文中以定身封，就指趙國封春申君於靈丘一事。後來，秦國王齕等圍邯鄲，春申君救趙（前二五七），再下一年楚救趙新中，可見春申君是接受這一封邑的。那末，虞卿爲趙説春申君當在楚考烈王四年（前二五九）。

〔六〕此篇内容反映出魏國此時已只有大梁和大梁以東的五十多個縣邑，可以和魏國一起抗秦的已只剩楚國和齊國，情勢已十分危殆，當是秦始皇二十二年魏國滅亡的前夕。

〔七〕《淮南子・泰族訓》説到張儀、蘇秦的縱衡，兩次均是張儀在前。《孟子》裏説到張儀、公孫衍，那時還不知道有蘇秦。

〔八〕唐蘭：《蘇秦考》，《文史雜志》一卷一二期一九四一年。

〔九〕楊寬：《戰國史》，上海人民出版社一九五五年。
徐中舒：《論〈戰國策〉的編寫及有關蘇秦諸問題》，《歷史研究》一九六四年第一期。

〔一〇〕如：一、「犀首約文子而相之魏」，蘇代爲田需説魏王。田需死後（前三一〇），蘇代又爲楚國的昭魚説魏王（並見《戰國策・魏策》）。二、蘇代由齊使燕（前三一八前後），爲燕相子之説燕王噲（見《韓非子・外儲説右》、《史記》和《戰國策》）。

〔一一〕齊國的陳氏，由於秦漢之際方音之變化，《史記》都改作田，如：金文陳侯午是田齊桓公午，陳侯因𬁼是田齊威王嬰齊；陶釜上的陳常即《論語》的陳恒，可證。

〔一二〕張儀連横六篇，除齊燕兩章當是秦始皇時事而誤稱張儀外，此外四篇均是擬作。

〔一三〕《史記》和《戰國策》都説蘇秦見燕王曰：「臣東周之鄙人也。」

〔一四〕《説苑・君道》：燕昭王師事郭隗三年後，「蘇子聞之，從周歸燕；鄒衍聞之，從齊歸燕；樂毅聞之，從趙歸燕；屈景聞之，從楚歸燕；四子畢至，果以弱燕並强齊。」又見同書《尊賢》。

〔一五〕《史記》把燕王噲的太子平當作燕昭王是錯的。太子平在子之之亂中已被殺。燕昭王是公子職，見《竹書紀年》和《史記・趙世家》。古書上燕國的燕字，金文作匽或郾，郾王職的兵器，在考古工作中經常有發現。

〔一六〕《孟子・公孫丑》説：「燕人畔。」

〔一七〕《史記・蘇秦傳》既説：「蘇厲因燕質子而求見齊王，……已遂委質爲齊臣。」又説：「使蘇代侍質子於齊。」前後矛盾。均應是蘇秦之誤。

〔一八〕齊閔王的年代，《史記・六國表》錯了。前人考訂，有前三〇〇和前三〇一兩説，前説是對的。

〔一九〕陳璋壺説「王五年孟冬，陳璋内伐匽（燕）亳邦之獲」（見《美帝劫掠殷周青銅器圖録》），陳夢家把伐燕子之的匡章與陳璋誤合爲一，因而定爲齊宣王五年，即公元前三一五年，是錯的。陳璋是《戰國策・秦策》的田章。在齊閔王十六年（前二八五），派到趙國去，「以陽武合於趙而以順子爲質」，就是這人。匡章是齊威王宣王時代的老將，所以常稱爲章子，但從没有稱爲陳章。據《吕氏春秋・愛類》説：「匡章謂惠子曰：公之學去尊，今又王齊王，何其到也。」惠施是魏惠王與齊威王徐州之會，尊齊爲王的策劃者，事在魏惠王後元年，公元前三三四年，匡章在此時已能與惠施辯難，總有三四十歲了，從此時到前二八五年，經過四十九年，如果匡章還生存，豈有八九十歲的老將還被派去充當一個致邑的使者之事，可見匡章與陳璋、田章決非一人。其實，陳璋壺的王五年，應是齊閔王五年（前二八六）這是一次不大不小的戰役，所以銘文只説「内伐燕亳邦」，如果是伐子之，佔領很多城邑，就決不如此簡單，説明這是閔王時。

〔二〇〕《戰國策・魏策三》：「王嘗身濟漳，朝邯鄲，抱葛孽陰成以爲趙養邑。」（又見《趙策四》），即此事

〔二一〕這時是前二九四，到齊閔王出亡的前二八四，恰是十年。

〔二二〕《吕氏春秋・行論》作張魁，記此事甚詳。雁魁兩字音近通用。

〔二三〕薛公早在前四世紀末就作過魏相，此次是再作魏相。薛公在前二九四年出走後，先回到薛，並没有出國。但《史記・孟嘗君傳》把孟嘗君相魏放在吕禮相齊和齊閔王滅宋之後都是錯的。據帛書第四章，薛公與趙將韓徐爲早在奉陽君定封於齊之前就已經在計劃攻齊了。《戰國策・東

周策》說：「謂周最曰：魏王以國與先生，貴合於秦以伐齊。薛公故主，輕忘其薛，不顧其先君之丘墓。而公獨修虛信，爲茂行，明羣臣，據故主，不與伐齊者產，以忿强秦，不可。公不如謂魏王、薛公曰：『請爲王入齊。』……」可見當時秦國要各國伐齊，而周最是魏相，反對伐齊。但同是魏相的薛公則是主張伐齊的。後來周最就假作逃亡而去齊國作相。周最是反秦聯趙的，所以假作逃亡出來的秦將吕禮，通過祝弗，使齊閔王逐周最，相吕禮。《東周策》有「謂薛公曰」一章，《史記》作「其後秦亡將吕禮相齊，欲困蘇代，代乃謂孟嘗君曰」，所説蘇代，又應是蘇秦之誤。這時秦國因趙國不願與齊國作戰怕齊趙聯合，所以想轉而聯齊攻趙，所以蘇秦要薛公「君弗如急北兵趨趙」。但是薛公還是要攻齊，所以《秦策三》：「薛公爲魏謂魏冉曰：文聞秦王欲以吕禮受齊以濟天下。君必輕矣。……君不如勸秦王令弊邑卒攻齊之事，齊破，文請以所得封君。……」説明他是魏相，所以稱魏爲敝邑。那麽，相吕禮事必在薛公相魏之後無疑。按齊閔王第一次攻宋當在前二九三年，那麽，因攻宋勝利而驕，薛公去齊入魏，可能在前二九一年前後。

〔二四〕見《戰國策·燕策一》「奉陽君李兑甚不取於蘇秦」章。

〔二五〕據《秦本紀》秦昭王十三年「五大夫禮出亡奔魏」，爲前二九四年，但作齊相當在二八八年初，因爲秦國本來要禁齊伐宋，所以要趙國攻齊，此時已轉到聯合齊國而攻趙了。等到五國攻趙的盟約訂立之後，穰侯魏冉就親自到齊國去致帝。而由於蘇秦的策劃，齊國出賣秦國，又與趙國聯合，所以《秦本紀》在昭王十九年（前二八八）齊秦都去帝之後，説「吕禮來自歸」，那就是聯齊失敗了。

〔二六〕《戰國策·燕策二》「客謂燕王曰」章：「齊王曰：善！遂興師伐宋，三覆宋，宋遂舉。」是齊閔王伐宋共三次。

〔二七〕趙將韓徐爲是親魏的，經常和薛公一起謀伐齊。

〔二八〕見《史記·韓世家》和《六國表》。

〔二九〕《戰國策·秦策二》：「陘山之事，趙且與秦伐齊。齊懼，令田章以陽武合於趙，而以順子爲質。趙王喜，乃案兵，苦於秦。……」秦王不同意，「請益甲四萬」。蘇代爲齊獻書穰侯，信裏説到「今破齊以肥趙」和「秦得安邑，善齊以安之」等話。《史記·穰侯傳》把此事放在穰侯和白起等破芒卯於華陽下之後。華陽在今河南省密縣，在鄭州西南，不知與陘山何涉。陘山屬於太行山脉，當指前二八五年樂毅以趙相國名義伐齊取靈丘一事。田章即陳璋，見注〔一九〕，順子大概是齊閔王的子侄，過去就曾在趙國作質子，見《燕策二》。如果是破芒卯以後，那就在前二七三年，齊閔王已死了十一年，怎麽能有這兩個人物呢？破齊肥趙，正是五國攻齊時的話，齊滅宋之後，魏國就向秦國獻安邑，那末獻書穰侯當在前二八五年無疑。《秦策》蘇代當是蘇秦。

〔三〇〕《史記》作《周書陰符》。

公元	周	秦	燕	齊	趙	時事	蘇秦事迹	附記
前三一八	慎靚王三	惠文王後七	王噲三	宣王二	武靈王八	魏趙韓楚燕五國攻秦，不勝而回。		蘇代説燕王噲，當在此年前後。
前三一七	四	八	四	三	九	燕王噲讓位於子之。		
前三一五	六	一〇	六	五	一一	子之三年，將軍市被、太子平攻子之。		
前三一四	赧王一	一一	七	六	一二	子之殺市被、太子平，齊宣王使匡章伐燕，殺子之。		
						趙召公子職於魏，立爲燕王。		公子職至燕，當在前三一二年。
前三一二	三	一三	九	八	一四	齊宋攻魏，楚圍雍氏，秦敗屈丐。	謂陳軫（帛書二十二）。	
前三一一	四	一四	昭王一	九	一五	燕昭王師事郭隗。		
前三一〇	五	武王一	二	一〇	一六	魏相田需死，蘇代爲楚昭魚説魏王。		
前三〇九	六	二	三	一一	一七	張儀死。		
前三〇八	七	三	四	一二	一八	樂毅鄒衍等歸燕。	自周歸燕。	
前三〇七	八	四	五	一三	一九		説齊宣王歸燕十城。謂燕王（帛書五）。	
前三〇六	九	昭王一	六	一四	二〇		侍燕質子於齊，因委質爲齊臣。	

續表

公元	周	秦	燕	齊	趙	時事	蘇秦事迹	附記
前三〇三	一二	四	九	一七	二三	薛公相齊，齊魏韓攻楚。		齊攻楚共五年。
前三〇〇	一五	七	一二	閔王一	二六		阻孟嘗君入秦。	孟嘗君即薛公。
前二九九	一六	八	一三	二	二七	秦拘楚懷王，楚太子由齊歸，立爲楚王。薛公入秦爲相。	向孟嘗君獻策，留楚太子以市其下東國。	
前二九八	一七	九	一四	三	惠文王一	薛公逃回齊。齊韓魏擊秦於函谷。趙派樓緩相秦，仇赫相宋。		齊攻秦共三年。
前二九六	一九	一一	一六	五	三	齊韓魏攻秦，秦與魏韓和。孟冬陳璋伐燕。		即《燕策》「覆三軍，殺二將」事。
前二九五	二〇	一二	一七	六	四	趙李兑圍殺主父（趙武靈王）。齊燕助趙滅中山。薛公以齊封奉陽君，使梁韓皆效地，身率梁王與成陽君北面而朝奉陽君於邯鄲（帛書八）。齊伐宋。欲以殘宋取淮北（帛書八）。		《魏策》魏王朝趙，獻葛孽陰成爲趙王養邑，即此事。
前二九四	二一	一三	一八	七	五	齊田甲劫王，薛公出走，歸薛。齊閔王親自執政。	説燕昭王，定以燕敵齊之計。使齊，説齊閔王伐宋。	
前二九三	二二	一四	一九	八	六	秦白起擊韓魏伊闕，斬首二十四萬。齊閔王攻宋，燕將張雁助齊攻宋。		

續表

公元	周	秦	燕	齊	趙	時事	蘇秦事迹	附記
前二九二	二三	一五	二〇	九	七	宋殺張雁。	以死之圍，治齊燕之交。	
前二九一	二四	一六	二一	一〇	八	薛公去薛，魏昭王以爲相。		
前二九〇	二五	一七	二二	一一	九	薛公韓徐爲約燕王攻齊（帛書四）。 趙疑燕而不攻齊，燕王使襄安君去齊。趙奉陽君歸罪於燕以定封於齊，齊使公玉丹之趙致蒙，奉陽君受之（帛書四）。 韓夤爲齊相。	燕王信田代參去疾之言攻齊，臣秦拜辭事（帛書四）。 燕王使蘇秦之齊，惡齊趙之交，使毋予蒙而通宋使（帛書四）。 與韓夤約劫趙。 謂齊王（帛書九）。 燕王使蘇秦爲卿並與封邑。 以百五十乘入齊，韓夤逆於高閭，親御以入。	
前二八九	二六	一八	二三	一二	一〇	齊王召蜀子，使不攻宋。相橋於宋，與宋通關。 齊道楚取秦以謀趙。 齊相韓夤去楚。 魏相周最去齊，相齊，説趙金投不攻齊。 秦恐齊趙合，轉而朕齊攻趙。	齊王重任蘇秦，封而相之。 止於趙。使盛慶獻書燕王（帛書三）。 使韓山獻書燕王（帛書二）。	

續表

公元	周	秦	燕	齊	趙	時事	蘇秦事迹	附記
前二八八	二七	一九	二四	一三	一一	秦伐趙梗陽。 齊王逐周最而相秦將呂禮。 薛公爲魏謂穰侯要秦還攻齊。 五國合衡謀伐趙。 穰侯至齊致帝。 齊趙遇於阿，約攻秦去帝。 齊信五國之約西師以禁强秦，秦廢帝請服，反温軹高平於魏，反王公符逾於趙。 秦十月稱帝，十二月復稱王。	趙計劃齊韓魏趙燕五和入秦使。照燕國的樣封蘇秦並任用他。 自趙獻書燕王（帛書一）。 燕王急召歸燕。 奉陽君使使與蘇秦建交。 蘇秦説薛公，要他北兵伐趙。 之齊，見閔王於章華南門，定攻秦去帝計。 蘇秦參與阿之會。 燕昭王要撤换蘇秦，蘇秦自齊獻書燕王（帛書四）。 爲李兑約五國攻秦。	封秦也，任秦也，比燕於趙（帛書一）。 齊趙聯兵是以救魏爲名的。
前二八七	二八	二〇	二五	一四	一二	五國攻秦。燕出二萬兵甲。 五國之兵留於成皋。 齊閔王第二次攻宋。 齊王決定八月撤兵。 齊與宋講，楚魏與齊爭地。	趙封蘇秦爲武安君。 在魏。謂齊王（帛書十四）。 自梁獻書齊王（帛書六）。 由魏回齊，由齊回燕，謂齊王（帛書十）。	

續表

公元	周	秦	燕	齊	趙	時事	蘇秦事迹	附記
						齊閔王與魏使韋非約，重申攻秦，齊王許以平陵封薛公，以陶封奉陽君。 韓量獻書於齊（帛書十三）。 齊王考慮從楚取秦，又考慮召回韓量，又考慮從趙取秦。	由燕經趙去魏。自趙獻書齊王（帛書十一）。自趙獻書齊王（帛書十二）。 自梁獻書燕王（帛書七）。 謂齊王（帛書八）。	
前二八六	二九	二一	二六	一五	一三	宋國太子出走。齊閔王第三次攻宋。 齊召回韓量作相。秦昭王因攻宋而發怒。 齊派宋郭説秦王，秦許齊伐宋。 魏國欲講於秦。 齊滅宋，宋王偃逃至魏，死於温。 魏向秦納安邑及河内。 趙韓徐爲將攻齊。 秦聲稱出兵救魏，敗韓於夏山。	勸齊王攻宋。 使冷向説秦王。 謂魏王。 蘇秦被拘於魏。欲走而之韓，魏氏閉關而不通。 齊使蘇厲謂魏王，蘇秦回齊。	「聲德與國，實伐鄭韓」（帛書二十一）。
前二八五	三〇	二二	二七	一六	一四	秦與趙會中陽，與楚會宛，謀伐齊。 秦蒙武攻齊河東。		

續表

公元	周	秦	燕	齊	趙	時事	蘇秦事迹	附記
						趙相國樂毅將趙秦韓魏燕攻齊取靈丘。齊令田章以陽武合於趙，而以順子爲質，趙王將許之。 秦王使公子他之趙，請益甲四萬取齊。	獻書趙王（帛書二十一）。 獻書穰侯（帛書）。	
前二八四	三一	二三	二八	一七	一五	秦王與魏會宜陽，與韓會新城。 燕昭王去趙，見趙惠文王。絶交於齊。 樂毅帥五國之師伐齊，齊國悉起而距軍乎濟上。 五國之師，先由燕境攻北地。 濟西會戰，齊兵大敗。 樂毅帥燕兵獨深入，攻破臨淄，齊湣王走莒，爲淖齒所殺。	謂起賈（帛書十七），此游説者應是蘇秦使者。 爲燕反間被暴露，車裂徇於市。	

載《戰國縱横家書》第一二三至一五三頁文物出版社一九七六年十二月。

從大汶口文化的陶器文字看我國最早文化的年代

我國的文明史只有四千多年，過去一般這樣説。其實不然。從解放後發現的考古資料和對古代文獻的重新整理，應該説我國的文明史有六千年左右。

解放後，山東省大汶口文化的發現，〔一〕是我國考古工作中的一個重要突破。過去，我們只知道仰韶文化與龍山文化，現在，我們認識到，山東龍山文化是繼承大汶口文化的。大汶口文化在黄河下游，與黄河上中游的仰韶文化是同樣古老的兩種文化。屬於大汶口文化區域的江蘇邳縣大墩子遺址第三層下層出土木炭，經過碳-14（或稱 C_{14}）測定，其年代爲五七八五±一〇五年。〔二〕

尤其重要的是大汶口文化陶器文字的發現。一九五九年寧陽縣堡頭村墓葬中已發現過用朱色寫在灰陶背壺上的一個字。「文化大革命」期間，莒縣陵陽河遺址中出土四件灰陶缸，在口上都刻有一個文字；諸城縣前寨遺址出土一塊殘陶片也有文字。可以看到大汶口文化已經是有文字可考的文明時代。

關於大汶口文化，有的同志認爲是氏族社會末期。我認爲這種提法似乎過於謹慎了，大汶口文化已經出現了階級。首先，大汶口墓葬中貧富分化現象十分突出，有一個墓葬有一百八十多件隨葬品；隨葬品中有很貴重的器物，如象牙器；而有些墓則一無所有。這種現象不能認爲還是無階級的社會。第二，一百三十三座墓葬裏有十四個木槨葬，四壁用幾十根原木拼成，上面有頂，有的下面還有枕木。甚至未成年者也使用木槨，但有些人則只挖一小坑一埋了事，顯然已經有等級貴賤的區分。第三，有八座男女合葬墓，隨葬品的安放偏重在男的一方，女性處於從屬地位，這種以父權爲主的家長制家庭，顯然已經包括奴隸。第四，四十三座墓葬中有猪頭隨葬，但多數只有一個猪頭，最多的一個却有十四個猪頭排成一行。這説明從氏族社會進入了奴隸制社會，出現了農業與手工業的分工，畜牧業的發展，才能有這麽多的殉葬品。第五，更爲重要的是已經有了文字。文字反映民族語言，是民族文化高度發展的標識。摩爾根《古代社會》用文字的出現來區别野蠻社會與文明社會。當然，在氏族社會後期，已經有人在摸索着創造文字，但即使已經發展爲很强大的國家，有些也還没有文字。《共産黨宣言》説：「到目前爲止的一切社會的歷史都是階級鬥爭的歷史。」恩格斯説：「確切地説，這是指有文字記載的歷史。」那末，有成文歷史的時期，都是有階級鬥爭的，怎麽能説有文字的時代還是氏族社會呢？

大汶口文化陶器文字是我國現行文字的遠祖，它們已經有五千五百年左右的歷史了。目前，儘管還只發現六個文字，但反映了很多事實。它們有的象自然物體，如桒（音忽）字象花朵形；有的象工具和兵器，如斤字象短柄的錛，戌字象長柄的大斧；有的是代表一種語義的意符文字，如炅（熱）字一共有三個，兩個是繁體，上面是日，中間是火，下面是山，象在太陽光照下，山上起了火；一個是簡體，只有日下火。桒字寫在日常生活用具灰陶背壺上，而其它五個字則刻在陶缸口上。六個文字中四個在莒縣發現，一個出諸城縣，而另一個却出現在寧陽縣的墓葬裏，説明這種文字在大汶口文化區域裏已廣泛使用。它們既有寫的，又有刻的，筆畫整齊規則，尤其是三個炅字，出於兩地，筆畫結構，如出一手，顯然，這種文字已經規格化。更重要的是已經有簡體字，説明它們是已經很進步的文字。這種文字是可以用兩千年後的殷商銅器和甲骨上的文字一一對照的。

從文獻上來考查，大汶口文化是少昊文化。古代有太昊和少昊（昊也作皞），都是國名。太昊的都在陳，是現在河南省淮陽縣地；少昊的都在魯，是現在山東省曲阜縣地。太昊大概在少昊前，所以關於少昊的文獻比較多。少昊的英雄是蚩尤。我國歷史的最早一頁是黄帝和炎帝的阪泉之戰與黄帝和蚩尤的涿鹿之戰，由於炎帝與黄帝講和了，所以蚩尤被殺。但在少昊民族中，蚩尤依然是英雄。之後，黄帝委派了少昊民族中另一個英雄人物叫做清，又叫做質（摯），繼續統治少昊之國。大汶口文化遺址很廣，已經發掘的，山東境内有：泰安的大汶口，寧陽的堡頭，曲阜的西夏侯，鄒縣的野店，滕縣的崗上，安丘的景芝鎮，諸城的前寨，莒縣的陵陽河，日照的東海峪，臨沂的大范鎮等；江蘇北部有邳縣的大墩子和劉林，新沂的花廳等；總面積至少有六七萬平方公里。而這個文化區域正是文獻上的少昊文化區域。曲阜和莒縣都已經發現遺址。

我國歷史，從共和元年（公元前八四一）以後，才有按年的記事，從唐虞到共和，只有五朝世系，有總年數，儘管有些分歧，但從夏禹到現在約四千多年，基本上是一致的。孔丘編《尚書》把古代流傳的「五典」，只收入堯舜兩典，以前的歷史給抹掉了。過去歷史學家並不完全遵守，《左傳》裏有許多古史遺迹，魏襄王時的史官在公元前二九九年編的《紀年》，就從黄帝開始。漢代司馬遷的《史記》也是從《五帝本紀》開始的。不過，司馬遷還是上了儒家的所謂「五帝德」之類的記載的當，把黄帝、帝顓頊、帝嚳等都當作只是一個歷史人物了。其實，它們都是一個時代，有很多世系，文獻上稱帝的決不止五個人。《竹書紀年》説：「黄帝至禹，爲世三十」。漢代的《春秋命曆序》根據殷曆，説「黄帝十世，少昊八世，顓頊九世，帝嚳十世」，加上帝堯、帝丹朱和帝舜就已經四十世了。那末，從黄帝到夏禹時間很長，要有一兩千年，這和大汶口新發現的五千五百年左右的陶器文字是完全對得上口徑的。大汶口陶器文字很進步，至少已有幾百年的歷史，所以我們説中國歷史還是應該從黄帝開始，中國有六千年左右的文明史。

毛主席説：「戰爭——從有私有財産和有階級以來就開始了的、用以解決階級和階級、民族和民族、國家和國家、政治集團和政治集團之間、在一定發展階段上的矛盾的一種最高的鬥爭形式。」（《中國革命戰爭的戰略問題》）如果没有階級鬥爭，没有民族與民族的戰爭，哪裏來的奴隸制國家呢？黄帝與炎帝、蚩尤之爭總不是鄰近村落之間的械鬥吧！蚩尤在今山東曲阜一帶，却跑到現在北京市以西的涿鹿之野去決戰，難道不是當時一個統治集團與另一個統治集團之間的戰爭嗎？固然，這些歷史傳説中常夾雜一些神話，世界上一切古老的歷史傳説都是如此。即以「帝」這個名稱説，顯然是有了奴隸主統治者以後才誕生的，没有人間的帝，人們的頭腦裏怎麽能産生出統治一切的上帝呢？

從今天的考古知識，我們知道，殷商時代的疆域，已經北至長城以北，南至長江以南，商代離夏代才幾百年，説明《禹貢》九州，並非虚構。如果還説我國的歷史只有四千多年，那麽，這個强大的夏王朝的疆域，竟是自天而降嗎？大汶口文化遺址及其陶器文字的發現，給了我們揭開被孔丘封鎖了兩千五百年之久的古代史大門的一把鑰匙。大汶口文化是少昊文化，它是從氏族社會進入奴隸制社會初期建立的奴隸制國家，到夏禹時，至少已經有了兩千來年，那末，夏商時代有如此廣闊的疆域，就絲毫不足爲奇了。

由此，可以看到我國的奴隸制社會時間很長，比封建社會還長。在這三千多年的奴隸制社會裏，可分三期：太昊、炎帝、黄帝、少昊是初期，農業、手工業已分工，畜牧業已發展，比氏族社會進步，但存在着氏族社會很多的遺痕。從帝顓頊到帝舜是中期，奴隸制國家已經建立起一個大帝國，更加發展了。夏禹治水是奴隸制社會發展的最高峰，但從此以後就走向下坡路，而三王時代是奴隸制社會的後期。

少昊之國在黃河與淮河之間，又繼承太昊炎帝之後，所以發達得比較早。農業使用蚌鐮是這個文化的特徵，蚌在古代叫蜃（辰），而古代有關農業的文字，大都从辰；養猪業在這地區首先發展，而古代代表財富的家字就是屋下有猪；還有其它一些迹象，都可以證明我國文字就是在這個區域内首先創造與使用的。

我國古代文化最早發展於黃河下游，與埃及古代文化發源於尼羅河下游，十分相似。兩個古代國家都有六千年左右的歷史，都有古老的象形文字，但它們都是獨立發展的。過去，西方資産階級學者恣意虛構中國文化西來説，大汶口文化遺址與其陶器文字的發現，這些謬論不攻自破。在打倒「四人幫」之後，我深信在以華主席爲首的黨中央領導下，社會主義革命與建設將高速度發展，大汶口地區的考古資料，必將有更多的發現，我國古代文明的全貌，必將有更進一步的展開。

〔一〕關於大汶口文化的情況，詳見《大汶口·新石器時代發掘報告》一九七四年，文物出版社。

〔二〕《放射性碳素測定年代報告（三）》，《考古》一九七四年第五期。

載《光明日報》一九七七年七月十四日。

西周時代最早的一件銅器利簋銘文解釋

陝西省臨潼縣零口公社新發現的利簋，是目前所知的西周奴隸制王朝的最早的一件青銅器。它是一個帶方座的兩耳簋，簋的腹外與座壁均作獸面紋。腹內有銘文四行：

珷征商，隹（唯）甲兇（子）朝，戉（越）鼎，克慶（昏），夙（夙）又（有）商。辛未，王才（在）䦨（闌）𠂤（師），易（錫）又（有）事利金。用乍（作）旜（檀）公寶𢍟（尊）彝。

意譯爲：

周武王征伐商紂，〔一〕甲子那天的早上（太陽出來後到早飯前），〔二〕奪得了鼎，〔三〕打勝了昏），（指商紂），〔四〕推開了商王朝。〔五〕第八天辛未，武王在闌師，〔六〕把銅賞給有司利，〔七〕利用來做檀公的寶器。〔八〕

這裏所記的是周武王伐商紂時事，其時間可能是公元前一〇七五年。〔九〕這段歷史，古書記載很多，但在銅器銘文上，這還是第一次看到，可以作爲這次戰役的實物證據。周武王是以殷曆的二月五日（夏曆是正月初五）天剛亮時在殷都附近的牧野誓師的，〔一〇〕太陽出來時周軍和商紂的軍隊會戰，由於商軍倒戈，全綫崩潰，甲子這天的晚上，商紂自己燒死了，〔一一〕這次戰爭結束之快是很少見的。武王進入殷都後，割下商紂屍體的頭，並把紂的黨羽一百人都抓了，又由太公望派兵掃蕩商紂的殘餘軍隊，〔一二〕有很多事情要做，所以一直到第五天戊辰，才用豬來追祭文王，同日就立政，〔一三〕自認爲革了殷王朝的命而受了天命。〔一四〕但是掃蕩工作還進行了一個多月才完。〔一五〕而這件銅器的所有者有司利是在武王立政後的第四天辛未，在兵馬倥傯之際受到賞賜。他爲檀公做銅器，應是檀公後人。《左傳》成公十一年說：「昔周克商，使諸侯撫封，蘇忿生以溫爲司寇，與檀伯達封於河。」那末，這個利可能就是檀伯達，利和達，名與字可以相應。有司一般指司徒、司馬、司空等官，跟蘇忿生爲司寇的身份也正相稱。

這件器銘對於克殷、殺紂、殷周相繼這些大事，只記了七個字，實在太簡單了。所說：「越鼎」、「克昏」、「夙有商」，應是三件事：

首先，越鼎是指奪取了鼎。《周書·克殷解》在武王入商都後說：「乃命南宫忽振鹿臺之錢（農具名，即鏟子），散巨橋之粟；乃命南宫伯達、史佚遷九鼎三巫。」（《史記》作「展九鼎寶玉」）武王以周曆四月的乙未「成辟四方」（四月七日，夏曆是二月），〔一六〕到庚戌（二十二日）回到周都，「辛亥，薦俘殷王鼎」，〔一七〕把在殷都俘獲的鼎作爲薦俘祖廟的第一件大事。後來，成王建成周，就定鼎郟鄏。《左傳》宣公三年記王孫滿的話，「桀有昏德，鼎遷於商」，「商紂暴虐，鼎遷於周」，可見在當時是把鼎代表王權的，奪到了鼎，就表示奪取了政權。此銘把「越鼎」列在「克昏」之前，是很突出的。很可能這個封在檀國的利就是檀伯達，也就是以南宫爲氏族名的南宫伯達，他和史佚一起遷九鼎，那末，首先記越鼎，就容易理解了。

其次，克昏的昏，指商紂。《書·立政》「其在受德，暋」，受德是紂的名，暋就是昏字。《牧誓》「今商王紂惟婦言是用，昏棄厥肆祀弗答，昏棄厥遺王父母弟不迪」，這些昏字都指紂。昏字本來形容人的品德，但可以轉爲具有這種品德的人的代名詞。所以這是指打勝商紂。

其三，有商跟有虞、有夏、有周一樣，就指商王朝，《詩·文王》「假哉天命，有商孫子」，即其例。「夙有商」是退有商，即把商王朝作爲舊朝，而周王朝走向前面了。

這是現已發現的西周王朝的第一件銅器，銘文所述的是牧野之戰的參與者，他受賞時離開甲子這一天，僅僅七天，是武王立政後三天，比起有名的朕簋（即所謂大豐簋）顯然要早得多了。〔一八〕

銘文一開頭說「珷征商」，珷是武王自稱，研究西周銅器的人所謂「生稱王號」，過去能確定的有成王、穆王、共王和懿王，現在又增加了一個新例。

這件銅器出土於一個窖穴，同出的青銅祭器還有陳侯作王嬀媵簋，王作豐妊單盉，以及亘車父壺（兩件）；還有編鐘十三枚，工具、兵器、車馬飾和銅餅等，除這個利簋是周初外，都是西周後期器物。那末，這件銅器應是這個家庭世代保存下來的，在入窖藏時也已經是二三百年前的古物了。

此銅器十分重要，但因銘文簡樸，不易讀通，我的解釋，難免有錯誤，希讀者指正。

〔一〕珷字从王武聲。是爲周武王所造的專用字。這類字有三個，除此外，還有爲文王而造的玟字，以及爲文王所建豐邑而造的豐字。這些字常見於西周銅器，證明武王時已出現這種新的形聲字了。武王只稱珷，跟卜辭中對成湯只稱成是一樣的。《禮記・坊記》引《太誓》：「予克紂，非予武，惟朕文考無罪。」《孟子・滕文公》引《太誓》「我武惟揚，侵於之疆」，均可爲武王自稱武之證。所以武王伐紂成功的記事是《武成》，而歌頌這戰功的樂舞，也稱爲武。

〔二〕牧野之戰，古書都説是甲子朝，如《周書・世俘解》：「越五日甲子，朝至，接於商，則咸劉商王紂。」《書・牧誓》：「時甲子昧爽，王朝至於商郊牧野，乃誓。」《詩・大明》：「肆伐大商，會朝清明。」都是。《詩・蝃蝀》傳：「從旦至食時爲終朝。」

〔三〕戉字從冫戉聲。凡从金的字，古文字常從冫，所以戉就是鉞字。歲从戉聲（《説文》从戌聲是錯的），甲骨文常用戉或戉代表歲字，金文也用戉字代表越國的越。此處也應讀作越，越奪音近，《孟子・萬章》「殺越人於貨」，就是説殺人和搶人財物。

〔四〕《説文》以𡡈爲籀文婚字。毛公厝鼎「無唯正昏」，「餘非庸又昏」，均當昏字講。

〔五〕𡖍就是夙字，《説文》古文作㐃和𠈙，宿字从㐃聲，可見夙與宿音近通同。夙是早上，宿是豫先，都有已經過去的意義和舊的意義。在天文家常用的話裏，贏（或盈）是前進，縮是退走。此處「夙有商」是使商王朝後退的意思。

〔六〕闌字見宰椃角作𪉖，一九五八年安陽後岡發現的宰鼎作𪉖，兩器都屬殷代後期，此銘作𪉖，與之近似。闌是地名，據宰鼎，闌地有太室，應在殷都附近。此時，周王朝在掃蕩殷紂軍隊的殘部，武王不會離殷都太遠。

〔七〕有事即有司。《詩・十月之交》「擇三有事」，毛萇解爲「有司，國之三卿」。

〔八〕旜字也見番生簋，就是《説文》旃字的或體旜字，此處應讀爲檀。

〔九〕武王伐紂年代有很多説法。我根據漢代還流傳的殷曆，推爲公元前一〇七五年，見《中國古代歷史上的年代問題》，《新建設》一九五五年三月號。漢代劉歆三統曆説爲公元前一一二二年，但不可信。

〔一〇〕《周書・世俘解》：「越若來二月既死魄，越五日甲子，朝至，接於商。」《漢書・律曆志》引《武成》略同。《國語・周語下》：「王以二月癸亥夜陳。」

《史記·周本紀》「二月甲子昧爽」，均作二月。按《世俘》記武王燎周廟等事在四月，而與二月的日辰相聯，所以過去都誤認爲二月有閏月。唐代一行才認爲二月與四月聯接，中間無閏。今按伐紂時所用是殷曆，二月是夏曆正月。到「維四月乙未日，武王成辟四方，通殷命有國」，則周王朝已經建立，曆法已更改，把殷曆三月改成周曆四月了，夏曆是二月。

〔一一〕《世俘解》説紂自焚在甲子夕。

〔一二〕詳《周書·克殷解》和《世俘解》。

〔一三〕《世俘解》説：「戊辰，王遂御循（豚）追祀文王。時（是）日，王立政。」

〔一四〕《克殷解》：「武王再拜稽首，膺受大命，革殷，受天明命。」

〔一五〕據《世俘解》，這種掃蕩與討伐，一直到乙巳才結束，已是四月（夏曆二月）中旬了。

〔一六〕《爾雅·釋詁》：「辟，君也。」二月戊辰立政，還只是建立臨時政權，此時已正式成立周王朝。

〔一七〕並見《世俘解》。

〔一八〕朕簋見《三代吉金文存》卷九，頁十三。

載《文物》一九七七年第八期第八至九頁。
又《唐蘭先生金文論集》頁二〇五至二〇八頁。

安陽殷墟五號墓座談紀要

——關於后辛墓

殷商前期后辛墓的發現，十分重要。我支持后辛即婦好，死在武丁生前的意見。從書法判斷，也有別於後期。有后辛墓銅器作爲武丁時代的標準，又有邲其三器等商紂時代的標準，對殷墟銅器的斷代已比較有把握了。

后辛二字見於石牛頸下，后字寫如司，有人就讀爲司辛是錯了。春秋時叔夷鎛講成湯伐夏后，后字也寫成司。司、后本一字，《說文》把左向的讀爲司，右向的讀后，古文字没有左右向的區別，或讀爲后，或讀爲司，我懷疑只是方言問題。

后字或加女旁作姤，是女性后的專字。《周易》有姤卦，《說文》在新附，實際后與姤同字，《後漢書·魯恭傳》注已說明瞭。后辛墓的大銅方鼎和兕觥都有姤辛二字，由於古代書法不規整，后旁常偏高，因而往往被誤認爲三個字，后母辛或司母辛；過去出土的姤戊大方鼎，也被誤認爲司母戊三字。故宫博物院藏商醗亞方尊和方罍，說「者姤以大子尊彝」，舊釋者姛與諸女也都是錯的，實際是祭祀諸后與大子的彝器。周穆王時有些銅器說到王姤，也就是王后。

后字和姤字的釋定，很重要。首先，如果釋成司母辛或后母辛，這個墓就必須屬於祖庚祖甲時代了。其次，我們知道，我國古代奴隸主統治者自稱爲帝，從炎帝、黄帝直到帝舜都如此，帝是代表上帝的。但從夏代起却稱后，我稱它爲羣后時代，后是管理國家事務的君長，像：后益、后稷、后夔、后羿等。夏代君主，生前稱后，死後才稱帝。商人先世是游移民族，從王亥起就自稱爲王，繼承夏朝以後，還保存很多母系社會的遺留，婦女還掌握很大權力，從卜辭來看，武丁時的婦好是掌軍事的，婦姘是掌農業的，婦好被稱爲后，大概由於這個原故。武丁據說在位五十九年，他的法定配偶有三人，即後來所稱的妣辛、妣癸與妣戊。杜迺松同志說：后辛是妣辛，那末，過去所謂晚期的司母戊鼎也應提前了。我認爲這值得考慮。后戊就是妣戊，我很懷疑她就是卜辭常見的婦姘，當然，這還有待於進一步的研究。周武王有亂臣十人，其中有婦人，一直到昭王時，王姜還很有權力，應該是這種習慣的遺留。殷代君主生前稱王，死後也稱帝，如帝乙。由於后辛和后戊是殷王的配偶，帝與后相對，於是本來是管理國家事務的男性君主的稱號的后，現在改變爲管理國家事務的女性君主的稱號，而逐漸轉化爲王的配偶的專稱，即使並未過問國事，也稱爲王后了。后字何以有兩種意義，即男性君長與王后，過去是無法瞭解的，由於后辛墓的發現，才能對這種轉化有確切的解釋。后字既專屬於王后，管理國家事務的人就改稱爲有司。

后辛墓可以説明的問題很多，在這裏我只提出一點，即：這個墓如果稱爲后辛墓，似乎比稱爲婦好墓更確切些，因爲婦好是她作爲武丁之婦的名稱，是不能代表她的擁有權力的一生的。

載《考古》一九七七年第五期第三四六至三四七頁。

再論大汶口文化的社會性質和大汶口陶器文字

——兼答彭邦炯同志

大汶口文化與其陶器文字的發現，其意義遠在八十年前安陽甲骨文文字的發現之上。大汶口文化在龍山文化之前，和仰韶文化、青蓮岡文化、河姆渡文化等時代相近，比在龍山文化後的安陽小屯文化早得多。這個文化延續了兩千多年，地域以山東大汶口、曲阜、兗州一帶爲中心，遍佈於古代黄河下游的南岸和淮河北岸之間，約有十幾萬平方公里。和古代文獻相對照，這裏本來住着少昊民族，曲阜曾經是少昊國家的故都，因此，大汶口文化是少昊文化。近代論中國古代史，大都從夏王朝開始，只有四千多年，但我國過去的成文歷史，都從黄帝開始。考古工作應與歷史文獻相結合。大汶口文化與其陶器文字的發現，使我國古代史上一個關鍵時代即少昊時代，得到證實，從而恢復了我國歷史的本來面目；我國成文歷史不是四千多年而是六千多年，這是我國歷史與考古方面十分可喜的一件大事。

大汶口文化是氏族社會文化呢，還是奴隸制社會的文化，是目前爭論中的一個焦點。我去年七月十四日在《光明日報》上發表了一篇談大汶口文化性質的短文。彭邦炯同志在去年十二月五日《光明日報》上發表的與我商榷的文章，對我很有啓發。下面我再談三個問題，以便把我的看法説得清楚一些。

第一，關於氏族社會後期如何發展爲奴隸制社會的問題。遊牧部落從其餘的野蠻人羣中分離出來的大分工，畜牧業、農業和家庭手工業的社會大分工，必然地帶來奴隸制。「從第一次社會大分工中，也就産生了第一次社會大分裂，即分裂爲兩個階級：主人和奴隸、剥削者和被剥削者。」(《馬克思恩格斯選集》第四卷第一五七頁)彭文認爲氏族社會後期，「奴隸和主人之間没有形成兩大對抗階級」，恐怕不大對吧！到了野蠻時代的高級階段，手工業和農業的分離是第二次大分工,「前一階段上剛剛産生並且是零散現象的奴隸制,現在成爲社會制度的一個本質的組成部分;奴隸們不再是簡單的助手了;他們被成批地趕到田野和工廠去勞動」(同上,第一五九頁)。彭文説「此時的奴隸在生産勞動中並没有成爲主力」,「奴隸制還没有成爲一種經濟體系」,恐怕也不正確。這時,「除了自由人和奴隸之間的差别以外,又出現了富人和窮人之間的差别」,「社會又有了新的階級劃分」。(同上,第一六〇頁)然後出現貴族世襲,出現了獨立的統治和壓迫機關。此後,文明時代鞏固並加强了以前發生的各次分工,加劇了城市和鄉村的對立,又加上了第三次的分工,出現了商人階級。正是由於在氏族制度下分裂爲自由民和奴隸,富人和窮人,這些階級的對立,階級鬥爭日益尖鋭化,才形成第三種力量,貴族的統治。「氏族制度已經過時了。它被分工及其後果即社會之分裂爲階級所炸毁。它被國家代替了。」(同上,第一六五頁)看來,氏族社會「到了野蠻時代低級階段,它便達到了全盛時代」,到了高級階段,就很快地發展爲國家。

從大汶口文化中的現象來看,決不只是什麽「財物私有」,階級剛在開始的問題了。在大汶口墓葬中隨葬豬頭之多,説明畜牧業已經很繁盛了。隨葬陶器中杯子之多,説明農業已經發展到有剩餘穀物來作飲料。手工業的發展,看來已經有很多作坊。陶器尤其突出,有:紅陶、彩陶、彩繪陶、灰化陶、黑陶和白陶,「顯示出生産的日益多樣和生産技術的日益改進。」正如恩格斯所説的「只有奴隸制才使農業和手工業之間的更大規模的分工成爲可能」(《馬克思恩格斯選集》第三卷第二二〇頁)。試問這些磨製光潤的碧玉斧,鑿刻工緻的象牙梳,鑲嵌緑松石的骨雕筒等奢侈品,能在家庭手工業中完成嗎?至於從隨葬品的有無多寡和其他情況所反映出來的貧富懸殊,決不是有些「差别」,這已經存在着窮人和富人的兩個對立的階級,這時的社會已不僅僅是奴隸和主人的兩個階級了。墓葬中陶器之多是驚人的,它們往往成爲一個組合,可以和殷周墓葬中的青銅器相比;而且在同一墓裏常出現很多同類的器物,如:黑陶瓶三十八件,或者白陶高柄杯十四件之類。黑陶是當時最流行的,貴重的白陶就是到殷代還只有貴族才使用,這種誇多鬥富的現象,説明當時的富人們已經以收藏高級陶器爲樂了。這難道不能説明富人已是一個階級了嗎?氏族社會末期已經出現貴族世襲,未成年而用木槨,顯然有了等級貴賤之分了。當然,舊勢力、舊習慣,通常可以保留很久,在初期奴隸制國家裏還有許多氏族遺迹是並不奇怪的。窮人,甚至奴隸,還容許葬在同一墓地上,並不能證明此時還是氏族社會。而隨葬器物中有生産工具,一直到商周時代還如此,最近發現的商代后辛墓有青銅工具四十四件,故宫博物院藏的康侯斤(錛),是周初衛康叔的遺物。

第二,大汶口文化中還没有發現青銅工具的問題。恩格斯在講到第一次大分工之後,就指出重要的工業成就之一是礦石冶煉和金屬加工。在我國古文獻裏，正是少昊國家的蚩尤，發明了冶金並作銅兵器；少昊號稱金天氏，少昊氏的該作金正（官名），都説明這時已有銅器。從大汶口墓葬中器物所顯示的手工業規模，也不應没有金屬工業。隨葬骨針有的針鼻只能穿一根綫，這樣小孔怎麽打；龜甲上的圓孔，没有堅硬的工具打不透；象牙梳的齒，没有鋒利的刀刃切不整齊，如果没有青銅就無法解釋。當然，那時青銅很貴重，不允許隨葬；也可能只有國家的手工業作坊裏才使用青銅工具；所以不容易被發現。聽説山東膠縣三里河龍山文化遺址裏發現銅錐狀器，其下層就是大汶口文化。陝西臨潼姜寨的仰韶文化遺址發現一個銅片，爲銅鋅合金，有早期銅器的可能。總之，在大汶口文化中有發現銅工具可能，暫時最好不要下斷語。

第三，陶器文字問題。夏代在龍山文化後，迄今爲止，還没有發現夏代文字，而遠在龍山文化之前，比夏代還要早一千多年的大汶口文化，却意外地出現了陶器文字，這引起了一些懷疑與誤解是很自然的。我們看到的既不是符號，更不是圖畫與紋飾，而是很進步的文字，是商周時代文字的遠祖。西安半坡陶器上的簡單刻畫，我們還不能斷定它是符號還是文字，就由於看不到它與後世文字的聯繫，而大汶口陶器文字則是灼然無疑的。我們説它進步，第一由於它的規整，它像古文字裏的小篆，也像近代文字裏的楷書，不是剛剛創造的原始文字。臨潼姜寨也出有陶器文字，時代相近，但好像是小孩寫的字，我很懷疑它已受了大汶口文化的影響。第二就由於在相距數百里的地方出現筆劃結構相同的文字，在狹小規模的氏族社會裏，這是不可想象的。

過去有些人把甲骨文當作我國最古的文字是十分錯誤的，甲骨文已是形聲文字，屬於近古期，很多古代的象形字已經變得像符號，並且有了很多錯別字。現在見到了大汶口陶器文字，是屬於遠古期的意符文字，我國文字的歷史更完整了。

遠在野蠻時代的低級階段裏，甚至更早，人們就開始創造文字或類似文字的手勢、結繩、刻契等等，但創造不等於通行，即使在小範圍裏有一個時期使用過，不久也歸於消失。氏族文字是和民族語言結合在一起的，所以最古老的、土生土長的民族文字總是用圖畫方式的意符文字，因爲看到這種文字的人，看圖識字，一下子就可以用他自己的語言讀出來。在古代，這種意符文字的數目不會太多，在我國，估計不過一兩千字，但由於運用了引申和假借的方法，字的意義可以擴大，寫不出來的字可以借同音的字來代替，字數雖少，在當時完全够「用來記載人們的活動，表達思想和語言」了。因爲從假借聲音來表達語言的文字，就是音符文字，只是音節文字不是拼音罷了。在古代，這種意符文字，大概要用一兩千年。最後，生産發展了，人事複雜了，才出現形聲文字，這種音符文字，就是字母（聲母），所以，我國文字的字母有一千多個。

大汶口陶器文字在當時已經通行，這是十分重要的。我國幅員廣闊，在古代，決不止一種文字，我在一九五七年的《考古學報》上曾介紹過一種久已遺失的古文字，是用從一到八的數目字組成的，最近又發現一些新資料，可能是在陝西省南部流行過，就是一例。但一直流傳下來的就是少昊國家中已經通行的文字。歷史書是用文字記載下來的，我國歷史從黄帝時代開始，相傳倉頡作書，也是黄帝時人，少昊時代，緊接黄帝，這種傳説，也許是有根據的。意符文字當然不是個别人所能創造的，但在一個强盛的國家裏，在規定曆法，統一度量衡之外，是需要對當時通用的文字作一番整理的。大汶口陶器文字也許是這種經過整理的文字，所以如此規整。文字的推行需要依靠政治力量，没有統一的國家，怎麼能有統一的文字！我國文字的特點之一，就是能統一方言的紛歧，而不被方言所衡垮，正由於我國統一的時代多於分裂割據的時代的緣故。因此，我説的文字是通行過的或尚在通行的民族文字。文字是文明時代的標識。可能有已經强大的民族而還没有文字，但有了民族文字的民族總曾有過一個值得歌頌的文明時代，所以我認爲大汶口文化裏發現了頗爲進步的文字，就是這時已經是奴隸制國家的一個重要證據。

載《光明日報》一九七八年二月二十三日。

文字學規劃初步設想

文字是記録語言，反映思維，傳播學術思想和科學技術知識，傳達政令法律，記載歷史等的高級工具。它和語言有密切關係，但不同於語言。它高於語言，把語言寫成文字時，大都要進行一次加工。一個民族不能没有語言，但有些强大的民族可能還没有文字，有些民族借用了别的先進民族的文字。語言是不能改革的，但文字在一定條件下是可以改革的。

中國大約在兩千六七百年前就有文字學；兩千多年前就有語言學，有啓蒙讀本，有字書；一千八百多年前就有字典；在封建社會裏所謂「小學」，就包括文字形體、聲音、訓詁、語詞研究等。在接受西方文化，設立學校後，也還有文字學這個學科，但分爲形義和音兩個支科。

西方用拼音文字，語言與文字很接近，因之没有文字學而只有研究埃及、蘇馬爾等文字的古文字學，以及字母學、書寫藝術等，這是一個缺點。但另一方面，西方近代的語言學，尤其是語音學，比較語言學、語法學等等有很大進步和發展。

我國需要建立新的語言學，這是應該的並且已經實行，只是應該努力建成我國自己的語言學理論和體系，使它更發展壯大。

但在過去我們學習外國的時候，出現了一個偏向，有些人誤認爲文字學就是語言學，因此，在大學裏把文字學這個學科撤銷了。後來，有些學校雖恢復了文字學，但列爲選修，並不重視；有些學校在考古專業方面，附開了古文字學；個别學校在中文系裏設立了古文字研究室。二十多年來，關於文字學的書籍没有了，就是古文字的研究也很少，只有在研究古代銘刻的文章裏，還偶爾能看到一些。

在過去資産階級學者提倡全盤西化論的時候，出現了兩種錯誤傾向：首先是認爲文字就是語言，而不懂得就是用拼音文字的國家，文字也不同於語言，例如英國人也在那裏要改革文字（或者説整理文字），只是它們没有文字學，没有感到文字研究的重要性罷了。其次是不懂得文字是工具，認爲文字只是封建士大夫的東西，把反封建和反對漢字聯在一起了；有些人挑選出漢字的一些缺點，把它儘量夸大，因而提倡「廢棄漢字論」。現在，漢字正在爲人民服務，爲無產階級政治服務，這種資產階級偏見，應該廓清了吧！但是這些錯誤觀點，影響很大，流毒很廣，嚴重地妨礙了漢字的應用與發展。因此，我們必須努力加强文字學理論研究，建立我國固有的而又符合現代需要的科學的文字學學科，大力進行有關文字科學的一切研究工作。文字學工作者的隊伍，儘管已經零散，但大概還有一百人以上，應該培養新生力量，爲建成社會主義的現代化的强大的祖國而奮鬥。

必須指出，中國有大約六千年的文明史，漢字也有五六千年的歷史，在大汶口文化裏發現了五千多年前通行於若干地區的頗爲進步的文字，這一點已經完全可以證明了。這種文字至少在三千多年前已經大大推廣，遍佈於黄河流域和長江流域，北到長城以北，南至洞庭彭蠡一帶，東至於海，西至甘肅、陝西一帶。我們知道，當時有各民族的語言，例如春秋時代的戎族就和華族語言不通，戰國時代的越族語言，與楚語不同；至於各地方言的差别，如齊語與楚語、吴語之類就更多了。但是當時有各地通用的語言，即所謂「雅言」，這是書寫的語言，即用文字來寫下的《詩》《書》和《禮》的語言，也就是每一個文字的讀音；方言是分歧的，但讀音基本上是統一的。這種現象，一直到現在還如此；吴語與粤語、閩語，差别很多，但文字基本是統一的，甚至和日本國朋友交談因語言不通而有困難時，由於同文的關係，寫出字來就彼此瞭解了。中國這個國家，統一的時期比較多，分裂和割據的時期比較少，在功勞簿上總應該把文字記上一筆吧！世界上有很多有古老文化的民族和國家，有許多古老的文字，但只有漢字還在應用，是富有生命力的活文字。漢字是上下數千年，縱横幾萬里，應用人口有八九億的一種超時間、超空間的文字，隨着歷史的推移，它已經成爲由許多民族混合而成的整個中華民族的共同財富。我們應該爲有這樣一種文字而自豪。

但是，也必須指出，漢字有很多嚴重的缺點，它是很進步的，又是很落後的。由於它是土生土長的，有自己獨特的經驗，它在奴隸制社會的後期，已經隨着生産的大發展，從意符文字的象形、象意而發展爲形聲文字；它的聲符有一千多個，這種聲符，即聲母，等於西方文字的字母，但由於它是音節字母而不是拼音字母，所以要有一千多個。這種形聲文字在當時對發展生産是有用的。它的開始時期，大約在四千年前，到二千年前基本上已經完成了。以後的兩千年裏，受到書寫工具和書法藝術的影響、語音的變化、文字本身的流變、印刷術的出現，以及一些外來的影響等等，許多形聲文字的聲母，已經失去聲符作用；許多文字的形體已經起了很大變化，因此，很大的一部分已經只是符號而不能代表確切的語音。再加以中國的歷史太長了，每個時代産生一些新字，也廢棄了一些舊字；一些封建文人又喜歡用古字，僻字和别體；有些人又隨意創造一些新字；還有一些人寫了許多錯字、别字。總之，糟粕越來越多，一部字典有四萬多字，還没有搜羅齊備，就是比較常見的，也還有八千到一萬字左右。文字難識、難記、難寫，字數又太多，一個人爲了學文字這一工具，要費很長時間、很多精力，還不一定能學好。因此，作爲一種工具，我們必須把它改革好。

毛主席遠在一九四〇年就説：「文字必須在一定條件下加以改革。」我們説漢字有很多優點，但是不能迷信過去，把漢字看成神聖不可侵犯，不願意改革不願意進步的思想，抱殘守缺的思想，是完全錯誤的，必須加以批判。在另一方面，我們説漢字有很多缺點，却决不是説漢字根本要不得了，漢字是能爲社會主義祖國和人民服務的，在科學技術革命中，漢字還必須擔當起這個重要任務。有缺點不怕，它有五六千年的歷史經驗，應該並且可能把它改革好，我們應該利用現有的文字，事實上也正在充分使用現有文字這一工具。只要高舉毛澤東思想的偉大旗幟，真心誠意地爲社會主義的四個現代化而鬥爭，根據漢字的歷史規律，在黨的統一領導下積極開展工作，我們就完全有信心能把漢字改革好，使它能改革成爲比較完善的，適合於科學的，現代化的文字。

文字改革是文化革命的一件大事，必須有理論的指導，不研究文字改革的理論，就是盲目的實踐。有些人拋開現有文字而費盡腦力去創造新文字，這種熱情是可以理解的，但如果這種新文字要到下一個世紀或者幾個世紀才能應用，那對於四個現代化就是没有好處的，就是不切合實际。文字改革必須走拼音方向，一九五八年周總理指出了當時文字改革的三項任務是：簡化漢字，推廣普通話，制定和推行漢語拼音方案，是爲走向拼音方向鋪平道路，是十分正確，十分及時的。現在經過了二十年了。在華主席領導下，繼承毛主席、周總理的遺志，在本世紀内實現四個現代化，文字改革必須走在前面，走拼音方向應該提到日程上來了。我們應該努力研究文字改革理論，用理論來指導實踐。制訂規劃和方案，必須切合實際，必須做到能行得通，很快就可行，行之有利無弊，或者利多弊少。總之要吸收前人的一切好的經驗，做大量的準備工作。這是當前的最重要最迫切的任務，應該做好規劃，很快就動起來。

現將文字學規劃的初步設想列下，錯誤與遺漏之處，希望同志們糾正和補充。

一、文字學概論　外國没有文字學，此書應包括我國各民族的文字以及世界各國文字，總結歷史經驗，上升爲理論，因此，可以作爲較長久的規劃，可以百家爭鳴。

二、中國文字學　唐蘭　開明書店一九四八年版。上海人民出版社準備重印，擬略加修改，加敘言，今年交稿。一九八二年以前擬重寫。

三、古文字學　唐蘭有《古文字學導論》一九三四年版，國内外有四五個翻印本，今年重印《中國文字學》時，擬將下卷作爲附録。全書擬重寫。

四、近代文字學　唐蘭　擬在一九八五年以前寫成。

五、比較文字學　外國資料較多，過去有過兩種，實際是翻譯美國人的通俗作品，譯得也很壞。應該以漢字爲主（包括各兄弟民族文字）與各國文字的比較研究。第一步應先搜集資料。

六、中國文字發展史　即中國文字沿革。

七、字母史　包括形聲文字的聲母，音節字母、拼音字母等。

八、中國拼音文字史

九、中國文字學史

十、中國古代意符文字研究　唐蘭　擬在一九八五年寫成初稿。

十一、商周文字研究　唐蘭　這是用自然分類的體系，對甲骨金文的綜合研究。

十二、春秋戰國文字研究　應包括金文、石刻、璽印、貨幣、匋文、竹簡、丹書（如侯馬盟書）等的綜合研究。

十三、秦文字（篆、隸）研究　包括金石刻，竹簡、帛書等。

十四、漢魏文字研究　包括竹木簡、帛書、金石刻、印章、磚瓦、石經等，研究篆隸草書等。

十五、魏晉南北朝文字研究　包括碑、志、造象、寫經、手抄書等，研究由隸變楷和行草發展過程等。

十六、唐五代文字研究　包括石刻、寫經、手抄書等。

宋元明清文字研究　主要是木版書，研究方言字、簡字和俗字。

十七、近代方言字研究　包括地方志中的方言部分，以及近代報刊小説等。

十八、中國各民族古文字研究　如：契丹文、女真文、西夏文、八思巴文，以及滿文、蒙文、維文、回文、藏文、彝文、納西文等。

十九、甲骨文字典　于省吾有《殷契駢枝》三編，正合編爲一册，有修訂。唐蘭《殷虚文字記》擬修訂再版。

二十、金文字典　容庚正在重訂《金文編》。

二十一、璽印字典　《古璽文編》，羅福頤編，今年可付印。

二十二、匋文字典

二十三、秦代篆隸字典　只是雲夢竹簡就可以編一本字典。

二十四、石刻篆文字典　商承祚曾有《石刻篆文編》，應補充。

二十五、隸書字典　宋以來有很多著作，銀雀山竹簡、馬王堆、居延木簡等有很多材料，可大大擴充。

二十六、行草字典　過去有多種，木簡和唐五代寫本中有很多新資料，應重編。

二十七、六朝别字字典

二十八、唐宋以來簡字字典

二十九、西周青銅器銘文史徵　唐蘭　分三卷，約一百萬字，上卷初稿已完成，擬於近期内寫完初稿。

三十、石鼓文研究　唐蘭　初稿已寫成。

三十一、倉頡篇研究　唐蘭　因有竹簡倉頡篇發現，希望能在三四年内寫成。

三十二、急就篇研究

三十三、説文解字研究　唐蘭　希望在一九八五年寫出初稿。

三十四、玉篇研究　應先把原本玉篇復原，需要做很多工作。

三十五、六朝字書研究　應先做輯佚工作。

三十六、龍龕手鑑研究

三十七、明清字書研究

三十八、鳥蟲書研究

三十九、飛白研究

四十、章草研究

四十一、繆篆研究

四十二、字源學　唐蘭　漢字可以推溯字源，可以看到創造文字時期的社會文化情況，這是世界文化史上的一個寶庫，希望能在一九八五年寫出初稿。

四十三、語言與文字的關係

四十四、中國文字與書法藝術

四十五、中國文字與科學

四十六、中國古代啓蒙讀本研究

四十七、字典編法研究

四十八、文字分類法研究

四十九、常用字研究　這是文字改革準備工作之一，需要分門别類做大量的統計工作。

五十、文字簡化研究　這也是文字改革準備工作之一，要有理論研究，要有原則，要考慮到各方面的關係，做細緻的工作。

五十一、文字規範化研究

五十二、科學技術用字研究

五十三、中國文字索引法研究

五十四、中國文字傳播的新技術研究

五十五、漢字改革的研究　主要研究如何使漢字走向世界各國共同的拼音方向，同時也吸收其他好的經驗，把它改造成爲現代化的統一的中華民族文字，這是當務之急，應作爲重點項目，集中全力，早日完成從理論到一切具體措施的準備工作。要打有準備的仗，要使漢字有利於四個現代化。

載《中國語文》一九七八年第二期第八七至九十頁。

高舉毛澤東思想偉大旗幟爲中華民族文字現代化而鬥爭

一九五八年周總理提出文字改革的三項任務以來，已經過去二十年了。在這期間文字改革取得了很大的成績。但在近十年來，受到「四人幫」的干擾破壞，改革工作踏步不前，不能適應新的形勢。在一舉粉碎「四人幫」以後，全國從大亂走向大治，去年召開十一大，今年又召開五届人大和全國科學大會，新的形勢對文字改革工作提出了新的要求。

文字是工具，是反映思惟、記録語言、記載歷史、傳播科學知識、創造文學作品的重要工具。文字和語言有密切關係，但與語言相比，它是更爲高級的工具。每個民族都有自己的語言，但就是很發達的民族也未必有自己的民族文字。文字是文明的標識，在文明國家裏，每一個人在日常生活中都不能離開這個工具。語言不能改革，但文字在一定條件下可以改革；尤其是當政治、經濟與文化發展到一個新的階段時，文字如果不能適應新的形勢，就需要改革。

遠在一九四〇年，毛主席就指出：「文字必須在一定條件下加以改革。」當時的蔣介石反動政權是不會也不可能進行文字改革的。新中國建立後，全國統一，人民當家作主，文字改革的基本條件已經具備了。一九五一年，毛主席又明確指出：「文字必須改革，要走世界文字共同的拼音方向；形式應該是民族的，字母和方案要根據現有漢字來制定。」（見《中國文字拼音化問題》中華書局版，一九五三年）。走拼音方向，用民族形式，政策方針是已經確定了的。

要改革我國文字，首先應該對它的歷史，它的特點和現狀，作科學的、仔細的、實事求是的調查和分析。中國文字最先是在東海之濱黄河下游以南，淮河以北的一個自稱爲「人」的民族裏創造並發展起來的；後來被中原地區的華夏民族，所繼承而更加發展。這個發達最早的東方民族，後來被稱爲東夷，還有狄、戎、胡、羌、蜀、蠻、舒、越等許多民族，融合而成華族，這種文字就成爲整個華族的文字。在三千多年前，就已經通行於黄河流域與長江流域了。魏晉以後，五胡亂華，進入中華民族的有：鮮卑、匈奴、羯、氐、羌等五個民族；隋唐以後，又有突厥、回紇、吐番、契丹、女真、蒙古等許多民族。現在，我國還有五十多個少數民族，其中只有少數幾個是有自己的民族文字的。因此，我國文字應該是整個中華民族的共同文字，它可以簡稱爲「華文」，和英文、法文、德文、俄文、日文等一樣。漢字的名稱，歷史上從未有過，近幾十年才流行，應該廢棄。

我國文字有五六千年的歷史，在這個九百六十萬平方公里的國家裏，有八億多人口使用它。它是超越時間和空間的民族文字。三四千年前的文獻資料，很大一部分在今天還能看懂；吴語、閩語、粤語，距離遥遠，方言十分複雜，直接交談有困難，寫成文字就能互相瞭解。文字的讀音，也正在接近。在綿長的中國歷史裏，國家統一的時代，遠遠超過分裂割據的時代。有統一的國家，才能有統一的文字；反過來，文字的統一，也能使國家的統一更加鞏固。這樣的文字在世界史上是一個突出的例子，它是整個中華民族的共同財富。進行文字改革，這一點是必須明確的。

但是中國文字畢竟太古老了。它成爲音節文字，採用方塊字的形式，本來適應中國語言的特點。在奴隸制社會後期，隨着經濟的繁榮，生産的發展，出現了新的形聲文字體系。大約經過兩千來年，這個形聲文字體系基本完成了。此後，經過長期的封建社會，尤其是最後的一百多年裏，中國落後了，淪爲半封建半殖民地國家。中國文字逐漸變化爲難學難記難讀難寫的文字，缺點很多，也很嚴重，因此，許多有志之士爲了要講求維新，謀富强，就紛紛提出要改革文字。文字改革工作，也已經有八十多年的歷史了。

過去的文字改革工作，大致上可以分爲兩類，一是改良，一是革新。總結它們的經驗與教訓，對當前進行改革將是有益的。

改良工作大體上分：簡化筆劃，規定常用字，精簡字數，改變聲符和注音等五個方面，目的主要是解決識字寫字的困難。

革新工作有兩種，一種是採用民族形式字母的，一種是採用拉丁字母的，它們都是要使中國文字改變爲拼音文字。

中國文字的主要缺點是字數太多，不是拼音體系，學習太費時間，不好記，有些字常常寫不出來。舊的字典有四五萬字，盡是一些廢字僻字，但也没有搜羅完備。新華字典八千多字，有些常見字也還查不到，有人估計常見常用的字有一萬字左右。一個小學生學文字要用五六年時間。在當前科學技術突飛猛進的時代，僅僅學習文字這個工具，就佔去了這麽多的時間，對革命事業不利，是必須改革的。僅僅做一些改良工作是不徹底的，做得不好，還會出紕漏，反而有害。例如簡化筆劃本是一件好事，使筆劃太繁的字改爲容易記，容易寫；但在我國的現在情況下，過去已經印成的書刊不能全部用新的簡體字改排重印，小學生學會了新的簡體字，却不認識舊的繁體字，又得重新學習，如果簡化了兩千字，加上了舊的繁體字，就得學四千字，反而增加了學習的負擔。因此，對這個問題必須十分慎重，通盤考慮，全面安排，而決不應盲目追求每字減少一兩筆，草率從事，不徵求羣衆意見，像傾盆大雨一樣，突然襲擊，造成混亂。

改革是改造和革新，決不是點點滴滴的改良。當然在某些方面有所改善，羣衆也是歡迎的。在整個改革工作中，應該儘量吸取過去一些好的經驗。但這種改良，決不是改革的方向。毛主席提出「要走世界文字共同的拼音方向」，是十分正確的。中國文字如此之多，單靠規定常用字是限制不住的。精簡字數而只靠同音代替，一個字要代替上百個同音字，也一定會引起混亂。如果只是整理異體字，也無濟於事。

改用拼音文字是一件大事，走拼音方向，怎麽走法更是必須仔細研究的。

在我國採用羅馬字來拼音，已經有三四百年的歷史了。首先是一些西方傳教士爲了學習中國文字的方便而創造的，後來爲了傳教，用羅馬字來拼寫方言，如厦門話等。在那個時代中國已經落後了，傳教士們十分輕視中國文字，而把羅馬字捧爲世界上最進步的文字，是不奇怪的。奇怪的是近幾十年中，我國的一些知識分子也嚷嚷中國文字陳腐落後，一無可取，主張全部廢棄，另造新的。他們從來没有想過中國文字有五六千年的歷史，而且現在還活着，還在使用着，這是世界文字史上没有的。是什麽力量能使它有這樣長的壽命呢？如果它不能適應中國語言的特點，不能適應每一個時代的需要，它能活到現在嗎？他們看不到它的主要優點而只强調它的缺點，因而嫌惡它，要另造更好的新文字。但是能適應中國語言特點的更好的新文字是永遠創造不出來的。一大堆問題纏住了創造者。同音字問題，聲調問題，方言問題，歷史遺産問題，人民習慣問題等等，哪一種是容易解決的呢？最需要指出的，文字不等於語言，它們之間有聯繫也有區別，如果不懂得這些，以爲把語言拼寫出來就是文字，這在還没有文字的民族裏，也許是可能的，開始粗糙一些，經過長期的實踐，可以逐漸完善；但在有幾千年文明史的國家裏，這種想法就不僅幼稚可笑而且是有害的。要拼寫語言，就得根據活的語言，例如：北京話，蘇州話，廣州話。但如果你根據北京話拼出來的文字，蘇州人、廣州人就不認識，有些字就是離北京不遠的人例如通縣人，也不認識。如果北京人用北京話來拼寫文字，蘇州人和廣州人用蘇州話和廣州話來拼寫文字，還有其它地區的人也都有自己的文字，中國之大，至少要有幾百種文字吧？這對於我們這個社會主義國家，對於整個中華民族有什麽好處？我們主張各個少數民族有權使用他們自己的民族文字，也贊成各個地區有方言字，但是必須珍惜整個中華民族的民族文字，它是我們這個國家、民族團結統一的柱石。祖先遺留給我們這樣一份寶貴的遺産，我們怎麽能説「對不起，忘記了」呢？俗話説「抱了金飯碗討飯」，那還是好的，他還抱着，如果抱金飯碗當作破瓦罐扔掉了，那就什麽都没有了。

走拼音方向，用民族形式，這是一個原則。過去用民族形式字母來拼音的，大概只有王照和勞乃宣，可惜他們也是拼寫語言的，不能代替文字；後來的注音字母，則僅是注音，没有成爲文字。有些人迷信拉丁字母，其實拉丁字母也是老古董了。他們不談民族形式而强調國際化，世界化，這是不符合馬克思主義的。有的人硬説用拉丁字母拼出漢語，就是民族形式，這是不真實的，語音的民族形式，怎麽能説是文字形體的民族形式呢，石頭裏不會孵出小鷄來，用拉丁字母拼音能出現中華民族的文字嗎？漢語拼音字母作爲注音標音而不是拼音文字，在提出方案時是曾經明確指出的。我們贊成這個方案，這種字母今後還可以用下去，作爲中外文化交流是有用的；但它終究是拉丁形式而不是民族形式。

中國現有文字有缺點，不能適應新的形勢，所以必須改革。改革不是不要現有文字而另造新的。要創造最好的文字是可以允許的，但文字是關係到國計民生的重要工具，我們不能坐在這裏等着創造出來。如果要等到普通話已經推廣到普遍使用，語言基本統一，同音字基本分化的那個時候，才能創造出最完善的新文字，那不知要等幾十年、幾百年。試問這樣對於四個現代化有什麽用處？「一萬年太久，只爭朝夕」，當前是爭分奪秒的時刻，請不要死抱住這些空想白白耗費青春吧！

我們現在還在利用現行的民族文字爲社會主義革命和社會主義建設服務，今後也還必須繼續利用和充分利用下去。它有缺點，就改，它有五六千年的歷史了，没有改不好的。字數太多，是應該限制的；不是拼音系統，不科學，就應該加以改造。剔除糟粕，吸取精華，古爲今用，洋爲中用，通過利用、限制與改造，我們深信這個古老的文字將會獲得新的青春。只要高舉毛澤東思想的偉大旗幟，我們就會把它改造成爲社會主義時代的科學的現代化的中華民族文字。

現有文字的改造與革新，主要是要適應目前政治經濟文化迅速發展的新形勢，配合四個現代化，這就要求立刻能够进行改革，才能多快好省地建設社會主義。中華民族文字的優良傳統必須繼續發展，不容許破壞；過去文字改革中的一切好的經驗，也必須儘量吸收，必須有正確的理論指導，有精密的方案計劃，做好一切準備工作，廣泛徵集羣衆意見，反復研究，不斷實踐，在實踐中隨時發現問題，不斷改進，才能使民族文字比較完善，做到科學化與現代化。

我國文字之多是文字改革中的主要矛盾。實際上，每一個時代經常用的文字，不過兩三千字，但苦於限制不住。一九五二年，教育部曾公佈過一個常用字表，有兩千個字。最近，文字改革委員會却聲稱有四千五百個較常用字。我們不能限制寫作的人只用規定範圍内的字，那末，只提出常用字是無用的。從文字的歷史來看，常用字和較常用字裏有一大部分是基本字，這些字與人們的日常生活分不開；從開始有文字的時候，一直到現在，這些文字一直是我國文字的主要成份，一個人如果能掌握這一部分文字，讀書看報寫文章，基本上能够應付了。如果我們能大力展開研究工作，把這類文字的字數定下來，比如説定爲兩千四百字左右，就可以大大減少學習文字的時間。當然，這樣嚴格限制是有具體困難的，讀書看報時可能遇到生字，在兩千四百字之外就看不懂；寫文章時有些字不在兩千四百字之内就寫不出。因此，科學的民族文字必須在利用原有的常用字之外，再加上拼音文字約四百字左右，凡屬於兩千四百個常用字之外的，一律用拼音字代替。這些非常用字大都是難學難寫的，改成拼音文字就容易多了。這些非常用字數目是很多的，以《新華字典》八千多字來説，除了常用字還有五千六百來個，現在只用四百來個拼音字來代替，平均每個拼音字可代表十四個字。但是在書報中，這類字是不常見的，改用拼音後，讀者不會發生很多困難。即使暫時還不認識，只要懂得拼音方法就很容易掌握了。文字字數本來是無法控制的，有了拼音文字的幫助，就完全可以控制，在目前，我們希望文字總數能控制在二千八百字（包括常用字與拼音字）之内，經過長期實踐，可能還要壓縮。無論如何，只要字數能受控制，就是文字改革的一大勝利。

民族形式的拼音文字，應該是拼音簡字，採用現行文字的一部分筆劃來創造字母，利用民族文字的方塊字形式，用自左至右的拼寫方法，有單獨一個字母的文字，也有用兩個字母或用三個字母拼寫的。由於現行文字最多由三個部分合成，所以只有少數用四個字母拼寫的，其中一個部分將是合寫字母。由於字母的筆劃少，拼寫出來，每字大都只有四五筆，和簡化字差不多，可以把它作爲簡字的一種，它可以和常用字融合在一起，不感覺刺眼。中國文字字數多，只有走拼音方向，才能精簡字數，有了四百個左右的拼音簡字，用來代替約五千六百個繁體字和難字，這是文字改革的一個大勝利。拼音文字的容易學是不言自明的，一切難識難寫的字，一般人容易認錯的字，改成拼音，困難都解決了。寫文章時有些方言本來是寫不出字來的，有了拼音方法就完全可以表達了。

拼音簡字包括一切拼音方案的優點，但由於它的民族形式能和常用字融合在一起，所以可以避免其它方案的許多缺點，如：同音字問題，是創造拼音文字的人最頭疼的事，現在由於保留了很多常用字，例如話、畫和化都是常用字，就不怕同音的混淆了。聲調的問題也是這樣，一般拼音文字如果不管，就顯得粗糙，容易混淆；但如果加符號，就顯得太難看；如果變換字母，又不便學習；現在也可以繼承民族文字的傳統，不作任何安排了。總之把常用字和拼音簡字融合在一起，一面可以利用拼音字來控制字數，一面可以利用常用字來補救拼音字的許多缺點；這樣，才能使這個民族文字成爲科學的容易學習和使用的文字。

拼音字母是根據現有文字來制定的，它採取民族形式，同時又是科學的，一共有二十八個字母，一個字母一個音素，拼法簡單易學，遠比拉丁字母爲進步，字母次序採用唇音齒音等排列，這是民族形式，也遠比 ABCD 爲進步。我們要洋爲中用，吸收它們的科學的方面，像拉丁字母之類是不需要依樣畫葫蘆的。

拼音簡字，還是用普通話爲基礎，普通話的推廣，還是要繼續進行的。由於拼音簡字是文字而不是直接寫語言，拼出來的只是這個字的讀音，有些地區普通話學得不太好，可能按照他們自己的方音去讀，例如所謂廣東官話之類，也没有什麽妨礙，有了拼音簡字，將可以使推廣普通話的工作更加順利。

簡化現有文字的筆劃，過去已經有過很大成績，許多簡體字已經有了羣衆基礎，在兩千四百個常用字裏有很大一部分，筆劃本就簡單，如：一、二、人、刀等，如果一定要改用拼音，反而更加繁複，是完全不需要的。筆劃繁的字，如果已經簡化，就照舊用簡體字；有一部分可以用拼音簡字來代替。當然，無論改用拼音簡字或另定新的簡體字，都要十分慎重，要經過仔細研究，廣泛聽取羣衆意見，有步驟地進行。

這樣的文字改革是容易行得通的，我們幾乎全部繼承現有文字，只是對若干難字和不常用的字改用了拼音簡字，在書刊中，這種拼音簡字的出現率是很少的，普通只有千分之四五。只要我們準備工作做得好，拼音方案經過較長時期討論研究而定下來以後，再大力做好宣傳工作，這種改革將不會發生任何困難。我們的原則，文字改革是一件大事，必須十分慎重，必須能行得通，必須盡力做到在推行以後有利無弊。必須先做大量工作，不打無準備之仗，打則必勝。準備得越充分，推行起來就越順利。

這樣改革，必須既有原則性，又有靈活性。在原則上，現代化的中華民族文字，必須嚴格控制在一定字數之内（例如第一階段爲兩千八百字），文字必須統一，必須規範化。但這些限制的範圍只限於印刷體，至於羣衆日常書寫就可以隨便一些，愛怎麽寫都可以，到排印成書刊時再糾正。當然，這對排字工人，可能要麻煩些，如果做到排字自動化，也就可以解決了。對於人的姓名和地名，以及歷史上其它專名還没有簡化的繁體字，應允許其保留原字而用拼音簡字來注音，普及性的刊物上也可以用拼音簡字來代替而把原字注在下面，不要因爲文字改革而在這方面造成混亂。

我國有豐富的文化遺産，過去主張拼音文字的人拋棄了民族形式，這種新文字如果實行，以後的年輕人就無法再讀古書了。爲了推行新文字而割斷歷史，拋棄遺産，是最不得人心的。他們説有些重要作品可以譯成現代語言，有些可以讓專家學者們去研究。試問《詩經》、《楚辭》，李、杜的詩，韓、柳的文，如何譯法？即使譯出來能保存原來意義千分之幾呢？現代化的中華民族文字是全部繼承這些遺産的，古書可以原樣流傳，原樣閲讀，只是要把拼音簡字用來作爲難字注音罷了。

我國的書法藝術和文字的民族形式是分不開的。如果用拉丁字母來拼寫語言，這種書法藝術就只能放到博物館裏去了。現代化的中華民族文字是民族的文字，將可以完全保存這種藝術風格。

用拉丁字母來拼寫中國語言，所用字母很多，一個音節有時要用五六個字母。中華人民共和國七個方塊字，用拉丁字母拼寫就是一條長龍，在印刷時所費紙張至少要比現有文字多一倍，在經濟上將蒙受很大損失，用拼音簡字就没有這種缺點。

總之，中華民族文字的民族形式是不應拋棄的，我們要繼承毛主席的遺志，既要走拼音方向，又要用民族形式。我們的改革，必須做到有百利而無一弊，使文字改革工作有領導、有組織、有步驟地穩步前進，能做到匕鬯不驚，一切照常，不致發生混亂。我們改革文字爲的是人民大衆的方便，一切要爲人民着想，要使人人都能滿意而不感到不方便，我們必須多做一些工作，才能把這件翻天覆地的大事辦好。

但是，只是把改革工作做好，也還是不够的。我們要有宏偉目標，我們要看到科學技術發展的前景。科學技術越發達就越需要創造新字。目前，在生物學方面，在化學方面，在醫藥方面，已經有許多新字了。一方面要嚴格控制文字數目，一方面要增强新字，這是一個矛盾。我們應該把普遍性和特殊性分開，一般人所受普及教育，文字數目必須嚴格控制，另一方面要允許科學家創造專門性的新字。在歷史上，形聲文字的發展，就是爲了配合當時生産發展上的需要，我們最古的字書，《倉頡篇》和《説文解字》就包括農業、畜牧業、手工業以及醫藥等等許多專門詞彙。我們可以繼續這種民族形式，創造一些專用的新形聲字，這和嚴格控制一般文字是並行不悖的。重要的是在於科學家要用很大力量，制訂出一個創造新文字的方案，在現在科學家所用拉丁字學名之外，定出我國自己的一套專用文字來。

從我國歷史上看，每一個時代，每一種社會制度的國家都是重視文字的，在最早的奴隸制國家裏就要統一曆法，統一度量衡，統一文字。文字改革是一件大事。我們在華主席領導下，到二十世紀末將要建成社會主義强國，我們也一定要建成社會主義的科學的整個中華民族統一的民族文字，我們應該有這樣的氣魄，在毛澤東思想偉大旗幟指引下，這是應該做到的，也是可以做到的，讓我們大家來一起努力奮鬥吧！

作者自注：寫成於一九七八年四月。

載《中國語文通訊》一九七八年第三期第四至十三頁。

略論西周微史家族窖藏銅器羣的重要意義

——陝西扶風新出墻盤銘文解釋

扶風莊白大隊新發現的西周窖藏銅器一百〇三件，有銘文的七十四件，包括西周前中後三期，是微史家族遺物。這樣完整的未經破壞的窖藏是前所未見的。一九七七年七月作者得在周原考古隊扶風工地看到全部器物，覺得內容太豐富了。本文只能概括地介紹其重要意義。並對其中最重要的墻盤的銘文作初步的解釋。

第一，這是微史家族的銅器，在七十四件有銘銅器中確知屬於微史家族的共五十五件，此外，陵方罍、商尊、商卣、旅父乙觚四件當在周初，伯先父鬲十件當在西周末期。

墻盤叙述他的高祖原在微國，烈祖微史是微國人而作史官，在武王克殷後來見，武王命周公給他土地，住在岐周，窖藏處大概是他的故居。他的兒子是墻的乙祖，也就是折組銅器裏的父乙，在周王朝任職，大概做作册。墻的祖父亞祖祖辛，即作册折，[一]是豐組銅器裏的父辛，瘐組銅器裏的高祖祖辛，他從祖廟裏分出來，自立新宗，所以開始使用「㚔(样)册」這個氏族稱號，以官爲氏。墻的父親文考乙公，就是豐，在瘐組銅器裏是文祖乙公。墻又叫史墻，瘐組銅器裏稱爲皇考丁公。作册是史官，他們世代任史官，所以我稱他們爲微史家族。

墻的烈祖見武王周公，可以到成王時。乙公在周王朝任職，主要應在康王時。作册折相當於昭王時。豐相當於穆王時。墻盤叙述文、武、成、康、昭、穆六個王的事，而後説「緟寧天子」，天子指共王，這是共王初年的標準器。瘐簋説「唯四年二月既生霸戊戌，王在周師録宮，格太室，即位。司馬卞右瘐，王呼史年册……」，比師晨鼎、師俞鼎晚一年，而比諫簋早一年，應是懿王四年。

瘐組銅器最多，有四十三件，但還不是他所鑄的全部。以鐘説，兩個和林鐘，各有四行銘文但未結束。另一組和林鐘，大鐘銘文一百〇二字，編鐘分載這篇銘文，只剩下後半四個鐘，前半不見了。尤其突出的是這個銅器羣裏没有鼎，但宋代著録裏却有瘨鼎，〔二〕所説「唯三年四月庚午，王在豐，王呼虢叔召瘨」，「用作皇祖文考盂鼎」，與此次出土的瘨壺所説：「唯三年九月丁巳，王在鄭，呼虢叔召瘨」，「用作皇祖文考尊壺」正符合，可見瘨的銅器早分散了。

從伯先父鬲屬於西周後期來看，這個窖藏和周原一帶其它窖藏一樣，是在西周王朝崩潰時，這些家族倉皇東逃而埋藏的，所以器物雜亂無序。但由於這一窖藏内容豐富又未經後人破壞，我們可以對這個家族的歷史作考查和研究，這在西周銅器羣裏，是從未有過的重要發現。

第二，這批銅器的銘文，對西周歷史提供很多有重要價值的新資料。

㈠ 關於昭王穆王兩代。墻盤叙述文、武、成、康四代事迹，没有什麽特點，和王子朝所説「昔文、武克殷，成王靖四方，康王息民」，〔三〕大致相近。但對昭穆兩代則頗可注意。昭王伐楚是周初一件大事，墻盤説「廣批楚荆，唯狩南行」，突出這一點，説明昭王以前從未伐過楚。墻是史官，作盤時離伐楚已六七十年，作爲歷史來叙述，是對昭王南征的估價的一種肯定的説法。相反，對於穆王周游天下，却一字不提而只説「刑率於誨，緟寧天子」，只講到他對共王的教誨，這大概是有意的。《左傳·昭公十二年》説「穆王欲肆其心，周行天下」，「祭公謀父作《祈招》之詩以止王心，王是以獲没於祇宫。」可見當時對穆王的不滿。《楚辭·天問》「穆王巧挴（挴是貪），夫何爲周流。環理天下，夫何索求」，是後世對他的批評。《詩·周頌》三十一篇，前二十篇，都是頌歌。但《閔予小子》、《訪落》、《敬之》、《小毖》四首却有很多傷感，如「未堪家多難，予又集於蓼」等話，不是開國時氣象。《訪落》説「率時（是）昭考」，指的是昭王，可見這是穆王的詩。《小毖》「予其懲而毖後患」，可見穆王自己，在晚年也已有「懲前毖後」的意思了。那末，墻盤的不着一語是有原因的。

作册折尊説「唯五月，王在斥，戊子令作册折貺望土於相侯」，「唯王十又九祀」是昭王十九年。作册睘尊説「唯十又九年，王在斥。王姜命作册睘安夷伯」，同時同地，説明王姜是昭王之後。作册矢令簋正是在昭王伐楚時，作册矢令尊俎於王姜的。昭王曾兩次伐楚，第一次在十六年，曾命中先去南國準備行宫，見宋代安陸（今湖北孝感）出土六器中的中方鼎。〔四〕中方甗記他經過的地方，有方鄧（今河南方城和鄧縣），鄂師、漢中洲等。這次伐楚勝利歸來，中觶曾記王「振旅」凱旋。另一中方鼎説「唯十又三月庚寅，王在寒次，王命太史貺禚土」，是因中有功而賞給他采地。寒次在歸途中，第二天就回到斥地，所以趞尊説：「唯十又三月辛卯，王在斥，錫趞采。」〔五〕作册折尊的貺望土和中方鼎的貺禚土都是賞采地，也説明它們是同時器物。周五月是夏曆三月，那時尚未伐楚，可見二次伐楚應在此年的下半年。昭王伐楚，在銘文中有很多記載，互有聯繫。這段歷史很清楚，是不能把其中的某些器移到别的時代的。

㈡關於周王朝的接納異族。武王伐紂時曾率領庸、蜀、羌、髳、微、盧、彭、濮八族的人，成王立政也曾有微和盧的君長，微的地域未詳。〔六〕微史是微國人而曾任史官的。周國從古公亶父在岐山下建立都邑，到文王才有三代，發展太快了，所以文王時就招納人材，在渭水之濱得到太公吕尚，鬻熊是荆國人，伯夷、叔齊是孤竹國人，辛甲是殷紂那裏來的，都歸了周。武王繼承這種政策，所以微史來見就給予采地。當時接納各族的人一定很多，這樣的新史料是第一次發現。

㈢關於農業經濟。𤼈鐘說：「周公舍宇，以五十頌處。」頌等於十個方里，〔七〕五十頌是五百個方里。方里而井，井九百畝，一夫百畝，就有四千五百個農業奴隸。比之「有田一成」，只有一百個方里的是五倍，但比「方三十里」的九百個方里，〔八〕就已顯得少了；在當時，大概是一個中等奴隸主。墻盤說他父親「農穡越歷」，是指經營農業。周代本以農業開國，昭王、穆王，連年遠征，大奴隸主大都拖垮了；有些貴族奢侈淫佚，不願搞農業，大片土地荒蕪了，經濟蕭條，社會動蕩。但一部分中小奴隸主則由於經營農業而致富，土地少，就向貴族們去租，周王朝對此是支持鼓勵的。〔九〕這時的農業經濟發生劇烈變化，微史家族就是這一變化時期中的新富人。共王初年，青銅器上出現很多長篇銘文，如：曶鼎、衛鼎、永盂以及這個盤，是穆王時代所無，而作器者都不是大貴族，其原因就在這裏。微史家族本没有封爵，但微伯𤼈則稱伯，是由於他是長子。《詩·載芟》說「侯（通唯，下同）主、侯伯、侯亞、侯旅、侯彊、侯以」，毛萇傳：「主，家長也；伯，長子也。」可見在當時農業奴隸主們的小天地裏，主子稱主和伯，親屬稱亞和旅，而管理人稱彊和以。《周頌》的《載芟》、《良耜》兩首農業詩在穆王以後，反映了西周中期新興奴隸主經營農業的情況，微史家族是其中之一，其稱爲微伯，等於後來趙簡子稱爲趙主。

㈣關於祝和巫。周初有宗祝和太祝，成王時有祝雍和滎氏，〔一〇〕祝是史官之一，所以又稱祝史。除周祝外，還有夏祝和商祝。至於巫，商代最重視，巫咸、巫賢都是執政大臣，但周代已不很重視，後來的《周禮》把司巫列爲中士，屬於太祝。墻盤說：「上帝嗣夏，尪保授天子綰命：厚福豐年，方蠻無不揚見。」上帝嗣夏應即夏祝，尪保是巫保（參看後文墻盤解釋），他們假論先知，做一些祝頌的話，這樣的史料也是第一次看到。

這個銅器羣裏有商尊、商卣，說「帝嗣賞庚姬貝卅朋」，「商用作文辟日丁寶尊彝冀」。應是周初器。過去有商尊說「商作父丁吾尊」，當是同一個人。商應是庚姬同族，庚姬簋說「庚姬作鬻女尊彝。冀」，氏族名稱正相同。帝嗣就是墻盤的上帝嗣。過去稱爲𡨦鼎的眉能王鼎説「兄(祝)人眉能王爲周客」,「其用享於厥帝考」。此人自稱王,顯然是異族君長,所以是周的賓客。他稱先人爲帝考,可見是帝嗣。這件鼎銘的字體書法可定爲穆王時,與墻盤時代相接,那末,這個眉能王可能就是帝嗣或上帝嗣,也就是夏祝。他可能自稱爲夏代的後裔,夏后氏生前稱后,死後都稱爲帝,所以稱帝嗣。

㊄ 關於謚法。墻盤對每一個王,每一個祖先,都冠以兩個字的形容詞,這是一個新風氣。從西周前期到中期的共王懿王,王號都是自稱的。但在列國中,魯幽公是被殺的,齊哀公是被烹的,顯然並非自稱。穆王時的班簋説「班非敢抑,唯作昭考爽益(謚)曰大政」,益當增加講,[一一]就是加上一個稱號,可見死後是可以加一個稱號的,穆王時已有這種風氣,墻盤就用得更廣泛。目前所知,周王的生稱,最後一個是懿王,那末,謚法的興起,可能在孝王以後,正是這種新風氣所形成的。

㊅ 青銅器的演變。痶簋有兩類,一類是方座簋,共八個;另一類兩個,銘文是簋而器形是盨,和華季簋同,大概是由簋派生出盨的開始吧!痶簠似豆而大,淺盤平底,圈足鏤空,銘作⿱竹甫,是簠的本字。宋代曾有劉公鋪,一九三二年出土的厚氏元匿,[一二]過去都歸入豆類,是錯了。《説文》「簠,黍稷圜器也」,就是這類器,本多竹製,在銅器中發展較晚。宋以來金石學家都把方形的筐當作簠,銘文自稱爲匡。也稱爲𠤳,或作⿷匸猒,則是瑚的本字。學者們紛紛説許慎錯了。今見此器,可以糾正宋以來的錯誤,也可以證明這類的簠在西周中期已經有了。

此外,無論在習慣用語方面,在文字方面,都有重要發現,這裏就不能一一舉出了。

第三,墻盤銘文解釋。這篇銘文十八行,二百八十四字,很重要,在上面已經説過了,但這篇文章很難讀,不但文字難釋,就是句讀也不容易弄清,今試釋如圖一:

譯成現代語言,是:

在古代文王,初步地做到政事和諧,上帝降給他美德,一切大定,他完全掌握各方面,聚合并接納了萬國。强有力的武王,就征伐四方,達到了殷朝的農民,是永久的。大大地鞏固遠祖,奮起擊伐夷童(指伐紂)。有法度的聰明的成王,在各方面授予概括的治國綱要,用以開始治理周國。淵深明哲的康王,就端正億萬疆土。宏偉的昭王,大規模地打擊楚荊,因爲巡狩而到南方。恭敬的顯赫的穆王,用型範表率來教誨,繼續安定了現在天子,天子周到地

圖一　墻盤釋文

曰古文王，初𢴨(戾)龢(和)[13]于政，上帝降懿德大甹(粤)[14]，
匍(敷)有上下[15]，迨[16]受万邦。𩵦圉[17]武王，遹征三(四)方。
达[18]殷畯(畯)民[19]，永[20]不(丕)巩(鞏)[21]狄虘(祖)[22]，光(挥)伐[23]尸(夷)童[24]，富(宪)[25]圣
成王，ナ(左)右𦃗(绶)𢍰(会)[26]刚(纲)鲸[27](條)，用肇[28](肇)𢽾[29](御)周邦。㴠(渊)悊(哲)[30]
康王，分[31](遂)尹啚(亿)强(疆)。宖[32](弘)鲁卲(昭)王，广[33]能(批)[34]楚荆(荆)，佳(唯)
寏[35](狩)南行。𥙊[36](祇)䙹[37](显)穆王，井(刑)帅宇(于)诲，𬐢[38](緟)宁天子，二(天子)
𨾫[39](周)夐(缵)[40]文武长刺(烈)，天子𦡬(眉)无匄[41](害)，𡪠(塞)祁[42](示)上下，亟[43](极)
㮚[44](熙)逗(桓)慕[45](谟)，昊[46]照(照)亡(无)罢[47](斁)。上帝司(嗣)夏[48]尢(厇)保[49]受(授)天子
𥨊(绾)命[50]：「厚福丰年，方蛮[51]亡(无)不𢦏[52]见」。青(静)幽高
且(祖)，才(在)𢼸(微)霝[53](灵)处。雩(越)武王既𢦏[54](斩)殷，数(微)史刺(烈)且(祖)
迺(乃)来见武王，二(武王)则令(命)周公舍㝢[55](宇)，于周卑(俾)处[56]
甬(通)叀[57](惠)乙且(祖)，来匹氏(厥)辟远猷，匐(腹)心[58]子[59](兹)厥[60](纳)。𢑑[61](粦)
明亚且(祖)二(祖)辛，𢦏[62](迁)毓[63](毓)子孙，繁(繁)𩁹[64](祓)多孷[65](厘)，齐(齐)角[66]𢦔(炽)[67]
光，义(宜)其𥂴(禋)祀[68]。害(诘)屖(蓦)[69]文考乙公遽[70](遠)趩[71](爽)，𢉋(德)屯[72](纯)
无諫[73](刺)，𦾔(农)啬[74](穑)戉[75](越)䇂[76](历)。佳(唯)辟孝𬗁(友)，史墙夙(夙)夜不
㒸(坠)，其日蔑曆(历)。墙弗敢取[77](叡)，对䚄(扬)天子不(丕)显
休令(命)，用乍(作)宝䵼(尊)彝。刺(烈)祖文考十[78](叔)寔[79](贮)，受(授)墙
尔䵼[80](祖)。福褱[81](怀)𩛥(祓)彖[82](禄)，黄耇弥生[83](性)，龕(钦)事[84]氐(厥)辟，其万年永宝用。

承繼了文王武王的緐長的光烈。天子長壽，没有病痛。宣示上下，十分美好，很大的謀畫。昊天照臨着，没有什麼敗壞。上帝的後代夏和神巫名保的授予天子以美好的命令：「厚厚的福，豐收的年景，四方以及外族没有不來揚手朝見。」

安静的隱居的高祖，在微國很好地居住。當武王已經斬伐殷王朝後，微族史官烈祖就來見武王，武王則命令周公安排居住土地，讓他住在岐周。通達而惠愛的乙祖，來配他的君長的遠大規畫，納入於心腹之臣。善良英明的亞祖祖辛，分立宗支，蕃育子孫，緐多的福，許多喜慶，齊齊整整，焕發光采，應該受到禋祭。竭忠盡力的文考乙公極其明智，德行純粹，没有人譏刺，耕種收穫經營管理。正是君長孝父母，友兄弟，史墻從早到夜不敢墜失，每天努力做事。墻不敢敗壞。對揚天子大的顯赫的好命令，用來做寶藏的彝器。烈祖文考好的積蓄，給了墻你的田租。福禄來臨，頭髮由白轉黄，臉皮乾枯而長壽，恭敬地服事其君長，一萬年永久寶用。

這篇銘文分兩段，前段主要叙述周王朝歷史，直到共王時，後段叙述他的家史。至於在鑄造時也分成兩段，則由於怕范太大的緣故，盂鼎就也是這種分法的，與内容無關。

這批銅器需要研究的内容太多了。除了銅器的形制、紋飾外，就是銘文也還有很多重要資料，本文略舉大概，錯誤在所難免，希望讀者指正。

〔一〕折字原作斦。按折字本作斯，以斤折屮，毛公鼎作斦，可見从卜(ㄗ)與从屮同，从屮與从㞢同。甲骨文也有斦字。

〔二〕見宋薛尚功：《鐘鼎彝器款識》卷十，誤作文王命癘鼎。

〔三〕見《左傳·昭公二十六年》。

〔四〕安陸六器見宋《博古圖録》及薛尚功《鐘鼎彝器款識》等書。

〔五〕此文所引青銅器銘文，除特別指出的以外，都見於《三代吉金文存》，此不詳舉。

〔六〕微地，僞《古文尚書孔安國傳》説：「在巴蜀。」清雷學淇《竹書紀年義證》卷十六因《春秋莊公二十八年》「築郿」，《公羊》和《穀梁傳》本均作微，疑在今四川省眉山縣。王國維《散氏盤考釋》則推測爲漢右扶風郿縣西南，由渭南跨據南山。其種族之一部，早移於渭水之北，則即郿縣。蘭按：漢郿縣在今陝西郿縣東北，當在岐周境内，決與微國無關，就是渭水南山也不可能是微國。因庸蜀羌髳和盧彭濮七國約在今四川與湖北境内，微國如何能僅僅一水之隔呢？王説不可信。

〔七〕頌當即通，《司馬法》「井十爲通」。頌與誦同音通用，誦與通均从甬聲。

〔八〕「有田一成」見《左傳・哀公元年》。「方三十里」見《詩・噫嘻》。

〔九〕見唐蘭：《用青銅器銘文來研究西周史》，《文物》一九七六年第六期。

〔一〇〕宗祝見《周書・克殷解》，太祝見太祝禽鼎，祝雍見《大戴禮・公冠》。《周書・王會》有：祝淮氏、榮氏。按淮氏即祝雍。

〔一一〕《説文》有謚字和謚字，謚字是錯的。

〔一二〕劉公簠見薛尚功《鐘鼎彝器款識》卷十五，厚氏元匿見《三代吉金文存》，今藏故宮博物院。

〔一三〕敹與盩同，《説文》誤爲从弦省，从盩，實應从皿敹聲。古書多與戾通，《爾雅・釋詁》「戾，至也」，至與致同。戾和即致和。《書・君奭》「唯文王尚克修和我有夏」，致和、修和，意義相近。師酌簋：「用夾紹厥辟奠大命，盩勖於政。」此當是周時慣語。

〔一四〕大甹，大定。班簋、番生簋均説「甹王位」，毛公鼎説「噂朕位」，孫詒讓《籀高述林》釋爲甹是正確的。《説文》「甹，定息也」，「讀若亭」。甹和寧是一字，甹音與平相近，均一聲之轉，是安全的意義。

〔一五〕敷，普遍。《書・金縢》「敷佑四方」，盂鼎作「匍有四方」。祐即有。上下是概括各方，等於現代人把物叫做東西。

〔一六〕迨通合。《書・皋陶謨》「翕受敷施」，合受與翕受同。

〔一七〕[illegible]字未詳。圉，强圉。《楚辭・離騷》王逸注：「强圉，多力也。」也作彊禦，古書常見。

〔一八〕《廣雅・釋詁一》：「達，通也」。《書・顧命》：「用剋達殷，集大命。」

〔一九〕畯民，農民。《書・多士》「成湯革夏俊民，甸四方」，與此義相近。《爾雅・釋言》：「畯，農夫也。」孫炎注：「農夫，田官也。」郭璞注：「今之嗇夫也。」《書・洪範》的「俊民用章」，「俊民用微」，《史記・宋微子世家》都作畯民是對的，《洪範》此處主要講天氣的正常與否對穀物的影響，所以漢樊敏《修華嶽廟碑》就説「穡民用章」，崔駰《司徒箴》説：「嗇人用章。」可見當時奴隸主們所説的農民，實際上是農業官吏。

〔二〇〕永字斷句，與邦方等字叶韻。古書永字常在句末，如：「日永」，「降年有永有不永」等。均可證。

〔二一〕不鞏，丕鞏。毛公鼎：「不鞏先王配命。」不讀丕，古書常見，《説文》：「丕，大也。」《詩・瞻卬》：「無不克鞏。」傳：「鞏，固也。」

〔二二〕狄虘，遠祖。《詩・瞻卬》傳：「狄，遠。」與逖通。虘通且，𨑥和罝的籀文並从虘，其例甚多。借爲祖。

〔二三〕此岦字與下長字不同。岦字是徽的本字，象人背上有帛幅形。散字从攴从岦，微字从彳散聲，後代更造徽、徽等字。《文選・東京賦》注「徽與揮古字通」，揮伐即奮伐。《説文》「揮，奮也」，「奮，翬也」。《詩・殷武》：「奮伐荆楚。」

〔二四〕夷童指殷紂，《史記・宋微子世家》記箕子麥秀詩「彼狡童兮」，司馬遷説：「所謂狡童者紂也。」可證。紂屢征人方，人方即夷國。《墨子・非命》和《天志》引《太誓》「紂夷處，不肯事上帝」，是説紂與夷同化了。《左傳・昭公十四年》説「紂有億兆夷人」，所以這裏稱爲夷童。

〔二五〕盉即憲，《爾雅・釋詁》：「憲，法也。」

〔二六〕綬通授。𣪊字从叏从𠫓。叏字見叚字偏旁，未詳。𠫓即會字，金文趞亥鼎、會始鬲作□，象盛米器，上下還有盒，後世把放米的屋子稱爲廥。此處讀如會計的會。

〔二七〕緐字象用繩索繫大魚，此从又，象用手牽。《説文》从魚系聲，古當讀如鷄，轉聲如滚。剛緐當讀如綱系，與綱維同。《廣雅・釋詁二》：「維，系也。」《莊子・天運》：「孰維綱是」；《史記・淮陰侯傳》「秦之綱絶而維弛」，和綱紀義略同。《詩・棫樸》：「綱紀四方。」

〔二八〕㲃从章戊聲，𩫖古墉字，此當是「肇域」的肇的專字。

〔二九〕𣪊从𤎩與鬲同，金文常見的𤇈、𤇈等字从𤇈，就是𤎩的譌體。《説文》：「徹，通也」，古文作𢖫，應从𣪊聲，从攴與又通。卜辭也有𣪊字，舊釋徹是對的。

〔三〇〕□是㴊字，王孫鐘肅字从□，叔弓鎛䈞字从□，子仲姜鎛䈞字从□，並可證。《説文》㴊字是淵的或體。《小爾雅・廣言》：「淵，深也。」德字从彳悊聲，悊即哲字，見克鼎。《詩・長發》「濬哲惟商」，傳：「濬、深。」淵哲與濬哲義同。

〔三一〕□是㒸字，通遂，古亥豕爲一字，甲骨文亥常作□。師望鼎「不敢不□不㚢」，吴大澂《説文古籀補》釋遂，是對的。

〔三二〕宖从宀，即宫字，从○與从□同。弓與弘通。弦从宫从弓，與宄作寛同。此借爲弘，《爾雅・釋詁》：「弘，大也。」

〔三三〕庚从芺，是黄字異體。《説文》誤作芡，爲光字古文。古代黄光常通用，黄與灮，黌與觥，纊與絖，並可證。

〔三四〕𢆶从能，即貔（豼）字，與能字不同。能从□，此从□。能當與𣬉字通，見《方言六》。此借爲批，《廣雅・釋詁三》：「搥，擊也。」搥即批。

〔三五〕□从□，未詳。此讀爲狩。

〔三六〕□即淄字，叔弓鎛作□。《三體石經・書・君奭》借爲祗字古文，金文也都借爲祗敬字。

〔三七〕䪧字當从尹晛聲，晛顯音同。

〔三八〕𩕄與䪩同，即緟字。毛公鼎：「今余唯䪩先王命。」與踵通，《楚辭・離騷》「及前王之踵武」，注：「繼也。」

〔三九〕圂从囗豿聲，豿从舟聲，古書讀豿爲貉，貉爲貊，是錯的。據下文寓作寓，則圂即金文宥字，《説文》作匊，「匊匝，遍也」。古書多借用周字。毛公鼎、叔向簋、番生簋，都説：「䪩圂大命。」此銘分在上下兩句。

〔四〇〕㞌，《玉篇》饡字古文。通纘。《詩・生民》：「纘戎祖考。」《禮記・中庸》：「武王纘太王、王季、文王之緒。」《説文》：「纘繼也。」

〔四一〕亹通眉，眉壽之省，匃與曷本一字，《詩・長發》傳：「曷，害也。」《詩・閟宫》「眉壽無有害」，與此「眉亡匃」義同。

〔四二〕㝥从𢍏（𠷎）𡨄聲，𡨄是寒的本字，象人在屋内，用草覆蓋。搴𩕢等字均應从𡨄聲。此讀爲搴，《廣雅・釋詁一》：「搴，舉也。」祁通示，搴示與宣示同義。《左傳・昭公九年》：「而暴滅宗周，以宣示其侈。」

〔四三〕𠀘从口𠀤聲，𠀤見斑簋。亟从又𠀘聲。此通極。

〔四四〕𤞣通熙，魯侯𤞣鬲即《史記》魯煬公熙。《書・堯典》「熙帝之載」，《史記・五帝本紀》作「美堯之事」。

〔四五〕逗通桓，《詩·長發》傳：「桓，大也。」慕通謨，《説文》「議，謀也」，古文作暮。古代从口與从心常通用，哲一作悊可證。

〔四六〕昊指昊天，本作昦，此與隸書同。《説文》變作昦，與爽又作𤕟同。

〔四七〕哭字上象目形，毛公鼎作哭，大形誤作矢。《説文》脱哭字，所以誤解𥇐字爲从三大三目。又有臭字，也是哭的變體，《説文》説：「古文以爲澤字。」此通斁，《説文》：「斁，解也。」「《詩》曰：『服之無斁』，厭也。」通殬，《説文》：「敗也。」

〔四八〕司通嗣。毛公鼎「司余小子」，叔向簋「余小子司朕皇考」，㝬鐘：「余唯司配皇天」，晉姜鼎「余唯司朕先姑君晉邦」，均可證。《書·高宗肜日》「王司敬民」，《史記·殷本紀》作嗣。夏字臂下綴羽毛，與無作[illegible]同，無是舞的本字。《禮記·仲尼燕居》「下管象武，夏籥序興」，象武是武舞，夏籥是文舞，也就是籥舞，那末，這個夏字應是夏籥的本字。上帝嗣夏應是夏祝，見本文第二章第四節。

〔四九〕九字古文作𠃐，見《説文》。九保是巫保。總稱爲巫，分别説，女的稱巫，男的是覡。楚人稱巫爲靈，《楚辭·九歌》：「思靈保兮賢姱。」洪興祖補注：「古人云：『詔靈保，召方相。』説者云：『靈保，神巫也。』」《史記·封禪書》：「秦巫祠社主、巫保、族纍之屬。」索隱：「巫保、族纍，二神名。」秦國地域原是西周，巫保這個神，應是西周時就有的。

〔五〇〕窹即綰字，蔡姞簋作寏與此同。通婠，《廣雅·釋詁一》：「婠，好也。」

〔五一〕方蠻與方國義近，《詩·大明》：「以受方國。」

〔五二〕𢒼字《説文》讀若踝。今按字从 丮，象人跪而揚兩手，應與巩䂬等字並讀爲揚。

〔五三〕《廣雅·釋詁一》：「靈，善也。」

〔五四〕𢦏讀爲斬，音近，《國語·齊語》：「斬，伐也。」

〔五五〕圛即寓，《説文》宇字籀文作寓。舍宇是給住處。

〔五六〕「於周俾處」，與上文「在微靈處」，句例正同。

〔五七〕[illegible]字俎子鼎作[illegible]，是甬的本字。變作[illegible]。

〔五八〕𠣞是復字或體，見《説文》。通腹，《詩·兔罝》：「公侯腹心。」

〔五九〕子通兹，《易·明夷》箕子，孟喜説作「荄兹」；《今文尚書·金縢》「負子」，《公羊傳·桓公十六年》作負兹；《説文》引《周書》「孜孜無怠」，古書多作孳孳，可證。《爾雅·釋詁》：「兹，此也。」

〔六〇〕𠩺字从寽（𤔔）仄聲，仄从入是内的異體，與安作㡯，宆作应同，不是从人的仄字。𤔔即糸，此是納字。

〔六一〕咨通粦，牧簋「右[illegible]」即「友鄰」。此讀如令，《詩》「盧令令」，《説文》引作獜。《爾雅·釋詁》：「令，善也。」

〔六二〕𢾖字从攴㝁聲，㝁是《説文》煙字古文，从垔聲，垔从西聲。古文字从攴的，後代都改从手，那末，𢾖就是捫字，《説文》，遷古文捫。《禮記·大傳》説：「别子爲祖，繼别爲宗，繼禰者爲小宗。有百世不遷之宗。有五世則遷之宗。」此銘説：「遷育子孫」當是立新宗。

〔六三〕屍與毓同字，《說文》育或作毓。甲骨文本作𡜊，𠫓爲倒寫的子字，象婦女生育形。每象婦女的年歲較大的，𠫓或作㐬，象生産時有水液。从人从女，古多通用，人變爲尸，所以甲骨文或作𡰥，此作屍同。

〔六四〕絭是泉水，借爲鯀。𩑶是髮的或體，通祓，《爾雅・釋詁》：「祓，福也。」

〔六五〕孷通釐。叔向簋「降餘多福繁孷」，與此同義。

〔六六〕櫅通齊。齊角應是當時吉語。《爾雅・釋畜》「角一俯一仰，觭；皆踊，䚡」，䚡或作挈，鄭玄注《周易・睽六三》説：「牛角皆踊曰挈。」按兩角皆踊即齊角，䚡齊音近。古人對牛羊角不齊，稱爲觭或觤，是畸邪、危害的意思，齊角代表整齊，所以是吉語。瘨編鐘作「瘨其萬年𦍌角」。𦍌字甲骨文作丫，象蟲有兩角，不是羊字。《說文》𦍌訓羊角，𦍌訓「相當也，闕，讀若宀」。相當應指羊角相當，也是整齊。疑𦍌變爲节，节角與齊角義近。

〔六七〕龔从𢍜戠聲。𢍜象人用雙手戴皿，𢍜象人雙手戴甾，當是一字。此當借爲熾，《說文》：「熾，盛也。」

〔六八〕𥛆就是《說文》禋字、籀文𥛆字，但垔旁不从土而从火，略異。煙字籀文作𡦻，禋用煙氣，所以从火。《書・洛誥》：「則禋於文王武王。」

〔六九〕害屖王孫鐘作㝬屖，應讀爲藹萋。害與曷多通用，藹从謁聲，謁从曷聲；屖《說文》「屖，遲也」，《詩・衡門》作「棲遲」，可證。《爾雅・釋訓》：「藹藹萋萋，臣盡力也。」萋萋又作濟濟，《釋訓》又説：「藹藹濟濟，止也。」郭璞注：「皆賢士盛多之容止。」萋濟聲也相近。

〔七〇〕䢅即遽，通劇。《文選》注引《說文》「劇，甚也」。

〔七一〕趩即趮。井人妄鐘：「妄憲憲聖趮。」趮通爽，古書昧爽字，金文均从日喪聲，可證。《說文》：「爽，明也。」

〔七二〕㬝本作㪟，象手取貝，即得字，商代金文甲骨文均常見。《說文》誤爲从見。西周後期金文，从又變爲从手。師望鼎，虢叔旅鐘，克鼎，都説「㬝屯亡敃」。邢人妄鐘説：「貴屯用魯」，則把手形移在貝上了。得德音同，古書多通用。屯通純。《詩・維天之命》：「文王之德之純。」

〔七三〕諫通刺。《廣雅・釋言》「譏諫，怨也」，古書多作譏刺。

〔七四〕嗇是穡的本字。《左傳・襄公九年》：「其庶人力于農穡。」注：「種曰農，收曰穡。」

〔七五〕戉同越，通粵。《說文》：「粵，于也。」

〔七六〕畬从田秝聲，通厤。《說文》：「厤，治也。」此是治田的專字，今作歷。

〔七七〕叡即叡，通沮。《詩・小旻》：「何日斯沮」，傳：「沮，壞也。」

〔七八〕卡即尗字，或作𡬶，像根下有豆，是菽的本字。通淑。《爾雅・釋詁》：「淑，善也。」

〔七九〕寍是貯字異文。亙原是庭宀的宀，與貯藏的宀，形近，音義均同，常通用。古代以玉爲寶，因有㝉字，後世用貝，有貯字。此並玉和貝又表示在屋内，所以从宀。《說文》：「貯，積也。」

〔八〇〕𪉓疑通租。《說文》：「田賦也。」《詩・鴟鴞》「予所蓄租」，《韓詩章句》：「租，積也。」

〔八一〕褢通懷。《爾雅·釋言》：「懷來也。」《詩·大明》：「聿懷多福。」

〔八二〕祓通茀。《詩·卷阿》：「茀禄爾康矣。」

〔八三〕彌生，長生。《説文》作镾，「久和也」。孟姜簋説：「彌厥生。」生與性通。《詩·卷阿》：「俾爾彌爾性。」

〔八四〕龕从龍今聲。《説文》誤作合聲，唐本不誤。年無疆編鐘説：「龕事厥辟君王。」讀如欽，欽从金聲，金今音同。《爾雅·釋詁》：「欽，敬也。」

史墻盤圖

史墻盤拓

載《文物》一九七八年第三期第十九至二四頁又四二頁。

又《西周微氏家族青銅器羣研究》第一二至一六頁文物出版社一九九二年六月。

又《唐蘭先生金文論集》第二〇九至二二三頁紫禁城出版社一九九五年十月。

中國有六千多年的文明史

——論大汶口文化是少昊文化

前言

我國有六千年以上的文明史，我國歷史向來從黄帝開始，我國人向來自稱炎黄遺胄。但近幾十年中的歷史書則大都從夏王朝開始，認爲我國在四千多年前才進入文明社會，自從大汶口文化及其陶器文字發現以後，我國的古代史需要重新考慮了。

對於我國歷史的縮短，我過去也曾相信過，但到了三十年代，就開始有所懷疑了。當時，我正在寫《古文字學導論》，在研究甲骨文字時，發現殷代已經有很多形聲字；在金文裏所保存的象形字，甲骨文裏已多簡化，常常變得近於符號；並且已經有很多錯别字。因此，我認爲它已是形聲文字時期了。中國文字的發展，應該先經歷一個意符文字時期，包括象形文字和象意文字（即指事和會意），這是遠古期，而形聲文字是近古期，形聲文字可能從夏代開始，遠古期就應在夏以前。有文字就可以有歷史記載，那末，我國歷史不應從夏代開始。

四十年代初期，我在昆明西南聯合大學教文字學，徐炳昶先生常和我討論古史，徐先生曾著《中國古史的傳説時代》，主張信古。我認爲對古書處處懷疑，胡想亂説，是完全錯誤的；但也不能盡信，要有科學根據，要有分析，疑其可疑，信其可信。古代史資料只要不是寓言，不是漢以後人僞託的，就不應輕易否定。有些資料常和神話混雜，但就是近代歷史也還經常雜有神話的，應該剥去其神秘的外衣而探討它的實質。太昊、少昊、炎帝、黄帝等在春秋時代，還有他們的後裔，還可以考到他們的故都和其子孫的國土，這是假不了的。爲什麽人們在《舊約·創世記》裏能看到古代埃及的法老，在荷馬史詩裏能看到希臘的古代英雄，而在我國古代，黄帝與炎帝和蚩尤的兩大戰役——阪泉之戰與涿鹿之戰，完全忘却了呢？

五十年代後期，于省吾先生曾在《歷史研究》上發表一篇論文，認爲殷王朝還是氏族社會後期，周王朝才是奴隸制社會，其理論根據是殷王朝經常大批地殺戮奴隸。奴隸制社會是以奴隸進行生産勞動來作爲它的經濟基礎的，怎麽能大批地經常地殺戮呢？所以他認爲還不是奴隸社會。殷王朝是奴隸制王朝是無可懷疑的，于先生的推測是錯誤的，但提出的問題，確值得研究。我認爲殷王朝已是奴隸制社會的後期，生産力發展，經濟高漲，奴隸主統治者已是窮奢極欲的敗家子，用大批糧食來做酒，貴族們天天酗酒；用青銅來做彝器，甚至埋入地下作爲隨葬品；宰殺大批牲畜來供祭祀，如一次祭王亥就殺牛三百頭；當時奴隸的價值比牲畜還賤，在卜辭裏，排列次序，人牲在牛羊犬之後，那末，大量殺戮奴隸是符合當時實際情況的了。殷代既然已是奴隸制社會的後期，這個社會的開始就應該早得多而不應從夏王朝開始。

一九七二年我從五七幹校調回北京，看到了「文化大革命」時期出土的十分豐富的文物，驚異地辨認了山東省新發現的陶缸上的象形文字，在那時，我們還只以爲是龍山時期的，于省吾先生和我先後在文章裏談到過。隨後，由於遼寧省喀左縣發現了殷商時期的青銅罍；另一方面，湖南省曾不止一次發現過殷代銅器，我在《文物》上寫的《從河南鄭州出土的商代前期青銅器談起》一文中就談到了這個情況。這意味着殷文化的區域，北至長城之北，南至長江之南，和《尚書・禹貢》上所説虞夏之間的疆域大致相近。我們知道，商代的疆域是繼承夏代的。《史記・殷本紀》説商湯做的《湯誥》就提到江、淮、河、濟，四條大河，稱爲「四瀆」；宋代出土的叔弓鎛説商湯「咸有九州，處禹之堵」，叔弓是晏嬰的父親晏弱，在孔丘之前，此外還有許多證據，可見《禹貢》九州的疆域是可信的。這樣，就有一個問題了。如果説奴隸制國家是從夏禹時開始的，那大約有二百多萬平方公里的疆域是怎樣奠定的啊！能説夏王朝無所繼承嗎？能説夏以前没有歷史嗎？

大汶口文化與其陶器文字的發現，其重要意義遠在八十年前安陽甲骨文字之上。大汶口文化在龍山文化之前，比遠在龍山文化之後的安陽小屯文化要早得多。大汶口文化和仰韶文化、青蓮岡文化、河姆渡文化等等都是十分古老的文化。直到現在爲止，我們已經發現的大汶口文化遺址，大約延續到兩千多年；以山東省大汶口和曲阜、兖州一帶爲中心，徧佈於古代黄河下游的南岸和淮河北岸之間，其區域約有十幾萬平方公里。和古代文獻對照，這個區域曾住着少昊民族，曲阜是少昊之虚，即少昊國家的故都，因此，大汶口文化應該是少昊文化。考古工作應該與歷史相結合。安陽甲骨文字發現後，羅振玉、王國維等考定爲殷虛卜辭，後來殷虛的發掘，是我國新的考古學的開端。大汶口文化與其陶器文字的發現，使我國古代史上一個關鍵時代，得到證實，從而恢復了我國歷史的本來面目；我國歷史不只四千多年而是六千多年了；不是從夏王朝開始而應該從黃帝時代開始，並且可以追溯到太昊和炎帝時代，這在我國歷史與考古方面是十分可喜的一件大事啊！

一、大汶口文化的社會性質

自從《大汶口新石器時代墓葬發掘報告》發表以後，[一]有些同志認爲是原始公社的遺存，或以爲是氏族社會後期，階級正在出現，這樣一個過渡時期。我認爲這些估計被過去對於新石器時代的舊看法所拘囿，未免太保守了，應該根據對墓葬情況和其隨葬器物作具體分析，來確定這個文化的社會性質。下面，我想從七個方面來考查：

首先，這裏是父系社會的家長制家庭，私有制已經很發展。大汶口遺址裏有八座合葬墓，其中四座經鑒定都是成年男女，一座是二次葬，一座在女屍旁還有女孩屍骨；邳縣劉林遺址的第一次發掘清理了一百五十七座墓葬，有八座合葬墓，有的是兩個小孩，有的是大人帶小孩，有一座是男女合葬墓；[二]最近發現的兗州王因遺址，在上中兩層裏有二十七座合葬墓，但只有一座男女合葬墓；[三]王因遺址在大汶口文化裏可能是最早的，但既有了男女合葬墓，那就已經是父系社會，因爲在母系社會裏是不允許男女合葬的。恩格斯説「隨着畜羣和其它新的財富的出現，在家庭中便發生了革命」，那就是以母權爲主的家庭變成以男子爲主的家長制家庭，這種家庭裏包括着自由人與非自由人，即包括着一定數量的奴隸。「這時，謀生所得的全部剩餘都歸了男子；婦女參加它的消費，但在財產中没有她們的份兒。」（《馬克思恩格斯選集》第四卷，一五七—一五八頁）大汶口文化的男女合葬墓裏，隨葬品的安放大都偏放在男性一方，也反映出這種情況。在這裏已經不是僅僅説明財物私有的現象，因爲這距離私有制的產生，已經很遠很遠了。

其次，在這個時期，畜牧業已經很繁榮，奴隸制早就開始了。恩格斯又説：「在成文歷史的最初期，我們就已經到處都可以看到畜羣乃是一家之長的特殊財產，完全同野蠻時代的工藝品一樣，同金屬器具、奢侈品以及人畜——奴隸一樣。因爲這時奴隸制度也已經發明了。」（同上，四九頁）馴養家畜是一個長期的過程，東方民族首先馴養了猪和狗，養猪首先是爲的吃肉，後來猪的繁殖，可以作交换資料，成爲家長們的財富，就利用了被俘虜的敵人來看管牲畜，而出現了奴隸。大汶口墓葬羣裏隨葬的猪頭共有九十六個，其中最多的一個墓有十四個猪頭隨葬；一九六四年第二次發掘邳縣劉林遺址曾在灰溝裏發現猪下頷骨二十具放在一堆；〔四〕最近發現的膠縣三里河遺址，有的墓裏用猪的下頷骨隨葬，最多的一個墓有三十多具。〔五〕這些墓主人養猪這樣多，總不是自己來看管猪圈的吧！説明這時早已有牧猪奴了。

第三，畜牧業、農業和家庭手工業的社會大分工是第一次大分工，到了野蠻高級階段，手工業和農業的分工是第二次大分工，恩格斯説：「前一階段上剛剛産生並且是零散現象的奴隸制，現在成爲社會制度的一個本質的組成部分，奴隸們不再是簡單的助手了，他們就成批地趕到田野和工場去勞動。」（同上一五九頁）又説：「只有奴隸制，才使農業和工業之間更大規模的分工成爲可能。」（同上第三卷二二〇頁）從大汶口墓葬裏的工藝品來看，顯然已經有很多專業的作坊；陶器尤其突出，有：紅陶、彩陶、彩繪陶、灰陶、黑陶和白陶，「顯示出生産的日益多様化和生産技術的日益改進」。還有那些磨製光潤的碧玉斧，鏤刻工緻的象牙梳子，（圖一）鑲嵌緑松石的骨雕筒等精美的工藝品，難道家庭手工業能完成麽？説明這個時期已經是奴隸制社會。

第四，從大汶口墓葬來看，當時的貧富已經十分懸殊。大汶口的一百三十三座葬墓中，只有四十三座有猪頭隨葬，不到三分之一。猪在當時是家庭財富之一，這四十三座墓葬中，只有一個猪頭隨葬的將近一半，有四五個猪頭隨葬的只有五個，而最多的一個大墓則用十四個猪頭排作一行。這些墓葬中有八個墓没有任何隨葬品，有二十多個墓很少隨葬品，而一般的墓裏有一二十件一直到五六十件隨葬品，最多的有一百八十多件。（圖二）凡是隨葬品較多的大墓，其中就有珍貴物品，像玉鏟、玉和大理石、緑松石等飾物，雕刻精緻的象牙器，以及龜甲、鱷骨等。同様，在曲阜西夏侯的十一座墓葬裏，隨葬品最多的有一百二十四件，最少的也還有二十六件。邳縣大墩子遺址中層二十七座墓葬中，隨葬品多的有五十三件，而有些墓一無所有。〔六〕這些現象都説明這個時代，社會已不僅僅分裂爲奴隸和主人的兩大階級，就在自由民裏面也已經分裂爲窮人和富人兩大階級了。大汶口墓葬中陶器極爲豐富。烹煮器、食器、容器、温器、飲器、水器等幾乎無一不備。在各類器用裏又有很多不同形式；並且在同一墓中常常出現同類器物而又同一形式有很多件的情況，如：黑陶瓶三十八件，或白陶高柄杯十四件之類。黑陶比紅陶、灰陶光滑潔浄，並且趨向於薄胎，即後來所謂蛋壳陶，這一方面是時行，一方面是陶器中的珍貴物品，並不是供實用的；白陶用高嶺土燒製，是後代瓷器的遠祖，一直到殷代，還只有貴族

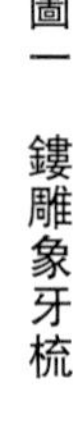

圖一　鏤雕象牙梳

（採自文物出版社版《大汶口》圖版九十）

圖二　山東大汶口遺址墓一〇隨葬品組合圖
（採自文物出版社版《大汶口》第二五頁）

才能使用，可見當時的富人階級已經把這些奢侈品，作爲誇多鬥富的一種寶藏了。這更説明在這時代貧富兩個階級的距離已經很遠了。象牙鱷骨之類珍貴物品是從遠方交換來的，看來商人階級已經出現，第三次的大分工也已完成了。

第五，大汶口文化中出現了木槨葬，是應該重視的現象，在氏族社會裏是不可能有的。大汶口遺址中有十四個木槨墓，佔全部墓葬十分之一强；大都有頂和四壁，有的還在底部鋪枕木；牆壁是用原木叠成的，作井字形，交接處很可能是用榫卯結合。滕縣崗上發掘了八座墓葬，其中最大的一個墓有殘存葬具，大約也是木槨。〔七〕這種木槨是仿照生人居住房屋而造的。大汶口遺址的小墓長僅一米左右，寬不到半米，容屍身而已，而這些人却要用木槨，甚至未成年人的屍體也用木槨，説明他們的社會地位，已經有貴和賤的區别，已經有等級之分了。由於戰爭，由於父權制，在氏族社會後期就已經存在貴族世襲制，貴族與平民是另一類的兩個對抗的階級。

第六，尤其重要的是民族文字的出現。民族文字反映民族語言，是一個民族文化高度發展的標識。有些民族已經發展爲很强盛的部落或國家（例如漢代的匈奴），但是還没有自己的文字，而一個有自己的文字的民族，儘管已經衰落，却一定有過一段很光榮的文明史。當然，遠在野蠻時代的低級階段裏，甚或更早，就可能有文字的萌芽，人們在開始創造一些代表思維和語言的東西，像：手勢、結繩、刻契、簡單的刻劃符號、旗幟上的徽號等等，但創造不等於通行，即使在一個狹小地區内爲人所共曉，不久也就歸於消滅。至於民族文字，總是在廣大的地區之内，住着數以千或萬計的民衆，行用了上百或上千年的。最古老的土生土長的民族文字總是用圖畫方式來表達的意符文字，它們看圖識字，很容易用自己的語言讀出字音來。因此，這種意符文字字數儘管不多，但每個文字的意義可以儘量的延伸，而遇到寫不出字來的語言，就可以假借同音字來表達，在這種情況下，意符文字實際上就等於音符文字，不過不是拼音罷了。現在已經發現的大汶口陶器文字，一共是六個：一個是𠦪字（音忽），象花朵形，用紅色顔料寫在灰陶背壺上，出土於大汶口遺址。另外五個都刻在灰陶缸的口上，（圖三）其中四個出土於莒縣陵陽河遺址，一個是斤字，象錛；一個是戌字，象殺人用的大斧；一個是⿱炅山字（音熱），上面是太陽，中間有火，下面是五個山峯的山，反映出在烈日下山上起火的情形；還有一個炅字，就是上面這個字的簡體，省去了山形；還有出土於諸城縣前寨的一個陶缸殘片，上面刻的也正是⿱炅山字，值得注意的是和莒縣所出的，筆畫結構，完全相同；並且在文字筆畫中塗紅色，這在殷代甲骨文字裏也有過這種現象的。這種文字的發現儘管還不多，但第一，它們和後來的商周銅器銘文、甲骨卜辭，以及陶器、玉器、石器等上的文字是一脈相承的，是我國文字的遠祖，是

圖三　大汶口文化遺址出土灰陶缸上的意符文字

（採自文物出版社版《大汶口》第一一八頁）

我國在目前所見到的最早的民族文字；第二，它們已經是很進步的文字，整齊而合規範，有些像後來秦朝所定的小篆，唐朝所定的楷書；並已經有了簡體，説明不是最初期的剛創造的文字，而是經過整理統一的文字；第三，它們是在廣大地區内已經通用的文字；從這三點，我們可以斷定它們已經是一個比較强大的部落或國家的民族文字；反過來，也可以從這樣的文字來證明這個時代已經出現了早期的奴隸制國家。

最後，即第七點，從大汶口文化的遺物來看，在那時已經有很多禮制：一、葬禮採用木槨。二、隨葬陶器已有組合。三、隨葬用猪頭，後期只用猪的下頜。有人曾以爲猪頭是死者生前曾經吃過這些頭猪而遺留下來的，作爲當時並無牧業主而還是普通氏族成員的證明，但曲阜西夏侯的隨葬猪頭是盛在淺盤的大陶豆裏面，可以證明其爲葬禮之一，是爲葬禮而宰殺的牲畜。四、死者手中都拿着獐牙製的勾，晚期還有含玉。五、當時已經出現專爲殉葬用的明器，因此在文化層内出土的大型陶器，在墓葬中往往是小型的、象徵性的；在邳縣劉林、曲阜西夏侯、滕縣崗上等遺址都有這種現象。六、尤其重要的是這些刻有文字的陶缸，應該是祭祀典禮中的用具，可能是最早的盛放飲料的陶尊。這些禮制顯然只能在文明時代裏，貴賤尊卑的界綫已經明確，專爲貴族統治階級所設的，這也是已進入早期奴隸制國家的確證。

總之，經過對大汶口文化遺址中所發現的種種迹象，經過仔細地分析以後，我們認爲在當時不但不是氏族社會末期，階級將興未興之間的一個過渡時期，而是已經進入：奴隸與主人，窮人與富人，自由民與貴族，並且還有了商人，這許多的階級。在這時已經不但是有了奴隸制社會，並且還有了初期的奴隸制國家。古代社會發展的進程是非常緩慢的，現在所知，大汶口文化的開始是在六千多年前，甚或還要早。那末，人類由氏族公有的時代，進入有了私有制，有了家長制家庭，有了奴隸制，奴隸制社會，一直發展到奴隸制國家，又不知要幾千年。我們知道新石器時代，人們已經室居，農業已經開始。那末，人類社會的第一次大分工，畜牧業、農業與家庭手工業的分工，應該是從新石器時代的開始時開始的。零碎現象的奴隸制也是從這時開始的。正因爲有了一些分工，人們才有時間來磨製石斧和燒造陶器。新石器時代的開始時期，一般認爲約一萬年，和我國社會發展的情況，大致上是符合的。因此，我認爲從我國的情況來看，階級的起源，約在一萬年前；到了六七千年前，大汶口文化等古老文化的時代，早已是文明時代，已經有了初期的比較强大的奴隸制國家了。

二、大汶口文化是少昊文化

考古工作應該結合歷史。大汶口文化的遺址，分佈得相當廣濶，現在所知道的已經調查過的或已經發掘過的遺址，如：山東省泰安的大汶口和龍門口，寧陽的堡頭，曲阜的西夏侯、尼山、東魏莊、大果莊和白村，兖州的王因，鄒縣的野店，濟寧的琵琶山，滕縣的崗上，濰縣的魯家口，蓬萊的紫荆山，福山的丘家莊，栖霞的楊家嶺，安丘的景芝鎮，諸城的前寨，膠縣的三里河，莒縣的陵陽河，日照的東海峪，臨沂的大范莊，郯城的清堂寺等；江蘇省邳縣的劉林、大墩子和東小墩，東海的燊湖，新沂的花廳，贛榆的蘇青墩，泗洪的菱角張等；河南省已經發現的有偃師的滑城，平頂山市，最近又在平頂山東北的鄏陵發現遺址。安徽省除已知的蕭縣曹莊外，聽説還有許多遺址。如此廣濶的區域，其區域至少要有十幾萬平方公里，在初期奴隸制國家中已經是很大的一個國家了。（圖四）

從文獻上來考查，這裏是少昊時代的文化，也就是少昊國家的文化。

太昊和少昊，都是國家的名稱。〔八〕昊字在古書裏常寫作皞，音同通用。古代稱過去的舊國都爲虚（墟）。《左傳》昭公十七年説：「陳，太皞之虚也」，那是周王朝所封陳國國都宛邱，在現在河南省淮陽縣，又定公四年説：「命以伯禽而封於少皞之虚」，是魯國國都曲阜，今山東省曲阜縣。太昊的後裔，在春秋時還有任、宿、須句、顓臾等風姓小國，都在現在山東省境内。〔九〕但是關於太昊的文獻資料最少，遠不如少昊的顯赫，太等於大、少等於小，兩者相對；這兩個稱昊的國家，可能有先後之分；太昊在前，當少昊强盛時期，它已經衰落了。

少昊國家的第一個英雄是蚩尤。《逸周書·嘗麥解》説：

> 昔天之初，誕作二后。乃設建典，命赤帝分正二卿，命蚩尤宇於少昊，以臨四方。司□□上天未成之慶。蚩尤乃逐帝，爭於涿鹿之河（阿），九隅無遺。赤帝大懾，乃説於黄帝，執蚩尤，殺之於中冀，以甲兵釋怒。

這裏所講的是我國歷史上最早的也是最有名的黄帝和蚩尤的涿鹿之戰。二后指赤帝和蚩尤。赤帝又叫炎帝，是繼太昊

圖四　大汶口文化遺址分佈圖

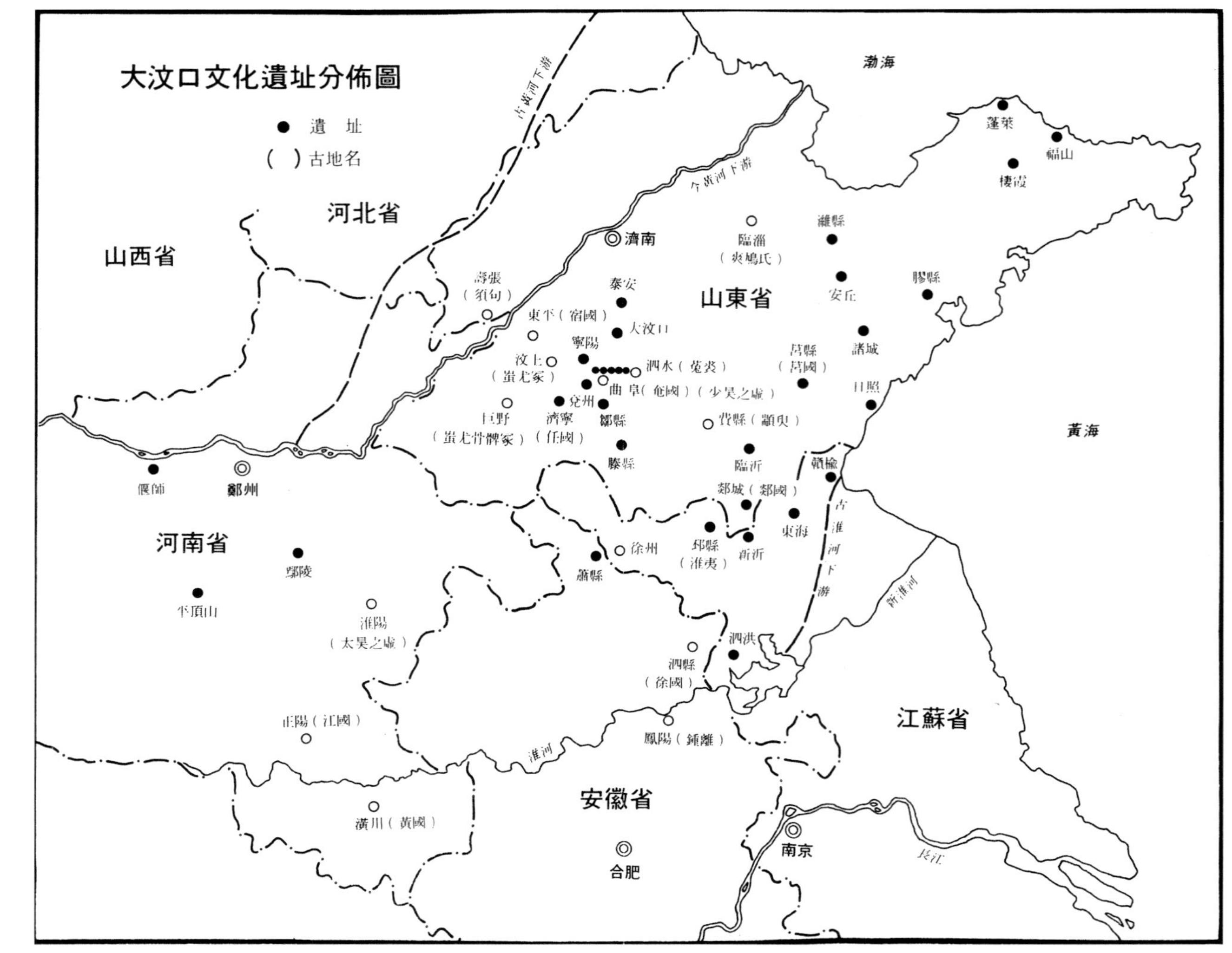

之後的國家，它先和黃帝戰於阪泉之野，黃帝勝了。等到蚩尤再去和黃帝作戰，炎帝却和黃帝講和了，因此，涿鹿一戰，黃帝把蚩尤殺了。蚩尤在當時最强盛，因此，黃帝的威名大震，這次戰爭被演爲神話廣泛地流傳着。

蚩尤雖敗了，但他依然是英雄。古書多説「蚩尤作兵」，是指銅兵器。《尸子》説：「造冶者蚩尤也。」少昊氏又稱金天氏，少昊的後裔做金正的官。説明少昊國家已經用銅，但黃帝國家那時還只是「教熊羆貔貅貙虎」來作戰，文化比較高的國家反敗於較低的國家了。蚩尤死後，少昊國家依然存在，還紀念他，所以戰國以後齊地的八神，除了第一第二是祭天主和地主之外，第三是兵主，「祠蚩尤，蚩尤在東平陸監鄉，齊之西境也」（見《史記·封禪書》）。〔一〇〕兵主之下，才是陰主、陽主、月主、日主和四時主，蚩尤神的位置僅次於天地，而在陰陽日月四時之上。一直到後來，天上的彗星名爲蚩尤之旗，出兵時都還要祠蚩尤。

黃帝戰勝蚩尤後，《逸周書·嘗麥解》説：

> 乃命少昊清司馬（馬字似是衍文）鳥官以正五帝之官，故名曰質。天用大成，至於今不亂。

少昊清又名質，就是《左傳》昭公十七年郯子所説的「少皞摯」，質和摯音近通用。這是少昊國家的另一個英雄人物。他是受黃帝國家之命，繼續統治這個國家的，在黃帝國家衰弱下去時，少昊國家又一度强盛，一直到顓頊興起以後，才衰弱下去。《嘗麥解》所説「司鳥官」，《左傳》裏郯子曾比較詳細地講述這個制度：

> 鳳鳥氏曆正也，玄鳥氏司分者也，伯趙氏司至者也，青鳥氏司啓者也，丹鳥氏司閉者也。祝鳩氏司徒也，鴡鳩氏司馬也，鳲鳩氏司空也，爽鳩氏司寇也，鶻鳩氏司事也；五鳩，鳩民者也。五雉爲五工正，利器用，正度量，夷民者也。九扈爲九農正，扈民無淫者也。

從這裏可以看到少昊國家已經具備國家的形式，只是還很原始並且比較簡單。這時國家的第一件大事是管理曆法，所以首先是五個鳥的氏族來作曆正，管理分、至、啓和閉。當時是曆法發明的初期階段，主要觀察天上的日月星等各種現象，「分」是晝夜平分，如春分秋分。「至」是日的南至和北至，也叫做短至和長至，短至是一年中白天最短的一天，就是冬至；長至則是最長的一天，就是夏至。懂得了分和至，就知道一年有多少天了。啓和閉則是根據節氣來控制關卡，所以《周易·復卦·象》說：「先王以至日閉關，商旅不行，后不省方。」由於農業手工業的分工，被奴隸們種糧食、飼養牲畜所養活着的奴隸主階級才有可能對天象作專門的深入的觀測，而奴隸主階級的統治者就壟斷這些天文學、曆學、數學等知識，作爲私有，宣揚什麽「天之曆數在爾躬」來代表他們的政治權力；就是説曆法和數學是天給他們的統治工具，他們是代表昊天和上帝行事的。一直到唐堯時期還把這類官職放在第一位，從虞舜起才改變，就進入奴隸制國家的後期了。

其次是五種鳩的氏族是管理國家的重要事務的。祝鳩等於後來的司土，就是司徒，管理土地和人民（包括奴隸）；鴡鳩是司馬，管戰爭；鳲鳩等於司工，即司空，管理重大工程，如城郭、宫室、溝渠等，到禹平水土，就成爲國家的第一件大事。爽鳩氏等於司寇，是法官，是鎮壓國内的機構。鶻鳩氏等於司事，等於商周時代的卿事（古書都作卿士），但在少昊時代還名列最後，而在商周時代則已高踞百官之上了。

五雉和九扈是管具體事務的。五雉管理手工業，可能等於顓頊時代的金正、木正、水正、火正和土正，主要是製作工具和用器，例如陶正，可能就屬於土正吧！另外一個任務是統一度量，度是尺寸長短，量包括升斗大小和斤兩輕重，這是國家的重要制度之一。九扈管理農業，後來所謂田正，應屬它們，但具體分職，已經不清楚了。五雉在九扈之前，可見當時的奴隸制國家的重視手工業，但管農業的人却最多，説明這方面的事務是最多的。

以上一共只有二十四個官，但完全可以説明這個奴隸制國家已經建立起一套制度，並且有了各種統治機構了。

在初期奴隸制國家裏，氏族的勢力還很强大，這二十四個官是由二十四個氏族小邦來擔任的。這裏的爽鳩氏，住在今山東省的臨淄縣，周王朝封齊國時，作爲齊國的首都，所以晏嬰曾説「昔爽鳩氏始居此地」（見《左傳》昭公二十年），可見郯子所説是歷史事實，並非虚構。所謂玄鳥氏，可能是商王朝的祖先，所以《詩·玄鳥》説「天命玄鳥，降而生商」，我們有很多證據，可以相信商契是少昊之後，殷虚小屯文化和大汶口文化有很多繼承關係。此外，少昊之後，很多受到華夏民族的壓擠而遷居邊遠地區的，還被稱爲鳥夷。

少昊故都，在商末是奄國。周武王克殷後，立管叔、蔡叔和武庚爲三監，武王死後，三監叛周，奄國和很多嬴姓國家幫助武庚，所以周公東征踐奄，把奄國封給魯公伯禽。〔一一〕《書序》說：「魯侯伯禽宅曲阜，徐夷並興，東郊不開。」《左傳》昭公元年說「周有徐奄」，杜預注：「二國皆嬴姓。」《說文》「嬴，少昊氏之姓」，那末，徐和奄都是少昊民族的後裔。《國語·鄭語》：「嬴，伯翳之後也。」韋昭注：「伯翳，舜虞官，少皞之後伯益也。」《史記·秦本紀》：「秦之先爲嬴姓。其後分封，以國爲姓，〔一二〕有：徐氏、郯氏、莒氏、終黎氏、運奄氏、菟裘氏、將梁氏、黄氏、江氏、脩魚氏、白冥氏、蜚廉氏、秦氏。然秦以其先造父封趙城，爲趙氏。」這裏的徐氏、郯氏、莒氏，就是春秋時的徐、郯、莒三國。《漢書·地理志》在臨淮郡徐縣下説「故國，盈姓」，在東海郡郯縣下説「故國，少昊後，盈姓」，在城陽國莒縣下説：「故國，盈姓，少昊後。」盈字和嬴字音近通用。徐國在周初時應離魯國不遠，《地理志》所說在今安徽省泗縣，應是後來遷移的。郯國就是論少昊官制的郯子的國家，在今山東省郯城縣；莒國在今山東省莒縣。《史記》所說的運奄氏可能就是奄國，終黎氏就是《世本》的鍾離氏，在漢代九江郡的鍾離縣，現在安徽省的鳳陽縣，菟裘在春秋時屬魯國，在今山東省泗水縣，黄和江在現在河南省的潢川縣和正陽縣。總之，少昊的後裔都在今山東省、河南省、安徽省北部一帶，唯獨趙國在今山西省，秦國在今陝西省，是很晚才遷移過去的。

值得重視的是現在已經發現的大汶口文化的遺址正是文獻上少昊國家與少昊民族活動的範圍。曲阜的大汶口文化遺址比較多，泰安的大汶口和寧陽的堡頭在其北，兗州的王因在其西。有一個調查說：「堡頭類型遺址雖然分佈在全省各地，在曲阜及其附近的汶泗流域是比較多的。」〔一三〕王因遺址時代最早，曲阜的西夏侯和大汶口墓葬的隨葬品之多最爲突出，也都可以看出這一帶是大汶口文化的中心。而在文獻上，曲阜正是少昊國家的都城，傳說中的蚩尤冢墓在今汶上縣西南，那裏離寧陽縣和兗州都不過三四十公里。莒縣的陵陽河遺址出土了四個帶有意符文字的陶缸，這裏正是少昊的後裔春秋時代還存在的莒國。郯城縣有清堂寺遺址，臨沂的大范莊在其北，江蘇省新沂的花廳在其南，這裏就是春秋時能叙述少昊國家的官制自稱爲少昊後人的郯子的國家。考古發現和文獻資料如此吻合，能是偶然嗎？莒郯等國在春秋時代均被稱爲夷，從大汶口墓葬裏的一些習俗來看確與中原不同，尤其突出的是屍體均拔掉兩個門齒。那末，少昊民族確是後來被華夏民族稱爲東夷的一種民族。

總之，大汶口文化是少昊文化，這個文化延續的時期很長，我們看到的文化最高的一個階段，可能就是少昊國家最强盛的時期。後來雖然衰落了，但是少昊民族分佈很廣，他們的文化特徵還保留下來，最後才發展爲龍山文化。

三、大汶口陶器文字是我國最早的意符文字

大汶口陶器文字的發現，其意義遠在十九世紀末安陽小屯發現的殷代甲骨文之上。這些文字有書寫的，也有刻的。在大汶口墓葬中期的一個灰陶背壺上用紅色寫了一個𡗜字，莒縣和諸城遺址中在五個灰陶缸的口外各刻了一個字，其時代總在五千年以上，比殷虚文字要早一千五六百年乃至兩千年左右，這是目前我們所能看到的我國最早的意符文字。但這是已經很進步的文字，不是剛在創造的原始文字了。古代陶器上常常有一些簡單的刻劃，陝西省西安半坡的仰韶文化陶器上就有許多刻劃，我們還不能斷定它究竟是符號還是文字，那是由於看不到它和後世文字的聯繫，但大汶口陶器文字是商周時代文字的遠祖，我們可以一一比較來證明它的一脈相承，是灼然無疑的。（圖五）臨潼姜寨的仰韶型陶器則有了文字了，但比起大汶口來，就遠不如它的規整，好像是小孩寫的字。我很懷疑它已受了大汶口文化的影響。

一種土生土長的民族文字，決不是一個人所能創造的。它們經過千萬人的創造和實踐而逐漸得到大衆的公認，因此需要經過很長的時間才能定型。但是即使在同一民族裏，方言土語也有很多分歧，尤其是意符文字，更常常有區域性，很難統一。在處於野蠻時代的氏族社會，地區比較狹隘，還可以各自爲政；到了文明時代，出現了奴隸制國家，疆域廣大了，生産發展，社會事務複雜起來了，就要求有比較統一的文字了。我國歷史記載是從黄帝和炎帝的阪泉之戰、黄帝和蚩尤的涿鹿之戰這兩大戰役開始的，歷史是用文字記載下來的。春秋時代，楚國的史官倚相，能讀「三墳、五典、八索、九丘之書」，這些古書在當時已只有少數人能讀懂了，秦漢以後，大部分已亡佚，五典裏只保留一篇《堯典》，大概是西周初改編的，還有一篇《舜典》就只剩一個篇名了。[一四]《堯典》也稱爲《帝典》，那末，五典是五帝之典，而儒家所説五帝正是從黄帝開始的。[一五]説明黄帝時代已經有文字了。

古代傳説中都説「倉頡作書」，據説倉頡是黄帝時史官，[一六]從時代來説是可能的。但所謂作書並不是創造文字。《荀子・解蔽》説：「好書者衆矣，而倉頡獨傳者壹也。」荀卿把倉頡的書和后稷的稼、夔的樂相比，可見書只是書寫，古代寫字的人很多，只是倉頡最有名罷了。

圖五　大汶口陶文與殷虛甲骨商周金文對照表

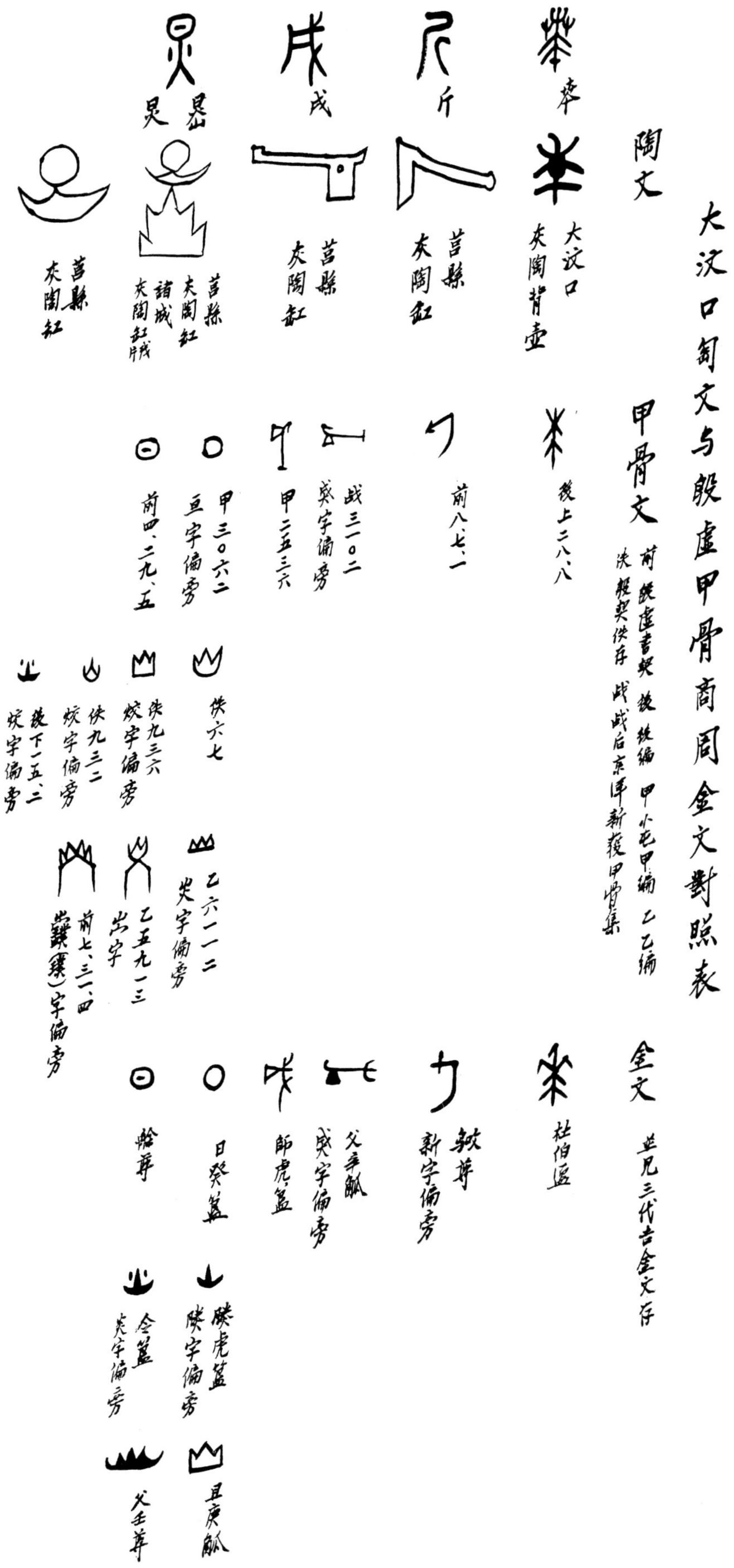

大汶口匋文与殷虚甲骨商周金文對照表

陶文

𠦪　大汶口 灰陶背壺

斤　莒縣 灰陶缸

戌　莒縣 灰陶缸

炅　[illegible]　莒縣 灰陶缸　諸城 灰陶缸殘片

莒縣 灰陶缸

甲骨文

前 殷虛書契　後 後編　甲 小屯甲編　乙 乙編　佚 殷契佚存　戩 戩后　京 京津新獲甲骨集

後上二八、八

前八、七、一

戩三一〇二 戉字偏旁

甲二五三六

甲三〇六二 旦字偏旁

前四、二九、五

佚六七

佚九三六 炆字偏旁

佚九三二 炆字偏旁

後下一五、二 炆字偏旁

乙六一一二 炎字偏旁

乙五九一三 出字

前七、三一、四 [illegible]（[illegible]）字偏旁

金文

並見三代吉金文存

杜伯盨

[illegible]尊 新字偏旁

父辛觚 戉字偏旁

師虎簋

日癸簋

艅尊

滕虎簋 滕字偏旁

今簋 炎字偏旁

且庚觚

父壬尊

我國古代意符文字是用圖畫來表達語言和思維的，是我國古代文化的原始的記録。大汶口陶器文字裏有斤字和戉字，是兩種兵器。古代工具和兵器是很難區分的。斤就是錛子，可用以砍木頭，也可以用作鋤頭來錛地，但又可以砍人，所以雙手捧一個斤，就是兵（廾）字。「蚩尤作兵」，就指的是兵器。一直到春秋時代，衛國的三匠暴動，「皆執利兵，無者執斤」，還是利用這種最原始的兵器。至於戉字，是殺人用的大斧，在商代文字裏常見的一個氏族徽號——戉，就畫出一把長柄的大斧在把人斬首，但後來用在十二辰裏，作爲申酉戌亥的戌，就把它的原來意義遺忘了。

從意符文字的研究，我們可以對中國古代史提出許多重要的看法：

第一，我認爲我國的意符文字就是從太昊民族和少昊民族這個區域裏創造出來的。我國古代文字的大字像正面而立的人字形，而人字像側面直立的人形。大人是一個複合名詞。《山海經·海外東經》有大人國，在䠞丘北，「爲人大，坐而削船」。又《大荒東經》説：「有大人之國，有大人之市，名曰大人之堂。有一大人踆（蹲）其上，張其兩耳。」《淮南子·墜形訓》説：「自東南至東北，有大人國、君子國、黑齒民、玄股民、毛民、勞民。」又《時則訓》説：「東方之極，自碣石山，過朝鮮，貫大人之國，東至日出之次；榑木之地，青土樹木之野。」總之，古代我國東海一帶有一個民族，體格長得比較高大，〔一七〕尤其是附近就有小人國，相形之下，這個民族就自稱爲大人。他們是有蹲踞的風俗的，和中原民族用雙膝着地的跪坐風俗不同。後來，人字作爲一般的人即區別於動物的人的總稱，所以商代的青銅器銘和甲骨卜辭都稱東方一帶的國家爲人方，也就是人國。這個民族的語言，人字和夷字差不多（現在山東和遼寧省的方言，還如此），所以周王朝稱他們爲尸而讀如夷，尸字是側面而蹲着的人形。古書多借用夷字，所以《説文》：「夷，東方之人也。」〔一八〕黄帝民族自稱爲夏，夏也是側面人形，而把頭部全畫出來了，有時還把手和足都畫出來，《説文》就説：「夏，中國之人也。」此外，在商代時，東方是人方，西方是鬼方，即鬼國，鬼字也是側立人形而頭特别大。還有羌族，也是西方民族，則在側立人形上面畫出戴羊角的形狀，《説文》：「羌，西戎，牧羊人也。」在古文字裏，民族名稱而畫出人形的，有這樣四個字，但只有東方民族的人，成爲一切人的總稱，可見這種文字本來是東方民族的文字。

天字和大字，本來是一個字，例如：天君就是大君、天邑就是大邑、天乙就是大乙、天子就是大子。天字本象正面人形而特别畫出圓形的頭，後來把這個大圓點演化成一個横畫，就變成了現在的天字。古代人的想象中，大人就是巨人是真的頂天立地的，所以他的頭就代表了天，而大字下面畫一畫來代表地就是立字，也就是位字（古代的極字，本作亟，象側立的人，上面一畫代表天，下面一畫代表地，也是這種思想）。昊字本來作昦，象正面人形而頂着太陽，也可以説他的頭就是太陽，所以古代把天叫做昊天。[一九]古代東方民族有文身的風俗，「文」字就畫出正面人形而在胸部刺有花紋，所以昊字可變爲旻字，那就是旻天。那末，東方民族稱他們的君長爲太昊、少昊，就因爲他們是代表上天的太陽神。因爲東方民族自認爲他們的地區是太陽出來的地方，所以認爲太陽神是天神中最尊貴的。但是在華夏民族的炎帝、黄帝，一直到後來的帝堯帝舜，却不稱昊而稱帝，他們爲上天塑造了一個上帝，上帝是統率一切神祇的，連太陽神也包括在内了。但是這個從人們的觀念裏産生出來的帝，却没有一個意符文字，只是假借刺（朿）字的語音罷了。由此，可以説，我國的意符文字是創造於稱昊的民族的地區，還在炎帝和黄帝時代之前。

第二，從大汶口文化中出現的許多現象，可以看到我國的意符文字就是在這個地區裏創造出來的。

仰韶文化中没有蚌鐮，大汶口文化和龍山文化有蚌鐮。蚌在古代稱爲蜃。郭沫若同志説辰字就是蜃的本字，是很重要的貢獻。[二〇]《淮南子·氾論訓》「古者剡耜而耕，摩（磨）蜃而耨」，把鋒利的蚌殼作爲鐮刀來除草就是耨。原始農業很簡單，肥沃的土地不需要耕犁，播上種子長了苗，只要經常除草就行了。在當時，這是主要的農活，所以農字就從辰，最複雜的寫法是手裏拿着辰在田間除草，最簡單的是從田從辰，作農，隸書變作農。有關農業的字大都從辰，耨字是薅（音蒿）草的工具，薅是薅草，蓐字是陳草復生。早晨的晨本作晨，是兩手取農具；晨星的字原作曟，就是房星；大辰是房星和心星、尾星，農民用這些星來作爲田間工作開始的時節。那末，創造這些文字的地區就是使用蚌鐮的大汶口文化的地區，其時代應遠在黄帝少昊之前，因爲炎帝稱爲神農氏，已經以發展農業出名了。

大汶口文化地區，養猪業已經很發達，仰韶文化雖也有猪和狗，但爲數不多。黄河上游的齊家文化，如甘肅永靖的大何莊和秦魏家墓葬也有較多的猪顎隨葬，但時代就要晚一兩千年了。大汶口文化區域裏用養猪多少來分别財富多少，在我國古代語言裏代表財富的是家，有財産稱爲有家，即有家當；在古文字裏，家字畫出屋内有猪，有的清楚地畫出是公猪，也有畫出屋内有兩頭猪。猪羣是家庭中男性家長所佔有的，這是馬克思主義關於家庭起源的一個絶好的例子。在西周銅器銘文裏常賞賜臣多少家、鬲多少夫，臣是有財産的高級奴隸，而鬲是普通奴隸，一無所有，只是匹夫而已。[二一]在父系社會裏，男子娶妻是取女，女子嫁夫是女有家，也説明財産屬於男子。《説文》把家字解爲「從宀，豭省聲」，在過去文字學家中有過爭論。有人説家是猪圈，引申爲人的住處，最爲封建文人所攻擊。其實，家字裏畫的公豬是豭字，變爲形聲字就是豭字。至於家裏養猪，在過去是常見的，富人的家庭常把猪圈作厠所，據説周文王就生在猪圈裏。〔一二〕在我國古文字裏只有像公猪的㚅是象形字，其它牲畜就只把生殖器畫在一旁，如：公牛作牡，公羊作𦍋，可見當時人對公猪的特别重視，因爲公猪是長期豢養下來作爲繁殖用的。在古文字裏，關於猪的意符文字特别多。例如彘字是用矢射豕，是野猪，説明創造文字時，家猪的馴養已經很久了。豕和亥本是一字，在十二個月名裏把亥作爲最後一個月名，而這在干支的二十二個字裏是唯一的牲畜名稱。屯（即豚字）是小猪，只見頭、腹和尾，而豚是肥猪，在豕身上畫了一塊肉。彝字是兩手捧着反綁的猪來祭祀，〔一三〕後來却成爲青銅彝器的總稱了。關於猪的意符文字還有很多，牛羊和馬等遠不能比。説明這種意符文字是在最早養猪的東方民族中創造的。

大汶口人用猪牙作簪，其它地區没有這種習俗。簪字在古文字裏作旡，《説文》作先，「首笄也，從人，凵象簪形」，簪是旡的俗字。後世笄和簪多混，其實笄是直的，用以貫髮髻，大汶口墓葬裏出土的笄有三十件，而簪是兩股的，用以攏髮。這也可以證明這種意符文字的發明創造，正在大汶口文化地區。

總之，大汶口陶器文字是目前所能見到的我國最早的意符文字，但我國意符文字的創始時期還遠在其前。大汶口文化是少昊文化，少昊國家的蚩尤是和炎帝、黄帝同時的，這個民族的文化，可能是從太昊時代遺留下來的。少昊國家的極盛時期，則在少昊摯的時代，那已經是黄帝時代之後了，大汶口文化的陶器文字，約在這個文化的中期而較晚，離今五千多年，即相當於少昊摯時或稍在其後。這種文字已經很規矩和整齊，是很進步的文字。古代文字的發展是很緩慢的，大汶口陶器文字至少已經有一千多年的歷史。因此，我認爲我國意符文字的起源，應在太昊與炎帝時代。黄帝殺了蚩尤，征服了兩個昊的民族，〔一四〕同時也接受了他們的高度發展的文化。作爲當時最强盛的國家，它就得定出很多制度，如：定曆法，統一樂律和度量衡，統一和整理文字等等，所以這許多方面，後代歷史上都認爲是黄帝時期創作的。那末，所謂倉頡作書，和容成作曆，伶倫作律一樣，只是奴隸制國家政治上的需要，有人把過去流傳下來的東西加以整理而使之統一罷了。這和秦始皇統一天下後，用顓頊曆，同律度量衡，同書文字是一樣的，我國疆域廣大，方言紛歧，但文字是統一的。我國有六七千年的歷史，統一的時期，多於分裂的時期，文字所起的作用是不小的。

據郯子所述，少皞摯的時代，有專管曆法的官，有正度量的制度，顯然是繼承黄帝時代的舊規的。少昊離黄帝還不遠，那末，大汶口陶器文字可能正是經過黄帝時代整理和統一的文字，這種文字之所以如此規整，只有從這樣的歷史眼光去觀察，才能得到適當的解釋。

四、中國古代的奴隸制國家

大汶口文化與其陶器文字的發現的重要意義，在於它揭示了我國文化在五六千年前已經有很高的發展，大汶口文化主要是少昊時代的文化，而少昊時代緊接黄帝時代，在我國古代史上是一個重要的關鍵的時代。

我國歷史，從共和以後（公元前八四一年），才有編年的記載，從夏禹起到周代的共和元年，有總的年數，雖各説不同，大致上夏王朝的開始，在公元前二千年前，即距今四千多年。夏以前，記載上只有唐堯在位七十載，虞舜五十載陟方乃死兩個年代，此外就無可考了。《史記》雖從《五帝本紀》開始，但誤信儒家的《帝繫》和《五帝德》，好像從黄帝到帝舜只有五世，並且把少昊排斥在外，這是非常錯誤的。《五帝本紀》説「軒轅之時，神農氏世衰」，説明神農（即炎帝）不止一世。《國語・楚語》説「少皞之衰也，九黎亂德，顓頊受之」，説明顓頊並未繼承黄帝而繼承少昊，少昊也不只一世。古書裏稱帝的還有：帝乾荒、帝鴻（當即帝江）、帝俊、帝摯、帝丹朱等，決不止黄帝、帝顓頊、帝嚳、帝堯、帝舜五個帝。據《竹書紀年》則「黄帝至禹，爲世三十」。漢代的《春秋命曆序》是曆學家所造冒充緯書的，根據戰國時的殷曆説：黄帝十世，少昊八世，顓頊二十世，帝嚳十世，連堯、舜兩世是五十世。〔二五〕假如按照一般年壽，平均三十年爲一世，那末，黄帝本人比禹早一千五百年，即距現在爲五千五百年左右，少昊時代約爲比現在早五千二百年左右，這個年代和大汶口文化的極盛時代是十分接近的。

我國幅員廣濶，在氏族社會末期，已經出現無數城邦，古代常稱爲「萬邦」，即「萬國」，在世界古代史上，這樣的例子是很多的。經過戰爭的兼併，就出現了較强大的奴隸制國家，許多小國都服從它。大約在六七千年前，第一個這樣的國家在我國誕生了，這就是太昊，也就是伏羲氏，那時的君長，是被尊爲太陽之神的。它的國家在淮河以北，這個地區的民族後來被稱爲東夷、南夷或淮夷，但我國古代文明正是在這裏開始的。代替這個大國的是炎帝國家，也就是神農氏，它本在黄河中游一帶向東遷移的，君長被尊爲帝，它們自稱爲夏族，也稱爲華。

第三個大國是黄帝，即軒轅氏，和炎帝都是稱帝的民族，但它們是在黄河北岸的上游一帶，本是游牧部落，逐漸向東遷徙，到達現在的河北、山西、遼寧一帶，定居下來。這時，黄河南岸的少昊國家崛起了，它的君長蚩尤也想稱帝，黄河南北兩岸就出現了三個大國。到了黄帝戰勝炎帝，殺了蚩尤以後，它的國家更强大了。我國歷史上一切發明創造，幾乎都歸功於他，我國古代文明已有很大的發展。

黄帝國家衰微後，少昊國家又一度强盛，這時炎帝國家的後裔又出現了一個共工國家。當少昊國家衰弱時，黄帝的後裔帝顓頊獲得了政權，顓頊是在少昊國裏成長起來的（《山海經·大荒東經》：「少昊之國，少昊孺帝顓頊，於此棄其琴瑟」，孺是撫養的意思）。他又作爲黄帝國家的繼承者，黄河南北兩岸的兩個大國真正地統一了，過去是三個國家爭帝的局面，現在只剩了共工與顓頊爭爲帝了。

這是我國古代史上一個新的起點，過去太少兩昊和炎黄兩帝互相爭奪，現在融合爲一了。過去稱爲炎帝、黄帝，從顓頊以後却只稱爲帝顓頊、帝嚳等等，把帝的名稱冠在前了。〔二六〕顓頊以前，奴隸制國家還和氏族分不開，〔二七〕顓頊以後的國家執政就不拘於那一個民族了。顓頊以前，神權和政權是不分的，顓頊以後就分開了。所以我把兩昊兩帝時期，定爲我國古代奴隸制國家的前期，從顓頊時期就進入中期。

共工和顓頊的爭奪，一直繼續到帝嚳和帝堯、帝舜時代，到夏禹治水時最後把共工的臣相柳殺了（見《山海經·海外北經》和《大荒北經》），才終止。在這一個階段裏，這個國家在不斷發展着，堯戰於丹水之浦，兵力達到今湖北省丹江一帶，丹朱正由於用兵在外，所以政權就落到堯的女婿帝舜手裏，丹朱就在丹水一帶，自立爲帝，所以《山海經》裏稱爲帝丹朱。虞舜掌握政權後，用禹來治洪水，同時戰勝了共工、驩兜（驩兜國也見《山海經》）等國，把三苗國趕跑了，三苗國在今湖南省的洞庭湖和江西省的彭蠡湖之間，所以舜南巡，死在蒼梧之野。禹的功績很大，政權自然而然地落在禹的手裏。儒家所謂禪讓，只是孔丘等人唯心主義的幻想罷了。

夏禹治水是在帝舜時代，《禹貢》九州，從現在看來，並非虚構；這個奴隸制帝國的疆域已經奠定了，後來夏商周三代就繼承這個疆域，所以虞舜時代已到了這個奴隸制國家的極盛時代，奴隸制國家中期也就到此爲止。

儒家所謂三代盛世，實際上已經是奴隸制社會的後期了。奴隸制國家的發展，一直到帝舜時代，還是向前發展的上升階段，到了夏王朝以後就走向下坡路了。洪水治好了，疆土擴大了，溝渠修好了，農業生産很快向前發展，但是奴隸主統治者驕奢淫逸，對奴隸們的剥削壓迫一天比一天重；奴隸制開始時，本來是發展生産力的，到這時已經走向它的反面了。夏后禹掌握政權，並没有繼續稱帝，當時各個邦的君長都稱后，例如：后稷、后益、后夔、后羿等，夏禹也只稱夏后禹。他掌握政權後，不過幾年就死了。他的兒子夏后啓繼續掌權，這是一個享樂者，《左傳・昭公四年》說：「夏啓有鈞臺之享」，鈞臺在今河南省禹縣。啓又「享神於晉之墟，作爲璿臺於水之陽」，又「享神於大陵」（並見《歸藏》），晉水之陽在今山西省太原市，大陵在其西南文水縣。《墨子・非樂》引《武觀》說：「啓乃淫溢康樂，野於飲食，將將銘莧磬以力，湛濁於酒，渝食於野，萬舞翼翼，章聞於天，天用弗式。」《山海經・海外西經》：「大樂之野，夏后啓於此舞九代（成）。乘兩龍，雲蓋三層，左手操翳，右手操環，佩玉璜。」又《大荒西經》：「有人珥兩青蛇，乘兩龍，名曰夏后開（啓），開上三嬪於天，得九辨與九歌以下。此天穆之野，高二千仞，開焉得始歌九招（韶）。」總之，夏后啓時曾有大規模的宴會音樂和歌舞是過去没有過的盛況。《左傳》把九鼎的製作歸於夏禹，《墨子・耕柱》也歸於夏后開（啓）。用青銅來鑄鼎是大量地鑄造青銅彝器的開始，陶器的鼎都是圓的，只有銅鑄，才出現方鼎。所以，用銅鑄彝器在美術工藝上是大大的發展，但却是一個最大的奢侈浪費。銅在當時是很貴重的，用來作爲工具和兵器；禹的治水，如果没有用大批銅工具是不可能辦到的。現在却用來做生活用具，嚴重地阻礙了生産力的發展了。啓死後，「太康失邦」，有窮后羿，奪得了政權，所以《離騷》說「啓九辨與九歌兮，夏康娱以自縱。不顧難以圖後兮，五子用失乎家巷」，就把太康失邦的根源追到啓的康娱自縱了。

奴隸制國家後期，包括夏商周三代，夏朝本自稱爲后，商、周兩代才稱王，〔二八〕但由於它們的國家機構差不多，一切制度也大致相同，所以後來並稱爲三王。

如上所說，我國古代的奴隸制國家時間很長，大約有三四千年，比封建社會還要長得多。在其發生發展到消滅的全過程中可以分爲三期，其前期比氏族社會進步，其後期則比新興的封建國家落後和反動。毛主席說：「歷史上奴隸主階級，封建地主階級和資産階級，在它們取得統治權力以前和取得統治權力以後的一段時間内，它們是生氣勃勃的，是革命者，是先進者，是真老虎。在隨後的一段時間，由於它們的對立面，奴隸階級、農民階級和無産階級，逐漸壯大，並同它們進行鬥爭，越來越厲害，它們就逐步向反面轉化，化爲反動派，化爲落後的人們，化爲紙老虎，終究被或者將被人民所推翻。」我國整個奴隸制時代的發展規律正是如此。有些人口頭上天天在講階級鬥爭，但並不懂得社會發展史。他們只知道奴隸制的殘酷，而不懂得人類歷史上是必須經過奴隸制這個階段的。在那個時期裏有一定的進步性。恩格斯說：「在古代世界，特別是希臘世界的歷史前提之下，進步到以階級對立爲基礎的社會，是只能通過奴隸制的形式來完成的。」但到了奴隸制的最高階段，物質文明愈發展，這個制度就愈顯示它的反動而終於崩潰。儒家的錯誤，就由於他們還在懷念夏商周三代的奴隸制文化，即所謂「法後王」，而不懂得春秋時代是五伯時代，戰國時代是七雄時代，五伯、七雄是新興的封建國家，這時已經由奴隸制時代過渡到初期封建時代了，他們所要效法的禮樂文化，已經爲歷史所拋棄了。

正由於儒家只效法三代，向上推也只祖述堯舜，所以我國古代歷史很不完備。大汶口文化的發現，使得我們能看到少昊時代的文化，而少昊時代正是文獻資料還比較多的一個時代，從這裏，我們可以看初期奴隸制國家的一個概略，從此，我國古代奴隸制國家的一些僅存的史料，將不致被埋没在故紙堆裏了。我深信我國的四個現代化的發展過程中，新的歷史資料，還將不斷湧現，中華民族的遠古時代的歷史一定會更加充實的。

結論

我們的結論是：

一、大汶口文化是初期奴隸制社會的文化。

二、大汶口文化的極盛時期是少昊時代的文化。

三、大汶口陶器文字是目前所能見到的我國最早的意符文字。

四、大汶口陶器文字是我國古代的民族文字，這種文字是在黄河、淮河之間首先出現的。這種文字大約有六七千年。

五、文字是文明社會的標尺。在廣大地區中通行的民族語言，是在統一國家中形成的。

六、中國的奴隸制時代很長，比封建時代長得多，大約要三四千年。中國進入奴隸制時代比較早，因之，進入封建制時代也比較早。

七、中國的古代奴隸制國家，可分爲三期，初期爲兩昊兩帝時期，中期爲帝顓頊到帝舜，後期爲夏、商、周三代。少昊時代屬於初期國中的最晚一個階段。

八、中華民族是由東部的夷族，西部的夏族，南部的苗蠻族等許多民族融合而成的。

總之，中國的文明史，決不是四千多年，最少也有六千多年。

〔一〕《大汶口》，文物出版社，一九七四年。以下凡提到大汶口遺址或墓葬的，均引此書。

〔二〕《江蘇邳縣劉林新石器時代遺址第一次發掘》，《考古學報》一九六二年第一期。

〔三〕發掘報告未正式發表。

〔四〕《江蘇邳縣劉林新石器時代遺址第二次發掘》，《考古學報》一九六五年第二期。

〔五〕《山東膠縣三里河遺址發掘簡報》，《考古》一九七七年第四期。

〔六〕《山東曲阜西夏侯遺址第一次發掘報告》，《江蘇邳縣四户鎮大墩子遺址探掘報告》，並見《考古學報》一九六四年第二期。

〔七〕《山東滕縣崗上村新石器時代墓葬試掘報告》，《考古》一九六三年第七期。

〔八〕太昊、少昊都有國都，有官制，可見它們是國家。《山海經·大荒東經》有少昊之國。

〔九〕《左傳》僖公二十一年：「任、宿、須句、顓臾，風姓也。實司太皞與有濟之祀，以服事諸夏。」任國在今山東省濟寧市，宿國在今東平縣東，須句在東平縣壽張縣一帶，顓臾國在費縣西北。它們在春秋時被認爲服從於夏族的夷族。

〔一〇〕《漢書·地理志》在東郡壽良縣下説：「蚩尤祠在西北泲（濟）上。」魏《皇覽》説：「蚩尤冢在壽張縣闞鄉城中，冢高七尺，常十月祠之。」壽張就是壽良，闞鄉就是監鄉，在今山東省汶上縣西南。《皇覽》還有蚩尤肩髀冢，「在山陽郡鉅野縣重聚」，在今鉅野縣。

〔一一〕奄國古書或作蓋，音近通用，西周初銅器銘文作⿱林去，即蓋字異體。《逸周書·作雒解》叙周公東征時，「凡所征熊盈族十有七國」。按熊盈即嬴，銅器文字嬴字從女從能，能就是熊的象形字，所以嬴和熊通用（如《左傳》敬嬴，《公羊傳》和《穀梁傳》作頃熊）；嬴姓，《漢書·地理志》作盈姓；可證。説明奄國反周時，所糾合的嬴姓國家很多。

〔一二〕應該説以國爲氏，姓是從母族得來的，如姬、姜、姚、姒等，氏是父族得來的，司馬遷已經把姓和氏混亂了。

〔一三〕《山東曲阜新石器時代遺址調查》，《考古》一九六三年第七期。

〔一四〕《尚書》裏原來有《堯典》和《舜典》，漢代，《舜典》已經亡佚，只在《書序》裏還保存這個篇目。晉代僞造的《古文尚書》把《堯典》下半分出作爲《舜典》，齊代姚方興又在前面加了二十八字。現在通行的《尚書》，用的都是僞《古文尚書》，宋代學者就已辨其僞，清代漢學家在《尚書》的辨僞工作上，是很有成績的。

〔一五〕現在見到的《古三墳》，是宋以後人僞造的。其實三墳是講黄河下游南岸到淮河流域地區的。墳是東方語言。《方言》一：「墳，地大也，青幽之間凡土而高且大者謂之墳。」《文選·鮑照：蕪城賦》「袤廣三墳」，注：「或曰：河墳、汝墳、淮墳也。」墳與濆通，《爾雅·釋地》：「墳莫大於河墳。」《詩》有《汝墳》，又《常武》説到淮濆。凡河邊高地最肥沃，古代農業應在此區域内開始。《禹貢》兖州，「厥土黑墳」；青州，「厥土白墳」；徐州，「厥土赤埴墳」，這三州地區正是我國文化最早發達的地區。如果説尼羅河下游是埃及古代文明的發祥地，那末，黄河下游，河淮之間是中國古代文明的發祥地，還有什麽可以懷疑的呢。

八索所講的當是各個民族之間的疆界。索當即《左傳》定公四年所説的「疆以周索」和「疆以戎索」的索。

九丘當是講洪水時期的故事。洪水期間，都邑都遷到丘陵地帶，禹治水以後，才「降丘宅土」。《山海經・海内經》説：「有九丘，以水絡之，名曰：陶唐之丘，有叔得之丘，孟盈之丘，昆吾之丘，黑白之丘，赤望之丘，參衛之丘，武夫之丘，神民之丘。」

〔一六〕倉頡作書都是戰國末的傳説，倉頡爲黄帝史見《論衡・骨相篇》和《漢書・藝文志》。《慎子》説「倉頡在庖犧前。」至於《春秋元命苞》説「倉帝史皇氏名頡」，則誤把古代傳説中的倉頡作書和史皇作畫誤合爲一了。

〔一七〕按《大荒北經》也説：「有人名曰大人，有大人之國，釐姓，黍食。」《海内北經》説：「大人之市在海中。」《海外北經》説博父國，其爲人大；又説跂踵國，其爲人大，兩足亦大，都指人的軀體高大説的。春秋時有鄋瞞國，是長狄族，詳《左傳》文公十一年。《國語・魯語》有防風氏，「汪芒氏之君也，守封嵎之山者也，爲漆姓。在虞夏商爲汪芒氏，於周爲長狄，今爲大人」。今指春秋末年。

〔一八〕夷字《説文》從大從弓是錯的。在古文字裏夷字本像雉射的矢，在箭身上繞有繩子，後來，矢字錯成大，繩形也錯做弓了。用夷字來代替尸字是同音假借。

〔一九〕昊字在西周銅器銘文裏常見。從大象人形，由於大即天字，所以變作昊，最近發現的周共王時代的牆盤就説到昊天。《説文》作昦，從夰，也是大的變形。大字和矢字常常混亂，昊字有時錯做昗。日形和白形也容易混亂，因而出現臭字，見《説文》。臭字的大變爲本，成爲皋字，因而出現皞字，見《説文》。皞字又變爲皡字，見《左傳》等書。臭字又誤爲臭，見戰國銅器銘文。《殷契佚存》五八一片的□字，頭上象太陽所發的光芒，和皇字同意，所以太昊就是秦始皇時所説的泰皇。

〔二〇〕一直到周代的銅器文字，辰字還象蜃，即蚌殼，如辰父辛尊的□字，見《三代吉金文存》十一卷二一頁。

〔二一〕例如作册夨令簋説「姜賞令：貝十朋，臣十家，鬲百人」。見《三代吉金文存》九卷二六頁。《周易・損卦》的上九説「得臣無家」，可見臣而無家是一種例外。《家人卦》説「閑有家」，「王假有家」，以及「富家」；《蒙卦》九二説「子克家」，《師卦》上六「開國承家」，這些家字，都包括財産的意義。鬲在《逸周書・世俘解》裏作磿，同音通用。武王伐紂時，俘獲了數以億萬計的磿，成爲戰俘奴隸；一直到康王昭王時期，還經常用來賞賜，多的有賞一千多人的。

〔二二〕見《國語・晉語》四，稱爲豕牢。圂是溷的本字，《説文》「圂，厠也」，就象猪在圈中。《倉頡篇》就説：「圂，豕所居也。」

〔二三〕彝字《説文》解釋做「宗廟彝器也」，《爾雅》等書只解爲「常也」，「法也」，都與字形不合。最近在陝西省岐山縣發現周文王時的甲骨卜辭（與殷王紂同時）有「彝文武帝乙宗」等話，彝字作爲一種祭祀名稱，很重要。彝字的原來意義是用猪來祭祀，後來西北方面來的華夏民族，發展了牧養牛羊的事業，主要祭品就改爲牛羊，牛是大牢，羊是小牢，寫作宰，彝就不作爲祭祀名稱了。彝器本是用猪來祭祀時所用的器，後來通用於一般的祭器，最後，彝祭已被忘却，彝就作爲彝器的專名了。由這個久已被遺忘的祭名，正可以看到這種文字是在東方養猪的民族中創造的。

〔二四〕《鹽鐵論・結和》「軒轅戰涿鹿，殺兩曎蚩尤而爲帝」，曎是皞字之誤。

〔二五〕據《禮記·祭法》正義所引。顓頊二十世，《大戴禮·五帝德》注作九世，《左傳》文公十年正義引《命曆序》同，未知何故。春秋緯十三篇本來没有《命曆序》。《晉書·律曆志》引《命曆序》説：「孔子爲治春秋之故，退修殷之故曆，故其數可傳於後。」可見它是依據殷曆而僞託於孔子的。殷曆是戰國時曆學家的作品。

〔二六〕炎帝、黄帝時期，有兩個稱帝的國家，所以要分别炎（也稱赤）和黄，黄帝以後，只有一個稱帝的國家了，所以不稱什麽帝，而是帝什麽了。漢代如董仲舒的《春秋繁露》，班固等的《白虎通》，對這種稱號的不同，有許多唯心主義的解釋，都是錯誤的，不值得去討論。

〔二七〕在母系社會裏就已經有族。族字原來從大，作族，象一個人正面而立，手裏拿着一面旗，旗上應當畫着族徽。由於古文字裏大字和矢字常常混亂，所以錯成從矢而把族解爲矢鏃，即箭頭。在商代銅器銘文裏保留着的族字，人形很明顯。甲骨文字裏既有從大的，也有從矢的，説明殷虚文字裏已經有錯别字了。一個氏族集團裏，常包含着很多族，如《堯典》説堯「克明俊德，以親九族」。等於清王朝的八旗。九族的地位，比稱爲百姓的一般貴族要高。

〔二八〕夏、商兩代的君，生前稱后稱王，死後也稱帝。后羿也曾稱爲帝夷羿，見《左傳》襄公四年。

載《大公報在港復刊三十周年紀念文集》第二三至五八頁。
香港《大公報》出版社一九七八年九月。

論大汶口文化中的陶温器

——寫在《從陶鬹談起》一文後

大汶口文化的發現是我國考古事業在二十世紀中葉最大的發現之一。我認爲大汶口文化是少昊文化，這一新發現，把我國古代史上最重要的一個環節重現了。從此以後，論中國古代史不應再限於夏后氏之世，而應該再上推二千多年，一直到太昊、少昊、炎帝、黄帝之世了。中國文明史有六千多年，這不僅僅是中國史上的重要問題，也應該是世界史上的一個重要問題。我的論點遭到一些人的非難，也受到一些人的支持，陳翰笙同志首先支持我的論點，在香港英文雜志《東方地平綫》上發表，在發表前就曾受到阻撓。齊燕銘同志生前看到《光明日報·史學》上我的短文後鼓勵我，説這條路是走得對的；當然這並不等於每一細節都是正確的。病中得到臨沂劉心健同志來函，認爲應從大汶口文化中的文物作深入研究，這確是從實踐出發的正確意見。我是不懂考古工作的，只能依靠廣大考古工作者的辛勤收穫。我覺得近年來考古工作者紛紛在探討夏文化，但是由於河流變遷等地理變化，以及幾千年來的人事變遷，許多遺址，早就破壞湮没，因此，考古發現，往往是可遇而不可求的。現在，大汶口文化遺址分佈如此之廣，内容如此之重要，從我的純外行角度來看，就應該以大汶口文化爲重點，例如河南省東部，安徽省東北部，還有很多未經發掘整理的遺址。就以山東省來看，也還有大量工作要做，寧陽堡頭的發掘報告，儘管已經發表，但是研究工作也還需要深入下去。作爲百家爭鳴，我覺得有必要把這些意見提出來，供有關方面考慮。

大汶口文化中隨葬陶器之豐富是驚人的。我認爲這是當時已經有繁縟的葬禮的一種表現，當然，禮制是由原始的風俗發展而來的，但是有了階級以後，就成爲尊卑貴賤和貧富之間的不可逾越的界限了。劉心健同志和范華同志合寫的《從陶鬹談起》一文，給我很多啓發。首先，所謂陶鬹，是大汶口文化和它的後繼者龍山文化的特徵之一。這個器名不知是誰提出來的，我還來不及去調查，但是我覺得它是不適當的。《説文》：「鬹，三足釜也，有柄、喙。讀若嫣。」在《説文》中，釜和鬴是同一字，解爲「鍑也」，是煮米器，也可以作量器，與大汶口文化中的陶温器完全不同，三足釜的鬹，應該和三足鍑的鬲爲一字。《説文》又説：「江淮之間謂釜曰錡。」《詩·采蘋》説：「於以湘之，維錡及釜。」是説採到蘋藻以後，用什麽家俱來烹煮呢？那是用有足的錡和無足的釜（現在的鍋子）。有柄，是指這種鍋子的直柄，不是這種陶温器的鋬（即把手）。鬹和鬲和錡，都是一個名詞的異體，把它扣在陶温器上，難道這種陶温器可以用來煮河裏揀來的野菜嗎？顯然是張冠李戴了。定這個名稱的人，大概被「喙」這個字所迷惑了。徐鍇《説文繫傳》注鬹字説：「今見有古銅器如此，觜爲鳥喙。」徐氏所見的古銅器，大概是漢代所謂鐎壺之類，是由盉發展起來的，有長柄三足而有鳥喙，也不是釜屬。現在劉心健同志却從鳥喙聯想到少昊氏以鳥名官的記載上來，倒是很有意思的。從我看來，這種陶温器，應該是青銅器裏的爵的前身。首先是有流，其次是三足，其三是有鋬，即把手，這三方面是共同的；所不同的，爵有柱而這種温器没有柱。但爵本就没有柱，容庚《金文編》在卷五爵字下，就收了兩個象形字和，第一字就象爵形，第二字則是手持爵形，現在可以看到的流傳下來的陶爵也是有没有柱的。〔一〕爵的所以有柱，清程瑶田曾據《考工記·梓人》，認爲：「兩柱齊眉，謂之鄉（向）衡，鄉衡而實不盡，則梓師罪之，即指二柱而言。二柱蓋節飲酒之容，驗梓人之巧拙也。」馬衡先生《中國金石學概要》認爲：「其説近似，宋吕大臨謂反爵於坫，殆不然也。」但有的考古家疑爲製陶爵的坯時，因流太長而把泥粘固，燒成後有些像小柱，隨後發展演變而在柱上加各種裝飾，可能比較合理，所謂鄉衡，那是已經有了柱之後的一種設想罷了。爵既然本來没有柱，那麽，大汶口文化中的陶温器，應該就是最原始的爵，而不應該稱爲鬹。

《説文》爵字作「」，〔二〕禮器也，象爵（雀）之形。中有鬯酒，又持之也，所以飲。器象爵（雀）者，取其鳴節節足足也」。桂馥《説文義證》解釋「象爵之形」説：「爵即雀。本書『雀讀與爵同』。《孟子》：『爲叢驅爵者鸇也。』《晉書·段灼傳》作『爲藪驅雀』。」這解釋是很對的，爵與雀通用，例子很多，我不用再列舉了。爵的象形字作，和鳥形作類似。這種陶温器的流，正如劉心健同志所説，是象鳥喙形，和這類陶温器應稱爲爵，正完全合拍。那麽，它不但是温器，同時又是飲器，它的所以有流，正是爲了供飲啜而設的。爵是把飲料加熱後再飲的，和觚觶之類只作飲器有所不同，後來的青銅器則又分出一種温器，稱爲盉，但主要不是温飲料，而是温盥沐用的水，因此，周代禮器常以盤盉配成一組。〔三〕但商代前期的盉，是三個袋狀的足，有鋬，儘管把鳥喙形的流變爲管狀，但還是高聳，和大汶口文化中的原始陶爵十分相似。

劉文中提到的三種陶温器的圖，很有參考價值。臨沂王家三崗所出實足陶爵，和有些商代青銅爵十分類似。莒縣陵陽河出土的節形封口爵，則和商代前期的盉往往半封口是類似的。其所以封口而作篩形，大概是由於要篩去飲料中的渣滓吧！大汶口文化中發現了陶器文字是十分重要的，莒縣陵陽河的陶缸口上往往刻有文字，這種陶缸應是後世所稱的尊，《禮記・明堂位》説：「泰，有虞氏之尊也。」泰和大是一字，所以稱泰，就因爲特別大，這類大尊應該是最原始的形式。可見三代禮器，大體上是從大汶口文化這類陶器流傳下來的。中國文字的寶字原來作宔，在屋下有缶，缶就是陶器，可見當時的富有階級常常以寶藏許多陶器爲榮，在葬禮中也就反映這種現象。在彩陶文化中，也往往在一個墓葬中隨葬幾十個彩陶罐，説明社會上已分貧富兩大階級，是當時各民族的普遍現象了。

總之，在大汶口文化中還有很多問題是值得深入地研究與探討的。如果按照華夏民族的看法，大汶口文化是東夷文化，那麼，中華民族文化的形成，實際上是從東夷文化開始的。

本文可能寫成於一九七八年。

載《故宮博物院院刊》一九七九年第二期第四六至四七頁。

〔一〕《博古圖》的招父丁爵，《寧壽鑒古》的雷紋爵，都没有柱，可見銅器也不全有柱。

〔二〕《説文》所從的[illegible]，實際上應由[illegible]（見毛公鼎）變來，則是有柱之爵了。[illegible]字見《金文編》九四二頁第二行[illegible]字上半。

〔三〕王國維説盉爲和水與酒之器，馬衡先生從其説，恐怕不一定對。

殷虛文字二記

釋且圂沮䖒𦸗刞㓣

且多假爲祖。圂即俎，亦即宜字。

且乙　鐵三、三片　　且辛　契二二片　　且丁　鐵三三、一片

且丁　前一、四五、三片　　前一、三六、六片　　叀先又且□。

後下二六、一片　　且甲　前二、十六、二片　　且庚　契二六九片

右且字，卜辭金文並假爲祖妣字。卜辭所見甚多，今不具録。《説文》「且，薦也。從几，足有二横，一其下，地也。𠀃，古文以爲且，又以爲几字」。（重文從小徐本，大徐本闕。）按《説文》「俎，禮俎也。從半肉在且上」。是許意且俎爲一字也。卜辭金文俎字從，可爲且即盛肉之俎之確證。郭沫若氏謂祖妣爲牡牝之初字，又謂「且實牡器之象形，故可省爲⊥，匕廼匕柶字之引伸，蓋以牝器似匕，故以匕爲妣若牝也」。（《甲骨文字研究》上十，曹典學者珂羅崛倫亦有此説，然不如郭説之周密。）按郭氏之意，以上古人民，有生殖崇拜之習，故釋且爲牡器，匕爲牝器，以爲兩性之區别也。其説殊新穎，然與事實違異。蓋如謂且匕二字爲兩性器官之表徵，則牝器之重要，實遠過於牡器，然何以無直像牝器形之字，而反假匕柶之形。以字形言之，匕作等形，與牝器決不相似，尚不如《説文》爲女陰之説。（其實也爲匜之本字，不像女陰。）以匕柶之形言之，則本有長柄，與女陰亦異，可象徵牝器之器物多矣，又何取乎不類之匕耶？匕非牝器之象形，則且亦非牡器之象形，牡器之象形自作⊥（士），而且字自象盛肉之俎形，事實本極分明，故不必

爲之牽合也。

《説文》釋且字之形，爲「從几，足有二横，一其下，地也」。按此惟小篆作□，乃可通，卜辭金文作□若□，上絶不從几也。（几作□形。）林義光謂「□，從二肉在俎上，肉不當在足閒，則二横者俎上之横，非足閒之横也」。其説誠是。後世禮俎之制，固類於几，故《方言》亦云「俎几也」。然□若□字之形，遠自上古，所象非几形也。（《説文》古文作□，亦□形之變，非從几也。）《明堂位》云：魯禘，「俎用梡嶡」。又云「俎，有虞氏以梡，夏后氏以嶡，殷以椇，周以房俎。」虞梡夏嶡，雖不必分配井井，然梡嶡要爲殷前古制，猶存於魯，無疑也。鄭玄注《明堂位》云「梡，斷木，爲四足而已。嶡之言蹷也，謂中足爲横距之象，周禮謂之距。椇之言枳椇也，謂曲撓之也。房謂足下跗也，上下兩閒，有似於堂房。」此則隨文釋義，非梡嶡椇房之真狀也。（《説文》「梮，舉食者」。蓋几案之屬，漢世尚存其制，鄭以枳椇爲説，非也。）王念孫《廣雅疏證》云「梡者斷木之名，《莊子·天下篇》『椎拍輐斷』，義與梡同」。（卷八上四九）今謂梡俎者斷木爲之，不必有四足也。蓋俎之起也，本用以切肉。《史記·項羽本紀》「如今人爲刀俎，我爲魚肉」，俎即切肉之薦，今尚斷木爲之矣。（以版爲之者爲椹版。）由日用之器，變爲禮器，遂由切肉之俎而變爲載肉之俎，其形遂漸變而近於几。然俎字所象，必爲最初之俎，只是斷木爲之，而非几形也。故卜辭俎或作□，直象肉在俎上，爲平面之象，非側視也。然則且字本當作□，象俎形，其作□或□者，蓋象房俎，於俎上施横格也。（王國維《觀堂集林》三《説俎》謂□或□具見兩房兩肉之形，駁鄭氏房爲足拊之説，甚是。然其謂「梡者完也，椇者具也，皆全烝之俎」，則非是。□只象肉形，非載全體。《士昏禮》「匕俎從設，北面，載執而俟」，乃一人執匕，一人執俎。《士喪禮》則舉鼎右人以右手執匕，舉鼎左人以左手執俎。禮經之俎，大都可執，必不能甚巨也。然則俎之用爲禮器，仍是切肉之薦，本不甚巨。若載全體或半體，自是大俎或大房，非俎之本制如是也。）

且既俎之本字，則何以用爲祖妣之義耶？余謂當求之於聲音假借，而不當於形意求之。蓋且即今俗之爹、奢及爺字，猶父之即爸字也。以形義言之，且父皆各有其本義，兹第借其聲耳。

且之得變爲爹、奢等字者，且字古當讀舌頭音，與「多」略近。切肉之薦，今北方呼爲椹版，椹讀若耽。其大者斷木爲之，北人謂之墩子，浙人謂之墩頭，皆且音之轉也。

且俎一字，卜辭金文俎作□、□等形，然後世則誤析□爲俎𡧱二字。古鉩「□民和衆」及「□士和衆」，漢印「□春禁丞」、「[illegible]春左園」等冡字，顯即俎字。《説文》「[illegible]所安也。然宀之下，一之上，多省聲。[illegible]古文宜。[illegible]亦古文宜」。此蓋[illegible]字行用既多，其聲義俱析爲二，其爲肉俎義者，後人改其形爲俎，而爲宐適義者，又小誤爲從宀從一，遂若截然爲二字耳。容庚《金文編》創俎宐一字之説，以字形考之，絶無可疑。然容又引王國維曰：「俎宜不能合爲一字，以聲絶不同也。」而未有按斷之辭，乃疑未能決也。余按王氏以韻部相隔，遂謂聲絶不同，非也。且[illegible]古音本屬舌頭，與「多」相近，其後變而爲齒頭正齒之音，獨用爲宐適義者，仍保存其舌頭音，後人遂誤以爲從「多」聲矣。讀爲「多」而又轉入疑紐，是後世宐字又音所從出也。然則即以聲音言，俎宐爲一字，亦無可疑也。俎宐二字之當合，且古當讀舌頭音，更可以曡字證之。《説文》：「曡，揚雄説以爲古理官決罪，三日，得其宐乃行之。從晶，從宐。亡新以爲曡從三日太盛，改爲三田。」按曡從晶宐會意，其説難通。金文有嫚字，其偏旁或從[illegible]，或從[illegible]，（見穌甫人匜及嫚妊車軎）可爲且俎與宐爲一字之確證。凡從晶之字，如壘、㬧、農、曟之屬，皆與星義有關，晶古星字也。然則曡當是從晶且聲，且讀如「多」，與曡聲相近也。

知且古讀如「多」，則「祖」之爲語，至今猶活也。祖猶今爹爹，妣猶今婆婆，父猶今爸爸，母猶今媽媽，祖妣父母四字之字音雖變，其所嘗代表之語固尚在也。後世稱謂頗亂，故或稱父爲爹，然周以前分之頗清也。蓋以且爲祖妣字，本假借其語聲，及且字之音既變，與實際語言不合，後人遂别造從父多聲之爹字以代之。《南史·梁蕭憺傳》：「人歌曰：『始興王，人之爹。赴人急，如水火。何時復來哺乳我。』荆土方言謂父爲爹，故云。」《廣韻》卅三哿：「爹北方人呼父，徒可切。」與多聲相近。其聲之轉，則爲涉邪切，《廣韻》九麻「爹羌人呼父也」。

「且」於後世，蓋統稱於父母。《廣雅·釋親》「妻之父謂之父姼，妻之母謂之母姼」，姼猶爹。《淮南子·説山訓》注「江淮間謂母爲社」，杜讀雒家謂公爲阿社之社。《説文》：「蜀人謂母曰姐，淮南謂之社」。《廣韻》卅五馬：「姐，羌人呼母，兹野切。」社既爲公母兩方之稱，「且」亦宜然。在男爲祖，在女爲姐，故爹爲羌人呼父，姐爲羌人呼母，明爹即祖之後起字也。

因字音之變，後世又造一從父者聲之奢字，《廣雅·釋親》：「爹、奢，父也」。《廣韻》九麻「奢，吴人呼父」，正奢切。或又變爲爺，《玉篇》：「爺，以遮切，俗爲父爺字」。今北方呼祖爲爺爺，尚其遺語也。

然則且與俎本同字，其本義爲切肉之俎，其本音略如多。古者假且之聲以爲祖妣之祖，猶今言爹爹也。且既專用爲語助，變爲「七也」「子余」等讀，祖妣之義，孳乳爲從示且聲之祖，俎豆之義，變[illegible]爲肉形在旁之俎，而[illegible]之借爲宐適義者，被誤認爲從宀一多聲，字形雖誤，聲固不誤也。（宐又轉爲魚羈切，曡從宐得聲，可證其本讀如多也。）祖字後變爲子古切，與語音不協，流俗遂造從父多聲之爹字。後世祖父之稱既混，多有呼父爲爹者，遂無知爹即祖之後起字矣。爹之語音又變，後人又别造奢或㸙字以應之。

且之本義與其所由借爲祖妣義者，如此。生殖象徵説雖爲學者所樂道，實無當於事實也。

載《古文字研究》第一輯第五五至六二頁中華書局一九七九年八月。